《贺兰山岩画保护研究工程丛书》编委会

顾　　问：赵永清　白尚成　蔡国英　陈兆复　韩美林　陈育宁
　　　　　杜银杰　王　玮　钱秀梅　卫　忠　吴忠礼　牛达生
　　　　　张亚莎　王建平

主　　编：张少志

副 主 编：张建国　熊　军　杨满忠　胡志平

编　　委：李祥石　张亚莎　王建平　丁玉芳　李学军　夏亮亮
　　　　　张晓霞　张博文　郭晓云　李建平　刘永平　王　岩
　　　　　林　浩　吕颖超　李会娟　周舒婷　陈　芳　张　旭

编　　审：吴忠礼　牛达生　汪一鸣　王惠民　杨满忠　胡迅雷
　　　　　薛正昌

贺兰山岩画保护研究工程丛书

银川市贺兰山岩画管理处
银川市贺兰山岩画研究交流中心
贺兰山岩画保护与研究学会

贺兰山岩画研究集萃

HE LAN SHAN ROCK ART RESEARCH SELECTION

张少志　张建国 ◎ 主编

黄河出版传媒集团
宁夏人民出版社

图书在版编目(CIP)数据

贺兰山岩画研究集萃 / 张少志，张建国主编. —银川：宁夏人民出版社，2017.6

（贺兰山岩画保护研究工程丛书）

ISBN 978-7-227-06695-8

Ⅰ.①贺… Ⅱ.①张… ②张… Ⅲ.①贺兰山—岩画—文集 Ⅳ.①K879.424-53

中国版本图书馆 CIP 数据核字(2017)第 156857 号

贺兰山岩画保护研究工程丛书

贺兰山岩画研究集萃　　　　　　　　　张少志　张建国　主编

责任编辑　姚小云
封面设计　段　韬
责任印制　肖　艳

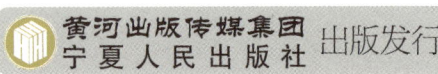出版发行

出 版 人	王杨宝
地　　址	宁夏银川市北京东路139号出版大厦（750001）
网　　址	http://www.nxpph.com　　　http://www.yrpubm.com
网上书店	http://shop126547358.taobao.com　　http://www.hh-book.com
电子信箱	nxrmcbs@126.com　　　renminshe@yrpubm.com
邮购电话	0951-5019391　5052104
经　　销	全国新华书店
印刷装订	宁夏银报印务有限公司
印刷委托书号	（宁）0005584

开本	787 mm × 1092 mm　1/16
印张	31.25　　字数　600千字
版次	2017年7月第1版
印次	2017年7月第1次印刷
书号	ISBN 978-7-227-06695-8
定价	128.00元

版权所有　侵权必究

总　序

宁夏回族自治区政协副主席　蔡国英

　　岩画是早在文字产生之前古代先民在漫长的岁月里运用写实或抽象的艺术手法,在岩石上描绘或凿磨刻制的图画,是远古人类生活的浓缩和历史的积淀,是一种思想的结晶,反映了人类社会文明史和演进史,从历史的广度和深度忠实地再现了当时人们的生产生活方式和社会风貌,成为留在岩石上的"史记"。

　　贺兰山是中华民族古老文明的发祥地之一,贺兰山岩画作为中国四大岩画体系之一——北方岩画的重要代表,它记录了3000年至10000年前远古人类放牧、狩猎、祭祀、争战、娱舞、交媾等生活场景以及人面像、多种动植物图案和抽象符号,揭示了原始氏族部落自然崇拜、生殖崇拜、图腾崇拜、祖先崇拜等文化内涵,是研究中国人类文明史、宗教史、原始艺术史的文化宝库。

　　贺兰山岩画因其庞大的数量、罕见的集中度、显著的代表性和较高的艺术性,自20世纪70年代末公布于世,国际影响力不断扩大,贺兰山岩画的保护研究、展览展示、学术交流和文化艺术传承宣传工作,都走在了世界前列,国际岩画组织及岩画业界都给予了高度关注和充分肯定。从20世纪90年代开始,宁夏银川以岩画峰会、岩画研讨会、岩画艺术节等不同形式已陆续举办了七届国际岩画学术研究和艺术交流活动,逐步成为国内外岩画专家学者研究交流合作的重要平台,成为国际岩画业界知名的品牌文化艺术活动。2014年成功举办的贺兰山国际岩画峰会,以"探寻岩画发展的新'丝'路"为方向,确立了打造岩画文化在丝绸之路经济带战略支点的品牌的发展思路,与欧、亚、非、南美等国家建立了长期合作机制,并确定银川市贺兰山岩画遗址公园为"国际岩画峰会永久会址"。

　　2016年,由印度英迪拉·甘地国家艺术中心、中国岩画研究中心和银川市贺兰山岩画管理处联合主办的"丝绸之路——中国岩画展"在英迪拉·甘地国家艺术中心举办。银川代表团向英迪拉·甘地国家艺术中心赠送了贺兰山岩画手工陶艺,并就加强岩画国家之间文化交流、学术探讨、建立长效合作机制表达了美好祝愿。这进一步巩固了国际岩画峰会成果,扩大了宁夏对外交流合作。

2017年,银川市政府、宁夏回族自治区文化厅、宁夏回族自治区旅游发展委员会将携手国际岩画委员会、中国岩画学会、中央民族大学中国岩画研究中心、韩美林艺术基金会,共同举办第八届"中国贺兰山国际岩画文化艺术节",广邀国际岩画委员会专家委员、国内外岩画研究机构专家学者、文化艺术界名人、文化旅游产业界代表、国内外媒体记者及相关行业主管部门领导,聚集宁夏,聚焦贺兰山,围绕"岩画保护·文化传承·艺术创新·产业融合"主题,广泛、深入开展系列合作交流活动。为了充分展示近年来贺兰山岩画研究以及国外岩画研究成果,向本届国际岩画文化艺术节献礼,贺兰山岩画管理处和贺兰山岩画保护研究学会组织区内外专家学者成立了专门的编纂委员会,启动了《贺兰山岩画保护研究工程丛书》编纂工作。

编委会自成立以来,群策群力,集思广益,默默耕耘,日夜劳作,保证了一期成果如期展现在读者面前:《世界岩画欣赏》《岩画与文字》《贺兰山贺兰口岩画》《时空岁月——贺兰山的根与魂》等4本专著付梓面世,《文明的印痕——贺兰山高伏沟至小贺兰口岩画》《贺兰山岩画研究集萃》等2本报告文集结集印刷,《世界岩画——原始语言》《岩画与神圣景观》2本外文专著翻译出版,同时《中国岩画(中英文)期刊》贺兰山岩画专刊发行亦成为首期丛书的重要补充。

《贺兰山岩画保护研究工程丛书》(一期)是银川市贺兰山岩画管理处(贺兰山岩画研究交流中心)成立15年来出版的第一套丛书,从不同角度、不同深度对贺兰山岩画和世界岩画进行了全方位的研究诠释,既是贺兰山岩画工作者多年来殚精竭虑、长期研究、不懈努力的结果,又是宁夏人文社会科学领域近年来涌现的重要成果,更是宁夏乃至中国、世界岩画保护研究业界的一件大事喜事,同时也是贺兰山岩画人向即将到来的宁夏回族自治区60周年大庆献上的一份文化厚礼。

成果斐然,令人欣慰。在此,谨向《贺兰山岩画保护研究工程丛书》的编辑出版表示诚挚的祝贺,向参与丛书编纂的专家学者和各界人士致以衷心的感谢,向长期辛勤工作在贺兰山岩画保护与研究一线的工作者们送上亲切的问候!

2017年6月22日

写在前面的话

杨满忠

贺兰山岩画是宁夏特色文化奇葩中的奇葩,也是中国四大体系岩画——北方岩画的典型代表之一,是世界岩画的重要组成部分,在人类岩画发展史上具有不可磨灭的重要地位。

贺兰山作为黄河伴随、龙腾河套的西套名山,形成于地质时代1亿多年的白垩纪晚期,是宁夏地质演变的活画石,是中国古黄河形成的最初首端——河套黄河的西套段,也是中华文明的重要发祥地之一。生活在4万年前水洞沟智人,西距贺兰山只有50多公里,他们既可以朝往夕归,又可以狩猎、采摘、越冬、避暑,栖身贺兰山。因此,笔者认为,贺兰山岩画的最初问世,可能与后期的水洞沟人以及旧新石器时代"鸽子山"人,新石器时代"暖泉人"的生存活动有关。旧石器中晚期、新石器时代、青铜器时代、铁器时代,是贺兰山岩画创造的高峰期。贺兰山东麓、西麓以及周边遍布的数量惊人的岩画,无不演绎着贺兰山自然地理与人文历史和谐发展的生命交响曲。

公元前3世纪的战国时期,《韩非子》等文献虽已有关于岩画的记载,但未记载贺兰山岩画。5世纪,北魏著名的地理学家郦道元,在考察古宁夏黄河段,给《水经》作注时,第一次发现并记录了贺兰山岩画。从此,"自然有文,尽若虎马之状,粲然成著,类似图焉"的"画石山",成为贺兰山岩画发现的最早记录。但遗憾的是:由于贺兰山作为中国华夏南、北民族交流、融合、摩擦的分界线,中国农业文明与游牧文化的结合部,中国北方民族西移、东移、开辟"丝绸之路"的迁徙带,在漫漫的中国历史长河中,大多处于矛盾摩擦的不安定状态。北朝《木兰辞》的"旦辞黄河去,暮至黑山头""万里赴戎机,关山度若飞",唐代王维的"贺兰山下阵如云,羽檄交驰日夕闻",宋代范仲淹的"羌管悠悠霜满地,人不寐,将军白发征夫泪",金朝邓千江的"未拓兴灵,醉魂常绕贺兰山",明代杨守礼的"庚子十月念七日,挝兵扬鼓入贺兰",清代吴复安的"烽堠一千三百所,筹边策略记韩公",民国于右任的"垂老才知边塞苦,轻驱十万出灵州"等,都是这个历史时代不安定时期的典型记录。因此,正是由于这个原因,文武官员、骚客艺人,难以有闲暇之心,到此考察贺兰山岩画,以致神秘奇幻、魅力无穷的贺兰山岩画的继续考察与研究,中断了15个世纪,成为"养在深闺人不识"的千年特藏。

好在"珠卧媚川期时跃,玉眠匣中待价飞"。随着新中国的成立与改革开放,在站起、强起的中国人民迈向世界的日子里,贺兰山岩画在一批批青睐者的光顾、留恋、推介、宣传下,走出深闺,靓丽人间。1983年9月,痴情贺兰山岩画的李祥石先生,经过14年的调查研究,完成了《宁夏贺兰山贺兰口岩画调查报告》。次年1月,《宁夏科学普及报》首次发表了《李祥石在贺兰山东麓发现古代岩画和西夏文字》的重大消息。从此,贺兰山岩画的迷人靓姿,悄然闪耀在世人惊奇的目光中。同时,一个贺兰山岩画的调查热、研究热悄然兴起,引起国内考古、艺术史、民族宗教史学界的轰动。

1985年,国家文物局为了弥补中国岩画在世界岩画的空白,专门发文,组织人员开始对全国岩画进行全面普查。1986年4月,中央民族大学陈兆复教授,给国际岩画委员主席阿纳蒂写了一封信,信中介绍了中国当时已发现的包括贺兰山岩画在内的100多处岩画遗址。国际岩画委员会即刻兴奋起来,立即派世界顶尖的岩画专家们来到贺兰山口考察。当他们看到高达20米的山崖上60余个密密麻麻的岩画人面像时,感到无比的震撼。从此,一个举世瞩目的历史使命降临于银川的贺兰山岩画。

1991年10月,在联合国教科文组织所属的国际岩画委员会以及银川市政府的支持下,"'91国际岩画委员会年会暨宁夏国际岩画研讨会"在银川顺利召开。从此,贺兰山岩画的研究宣传逐渐走向世界,贺兰山岩画的调查、保护、研究也逐步走上了正规管理化、学科化发展的道路。1996年,贺兰山岩画被国务院公布为全国重点文物保护单位,1997年,国际岩画委员会将贺兰山岩画列入非正式世界遗产名录。2000年4月底,全国重点文物保护单位——银川市贺兰山贺兰口岩画移交由银川市管理。2000年7月,银川市决定筹建"银川市贺兰山岩画管理处"。2000年8月,银川市政府成立了以市长为组长的银川市贺兰山岩画保护开发领导小组,开始贺兰口文物保护和旅游开发工作。同年,联合国教科文组织所属的国际岩画委员会的亚洲年会,再次选址银川召开。2002年6月,"银川市贺兰山岩画管理处"成立。2004年4月,贺兰口岩画正式启动申报世界文化遗产,2005年12月,贺兰口岩画作为"宁夏贺兰山—西夏王陵风景名胜区"的重要组成部分,被建设部列入"中国国家自然遗产""国家自然与文化"双遗产预备名录。2008年11月,"银川世界岩画馆"落成开馆。

随着政府部门对贺兰山岩画保护管理与研究的重视,从2000年开始至今,相继在银川连续举办了七届国际岩画学术研究和艺术交流活动。这些岩画学术研讨与艺术节活动,对贺兰山岩画的保护研究与开发,起到了举足轻重的推进作用。据不完全统计,在多次的国际岩画研讨会上,先后提交的岩画研究论文达200余篇,编辑内部论文集3部,公布调查的岩画数量达3.5万幅以上。同时,经过宁夏岩画研究专家的不懈努力,先后出版的岩画研究专著多达20余部,从而使贺兰山岩画的全面、系统、综合研究,进入了一个"百花齐放"的创新发展时期,形势喜人。

但客观地说,宁夏贺兰山岩画的研究、开发,还存在一些制约因素:一是年轻化学科性研究队伍培养不够,发展势头弱。老一代岩画研究者年龄偏大,发展机制面窄,传、帮、带任务重。二是群体性的、高质量的研究论文水平尚弱,专业性的研究机构薄弱,高学历的专业研究博士尚无。三是由于研究、出版经费等诸多困难,贺兰山岩画研究成果的出版,大都处于个体游击阶段,缺乏大团队、大项目的联合攻关,从而也使一些岩画爱好者、探索者停步而望。四是由于其他因素的制约,贺兰山岩画国际研讨会的每次论文集都是内部编辑,未正式出版,因而无法在学术界与社会群众中广泛传播,无法形成较大的正面影响。同时,对年轻的岩画爱好者、研究者提携培养不利,对其职称评定不利,对贺兰山岩画研究学术水平整体提升不利。

因此,为逐步突破上述四大瓶颈,为纪念银川市贺兰山岩画管理处成立15周年,为积极支持办好2017年"中国贺兰山国际岩画文化艺术节",为全面、系统地汇集15年来的岩画研究成果,总结经验,承前启后,创新前进,经银川市贺兰山岩画管理处干部职工、专家、群众,集思广益,悉听博采,积极组织人员编辑《贺兰山岩画研究集萃》。

我作为一个贺兰山岩画的长期爱好者,十余年来一直与贺兰山岩画的大型活动相生相伴,不但与贺兰山岩画结下不解之缘,也与贺兰山的管理者、研究者结下了深厚的友谊。因此,从去年开始,我就积极参与了《贺兰山岩画保护研究工程丛书》与《贺兰山岩画研究集萃》前期筹备工作。在十余本的丛书中,我除与牛达生先生审理李学军先生的《时空岁月——贺兰山岩画的根与魂》一书外,还专与薛正昌先生对《贺兰山岩画研究集萃》进行了审稿。

当初我想,编辑论文集的过程,首先是一个良好的学习过程,可使我对贺兰山岩画研究成果,有一个全面系统的提前量认识。其次通过学习、编辑,对贺兰山岩画研究状况、研究领域、研究趋势,有一个全面的认识,从而帮助我准确把握贺兰山岩画研究方向。最后,贺兰山岩画的研究者、开拓者、管理者贺吉德先生溘然离去,留下了与他灵魂相伴的未竟事业,而作为他文魂之友的我,应尽力帮助做好他未完成的事。基于这些情况,因为与老贺、岩画、宁夏历史文化的情谊,我主动向学军先生领了梳理《贺兰山岩画研究集萃》的艰辛任务。我虽已退休,早过花甲,但文化的心一直与老贺交流着。每当我再次翻阅老贺的《贺兰山岩画研究》《贺兰山岩画百题》两本沉甸甸的心血之作时,不禁掩卷长思,往事绵绵,一幕幕清晰的画面应念而来,老贺……岩画!岩画……老贺!这次编辑《贺兰山岩画保护与研究工程丛书》时,我们又将贺吉德的《贺兰山贺兰口岩画》一同编入。我曾在茶余饭后对老贺戏曰:你先是黑狼氏,后是贺兰氏,入住乞伏山,有了贺兰山。你的根与魂就是贺兰山,你不开拓谁开拓?"他无比欣慰地笑曰:"是也!是也!"如今的他已安然地静卧在贺兰山下,仰望着天上的繁星,聆听着岩画的凿刻声、岩画学术大会的交流声,也期待着这本岩画论文集的如期出版……

  按我所求,学军先生将选好的单篇论文打包发来,同时也发给了薛正昌先生。我在百忙之中,连夜加班,一一阅读,然后按内容分类、编排次序、规范格式、统一字号、纠错补缺、润色充实、核插图片、编辑目录、校对页码,最终粗略而成,慨念之多,缘也时也!

  《贺兰山岩画研究集萃》,共收2002年以来贺兰山岩画研究论文、调查报告、保护方案、旅游开发等64篇。根据内容类别分为:人面像岩画研究;断代、刻法研究;综合文化研究;保护调查研究;旅游开发研究。这些论文内容丰富、材料新颖、方法多样、创新观点颇多,是贺兰山岩画15年研究的集大成者。她的编辑出版,既是贺兰山岩画研究的一个里程碑的总结,同时也是一个更新、更好的开始,她将会再次激励、引导更多的贺兰山岩画爱好者、研究者,走进画石山,高路入云端。

  对于文集中的论文学术价值,我尚不具备资格一一评价,但编辑的初衷与结果基本是一致的。一是以历届贺兰山岩画国际学术研讨会提交的论文为主。二是以鼓励岩画管理处人员走向岩画管理与研究为主。三是新增加了少量的新作。因此,文集中除了一部分论文是区内外贺兰山岩画研究文史专家的领衔力作外,大部分是岩画管理处的管理处工作研究人员所写,为了鼓励后者,文中还收录了几篇工作研究,还望读者见谅。

  岩画研究是一门门槛艰深、涉猎面广、参照系大的综合学科,是集历史、地理、天文、民族、宗教、艺术、自然科学等于一体的多元文化学科。因此,研究功底的扎实、调查资料的落地、研究现状的把握、研究方法的创新、服务社会的使命等,是一个岩画研究者必备的素质。同时,还与充沛的精力、天赋的才干、学科的责任、坚持的态度是分不开的。因此,《贺兰山岩画研究集萃》是本着总结与继承、创新与发展的原则而编写的,旨在进一步推动贺兰山岩画保护、研究的深入发展,鼓励后来者逐渐步入岩画研究行列,为宁夏的岩画文化旅游产业发展多做贡献。

  《贺兰山岩画研究集萃》的编辑出版,由于时间仓促,肯定存在不少问题和疏漏。因此,本着文责自负的原则,一是劳请读者谅解,二是恳请提出批评意见,以供之后修订。

  感谢论文的作者,怀着一颗赤城的心,将自己的力作呈现于贺兰山岩画国际学术研讨大会,为推进贺兰山岩画科学保护、研究、开发走向世界,推进中国岩画学科的建设与发展,推进宁夏岩画文化旅游产业发展与社会服务做出贡献。感谢贺兰山岩画管理处的鼎力之举,组织编辑,付梓出版,以飨读者。但愿这本文集给读者带来新味,但愿更多的人参与到贺兰山岩画保护、研究、开发队伍中来,为全面建设"四个宁夏"而努力做贡献!

2017 年 5 月 18 日于银川

目录

人面像岩画研究

贺兰山人面像岩画 / 贺吉德　1
贺兰山岩画人面式样结构的建构、功能和意义 / 王毓红　38
何以人面像 / 汤惠生　57
贺兰口人面像岩画初探 / 张建国　61
贺兰山岩画中的人面像 / 李　彤　70
浅谈人面像中伏羲像 / 胡志平　76
人面像岩画是远古人类灵魂不灭观的有力证据 / 李学军　79
岩画中的手印和脚印 / 贺吉德　82
浅谈岩画中的手印 / 许婷婷　86
原始肢体语言
　　——贺兰山岩画初始符号分析 / 王毓红　89
贺兰山原始体育形态岩画概述 / 崔凤祥　101
贺兰山原始射艺岩画分类分布考察 / 崔凤祥　崔　星　108
贺兰口岩画文字解析
　　——关于贺兰口即不周山的文字学证据 / 高　原　121
贺兰山大小巫岩画 / 杨启兆　127

贺兰山岩画中的动物崇拜 / 周舒婷　130
贺兰山双羊出圈岩画随想 / 胡江霞　133

断代、刻法研究

贺兰口人面像岩画的年代探析
　　——从神话的角度 / 杨　超　136
叠压断代法在岩画中的应用
　　——以意大利梵尔卡莫妮卡为例 / 杨　超　155
浅谈贺兰山岩画中一幅狩猎图的断代 / 李学军　168
中国岩画产生的时代环境与文献记载浅议 / 周兴华　173
岩画的"崇拜槽"与减地刻法 / 贺吉德　177

综合文化研究

岩画学：作为一门独立学科的发展 / 汤惠生　182
古代北方草原通道上的贺兰山岩画与匈奴文化 / 陈育宁　汤晓芳　188
贺兰山贺兰口的崇拜文化遗存 / 贺吉德　197
北方民族大学岩画研究现状和展望
　　——贺兰山岩画的重大学术发现和价值 / 束锡红　张春雨　203
贺兰山岩画与斯基泰文化 / 李祥石　韩学斌　210
贺兰山岩画与贺兰山文明 / 杨满忠　218
传承与创新：探析岩画中的文明 / 李成荣　223
岩画文化的地域性研究 / 薛正昌　229
雕刻在岩石上的历史：贺兰山岩画文化 / 薛正昌　234
寻找贺兰山文化之魂
　　——对贺兰口岩画的思考 / 李建平　255
石不能言最可人
　　——贺兰山岩画的特殊魅力 / 韩学斌　259
浅谈贺兰山岩画景区中的祭坛 / 李学军　264
宁夏岩画的回顾与展望 / 李祥石　268
再谈岩画与丝路 / 李祥石　274
贺兰山山名沿革新考 / 杨满忠　278

乌海市桌子山的概况、岩画的分布及其特点 / 李学军　296
我与岩画 / 崔凤祥　300
浅谈巫术文化的认识 / 周舒婷　303
初探岩画中的手印 / 李会娟　309
贺兰口祭祀文化略谈 / 张建国　320
"超写实"的欧洲洞窟岩画 / 刘永平　328

保护、调查研究

银川市贺兰山岩画保护管理和开发建设综述 / 李成荣　333
岩画文化传承和利用的再延伸 / 王　旭　339
如何处理文物保护管理研究与科学利用的关系 / 张少志　343
宁夏贺兰山贺兰口岩画损坏机理的研究 / 王　萍　347
三维数字化技术在贺兰山岩画保护中的应用 / 刘永平　357
贺兰山小插旗口、盘沟岩画普查报告 / 夏亮亮　365
水对宁夏贺兰山岩画影响的研究 / 王　萍　375
贺兰口岩画病害调查 / 徐　飞　381
拜寺口岩画普查报告 / 林　浩　397
贺兰山东麓三关口至青羊沟段岩画及其他文物普查报告 / 李建平　404
贺兰山岩画的调查方法及科学记录 / 王　岩　413

旅游开发研究

贺兰山岩画保护与旅游资源开发研究 / 张学智　416
贺兰山岩画与丝绸之路 / 张少志　437
关于贺兰山岩画景区发展的思考 / 杨　倩　441
贺兰山岩画景区发展浅议 / 薛传举　443
如何在众多的景区中脱颖而出 / 王志毅　446
贺兰山岩画的文化品牌效应 / 崔　星　崔凤祥　452
浅谈贺兰山岩画景区的营销方式及发展规划 / 刘瑞君　459
浅析贺兰山岩画景区关于旅游纪念品的开发与应用 / 方　舟　465
岩画旅游周边产品浅析 / 徐小龙　470
浅谈景区的宣传营销 / 马立娟　475
贺兰山岩画景区岗位服务标准 / 马小莎　479

贺兰山人面像岩画

银川市贺兰山岩画管理处原主任　贺吉德

一、贺兰山人面像岩画的数量

在贺兰山岩画中,最能体现史前人类崇拜文化特质的岩画是人面像岩画。据笔者调查统计,已经记录在册的贺兰山人面像岩画共有 883 幅,其中分布在贺兰口沟口内外 11.06 平方公里保护区范围内的人面像岩画有 708 幅,占贺兰山人面像岩画总数的 80%。在中国有岩画分布的 20 个省(区、市)中,宁夏贺兰山遗存的人面像岩画的数量是最多的。其次是内蒙古阴山岩画,依据盖山林先生的《阴山岩画》记录的图录统计,阴山地区人面像岩画一共有 374 幅。在内蒙古乌海市桌子山召烧沟岩画中,共记录人面像岩画 193 幅。

从世界范围讲,全世界有 70 个国家分布有岩画,而人面像岩画仅仅分布在环太平洋国家和地区。它们是亚洲的中国、蒙古、韩国、俄罗斯东西伯利亚地区,美洲的美国、加拿大、墨西哥、阿根廷、智利,大洋洲的澳大利亚、复活节岛等国家和地区。数据显示,在环太平洋有人面像岩画分布的 11 个国家和地区中,中国是人面像岩画分布最多的国家。而宁夏贺兰山又是中国人面像岩画数量最多的地区。因此,我们可以负责任地说:中国宁夏贺兰山,是全世界人面像岩画数量最多的地区。

二、人面像岩画的定义

人面像岩画,是指原始人类对心目中的神灵鬼怪、图腾动物以及各种崇拜对象赋予人面形象而制作的岩画。

在史前,人们想象或虚构的神和超自然存在物,都不会超出人们已经认识的东西。如果出于祭祀仪式的需要,必须设置一个或多个神灵鬼怪以及崇拜对象,人们往往会采取动物的形式或拟人的形式把它"创造"出来。在一般情况下,尽管这些本不存在的神灵表现得多么凶恶、丑陋或者威猛、善良,但总是会以人的形象出现在祭祀场或祭坛上,以接受人们对它进行的祭祀和膜拜。

恩格斯在《家庭、私有制和国家的起源》中谈到美洲印第安人部落的宗教特征时说:"他们已给自己的宗教形象——所有各种精灵——赋予人的样子,但是他们还处在野蛮的低级阶段,还不知道塑像——所谓偶像。这是一种处在向多神教发展路程中的对大自然与自发力底崇拜"。在岩画中的人面的形象,就是史前人类"给自己的宗教形象——所有各种精灵——赋予人的样子"的人面像。

所谓"人面形象",是指以人的面部特征为基本构图方式的岩画形象。这类岩画,通常有人的面部轮廓线,有眼、鼻、嘴等人的五官特征及用于装饰的头饰和发式。这种"人面形象"的岩画,绝大多数没有身体躯干,没有耳朵。只体现一张人脸的形状,单独或者成片地分布在岩面上,很像一幅个体或集体的人物肖像画,故称此类岩画为"人面像岩画"。

三、人面像岩画的命名

"人面像岩画"的命名,曾在我国经历过很长一段时间。

最早记载人面像岩画的古文献是5世纪郦道元的《水经注》。《水经注》卷三十四"江水二"载:"江水又东,径宜昌县北……江水又东,径狼尾滩,而历人滩。袁山松曰:二滩相去二里,人滩水至峻峭,南岸有青石,夏没冬出,其石嶔崟,数十步中,悉作人面形,或大或小,其分明者须发皆具,因名曰人滩也。"① 在这段记载中,郦道元将长江西陵峡"人滩"巨石上的人面像称为"人面形"。

1985年8月,盖山林先生在他所著的《阴山岩画》(内蒙古人民出版社出版)中,对阴山岩画中有"人面形象"的岩画运用了"人(兽)面""人面形""人(兽)面形""人面题材""人面纹样""人(兽)面纹样""类人面形""类人面图形""类人面纹样""类人面像""人头形""类人头形""类人头像"等十多种名称,当时还没有统一而固定的称谓。一年以后,盖山林先生的另外一部载有图录的《阴山岩画》在文物出版社出版。在这部著作中,盖山林先生正式将这类具有"人面形象"的岩画定名为"人面像岩画",并在这类岩画图录的下面一一标注为"人面像"。

1991年9月,陈兆复教授的《中国岩画发现史》在上海人民出版社出版。在这部著作中,陈兆复先生设"人面像"专节,对我国各地发现的人面像岩画进行了综合研究。从此以后,"人面像"即成为具有"人面形象"的岩画的专用名,被广泛运用在岩画研究中。

四、人面像岩画的文化意义

关于人面像岩画的文化意义,学术界至今还没有一个统一的认识。

E. 阿纳蒂在给陈兆复的《中国岩画发现史》所作的《序》中,专节论述了人面像岩画。他说:

> 一个最古老的现象,就是围绕着太平洋沿岸,人面像岩画分布在一个广阔

---

① (北魏)郦道元:《水经注》,谭属春、陈爱平点校,岳麓书社,1995年,第501页。

的地区。这些类似魔鬼的形象,有时长角以及其他动物的器官,在脑袋上,经常带着一圈光环,或者戴着一顶帽子,最引人注目的是两个大眼睛,一般是圆的,大的与脸庞不成比例。

在没有了解到中国领土上的人面像岩画以前,人们曾猜测,这些岩画是由一个采集、狩猎民族,或早期的耕作民族所作,描绘的是长着无所不见大眼睛的人兽祖先的神灵,是人们赖以生存的土地的保护者的肖像。①

E. 阿纳蒂教授认为,人面像岩画所描绘的是"人兽祖先的神灵",是"土地的保护者的肖像"。而美国的岩画研究学者则称其为"死神"(God of Death)。②

盖山林先生在《阴山岩画》中,专设《人(兽)面形岩画》一节,讨论了人面像岩画。他认为:"类人(兽)面纹样,乃是远古人类意识形态的综合体现,画家注入里面的思想涉及原始思维的许多领域,它绝不只限于表现某一种信仰"。"从它的意义来说,绝不是一种含义,其中至少有面具、天神、祖先神和头盖骨等"。③接着,盖山林先生进一步论述了人面像作为"面具、天神、祖先神和头盖骨"的文化意义。因篇幅有限,不再具引全文,仅撮其大要,就其观点概述如下:

盖山林先生认为:相当一部分类人(兽)面纹样乃是阴山地区远古时代曾经广泛流行面具的记录。它是人工模仿人脸(或兽面)做成的。在古代,面具是化身为精灵的一种手段,是神灵存在的体现,认为神灵就隐藏在面具中,人只要戴上面具,就可以改变人作为一般人类形态的存在,马上就成为动物、精灵或死者的体现。

在类人(兽)面图形中,除了大批面具岩画之外,还有一部分是古代游牧人信仰的天神。这种岩画最大的特点,是在众头像之上或左右两侧,有一簇簇或一颗颗圆窝形的星星,以示众神像在繁星密布的苍穹。类人头形之旁出现星星,总是追逐类人面形,表明众神灵不是在人间,而是高居于人们无法接近的太空之中,天空中的神像,自然就是天神了。从一些神像的形象看,在它们的头形轮廓外有许多刺芒状物,很像是光芒四射的太阳,以示太阳神的神圣灵光。部分类人(兽)面纹样,确实应当是太阳神的形象,而太阳神应为天神之首。见于阴山的天神群像,大概就是古代游牧人敬祭天神的对象。

另一部分应是祖先神像。这些类人头像的头顶,往往插着鹿角或羽毛,而鹿角和羽毛在古代是权力的象征,只有部落酋长的首领人物,才有资格戴这些东西,因而,这些形象

---

① 转引自 E. 阿纳蒂为陈兆复的《中国岩画发现史》所作的《序》,上海人民出版社,1991 年,第 7 页。
② *A ield guide to A ock Art symbols of the greater sonthwest*,1992 by Alex patterson。
③ 盖山林:《阴山岩画》,内蒙古人民出版社,1985 年,第 129 页。

应是各氏族部落中的首领人物的头像。这是远古流行过的祖先崇拜留示给今人的历史脚印。

人类的祖先崇拜,是与灵魂观念联系在一起的,是以灵魂永存为前提的。古人认为祖先的灵魂可以影响后人的祸福,可以使人免于饥饿、贫困、疾病,是与当时人们的现实物质利益息息相关的。祖先崇拜,是人类对于自身灵魂的崇拜,表征着人类劳动经验的蓄积之抽象,表征着人类从屈服自然的世界观进入改造自然的世界观。

在阴山岩画的类人(兽)面纹样中,还有一部分是对人的头盖(骷髅)的如实描绘,反映的是古代游牧人对头盖的崇拜和信仰。盖山林先生在列举了国内外一些有关信仰和崇拜头盖骨的事实后说明:古代人类对头骨的信仰和表现死者的礼仪用的面具一样,是广泛普及的社会现象。阴山岩画中骷髅形岩画的发现,表明在远古时代,内蒙古阴山地区的游牧民族和世界各地游牧部落一样,也存在着猎取人头骨并加工改造成面具或者把它作为祖先灵魂的容器保存下来的原始习俗,存在着对人的头盖骨的信仰和对骷髅的崇拜。

盖山林先生关于人面像有"面具、天神、祖先神和头盖骨"多种文化含义的论述,在陈兆复先生的《中国岩画发现史》中,引入了"历史进程"的先后,他认为:"人面像与祭祀有关,与宗教信仰有关。史前人类的宗教信仰,是由于人类对于生存的渴望,产生了神的观念,并在人类历史的进程中以不同的形式出现,最初出现的是动物神,后来逐渐演化成各种不同的神灵"[①]。

基于此,陈兆复先生把岩画中出现的人面像崇拜先后排序为动物神(狩猎神)崇拜、太阳神(天神)崇拜、祖先(神人同形)崇拜。他说:

"原始猎人所崇拜的动物神是狩猎神,其形状通常为动物的形象,在连云港、华安和阴山等地发现的无轮廓型和半轮廓型的人面像,有些可以被认为是动物神。岩画中的大多数动物人面像,反映了原始人类对于动物所具有的超人力量的崇拜。

"随着人类社会的畜牧业的发展以及战胜动物的力量的增强,人类转而尊崇起畜牧的保护神,太阳、月亮、星星和天空便成为崇拜的对象,并把更多的注意力转向太阳。因为阳光可以使种子生长发芽,也可以使牧草枯萎死亡。这就是为什么在畜牧业和农业发展以后,太阳渐渐地成为崇拜对象的原因。在阴山、连云港和其他许多岩画点,都发现大量的日、月、星辰的图像,就是这种观念变化的例证。在人面像的头顶上,我们经常发现放射线状的图案。这些放射线可以说是神人同形的太阳神像的基本特征。它们刻在人面的上方,像是一顶皇冠,也有刻在两边的,而且这些放射线与太阳、月亮、星星等天象有关。不

---

① 陈兆复:《中国岩画发现史》,上海人民出版社,1991年,第240页。

仅最初的无轮廓型的人面像的四周,有许多短线和圆点,就连精心制作的全轮廓型和头饰形的人面像,周围也可以发现许多星星点点。广阔的天空,无垠的荒原,灿烂的星空是众神居住的地方,是太阳神居住的地方。

"此后,天神又变成了人形,或许这种变化发生在父权制以后,那时出现了对祖先的崇拜,神的形状也就变成了完全是人的形状。从动物崇拜到天神崇拜,经历了崇拜形式的多样化的过渡阶段,出现半人半动物的形象。我国大部分全轮廓形和头饰形的人面像都是神人同形的。但是在贺兰口和海勃湾这两个地区神人同形的人面像岩画,实际上反映的是人的形象。"①

2002年2月,文物出版社出版了陈兆复先生的《古代岩画》。在这本书中,陈兆复先生对人面像岩画又有了新的认识,他说:"岩画人面像的研究是一个复杂的课题,既与新石器时代的陶器及商周青铜器上的图案有关系,又与后世的面具一脉相承。它综合了自然崇拜、图腾崇拜、生殖崇拜、祖先崇拜诸多因素。"把岩画中的太阳神与自然崇拜、眼睛人面像与生殖崇拜、髼面像与祖先崇拜联系起来,把人面像岩画与商周青铜面具、西南少数民族中保留的巫傩面具联系起来,说明它们之间的关系。②

五、人面像岩画的分类

E. 阿纳蒂、盖山林、陈兆复对人面像岩画文化意义的阐释,给了我们诸多启示。

近年来,尤其是2000年国际岩画委员会年会在宁夏银川召开以来,宁夏贺兰山岩画,特别是银川境内贺兰山东麓15个山口的岩画得到了有效保护,持续几年不间断的岩画调查,取得了丰硕成果,贺兰山岩画记录在册的数量是十多年以前的5.52倍。其中,为世人瞩目的贺兰山贺兰口人面像岩画的分布状况更为明晰,遗存数量更为准确。这就为我们对贺兰山人面像岩画在类型学的分类和排序、文化内涵的发掘和研究方面提供了前所未有的资料空间和有利条件。

我们将宁夏贺兰山岩画中的883幅人面像从图形构成、风格特征上进行分类,并结合内蒙古阴山岩画中的374幅人面像、内蒙古桌子山岩画中的193幅人面像以及江苏连云港将军崖岩画、福建华安汰溪"仙字潭"岩刻、台湾高雄万山岩画中的人面像进行综合分析,得出的初步结论是:

人面像岩画与史前人类的宗教信仰、祭祀仪式和巫术活动有着密切的关系。作为早期人类崇拜文化的产物,尽管在不同区域、不同地区因不同的宗教信仰、不同的生活习性、不同的文化传承而表现出了很大的差异性,因为所处环境的不同、所用工具的不同、

---

① 陈兆复:《中国岩画发现史》,上海人民出版社,1991年,第240~241页。
② 陈兆复:《古代岩画》,文物出版社,2002年,第189页。

制作方法的不同而表现出构图形式上的千差万别。人面像岩画从总体上可以展现出早期人类在漫长的发展进程中崇拜文化的面貌，表现了史前人类崇拜对象的多样性。

考虑到人面像所处的位置、体量的大小、构图的繁简、风格的异同、图像出现的频率等各种因素，认真分析人面像的表现形式、基本构成元素以及形象上的差异，结合文化人类学的田野调查资料和文献记载，我们可以把人面像岩画分为自然崇拜类的人面像、生殖崇拜类的人面像、图腾崇拜类的人面像、神灵崇拜类的人面像、首领崇拜类的人面像、面具类的人面像六大类。

（一）自然崇拜类的人面像

自然崇拜是人类最原始的崇拜意识，是人类对自然力、自然现象及自然物的一种崇拜形式。人类的自然崇拜，不仅包括对太阳、月亮、星辰的崇拜，对日食、月食、四季更替、草木枯荣、彩霞长虹、风雨雷电、地动山摇等自然现象的崇拜，还包括对江河、湖海、土地、群山、水火、鸟兽、花草、树木等自然实体和生物体的崇拜。

原始社会初期，由于人们使用的工具极其简陋，生产力水平极端低下，人类通过自身努力改变生存环境和生活条件的能力非常有限。人的生命活动，完全受大自然的支配，人们维系生存的物质需求，完全依赖大自然的恩赐。因此人们对于周围的自然现象和环境气候变化充满了敬畏感和神秘感。对那些能给人们带来恐惧和喜悦的自然变化，与人类生产活动与物质生活密切相关、能直接危及人类生存的自然现象，难以从科学的角度加以解释、说明，更不能正确对待，从而产生了恐惧感，逼迫人们将自然现象、自然物当作有无限生命力的、可感知人类饥饱冷暖的对象予以人格化或者神化的解释，产生了"万物有灵"的原始观念，并将其作为崇拜的对象加以顶礼膜拜。

岩画作为史前人类祭祀活动的产物，存在着大量自然崇拜的图像和符号。在贺兰山岩画中，大量存在太阳、月亮、星辰、高山、流水、动物、植物等图形和符号，是原始人类通过凿刻岩画实现自然崇拜的生动反映。

除此以外，还有很多用人面像岩画的形式，表现自然崇拜的文化内涵。史前人类将太阳、高山、树木等自然现象、自然物加以人格化的处理，赋予其人面的形象，凿刻在山壁之上，以作为人们崇拜和祭祀的对象。这类用人面形象表现自然现象、自然实体的岩画，称之为自然崇拜类的人面像岩画。这类人面像岩画，是原始人崇拜自然的最高体现（图1）。

图1　自然崇拜类的人面像岩画

(二)生殖崇拜类的人面像

英国著名艺术家、宗教象征研究专家海瑞·卡纳博士(Dr.Harry Cutner),在他的《性崇拜》一书中指出:"'性的崇拜'即指人类对于生物的生殖器官及自然界的繁殖能力的崇拜而言,故又称为'生殖崇拜'。"①

在原始社会初期,人类曾对外在的自然环境和自然现象产生过敬畏,对生老病死及能够给人类带来福祉或灾难的自然变化感到大惑不解。然而更令他们恐惧和神秘的是人类自身的生殖。在原始宗教中,"最深刻、最使人敬畏的自然属性是生育和生殖能力"②。于是就产生了生殖崇拜。

人类文化史证明,生殖崇拜,作为人类最早的一种崇拜形式,曾经在原始社会初期存在很长的历史时期,以至在人类步入文明的门槛之后,其影响依然持久地、忽隐忽现地表现在遍及全世界各种文化现象中。在贺兰山岩画中,存在着大量生殖崇拜岩画,据初步统计,在岩画密集分布的贺兰山贺兰口,有大约百分之四十的岩画与生殖崇拜有关。

贺兰口生殖崇拜岩画有三种类型,一是女阴崇拜,二是男根崇拜,三是性行为的崇拜。上述各种类型的生殖崇拜在岩画中的表现形式也有三种,一是非常率真而形象地表现其所崇拜的对象;二是把女阴、男根或男女交合加以人格化的改造,使其构成可供人们崇拜的人面像;三是采用抽象符号或象征性的符号对女阴、男根和交媾行为进行表现和指代。

由于早期人类低下的生产力和思维能力,他们不懂得男女交合与孕育生产的关系,还没有认识到男子在生殖活动中的作用,只是从生殖过程中直观地看到女性是繁衍人口的主体,怎么也不明白,女人的"产门"中,会生出一个小孩来!在大惑不解中,产生了女性崇拜,并运用写实或抽象的方法再现女阴形象,使之成为人们崇拜的对象。

贺兰山岩画中的女阴崇拜岩画最具特色的是运用女阴的外形和构造而制作的人面像。其中数量最多的有两种:

一种是女阴核形人面像。核形、橄榄形或菱形是外阴、子宫或生育繁殖的象征。因其外形像女阴而构成有五官的人面像(图2),是女阴崇拜最直接的对象。在贺兰口岩画中,这类人面像共发现有39幅。

一种是女阴结构形人面像。其程式化的基本构图是在一个圆圈或方框中,上下左右各刻画一条向内弯曲的弧线(图3)。在向内弯曲的弧线左右刻画一对眼睛就构成了一具人面像。这类女阴形象的人面像构成形式,在杨学政先生的《达巴教与东巴教比较研究》

---

① [英]海瑞·卡纳:《性崇拜》,方智弘译,湖南文艺出版社,1988年,第7页。
② [美]O. V. 魏勒:《性崇拜》第十四章,历频译,中国文联出版公司,1988年,第206页。

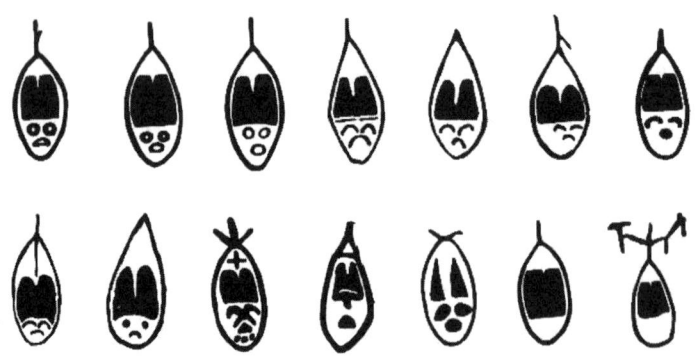

图 2　女阴核形人面像

中找到了实证。在摩梭人原始宗教达巴教卜书中,保存有女阴、男根及两性交合的东巴象形文字,其中义为女性生殖器的图画文字写为❀,读作"尼直",和女阴结构形人面像❀属同一类型。

不过,这类表现女阴崇拜的人面像,往往在其基本构图形式不变的基础上,在轮廓线内外添加了眼睛及象征毛发、头饰等线条,使其更具人面的形象(图3)。在贺兰口,这类人面像共发现和记录了59幅。

图 3　女阴结构形人面像

这种以"尼直"基本形构成的人面像,类似戏剧脸谱中的"四块瓦"造型,如果将"四块瓦"中间填实,其简化形式即作❀。贺兰口岩画中的一幅人面像,是在这个简化了的"尼直"符号两侧各加一点,以示双眼,构成人面像(图4)。

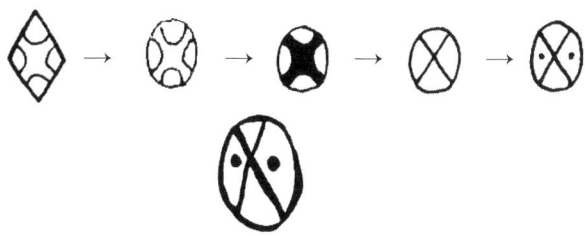

图 4　女性生殖崇拜类人面像

这种在一个圆圈中带有×的⊗,和埃及各处碑碣上或坟墓里发现的带圆十字架⊕属同一类型的符号,是女性生殖器的象征。"埃及诸神的手上,大都拿着带圆圈的十字架,不肯承认十字架为性象征的学者,把这种形状的十字架解作传授永生于死者。但在埃及的冢墓里,带圆十字架时常与生殖器放在一起"①。

在女阴崇拜的进程中,史前人类还依据其构造和形态,寻找象征物,以隐喻地表现女阴形象。象征女阴的抽象符号类岩画也有很多,从总体上讲,可以分为两大类,一类是以可状女阴之形,且具有生殖旺盛、繁衍不息特征的鱼、蛙、花卉、植物、田亩作为女阴的象征物;第二类是环形"◎"、椭圆形"O"、菱形"◇"、倒三角形"▽"及坑穴(点)"·"等抽象符号(图5)。第一种类型的女阴象征符号,取材于肖其形的动植物或自然实体,包括可状女阴

图 5　贺兰山岩画中的女阴象征符号

的海贝、瓜瓠、螺及中空的船、洞穴、凹地、瓮、桶、罐等等。第二种类型的女阴符号,往往是由女阴象征物抽象演化而来的几何纹样,是第一种类型抽象化的演进和符号化的结果,是从具象到抽象的变异,从繁复到简化的提炼。

伴随着男性在社会生产活动中逐渐占据主导地位,人类社会开始从母系制向父系制演进,女子崇高的生育地位被以男子为中心的生育意识所取代。人们注意到,"男性晓得是自己让女人受孕的"②,女人仅仅提供了一个使"种子"孕育的场所。男人由于他的生理力量而征服了女人和孩子,使她们把他当作家长来敬畏,男人在家庭里取得了绝对的统治权,其中包括物质支配权和子女生育权。"男性生殖器官开始被当作家庭创造者的父亲的权威和力量的象征,最终被当作造物主本人的象征"③,于是就逐渐产生了男性生殖器崇拜。对男性生殖器实行崇拜,是母系氏族社会以后对父权的一种确认和张扬。它不仅用最直接的夸张手法展示了男性的阳刚之气,而且还曲折地反映了男性在生育方面的主导

---

①②③〔英〕海瑞·卡纳:《性崇拜》,方智弘译,湖南文艺出版社,1988年,第46页。

地位。

贺兰山岩画中男性生殖器崇拜岩画,除了直率地刻画出男根形象外,用阴茎及睾丸构成的人面像表达了原始先民对男性崇拜的执着和丰富的艺术想象力。用两个象征睾丸的圆点指代双眼,用阴茎指代鼻子,再刻画一圈外轮廓线,就构成了一具人面像(图6、图7)。

图6　贺兰山岩画中的男根形象图　　　图7　贺兰山岩画中男性生殖器构成的无轮廓人面像

将睾丸和眼睛、鼻子和阴茎相提并论,这在我国北方民间俗语中是可以找到证据的。形容一个人生气、怒目双睁时便说:"看你眼睛睁得像个驴卵子!"卵子是睾丸的俗称。在民间,人们往往将鼻子和阴茎相对应,骂仗势欺人的无赖是"尿大鼻子大"。虽语出不雅,但可作为以男根构成人面像的佐证。美国学者琳·马古利斯(Lynn Margulis)、多雷昂·萨甘(Dorion Sagan)在他们合著的《神秘的舞蹈——人类性行为的演化》(*Mystery dance : On the Evolution of Human Sexuality*)中,对人类性行为的演化过程进行了研究,指出:"达尔文相信,各种生物有不同的肤色及头颅形状,各人种也有不同的鼻子形式及体毛分布,这些都是性选择的结果"。"某些男人的鼻子像阴茎,而某些男人微裂开的下巴像阴囊,这些都不是出自偶然的,而是女性选择的结果"。[①] 贺兰山岩画以男性生殖器构成的人面像中,以男根表现为鼻子即是这种将鼻子视为阳具的性选择依据。

男性生殖器的象征物有可状男根之形的卵生动物鸟、蛇、龟,有表现男根威猛内涵的狼、牛、虎、犬及箭、镞、斧、棍、锥,还有表现男根挺拔雄伟内涵的山、石柱等自然物。其从象征物原形加以抽象化的符号有鸟纹、蛇纹、龟纹、山纹、柱纹等象形符号(图8)。在距贺兰山拜寺口南2.6公里的大韭菜沟,我们发现了一幅很大的人物岩画。画面上,一个裸人的男根是用一支箭表示的,以箭矢作为男根的象征物,在这幅岩画中得到了充分的体现(图9)。

在远古时代,人类战胜自然灾害、抵御野兽侵袭的能力非常有限,在十分恶劣的自然环境和极度艰苦的生活条件下,人们时时面临着疾病和饥饿的威胁,能够生养一个孩子,使之长大成人是一件了不起的事情。整个人类都面临着战胜死亡、加快繁衍、发展人口、

---

① [美]琳·马古利斯、多雷昂·萨甘:《神秘的舞蹈——人类性行为的演化》,潘勋译,中国社会科学出版社,1999年,第131页。

图8　贺兰山岩画中象形的男根符号　　　　　图9　贺兰山岩画中的男根符号

以期种族生存繁衍的神圣使命。当先民们认识到了人与生殖之间的直接关系,认识到了男女交合才能生育、繁衍后代、增加人口的时候,崇拜性行为、祈祷多产便成了原始先民的一种崇高的信仰,繁殖巫术便应运而生了。人们幻想在亘古不变的石头上,率真直露地磨刻出男女交合的各种体形和动作,就可以通过膜拜或祭祀的仪式,产生神秘的交感作用,促进人类的生育繁殖,达到种族繁衍的庄严目的。于是便在世界各地出现了岩画中的男女交媾图。

新疆呼图壁县康家石门子岩画是新疆地区发现的画面最宏大、岩刻人物数量最多的岩画点。在一处山色赭红、山势雄伟的崖壁上,布满了二三百个大小不一、身姿各异的人物形象,面积达 120 多平方米,是一处巨幅生殖崇拜群舞造像。(图 10)

在画面上方,是一列九个身材修长、两臂上下翻腾、双脚轻盈并拢的裸女舞蹈像。下面左右一排人物群像,有男有女,有的男性双手或单手把持着硕大的生殖器,直指女性阴部;有的则率真地刻画出男女交欢的动作,以表现男女交合的热烈场景。在其下面,线刻有两列成队的小人,表达古人对繁衍人口的追求。从这幅表现原始生殖崇拜的舞蹈图中,我们可以强烈地感受到当时人们对异性的炽热追求,对两性感情的纯真歌颂和对氏族昌盛、种系繁衍的祈盼与关心。

在贺兰山岩画中,发现有 6 组 7 幅男女交媾图像,其中贺兰口发现

图 10　新疆呼图壁县康家石门子岩画(局部)

了2组2幅(图11)。

图11 贺兰山岩画中的男女交媾图

生殖崇拜岩画中的性行为崇拜,不仅表现在直接描绘男女交媾的图像里,还表现在人面像岩画中。在贺兰山贺兰口的一幅核形人面像的轮廓线中,用一个男根符号和一个象征女阴的蛙肢纹符号,上下排列表示男女交合(图12)。前者的男根符号中一竖为阴茎,代表鼻子;两边各有一个小圆穴,为两颗睾丸,代表一对眼睛;下面的蛙肢纹象征女阴,指代人面像的嘴巴。后者的山形符号象征男性生殖器,下面的蛙肢纹上的两个小弧线代表眯着的双眼,下部曲线代表嘴巴。

图12 表示男女交合的核心人面像

蛙纹是我国母系氏族社会马家窑文化中占据主导地位的彩陶纹样,广泛分布在西北甘宁青地区,在仰韶文化庙底沟类型的彩陶中也有发现。蛙的繁殖力极强,产子繁多,陕西姜寨和河南庙底沟的全蛙纹饰,在浑圆膨大的肚子上画有很多黑点,即表示怀子甚多,所以蛙被原始先民用以象征女性怀胎的肚子(子宫)。而有些彩陶,如庙底沟H7:48、马家窑文化马厂类型Ⅱ式505:31彩陶所绘的蛙纹,其尾部均有一个小圆圈,象征阴户(图13)。在我国古代,及至今天的中医界,有将女性的阴户称为"蛙口"或"蛤蟆口"者,故蛙纹具有象征女性性器的意义。

蛙纹又分蛙卵纹、蝌蚪纹、蛙肢纹和蛙腹纹①。在贺兰山贺兰口表现男女交合的人面像中,即是象征女阴的抽象化了的蛙肢纹。

①〔美〕琳·马古利斯、多雷昂·萨甘:《神秘的舞蹈——人类性行为的演化》,潘勋译,中国社会科学出版社,1999年,第131页。

核形或菱形是女阴的外部形象,在核形轮廓中,植入象征男性生殖器的男根符号、山形符号,凸现男女交合的表征,这在贺兰口人面像岩画中也有发现。但为了更加符合人面特征,便在男根符号和山形符号下面再添刻象征女阴的蛙肢纹,分别代表鼻子和嘴巴(蛙口),不仅更加坦直地用符号表现了男女上下交合的情状,而且也为核形面廓加了注解,把男女交媾物化为一具供人们祭祀、膜拜的人面像。

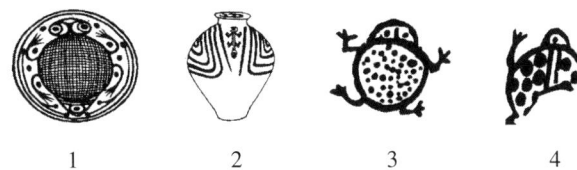

1. 甘肃马家窑文化马家窑类型彩陶盆(俯视);2. 青海马家窑文化马厂类型彩陶壶(侧视);3. 河南庙底沟仰韶文化蛙纹彩陶片;4. 陕西姜寨仰韶文化蛙纹彩陶片

图 13　新石器时代彩陶文化中的蛙纹

贺兰山生殖崇拜岩画,无论是男性生殖器崇拜、女性生殖器崇拜,抑或是男女交媾行为的崇拜,并不单单是直率地表现男根、女阴和男女交媾图像,也不仅仅是用抽象符号体现生殖崇拜的内容,而是将抽象的或符号化了的男女性器官、男女交媾复合为更具灵性的人面像,以其作为崇拜的对象,成为贺兰山生殖崇拜岩画中最具特色的表现方式之一。(图14)

图 14　"尼直"符号构成的人面像

(三)图腾崇拜类的人面像

图腾崇拜,作为世界上所有部落和民族在一定社会发展阶段中所共有的文化现象,在人面像岩画中有着充分的表现。

原始人认为,某种动植物或其他自然物是本氏族的祖先,同时又是他们的保护神,两者存在着血缘关系。

英国人类学家 A. R. 拉德克利夫—布朗则将图腾崇拜(Totemisn)定义为"人们在社会与在社会生活中十分重要的植物、动物及其他自然物之间借以确立特殊关系系统的一整套习俗和信仰"[①]。在人类早期社会中,图腾崇拜是原始先民以自然崇拜或动植物崇拜为对象、以祖先崇拜或血缘灵魂崇拜为内容的各种观念意识的特殊表现形式,对原始群体共同心理素质的形成,对氏族审美活动的影响和促进产生过巨大的历史作用,在人类发

[①] A. R. 拉德克利夫—布朗:《澳大利亚部落的社会组织》,《大西洋专论》第一卷,第29页。

展过程中占有重要的地位。

从某种意义上讲,岩画是原始人类最大限度地取悦于图腾的一种艺术表现形式。由于图腾总是被看作是宗族的祖先和守护神,为了求得它的保护,从它那里获得力量,得到帮助,人们就调动一切力所能及的手段,其中包括运用原始造型艺术的手段,将图腾的形象雕刻为木质的、石质的或制作成陶质的,或者刻磨在山石、木柱上,描绘在山洞里、崖壁上,把它作为崇拜的偶像。岩画中的很多图形,其实就是图腾崇拜的产物,是史前人类将图腾形象磨刻或绘制在亘古不变的山崖上进行虔诚崇拜的一种原始艺术形态。

在贺兰山岩画中,图腾崇拜的主要表现形式之一,就是将图腾动物或植物拟人化,赋予图腾动物或植物以人面的形象,其构图形式往往是将图腾符号置于人面的轮廓线内,使之在视觉效果上类似于人面的五官,并在轮廓线外添刻头饰、发饰,使其更具有人面的特性,这在贺兰山人面像岩画中,属于"图腾崇拜类人面像"。(图15)

图 15 图腾崇拜类的人面像岩画

(四)神灵崇拜类的人面像

在我国北方农村,至今还遗留着人类学家称之为"接触巫术"的行为方式。那里的人们普遍认为,寺庙里供奉的各种塑像,是各种神灵的所在,用文化人的语言表述,那是"神灵的载体",肉眼看不见的神灵,就附着在能够看得见的塑像上。表现神灵的塑像,就是神灵。因此,这些塑像是有生命的,有知觉的。谁祭拜了它,谁给它烧香磕头,谁给它贡献祭品,它都会牢记在"心",并予消灾赐福。"塑像"和"神灵"就这样画上了等号。同样的道理,

这类人面像岩画和塑像一样,也是神灵的载体。(图 16)

"原始人关于神和超自然存在物所想象或虚构的任何东西,都是依据于他已有所认识的东西。当然,人也能把神想象为精神的力量,但人说不出这种神的形象。当必须表达这些神时,总要采取动物的形式或拟人的形式"①。

"人是按和自己类似的样子来想象神的;不管人把神描述成人还是兽,或者是二者的结合,神都不包含任何未知的因素"②。

图 16　神灵崇拜类的人面像岩画

(五)首领崇拜类的人面像

在人面像岩画中,有一部分是首领崇拜类的人面像。

所谓首领崇拜,是对本氏族已故的领袖人物、部落酋长、部落首领的崇拜。这些氏族部落的"大人物",往往在本氏族部落的发展、壮大过程中有过巨大贡献,或者在氏族部落生死存亡的关键时刻做出过重大决策。他们既是氏族公共事业的组织者,又是部落重要祭祀活动的主祭师;既是民族战争中的英雄和勇士,又是制作工具的能工巧匠和狩猎放牧的行家里手。这些英雄人物生前有功于本氏族,死后被氏族尊之为神,成为人们崇拜的对象。在以血缘关系维系的氏族部落中,氏族首领、部落酋长往往又是氏族部落成员的长者、祖先。因此,首领崇拜也是祖先崇拜。为了追思这些已故首领、祖先的在天之灵,氏族首领的继位者总是要将其形象凿刻在石壁上,以供本氏族举行集体祭奠活动时,进行隆重的崇拜仪式。这样,就产生了首领崇拜类的人面像岩画。

人类学田野调查材料显示,通常,氏族部落首领的头顶上,往往插着鹿角或羽毛。在古代,鹿角和羽毛是权力的象征,只有部落酋长或首领才有资格戴这些东西。郭沫若说:"古人当即插羽头上,而谓之皇。原始氏族之酋长头饰亦多如此,故于此可得皇字之初义,

---

①②〔美〕O. V. 魏勒:《性崇拜》第十二章,历频译,中国文联出版公司,1988 年,第 175 页。

即是有羽饰的王冠"①。因此,在头顶上插着鹿角或羽毛的人面像岩画,应是氏族部落首领的形象,这在贺兰山岩画中所在多有。(图17)

(六)面具类的人面像

贺兰山岩画中的部分人面像岩画,是贺兰山地区远古时代曾经广泛流行面具的真实记录和生动体现,这类人面像岩画,我们称其为面具类的人面像。

在遥远的过去,面具曾在几乎所有的民族中存在过。在原始社会的宗教生活中,面具是人们化身精灵的一种手段,是人接近神灵或者替代神灵的一种方式。古人用不同材质制作出来的各种神态、各种表情的面具,是各种神灵鬼怪的物质载体。他们

图17　首领崇拜类的人面像岩画

认为,神灵就隐藏在面具中。一个人只要戴上面具,就可以改变这个人的存在,这个人马上就会成为这副面具所代表的动物、神鬼或死者的化身,就会身不由己地与这些神灵鬼怪融为一体。T.戈伦堡在谈到巴西印第安人的信仰时,有这样一段论述:"这些神灵,隐藏在面具中,体现在那里,只要跳舞的人戴上那独特的面具,它就安稳地停留在这里"②。法塔进一步表述了面具的本质,他说:"人在面具里,成为新的存在。面具成为所体现的死者、精灵或者是动物。那不是关于某些的作用的观念和表现,而是确有实感的化身。"③

面具是一种原始宗教或巫术活动的用品,是人们用于祭祀崇拜或巫师实施巫术时的辅助用具,当时的人们到祭祀场时总是要戴着面具进行祭祀活动的。例如内蒙古鄂温克族萨满要戴着面具举行祭奠活动,四川白马藏族人戴着面具在祭祀时舞蹈跳神,驱鬼祈福。美国新墨西哥州一带的祖尼人,建有蒙面神巫社,在神殿里有100多种不同形象的蒙面神面具,代表不同的神。在宗教仪式上戴着面具装扮成神舞蹈来祈福求雨。在美国亚利桑那州霍比人的宗教仪式中,有一类是戴着面具、穿着祭祀用的衣服,扮成祖先和神祇接受人们的祭拜。在我国古代文献中,也有戴面具从事宗教巫术活动的记载,《周礼·夏官·方相氏》:"掌蒙熊皮,黄金四目,玄衣朱裳,执戈扬盾,率百隶而时难(傩),以索室

---

①见北京大学:《国学》季刊,第一卷,第2号。
②③转引自阿·巴·奥克拉德尼科夫:《苏联远东考古新发现》第一分册,第三章。

驱疫。"①直到近现代,在我国藏族、蒙古族的宗教舞蹈——"羌姆"(跳神)舞中,头上仍戴着这种传统的面具。②可见面具作为一种古老的文化习俗源远流长。

有些面具岩画,就是我们在实际生活中所能见到的面具的翻版。比如在贺兰口沟内南山壁上的一幅人面像(图18),头顶为一横线槽,下面是"U"字形的人面轮廓,双眼是两个黑洞,恰如面具上掏开的两个洞眼,以便戴上面具后可以通过洞眼往外看。更为有趣的是,在面具两侧,还刻画有戴面具的绳索。这就非常明确地告诉人们:这是面具。类似这样极具面具特征的岩画,我们在贺兰山867幅人面像岩画中发现了21幅。

图18　贺兰口面具岩画

这些面具类的人面像岩画,由面具所体现的人脸形象及五官的布局取向怪诞,造型奇特,极具抽象意味和图案化倾向,往往表现如后世戏剧跳加官、喇嘛跳鬼、萨满招魂、巫婆跳神时所戴面具的怪异形态。而头骨崇拜的骷髅头岩画亦应归为面具类的人面像岩画中。

作为用于原始宗教活动和巫术活动中的面具,在新石器时代文化遗址中就有出土。2003~2004年,河北省文物考古研究所对河北省易县西南约12.5公里的北福地村的一处新石器时代的文化遗址进行了两个年度的正式发掘。发现了丰富的新石器时代文化遗存。在房屋遗址或灰坑中,出土了很多刻陶面具。经^{14}C测定,这些刻陶面具遗存的绝对年代在公元前6000~公元前5000年③。

据统计,出土的面具或面饰陶片约占陶片总数的10%。两次发掘所得完整或基本整者十余件。原料均为直腹盆片,以陶器腹部片为主,其次是陶器底片。陶质为夹云母红褐陶、灰褐陶、黑褐陶等,边缘有切割修整的痕迹。

刻陶面具与真人面部大小相近,一般长约10厘米,为平面浅浮雕造型。用减地法刻出凹块面与凸块面,以阴刻法勾勒出凹线条,将阴刻线与凹块面进行组合形成图案,有人面、兽面等形象。

编号为F2:1的刻陶面具,利用直腹盆的口沿及腹片制作,左侧有整齐的切割痕迹。宽6.6~13.1厘米,高20.2厘米。人面雕刻在沿下腹面,方向与口沿倒向垂直。用减地阳刻

---

① 李史峰主编:《十三经·周礼·夏官·方相氏》,上海辞书出版社,2006年,第177页。
② 何永才:《西藏的舞蹈——"羌姆"(跳神)》,《舞蹈论丛》1981年第1辑。
③ 河北省文物考古研究所等:《河北易县北福地新石器时代遗址发掘简报》,《文物》2006年第9期,第10~13页。

使陶面凹下去的块面构成椭圆形大眼眶，其与阴刻弧形线条之间的凸弧线条成为眼眉。镂孔为眼睛，双眼斜立。弧形三角凸块面为鼻部，在鼻孔处镂刻两个小圆坑点。减地椭圆形凹下块面为口部，以其中间凸起的块状表现舌部，舌中间又有阴刻交叉线条。额头一字并列3个穿孔，鼻下口两侧各有一个直径约0.5厘米的穿孔(图19)。这些穿孔很有可能是为拴系绳索而设，以便在戴面具时使用。

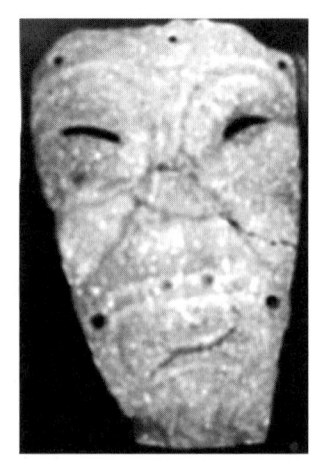

图19　河北易县北福地新石器时代遗址出土的刻陶面具

北福地村遗址大量出土的刻陶面具，是我国目前所见年代最早、保存最完整的史前面具作品，对于研究贺兰山面具岩画有着直接的参照意义。这些刻陶面具与面具岩画尽管所用材料不同，一个是陶片，一个是岩石，但制作技法却有着惊人的相似之处，在刻陶面具中，有很多和面具岩画一样，都是用减地刻法刻出凹块面与凸块面，以阴刻法勾勒出凹线条，将阴刻线与凹块面进行组合形成图案。其所不同的是，北福地刻陶面具是做祭祀、巫术活动时佩戴在头上"装神弄鬼"的用具，其面具额头和两腮部位并列的穿孔就是用来系套头绳索的，而面具类的人面像岩画则是不可移动的。但其文化意义又是相同的，不论是刻陶面具，还是面具岩画，都是人们在原始宗教仪式和巫术活动中化身精灵、接近神灵或者替代神灵的一种方式，都是各种神灵鬼怪的物质载体。

用不同材质制作的面具，萨满、巫师们佩戴后鬼魂附体、替代神灵，以实施宗教仪式或巫术活动，这是容易理解的。但面具岩画又是如何被他们用来完成角色的转换而从事宗教仪式或巫术活动的呢？

苏联考古学家 M. A. 戴甫列特在《关于喇嘛教跳神面具的起源》一文中记载，"叶尼塞河萨彦深谷穆固尔—萨尔戈尔地方，在青铜时代有一处祭圣地……祭圣时，人们要在石崖旁进行祈祷，戴上面具跳起舞蹈。……这一祭圣地的某些岩石上有一些神秘的仪式参加者的'祖像'——长小胡子的男子和不长小胡子的青年。前者帽饰复杂；后者面具式样较小，帽饰简单"[①]。

从这份田野调查资料中，我们可以了解到，在"祭圣地的某些岩石上"的"祖像"，其实就是长胡子或不长胡子的"面具式样"的岩画。而在"祭圣地"石崖旁，是"戴上面具跳起舞蹈"进行祈祷活动的人。

这就告诉我们，古代有一种祭祀活动，是戴着面具，跳着舞蹈，在刻有"面具式样"岩

---

① 〔苏〕M. A. 戴甫列特：《关于喇嘛教跳神面具的起源》，《苏联考古学》1979年第4期。

画的"石崖旁"进行的。由此可以推想,远古时代,人们在贺兰山贺兰口的那些面具类人面像岩画旁边从事祭祀活动时,很可能如在俄罗斯叶尼塞河萨彦深谷穆固尔—萨尔戈尔地方的"祭圣地"一样,是戴着面具进行的。

祭祀活动中,戴在人们头上的"面具"和在石崖上象征"祖像"的岩画"面具",是有相似之处的。巫师们一旦戴上"面具",在刻有"面具"岩画的"祭圣地"进行祭祀或巫术活动时,他们头上所戴的"面具"和岩画"面具"之间会因两者之间的"相似律"而产生"同类相生"的"交感"作用。巫师戴上"面具"化身精灵,或替代神灵后,就可以和岩画"面具"所象征的神灵鬼怪进行交流,进行对话。从而在基于"相似律"而进行的"交感巫术"过程中,完成其"通天地、近鬼神"的祭祀程序。

六、人面像岩画中的几种特殊表现形式

(一)"骷髅头"岩画

在贺兰山人面像岩画中,发现有很多骷髅头形象的人面像(图20)。这些骷髅头状的人面图形一般刻槽较深,失去皮肉的头骨特征明显,突出表现黑洞式的眼孔、鼻孔,有些还刻凿出骷髅头成排的牙齿或头骨上的缝线。骷髅头岩画分布在环太平洋地区许多地方,在内蒙古阴山地区、俄国黑龙江左岸及乌苏里江右岸的巨石或岩壁上都有发现(图21)。

图20　贺兰山岩画中的骷髅头人面像　　　　图21　内蒙古阴山地区的骷髅头岩画

大量民族学资料证实,从远古人类到现代原始部落及偏僻古老的山区农村,人们都相信骷髅是死者鬼魂的住所,是灵魂的载体和物化形式。认为骷髅头骨寓有人的"灵性"、精气和一种超自然的力量,可以使人的尸骨重获生命。从而产生了头骨信仰的观念。

法国学者 J. E. 利普斯(J. E. Lipps)在谈到头骨崇拜时说:"既然头骨时常被当成灵魂之座位,自然就要获得它、保存它,假如它属于一个杰出人物如祭司或首领,更是如此。头骨崇拜不限于祖先的头骨,还扩展到任何能获得的头骨,无论它是朋友的还是敌人的。从死人崇拜到头骨崇拜,发展出面具崇拜及其舞蹈和表演。刻成的面具,象征着灵魂、精灵或魔鬼。"①

作为早期人类崇拜的对象,骷髅头有驱瘟疫、求雨水、矜功、威敌、祛鬼、辟邪、厌胜、

---

① 〔法〕J. E. 利普斯:《事物的起源》,汪宁生译,四川民族出版社,1985年。

占卜休咎、保护家族安全等多种功能。

贵州清江县土家族聚居区有一个传说:"很久以前,几个放牛娃捡得一个骷髅,觉得好玩,便戴在脸上,嬉嬉闹闹地赶着牛回到村寨,当时寨子里正流行着可怕的瘟疫,但由于放牛娃们脸戴骷髅在村子里打闹,瘟疫立刻消除,病人也痊愈了。"从此以后,人们便把骷髅视为神灵,"各村寨有了天灾人祸,就仿照骷髅,用木头做成面具,戴在脸上,扮成神灵模样,驱鬼祛邪,以求平安"①。

H. 斯宾塞说:"尤卡坦族割下同族死者的头(把它煮了)去掉肉,再把头盖切成两半,只留下带着下颚和牙齿的前半部分。然后,安上曾经剥下去的肉,由此尽量使之和头盖主的面貌相像。"美拉尼西亚人也有把头盖改造成面具的习俗,"他们从头盖面具的后侧安上短棒和皮带,使表演死者的人脸在前面,不致使面具掉下来"②。

在印度支那北部佤族的创世神话中,也有崇拜头盖骨的传说,说佤族始祖他蒙和亚太本来是蝌蚪,好不容易变成了青蛙,因为吃了一个人,生下的孩子成了人形,所以就把被吃的人的头盖骨供在一个盒子里。他蒙在临终时,给儿孙的遗嘱:"随时得有一个人头骨放在家里。没有人头骨,你们就不会和平、繁荣和幸福。"从此,人头骨便成了佤族最珍贵的遗产。"如果遇到严重旱灾,最好的办法就是献一个人头骨求雨。如果疾病吞噬了许多受害者,就可用一个人头骨驱除瘟疫"③。

在古代战争中,被割下的敌人的头颅,是敌人精神、力量和生命力的象征。"因此凯尔特战士将敌人的头戴在自己脑袋上作为胜利纪念品,他们认为这样可以获得被杀掉的敌人的力量和勇气"。④而太平洋某些岛屿和东南亚,则"将敌人头骨悬挂于房屋的正柱上"⑤,用以示众矜功,炫耀自己猎头的战利品。

古代人类对头骨信仰的起源,可能与远古时代的食人风气有关。恩格斯说:"由于食物来源经常没有保证,在这一时期,似乎发生了食人之风(cannibaism),这种风气,后来保持颇久"。⑥又说:"近代科学已经证明:吃人,包括吞食自己的父母,看来是所有民族在发展过程中都经历过的一个阶段"。⑦根据考古学家的研究,晚期智人化石中,被认为由于暴力而造成损伤的出自两个地点:中国周口店的北京人和法国的克罗马农人。从一些考古资料可以看出,食人之风由来已久,北京人有可能就是其中的一个来源。

---

① 罗星耀、余开云:《土家族傩堂戏面具简述》,《民族艺术》试刊号,1985年。
②④〔日〕大林太郎:《印度支那北部佤族的人类起源神话》,《中国神话》第1集,1987年。
③ 转引自铁林、胡不为主编:《考古发现之谜总集》,吉林文史出版社,2006年,第73页。
⑤〔英〕海登:《南洋民族考察记》,吕一舟译,商务印书馆,1937年。
⑥ 恩格斯:《家庭、私有制和国家的起源》,人民出版社,1956年,第22页。
⑦ 恩格斯:《爱尔兰史》,《马克思恩格斯全集》第16卷,人民出版社,1964年,第558页。

曾参加过周口店北京猿人发掘工作的美国古人类学权威魏敦瑞,在他1943年出版的著作《中国猿人头骨》中指出:北京人化石产地出土的头骨多,而躯干骨和四肢骨却很少。据魏敦瑞的考古发现,大部分北京人的头盖骨都有伤痕。北京人把自己的同伴打死,然后再把他们吃掉。但为什么留下的头骨又相对多一些呢?那是因为脑盖可以用来盛水。对北京人头盖骨材料的研究确定,北京人的食人之风,是周口店头骨化石多的重要原因。同时魏敦瑞又认为,北京人打开死者颅骨是原始人礼俗信仰所致①。1961年,伯高尼奥参照印度尼西亚西里伯岛南岸布晋人的习惯,提出北京人的葬仪与之相同的观点。布晋人18世纪改信伊斯兰教之前,有一种吃人的习俗:他们把死者的尸体送到离住所很远的空旷地带,藏在一个通风而又隐蔽的地方,等尸体风干后,就把头取下来搬回家,敲开颅骨吸食脑髓后,将头骨供奉起来作为家庭的守护神②。

用作盛器的头骨,在我国新石器时代的文化遗址中也有出土。1957年,考古工作者在邯郸市西郊涧沟村对两个相当于龙山文化时期的灰坑进行考古发掘时,发现了4个完整的头盖骨和几块头盖骨残片。③据严文明先生研究,这些明显有砍头时留下斧痕和因剥头皮而留下刀痕的头盖骨(图22),"应当是一种作为饮器的头盖杯",是历史上欧亚大陆北方草原游牧民族流行"头盖杯风俗"的典型例证。④涧沟头盖杯大体属于龙山文化较早时期的遗物,距今约4300年。这就是说,在非常久远的那个时期,我国古老的北方草原游牧民族就有了"头盖杯"的风俗传统。

考古资料显示,在商代前期还继续流行着制作"头盖杯"的风俗。1973年,考古工作者在对郑州商城进行发掘时,在其东北部发现了大片宫殿基址和壕沟等。其中有一条南北向的壕沟就堆积了近百个人头盖骨,有80多个层层叠压成两大堆。一般是从眉弓和耳际的上端横截锯开的,断口比较整齐,不少标本上还留有明显的锯切痕迹。⑤这是在我国发现头盖杯最多的一次。在此之前,曾在商城以北的一处骨

前视,正中有一道刀割痕

图22 河北邯郸市涧沟村龙山文化遗址出土的头盖骨

---

①转引自铁林、胡不为主编:《考古发现之谜总集》,吉林文史出版社,2006年,第71页。
②转引自铁林、胡不为主编:《考古发现之谜总集》,吉林文史出版社,2006年,第73页。
③见《1957年邯郸发掘简报》,《考古》1959年第10期,第531页。
④严文明:《涧沟的头盖杯和剥头皮风俗》,《考古与文物》1982年第2期。
⑤河南省博物馆:《郑州商城遗址内发现商代夯土台基和奴隶头骨》,《文物》1974年第9期。

器制作坊中发现一个窖穴,出土了许多骨镞、骨簪及其半成品和骨料等,总数达1000多件,这些骨器大多都是用人的肢骨或肋骨制成的。①可见商代用人骨做器具并非偶然实例,"当是从龙山时代开始的头盖杯风俗的一个发展"②。

用头骨做盛器的习俗,多见于文献记载。赫胥黎在《人类在自然界的位置》一书中,谈到澳大利亚人头骨的特征时指出:"大多数具有这些特征的头骨,我是在南澳洲阿德莱德港附近见到过。当地人用这种头骨做盛水器具。为了达到盛水的目的,面部被敲去……"③

在我国古代典籍中,也有用头骨做盛器的记载。据《战国策·赵策一》记载,"及三晋分智氏,赵襄子最怨智伯,而将其头以为饮器"。又据《史记·大宛列传》记载:"及冒顿立,攻破月氏;至老上单于,杀月氏王,以其头为饮器"④。类似的记载,还见于《汉书·匈奴传》:汉大臣韩昌、张猛与匈奴老上单于订立盟约时,曾以"老上单于所破月氏王头为饮器者,共饮血盟"⑤。

2004年,笔者在西藏拉萨的八角街上,在一些卖工艺品的店铺里,还可以见到有镶银边的人头盖骨碗出售。据老板讲,这是从藏民家里收购来的。这种头骨碗的颜色已呈浅土黄色,头骨上的齿状纹清晰可辨,看来已经使用了很长时间。可见,在西藏也曾有过用人的头盖骨做器皿盛东西的习惯。

在国外,"对于头盖的信仰尤其特别发达的是波利尼西亚、美拉尼西亚、缅甸、印度尼西亚。据L.施伦堡所说,在达雅克族的巴塔里部落里猎取人的头盖(更正确点讲是猎取人头)这是'日常的活动'。他们认为,头盖能促进丰收"。在一些原始部落中,认为头骨是盛死者灵魂的容器,死者的头盖,不仅要经常保存在家中,而且还要在礼仪上使用。⑥

新中国成立前,在内蒙古各地的喇嘛跳鬼舞时所戴的面具上,常以骷髅形为装饰。在非洲一部分部落中,在那些应有祖先参加的宗教仪式里,头饰上常以人的头盖作为装饰的基础。

面具崇拜是头骨崇拜发展的结果。贵州德江县土族,先有放牛娃用骷髅戴在头上驱除瘟疫,后用木头仿照骷髅头做成面具驱鬼祛邪。因此骷髅面具实际上是骷髅头的复制品,这是一个"逼真的形象",面具如此逼真,以至于使骷髅头原本具有的寓灵魂、祛鬼邪

---

① 河南省文化局文物工作队第一队:《郑州商代遗址的发掘》,《考古学报》1957年第1期。
② 严文明:《简沟的头盖杯和剥头皮风俗》,《考古与文物》1982年第2期。
③ 赫胥黎:《人类在自然界的位置》。
④ 司马迁:《史记·大宛列传》。
⑤ 《汉书·匈奴传》。
⑥ 朱狄:《原始文化研究》,生活·读书·新知三联书店,1988年,第512页

等功能都会在面具形象上得以继续存在,并为面具发挥"效力"创造了必须的条件。"原始人常在祭祀仪式中广泛地使用面具,以赋予自己进入另一世界去的能力。例如新几内亚的拜宁人(Baining),把在祭祀仪式中使用过的面具当作圣物来供奉,认为它是沟通人与神这两个世界之间的渡船,它所装载的不是任何东西而是人的灵魂"。[1]

模仿人骷髅头的骷髅头岩画,如同模仿人的骷髅头做成的面具一样,都因其"逼真"而被赋予了同骷髅头一样的"灵气",它既是灵魂的寓所,也是鬼神的载体,是沟通人与鬼神之间的桥梁,具有驱瘟辟邪、保佑平安的功能。因此同样在原始祭祀仪式中被人们虔诚敬奉,崇拜有加。

(二)没有脸的人面像岩画

在贺兰山人面像岩画中,有一种没有脸的人面像岩画。这种人面像,没有五官,只有一个人面的轮廓,在人面轮廓线之外,有的还刻有头饰,如同与其构图相似的人面像那样(图1)。还有一种人面像岩画,只有眼睛、鼻子、嘴,但没有人面轮廓线。有些学者称这类人面像岩画为"未完成的人面像"(图23、图24)[2]。

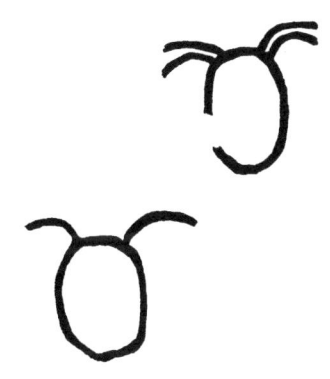

图23 没有刻画五官的人面像岩画　　　图24 没有轮廓线的人面像岩画

其实,认真分析一下这类人面像周围的岩画环境,其他岩画图形都刻画得非常完整,唯独这类人面像岩画却"未完成",似乎不合情理。再从这类人面像岩画的构图分析,无论是没有五官、只有人面轮廓的人面像,还是只有眼睛、鼻子、嘴,但没有人面轮廓线的人面像,都刻画得很认真,丝毫没有投机取巧或半途而废、不了了之的感觉。因此,这类人面像岩画,根本不是"未完成的人面像",而实在是很虔诚、很认真地在岩石上制作完成了的人面像。

那么,古人为什么要刻制没有五官或者没有人面轮廓线的人面像岩画呢?

---

[1] 〔英〕海登:《南洋民族考察记》,吕一舟译,商务印书馆,1937年。
[2] 郭沫若:《殷契粹编·考释》,科学出版社,1965年,第7页。

岩画中的人面像，不管是生殖崇拜类的人面像、自然崇拜类的人面像或者是神灵崇拜类的人面像、图腾崇拜类的人面像，都是古人心目中的神，是人们崇拜和祭祀的对象。产生于欧洲旧石器时代的维纳斯雕像中，无论是保存在纽约美国自然史博物馆的"维林多夫维纳斯"(venus of willendorf)，还是在法国发现的"莱斯皮格维纳斯"(the veuns of lespugue)，或者是在乌克兰发现的"科斯丹克维纳斯"(the venus of kostenki)，在其头部，都有着一张没有刻画五官的脸，也可以说是没有脸的脸。这些没有脸的维纳斯雕像，就是令史前人类感到敬畏的神的形象(图25)。

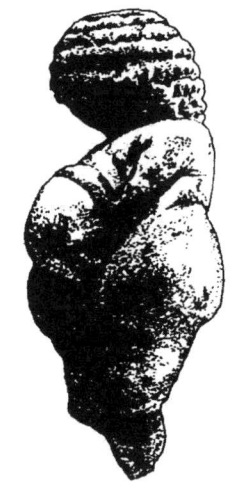 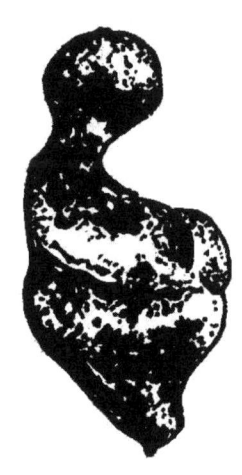 

图25　没有刻画五官的维纳斯雕像

朱狄先生在谈到这些没有脸的维纳斯雕像时说："对于一个有神性意味的塑像来说，一张没有脸的脸就是最符合神性的脸，也就是最好的脸……因为实际上我们可以想象，在所有那些'维纳斯'的脸上随便刻画几下并不是一件难事，那么为什么偏偏要在这个表现人的感情最为显著的地方留下一片空白呢？只有一种解释是可行的，那就是与其塑造不出一张真正的能传达神意的脸，还不如让它空白的好。一张有鼻有眼的脸总是让人消除顾虑，高居于我们之上的令人敬畏的东西"。[1]

一张没有脸的鬼神形象，往往比有脸的鬼神更令人感到恐怖，就像不见五官的蒙面人，比能看见脸面的人更可怕一样。以至在中国地方戏剧中，"鬼神"也总是有着一张模糊五官的脸面，表现为一个白森森的无脸形象。

让我们再来分析一下只有眼睛、鼻子，或只有眼睛，但没有人面轮廓线的人面像。这

---

[1]朱狄：《原始文化研究》，生活·读书·新知三联书店，1988年，第512页。

类人面像,不只是出现在贺兰山岩画中。在新疆富蕴县岩画(图 26)、内蒙古阴山岩画(图 27)、江苏连云港将军崖岩刻(图 28)中都有发现。这类被一些学者称之为"未完成的人面像",有一个最大的特点,就是在一组或多组岩画中,只有眼睛、鼻子、嘴而不刻画面部轮廓线的人面像,总是居于显著地位。尤其值得注意的是,这类人面像,在贺兰山岩画和阴山岩画中,其刻痕较深,眼睛、鼻子、嘴的构图也比较复杂,比刻画单线条面部轮廓的难度要大得多。

图 26 在新疆富蕴县岩画
　　　 没有轮廓线的人面像

图 27 内蒙古阴山岩画没有轮廓线的人面像

图 28 江苏连云港将军崖岩刻没有轮廓线的人面像

在居于显著地位并需要特别强调的这些人面像岩画,却不去"完成"它,这是有悖常理的。构图比较复杂、刻画难度较大的眼睛、鼻子、嘴都已经完成了,但又放弃刻画比较简单的面部轮廓线,这似乎不能简单地用"未完成",也即主观上的"不想完成"或者"不能完成"去进行解释。

只见五官不见脸,即没有轮廓线的脸,意味着是一张没有边缘的脸,是一张无限扩大了的脸。当你看到这样一张脸上的眼睛、鼻子、嘴时,就会感到眼睛、鼻子、嘴,尤其是眼睛,是无处不在的,这也正符合了神性的要求。在伸手不见五指的黑夜里,如果看见一双幽幽发光的眼睛游移在一片漆黑中,那将给人以什么样的恐惧,是可想而知的。在一片岩石上,只刻画出一双眼睛,这在古人的心目中,是一双神灵的眼睛,它在注视着芸芸众生。至于说,这个神灵有没有脸,脸在哪里,就显得不那么重要了。有一首儿歌:"一闪一闪亮晶晶,满天都是小星星,挂在天上放光明,好像许多小眼睛",那么,脸在哪儿呢? 脸就是天,就是没有轮廓线的无边无际的天。童年的孩子会这样说,处在人类童年时期的原始人也会这样想。所不同的是,古人在看这张"脸"时,是对这张"脸"的不可认知,是对大自然的困惑和恐惧,认为是一种超自然力的神灵的再现。史前人类在创作这些只见五官不见"脸"、没有面部轮廓线的人面像时,他们实际上是在虔诚地磨刻着自己心目中的"神面"像,企图通过膜拜和祭祀去讨好它们,以求得到神灵的保佑。

在贺兰山岩画中,还有一种人面像岩画,是将眼睛、鼻子、嘴等五官刻在一块可移动的砾石上,岩石的岩面就构成了这幅人面像的脸,整块岩石就是一个"头"(图29)。原始人崇拜的对象,是无须情感交流的对象,在信仰"万物有灵"的时代,一块自然石也可以是神。对石头的崇拜,是"万物有灵"观念的一种反映,"石崇拜"的习俗,至今还延续在许多少数民族中,更何况在远古时代的一块磨刻有眼睛、鼻子、嘴的石头,其"神性"自然要比普通石块大得多,在当时人们的心目中,应该是极具神力的。至于说,在原生的石块上打造眼睛、鼻子、嘴,而不去刻画面部轮廓线,这是在原始人的"心理视觉"上,这块石头原本就是一个"头",它的面部轮廓线已经重叠在这块岩石的边缘线上了,无须再费力刻画了。

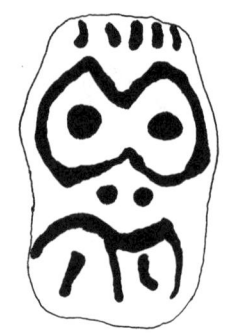

图29 整块岩石构成的贺兰口人面像岩画

总之,没有脸的人面像岩画,不管是只有五官,还是只有面部轮廓线,并非是没有完成的人面像,而是史前人类对其所崇拜的神灵的一种表现方式。在原始人的心目中,他们所崇拜的对象,是令人恐惧、令人敬畏的,所以它们的面目本不该与人一样,是说不清、道不明的,甚至是没有五官的,因此就有了没有五官的人面像。另外,这些神灵无处不在,其五官,尤其是眼睛,游移不定,在冥冥中注视着人们的一举一动,所以它们的"脸"是没有边缘的,因此就有了没有面部轮廓线的人面像。

(三)"太阳神"

在远古时代,人们把狩猎的成功、水草的丰茂,都归功于苍天的恩赐,把年景不好、缺吃少穿,认为是上天对人类的惩罚。太阳高居于天体之上,孕育生命,主宰万物,具有神圣不可侵犯的威严和力量。所以人们特别信仰和崇拜太阳。

崇拜太阳,曾经是一个世界性的文化现象。

古希腊曾建有日神"赫利奥斯"之庙,古希腊的天帝宙斯是太阳神和雷中之神升格的主神。古罗马也有日神"梭尔"之庙,古印度的太阳神名叫苏利耶……

古代秘鲁印加人认为太阳是世间万物的造物主,把太阳当作神灵加以崇拜,并且相信自己就是太阳的子孙。因此,每天都要在晨曦初露时,朝拜初升的太阳;在黄昏来临时,目送夕阳入海。据说,他们渴望太阳永驻人间,于是就在安第斯山巅上筑起一座"拴日台",希望用碗口粗的巨大绳索将太阳羁留在一根擎天柱上。每年6月24日,他们都要隆重庆祝古老的传统节日——太阳节。

据记载,"印第安人对日出的迎祭从入夜即已开始。在一块围着松枝的空地正中,点燃木头架起的巨柱,并一直燃烧到黎明。将近拂晓时,庆祝日出的印第安人出现了。他们的脸和全身都涂满了白色黏土,用以象征太阳的白色。他们手中拿着羽毛装饰的舞棒,围着火堆排成紧密的行列而舞蹈。他们从东到西来回移动,以此模拟太阳的运行。虽然火堆的热度灼人,但是舞蹈者们却勇敢地尽量接近它,用火点燃他们举着的羽毛,以象征新太阳的诞生。随着舞蹈,欢乐的歌声和呐喊响彻原野,节日的最高潮是一个模仿日出的象征性仪式。由十六个男人,抬着一个太阳的画像,让它庄严而缓慢地升起,同时进行舞蹈和歌唱"。①

在中国上古时代,大约在新石器时代后期至殷商早期,也曾经存在过太阳神崇拜。最早记录太阳神崇拜的文字出现在殷墟卜辞中,如:

"丁巳卜,又出日。丁巳卜,又入日。"(佚存407)

"乙巳卜,王宾日。"(佚存872)

"庚子卜贞,王宾日亡尤。"(金璋44)

"出、入日,岁三牛。"(粹编17)

"辛未卜,又于出日。"(粹编597)

"辛未又于出日,兹不用。"(粹编598)

郭沫若据上述卜辞材料考证:"殷人于日之出入均有祭……盖朝夕礼拜之。《书·尧典》'寅宾出日''寅饯出日',分属于春秋"。②

殷商时代的人每天早晚均有迎日出、送日入的礼拜仪式。卜辞中的"宾日""出日""入日""又日",就是这种祭日或拜日仪式的记录。

《礼记·郊特牲》记载:"郊之祭也,迎长日之至也,大报天而主日。"孔颖达注疏曰:"天之诸神,唯日为尊,故此祭者,日为诸神之主,故云主日也。"

又《左传·桓十七年》载:"天子有日官,诸侯有日御。日官居卿以底日,礼也。"《尔雅·释言》:"底,致也。""底日"就是"致日",即迎候日出。《周礼·冯相》有"冬夏致日"的记载,即其证。

从以上古文献记载可知,中国古代确有迎日、拜日的习俗和礼仪。不仅中原地区华夏诸族如此,在我国北方游牧民族中,也有拜日的习俗。《史记·匈奴列传》载:匈奴"单于朝

---

①〔英〕海登:《南洋民族考察记》,吕一舟译,商务印书馆,1937年。
②郭沫若:《殷契粹编·考释》,科学出版社,1965年,第7页。

出营拜日始生,夕拜月"。郭沫若说:"礼家有'春分朝日,秋分夕月'之说,均是后起"。①看来,拜日习俗由来已久,匈奴"朝拜日,夕拜月"的习俗可能源于上古时代。

在我国云南白族群众中,有对"本主"的崇拜和信仰。每个村寨都有自己的"本主",崇拜"本主",是因为"本主"可以保佑村寨平安吉祥。其中云沧乡洞湾村的"本主"就是"太阳神"。

生活在云南境内的布朗人的"宋坎"节,就是一个崇拜太阳、迎接太阳初升的节日。这天清晨,村寨的人们打着五颜六色的旗幡,端着内盛糯米饭、紫米粑粑、鱼肉鸡鸭和芭蕉等节日食品的竹制器具,等待出发。在朝阳从地平在线冉冉升起的时候,铓锣骤然响起,沸腾的人群应声起舞,奔向村头新搭起的彩棚,开始在这里举行一年一度的迎接太阳的仪式。然后纵情唱歌跳舞。一直到下午,大家才怀着眷恋之情,目送太阳下山后,返回村寨休息。

为了实现对太阳的崇拜,世界各国的古老民族都创造出过各种表现形式的太阳神形象。

以岩画的形式表现的太阳神,归类在人面像岩画中,是自然崇拜类人面像岩画中的一种类型。这类表现太阳神形象的岩画,最早发现于俄罗斯境内乌苏里江流域和黑龙江沿岸的岩画分布点上。

100多年前,P.马克在俄罗斯乌苏里江流域的舍列缅捷也沃村和黑龙江沿岸的萨卡奇—阿梁地区发现了太阳神岩画。他在《乌苏里江河谷的旅行》中写道:在那里,"我还看到了被雕刻得非常粗糙而轮廓不完整的人脸形象,带有从头上向四面八方发出的毫光"②。后来,A.П.奥克拉德尼科夫在他的论文《远东考古的新发现》中提到:萨卡奇—阿梁地区人面像岩画的头像上有"光芒四射的帽子或头发"③。

在我国北方宁夏贺兰山岩画、内蒙古阴山岩画(图30)、桌子山岩画(图31),以及南

图30 内蒙古阴山"太阳神"岩画

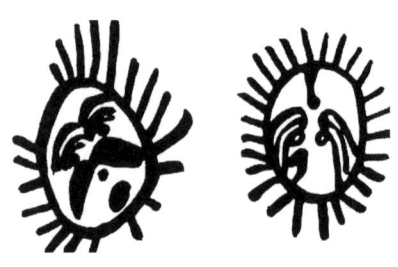

图31 内蒙古桌子山"太阳神"岩画

---

①郭沫若:《殷契粹编·考释》,科学出版社,1965年,第7页。
②〔俄〕P.马克:《乌苏里江河谷的旅行》第一卷,1861年,第43页。引自奥克拉德尼科夫:《滨海远古时代的研究史》,《古代的西伯利亚》第一集,新西伯利亚城,1964年。
③〔苏〕A.П.奥克拉德尼科夫:《远东考古的新发现》,苏联《远东问题》1972年第3期。

方江苏连云港将军崖岩画（图32）中，表现太阳神形象的岩画多有发现。它们有一个共同的特点，就是有人的面部特征，但头顶或头形轮廓外有一条条长短不一的、如芒线般的刻槽，其外部形象又像是一轮光芒四射的太阳。

这种以人面图像表现的太阳神形象，具有以下明显特征：

图32　江苏连云港将军崖"太阳神"岩画

从其面部形象看，均作正面形，刻画有眼睛、鼻子、嘴，与人面相类，但一般没有表情，表现为一种肃穆和冷漠的僵化情状。也有为数不多的太阳神岩画，似乎透露出了一些人的情感，如有的环眼双睁，似为怒目，有的嘴角微挑，露出笑意。

从其外部轮廓看，都有从头形轮廓向外射出的线槽，以示太阳的芒线。有的刻线很多，有的刻线较少。这些线槽一般布局在面部两鬓以上及至头顶，也有周环头部者，整体轮廓与太阳形象无异。

从其与周围岩画图形的关系看，既有单体图形，亦有二三幅、三五幅并出的画面，构成规模宏大的太阳神像壁。在其周围，多伴有星辰、月亮或星座符号。

从其制作方法看，岩画图形多磨刻而成，槽线宽且深，磨槽呈"U"形，显系千百人在做祭祀活动时用石器磨制的"崇拜槽"。

神是人创造出来的，因此，各种神灵总是被塑造为人的形象，被"赋予人的样子"①。太阳神作为至高无上的天神也不例外。它必须具有人的特征，以便拉近与人的距离，使人有亲近感，不至于太过陌生。同时，它还要具备太阳的形象，那就是一定要有四射的光芒，否则，人们就不会对其产生"太阳神"的感觉，也不会油然而生出崇拜的欲望。基于此，作为太阳化身的太阳神，既要带有人面的特征，又要具备太阳的形象，两者缺一不可。太阳造型和人面特征的有机组合就是太阳神；在人面像头顶刻画出表示太阳的芒线就是太阳神。它既是太阳的人格化，又是人面形象的太阳格化。这就是人们在岩石上创造出来的太阳神形象。

这种形象，是一种具有人和太阳特征的神灵形象，它像太阳一样能放出光芒，又具有

---

①恩格斯：《家庭、私有制和国家的起源》，人民出版社，1956年，第87页。

人格品相。它表情僵硬,高居苍穹星空,具有至高无上的威严。从而唤起人们对神灵的幻视感觉,会在眼前幻化为太阳神的形象,以至产生崇拜的感情。太阳神岩画,实际上是早期人类太阳崇拜观念在岩石上的一种生动反映。

在贺兰山岩画中,有一种太阳神图形,与古金文中的"皇"字和"昊"字的字形极为相似。而"皇""昊"二字,正是中国古代用于太阳神的两个尊贵称号。

金文中的"皇"字,作 (追簋)、 (伯椃簋)、 (番生簋)等等之形。

张舜徽先生在其《郑学丛著》中说:

"皇,煌也,谓日出土上光芒四射也。"

盖山林先生曾经对"皇"字做过很好的形象解剖:

"从'皇'字形象看,金文上面作 等形,简直可以说是见于岩画的太阳神的简化:其中 或是 表示太阳的光冠(作太阳的射线形); 显然是太阳的人面轮廓形,里面的'一',表示人面的五官,其下形之土,应是双臂平伸,两腿做最大限度叉开的人形"。①

在贺兰山贺兰口2区编号为B1 6、B1 7、B1 8、C21 12等四组岩画中的太阳神形象(图33),与金文中的"皇"字上部的字形非常相近。(图33)

B1 6　　　　　B1 7　　　　　B1 8　　　　　C21 12

图33　贺兰山"太阳神"岩画(一)

见于贺兰山岩画中的这些头上有射线的人面像,从形象上看,与金文表示太阳的"皇"字的上形 、 殊为相近,图文同源,在这里得到了形象的印证。把这类岩画中的人面像称之为"太阳神",应该是一种贴近岩画原始意义的称谓。

"昊""皇"二字义近。"昊"字《说文解字》未录,字形从日从天。天、大二字通用,大、人二字亦相通。就其字形结构而言,"昊"上"日"表示光芒四射的太阳,"昊"下"天"是正面而立的大人。因此"昊"字就是头上顶着太阳的大人,这与"皇"字的初义正同。唐兰先生说:

"古代人的想象中,大人就是巨人,是真的顶天立地的人,所以,他的头就代表了天,而大字下面画一画来代表地就是立字,也就是位字。昊字本来作昊,像正面人形而顶着太

---

① 盖山林:《阴山岩画》,内蒙古人民出版社,1985年,第138页。

阳,也可以说他的头就是太阳,所以古代把天叫作昊天。……东方民族称他们的君长为太昊、少昊,就因为他们是代表天上的太阳神。因为东方民族自认为他们的地区是太阳出来的地方,所以认为太阳神是天神中最尊贵的"。[1]

中国古籍中,有以羽毛舞祭祀太阳神的记载。这种古老的羽舞风俗,在《周礼》中称为"皇舞"。《周礼·春官》郑玄注:"皇舞者,以羽帽覆头上,衣饰翡翠之羽。"又注:"皇,杂五彩羽,如凤皇色,持以舞。"《礼记·王制》:"有虞氏皇而祭。"郑注:"皇,冕属也。画羽饰焉。"对此,郭沫若补充说:"古人当即插羽头上,而谓之皇。原始氏族之酋长头饰亦多如此,故于此可得皇字之初义,即是有羽饰的王冠。"[2]

综上可知,上古之"皇舞",即头戴羽饰冠冕而舞。所谓"皇而祭",即头戴羽冠而做祭神之舞。

在贺兰山贺兰口沟内北山壁上,磨刻有一幅画面宽54厘米、长50厘米的大型人面像。它环眼圆睁,光芒四射,高居于离沟谷20米的石壁上,威严神圣。这就是驰名中外的贺兰山"太阳神"岩画(图34)。

图34 贺兰山"太阳神"岩画(二)

这幅"太阳神"岩画,面部呈圆形,重环双眼,长有睫毛,炯炯有神。其头部有上冲的毛发,外部刻有一个圆圈,圆圈上刻有繁复的射线。这幅岩画用两只圆睁的环眼代表光源,用头顶的毛发和两只眼睛上方的眼睫毛代表光芒,在其头顶上方,又有一圈刻有芒线的光环,威武壮美,给人以震慑的力量。在世界各国无数的"太阳神"形象中,贺兰山的这幅"太阳神"岩画,是最能体现太阳的威严、太阳的特征,最具中国特色的不朽之作。理所当然地受到了中外游客的仰慕和赞叹。

---

[1] 唐兰:《中国有六千多年的文明史——论大汶口文化是少昊文化》,香港《大公报在港复刊三十周年纪念文集》上册,1978年,第43页。
[2] 见北京大学《国学季刊》,第一卷,第2号。

2005年10月7日晚,笔者在用这幅"太阳神"岩画的彩色照片对手工线绘图进行校对时,惊奇地发现:"太阳神"岩画头顶上,象征光环的一圈,其代表光线的刻槽为24根,头顶上的芒线是12根,表示两眼的眼睫毛刻线各有6根。第二天,我急切地上山去,认真地对"太阳神"岩画头顶上下的刻线进行了观察,和在照片、手绘线图上发现的24根、12根、6根不差分毫。这说明了什么问题呢?是不是和一年24节气、一年12个月、半年6个月有关系呢?如果是这样,这幅"太阳神"岩画是不是和历法有关?比如说古老的"太阳历"或"太阴历"。

"太阳历"即阳历。以地球绕太阳一周的时间为太阳年,以太阳年为单位的历法是阳历。一个太阳年共365天,一年12个月,月的长度则是人为规定的,与月相盈亏无关。我们现在通用的阳历创始于公元前46年的罗马帝国。1582年,教皇格列高利十三世(Gregorius XIII)命人将1600多年以前的"阳历"修订后颁行于世。所以目前世界大多数国家使用的"阳历",即"公历",又称为"格列历"。2000多年以前产生于罗马的"太阳历",和中国的"太阳神"岩画有关系吗?显然不可能。更何况在"太阳历"中,就没有24节气的概念。那么,"太阴历"呢?

"太阴历"即阴历,以月相盈亏变化的一个周期为一"月",又称"朔望月",以"朔望月"为单位的历法是阴历。我国古代的历法不是纯阴历,而是阴阳合历。平年12个月,有6个大月、6个小月。大月每月30天,小月每月29天。全年共354天,日数比太阳年少11天。在长期的生产实践中,古人逐步认识到季节更替和气候变化的规律,于是把周岁354天平分为12个节气。以反映四季、气温、降雨、物候等方面的变化。是不是可以说,太阳神岩画与"阴历"有关呢?这也还有待于进一步研究和验证。

我们还观察到,每天早晨,第一缕阳光照在"太阳神"岩画前方的一块巨石上,将巨石的阴影投向这幅岩画时,阴影的边缘总会迭压在"太阳神"头顶的不同刻线上。似乎起到了日晷的作用。当然,作为一种发现,还需要一段较长时间进行观察和记录,以便得出正确的判断。

总之,岩画中的太阳神形象,是古人对太阳进行崇拜的一种表现形式。这类自然崇拜类的人面像,将太阳物化为人面造型,赋予其人格品相,把太阳想象为与人一样有生命、有感情,从而对其实行崇拜,以便亲近它、讨好它,取得它对人类的恩赐和爱护,除却它对人类的惩罚和灾难。太阳神岩画,是古人类对太阳的不可认知而在石头上创造的神圣形象,表达了人对古太阳的敬畏、对美好生活的追求和向往。

(四)人面像岩画中的"鬼"

在贺兰山符号岩画中,有一类刻画有对角线的方框符号"⊠"。有的方框符号中,在对角线构成的4个三角形内,各凿有一个小坑穴;有的方框符号下,则凿刻有两个反方向的"L"形竖勾,形似两条腿(图35)。

这类符号表示或者指代什么呢?笔者认为,这是史前人类在用符号表示他们心目中的"鬼"。换句话说,这是"鬼"的抽象符号。现在试从符号学的角度分析一下,看看有没有道理。

图35 贺兰山岩画的"鬼"字

符号"⊠",近似于汉字"囟"。"囟"字原为象形字,甲骨文作"⊠",像人头的形状。"囟"字读若"信",组词为"囟门",指婴儿头顶骨未合缝的地方,俗称"囟脑门儿"。

符号"⊠",又与古文"甶"字形殊同。"甶"是"鬼"字的上部,表示"鬼"头,特大而怪,《说文解字》云:"甶,鬼头也,象形"。按照古人的说法,人死后变为鬼,所以"鬼"和人是有关系的。在甲骨文中,"鬼"作"𩴪",是面向左跪坐的一个人,其上半部为鬼头"甶"字;下半部古文字就是人,所以有人将"鬼"释为"大头人",这是有道理的。"鬼"字的右下部为"厶",《说文解字》曰:"鬼,阴气,贼害,故从'厶'"。其实,甲骨文"鬼"字中的"厶",应为"尾巴"之属。在晚周玺文中,鬼作"𩴪",康殷先生说:"𩴪,加尾形,篆作𩲞,𠃊乃尾形之讹断"①,甚确。故"鬼"为长尾巴的"大头人"。

甲骨文中的"鬼",是一个跪坐着的"大头人",在金文中的"鬼",则是一个站着的"大头人",字形为"𩴪",与贺兰山岩画中的"鬼"符号"⊠"极为相似。

《说文解字》云:"甶,鬼头也,象形",按照《说文解字》的说法,"甶",是鬼头的象形字,也即是说,"甶"像鬼头。那么,"甶"为什么就像鬼头呢?换言之,甲骨文、金文的"鬼"字,其鬼头为什么要刻画为"甶"形呢?

关于这个问题,很多学者都谈了自己的看法:

章炳麟先生说,"鬼、夔(kuí)声通,实皆猴属。古言鬼者,起初非死人神灵之称。鬼宜即夔。《说文解字》言鬼头为甶,禺头与鬼头同。禺是母猴,何由像鬼;且鬼头何因可见,明鬼即是夔。"②

萧兵先生说:"鬼头之'甶',中古音为狒,即猿狒魖猴之属"。③

沈兼士先生指出,"鬼与禺同为类人异兽之称"。④

梳理一下三位先生的看法:章炳麟先生说"鬼、夔声通,实皆猴属","禺头与鬼头同,

---

① 康殷:《文字源流浅说》,荣宝斋,1979年,第138页。
② 章炳麟:《小学答问》,转引自萧兵:《傩蜡之风——长江流域宗教戏剧文化》。
③ 萧兵:《傩蜡之风——长江流域宗教戏剧文化》,江苏人民出版社,1992年。
④ 沈兼士:《鬼字原始意义之试探》,北京大学《国学季刊》第五卷第3号,1935年。

禺是母猴"，故鬼头"㗊"的形象是从"猴头"而来；萧兵先生说"鬼头之'㗊'，中古音为狒，即猿狒魃猴之属"，故鬼头"㗊"就是"猴头"的形象；沈兼士先生说"鬼与禺同为类人异兽之称"，禺是母猴，故鬼的形象为母猴，鬼头就是猴头的形状。总之，鬼，取像于猴之属，鬼头"㗊"是"猴头"的象形字。

三位先生从不同角度论述了鬼头"㗊"脱模于"夔"（猴属）、"猿狒魃猴"（猴属）、"禺"（猴属）。认为鬼头"㗊"源于"猴头"的形象，其逻辑关系是："鬼头"="㗊"，"㗊"="猴头"，也即"鬼头"="㗊"="猴头"。从以上逻辑关系推理，我们可以得出"鬼头"=猴"头"或"猴头"的结论。

然而，细审"㗊"的字形结构及外部形象，怎么看也不像个"猴头"。如果硬要以猴属之"夔（夔）""猿、狒、魃猴""禺"的"猴头"形象去造字为鬼头"㗊"，那么就要回答两个问题：一是为什么"鬼头"就一定得用"猴头"去"象形"呢？为什么"猴头"就非得要用"㗊"去表现呢？

马叙伦先生说："魑魅魍魉，字皆从鬼……盖始所谓鬼者物，状介乎人兽之间者。故鬼从人而锐首"。①他举出《说文解字》"彪"（同"魅"）字的籀文作"彡"，说明鬼是"锐首被毛而人形者矣"。

马叙伦先生对于"鬼"的形象说得倒是具体了一些：是"状介乎人兽之间者"，是"锐首被毛而人形者"。那么，形状介乎人兽之间的"锐首被毛而人形者"又是什么动物呢？盖山林先生回答了这个问题，说"状介人兽之间者唯有猿猴"②。然而，相同的问题又出来了：为什么要用猿猴去状"鬼"呢？是有人见到"鬼"的模样像猿猴吗？我们无奈地钻进了拿"猴头"说"鬼头"的死胡同里，似乎没有了出路。

康殷先生的说法，使我们有了"柳暗花明"的感觉。他说："其实，'田'形也不过是由 ⚀⚁ 等猛兽头形的假面具⚂⚃省略形的⚄⚅转来。鬼、冀二字古音相通。否则，古造字人也无法直接画出个鬼形来，画了之后，何人能看懂？许（慎）解⚅'象鬼头'，不过是大经师'白日见鬼'而已"③。

原来，作为鬼头的'⚅'形，是从一些"猛兽头形的假面具省略形的⚀ ⚁ ⚂ 田"转化而来！接着，康殷先生取出甲骨文、金文的"冀（冀）""黑"二字进行了解剖分析，很有趣味，也很能说明问题，故全文录下，以享同好：

⚀，甲不释，或释魁。⚁ ⚂ 金释冀，像头戴怪兽头形假面具而舞蹈的人形。⚃和⚄，都是有双角、双眼孔、下挂饰物铃等面具的省略。⚅是手舞足蹈的舞人形，也作大，表示连双

---

① ② 马叙伦：《说文解字研究法》，商务印书馆，1928年。参见《读书续记》，商务印书馆。
③ 康殷：《文字源流浅说·释例篇》，荣宝斋，1979年，第138页。

足也化装为兽爪形。甲作 ☗、☖，也省作 ☐ 形。因头部已太繁了。☐ 形后又作金文的 ☗☖，旧释"黑"。☐☐ 都是 ☐☐☐ 形的异形，失角。☐ 中∷形有"方相氏黄金四目"之意。身边的 ☐、☐，像挂的装饰物，或表示身上涂色化装之意，后世引申而称黑色，古称幽、玄，而不称黑，声与冀迥近，多在之部。省而作 ☐ 甲、☐ 金。鬼字头作 ☐，形亦由此面具形省转。秦篆作 ☗，未讹。说文讹作 ☗，许误解作"火所熏之色……☐☐，古窗字"。

☗、☗，从 ☐ 为头，☐ 也即 ☐、☐，后篆讹省作 ☗，"从北，異声"。卜词中 ☗ 及后来的冀、黑都又转为方地名。因又作俱、魃以代之。

这类化装假面舞流行于大部分较原始的民族地区，是宗教活动，也是娱乐，殷人也似如此。文献记载太迟、太少，古文字形中却有不少反映①。

另外，康殷先生还对类似的美、虚、虞、禦等字的甲骨文、钟鼎文也进行了分析。认为：

☗ "美"，"像头上戴羽毛装饰如雉尾之类的舞人之形"

☗ "虚(虞)"，"像头戴虎头形假面的舞人之状"

☗ "禦"，"像戴大耳怪兽形面具的人形"

☗ "像戴鱼形为假面的舞人"

☗ "像戴有须旁出的兽形假面的舞人"

☗ "戴有兽角面具的舞人"

☗ "有 ☐ 形角面具的舞人"

那么，有没有"像头戴猴头形假面的舞人"形象的甲骨文或者金文呢？

"田"是鬼头。合在一起，鬼就是头戴猴面的人形。

见于世界岩画中具有萨满性质的面具岩画，不尽一致，但以猴面形居多。笔者首先认为，猴面岩画是岩画的主题，而周边的圆形小凹穴，代表着面具的性质。当然猴面自身也蕴含着某种性质。

关于猴面的性质，在我国古代有许多神奇的说法。甲骨文就记有方相氏戴着魃头殴疫逐鬼之事。殷墟出土一片重要甲骨，其上有一个字，作"☗"形，据陈邦怀先生考释，应即戴着头饰的方相氏。②方相本来是一种善鬼，原是我国西北鬼戎集团原生性之鬼神或图腾神物，它打击的主要对象异化了的图腾部属恶鬼方良。"方良"是魑狒猿猴的怪化。方相作为鬼，它必然与鬼之原型猿猴类相一致，是一种尊化的猿猴或猿猴图腾团族巫师对图腾

---

① 康殷：《文字源流浅说·释例篇》，荣宝斋，1979年，第130页。
② 陈邦怀：《殷代史料征存·方相》，天津人民出版社，1957年。

的扮演。①

甲骨文中还有一个奇字像扬戈持盾戴魌的大方相,诸家多释其主体为"夒"若"夔",而夒即猱。"夒字本来是动物的名称,《说文解字》说:'夒,贪兽也,一曰母猴,似人。'母猴一称猕猴,又称沐猴,大约就是猩猩(Orangutan)。殷人称这种动物为他们的'高祖',可见得这种动物在初一定是殷人的图腾"。②

《说文解字》解为"母猴"(猕猴),殷墟卜辞中的"高祖夒"便活画着一只大马猴的样子,跟殷墟甲骨所见猿猴形样十分相似。可见这个字所示的盔胄所模拟、所嬗袭的正是猿猴形面具或头套的形制。高祖夒、先公卨(契)等最初便是戴着这种"代面"或"魌头"来扮演图腾神猴的。由此推论,甲骨文中这两个奇字的原初形制都是猿猴形面具或头套,也就是对"方相"或"鬼"字的表示,均为戴着猿猴形面具或大魌头的巫祝酋祖而扮演着图腾神猴。可知方相殴傩起源于猿猴图腾扮演仪式似可定论。③

王献唐《黄县其器》谓:鬼方造为从人会意,从古文黄声的鬼体。《说文解字》贵从古文黄声。黄训草器。草编为黄,竹编为簧,都是一事。鬼上形状通是古文黄字,与铭文类合,证知鬼为从人黄声,和羌字同例。

许慎《说文解字》谓鬼字从厶,卜辞及古今文皆无之。李孝定《甲骨文字集释》第九鬼:按《说文解字》鬼人所归为鬼,从人像鬼头。鬼,阴气贼害,从厶。卜辞恒言多鬼梦,郭读为畏,固可通。或言"鬼获羌",或言"鬼亦得疾",则为人名。

自古到今的字书与古文字学专家都未能解释"鬼"字的形义。原来,鬼字即面戴狰狞可惧的面具,蹲在地上祈祷神鬼的形状。据常任侠说,殷墟出土过黄金四目方相青铜面具,至今并未见。但四川广汉市三星堆遗址出土戴金面罩青铜人头像两个,又青铜人面像两个,青铜人头像五个。其时代约相当于4000年前的夏代时期。

《周礼夏官方相氏》:掌蒙熊皮,黄金四目,玄衣朱裳,执戈扬盾,帅百隶而时难(傩)。这种戴青铜面具,形象狰狞可恶,用于驱逐邪鬼瘟疫,古代也用于冲锋陷阵,以惊退敌人。以后演变为傩戏和傩文化,凡是祭祀、跳舞、驱邪都离不开戴面具跳傩舞。郭净说:"再如'鬼'字,像人戴面具装扮鬼的模样。"商代傩面实物也时有出土。陕西汉中地区曾发现一批青铜面具,共有两种类型:一为鬼面,脸呈椭圆,面目凶煞,眼中有通孔,可供舞者窥视。耳有穿,鼻有孔,五官位置与人面部相近,显然系巫师跳神所佩之傩面。另一类为兽面,形似牛首,双耳和嘴角有穿,大小接近人面,可戴在脸上,也可作为饰物。1986年四川广汉三星堆商代祭祀坑出土大批文物,其各种精美的面具最引人注目。一种为金面具,纯金模压

---

①③ 萧兵:《傩蜡之风——长江流域宗教戏剧文化》,江苏人民出版社,1992年。
② 郭沫若:《先秦天道观之进展》。

制成。另一种为青铜面具,分为人面、兽面两类,二者均比人面窄小,大概是仿面具制作的辟邪灵物。三星堆祭祀坑既有各式面具出土,又有烧埋的动物(兽牲)和当作人祭代用品的青铜头像(人牲),很可能是傩仪时"埋祟"的遗址,即将厉鬼逐出宫禁之外,杀牲祭祀,焚烧掩埋,并以面具随葬辟邪,防止妖祟窜回人间作恶。

傩面具还随着傩文化传播到中国各地。至今湘黔滇川的傩戏用的傩面具种类繁多,名称甚众,对于傩戏面具的称呼、质料选择、尺寸裁定、涂料色彩、功能与佩戴方式,因地域、民族、文化、审美的差异而千差万别,五彩缤纷。面具的称呼大致有:倛、象、代面、假面、大面、鬼脸、钵头、魖头、拔头、面子、脸子、脸壳、神面等。如果再用少数民族语言称呼,大概还要增加三十来个名词。面具的质料有黄金、玉石、象牙、青铜、木头、树皮、果(椰)壳、葫芦、牛皮、羊皮、兽皮、竹篾、笋壳、布(麻)壳、纸壳、纸浆、石头及陶塑等。

西藏、蒙古也广泛分布鬼面具。南西伯利亚威巴特墓葬中出土了面罩,塔施提克大墓出土的面罩,米努辛斯克盆地出土的面罩,均用陶土烧制而成。而匈奴墓也出土过青铜面具,斯基泰人也出土过青铜面具。拉丁美洲玛雅人出土的青铜面具,都受着中国上古青铜面具样式的深远影响。鬼方即首先创造和使用这种傩面具而得名,它曾威慑过古代许多部落,故商王也怕遇到鬼方。以后鬼字便演变为神鬼之鬼,衍生出如鬼魂、鬼怪、鬼妖等迷幻之名词了。

贺兰山岩画人面式样结构的建构、功能和意义

集美大学 王毓红[①]

【内容提要】 贺兰山岩画是视觉语言的具体表述,在这一表述形式之外,它是无法存在的。以人面为典型代表的圆圈,尤其是单圆,是贺兰山岩画里最简单的式样结构,它演变发展的另一比较复杂的式样结构就是同心圆。贺兰山岩画人面像式样结构从简到繁的演变有一个规律,即人们逐渐由对具有普遍范式的式样结构的把握过渡到对某个范式内部个别具体属性的呈现。贺兰山岩画中用以表示方向和两个事物之间关系的人面式样结构丰富多彩。众多外在黏附形式的添加使得它们愈来愈远离写实,而更趋于象征性和符号性。在具体使用过程中,人面基本上以各种形态的自由形式和黏附形式参与各种贺兰山岩画的建构,尤其是以各种形态的自由形式参与各种组合。

【关键词】 贺兰山岩画 圆圈式样结构 人面式样结构

一、引言

尽管存在着像物之形的岩画,但是我们不能把它们与纯粹模仿的图像相提并论。作为一种像形式样的图形与对某个自然原型的纯粹模仿有着严格的区别。它的主要表现并不在于去精确效仿外物或复现外物的外在形象,而在于把浸透着人的意志的线条及其式样(它们是人选择的结果),把它们以理想的方式赋予外物。这样,无论是纯粹的形式,如贺兰山岩画里的 、 、 、 、 和 ,还是意象形式,如 和 ,还是肖似形式,如 、 和 [②],都不是贺兰山岩画的最终内容,它们所起的作用,都是给一个无形的情感、思想或一般概念赋予形体。这些岩画形式自然承载着人的情感、思想和观念,而绝不是现实事物的复制。因此,当人们在给一个现实事物或自己的情感、思想寻找一个像其形的式样时,他实质上就是在进行某种抽象活动。这里所说的"抽象"是在"抽象"这个语词的意

[①]王毓红,文学博士,中国社会科学院博士后,现为集美大学教授,主要从事中西文艺学研究。
[②]本论文所有复制图引自《贺兰山岩画》,许成、卫忠编著,文物出版社,1993年。

上而言的。它主要含有从具体事物中抽取事物本质形象的意义。要完成这一抽象活动，人们必须舍弃具体事物中一些个别的、非本质的一些属性，诸如这样的羊形式或式样的获得，就说明人们已经舍弃了羊的眼睛、嘴巴、鼻孔等细节因素。若从这个意义上说，我们完全可以把所有贺兰山岩画称为抽象形式。因为它们基本上都不是现实事物的准确复制，而是人们对其进行选择、提炼、加工之后所得的某种表现形式。人们在这种充满人的创造力的形式中能感受到自己的存在，因为它就是客观化的自我心灵的世界。

所以，为了表现或者再现现实生活，人们总是在努力寻找着某种表现的形式或式样。事实上，在整个贺兰山岩画符号系统中，即使像人面、人手和牛这样一些基本上由面结构的比较写实的图像形式或者说肖似形式，我们都很少看到。贺兰山岩画用以指称事物，表现人的情感、思想和观念，基本上是一些简化的几何式样。这是因为在观看事物时，无论是人的视觉，还是人的整个心灵，都不是像照相机那样忠实地记录下事物的一切细节。相反，人的视觉活动和心理活动是一种积极的探索活动，具有高度的选择性。观看者总是按照自己的意愿有目的地对生活中的原始经验材料进行加工处理。我们总是在对某个事物感兴趣或想获取某个物体时，才真正有意识地观看这个物体。但是，观看不等于细致地观察。记住事物的每个细节，它意味着捕捉眼前事物的某几个最突出的特征或标记。只有如此，生活中人们才有可能把一种事物与另一种事物识别出来。对一个想呈现出某一事物的人来说，他只有通过某种事物所具有的那些基本特征，才能创造出某种像其之形的图形，并使人觉得这就代表那个实际事物的完整的形象。这种透过少数几个突出的知觉特征见出事物全貌的能力，在原始人身上表现得很鲜明。美国心理美学学者鲁道夫·阿恩海姆(Rudolf Arnheim)在用大量资料以及各种动物的原始遗传反应方面的试验报告论证"仅仅是少数几个突出的特征，就能够决定对一个知觉对象的认识，并能够创造出一个完整的式样"时，曾引证说："容恩曾经讲过下面一件趣闻：当他把一本杂志上的相片拿给一群非洲土人观看的时候，他们竟然对杂志上的相片认不出来，直到有一个土人对照着这些相片，用手指在地面上把这相片的轮廓线描下来之后，他才惊呼：'原来这是一些白人。'"①其实，大量视知觉心理学实验已经证明，人的视觉活动在把握外部事物特征时，常常通过创造一种与客观实际事物性质相对应的一般式样结构来感知眼前的事物的活动。英国学者 E. H. 冈布里奇引证指出：19世纪后期以来，人们已经越来越明确地认识到了，原始人的艺术和儿童艺术所使用的是象征语言或"概念形象"，而不是自然符号。已经证明，儿童并不去观察树，他只满足于关于树的"概念"图式。这种依赖于建构而非模

---

① 〔美〕鲁道夫·阿恩海姆：《艺术与视知觉》，滕守尧、朱疆源译，中国社会科学出版社，1984年，第51页。

仿的特征,可归结于生活在他们自己的世界中的儿童和原始人的特殊的心智状态。但在孩子们制作的粗糙的世界地图和按照自然主义的形象描绘来得更为完美的地图之间并不存在对立。一切艺术都起源于人的心灵,起源于我们与世界的相互作用,而不是起源于世界本身。①原始艺术如此,贺兰山岩画亦如此。作为一种表意的形式,它更是一种典型的关于自然世界、关于人的心灵世界的"概念图式"。多种类型、多种形态的贺兰山岩画,也即"概念图式"的存在充分说明:贺兰山岩画的制作者总是倾向于从他们学会处理的图式中树立形象。正是这种图式或是说形式、式样,即对现实世界和心理世界各种材料的处理,以最直接的方式表达了远古人类与世界的各种关系以及他们丰富、细腻的思想情感。在这一时期,感知到的现实与渴望中的想象之间的冲突达到了基本的解决。大量心理学实验证明:视觉不是对其所见事物的机械照相,而是对其最突出的整体结构式样的把握。若从发生学角度来看,"在心灵为获取一个由秩序的现实概念的斗争中,总是从一种法定的和合乎逻辑的方式从把握最简单的知觉式样开始,逐渐过渡到把握最复杂的式样"②。本文以贺兰山岩画里最简单的视知觉式样单圆为切入点,主要运用视知觉心理学的方法,在最基本的心理因素分析的基础上,着眼于视觉的形式感,对贺兰山岩画圆圈式样结构,尤其是人面式样结构的建构、功能及其意义做了静态、动态的考察分析,以期有助于人们理解贺兰山岩画的编码。

二、单圆、同心圆圈式样结构

点、线、面是贺兰山岩画的基本形式元素,尤其是线,它是贺兰山岩画里最基本的形式元素。没有线的贺兰山岩画是极少的。在由线结构的贺兰山岩画里,大量充斥着圆圈形的式样结构。这里所说的"圆圈形式样结构"是在最广泛的"圆形"意义上而言的。它指各种圆形式样,诸如单圆、同心圆、椭圆、扁圆、方圆、桃形圆等等,以及各种有着圆形式样趋势的曲线造型,诸如半圆、半圆圈、波状线圈、弧形线圈等等。在贺兰山岩画里,这些圆圈线式样可以单独存在,也可以与其他任何形式组合。从视知觉心理学的视域来看,这些没有任何方向的圆圈形就是最简单的视觉式样结构。而在贺兰山岩画最简单的圆圈形式样里,最简单的又是单圆,它演变发展的另一比较复杂的式样结构就是同心圆。

贺兰山岩画里有很多单个存在或与其他形式组合的单圆。如图1所示:这两个合体岩画里程度不同地存在着一些圆圈式样。它们有的作为黏附形式,依附在另一个根本形式上面,有的则作为相对独立存在的根本形式而参与其他形式的组合结构,从而形成了

---

① 〔英〕E. H. 冈布里奇:《艺术与幻觉》,卢晓华等译,工人出版社,1988年,第84页。
② 〔美〕鲁道夫·阿恩海姆:《艺术与视知觉》,滕守尧、朱疆源译,中国社会科学出版社,1984年,第7页。

图 1:a 这个三重形式和图 1:b 这个语篇(有 11 个成分)。图 1:b 里 8 个相对独立存在的自由形式或成分表明:单个的圆圈是一个独立的表意单位。图 1:a、图 1:b 里两个黏附在根本羊式样上的两个圆圈也是一个语法加号,也即一个有意义的单位。它们在同一个性质的根本形式上的反复出现及其所处的相同位置都充分说明了这一点。而由处于固定位置的两个圆圈状语法加号和根本羊形式结构出的另一形式或式样(在这两个合体岩画里都是组成成分)也能在图 1 这两个里运用,则又表明这一组合形式或式样在整个贺兰山岩画里,是以相对独立的形式存在。因此,从图 1 里,我们知道单个圆圈就是一个表意的单位(无论它是作为黏附形式还是根本形式),尽管我们无法准确地释读出它们具体的所指含义。

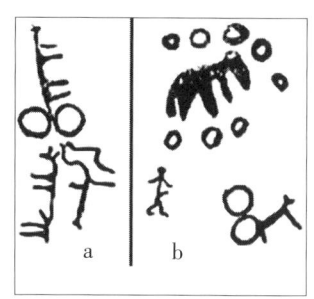

图 1　单圆

有些贺兰山岩画里的单圆或单半圆式样结构的含义是显而易见的。图 2[①]就是如此。在贺兰口沟口入口处南面向阳的一块相对平整的石壁上密密麻麻地刻有大量人面像。其中就夹杂着一些单圆、单半圆等形式,诸如〇、〇和〇。

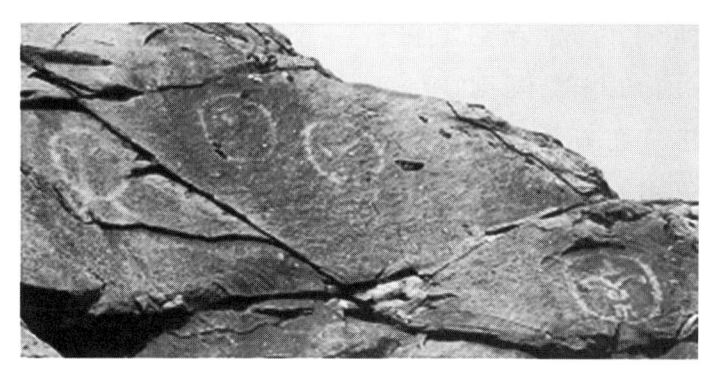

图 2　人面像

从它们所处的位置来看,它们显然代表的就是人面。如图 2 里所拍摄到的就是其最东面的四个人面像。仅仅用一个圆形或圆圈形的半圆,就可以表示人面。这充分证明:贺兰山岩画中的一些单圆圈、半圆圈式样结构也都是一些有意义的语法单位。

如果说这种里面没有任何其他形式元素的(是一个虚面结构)、不突出任何方向的、以中心为对称的圆形式样结构是人类最简单的视觉式样的话,那么,在绘画单位之间的各种空间关系中,最简单的关系就是包含关系,也即在一个已经现实存在的圆形里再添加一些另外的成分。从发生学上来看,人们最先在圆形里添加的这个另外的成分也是一个圆形式样,也即最简单的视觉式样。在格式塔视觉运动实验中,当三到四岁的孩子被要求在一个圆圈内画出一个三角形时,他们画出的就是一个同心圆式样的图形。很显然,这个同心圆不是简单重复的两个单圆,而是再现出了一种更复杂的空间关系。在整个贺兰

---

① 本文中凡贺兰山岩画均为作者拍摄、收集并制作。

山岩画里,类似图3这样的同心圆有很多。它们或者单独存在(作为独体文),或者作为组成成分(黏附形式或一个合体岩画里的一个成分)而存在。这意味着:人们用它表示多种事物之间的多种关系。仅以人面为例,贺兰山岩画里主要就有◉、◎、⊙、◉、◎五种同心圆式样。之所以说它们代表的就是人面,是因为这些式样是我们从贺兰口人面群像里(也即一个大的、相对完整的语篇)——摘出来的。作为人面像,与最简单的圆形、

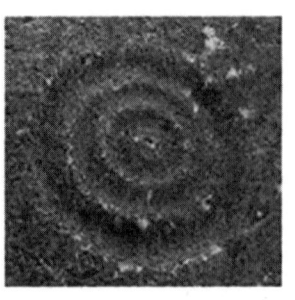

图3 重圆

半圆形式样相比,这种同心圆式样结构一定表现了更为复杂的空间关系。当然,它也标志着贺兰山岩画里圆形式样由最简单向复杂演变发展的第二个阶段——重圆式样。

在重圆式样阶段,人们开始表现事物之间最简单的各种包含关系。把一大一小两个或多个圆套在一起,如⊙和◎,表示什么?是一个正面的人面吗?假如我们不能肯定它们的所指内涵的话,那么,在更高一个阶段上,贺兰山岩画里那用心设计出来的、表示包含关系的式样结构,则似乎向我们比较明显地展示出了人面上的眼睛、嘴巴、鼻子、眉毛、下巴、鼻孔、胡须、装饰物等等。下面,我们就从简到繁把贺兰山岩画里常见的单纯表示包含关系的人面式样结构分为以下几类:

这些人面像都来自贺兰口人面像群。它们中有的很像人面,有的则与之相去甚远。它们不禁让我们联想到了幼儿和儿童画。实验证明:儿童,尤其是幼儿看一个人首先看到的

是人身上最引人注目的部位——头部,然后是眼睛,而鼻子、嘴巴、耳朵等更进一步的细节因素则可以省去。在画人体形状时,他们首先在一张纸的中间画一个大大的圆圈(人头的结构等同物),而全然不顾及其后面所要画的人体的其他部位。因此,我们看到:儿童,特别是幼儿画的人物像大都比例严重失调:头大身子小,甚至根本没有身子是其最显著的特征。幼儿和儿童人物画的这些特点,我们竟然在贺兰山岩画里都看到了。与幼儿和儿童一样,从时间上来看,在最初阶段,贺兰山岩画的作者所捕捉到的人的形象只是一个概括性最高、最突出、最简单的"概念图式"——一个最简单的圆圈或半圆圈就足以代表一个人。更进一步,对于人面,他们开始试图表现人的其他部位,如引人注目的眼睛等,于是,我们看到了表示包含关系的最简单的人像——同心圆式样结构的人面。跨出这一步,人们便进入了一个全新的、探索事物之间关系的领域。

在这一领域,人们用已经掌握了的圆圈、半圆圈式样结构表示各种不同的事物,充分施展出了他们的聪明才智。从第一组人面,我们看到他们用圆圈、半圆式样结构表示出了人的眼睛、嘴巴和其他部位。这些其他部位究竟指称的对象是什么,我们不知道。如我们可以说 ⊙ 这个人面内部左右两个半圆代表的是人的眼睛、下面以半圆代表的是人的嘴巴,但上面一个同样的半圆代表什么? 我们就不能确认。因为对于一个只能使用最简单的圆形式样的人(如幼儿、儿童)来说,圆形是他表现的唯一图式。他可以用圆形来表示、代表任何事物,而不仅仅用它来表示那些现实生活中具有圆形形状的事物。这一点为格式塔心理学的实验所证实。鲁道夫·阿恩海姆曾引证指出:事实上,儿童看中了圆形,并不是因为他们对圆形的发现比对方形和直线的发现更早一些。当儿童画处于圆形式样为主的阶段时,他还根本不能分辨形状。因此对于他们来说,圆形并不代表圆形性,而是代表事物的更为普遍的性质[①]。只有明确了这一思想,我们才会理解贺兰山岩画里为什么会有 ⊗ 这样脱离现实生活的、失真的、内部四周布满半圆圈形的人面像。

在圆圈内,除了各种形状的圆圈形式样外,贺兰山岩画里还存在着其他添加式样。由从简单到复杂演变发展的趋势来看,贺兰山岩画里以单圆表示包含关系的人面式样还存在着下列四种情形:1. 简单的笔画状式样结构。这是以第 2 组为代表的人面。在这些人面里,人们用简单的笔画形式表示人面里的包含关系,诸如一点、一横、一竖或者一撇、一捺等。这些式样形式似乎更抽象。它们中有的我们知道其指称对象,如 ⊙ 里的显然指眼睛,有的则不知道。如 ⊗ 里的一撇一捺。与贺兰山岩画人面里的圆形一样,这些点、画显然也可以代表一切。2. 复杂的笔画状式样结构。这是以第 3 组为代表的人面。这些都是由三个以上笔画结构的人面式样。与第 1 组相比,这些人面更像人面像了:眼睛、嘴、眉毛都被表

[①] 〔美〕鲁道夫·阿恩海姆:《艺术与视知觉》,中国社会科学出版社,1984 年,第 240 页。

示出来了。尽管有些式样结构的所指我们仍然不能确认,但我们知道人面内部的细节因素开始得到了人们的重视。3. 面具式样结构。这是以第4组为代表的人面。这些人面基本上由一些几何图形拼凑而成。为了加强个别面部的某些特征,它们被刻制成夸张变形的、装饰意味很浓的式样结构。与其说它们是人面,不如说是面具。4. 写实式样结构。这是以第5组为代表的人面。这些人面精雕细刻,除眼睛、鼻子、嘴巴外,人物的眉毛、胡须,甚至牙齿都被刻画出来了。不仅如此,它们还相当生动地传达出了人物丰富的面部表情:有的在微笑,有的在忧愁。

由以上描述可见:从〇、〇和〵这些最简单的圆圈到☺、☻这些表情丰富复杂的人面像,贺兰山岩画人面式样结构从简到繁的演变有一个规律:人们逐渐由对具有普遍范式的式样结构的把握过渡到对某个范式内部个别具体属性的呈现。各个奇姿异态的人面式样结构也充分表明了人们对细节、对人面内部复杂空间关系的高度关注。与羊式样结构一样,在整个贺兰山岩画里没有两个完全重复的人面式样结构。不同形式里的贺兰山人面岩画如此,就是同一个形式里两个或两个以上的贺兰山人面岩画亦相互不雷同。如上述所列的第6组就是我们分别从两个岩画里摘出来的。前面七个出自一个,后面三个出自一个。我们看到,这两个岩画里的人面整体差异很大,每一个岩画里的看似相似实则不似。

三、黏附形式的单圆、同心圆圈式样结构

重圆圈式样以及里面有各种用以表示包含关系的附加成分的单圆式样,无论有多么复杂,它们都只能表示简单的包含关系,并不能标示出两件事物的具体形状和方向上的差异。因此,这种式样的更进一步发展,即圆圈形式样结构由简到繁演变发展的第三个阶段便出现了在一个重圆、单圆的结合体上添加直线、圆圈或其他一些附加的黏附形式的各种圆形式样。下面就是我们从贺兰口人面像里选出来的这类人面像式样结构:

以上都是添加有表示方向性黏附形式的人面式样结构。它们结体大小有趣,变态无尽。若按照添加成分在人面上所处的位置,我们可以把它们大致划分为三种:1. 第一种是一个部位有添加成分的人面式样结构。也就是说人面上只有一个地方插有表示方向性的附加成分或者说附加形式。如第1组所示:这些人面的一个部位上都添加有一式样。它们主要位于人面的顶部或下部。有的只有非常简单的一短竖线,如 ▨ 和 ▨ ,有的则非常繁复,如最后一个人面的头顶部位不仅附有多种形式,而且又与另一复杂的人面紧紧连接。这些简单或复杂的形式可以用来代表各种不同的事物。如 ▨、▨、▨ 这些人面头顶部的长短线状式样显然用来代表人的头发的, ▨ 这个人面左边的一小半圆形式样显然是用来代表人的耳朵的。而 ▨、▨ 下面的式样则似乎代表人的胡须。至于其他人面上的添加式样,虽然我们不能确定它们确切的指称对象,但是,我们可以做出以下判断:大凡人面头顶部位的添加式样,或者用来代表人的头发,或者用来代表人头部的装饰物(帽子或所插的物件),而人面下面的则或者用来表示胡须,或者用来表示人身体的其他部位,如考虑到整个贺兰山岩画里正面形象基本上是人的话, ▨ 这个同心圆人面下面的两条长线式样,完全有可能是用来表示人面以外的整个人的身体的。所以, ▨ 代表的是一个正面站立的人的形象。2. 第二种是两个部位有添加成分的人面式样结构。这就是说人面上有两个地方都插有表示方向性的附加成分或者说附加形式。如第2组所示:这些人面的两个部位上都添加有一式样。它们或者位于人面的顶部和下部,或者位于人面的左边和右边。同时位于人面左右边的通常都是半圆圈形式样结构,它们所指称的对象——耳朵,让我们一目了然。这一组最后一个人面左右边代表耳朵的式样上又分别增添有两条长长的线状形式,它们显然代表的是一种装饰物。而同时位于人面顶部和下部的添加式样,一般有两种:一种是长短不等的线形,一种是各种圆圈形。线形通常都位于头顶部。它们显然是用来代表人的头发的。至于圆圈形它们有的位于人面的下部,有的位于其下部。我们已经知道,贺兰山岩画的作者会用圆圈代表任何事物,因此,参照第1组人面式样结构,第2组人面顶部的圆圈无非有两种用途:一是用来代表人的头发,一是用来代表人头上的装饰物。而第2组人面下部的圆圈状式样结构则更多的也许是用来代表人面之外的整个人的身体形状的,如 ▨ 和 ▨ 。因为第1组里的 ▨ 和 ▨ 以及第2组里的 ▨ 这三个人面下部的式样结构似乎更像是用来代表人的胡须的。3. 第三种是三个或三个以上部位都有添加成分的人面式样结构。这就是说人面上有三个或三个以上的地方都同时有表示方向性的附加成分或者说附加形式。如第3组所示:这些人面或者三个部位上都有添加的式样,或者上下、左右四个部位上都有添加的式样。这些式样结构千奇百怪。就式样的繁简而言,有的简单,如线条形式样、半圆圈状式样,有的复杂,如抽象图案形式样、另一有着添加形式的人面式样(如最后一个)。就数量的多少而言,有的只有三个,如最左边两个人面的上、下及左边部位都各有一个式样,左边第三个人面左右及顶部都各有一式样。有的则很多,如 ❀ 四面八方缀满了 13 个小圆圈,而第 3 组右边第二、第三个则排列着多得几乎不可数的垂直线形式。对于这些人面上众多添加式样的具体指称对象,有的我们似乎可以确定,如 ❀ 左右及顶部都是人头上的装饰物,有的则不可知,如横穿 ❀ 这个人面内外的一条横线代表什么?横穿 ❀ 这个人面的一线形式样(一条复合直线的两端分别各缀有一圆圈状形式)又表示什么?显然,众多黏附形式的添加增加了人面自身表意的复杂性。一般来说,人面添加式样愈多愈复杂,其含义也愈难测。

由以上例图和描述可以看出:贺兰山岩画里用以表示方向和两个事物之间关系的人面式样结构丰富多彩。众多外在黏附形式的添加使得它们愈来愈远离写实,而更趋于象征性和符号性。它们中的绝大多数都可以视作面具。尽管形态迥异,但是,这些人面像上的黏附形式大致也可以分为两种:一种是各种圆圈形式样,一种是线形式样。其中尤其以直线为主。这种通过在一个圆圈形形式上进一步添加圆圈形或直线形形状的式样结构被用来表示多种不同的事物。

四、圆圈式样结构与语境

在整个贺兰山岩画系统里,圆圈形式样结构占据着一定的地位。它们可以以 ○、◐、☽、⊙、◎ 和 ❀ 的面貌独立存在,更可以作为一个式样结构形式,再次参与另一形式的组合,从而结构出另外一个式样结构。这种新的式样结构里的各种圆圈形式样,可以被视作一种新的形式元素,也可以被视作一种特殊的黏附形式。下面,我们进一步把上述以人面为典型代表的圆圈式样结构大致划分为单圆圈形式和同心圆形式两大类,在整个贺兰山岩画系统中,特别是在合体贺兰山岩画的具体语境中,更深入了解它们的运用,考察圆圈形式样结构的功能及其使用者的编码过程,也即动态描述分析它们在整个贺兰山岩画里的功能和意义。

(一)作为自由形式的单圆圈式样结构在贺兰山岩画中的应用

单圆圈式样结构在贺兰山岩画里使用得最多。作为一个最简单的基本形式,它主要是与其他形式一起组合成,而不独立运用。① 如图 4 所示:这是两个完全由圆圈式样结构的二重合体。图 4:b 是两个有着简单包含关系的圆圈式样结构之间的上下并列组合。上

---

① 在贺兰山岩画系统中,○、◐、☽、⊙、◎ 这样的独体岩画,最多的就是 ⊙ 这个式样结构。譬如:贺兰口南崖口外面以东的山坡北侧 11 米处,面东,高 0.09、宽 0.10 米,就有一独立存在的 ⊙ 岩画。四眼井南侧约 1 公里处的卢沟湖北岸入沟约 1.2 公里处,山梁西侧 3.2 米处,面东南,高 0.17、宽 0.17 米,画面上是一独立的 ⊙ 岩画。对此,许成、卫忠编著的《贺兰山岩画》里有采集复制的复制图,许成、卫忠编:《贺兰山岩画》,文物出版社,1993 年,第 102 页、168 页。

小下大,结体均衡。图4:a是一个有简单包含关系的圆圈式样与另一个内外都同时有添加形式的圆圈式样结构的组合。这是一个向心结构,两个组成成分的形状存在着非常明显的大小之别。大的几乎占去了整个视觉空间,小的则龟缩在右下角,处于依附地位。

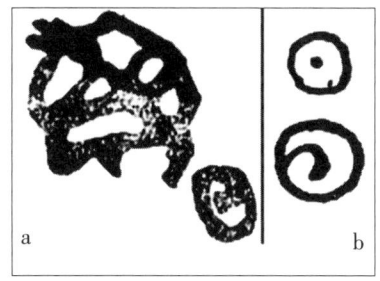

图4

像图4这样完全由圆圈形式样结构组合的合体岩画是很少见的。绝大部分圆圈形式样结构通常都是与其他式样结构的文组合。换言之,贺兰山岩画里各种圆圈形式样结构主要是与异类组合,也即与其他各种式样结构形式进行组合,而不是彼此之间进行组合。这里所说的"其他各种式样结构形式"主要指各种动物,尤其是羊式样结构形式。这就是说贺兰山岩画里各种圆圈形式样结构主要在那些基本上由各种动物结构的合体岩画语境中应用。如图5、图6里所列举的就是三个比较典型的圆圈形式样结构的使用情况。图5是一个三重合体岩画。其中一个圆圈形式样结构,两个动物式样结构。为论述问题方便起见,我们可以把它们分别称作抽象符号和肖似符号。事实上,从图5两个合体岩画的排列次序我们也可以看到:贺兰山岩画的制作者也明确意识到了它们之间的差异。在这两个三重文里,两个肖似动物符号都横向并列在一起,构成一组,抽象圆圈形符号则单列。作者还充分利用距离进一步突出了它们之间的不同:在每一个三重文里,抽象圆圈形符号都与另外两个动物符号距离较远,而且,它们都位于整个三重合体岩画视觉空间的角落(图5:a里

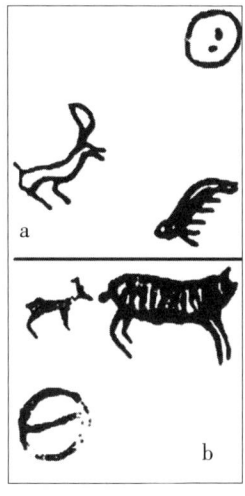

图5

图6

的位于右上角,图5:b里的位于左下角)。与之相反,图6里的抽象圆圈形符号则位于整个七重合体岩画的中间。①这是一个向心结构形式。抽象圆圈形符号不仅形状最大,而且被其他组成成分所环绕。当然,这样的排列也非常鲜明地呈现出了抽象圆圈形符号与其他符号(肖似、意象、抽象动物形式和抽象点状形式)之间的差异。

由以上描述分析可以看到:作为一个自由的形式(一个语词),抽象圆圈形符号的应用非常灵活。它既可以相互之间组合,也可以与肖似、意象或其他抽象符号组合。而在多种组合的语境中,它们的地位和作用也是多方面的:或者处于核心地位,起着统率的作

---

① 这里,我们把最右边一小羊形式前面的一点状形式,看作小羊形式的一个组成部分(或者说黏附形式),而不是与图中另一点状形式一样的独立组成成分。

用;或者处于边缘的地位,起着进一步解说的补充作用。

(二)作为黏附形式的单圆圈式样结构在贺兰山岩画中的应用

单圆圈形式样结构作为一种黏附形式在整个贺兰山岩画符号结构中广为使用。它们可以用来结构任何形式。如在图7:a这个贺兰山岩画里,最引人注目的就是一个有着圆圈形黏附形式的动物成分:两条平行线把一动物形式与另一圆圈形式样结构联结成一个相对独立存在

图 7

的统一体。在这个语境中,圆圈形式样结构显然是一个有着明确指称对象——车轮的肖似符号。而它与另一动物成分组合的统一体,也是一个肖似形式,其指称对象是动物拉车。同样,图7:b里有一个由三个最简单的圆圈形式样结构的侧面站立人形式。这三个圆圈形式样既被用来代表人的整个头部以及向右前方伸出去的双臂、双手,也被用来代表人的整个主体躯干。

从贺兰山最普遍的羊形式的结构中,我们也可以看到圆圈形式样结构的普遍运用。如图所示:

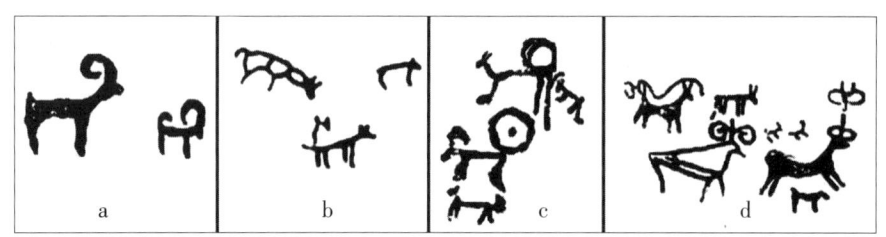

图 8

这里,虽然是黏附形式,但是,各种圆圈形式样结构的用途却很广泛。它们可以被当作肖似符号使用,如在最左边羊合体岩画形式里,两个半圆圈形式样指称羊弯弯的角。在中间一个合体岩画里,两个圆圈形式样结构表示的就是羊弯弯的尾巴:图8:c最简单的圆圈形式样与表示羊的躯体的一条直线好像是作者一笔勾勒而成,这使圆圈形式样结构有了比较明确的指称对象——羊尾巴。下面一个像太阳之形的圆圈形式样结构则似乎完全覆盖了羊尾巴。如果说我们可以把上面那个最简单的圆圈形式样结构的羊尾巴视作一个肖似符号的话,那么,下面这个像太阳之形的圆圈形式样结构的羊尾巴形式就是一个意象或抽象符号。同理,图8:b合体岩画里有一个用三个连环的圆圈形结构的羊形式,这三个连环形圆圈式样显然非常形象地代表的就是羊的躯体。在图8:d的合体岩画里,我们看到：作为一种非常特殊的肖似或意象或抽象符号，黏附形式的圆圈形式样结构不仅能指称羊形式的某些部位，而且具有某种程度的表情作用。如图8:d中间是一个大羊形式，它的头部是一个别致对称的两圈形形式，这个形式显然代表的是弯弯的羊角，整个大羊形式因此有了明确的指称对象——盘羊。它的右边是一个头部有一个特殊的四圆相串、相套式样结构的羊形式，相比之下，这个四圆式样结构形式更像是羊头上的装饰物，而不是弯曲的羊角。在这个合体岩画里，最让我们费解的就是其左上角一羊形式上的圆圈状形式。从这个羊形式的整体结构来看，这是一个标准的根本羊形式，它有尾巴式样。因此，附加在它尾巴后面的一圆圈形式样，显然不是代表羊的尾巴。它与搭在整个羊形式上的一条曲线相连接也说明了这一点。

在整个贺兰山岩画里，羊形式结构中这种我们无法得知其具体指称对象的圆圈形式样结构形态万千。如图9这个二重合体岩画里与人组合的另一派生雄性羊形式很特殊。它的角上黏附着一个长圆圈形式样结构形式，这个形式由一小一大、一扁一长、一最简单一主要有着内部包含关系（其右下角也有一表示方向的短线形式）的两个圆圈上下重合而成，整个形状像一个广口的坛子。它黏合在（其中与羊角接触的部分与之完全重合）羊角上，似乎是羊戴的一个装饰物，其具体指称对象究竟是什么？即便是把这个有着特殊黏附形式的羊形式放在整个图9这个具体语境中（与它组合的另一对象是根本人形式），我们也无从得知。图10这个四重合体岩画里是一个最大的派生羊形式也是如此。它的一条后腿，准确地说蹄子上黏附着一个内部有着包含关系的圆圈形式样。它指称何物？代表什么？我们也很难知道。而图11最上面一个羊形式更让我们疑惑。这是一个根本羊形式，它被一个有着复杂外在黏附形式的大圆圈圈了起来，成了这个表示一定方向的大圆圈的内部形式结构。这样，它与圆圈之间形成了一种典型的包含关系。若以大圆圈为主体、为核心，那么，羊就是圆圈内部的一个形式，而圆圈外面一个好像有着秆、叶、花瓣的一束花一样的结构形式，就是该圆圈式样的外部黏附形式。其实，在整个图11这个视觉空间最上面的语境中，我们视知觉所感知到的、相对独立完整的一个形式（或者说成分）就是一个大圆圈，而不是一个羊形式（或成分）。如果充分考虑到大圆圈外面用来表示方向的黏附形式（一束花状形式），我

图9

图10

图11

们甚至完全有理由把位于其右上角的一个很小的根本羊形式也视作整个大圈圈形式样结构外部黏附形式的一部分。这样,虽然我们知道这是一个比较复杂的圆圈形式样结构:同时兼有表示包含关系和方向性差异的黏附形式,但是,我们无法了解其准确的所指内涵,特别是其具体的指称对象。因为我们已经知道:贺兰山岩画的作者几乎可以用圆圈形式样结构形式表示任何事物,包括羊形式结构上的任何一个部位。有时他们甚至会用圆圈形形式表示羊形式结构以外的东西,如一些装饰物等。

以上,为了方便起见,我们从其功能出发,把整个贺兰山岩画里的圆圈形式样结构分为自由形式和黏附形式两种,在多种合体岩画语境当中分别描述分析了它们的运用情况,并在此基础上探讨了它们在具体应用中的的地位和作用。这种分类也是从贺兰山岩画实际存在的现状出发的。在每一个具体的贺兰山岩画里,圆圈形式样结构或者作为自由形式出现,或者作为黏附形式出现。这就是说它们一般很少同时出现在一个贺兰山岩画里。如贺兰山岩画里像图12这样的岩画形式很少见。在这个岩画里,有四个形态各异的、相对独立完整存在的圆圈形式样结构形式或者说成分。这样的形式或者说成分当然是一个自由形式。其中中间有一个最简单的圆圈形式,它的旁边是一个外部有着表示方向性的黏附形式的圆圈形式,它们的上面则分别有两个复杂的圆圈形式样结构成分。这两个圆圈形式样结构都既有内部也有外部添加形式。而这些添加形式里都有圆圈形式样结构。因此,除中间一个最简单的圆圈形式,其他三个圆圈形式里都还有圆圈形黏附形式。这就是说,在整个图12语境中,既有作为自由形式的

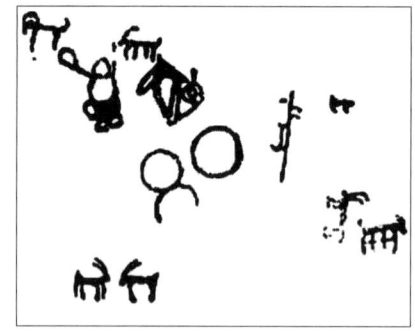

图12

圆圈形式,也有作为黏附形式的圆圈形式,它们不仅共存于一个成分之中,而且共存于一个语篇的上下文之中。圆圈形式样结构的这种运用情况,我们在那些有人面参与其结构的合体岩画也能看到。

(三)作为一种人面形式的单圆圈式样结构在贺兰山岩画中的应用

1. 自由形式人面的使用

不论是作为自由形式,还是黏附形式,在整个贺兰山岩画系统中,圆圈形式样结构更多的是频频出现于人面形式或者有人面形式参与的各种合体岩画中。如果说前面我们曾把贺兰山岩画里的人面形式挑出来,对其做了一个比较详尽的共时、静态的分析的话,那么,下面,我们将把它们置放在具体语境中,动态考察它们的使用。

作为自由形式的人面可以和任何形式组合。在整个贺兰山岩画里,它们彼此之间相

互组合而形成的独体岩画、合体岩画的数量最多,形
态、类型亦最丰富。有二、三、四、五重合体人面岩画,
有六、七、八重合体人面岩画,更有多重合体人面岩
画。如图13所示:这是一个完全由人面结构的比较大
的一个语篇。其间各种类型各种形态的人面都有。有
的比较大,有的比较小。最大的就像一个动物形式(如
最下面一个整体形似蛙状的人面),最小的则像文章
中的一个小句号(如最上面中间一个纯粹的小圆形)。
相对独立的最简单的圆圈形式样结构有4个。其中两
个纯粹的圆圈形式(即位于上面的〇与•),两个半圆
圈式样结构,即◯和◡。内部有添加成分,仅表示包含

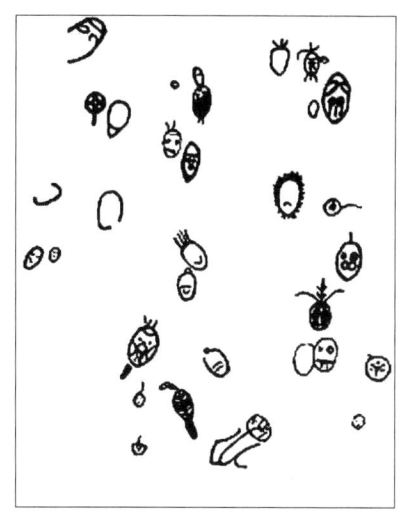

图13

关系的人面有6个,其中一个是半圆圈形状(即位于最左上角的),三个比较小(即位于最
左下边边缘的两个,以及位于最右边最下角的一个),两个较大的(即位于最右上面的
,以及位于上面的中间部位的)。这6个人面内部的添加成分有一个共同的特点,也即
人面内部大致都有三个相对独立的形式成分,它们比较明显地是分别用来表示人的两只
眼睛和嘴巴的。与前面我们提到的内部有着繁复添加成分的人面相比,这是6个表示出
比较简单的包含关系的人面。图13里还有和这两个贺兰山岩画里比较少见的人面形
式,即仅仅外部有添加成分的人面。

除以上比较简单的单圆圈式样结构外,用以组建图13这个语篇的最多的成分就是
内部和外部同时有黏附成分的比较复杂的18个人面形式。这些人面形式我们可以把它
们按照繁简程度大致划分为以下两组:

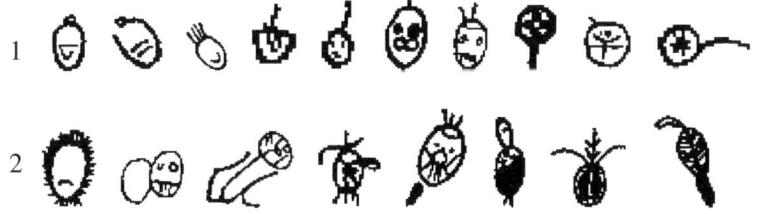

第一组比较简单。人面内部有的只有一两个笔画状形式,有的只有一个简单的图案
形式,有的则用比较简单的形式(如纯粹的圆圈形式样结构和一短横线)表示出了人面的
眼睛、嘴巴等器官。外部亦如此,外部只有一个小圆圈形式的有两个,其余都是外部只有
一、二或三条直线形式的,其中只有一条直线形式的有8个,有两条直线形式的有一个,
有三条直线形式的有一个。第二组比较复杂。若按从左到右的顺序,第一个内部虽然只有

一短横线,但其外部四周都密密麻麻布满了一条条短直线,犹如光芒四射的太阳光。第二个比较特殊。这是一个圆圈形式与人面形式再次结合而成的一个 A+B 型派生形式。第三个是一个有着奇特外部形式的人面形式。最后三个人面有着极其复杂的内部形式结构,以致于我们根本看不清它们究竟是如何排列组合的。整个第 2 组中间是两个内部既有着复杂形式结构,外部上下亦有黏附形式的人面形式。总之,一般来说,简单形式的人面表达了比较简单的包含或方向性关系,复杂形式的人面则表达了比较复杂的包含关系或方向性关系。

其实,图 13 最让我们深思的是它所呈现给我们的这样一个现象:所有人面式样结构都不一样,也即参与图 13 这个岩画组建的 30 个人面各个式样结构迥异。它们的差异性不是体现在外在形态的大小上,而是集中体现在其自身的内部形式结构上。显然,与羊形式、马形式一样,运用中的贺兰山人面形式亦是一个典型的 A+(0) 型式样结构。关于这一点,我们从人面与其他形式的组合中可以更清楚地看到。

以自由形式的身份,人面不仅彼此之间相互组合出多种合体岩画,而且还广泛与其他式样结构组合。若从组成成分的性质来看,在整个贺兰山岩画里,人面主要和两种类型的式样结构组合,即抽象形式(或者说抽象符号)与像某物之形形式(或者说肖似符号),尤其是与抽象形式的组合更为普遍。各种人面可以和各种形态的抽象形式组合成各种形式的合体岩画,如下列所示:

图 14

图 14 依照从左到右的顺序,这里所列举的是五个有人面成分参与其结构的合体岩画。前两个是合体岩画,即一个人面与一个抽象形式的组合。虽然都是有人面参与结构的合体岩画,但是,两个合体岩画之间有着天壤之别。就其整体排列组合次序而言,它们一个呈左右横向水平结构,一个呈上下倾泻纵向结构。其中的人面一个是有着复杂内外黏附形式结构的形式,一个则是比较简单的只有内部黏附形式的形式。抽象成分也是一个非常小,一个非常大,一个整体轮廓基本上是圆圈形式样,一个则是垂直长方形式样。后两个是人面与抽象形式组合的合体岩画。它们之间的差异也是巨大的。一个是两个人面与一个抽象形式的结合,一个是人面和两个抽象形式的结合。同一个合体岩画里,相同性质的成分之间界限分明:都是内外有黏附形式的两个人面一大一小,一复杂一简单,其形式元素及其具体结构更是大相径庭。如有的表示出了人的鼻子,有的没有,有的表示出了人的耳朵,有的没有,有的表示出了人的嘴巴,有的没有,等等。即使它们都表示出了人面

上的同一个器官,其具体形式结构也不同。如用来表示人的眼睛的一个是两个半圆圈形形式(右边比较大的一个),一个则是一条短横线(左边比较小的一个)。两个合体岩画里的抽象形式不仅彼此之间差异甚大,就是同一形式(最右边一个)里的两个也完全不同:一个是拖着长线的蛇状式样,一个则是比较小的手掌样式样。上面所列的第三个合体岩画(这是人面、抽象一横线状形式与一直立倒置的根本羊形式的组合)表明:在人面与各种奇姿异态的抽象形式的组合形式里,有时也有像某物之形的肖似符号。

由以上描述分析我们可以看到:人面可以以自由形式的身份自由地与其他任何性质的式样结构成分搭配组合,从而进一步结构出各种类型的合体岩画。而在各种合体岩画语境中,人面都极尽变化。它不仅以绝不雷同的形态出现在不同合体岩画里,而且也出现在同一个合体岩画里。不论同一个合体岩画中有多少人面,其式样结构亦决然不同。

贺兰山岩画是能指(即表现形式)与所指(被表现内容)的统一体。能指的差异性体现了所指的差异性。各种语境中姿态横生的人面其实表达的就是极其丰富的所指内涵。如图15、图16所示:这两个合体岩画语境中的人面形式非常奇特。实际上,一看到它们我们就会叫出它们的名字——人或小人。这些都是在人面下面添加了丫形式样结构的像人之形肖似符号或形式。有的添加了一个,有的添加了两个。有一个丫形添加形式的就像一个有了整个身体(除头外)的人,有两个丫形添加形式的则像一个正面站立的两脚叉开的人形式。尤其是丫形添加形式具体所处的位置变化多端,且都相当传神地传达出了像人的某种具体动作之形。如图15里的 和图16里的 都是拥有两个丫形添加形式(即外部表示方向性关系的黏附形式)的人面,虽然都是加在人面形式的下面,但是,不仅两个人面的内部形式结构不同,而且,两个人面的丫形黏附形式的形状亦不同。这样,它们传达出来的意思也有了差异。 像愉快悠闲地甩开双臂行走之人形, 像怒睁环眼两脚叉开正面站立之人行。至如图15、图16里有一个丫形黏附形式的人面之间的微妙区别更是传神: 、 、 、 分别依次像人忧悒地伸长脖子侧望站立之形;像人一臂向前伸,扭头侧立之形;像人行色匆匆赶路之形;像神情凝重的一条腿在前、一条腿在后的人正面站立之形;像微笑着身子略向右倾斜

图 15

图 16

图 17

正面站立之人形。由此可见：与其说图15、图16里这些式样结构指称的具体对象是人面，不如说是人。人面下面的添加成分使得这一形式的所指内涵发生了变化：与其说它们是用来指称人面的，不如说是用来指称人的某种动作、情态的。它们进一步证实了我们前面提出的观点：如果说人面内部的形式式样表现的是一种简单的包含关系的话，那么，其外部的各种黏附形式则表现了一种方向性关系或两个事物之间的某种关系。每一个人面都是一种符号，一种特定的能所关系的统一体。其能指层面的任何变化都引起其所指意义的变化，能指与所指是一一对应的。

2. 黏附形式人面出现的语境

人面既可以以自由形式的身份参与各种类型、各种形态的合体岩画的组合，又可以以黏附形式的身份黏附于各种类型、各种形态的其他形式上。如图18所示：这是一个比较特殊的贺兰山合体岩画。其组成成分是两个A+(b)型派生羊形式，与一般此类羊形式相比，黏附在这两个根本羊形式上的黏附形式或者说语法加号(b)非常特殊，即它们都是显而易见的、贺兰山岩画里比较典型的人面

图 18

式样结构形式。由于自然风化，两个人面上面的轮廓线部分有所剥落，但它们的整体式样结构还是很清晰的：一个是只有内部添加成分，也即表示出简单的包含关系的人面形式，一个是内外都有添加成分，也即同时表示出包含关系和方向性的人面形式。人面作为黏附形式在图17这个合体岩画里运用得最独特。它添加在像正面双腿叉开之人形的下面。我们也许不能准确知道它的语法意义，但有一点是肯定的：恰如圆圈形式一样，贺兰山岩画制作者亦可以用人面代指其他事物。因为这个人面显然不是指称整个这个像人之形的人形式的人面。

在图17和图18这两个合体岩画里，人面所起的作用是一目了然的。换言之，我们几乎不假思索就能判定位于根本羊形式和人形式上的人面都是黏附形式，即在上下语境中，它们都不是一种相对独立完整存在的成分。这主要是由于它们自身的形状及其所处的位置决定的。与组成同一形式里的其他形式元素相比，它们都比较小，且直接依附于另一形式元素的上面。如在合体岩画里，两个人面都只是黏附在羊形式的头部，与整个羊形式相比，其形状显得很小。这一点在四重合体岩画里表现得很鲜明：同一个人形式里有两个人面。它们一上一下、一大一小，其在整个人形式里作用很明显：上面那个大的充当的或者说指称的是根本人形式上人面，而下面那个小的是一种黏附在整个人形象臀部的黏附形式。所以，可以说，在这两个合体岩画里，我们很容易就能识别出人面所处的依附地位。

然而,事情并不这么简单。在贺兰山岩画里还存在着图 19 这样有人面参与其组合的合体岩画。在这个语境中,人面几乎位于整个视觉空间的中间位置,它的左下角是另外一个相对独立完整的抽象形式(即成分或符号),它的右边是一个比较复杂的派生雄马形式。这个马形式比人面还要大,人面借助于两条短线把它的尾巴部分与人面紧紧相连,准确地说是相互穿插在一起(从人面内部延伸出来的两条短线穿过了马尾巴)。因此,人面和马形式其实是一个整体。这意味着:它们自身的复杂性都不能排除这一事实,即它们只是一个大的统一整体形式里的一个形式元素而已。这就是说在由它们结构的整个图 19 这个形式里,它们的地位是平等的。它们大致相同的形状以及在整个图 19 语境中所处的位置,都向我们昭示了这一点。因此,对于像图 19 里这样使用的人面,我们不能仅仅根据它们是否紧紧与其他形式连接,简单地说它们只是一种黏附形式,而应该根据它们所处的具体语境界定它们的性质。事实上,图 19 里的人面也是以一个特殊的自由形式的身份出现的。

图 19

人面这样的使用情况在整个贺兰山岩画里比较普遍。如图 20 所示:这是一个语篇,其中有十个相对独立的组成成分。除中间一个像羊之形的羊形式之外,其余都是人面或人面结构的成分。从左到右它们分别是人面与圆圈、人面与羊形式以及人面与圆圈的结构式样。除人面与羊形式以部分重叠的方式组合在一起外,其余两个都是借助于另外的黏附形式彼此串联的组合。

图 20

3. 余论

在具体使用过程中,人面基本上以各种形态的自由形式和黏附形式参与各种贺兰山岩画的建构,尤其是以各种形态的自由形式参与各种组合。由以上描述分析我们可以看到:为了更好地说明问题,我们所列举的人面都是像人面之形的人面,也即它们至少都是有着眼睛、嘴等内部形式结构的人面。其实,我们从前面的描述分析已经知道:贺兰山岩画的作者可以用任何圆圈形式样结构表示人面。如果考虑到这一点,那么,依据具体语境,很多贺兰山岩画里那些独立存在的各种圆圈形式样结构,我们都可以把它们视作人面形式。因此,从这个意义上说,贺兰山岩画里人面形式的具体运用范围非常广泛。如我们完全有理由把图 21 里三个合体岩画里的圆圈形式样结构都视作人面。这样,图 21:a 就是合体人面形式,即由两个人面成分上下结构的合体岩画,图 21:b 则是一个复杂的合体岩画。同样,依据贺兰山岩画造型的两条一般规律,即各种形态的圆圈式样都可以用来指称人面,以及所有动物基本上是侧面式样结构,正面式样最普遍的形式是人,我们也可以断定图 21:c 这个合体岩画最上面的一个圆圈形式样结构所代表的就是一个正面人形象。通常,在某一个特定的贺兰山岩画里,人面总是或者以自

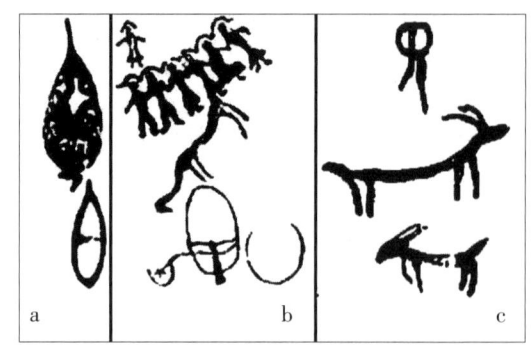

图 21

由形式出现,或者以黏附形式出现。但也有例外,即人面可以以自由形式和黏附形式同时出现在某一个特定贺兰山岩画,也即语境中。如图 17 里有五个相对独立的人面成分,其中有一个充当黏附形式的人面,三个相对独立存在的人面成分。总而言之,人面式样结构以多种类型、多种形态出现在贺兰山岩画语境中,事实上,在整个贺兰山岩画符号系统中,人面是运用得最多最广泛的一种单圆圈形式样结构。

何以人面像

南京大学 汤惠生

人面像岩画可以说是中国的斯芬克斯,是一个迷人的史前艺术之谜,这个谜面的背后隐藏着一如斯芬克斯狮身人面像一样有关人类如何长大的沧桑故事。

人面像岩画是一个环太平洋分布的史前艺术主题,人面像岩画通常被认为是远东和美洲、大洋洲,亦即环太平洋文化圈的文化因素之一,①所以在欧洲和非洲人面像岩画几乎不见。不过有趣的是,近年来所发现的最早的人类艺术品都是人形或人面形,而且就在非洲和近东的西奈半岛。

目前发现的人类最早的艺术品是人面像,其古老程度我们是无法想象的。人面像制作在一块棕红色碧玉上(图1),这是由 Wilfred I. Eitzman 于1925年发现于南非的马卡潘斯盖(Makapansgat)岩棚中角页岩堆积的第三层,该地层据古地磁断代为距今300万年前。②碧玉重260克,通高8厘米,被认为是从远离该岩棚的地方带来的。碧玉上加工出眼睛和嘴巴,是属于南方古猿的艺术品。这件物品自发现以来,学者们就在争论是否为南方古猿所为,③但最近学者们越来越趋于认为他是最早的人类艺术品。④

图1 南非马卡潘斯盖发现的300万年前的人面像。该人面是在一块约6厘米大小的椭圆形碧玉上略略加工而成,被称作"马卡潘斯盖玉石"(Makapansgat Jasperite cobble)。采自 Bahn,1999

---

①参见 A. G. Thorne and Robert Raymond 1989. Man on the Rim: Peopling of the Pacific, Sydney, Angus and Robertson;陈兆复:《古代岩画》,文物出版社,第150~153页,2002年;宋耀良:《中国史前神格人面岩画》,上海三联,1992年;李洪甫:《太平洋岩画——人类最古老的民俗文化遗迹》,上海文化出版社,1997年。

②Oakley, K, P., 1981 Emergence of higher thought 3.0 –0.2Ma B.P., in The emergence of Man, Phil. Trans. R. Soc. London B 292:205~211.

③Bahn, P.G., 1999 Face to face with the Earliest 'Art Object', in Srecker, M. & P. Bahn (ed) Dating and Earliest Known Rock Art, Oxbow Books, London, pp.75~77.

④Morris, D., 1994 The Human Animal, BBC Books, London, pp.274~277.

似乎是对这一考古材料的证实,意大利著名的史前学家阿纳蒂教授在西奈半岛的哈·卡尔康(Har Karkom)也发现了许多人面雕像(图2),阿纳蒂教授认为至少是尼安德特人的作品。①

如果说西奈半岛的人面像石雕尚不能确认为人面像的话,或者说不能确认为后期人面像的早期源头的话,那么旧石器时代晚期欧洲奥瑞纳文化发现的用象牙雕刻的人面像则应该是确凿无疑的人面像(图3:c)。这枚猛犸象牙刻制的人面像通高4厘米,出土于捷克Dolni Vestonice地区的奥瑞纳文化。学者们认为人面像是环太平洋文化的因素之一,但是这并不意味着欧洲等地就没有人面像,在马耳他新石器时代的庙宇形的巨石墓中发现的人面像以及德国等地发现的史前人面像从逻辑上可以认为是捷克出土的象牙人面像传统的延续(图3:a~b)。

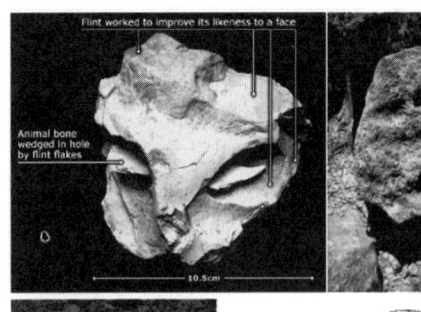

图2 西奈半岛Har Karkom发现的似人面像石雕
采自Anati,2000

我国的人面像岩画按照制作方式大致可以分成两类,亦即研磨方式制作的人面像和用敲凿方式制作的人面像。实际上出自两类不同技术的人面像可以至少分成三期。第二期明显使用金属工具制作,

图3 马耳他和德国发现的人面像(a、b)以及捷克出土的旧石器时代晚期奥瑞纳文化的牙雕人面像(c)

其打击点呈细小的楔状,大小匀称规整,当为金属工具所为。由是,第一期我们推断是新石器时代晚期到青铜时代早期,第二期为青铜时代中期,第三期为青铜时代晚期或铁器时代。第三期人面像无论从制作技术或造型等方面,均显得较为粗糙和草率。其制作也不一定用金属工具,甚至可能用石器进行简单敲击和磨刻,与各种的动物形象岩画同时出现。从地理分布情况来看,人面像岩画和凹穴岩画以及与巨石遗迹的分布情况大致相同。

---

① Anati,E.,2000 The Riddle of Mont Sinai: Archaeological discoveries at Har Karkom. Edizioni Cemtro,Capo di Pomte(BS),Italia.

不过人面像岩画亦可分成两个分布带来讨论,即南北纵向的沿海带和从赤峰到河套一线的东西横向分布带。南北纵向是从北面的连云港南到广东珠海、香港等;东西横向是从东部的赤峰到黄河河套(主要是后套地区)一带,当然,两者之间在某些地区是有交叉的,这种情况我们可以将其视为人面像由东向西的一种渗透:南北纵向分布带上似乎只分布着研磨法制作的人面像,这应该是时代早一点的第一期人面像岩画;东西横向分布带上则研磨和敲凿法均有发现,也就是说包括二、三期,敲凿法是青铜时代中晚期的典型技术。

同样,与第一期人面像一起出现的伴生图案有同心圆、凹穴以及斧形、梯子形、手形(可能还包括部分蹲踞式人形)图案;第二期岩画点数量不是太多,目前伴生图案尚不清楚;第三期人面像的伴生图案,即大规模出现的北方草原动物形象。

1895年美国人理查德·马阿克(Richard Maak)在乌苏里江下游第一次调查人面像后,19世纪下半叶在黑龙江和乌苏里江下游陆续又发现了许多人面像岩画点,由此也出现了一批岩画学家,包括卡法罗夫(P. Kafarov)、布赛(F. Busse)、克鲁波特金(L. Koropotkin)等。其中最为著名的是美国的东方学家劳弗尔(Berthold Laufer)。他于19世纪末调查并研究了乌苏里江下游的萨迦奇·艾尔扬(Sakachi Alyan)和克林诺夫卡(Kalinovka)以及黑龙江流域的几个人面像岩画地点,并于1899年发表了他的调查记《黑龙江岩刻画》,第一次使用"人面像"(human faces)这一岩画术语。① 对乌苏里江和黑龙江人面像进行系统和科学研究的是苏联著名的考古学家奥克拉德尼科夫(A. P. Okladnikov),他将人面像与当地的考古发掘资料进行比较研究后认为,这种凿刻加研磨制作出来的浅浮雕式的人面像与人像属于距今5000~4000前的新石器时代的艺术品(图4)。② 俄罗斯考古学家史姆金(D. B. Shimkin)认为乌苏里江流

图4 俄罗斯境内黑龙江流域的人面像、涡纹以及凹穴图案

域的人面像在时代上要早于黑龙江、叶尼塞河等地的人面像岩画。③ 尽管如此,人面像(包括所有的岩刻画)岩画的时代始终未能确认,因为目前我们还没有一种能用于岩刻画时代测定的行之有效的科学方法和技术。

在中国,对于岩画中人面像最有年代参考价值的是出土的新石器时代考古资料,如

---

① Laufer, B., Petroglyphs on the Amoor. American Anthropologist (n.s.)1899. 1:746~50.
② Okladnikov, A.P., Ancient Art of the Amur Region. Leningrad, Aurora Pulishers, 1981.
③ Shimkin, D.B. The Ancient Art of Northern Asia, 1991, pp.26~27. The Board of Trustees of the University of Illinois.

良渚文化玉琮上的人面像，两者在风格上表现出惊人的一致性；①彩陶中以涡纹著称的是马家窑文化，马家窑文化同时也以人面像著称；江苏金坛三星村出土一件骨器，为石钺柄端的套帽②，其上勒以涡纹状眼睛的人面像，其风格与岩画人面像（特别是将军崖岩画中被称为"鸮面"的形象）完全一样；我国最早有 ^{14}C 年代的人面艺术品出自内蒙古赤峰的兴隆沟和白音长汗，时代均为距今 8000 年前（图5）。③兴隆沟出土的人面像似乎还融合了凹穴图案为眼睛的伴生图案。事实上这些考古发掘出土物为我们对岩画人面像的断代也提供了一个时代参照系。人面像岩画在中国境内来似朝雾，若隐若现，去如长河落日，瞬间即逝；其特点突出，分布地区十分集中，似乎是卓尔不群。人面像岩画从哪儿来？到哪儿去？创造它的又是一支什么样的族群？是浮槎越洋的水上部落，还是追逐野兽的狩猎民族？抑或是寻找安逸与稳定的农业族群？它与我国相关的其他史前文化又发生了什么样的碰撞与融合？神欤？人欤？要回答这一系列的问题，恐怕还需几代人的努力，同时也需要更多专业和业余人士的参与。

图5 内蒙古赤峰白音长汗出土的距今8000年前的人面像艺术品

图6 江苏金坛三星村出土的新石器时代刻有人面像的骨套帽

---

①汤惠生、田旭东：《原始文化中的二元逻辑与史前考古形象》，《考古》2001年第5期，第48~59页。
②参见王根富：《金坛三星村出土文物精华》，南京出版社，2004年。
③参见内蒙古自治区文物考古所：《白音长汗——新石器时代遗址发掘报告》，科学出版社，2004年。

贺兰口人面像岩画初探

银川市贺兰山岩画管理处 张建国

人面像岩画是远古先民对心目中的神灵鬼怪、图腾动物及各种崇拜对象附以人面的形象制作出来的岩画,是先民崇拜文化的最高体现,在所有岩画内容中是一个比较特殊且十分重要的题材。尽管岩画作为一种文化现象,在世界70个国家150个地区都有分布,但人面像岩画仅仅出现于环太平洋地区的中国、蒙古、俄罗斯西伯利亚、美国、加拿大、墨西哥、智利、澳大利亚复活节岛等11个国家,而其中尤以中国的人面像岩画数量最多,分布最广,在世界人面像岩画中占有突出的位置。在中国20个省市100多个县(旗)发现的岩画中,贺兰山贺兰口的708幅人面像岩画又以表现内容丰富、种类繁多、风格各异而闻名于世。可以说贺兰口是世界上人面像岩画分布最多的一个岩画点之一,贺兰口的人面像是世界人面像岩画的集大成者。

贺兰口人面像的分布及特点

在贺兰口12平方公里的岩画保护区内,有2319组,5679幅岩画,其中人面像岩画376组,708幅。根据岩画的分布和地形的特点,我们把保护区划分为六大区域。山口南侧山壁为A区,沟内南北石壁的岩画为B区和C区,山口北侧山壁为D区,沟口外洪积扇荒漠草原为E区、F区。

A、B、C、D四个区域,即沟口内外的山体岩画大多集中在距离沟谷山根以上约10米的范围内,并呈片状分布。最高的岩画不超过50米,其上很少有岩画发现;沟口内的岩画,纵深分布在600米的范围内,数量以沟口为多,密度为每平方公里1568个单体图案。越深入沟谷,山体两侧的岩画越少。从"水关"往里,岩画开始则呈点状分布。

这一区域的岩画之间联系紧密,主题鲜明,多为组合图案。内容主要以人面像、人体、动物、生活场景、符号等为主,尤其人面像有279组,544幅,占贺兰口人面像的五分之四。出现的"圣像壁"多达十几处,在世界岩画中都是极为罕见的。

如此密集的人面像出现在沟口两侧,不能不说是一个值得关注的问题。从贺兰口的地势环境来讲,沟内景色宜人,泉水充足,山体石壁光滑圆润,更适合刻制岩画,但反而分布极少。这充分说明古人磨刻岩画除了对环境及石质本身的要求,还有更深层次的心理要求。岩画的意义就是为了满足他们内心某种愿望而服务的,在一定程度上,这种心理的需求远远大于对环境和石面的要求。这也是为什么很多岩画会分布在粗糙的石面上,狭小的夹角中和不易发现的角落里的原因。

贺兰口幽深曲折,沟谷狭窄,是众多山口中最容易形成山洪的一个山口。据水文部门的资料显示,每年5、6、7三个月都是洪水的多发期。洪水来时,"山石滚动,轰声如雷,观者无不动容"。对于早期先民来说,有限的认知能力使他们认为这种现象同地震一样都是沟古深处的"妖魔鬼怪"在作祟,给他们带来了巨大的灾害。惊恐之余,他们把沟口作为一道"门户"刻制了大量人面像岩画,希望这些"神灵"能够镇压、阻止沟内的鬼怪跑出来为祸人间。在中国很多依山而建的寺庙、道观中,后山通常被设为禁地,原因就是他们认为山谷深处有神、佛居住,凡人不能惊扰;贺兰口的原住居民直到现在还保留着"天黑不进沟"的禁忌。

分布于E区、F区的山前洪积扇荒漠草原上的人面像,多磨刻在可以移动的独体石块和露出地表的立石上,登记在册的共有97组,164幅。岩画间距较大,缺少必然的联系,少量集中在泄洪沟两侧的梁子上。从沟口到洪积扇,人面像的空间布局明显地呈现出由密集到稀疏的扇状分布特征。

贺兰口人面像的起源

一、人面像岩画的定义

岩画是人类在不断地迁徙、发展过程中遗留下来的一种共同的文化现象,反映了人们对所处时代及生存年代的思考和探索。而人面像岩画在所有岩画内容中又因似人似兽,面部五官变化莫测成为最独特的一种形式。尽管目前学术界对这一类岩画的定义有很多种,"人面像""类人首""类人面""类人形"……但统一的一点,普遍认为,这种类人面岩画绝非岩画创作年代对人面的简单描绘,应该是某种观念下的一种文化特征。贺吉德先生给人面像岩画的定义:"人面像岩画是远古先民对心目中的神灵鬼怪、图腾动物及各种崇拜对象附以人面的形象制作出来的岩画。"应该讲,还是比较贴切的。最起码,从贺兰口的人面像岩画来看,各种人面像的脸型、眼睛、鼻子、嘴、面颊,以各种各样的艺术符号巧妙地构筑而成,令我们感受到了来自外界神道的震慑和先民的敬畏、崇拜之情。这些怪诞奇异的人面形象,反映了一个我们所未知的精神世界,既是神灵的形象化,也是先民们思想信仰的具体表现。

二、人面像岩画的形成

先民在长期认识自然的过程中,除了恐惧、羡慕,想的更多的还是如何改造自然,利用自然。恶劣的环境、艰难的征服让他们迫切需要一个虚拟的神灵来保佑他们。于是乎,祖先神、图腾物、生殖神等等各种神灵应运而生。创造神同《圣经》中讲的"上帝造人"都是世界上最伟大的杰作。远古先民在现实中从人类自己,从动物,从植物及自然万物中抽象出一部分因素,赋予崇拜对象智慧和神力,最终构成了能够满足人们现实需求的各种神灵。神灵无所不能又无处不在,以"人灵"作为载体,既能在形式上接近人,从而加强心灵的沟通,又能在心理上让先民多少有些慰藉。人的头部历来被看作是灵魂寄居的地方,是人体最为重要的部分,自然而然地成为了神灵的外在表现形式。于是,世界各地的岩画点中,人面像大量出现。

选择了神灵的形式后,古人开始考虑的是,如何选择一个充满灵性,并且能够使神灵永久保存的地方来制作这些人面像岩画,从而达到祭祀的目的。从人面像岩画分布点的环境来看,山水相依、水草丰美、沟谷曲折幽深、山体陡峭突兀的地方成为先民祭祀膜拜的首选地。贺兰口就是一个典型的"风水宝地":从地理位置看,贺兰口位于贺兰山主峰(敖包疙瘩,海拔3556.1米)之南,方位理想,地形条件理想;从地质学角度看,贺兰口的岩石是由中生代三叠纪中期的二马营组下部浅灰色、浅紫红色、浅灰绿色巨厚层至厚层长石石英砂岩所组成。岩层向山外倾斜30°~40°,与贺兰山东坡坡度差不多,巨厚的长石石英砂岩在贺兰口东坡形成巨大的平面,非常适合创作岩画;从自然条件看,贺兰口有一眼清泉,四季不竭,沟谷内有相对较宽的谷底地形,沟口则有一个宽阔而平坦的洪积扇平原,非常适合面对贺兰山主峰顶礼膜拜。如此理想的地理位置,最终使贺兰口成为一座自然天成的"神庙"。人面像密集分布在沟口两侧山壁上,更有一些石壁,因为某一次的祭祀使人们达到了目的,从而被冠以"灵石""灵壁"的称呼,使得更多的人选择此处。贺兰口B区、C区的8处"圣像壁"充分说明了这条沟谷在远古先民心目中的重要位置。

每一幅人面像岩画都是一个巫术仪式的完结,刻制过程的本身就是祭祀的过程。贺兰口众多人面像岩画的制作就是一个很好的例证。有些"人面像"刻槽深达1.5厘米,在刻度为5的长石石英砂岩上,达到如此之功力,是令人难以想象的,甚至有些"人面像"出现了"重影",即在原有图案基础上做过明显的修饰、改动,依此来看,这部分岩画的制作决非一个人、一个时期能够完成。即便是信仰的力量能够做到,也是要建立在群体力量的基础上。它们是许许多多的人在不同时候,不断添加个人的信仰最终完成的。即,部落首领或巫师举行祭祀仪式,首先在岩石上有了一种创意,而这种创意又是每个人能够或必须接受的,在他们的带领下部族人员都会依次用石器在原创的基础上反复研磨,一旦需要还会再次重磨。而每一次的磨刻都是对心灵偶像的一种虔诚祭拜,以希望这些赋予了"人灵"的"神灵"保佑他们。

三、贺兰口的几处遗址及石器

从世界岩画的分布来看,有岩画存在的地方一定有人类的活动,同样,有人面像存在的地方,就一定是远古先民祭祀的地方。

近几年,通过对贺兰口的考古调查工作,我们取得了一些成就,一些古人类居住过的帐址、活动过的窑洞、祭祀所用的祭坛、制作岩画的工具等等相继被发现,充分证明了贺兰口大量人面像岩画是远古时期先民祭祀活动的产物。

(一)帐址

2005年,管理处在宁夏考古所钟侃教授、王惠民教授的带领下对沟口南侧二级台地上的古帐址进行了挖掘。出土大量陶片、骨片,经专家鉴定为新石器时代。遗址确定为早期是新石器时代,中后期有西夏、明清的痕迹。

(二)窑址

贺兰口沟内1.5公里处的"芦沟窑"、沟口300米处的"高窑子"都有早期人类活动过的痕迹。出土的石器、陶片经专家鉴定为新石器时代,距今4500~5000年。

(三)祭坛

距离沟口约500米处的一座石头垒砌的石堆,直径20米,下方上圆,逐层收缩。正对贺兰山主峰,站在坛顶,整个山口一览无余。洪积扇分布的独体岩画石大致呈射线状紧紧围绕石堆四周。经盖山林先生及北京多位考古专家考证,确定石堆为先民举行盛大祭祀活动的祭坛。

(四)石器

在贺兰口12平方公里保护区内,发现有大量新石器时代的石斧、石镰、石刀、磨棒等,其中还有一些制作岩画的工具。2008年,我们在维修"太阳神"岩画下方的台阶的缝隙中,找到一枚石器。石器直径12厘米,圆饼状,中间有一圆形小孔,边缘5个侧面均有打磨、使用的痕迹,其中三个侧面的宽度1.2厘米、1.5厘米、2厘米,与"太阳神"不同部位的刻槽宽度相吻合,极有可能是当年制作"太阳神"岩画的工具。

这些遗址、遗物的发现都是远古先民在此长期居住、举行祭祀活动的有利证据,为贺兰口人面像岩画的起源提供了实证资料。

贺兰口人面像岩画的构图演变

贺兰口708幅人面像造型奇特、变化多端,反映了先民构筑神灵偶像的过程总是在不断完善的。随着对现实世界认识的加深,不断出现的新困难以及各种偶然因素,也促使先民们去不断重复或改变神灵的形象。通过几年来,我们对贺兰口人面像岩画的分类、比较,认为贺兰口人面像在构图形式上大致经历了具象的写实到抽象的程式化的演变过程。尤其下列几种人面像的变化充分显示了这一演变过程。

一、"瓦片"式人面像

这一类人面像因为构成的五官是由两个或多个半圆形的U形符号组合而成,很像是倒扣的瓦片而得名。在云南纳西族的东巴文化中有一个符号读作"尼直",与瓦片式人面像极为相似,尤其与四片瓦式人面像,可以说是如出一辙。尼直代表的是女性、阴性、雌性,尽管目前我们不能确定二者之间是否存在着必然的联系,但纳西族是中国古羌族的后裔,而羌族也曾在贺兰山繁衍生息过,这就为我们寻找它们的关系提供了实物资料。

早期写实性的瓦片人面像非常规整,脸部轮廓呈长方形、圆形或椭圆形。内部五官由一左一右两个半圆构成,具象地看就是一个女阴的形象。先民对女性的生殖崇拜最终让他们用写实的形式构筑了一个生殖神的形象。随着人们认识的加深以及对神灵形象化的描绘,各种瓦片式人面像,伴随着其他的五官相继出现,三片瓦式、四片瓦式……甚至有些人面像通过对瓦片的进一步抽象、提炼,直接用一圆一叉两点就构成了人的五官。这类人面像无论如何异化,都已成为一种程式化。正如我们看到的,脸形轮廓可以有多种变化,五官构成可以有几种组合,但都是一种瓦片式人面像。

二、"羊形"人面像

这类人面像的头饰或五官普遍是由羊的形象构成。北方游牧民族中最崇尚羊的要算是羌族了,文献中记载:"羌人视羊为人,视人为羊,羊人合一则为羌"。先民们在对羊图腾进行祭拜,并努力创造羊图腾神时,同样先是把羊的写实形象放入到脸部轮廓中,在随后的创造、使用中,羊的特征被提炼出来,概括成羊头的正面。一旦达成共识,便以一种程式化进行推广,这就是为什么有些人面像的五官即像羊,又不完全等同于羊的原因。

三、"鱼形"人面像

这类人面像在贺兰口人面像中占有较大的比重。狭长形的脸部轮廓,像鱼一样,两头尖,中间粗,五官由三个圆或三道弧线构成,可以说是比较接近现代人面。这种人面像与西安半坡仰韶文化中出土的彩陶"人面鱼身像"极为相似,都捕捉到了鱼最显著的特征。鱼因外形颇似女阴,且生活于水中,故象征女性。可以看出,这类人面像也是对女性生殖神的刻画。在随后的推广中,鱼形便成为一种程式化,内部五官无论怎样组合、变异,不变的始终是代表女阴的狭长形。

四、"双环眼"人面像

这种人面像以同心圆的形式着重突出炯炯有神的双眼,不仅出现于贺兰口,在中国其他省区,如江苏、内蒙古,在俄罗斯西伯利亚的蒙古共和国等其他国家都大量被发现,是国际化的人面像。对眼睛的刻意表现,说明人面像岩画的文化内涵又发展到了一定的程度,它是地位较高,对先民的生活影响较大的神的特征。贺兰口有一幅"太阳神"岩画,整个面部最突出的就是两只双环眼。这种形式的演变同样也是经历了写实到程式化的过程,双环眼透露出来的威严、气势被引入到神的表情中,以后对神的各种刻画都摆脱不了这样一种固定模式。

五、"山字形"人面像、"大眼睛"人面像、"植物类"人面像

这几种人面像在贺兰口人面像中的数量都比较多,演变形式也是多种多样,但基本上都是按照写实到程式化的演变规律发展的。

随着贺兰口人面像岩画分类、比较工作的细化,还会有更多类型的人面像被总结、归纳,文化内涵也将被进一步挖掘。但从构图的演变来讲,具象的写实到抽象的程式化是一条不变的规律。

贺兰口人面像岩画的文化内涵

贺兰口人面像岩画通过构成五官的各种符号,反映了自然崇拜、图腾崇拜、生殖崇拜、首领崇拜、祖先崇拜、面具崇拜等多种文化内涵,基本上涵盖了世界上所有人面像岩画的文化内涵。其中尤以反映自然崇拜、图腾崇拜、生殖崇拜、祖先崇拜的人面像最多。

一、自然崇拜

这类人面像是先民对自然最直接的认识以及描述,日月星辰,风雨雷电,山水草木……大量的或象形或表意的自然符号被引用,如天体符号:日(☉),月(⊃),星(●);山水符号:山(⋀),水(≋);动植物符号:羊( ),鸟(◉),花( )……"先民们对大自然的恐惧好奇产生了自然的崇拜,这是人类发展的必然阶段,也是最早阶段"。这种崇拜由具象的写实继而演化为抽象的程式化,便出现了高度精练、概括的符号,因此,古人在塑造自然神灵的时候,必然会将这一类符号添加到人面像当中,以突出对自然神的崇拜这一主题。

贺兰口岩画中有相当一部分人面像体现的就是典型的自然崇拜,如:北侧山壁有一幅"太阳神"岩画,高居山体之上,头部放射性线

条代表了太阳光芒四射的光源,重环的双眼,既是太阳符(◉),又体现了太阳神威仪天下,恩泽四方的和蔼、亲切,庄严肃穆,可谓是人面像中的代表之作,还有一幅人面像头部的山符(⋀⋀)体现了古人对山神的敬畏之情。动物符号,植物符号在人面像中的运用,更是反映了人类早先对它们的渴望与需求,洋溢着崇拜之情。

二、图腾崇拜

"图腾崇拜实际上是自然崇拜或动、植物崇拜与祖先崇拜相互结合起来的一种宗教形式"。因此,符号当中有很多并不是单纯的一种文化含义。自然符号有时也会被看作是图腾符号,这与人类对自然的认识、理解的发展有关。鸟符(☉),羊符(⌒),花符(⚘)……随着人类由好奇、羡慕到"求安"这一心路历程的发展,逐渐又转化为图腾符号。

贺兰口北侧山壁有一幅有西夏题刻注释的人面像,面部当中构成的五官就是羊图腾符号。羊在北方游牧民族中,尤其是羌族心目中,被看作是"引领人的灵魂升天的使者"。文献中记载"羌人视人为羊,视羊为人。"甲骨文中"羊人为羌","羊大为美","祥"则由祭祀所用的供桌"示"与羊符号"示"组合而成,可见羊这种动物,在羌人心目中,代表的是神圣、美丽、祥和。因此构成的人面像应是羊图腾神像。植物符号在"人面像"当中出现的也是屡见不鲜,如,有一幅人面像其五官构成就是一朵七瓣花☉,图腾在一定程度上反映了古人对祖先的追溯、怀念,同时也表达了对图腾物本身的现实需求。由此我们可确定这一类人面像岩画反映的主题应为图腾崇拜。

三、生殖崇拜

生殖崇拜是人类对自身生产即种的繁衍的一种祈望而形成的文化现象。它表现了原始先民强烈的生命意识,带有神秘的宗教信仰感情。在远古文化中,生殖崇拜占有相当大的比重,这是世界范围内普遍存在的现象。贺兰口岩画的内容,题材有70%以上都与生殖崇拜有关,更有专家认为"人面像岩画99%以上反映的都是生殖崇拜"。据我们推测,这些结论的得出,主要还是根据生殖符号的大量出现。如,阴符(✿♠▽◉✕∩◇),阳符(●♦△,⊙⊙,)及交合符(✝✡)。这些符号广泛被引入人面像中,表达了先民对生殖神的祭拜和渴求人口的强烈愿望。

人面像♀阴符的使用,体现了古人对女阴的生殖崇拜,确立了女性在生殖过程中的主导地位。中阳符的出现,表达了古人对男根的生殖崇拜,这是人类在认识生殖现象中新的发展阶段,即男根作用的不可缺少。还有一幅人面像⑥中,阴符、阳符同时出现,则是古人对生殖现象相对成熟的认识,即交合行为导致了人自身的生产、繁衍。这些人面像通过各种生殖符号帮助我们理清了生殖崇拜发展过程的脉络,即"女阴崇拜—男根崇拜—交合行为崇拜"。可以说这类人面像体现的是典型的生殖崇拜这样一种观念。

四、祖先崇拜

原始的祖先崇拜,既与图腾崇拜合为一体,也与生殖崇拜难解难分。这种祖先观念,更多的是自然因素,人类生殖本身,也是一种自然现象,因此才能同动植物生殖的自然现象存在某种可比性。贺兰口有些人面像就是通过"血祭"、鏊面的习俗来表达对祖先的祭祀。

贺兰口一进山口的第一幅人面像,脸部纵横交错的线条很可能反映的就是古人鏊面的习俗。鏊面是先民在悲伤至极或气愤至极时,用石刀、尖状石器、金属利器等在人的脸上划、拉、刻、割出一道道血口子,血流满面,且留下深深的痕迹。这种习俗在我国北方的羌戎、匈奴、突厥、回纥、党项等古代民族中曾经广泛流行过。最早的鏊面习俗大约在新石器时代就有了,这一时期的鏊面实际上就是原始宗教中的"血祭"。北方"阿尔泰语系"的众多少数民族都信奉"萨满教",而萨满教认为人的灵魂存在于血液中、骨骼中,对血液、骨骼的崇拜就是对祖先灵魂的崇拜。鏊面会导致人流血,从而表达人们对血、对祖先的崇拜。在岩画中表现血是很困难的,于是先民通过刻画人面像脸部横竖相交的线条来表示"血祭"中喷涌的鲜血,从而达到祭祀祖先的目的。

其他体现首领崇拜、面具崇拜的人面像中,都可以找到特征明显的符号,如有些人面像通过对眼睛、头饰的着重刻画以突出人物的威猛和强悍,从而表达对氏族中充满力量、智慧的部落首领或有功于氏族的英雄的崇拜;还有些人面像通过对面具本身的记录和描绘,体现面具所具有的非凡神力……贺兰口人面像岩画中的这些文化含义构成了远古时代先民宗教礼仪活动的主题。随着我们研究工作的逐步深入,相信不久的将来,人面像岩画将会把我们引向更广阔的空间。

环太平洋岩画带的思考

20世纪30年代至70年代,国外一些考古人员在黑龙江、乌苏里江下游及其滨海地区发现了大量新石器时代的岩画。有些西方学者根据岩画中的人面像及螺旋纹的分布,提出了一个"环太平洋岩画带"的观点。他们认为:黑龙江、乌苏里江下游及滨海地区的人面像及螺旋纹,与太平洋西岸"沿着北美海岸,从阿拉斯加科迪亚克岛到不列颠哥伦比亚温哥华岛"的人面像、螺旋纹岩画一模一样。太平洋好像从两面被相同的岩画构成的巨大钳子或弧线所包围。

这一独特的文化现象引起岩画界的极大重视,很多学者纷纷致力于世界岩画间可能存在着某种必然联系的研究中。

考虑到"环太平洋岩画带"的构成因素,尤其人面像岩画仅仅出现于这一区域,而且,无论在构图形式上还是在文化内涵上都有着惊人的相似性。这种同一思维带来的文化,长距离传播的能力的确是令人惊叹的,充分说明"环太平洋岩画带"可以看作是岩画世界中一个有机的整体,这种内在的联系应该和史前人类大迁徙活动密不可分。

谈到人面像岩画的走向问题,这也是一个学术界争论的焦点。国外有些学者认为,中国的人面像岩画是从国外引进的,原因是太平洋西岸的岩画因素并不是中国本土文化的基因,而是其他国家的特产。远东地区文明起源于苏联的黑龙江、乌苏里江滨海地区的土著居民的祖先。其实,仅仅从岩画图案的本身及民俗文化中所获得的一些资料是无法证明这一论点的。中国的人面像岩画分布在很多省市,尤其宁夏的贺兰口,集中出现708幅,且内容、形式基本涵盖了所有人面像。所以,我们认为人面像岩画的走向问题有待于人面像年代考证工作的进一步深入,人类文明的起源应该是多元的,其发展演化也是相互影响,相互渗透的。以上,是近几年来我们对贺兰口人面像岩画的粗浅认识,不足之处还请各位专家学者批评指正。

贺兰山岩画中的人面像

宁夏岩画研究中心 李 彤

岩画是古代先民记录在石头上的形象性的史书，是人类历史上遗留至今数量最多、分布最广、延续时间最长的文化现象，有着重要的历史和艺术价值。

作为北方岩画系统的典型代表——宁夏岩画，大规模地发现集中在 20 世纪 80 年代。从北向南、由东至西主要分布在石嘴山、贺兰口、灵武东山、青铜峡、中卫等地。岩画表现的内容非常丰富，几乎涵盖了世界岩画的所有内容，可归为动物岩画(羊、牛、马、鹿、狗、骆驼等)、植物岩画、人面像岩画、人形图像岩画、生活图像岩画、符号与图案岩画等六大类。

在众多的岩画题材中，有一种岩画题材为世界所瞩目，那便是人面像岩画。这类岩画，通常有人的面部轮廓，有眼睛、鼻、嘴、眉等人的五官特征以及头部装饰。人面像岩画是贺兰山岩画中较为独特和十分重要的一部分内容，几乎在每一个岩画点都有发现，以贺兰口、苏峪口等最为集中。人面像造型怪异、装饰复杂，很少见到雷同的作品。按有无装饰和轮廓，可划分为有装饰和无装饰两大类，每一大类又可分为有轮廓型和无轮廓型，又根据面部轮廓形状将有轮廓型分为许多亚型。现依面部轮廓、面部器官、面部和头部装饰分别加以叙述。

一、面部轮廓

面部轮廓的构图多种多样，有些人面像只凿刻面部器官，而无面部轮廓；而有些有面部轮廓的人面像却没有凿刻五官，或只凿刻出某一器官。有面部轮廓的人面像按形状大致可分以下几种类型：

椭圆形 这种类型的人面像数量较多，并有许多形式，为

a b
图 1

规则的椭圆形、不规则的椭圆形、上大下小或上小下大的椭圆形、瘦长体椭圆形等等。面部轮廓内除个别没有凿出面部器官外,绝大多数凿出,并表现了一些细节,如头饰、面饰、耳饰等(图1:b)。

圆形　有规则圆形或基本呈圆形的人面像,数量较椭圆形人面像为少。或凿五官或未凿五官,或表现装饰或不表现(图1:a)。

半圆形　仅见于贺兰口一处。有的半圆在上部,有的半圆在下部,或凿有五官或未凿五官,或表现装饰或不表现(图2)。

长方形　数量较少,有长方形、不规则长方形、圆角长方形、亚腰长方形等。或凿五官,或未凿五官,有的只凿出其中某一器官(图3)。

图2

图3

方形　只有个别几例。有规则方形、不规则方形、圆角方形等几种。有五官和没有五官的都有(图4)。

长条形　只有贺兰口地点有发现,数量较少。近似瘦长的长方形轮廓,长宽比例相差较大,轮廓刻线也不规则(图5)。

图4

图5

桃形　或称三角形、心形,只见于贺兰口个别画面。形似桃状,下部尖,上部宽大,顶部闭合,中央内收;有的不闭合外展(图6)。

图 6

不规则形 数量较少,比如颅骨形(或称猴面形)、面具形,我们将形状无法定形的面部轮廓归入此类,一般凿有五官(图 7)。

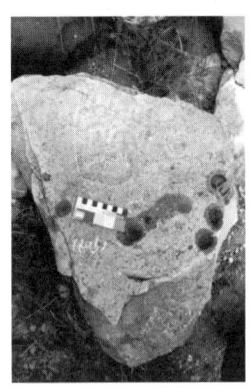

图 7

在以上形状的人面像中,有一些刻画的像骷髅头形象的人面像,一般刻槽较深,失去皮肉的头骨特征明显,突出表现黑洞式的圆孔、剥孔,有些还刻凿出骷髅头成排的牙齿或头骨上的缝线。

没有面部轮廓的人面像主要集中在贺兰口这一地点,大多数凿刻出五官形状,个别只凿刻出某一器官。这类人面像,有些可能是岩画刻制者的原意,有些则可能为"未完成的人面像"(图 8)。

二、面部器官

人面像的五官造型变化多端,十分复杂。在凿刻上少部分面部通凿,使五官具有浮雕之感;大多数都使用阴刻方法构图。面部有的五官俱全,有的只凿刻五官中的一个和数个;有的只有面部轮廓,不凿五官。

图 8

眼睛 人面像岩画中眼睛的表现方法多种多样,按形状有圆形、半圆形、扁圆形、圆环形、半环形、方形、弯月形、条形、不规则形。

第一，圆形，凿刻方法有两种：一种是阴刻，在圆形轮廓内进行多次敲凿而成圆形凿坑；一种是对面部通凿，保留圆形双眼的凸起。双眼间距离不等；大小不一，有的用一条横刻线将双眼相连。第二，半圆形。有半圆形凿坑和半圆形凸起两种形式。一般是横线在下，圆弧线在上，大小不一，双眼间距不等。第三，扁圆形。为横置的椭圆形，有的相对而置，呈八字形，一般较小，间距不等。第四，圆环形。一般为单环形，中央未凿。双眼大小依面部轮廓大小而定，间距不等；有的用一条横刻线相连。第五，半圆环形。有单环和重环两种形式。第六，圆形和环形相间形，包括半圆形和半环形相间形一般是在圆环和半环内凿有圆形和半圆形凿坑。第七，方形。第八，弯月形（柳叶形）。第九，条形。一般为用两条较短粗的刻线表示双眼，多为平置。第十，不规则形（图9）。

图 9

眉　凿有眉的人面像数量不多，形状有弯月形、半环形、长条形、人字形等。

鼻　形状有蒜头形、纺锤形、圆形、长条形、"V"字形、双点形、双环形等。一部分人面像没有凿出鼻子。

第一，蒜头形，形似蒜头，较为粗短，大多通凿。上端一般与弯月形眉相连，个别在下方有两个圆点代表鼻孔。第二，纺锤形，形体较长，上端略小，下端较大，底部弧圆。上端多与弯月形眉相连。第三，三角形，形体较小，有的和弯月眉相连。第四，用一个圆形凿点表示鼻子，通凿。第五，长条形，用一个短粗的刻线代表鼻子。有两种表现形式，一种是用略长的竖行刻线，有的与上方的弯月眉相连，有的与下方口部相连；一种用较短的横刻线置于面部轮廓中央。第六，弧线形，这种形式的图案较少，曲线较短，横置于面部轮廓中央，双眼直下，一般为上弧内凹。第七，"V"字形，下端为尖状，上端顺延与弯月眉或曲眉相连，两侧置眼。第八，双点形，用两个平置的较小的圆形凿点来代表鼻子。第九，双环形，用两个平置的较小的圆环来代表鼻子。

嘴　有圆形、圆环形、半环形、椭圆形、方形、长方形、三角形、长条形、樱桃形、折线形、不规则形等。

牙齿 牙齿的出现与嘴紧密相连。一般用竖行的平行刻线表示（有时候也代表嘴巴）（图10）。

髭须 表现髭须的人面像较多，从凿刻部位看，有唇上、嘴下、颌下三部分。

耳 耳的表现方法简单，一般是在面部轮廓两侧双耳部位有半圆环状、半椭圆状、方形等，没有通凿。

图10

三、面部和头部装饰

人面像装饰多样，有头饰、帽饰、面饰、耳饰等。

头饰 人面像凿刻头发的不多，主要是头上装饰。第一，头顶上凿刻一道或两道竖行刻线，短的可能代表发髻。第二，头顶上刻有竖直刻线，两侧各有一条向外斜披或弯曲的刻线，似为羽毛类装饰。第三，在头顶上有一道向一侧斜披的曲线，末端结成环状，可能为梳结的小辫，亦可能是下垂的装饰物（图11）。

图11

帽饰 有帽饰的人面像不多，而且帽子装饰亦较单一。第一，圆顶帽，帽顶弧圆，与面部轮廓连刻，这种帽饰与面部轮廓比例适中。第二，尖顶帽，这种帽子分两种：一种是小尖顶帽，只戴于头顶中央，形似三角形，通凿；一种是大尖顶帽，与面部轮廓相比，其所占比例较大，有的甚至占整个面部轮廓的三分之二以上。第三，平顶帽，仅见个别画面。第四，山字形帽。

面饰 面部装饰较为复杂，也较为凌乱，几乎每个有装饰的人面像都有所不同。从装饰部位看，有面部、额部两种装饰。第一，面部装饰，这种装饰比较明显，装饰图案填充了面部轮廓内部,一般不再凿刻五官。第二,额饰,额部装饰多种多样,有在额部中央饰十字装饰,有交叉线、直线、弧线等。

耳饰 耳部装饰是几种装饰中最为简单的一种,多数在耳下垂有两条飘带。

人面像岩画是指原始人类对心目中的神灵鬼怪、图腾动物以及各种崇拜对象赋予人面形象而制作的岩画。它与史前人类的宗教信仰、祭祀仪式和巫术活动有着密切的关系。对于岩画中的人面像的研究是一个复杂的课题,既与新石器时代的陶器及商周青铜器上的图案有关,又与后世的面具一脉相承。作为人类崇拜文化的产物,综合了自然崇拜、生殖崇拜、图腾崇拜、神灵崇拜、祖先崇拜以及巫术面具等诸多因素,表现了史前人类崇拜对象的多样性。如人面像的头上或四周放光芒的图形,俨然是一种太阳神的形象,应与自然崇拜有关;某些兽面形、鸮面形的人面像,可能又与图腾崇拜有关。

关于人面像岩画的制作年代,学者们认为,人面像岩画系新石器时代的作品。理由是在我国新石器时代半坡遗址中,出土陶器上有人面像,带有几何形头饰,而贺兰山岩画中的人面像形象更为古朴,因此,制作年代可能更早一些(图12)。

有些人面像可能稍晚一点,但不会晚于青铜时代。尤其是绘有头饰的人面像。这种人面像越来越写实,也越来越有人情味,具有了祖先崇拜的文化内涵。

图12

浅谈人面像中伏羲像

银川市委宣传部　胡志平

在贺兰口有两幅非常引人注目的岩画,一幅叫睁一只眼闭一只眼人面像,一幅叫作鸟图腾或者鸟人。我们先来剖析一下第一幅岩画,睁一只眼闭一只眼人面像,整幅人面像头部有饰物,看上去像乌龟,圆形脸盘,内部被均匀地分割为四片,这种构造被形象地称之位四片瓦人面像,此人面像头顶有一十字符号,既有表象太阳光芒四射,照射四方,东南西北的意思,又有阴阳相配,男女交合的生殖崇拜的概念;一横代表一个圆圈,而圆正是女阴的表象,一竖即表示男根,一竖贯穿一横,充分体现了原始先民思想单纯的生殖描述。但是这幅岩画最吸引人的地方却在于它对眼睛的刻画,左眼是圆环,好像眼睛圆睁着洞悉一切,而右眼则是两条横线,就像是一只眼睛闭起来了,整幅造型好像是一个正在瞄准猎物的猎人一般。其实不然,因为在古老的符号学中,圆环是代表太阳,而两横则是代表月亮,即是阴阳两极。人面像头上有头饰,而那个线条恰巧勾画出了一只小鸟,对小鸟的身体形态勾画出了轮廓,画龙点睛之笔就在于鸟的眼睛也刻画了出来,并且巧妙地隐藏在的人面像的头部之中,足可以看出当时先民如此的有意刻画一幅人面像,绝不单是简单的神灵偶像崇拜,靠想象创造出的人面了。我们就来解读一下整幅岩画,能够让大家清晰地了解这幅画中的个中深意。首先这幅岩画是圆形的脸盘,里面有太阳月亮,阴阳各占一半,而脸盘又被均匀地分成了四部分,由四片瓦片的结构组成,这看似简单的人面组成部分其实确是寓意深含,圆形即是盘古开天地时世间一切的原貌,即太极,在《易经》中有这样一句话,太极分两仪,两仪生四象,四象演八卦。世间万事万物一切都尽在这太极八卦之中,这也就是我们现在的周易的由来。你们再看那脸盘里分的阴阳两极、四边四象,重点表述给予了一个位于头上正中的十字符号,仿佛有一个着重解释其中的意思。四象即东南西北四方,四象演八卦,八卦的起源则相传是远古伏羲氏时,有龙马从黄河出现,背负"河图",有神龟从洛水出现,背负"洛书",被伏羲得之,伏羲在"书""图"的启发下坐方坛之上,仰则观象于天,俯则观法于地。近取诸物,远去诸物。听八风之气,乃画八卦。以通神灵之德,以类万物之情。而考古界证实:古人不懂造纸,多将一些象形文字或符号刻在泥板上、甲骨上，我们可以设想，伏羲时，有人将："河图"画在晒干的马皮上，将"洛书"刻在龟壳上。1998年，安徽省考古队在凌家滩的一处古人类遗址内，出土了一件奇怪的玉器，它是一只玉龟与一件方形玉片仅仅叠压在一起的组合型文物。经测定为5400年前的作品。考古学家们注意到：该文物为玉片在上，玉龟在下。玉龟分背甲和腹甲，用孔和暗槽相连。玉片呈长方形，正面有两个同心圆，圆内刻有方心八星太阳纹，大圆对着长方形的四角各刻有一圭形纹饰，两圆之间被平分为八个等份，每等份均刻有一圭形纹饰。考古学家们经长期的研究、证实，这件玉器与记载中的龟背图极为相似。玉片上面的长方形和圆形暗含天圆地方之意，圆中八角纹实指太阳。圭形纹饰代表了东、南、西、北四个方位，而八方则与季节有关，这些都与河图洛书八卦概念有联系。这似乎证明了河图洛书并非传说，至少5400年前的古人已经知道了它的存在。我们这时再看那人面像的造型，不禁豁然开朗，那其实就是一块龟背甲的形象，而内部就是神奇的太极图。再观其头顶的线条，两根弯曲向上的单线好似两根天线一般却刚好与头部瓦片的弧线贯通，属于一次完工的一个完整体，这恰恰是一个非常有意义且极其特殊的符号。有实例为证：在山东省嘉祥县城南15公里的武宅山下有一处国家重点文物保护单位——嘉祥武氏墓群石刻，俗称武梁祠。在祠堂内有一幅汉代(147年)出品的伏羲女娲石刻像，在该像中女娲位于左侧，她手中举的是一个"X"符号，而位于右侧的伏羲手里举的恰恰是一个"Λ"形符号！反观之，为了追求古人和谐对称的审美观，他们把这个符号引申在了人面像的头部和头饰当中，给予了一个反转的造型，却很难掩饰所要表达的真意。最后再细看在人面的脸庞中以及透视的线条，还玄妙地构成了一只似栖息在地的鸟儿的形状，最有神来之笔的就是在鸟的头部出现了一个圆点，给鸟儿点上了眼睛，仿佛是注入了灵魂一般，这些看似巧合的背后到底还有多少秘密，我们就来大胆地设想一下，既然这是伏羲的造像，伏羲为太昊，崇拜的是太阳神，再后来有少昊玄鸟氏，崇拜鸟图腾，但亦是非常崇拜太阳神，两人同源同族，有古籍里说：少昊氏有四个叔叔，分别是重、该、修、熙，其中他的叔叔重，又名句芒，曾是伏羲的附臣，有创制发明"东方句芒，鸟身人面，乘两龙""其帝太昊，其神句芒"，可见少昊与伏羲的关系非同寻常。实属长者与晚辈之间的关系。"而古史往往称：伏羲为太皞氏，称少昊为少皞氏，看来古人早已把他两人视为同族人看待。所以再看岩画额头和额头上面的头饰，我们会发现，原来还有一幅人面像的形象，这也许在其中就表现着某些先祖传承之类的信息吧！最后，在这幅人面像的最下面的瓦片构造区内，瓦片简略成了一横，原因是在横线下面画了很多竖线，以表示胡须，是男性的标志性特征，似乎也在昭示此处就是太皞氏伏羲的画像。除此之外，在此岩画点还有两个我个人发现的有趣之处，就是在十月的中旬左右，每天清晨太阳刚刚升起月亮还未落下时，站在人面像前面，恰看日月同辉,却和人面像的眼睛代表的日和月刚好相证。还有每遇下雨或雪融时有水从石壁上流下,总会看到画着阴的这边脸面是湿的,而画着阳的半边脸面却是干的,而且不偏不倚就在人面像的中分线上,把人面像分成了均匀的两半,让我不得不思索这是否是古人有意暗示着什么!

再看沟内另一幅单体岩画石,石面上主体刻画的是一个展翅欲飞的鸟形人体形象,以下简称鸟人,这也许就印证着曾经这里真的生活过崇拜鸟图腾,玄鸟少皞氏的一支。也由此衍生出了对伏羲还有太阳神的一系列崇拜,再细看这幅鸟人岩画,在主体人物两翅的旁边还各有一个圆环形,在圆环上面还有一短竖接一圆点,与成都三星堆出土的龟背形挂饰一模一样,而三星堆文明相传就是玄鸟氏古蜀人创建的文明,出土了很多关于鸟类的文物以及绘有鸟纹饰的器物。这一切是否印证着文化的传承和延续性。

除此之外,在沟口大柳树之上的岩画群中还有一幅人面像,面部依然是由四片瓦的图案构成,头部上方也是曲线单线条头饰,和睁一只眼闭一只眼人面像十分相似,但是这幅人面像的十字符号却出现在了人头部的上方,而不是额头的瓦片结构内,仿佛告诉我们这里就是伏羲人像,崇拜太阳光芒四射,照射着东南西北,崇拜生殖的抽象表现,但是那个引申的伏羲符号却依然那么醒目。

再往西走几步,我们就能够看到被很多学者称之为伏羲女娲像的一幅岩画,画面是两个以细线条代替身子刻画精巧的人面像,好像是伏羲女娲蛇首人身的画像的真实写照。

太多的太多、一切的一切都好像是随机的,又好像是已经安排好的,能够说明一切的就是找到他们其中那虚无缥缈却又若隐若现的规律,就一定解开岩画这千古谜团。

人面像岩画是远古人类灵魂不灭观的有力证据

银川市贺兰山岩画管理处　李学军

贺兰山绵延250多公里,在贺兰山东麓发现了数以万计的古代岩画,它记录了远古在3000年前至10000年前放牧、狩猎、祭祀、征战、娱舞、交媾等生活场景,以及羊、马、牛、虎、豹等多种动物图案和抽象符号,揭示了原始氏族部落自然崇拜、灵魂崇拜、生殖崇拜、图腾崇拜、祖先崇拜等文化内涵,是研究中国人类神话学、宗教史、文化史、原始艺术史的文化宝库,由于其独特的历史、文物和文化价值,1996年贺兰山岩画被列为全国重点文物保护单位,1997年被联合国教科文组织国际岩画委员会列为非正式世界文化遗产名录。

贺兰山岩画的神奇所在,就在于这些岩画蕴藏着大量的远古人类的文化信息,其文化内涵和历史价值被越来越多的人所重视,也是吸引千万游客访古探幽、旅游的圣地,是宁夏文化的宝地和福地。

贺兰山岩画最为富集、文化积淀最为深厚的当属贺兰口岩画。这里山势陡峭,泉水四季不竭,在山口及洪积扇内外分布着5679个单体图案,其中人面像就有706幅,占已记录的贺兰山岩画人面像总数的80.3%,占贺兰山岩画总数的3.6%。人们不禁要问:大量的人面像集中在这里,透露出远古的什么信息?

要研究这些人面像岩画,我个人认为首先应当从贺兰口岩画保护区的不可移动岩画入手,因为不可移动岩画大都刻在山体上,没有被后人移动过,最能反映原始人生活的时代条件、原始思维和思维方式。

纵观贺兰口人面像岩画,我们发现一个有趣的现象,沿着贺兰口沟道往西走,南山壁上的人面像都向着西南方向分布;过沟谷往东走,北山壁上的人面像都向着东北方向延伸。且人面像由单体图像逐渐成群集中到一片岩壁上,且呈叠压状分布。为什么会是这样呢?

通过研究发现,这实际是古人在当时条件下对自然的一种认识,古人一方面对客观世界充满了畏惧和崇拜,另一方面又在不断地寻求获得自己的出路。他们从植物可以起死回生、太阳的出没、月亮的盈亏、原始农业的播收中受到启发,认为人的灵魂可以独立于人的肉体而存在,肉体虽然腐烂了,但灵魂可以寄附于植物、动物,甚至可以依附于石头上,通过这些介质重新获得生命,从而产生了死而复生的生命意识。

他们把生与死、梦与醒、少与老,都看作是始终是同一的,后者可以变前者,前者可以变后者,一直循环往复,生生不息。

他们认为人的灵魂寄附于人的头部,只有将表现人的面部形象的头刻画在石头上,灵魂就可能会长久地附着在这些人面像上,随着人的轮回,灵魂将永不泯灭。这就是古人为什么将大量的人面像磨刻在石头上的缘故。

随着人类的发展,通过长时间的观察,他们看到太阳白天由东向西运行,夜间由西向东返回。因此给古人造成一个错觉,早晨,太阳是从地上升起的,傍晚,太阳又落入地下。所以地下还有一个人们看不到的世界。古人相信,除了人的世界外,还有一个鬼的世界,这个鬼的世界在地下,是幽冥世界,即冥界。这是由灵魂不灭观念所产生的,如《山海经·西山经》所说:"恒山四成,有群鬼居之,各在一搏。"又《山海经》曰:"沧海之中,有度朔之山,上有大桃木,其屈蟠三千里,其枝间东北曰鬼门,万鬼所出入也……"他们相信,生活在幽冥世界的鬼有一个出入口,这个出入口就在东北方。

贺兰山的走势为南北东向,因此沿着贺兰口沟道往西走,南山壁上的人面像都向着西南方向分布;过沟谷往东走,北山壁上的人面像都向着东北方向延伸。这种布局,意味着通过轮回,人可以重生。其实这是古人对生命活力的一种追求,是战胜死亡恐惧的一种心理力量,也是对生命存在形式的一种探索。

人面像由单体图像逐渐成群,且集中到一片岩壁上成叠压状分布,主要是起先他们认为人的复活是个体的复活,人类个体的复活是复活再生的最基本形式,认为人死后若干天就复活。这种认识实际是原始初民在那一特定条件下对死亡的抗争。

在个体的复活的基础上逐步演变为只有具有神性之人如巫师、酋长才有复活的可能,因为他们具有通天的本领。

随着经验的积累,认识的深入,他们认为肉体是灵魂的载体,个体复活属于肉体的复活,群体的复活属于精神的复活,由此产生了灵魂不灭、万物有灵的观念,并由此而产生了生命循环论、图腾崇拜和宗教。

图腾崇拜是当时人们的精神支柱或精神象征,是原始社会人们一种神话、音乐、舞蹈相结合的娱乐活动,在图腾文化中,存在人和图腾互相转化的信仰,又称图腾化身信仰。比如人与动物互相转化,在古代与现代的少数民族地区屡见不鲜。如"江陵有猛人,能化虎"。俗又曰:"虎化为人,好著紫葛,人足无踵。"从中也看出原始人思维的特点,即通常所说的主体和客观不分,心与物不分,虚与实不分。"心"向"物"投射,"物"在"心"中幻化。于是万物有灵魂,有生命,有行为。这也就是人面像由单体图像逐步成群,且集中到一片岩壁上成呈压状分布的起因。

对于灵魂不灭观—图腾崇拜—宗教的演变,马克思在《黑格尔与法哲学批判》导言中做了高度的概括,他说:"宗教是那些还没有获得自己或是再度丧失了自己的人的自我意识和自我感觉"。

原始宗教是在图腾崇拜和灵魂不灭的基础上产生的,是原始人在自然和社会两种异己力量面前的自我意识和自我感觉。原始人的自我意识和自我感觉绝不是抽象的,而是以那一特定社会关系为内容,包含了原始氏族社会人的社会关系的总和。

这一论述也是贺兰山人面像岩画反映远古人类的灵魂不灭观,即探求生命延续和复归出路,从而产生宗教的有力证据。

岩画中的手印和脚印

贺吉德

手和脚,是人类赖以生存活动的重要肢体。在记录人类史前活动的岩画中,手印和脚印岩画遍及全世界各岩画点上。原始先民以虔诚的态度,非常写实地把手和脚的形象绘刻在山体上、洞穴中,赋予其丰厚的文化内涵,并在祭祀或巫术活动中加以膜拜和信仰,体现了原始人类对人体自身崇拜的执着和向往。本文试就岩画中的手印和脚印的形态、表现手法及文化内涵分别做初步探讨,以教正于方家。

一、手印岩画

手印作为一种符号,用岩画的形式将它表现出来,最早出现于旧石器时代晚期,并在全世界都有发现。可以说,手印是一个世界性的岩画题材,也是所有岩画中最古老的一种形式。

在欧洲旧石器时代的岩画洞穴中,曾发现有大量的手印岩画。在法国西南部加加(Gargas)洞穴,发现有 150 多个手印,据亚历山大·马沙克的考察,这些手印全部都是幼儿手印。西班牙的埃尔·卡斯蒂洛(El Casdillc)洞穴中,成批的手印岩画分布在巨象、野牛、牡鹿周围,有些手印则直接印在动物岩画上。

在澳大利亚,许多著名的岩画洞穴,如坦达德基尔(Tandndjal)洞穴、伊基波(Lnakebu)洞穴、多利阿(Doria)洞穴中,都发现有用红色赭石粉印制在岩石上的手印,有的手印,像欧洲岩画洞穴中的手印岩画一样,是断了指的。

在我国北方岩画分布区域,手印岩画也时有发现。如云南沧源和耿马两处岩画点上,都有赭色手印分布其中。而在北方岩画的分布点上,手印岩画不但数量多,而且较为集中。在新疆昆仑山木里恰河岩画点上,发现有 8 个手印,在塔什库尔干塔吉克自治县有 8 处岩画点上发现手印岩画,其中谢依坦吉里尕岩画南壁上就有 12 个手印。在贺兰山岩画中,发现有 30 多个手印岩画。凿刻在贺兰口内北壁上的手印岩画,均为阴刻,整个手掌像压进石壁上,同欧洲岩画洞穴中用手掌蘸上赭石粉或其他颜料直接印在岩壁上一样,属阴型手印;而在贺兰山白芨沟上田村岩洞中发现的 18 个手印,则是用骨管或芦管吹喷颜料,使覆盖在岩壁上的手显示出轮廓,属阴型手印。

在所有的岩画题材中,手印岩画的解释是最多的。朱狄先生在《艺术的起源》一书中列举了八种人类学家或艺术史家关于手印岩画的解释,即:代表"我"、画家的签名、狩猎巫术、对祖先灵魂的问候、下意识的消遣、自残行为、手势语的一种、指示路人的标志。他指出:"尤以前两种为最重要,也最为得到普遍的赞同"。陈兆复先生在《中国岩画发现史》中说:"手印的意义,一般解释为是驱邪的手势,在另一些例子里,被解释为占有的符号。当它们被画在、刻在动物图形之上或旁边的时候,往往表示对这些动物的占有"。苏北海先生在谈到新疆富蕴县洞窟岩画时,指出"岩画中除女性生殖器最多外,还刻了两个手印,其意义显然是在祈求生殖、繁衍人口"。"我看最早产生手掌形的原因主要是祈求生殖繁盛,当然随着历史的发展,手掌形又代表了多种意义,除生殖崇拜的意义外,又有胜利、占有、力量等意义"。

手印岩画的解释如此之多,几乎到了莫衷一是的地步。

在贺兰山白芨沟上田村的31组洞穴涂绘岩画中。有18个空心手印,大小、长短都不尽相同。这些手印岩画。似乎可以被解释为是"我"的表现符号,类似于"×××到此一游"的题字,是"我"到过这处洞穴的印记。在贺兰口北壁的一块岩画上,左右两边凿刻着两只左手印。左边的手印小,右边的手印连着手臂的一小部分,大而修长,一看便知是一只女性的手印。在左手印下方,有一只向着右边手印低头的羊,羊的右下部,是一头向着右边手印前腿跪倒的牛。在两只手印的中上方,是一个双眼环睁的桃形人面像。显然,右边的手印是母系社会一个女性部落首领的印记,代表占有,代表胜利。她征服了左边手印代表的部落,左边部落的牛羊都低首跪拜,表示服膺。

可以说,手印岩画解释尽管很多,但必须将手印结合其所处的岩画环境一并加以考察,与手印周围其他题材和内容的岩画联系起来进行综合研究,才能做出合乎远古人类原始思维的正确解释。孤立地考察手印,很难得出令人信服的结论。

二、脚印岩画

脚印岩画在我国新疆、内蒙古、宁夏、福建及台湾的岩画分布地区都有发现。在与哈萨克斯坦接壤的新疆哈巴河县松哈尔沟洞窟彩绘岩画中,有手印13个,脚印2个。其中一个脚印高18厘米,宽9厘米。在温尕县境内的阿拉套山多浪特察罕山口外,一块裂为两半的椭圆形大岩石上,南北各发现左右两个长24厘米的脚印岩画,深约0.5厘米。而在小科斯界木确山口斜坡中央的一块岩石上,发现的两个足印也同样长24厘米,在左脚上面的岩画上,还刻有一个小脚印。

在福建省,与金门、马祖列岛隔海相望的漳浦县,是我国东南沿海脚印岩画分布最多的地区。西距漳浦县城 35 公里的湖西乡赵家堡村，在佛祖塔下南侧的一块平整巨石上，凿刻着一个长 25 厘米、宽 13 厘米的右脚脚印。在漳浦县城南 44 公里的海月岩南部山顶岩石上，也刻着一个足尖南向的右脚脚印，长 24 厘米，宽 9.5 厘米。1988 年，在漳浦县深土乡灶山村八卦堡半山腰，又发现了由 32 个脚印组成的岩画群。目前，在福建省漳州地区已发现的"大脚印""仙足迹""巨人迹"岩画多达十余处，最大的脚印长 127 厘米、宽 60 厘米，最小的只有长 5.6 厘米、宽 2.3 厘米。

1978 年，祖籍苏北的台湾学者高业荣教授，在台湾高雄市茂林乡万山村的一座由台岛土著部落生活的深山里发现了三处岩画点。在"祖布里里"岩画点上，约有 30 个脚印密集地排列或叠印在一块长 204 厘米的岩画上，其间有 20 多个大小不一的祭祀坑穴，最大的一个直径 5.6 厘米，深 5 厘米。

我国众多的脚印岩画，基本上是以独立画面的形式出现的。也就是说，在一块岩面上，只出现脚印，或如台湾万山"祖布里里"脚印岩画只单一地间杂以祭祀坑穴。而在我国北方岩画系统中，伴随脚印同出的还有狩猎、交媾等形象，脚印周围有动物、人物、手印、日、月等造型，如上面提到的新疆哈巴河松哈尔沟洞窟彩绘岩画及宁夏贺兰山黄羊湾岩画等。

我国古典文献中关于岩画的记载很多，尤以脚印岩画记载最为多见。

产生于公元前 11 世纪至公元前 6 世纪的中国第一部诗歌总集《诗经》，有一首题目为《生民》的叙事诗，在神话化的叙写中歌咏相传为农业的发明者、周始祖稷的灵迹和功德。其中有一段记述后稷出生的经过："厥初生民，时维姜源，克禋克祀，以弗无子，履帝武敏，攸止攸介，载震载夙，载生载育，时为后稷。"根据《诗经·生民》的记载，司马迁在《史记·周本纪》中叙述："姜源出野，见巨人迹，心忻然悦，欲践之，践之而身动如孕者，居期而生子"。最初，姜源生子"以为不祥"，即弃之隘巷，故后稷又名"弃"。《竹书纪年》也说："弃母履巨人迹，感而生弃"。《太平御览》引晋郭缘生《述征记》："齐有龙盘山，上有大脚，姜源所履迹"。所以为姜源履大人迹而孕生后稷的传说找到了实证。

与姜源感生传说如出一辙的华胥履迹生子的神话，把巨人迹附会到更早的伏羲时代。《路史·太昊纪》："伏羲母华胥之渚，尝暨叔 翔于渚之论，巨迹出焉。华胥决履以铨之，意有所动，因生伏羲"。与这个传说内容相同的文字，又见于《宋书·符瑞志》："太昊庖牺之母居华胥之渚，履巨人迹，意有所动而生太昊"。太昊庖牺即伏羲。《水经注》也记载了华胥履迹处，卷二十"瓠子水"条载："瓠河又左迳雷泽北，其泽薮在大城阳县故城西北一十余里，昔华胥履大迹处也"。

上述两则古史传说，把脚印同生育紧密地结合在一起，践巨人迹可以身动生子，因此，脚印便有了非常神秘的感生功能。于是，就出现了更多的脚印岩画，记载脚印岩画的著录也多有所见。《韩非子》卷十一"外储说左上第三十二"篇，记载了公元前3世纪凿刻脚印岩画的故事："赵主父会工施钩梯而缘播吾，刻疏人迹其上，广三尺，长五尺，而勒之曰：'主父常游于此'。""播吾"，《史记·赵世家》又作"鄱吾"，即"蒲吾"，在今河北省平山县东南。"疏人迹"，疏，跣也，光脚丫，意谓刻跣足之人迹于其上。《太平御览》卷四七"地部十二"引《郡国志》："台州覆釜山，云夏帝登此得龙符处，有巨迹，云是夸父逐日时之所践"。又其卷三八八"人事部二九"引《荆州记》："零陵县石上有夸父迹"，又载："湘东阴山县北数十里有武阳、龙靡二山，悉生松柏美术。龙靡山有盘石，上有仙人迹及龙迹，传云昔仙人游此二山，常税驾此石"。清代徐松《西域水道记》载新疆有达摩脚印岩画："额敏河又西南流经察罕托海长伦，西十里许有温尔，旁达摩寺中有青石一方，上有足迹，长尺余，深十许，缕纹悉备，不类雕刻。故老相传，达摩浴此，留迹而去"。

据口碑资料，生活在贺兰山贺兰口的村民，世世代代流传着这样一个传说：在很久很久以前，一个仙人开山，把这座山豁开了一道口子，在山沟里留下了一双很大的脚印。以后，人们就把这个山口称作"豁落口"。不知又过了多少年，黑狼氏部落的祖先践踏了仙人的大脚印后有了身孕，逐渐繁衍为贺兰部，于是"豁落口"就被称为"贺兰口"，山也被称作贺兰山。

这个口口相传的神话传说，向我们透露了很多古代文化信息：一是贺兰口乃至贺兰山地名的由来；二是贺兰口内曾经有过一双很大的仙人足迹，使黑狼氏初祖履仙人迹而后孕，并繁衍为贺兰部。

上述关于脚印岩画的记载和传说，都有两个共同的特点，一是均为"巨人迹"，是"大脚印"，《水经注》称"大迹"；二是均为位极天帝或仙人的"帝迹"，"仙人迹"，而非常人足迹。姜源所践"巨人迹"，《注经》称"帝武"，"帝"指天帝，"武"义为"足迹"，即脚印。两个共同点，可以归结为"大人迹"一解：天帝、仙人至大至尊，是为"大人"；其足迹、脚印至大至广，是为"大迹"。华胥、姜源、黑狼氏初祖履践其上则身动而孕生伏羲、后稷、贺兰部首领。后来伏羲"听八风之气乃画八卦"，"师蜘蛛而结网"，"取牺牲以充庖厨"；后稷"是播百谷，稷之孙曰叔均，是始作牛耕"。二人均有盛德，为后世所表彰。

至此，脚印不单与生殖相连系，可"感天而生子"，而且还会将"大人迹"所寓的精灵、智慧遗传给感孕而生的后代，至成一世圣贤或生齿繁盛的部落。原始岩画中屡屡出现的脚印题材，带有明显的功利性目的，原始人类对脚印的崇拜，寄托着他们异乎寻常的追求和幻想。

浅谈岩画中的手印

银川贺兰山文化旅游投资开发有限公司 许婷婷

在位于贺兰山贺兰口数百米长的山崖峭壁上，分布着数千幅岩画图像，其中显示主调的图案是带有人面特点的多种"类人首"，其次是各种各样的动物图案，再次是符号之类（如圆圈、直线、弧线）。而在一些不太为人注意的岩画图像中，令人颇感兴趣的是栩栩如生的手印图像。据调查发现，贺兰山的手印岩画已达30多幅，均属阴刻，其中在贺兰山白芨沟上田村岩洞中发现的最多，有18幅，但这些手印不是刻的，而是用骨管或芦管吹喷颜料覆盖手背而形成的。贺兰山人面像岩画是世界岩画最集中的地方，与环太平洋人面像岩画具有天然的相似性。因此，在贺兰山岩画中发现这样多的手印岩画，也是不足为怪的。我们应当很好地加以保护与研究。

手印岩画是世界岩画中的独特部分，她虽然不如其他人面像等岩画的数量多，但在表现社会文化内涵方面，却具有复杂而独特的意义。随着世界手印岩画的不断发现，研究手印岩画的人也越来越多，新的观点也不断产生。但归纳起来，主要有以下几种：朱狄先生认为：手印岩画是代表"我"，是画家的签名等。陈兆复先生认为：手印岩画是驱邪的手势，是占有的符号。苏北海先生认为：手印岩画是祈求生殖、繁衍人口以及胜利与占有等。这些观点对我们研究贺兰山手印岩画的研究启示很大。

按照上述观点：如一幅幅"单只手"的手印图像，最早代表的是"自我"，这如同古今的签字画押、证明身份、留有存据，是赞美生活、创造文化的象征。而画在一些动物旁边的手图像，被看作是"占有"的意思。某些以纤巧为特征的手图像则是代表着母系氏族制时代的"母权"之手。一些五指张开的手图像，分明让人看清楚没一根手指，似乎要告诉我们什么。人们对既有明确分工，又有密切合作的五指怀有极大的兴趣，将其表现于岩画之上，是合乎逻辑的情理之事。

在贺兰口蜿蜒曲折的沟谷内就有几幅形象独特的手印岩画。如下图1所示：

图1中出现两个手印。图案的最上方有一个环眼双眸的桃形人面像，整个人面突出了眼睛，双环眼即同心圆。在岩画中拥有这样眼睛的人像少之又少，通常代表部落酋长或

神的形象。人像在整个画面当中居至高地位,因此是神的形象,它的右下方是一个双臂扬起的人体像。人体尾部有一个人面,人体呈舞状,是巫人以歌舞事神。

在中国的古代文化里,巫的一个特点就是能巫舞一体,以舞娱神,以舞降神,巫人善舞,故有舞巫。舞巫中的最高者即是巫师。由于巫师是介于神与众生之间的,因此巫师极为受到人们的尊重。巫的下方可以看到一只带有半截手腕的手印,此手印纤细而修长,据资料显示:全世界只有

图1

两幅这样的图案,一个在西班牙的洞窟岩画中,一个就是这一幅,可见它的价值不菲。其右下方有一个刻槽很深的横线,下方有一个狭长形的人面,类似鱼状。青蛙和鱼在仰韶文化中曾大量出现,并被表示为阴性、女性,以此来祈求多产多育。因此狭长形人面是典型的女性人面,人面与手中间的横线,就是在解释和证实上方的手印是女性的手。人面下方有一只非常硕壮的牛,嘴边还有拴牛的木桩,说明在这时已有了剩余产品。氏族社会动物的体形是整个部落经济的直接体现!它的左上方出现了一只做屈服状前腿下跪的牛,在这里我们注意它的头是冲大手方向的。它的上方又出现了一只手的形象,娇小而纤细,很显然是一只女性的手,手旁有一只类似于蘑菇的物体。如果仔细观察就会发现,这实际上是一个箭头,它的指向显然是偏离了整个这幅岩画,那它指向哪里了呢?原来在它的左上方还有一个类似于建筑物的物体,显然是在说明要和手移向那个物体。这幅岩画我们可以把它看作是象形文明之前的契约式图画文字岩画。我们把它解释为:在母系氏族社会,大手的部落在巫师的传感和帮助下征服了小手部落,小手部落的牛和羊都归大手部落所有,小手边箭头就是在指引小手迁徙到别处离开此地,整个岩画有"人、神"作证,这个契约永远有效。所以这幅岩画当中手印就代表各自双方所拥有的权力!

图2

我们现在看到的图2,除了很多动物图案依然也会看到一只手印,这只手印相对图1就会小很多。那我们仔细观察这手印的位置,它在整个这幅画面当中居于靠上靠前的位置,似乎是在引领这些动物,在这里手印就代表占有和我,也许古人希望所

有的动物都归他所有,体现了古先民在当时的占有欲望!

除了上述内容当中所提到手印代表的含义以外,也有一部分手印是以数字来展现的。最早人类对数字是模糊的,人类早期依赖于手,通过手人类才得以造出了工具,获得了维持生命的物质。通过人类进化,造就了人类,开始认识到自我,开始关注身体主要的器官——手。早在新石器时代就有原始"尚五"意识的反映,"尚五"意识在中国传统文化中占重要地位,其根源有可能就起源于手的五指。

手印岩画作为艺术的一种题材,在很多国家都有出现。在法国西班牙的旧石器时代的洞穴壁画就有了手印岩画。而近代澳洲、北美洲原始部落的岩画中都有手印图像。在我国岩画中的手印图像并不是贺兰山所独有的,已知发现的地方很多:如内蒙古自治区阴山炭窑口,云南沧源佤族自治县,昆仑山木里恰河岸,和田地区等。

作为一种早期的语言,岩画中有很多难以数清的图案,它的种种奥秘,造就了人们对手图像的种种解释!更多的解释有待于进一步深究!

原始肢体语言①

——贺兰山岩画初始符号分析

王毓红

【内容提要】 贺兰山岩画里相对独立存在的最普遍、最重要的独体岩画是完全由像羊之形的形式结构的。一个羊形式就是一个独体岩画。这种独体羊岩画形式是由点、线和面三个形式元素搭配组合而成的一种肖似符号。这种符号的能指与所指之间存在着固定的联系：一个符号表达一个意义，没有符号重叠。每一个贺兰山独体羊符号都是对一个个有着明确指称对象的事物或概念的命名。这种命名活动反映了人对世界的认知能力。贺兰山独体羊岩画是一种原始肢体语言，它具备已知的原始语言的一切特点：表义的具体性、细微性和精确性。

【关键词】 贺兰山岩画　羊形式　初始符号

贺兰山岩画②里典型的、普遍存在的、最引人瞩目的就是像羊之形的图形或者说形式。其数量之多，形态之丰赡令人叹为观止。若把贺兰山岩画视作一个整体、一个大的视觉符号系统，那么，羊形式就是构成这个整体或视觉符号系统的一个最基本的成分或初始符号。它时而独立存在，时而与其他符号组合在一起，共同结构了绚丽多彩的贺兰山岩画长廊。本论文从符号学视域，以贺兰山岩画中相对独立存在的独体羊岩画形式③，也即由一个羊形式结构的相对独立存在的独体贺兰山岩画为研究对象，在全方位描述分析它的结构和特点的基础上阐释了它的功能和意义。

---

①此论文为国家社会科学基金项目"贺兰山岩画研究"成果之一。立项批准号：05BF042。
②本论文中所说的"贺兰山岩画"指北起贺兰山端头的麦如井、翻石沟，南至濒临腾格里沙漠的卫宁北山的苦井沟、大麦地一带的岩画。
③贺兰山岩画整体上可以分为独立岩画和合体岩画两种形式。凡是我们在贺兰山上所能找到的（准确地说是看到）、相对独立存在着的最小的岩画或者说岩画形式称之为独体岩画，而由两个或两个以上独体岩画结构而成的就是合体岩画。关于此，作者另有专论，兹不赘述。

一

贺兰山岩画是刻在露天石头或石壁上的图画。国际岩画学专家埃马努埃尔·阿纳蒂称之为"岩石雕刻画"[1](p265)。它的制作方法主要有五种：(1)敲凿法。即在石头或岩壁上打凿出一个个小坑。(2)研磨法。即在岩石上先大体勾画出物体的轮廓,然后再把轮廓线以内的磨平。(3)凿磨法。即先凿出密密麻麻的小坑,并以之勾勒出物体的轮廓,然后再把它们研磨成槽状。(4)刻磨法。即先刻凿成槽,然后把它磨平。(5)线刻法。即直接在石头上刻画出线条。就视觉效果而言：由第一种方法形成的是点,第二种是面,第三、四、五种是线。当然,线也可以结构出面。只不过这种面与由第二种方法结构出的面相比有很大的差异性。如果说由第二种方法结构出的面是实面的话,那么,由线勾勒出来的就是虚面。如右图①所示：线勾勒出了这个人面像的整体轮廓,形成了这个人面（由于中间没有通体研磨平,所以是虚面）,两点

形成了人物的鼻孔,实面结构了人物的两只眼睛。因此,点、线、面是组成贺兰山岩画的最基本形式元素。换言之,一切贺兰山岩画都是点、线、面的组合。若从符号学看：点、线、面是构成贺兰山岩画中独体羊形式感或能指层面结构的三大基本元素,是羊符号的基础。这三大基本元素通过两种表现手段建构了贺兰山岩画中的独体羊符号。

第一种表现手段是点、线、面各自以其特定的构图独立构筑出羊符号整体。如 ![] 和 ![]②分别是由点形成的线、槽和面（虚面）组合的两个不同形态的独体羊符号。这种基本上完全由点结构的羊符号在整个贺兰山岩画里所占比例甚少。至于主要以面结构的羊符号虽然不多但也丰富。通常用以结构羊符号的面都是实面,如 ![]、![]、![]、![]、![] 和 ![],但也有用线条勾勒而成的虚面（如 ![]）,更有把实面部分又凿空的镂空面（如 ![]）。而且,在每一个基本上由面构成的羊形式里,面在其中所占的比例亦不同。有的基本上全部由面构成（如 ![] 和 ![]）；有的只是羊形象的某一部分,如头、腿或身子由面构成（如 ![]

---

①这是作者亲自收集拍摄的贺兰口岩画,距沟底约 2.4 米,面南,高约 0.42 米,宽约 0.36 米。本文以下所引贺兰山岩画,如不详注,均出作者收集。

②前一个岩画引自周兴华编著：《中卫岩画》,宁夏人民出版社,1991 年,第 370 页；后一个引自许成、卫忠编著：《贺兰山岩画》,文物出版社,1993 年,第 3 页。本文中以下所引贺兰山岩画复制图,如不另注,均出自后者。

和■)。

在贺兰山岩画中，由线结构的独体羊符号最多亦最丰富。这里所说的线有直线、斜线、平行线、曲线、单线、双线和多线之分。如■和■基本上由直线和曲线或者说单线构成；■基本上由双线结构而成。■和■很独特：前者基本上由四条平行的斜线（代表羊形象的角、前腿和两条后腿的形式元素）构成，后者则主要由四条大致平行的曲线构成。这些不同类型的线不仅能各自独立以其独特的布局结构出多种类型的羊符号，如■（横竖两条线）、■（横竖三条线）和■（横竖五条线）三个羊形式基本上都是由直线构成，但每一个羊形式里直线的数目及其布局不同。不仅如此，各种线之间还可以任意搭配，并以其千变万化的布局或表现手段结构出形形色色的羊符号，如■似乎是一条长长的曲线与四条短平行线结构而成，而■则主要由一条长直线和两条短线组成。

总之，点、线、面是结构贺兰山独体羊岩画的三种基本形式元素。这些形式元素本身就能传递出羊符号在视觉形式上的特点。如点、线形成的羊图案轻盈而富有灵动感；面形成的则厚重而富有物质感。它们各自以其特定的手法独自结构了千姿百态的羊符号，从而形成了贺兰山独体羊符号在能指层面上相互区别的三大系统，即基本上由点结构的羊符号系统、由面结构的羊符号系统和由线结构的羊符号系统。其中最常见的是由线结构的羊符号系统。

贺兰山独体羊符号在能指层面上的这种差异性还源于点、线、面三要素之间的多种复杂组合。事实上，大部分贺兰山独体羊符号是采用第二种表现手段，也即点、线、面依据一定规则相互交叉组合而成的。其组合方式主要有点、面与线，线与面，点与线三种。当然，它们的多种组合手段也因此结构出了相应的另外三个贺兰山独体羊符号系统，即点、面与线结构的羊符号系统，线与面结构的羊符号系统以及点与线结构的羊符号系统。如■、■、■、■都是由点（这里所说的点可以是实点，也可以是虚点，也即镂空的点）、线与面组合的羊符号。点通常用来表示羊的眼睛、头部或尾巴，面用来表示羊的身子或臀部，线用来表示羊的四肢或角。■、■是两个由点与线结构的羊符号，其中前一个用点状形式代表羊的头部，后一个则用它代表羊的尾巴。由于面有实面与镂空面之分，线有多种类型，加之表现手段的多样性，因此，在由三种元素组合而成的贺兰山独体羊符号系统里，我们最常见的是线与面组合的羊符号。实面与镂空面不仅可以和各种类型的线（或者一种，或者一种以上）结构成羊符号，而且还可以联合起来与各种类型的线构成羊形式。例如：■、■、■和■分别是实面与曲线、直线、斜线、平行线的组合。■和■主要分别是虚面与曲线、短直线的组合。而■里的羊形象则是多种形式元素的综合：它基本上由实面（表示臀部、脖子部分）、镂空面（表示身子）、直线（表示角）和斜线（表示腿）结构而成。

由以上描述可以看出：独体羊岩画反映了一种建制。在贺兰山岩画视觉语言系统中，它们都是由最基本的点、线和面三元素按照本身的性质和组合方式结构的符号，是我们通过分析所能得到的最小的意义单位之一，整个解剖工作的最后一环。尽管有着这样的共同性，但是，贺兰山独体羊符号在能指层面上最大的特点是异质性：符号相互之间不会混同。这一点我们从下面对其所指及其系统的分析中可以更清楚地看到。

二

贺兰山独体羊岩画符号里存在着明显的形态写实现象。点、线、面自身及其相互的组合结构大部分情况下能够反映被指称的现实生活中的实物——羊。贺兰山独体羊岩画符号中最常见的形态是由线与线、线与面的组合而结构成的。我们不妨称之为图像表达法。因为线与线的组合往往勾勒出羊这种动物的物种结构。而线与面的组合则在此基础上通过增添面，强化了羊形象造型的写实性和质感。很多贺兰山独体符号都具有羊图像式语法结构。除少数斜置着的正面形象外，它们绝大多数都是横置着的羊侧面形象。这些形象造型绝大多数是平面两条腿的羊，也有立体四条腿的。有侧面一只角的，也有侧面两只角的羊形象。写实的表达法构成了羊形象的各种特定的形态，使其结构通过模拟反映了实际现实羊特征，并因此构成了特定的羊形态句法。如 、 、 、 、 、 呈现给我们的依次是正面站立着、匆匆行走中、奔跑着、跳跃着、低头吃东西或喝水以及正在排便中的羊形象。

除表示羊各种动作以外，贺兰山独体羊岩画形态句法中还有更令人信服的表达图像性的情形。在一些表达方式里，人们常常直接可以观察到羊的身体状况，如是否怀孕。可以轻易分辨出羊的属类、性别以及大小等等。如 运用曲线构成强调式，表示了盘羊这一种属。 里所示的是利用面的造型表示一只正处在怀孕中的母羊。雄性羊则由在一般羊体结构规则中添加一短线构成（如 ）。至于幼羊，则以线条的圆润、平滑以及富有特征的表示头部的面组合而成（如 ）。此外，还有大量丰富多彩的其他例子说明描绘独体羊形象形式的贺兰山岩画的句法结构。这种句法以其点、线、面，特别是线与线、线与面的巧妙搭配组合来表达羊的各种神态和情状。如愤怒的 、欢呼雀跃的 、仰天长啸的 、沉默不语的 、趾高气扬的 、回头自视的 等等。总之，一定的点、线、面的组合结构总是支撑着某一观念，从而这些具有图像性质的结构或外在体貌使岩画生动的表达方式具有鲜明的痕迹——这是一种有像符号，或者说肖似符号。羊符号语法结构和句法结构方面跟羊动物形象有紧密关系。换言之，贺兰山独体羊岩画的形式或能指层面和意义之间存在着显而易见的联系。每一个羊符号的外形或能指层面都包裹着一定的所指。它的能指不论其形式,所指不论其所属范畴,都是同一现实的两个不可分割的方面的独体羊符号实体。这种实体是只有把能指和所指联系起来才能存在的,如果只保留其中的一个,这一实体就将化为乌有。

三

作为一种能所统一的肖似符号,大部分贺兰山独体羊符号都是现实生活中个别、具体、可感的羊的名副其实的直接表象,它们指向事物和概念,也即外部世界。其在能指层面或外在造型形式上最大的特征是具象,而其所指则是生活原型。它们不违背经验事实,不仅在现实生活中有可以验证的所指对象,而且它们的视觉功能——鲜明的真实性和客观性亦表明它的能指与现实之间有形式方面的联系。这里可以看到贺兰山独体羊符号生产的一个基本特点:模仿现实中存在的事物。然而,这种模仿不是一个简单的复制过程,而是一个典型化的再创造过程。除大量写实性羊符号外,就表现方法而言,贺兰山独体羊符号里还主要存在着下面两种形式的羊符号:

(一)通过增加或减少点、线、面三种基本形式元素,对羊形象进行变形

如 、 、 、 和 这些羊形象有的有头无尾,有的有身无头,有的嘴被弯曲延伸,有的脊背上被加上了一点,等等。尽管如此,我们仍能很容易认出它们是羊。

(二)对羊形象进行简化或抽象化的处理

如 、 和 所示,与第一种表现手法相比,这种手法更加抽象:它往往舍弃面、点,只以不同线条的组合暗示出羊形象。

总之,以上两种表现方法基本上采用夸张手法表现羊形象。如此形成的羊符号并非只是处处原封不动地描摹现实生活中的羊的客观样子,而是利用点、线、面三种基本语言对羊形象进行抽离、集中、概括和综合的处理。

这种典型化手法,在贺兰山独体羊符号里最突出地表现在它对个性化羊形象的刻画上。如果对贺兰山独体羊符号做一扫描,我们不难发现:它们大多表现的是羊形象最典型的一瞬间的特性。由 、 、 、 、 、 和 我们看到:几乎同一特定瞬间的动作和情态却有如此多的造型:同时跳跃,不同种类的羊的姿态不同,同一种类的也不同。就是那些处于大致相同动作中的羊形象,它们的神情亦迥异。如乍看上去 、 、 和 这四个贺兰山独体羊岩画似曾相识,但只要稍加审视,我们便不难发现它们不是同一只羊形象。因此,贺兰山独体羊符号是一个个具有典型化的羊形象:每一个都具有某种共性,但同时又是独一无二的"这一个"!正是在这一意义上,我们说贺兰山独体羊符号是一

种典型的符号。其特定的外观对应着特定的意义,能指与所指绝对不可分离。正如差异性是它们在能指层面上的特性一样,拥有明确的指称对象是贺兰山独体羊符号在所指层面上最显著的特征——它们是一个个可辨别的实体。

由以上描述分析可以看出:贺兰山独体羊符号具有相辅相成的两个方面的单位:它可以指向事物和概念,即外部世界,又指向自身:一个个独特的、有差别的羊符号结构了整个贺兰山独体羊符号系统。

四

这个独体贺兰山羊符号系统最凸出、最令人惊叹的特征是个别化:其间没有一个符号雷同[①]!在这一内部系统中,给我们以启迪的不是单个羊符号,而是它们之间的关系:一个羊符号很大程度上取决于其他符号的能指,尤其是那些属于一个能指场中的符号的能指,如 与 、 与 是两组彼此肖似的符号。每一组指称的都是处于大致相同情境中的羊形象。这些羊形象的长相、造型、神态等差异比较小,以至于有的只要稍微变动一下能指,就有可能引起相近的所指雷同。因此,羊符号能指与所指之间存在着一一对应的密切关系:一个能指对应着一个特定的具体所指——每一个羊符号都具有固定的能所关系:一个符号表达一个意义,没有符号重叠。

这一切都说明了什么?岩画作者为什么要创制出这样一个独体贺兰山羊岩画系统?仅仅是为了反映抑或是表现世界吗?不,是为了认识世界。

贺兰山沿线的贺兰山金山林场、平罗县暖泉和明水湖都发现有新石器时代的文化遗存。在暖泉遗址中发现有多处大小不一的浅穴式房址,表明在四五千年以前,贺兰山下已出现了人类定居。商周至春秋战国,贺兰山及其周围是猃狁、羌戎、匈奴等民族游牧和狩猎的地方。贺兰山岩画让我们窥见到了当时人们的现实生活:北山羊、盘羊、绵羊、马、狗、骆驼等家畜在增长,弓箭、带车轮的马车、斧头、衣服上的饰物、塔等这些依靠复杂技术创造的事物不断出现。而整个贺兰山岩画中数量最多的是羊图案,这一点也充分说明羊在当时人们生活中所占据的重要地位,它是此时人们驯养的最主要动物。埃马努埃尔·阿纳蒂明确指出:宁夏贺兰山岩画基本上属于放牧为主的复合经济族群的,时间可追溯至新石器时代和青铜时代[1](p263)。世界各地考古发现也证明:人类对驯养牲畜、编织、制陶等文

[①]在田野作业时,笔者发现了各种岩画尤其是独体羊形式之间的差异性。各种实际拍摄的岩画资料以及拓片、复制图也证明了这一点,也即在最严格的形式层面或者说能指层面上,没有重复的羊形式。由于大小是显然易见的,所以,为了更能说明问题起见,本论文在探讨贺兰山独体羊岩画能指层面异质性特点时,暂时把它们悬搁起来了。

明技艺的掌握是在新石器时代牢固确立起来的①。通过对美洲和菲律宾现存一些原始土著部落人们生活的分析，法国人类学家克劳德·列维-斯特劳斯指出："今日人们不会再把这些巨大的进步归结于一系列偶然发现的偶然积累，或者认为它们是由于对某些自然现象的被动的领悟所致。这些技术发明中的每一种都要人们花费几个世纪之久的时间去积极而又系统地进行观察，并通过无数次实验来对大胆提出的假设加以核实"[2](p19)。人类是由个别的、一点一滴的经验逐步获得了关于某种事物的知识以及改变某种事物的技术。"知识与理解的追索，在最可知事物中，所可获得的也必最多（凡为求知而求知的人，自然选取最真实的也就是最可知的知识）"[3](p4)。而"能使我们识知事物，并显明事物之间的许多差别，此于五官之中，以得于视觉者为多"[3](p1)。在现实世界中，为我们感知的存在总是具体的、个别的。而贺兰山独体羊符号给我们展示了关于贺兰山岩画的本质的一幅特殊图画。那就是：贺兰山岩画中的独体羊符号都是对现实生活中存在的独体羊的对象的命名——在贺兰山独体羊岩画这一符号中，我们找到了下面这种观念的根源：每个岩画都有一个确定的意义。这一意义与该岩画相关联。岩画代表的乃是对象。独体贺兰山羊符号就是人对某一事物或概念的命名，即刻画物象以名之。古人把人在事物上契刻称为"铭"，而"铭""名"也。许慎《说文解字》云："名，自命也，从口从夕，冥也，冥不相见，故以口自名"。黄侃《说文笺识》认为古文"名同命""命同名"。段玉裁在《说文解字注》中旁征博引注《说文解字》"名"曰："古文作铭，今文皆为名。""许意凡经传铭字皆当作名矣。郑君注经乃释铭为刻。刘熙乃云：'铭，名也。记名其功也。'吕忱乃云：'铭，题勒也。'"。

贺兰山独体羊符号就是人对某一事物或概念的命名。尽管形态万千，但这种命名活动主要采用实指或被给予两种方式命名。实指采用的是通过描画羊这一实物及其动作来表示的方式。这是独体贺兰山羊符号主要的命名方式。这种视觉符号表述了贺兰山岩画作者对外界事物的认识，这种认识是外界"羊"这一动物的特性或特征在他们意识中的反映。当他们对这一动物命名或根据某个名称去识别所命名的对象时，他们往往依据这一事物的某种特性或特征，如🐑、🐑、🐑、🐑和🐑所示：稍具备关于生活中羊这类动物常识的人不仅不难分辨出哪个是盘羊、羚羊……以及它们在做什么，而且能发现它们各具特色。"羊"这类视觉符号命名的是实际上被叫作"羊"的那种动物的某些特定形态和动作。它们如同生活中实际存在的一样真实、丰富多彩，没有完全统一的外貌。若用英国哲

---

① 苏联考古学家 А. П. 奥克拉德尼科夫在《贝加尔湖岩画——西伯利亚各民族古代文化遗存》里说：属于石器时代向铁器时代过渡的贝加尔湖岩画的作者们"总是在岩石上刻上骑马者和马的画面"，此外"他们还在图形众多的同类画面上画一些猎取山羊和鹿的场面"。详见亚新华主编，陈弘法编译：《亚欧草原岩画艺术论集》，中国人民大学出版社，2005年，第199页。

学家 B. 罗素的话来说,用来命名的这种蕴含着唯一性的"羊"形式本质上就是一种"限定摹状词"[4](p400~413)。这种摹状词的描述是真的,它"通过说指称对象就是那个具有一些识别性特性的唯一对象,从而真正地给出了一个名称"[5](p73)。这种以实物的命名,人见之即能叫出它的名字。对汉刘熙《释名》里的"名,明也,名实使分明也"之说,清王先谦在《释名疏证补》中引《荀子·正名》篇疏之曰:"制名以指实,上以明贵贱,下以辨同异,是名训为明之义也"。而这种命名活动所依据的显然主要是对现实中存在的羊动物特性的了解。因此,识别和掌握事物的本质属性,对于准确地确定名称的指称对象具有重大意义。

与实指命名相反,被给予采用的是通过改变羊这一实物及其动作来规定名称所指的对象。如 ⚊、⚋、⚌ 和 ⚍ 所示,一短线或一曲线加在尾巴上、两条短线加在身子上以及一头又出现在尾部等等所形成的这些视觉命名名称或符号之所以被应用到羊这一动物身上,并不是由于羊这一动物体现了由一短线或一曲线加在尾巴上、两短线加在身子上以及一头又出现在尾部等等所形成的"羊"这个专名的"含义"所构成的那些特性,而是由于人们这样命名它们:一短线加在羊尾巴上这种视觉羊符号产生后就被它的作者取了这个名称,其他人见到它后也用这个名称称呼它。在这里,当我们看到它们被描画出来时,并不是羊这种动物的"含义"在起作用,而是由于人们把这个名称给了它。譬如:现实生活中不存在像 ⚏ 这样前后有两只头的羊。而贺兰山独体岩画中却有这样的图案。这一视觉符号名称中所用的"点""线""面"与它所依附的名称(羊这一动物)不是同义的,只不过是作者借助于它们来规定名称所指的对象罢了。这就是说,当岩画作者用某个确定的"点""线""面",或者用某种独特地起识别作用的特性,去规定某个名称所指的对象时,那种特性所起的作用在这个场合并不是作为这个名称的同义词,而不过是作为规定所指对象的手段。对岩画作者来说,"给一样东西命名就好像给一样东西贴上一个标签"[6](p11)。与直接指称对象的实指相反,这种被给予的命名或者指称活动实质上是一种人为的虚指——它可以直接指称对象,而不把任何特性归属于这个对象。

无论是实指还是虚指,每一个独体贺兰山羊符号都是对一个个有着明确指称对象的事物或概念的命名。这就是说每一个独体贺兰山羊符号都有属于自己的专名。它指称是一个特定的对象,"它的含义和它的指称之间的正常联系是这样的:与某个指号对应的是特定的含义,与特定的含义相对应的是特定的指称"[7](p377)。这样的个体化命名不容易造成事物的混淆,有利于区别,有利于人们对它们的使用。正如现实生活中每一个人都有名字一样:给一个个事物命名实质上就是用特定的符号把它们标示出来,便于人们在实际上更好地认识它们,掌握它们,使用它们。众多独体贺兰山羊符号具有不同的外貌这一事实,难道不就在于这些符号具有不同的用处吗?

五

命名活动反映了人对世界的认知能力。独体贺兰山羊岩画作者既能对现实实际存在着的事物命名,又能对现实生活中不存在的事物进行命名:羊不仅仅是由于有用才被认识的,羊之所以被看作是有用或有益的,正是因为它首先已经被认识了。独体贺兰山羊符号正是人们对一个个具体的事物或概念命名的结果。它们向我们敞开着,渴望我们的呼唤。虽然我们无法准确叫出它们的名字,但命名者的思维习惯和特点终究不能不在他们的命名方法上留下自己的痕迹。

这些岩画的作者拥有大量概念。但这些概念与我们的概念不同。就贺兰山独体羊岩画这个系统而言:岩画的作者对于羚羊、藏羚羊、北山羊、绵羊、盘羊等等没有类的术语。在这个系统里,不仅每一类羊符号不同,就是同一类的羊符号亦不同。当我们想知道"盘羊"这个概念时,我们找到的是一个个特定具体的"盘羊":每个符号的意思都是"这个前腿弯曲的站着的"盘羊或"那个右腿抬起站着的"盘羊等等,而不表示"任何一个站立的盘羊"。每个盘羊符号都用于特殊的意义,表示非一般意义的盘羊形态。事实上,在贺兰山独体羊岩画这一系中,用于表达彼此相近的概念的符号数量非常大,但是,它们决不重复。如贺兰山独体羊图案里数量最多的是北山羊。它们虽属于同一种类,数量亦最多,却个个都有专门的名称,都是实名词,如 、 、 、 和 所示:贺兰山岩画作者对于静止站立着的北山羊就有下面专门的名称:低着头的、注视着前方的、四条腿的、两条腿的……单个拿出来,每一个羊符号似乎既代表北山羊这个类,又代表某一特定的北山羊。若把它们放在整个贺兰山独体北山羊符号系统中分析,则有不同的符号用于不同形状的北山羊,但没有一个符号用于北山羊的一般概念。同理,整个贺兰山独体羊符号系统中也没有一般的性别概念,如 表示的不是雄性羊,而是这个性器官正在勃起的羊。因为如果以是否画出性器官为判断雌雄的标准的话,那么,整个贺兰山岩画系统中雄性羊很少。事实上,除个别怀孕的羊和阴茎勃起的羊之外,从绝大多数贺兰山羊岩画中我们是看不出性别的。

独体羊岩画的确是一种"关于创造性表达的通用语"[8](p1)。在贺兰山独体羊符号系统中,不只是在种类、性别的范畴中才出现具体表现的需要。一切羊的形状、姿态和动作都有自己专门的符号来表示。就视觉效果而言,整个独体贺兰山羊符号可分为表现动态和静态中的羊形象两大类。表示动态中的羊形象占绝大多数,少数表示静态中的羊形象也只是相对而言,如 、 、 、 、 、 、 和 所示:乍看起来似乎它们都是静止站立着的,但仔细观察不难发现其中真正处于静止状态中的羊形象很少。贺兰山独体羊符号总是运动的描写。它们表达的或者是羊的姿势,或者是它们的习惯动作,或者是被捕捉时的情状。这些动作同样也有繁多的形式。如🐐、🐐、🐐、🐐、🐐和🐐告诉我们仅行走就有慢步、快走、急走、大步流星等区别。其间又可再次区分出众多的形式,如🐐🐐🐐🐐🐐是五个慢步行走中的羊形象。它们的神态、步态各种各样:精神抖擞的藏羚羊,雄赳赳气昂昂的藏羚羊,老年身体虚弱、拖拉着腿缓慢行走中的北山羊,天真活泼的小盘羊,鸣叫着的羚羊。这五个肖似符号惟妙惟肖地描绘出了羊的动作神态。对刻制这些岩画的作者的意识来说,羊的一般的慢步概念从来不是孤立存在的。慢走永远是借助点、线、面来描写的、按一定方式的走。这种描写甚至能画出处于某一特定动作中的羊的最细微特点。如上述🐐、🐐、🐐、🐐、🐐、🐐、🐐和🐐这八个处于正在跳跃中的羊。在这里没有哪只羊是叫不出名字来的,每个跳跃中的羊都有专门的名称,但对跳跃本身却没有名称——我们所知道的都是每个正在跳跃中的羊。换言之,当我们想在贺兰山独体羊岩画里探寻"跳跃"这个概念时,我们会发现一群行色不同的正处于这种动作中的羊形象。事实上,在贺兰山独体羊岩画里几乎羊的每一种神态和动作都由相应的形状(我们也可以称之为名称)区别得清清楚楚,以至于人们一眼望去便能知道它们是谁。如🐐与🐐两只基本上处于静止中的羊都在沉思,区别主要在于后面的一只画出了一只角,前腿稍稍有点内敛,似乎在准备前进而且尾巴微微翘起。🐐与🐐是两只跨越中的北山羊,区别主要在于前面一只比后面一只壮一些,它的前腿刚刚跨出。🐐与🐐①是两只站立着的盘羊,区别主要体现在不同形式元素的运用上:用来表示前面一只后腿的两条线比较粗且几乎连接在一起。相反,用来表示后面一只后腿的两线条比较细且分得很开。值得我们注意的是:这两个岩画分布在同一个地点,而且几乎位于同一个位置(它们都是大麦地新井沟岩画)。它们之间在形式上的这种细微的差别显然是作者刻意所为。因此,上述三组非常相似羊符号昭示出贺兰山独体羊岩画另一个鲜明特征,即岩画作者特别注意表现具体细节,以显示出不同符号之间的细微差别。

总之,贺兰山独体羊岩画精确细致地按羊及其行动呈现在人们视觉里的那种形式来表现关于它们的观念。这些岩画共同的倾向是描写客体羊在空间中的形状、轮廓、运动方式,一句话,描写那些能够感知和描绘的东西。岩画作者力求把他们想要表现的东西的可画的和可塑的因素结合起来。这是一种类似哑语的符号,是一种原始肢体语言:贺兰山岩画作者借用羊这一动物的各种姿势在向我们诉说着。它具备已知的原始语言的一切特

---

① 此两个复制图出自《中卫岩画》,周兴华编著,宁夏人民出版社,1991年,第331页。

点：表义的具体性、细微性和精确性以及语汇的丰富性①。从这个意义上说，整个贺兰山独体羊符号系统就是一部字典：一个由不同羊符号组成的语词海洋。如果说古埃及人用 、 、 、 、 这五个明白易认的图形分别表示"打""飞""老（的）""吃、说"和"走"这五个意义，东巴文用最简约的像人爬之形 和像人仰卧之形 ，表现"爬"和"卧"的意义的话，那么，我们同样有理由认为贺兰山岩画画出一像羊奔跑之形，即是表达出"跑"这一意思。由于文字的功能再现了言语的功能，最初的书写符号反映了最初的言语：形象与图画。所以，它具有象形文字的特征。其实，中国古代最早就把像贺兰山岩画这样"像物之本""依类象形的"②视觉图像符号称之为"文""书"或"名"，也就是我们今天所说的文字。③

参考文献

[1] 埃马努埃尔·阿纳蒂. 艺术的起源. 北京：中国人民大学出版社，2007.
[2] 克劳德·列维-斯特劳斯. 野性的思维. 北京：商务印书馆，1987.
[3] 亚里士多德. 形而上学. 北京：商务印书馆，1959.
[4] 罗素. 摹状词. 语言哲学. 北京：商务印书馆，1998.
[5] 索尔·克里普克. 命名与必然. 上海：上海译文出版社，2001.
[6] 维特根斯坦. 哲学研究. 北京：商务印书馆，2000.
[7] G. 弗雷格. 论涵义和所指. 语言哲学. 北京：商务印书馆，1998.
[8] 保罗·G. 巴恩. 剑桥插图史前艺术史. 济南：山东画报出版社，2004.

On the fundamental forms of the rock arts in He Lan mountains

Wang Yu-hong

Abstract：The most widespread and important singular rock arts in He lan mountains is organized by the sheep's forms which is the pictographic signs and structured with three form's elements, namely, point, line and surface. There is a fixed union between the sheep's forms and it's meaning. And every singular sheep's forms is name specific objects or

---

①关于原始语言的这些特点，许多学者通过大量的民俗及田野调查实例有精辟的论述。诸如爱德华·泰勒的《原始文化》，列维-布留尔的《原始思维》、列维-斯特劳斯的《野性的思维》、詹·乔·弗雷泽的《金枝》等等。兹不赘述。
②此乃许慎《说文解字·序》中语。
③陈梦家先生曾考证说：汉以前，"文字"的名称经过三个时期。第一个时期称文字为"文"；第二个时期称文字为"名"；第三个时期（秦始皇时期）称文字为"文""名"为"文字"。详见其《中国文字学》，中华书局，2006年，第255页。

concepets which naming activities is a reflection of man's cognizanting capacity. It state clearly that the singular sheep's forms is the sign language that has all characteristics of the primitive language, that is particular, subtle and accurate.

Key words: The rock arts in He Lan mountains　sheep's form　The singular rock arts

贺兰山原始体育形态岩画概述

浙江建设学院 崔凤祥

原始体育形态岩画是古代先民在岩石和洞窟石壁上创造的一种原始人体造型艺术。寄托了古人深厚的情感和丰富的想象以及充满活力的运动，是一部人类运动史的天然画册，凝聚着一种民族精神。

一、贺兰山岩画中古老民族的身体文化

远古时期，宁夏贺兰山地区曾出现过狄戎民族部落，他们大约是贺兰山岩画的早期作者；商周至春秋战国时期，这里生存的主要是鬼方、羌、猃狁、匈奴等少数民族；秦时期主要为匈奴民族；汉以后至魏晋南北朝时期，出没于宁夏地区的主要是匈奴、鲜卑、乌桓、柔然等民族；进入随唐，主要是突厥、回鹘等民族；中唐以后吐蕃、契丹入驻贺兰山，党项人也杂居其间；元代以后成为蒙古族各部落放牧的地方。日月交替，寒暑更迭，在宁夏贺兰山地区的先民们经过一代又一代的生息繁衍，表现在岩壁上的岩画内容也随之而发展变化。进入游牧时代以来，同族之间迁徙变换的力度加大，不少游牧民族都在不同时期在宁夏境内生活过。他们的历史缩影，都留在了宁夏山川、长城内外的岩壁上。岩画中既有狩猎、采集、放牧、征战等活动，又涵盖了射箭、摔跤、搏斗、巫舞、投掷、游戏等多种内容，再现了历史上宁夏贺兰山地区猎牧民族执着悲壮的生命历程。

当原始人在从事打制石器、制作工具、追逐猎物、采集食物、开发自然、延续种族的实践活动时，人类就已经在创造和发展着自己的身体文化了。贺兰山岩画反映先民奔跑和长途跋涉的脚力去追捕能跑善跳的野牛、野鹿；用臂力刺杀虎、豹、熊等凶猛的野兽；靠身体的协调攀登和爬越；靠肢体的平衡叠罗汉等。天长日久，先民不断重复这些活动，便形成了走、跑、跳、投、闪、刺、搏等各种专门技能，这就是最原始的体育活动方式。岩画作为一种文化现象，是历史长时间形成的，它所反映的劳体和军体内容在整个历史发展过程中也不断演化。它不仅使我们从性质上认识这些图像与体育的联系，也使我们从民族体育文化的视角来观察和了解古代猎牧民族生活中各种心理与精神变化，从而有助于认识体育的渊源。

二、贺兰山岩画中古老民族的狩猎活动

狩猎是人类最古老的生存方式之一。据有的学者估计,世界上的岩画图像有5000多万个,目前已被记录下来的岩画有2000万幅,其中70%以上是由狩猎和采集社会所创造,30%以下是农牧者的作品。可以说狩猎伴随着人类的生产与发展,没有狩猎也就没有人类。人类以狩猎为特征的生存方式有200多万年。即使农业种植和畜牧进入了游牧人的生活,游牧民族依然过着以狩猎为主的游牧生活。因为"肉类食物几乎现成地包含着身体新陈代谢所必需的最重要的材料"(恩格斯《自然辩证法》)。这就决定了人们所从事的劳动必然与动物紧紧相连而不可分割,舍此人们便无法生存,狩猎和放牧成为赖以生存的两大支柱,反映了游牧人对生活空间的探索和好奇,同时表现了人对自身价值的肯定,进而突出了人的智慧和力量。因为狩猎时人们需要用体力和智慧去克服深山丛林、沼泽泥潭、草原荒漠、风雪雨天等所出现的各种不测障碍,从而提高自己征服自然的身体素质,如力量、速度、体力、体能等。狩猎活动是原始先民的根本性活动,它源起人类生存的基本法则,如跑、跳、投、攀等。因此,无论是追逐野兽,还是进行部落间的战争,长途跋涉奔跑、跳跃沟壑过障碍、攀登悬崖峭壁、披荆斩棘等,免不了抡木棒、投石块、袭击野兽虫鸟,尽管这些活动的根本目的是为了生存,但是,却说明原始人的体育才能相当高,并不亚于现代人。先民不需要体育,但体育却始终伴随着他们,这是人的本质的一种自然表现。正因为如此,原始世界的体育遗产在当代体育价值学中开始占据愈来愈重要的地位。原始先民在长期的实践中除了凭借体力外,还在狩猎的血腥活动中产生一种心理需要,他们需要的是斗争的勇气和力量,人与人之间的协作,工具的发明与改造,更需要的是智慧和谋略。可见,狩猎的活动是不断促进增长人类的物质和精神需要,也是人类不断完善自身的过程。在贺兰山岩画中仅反映狩猎岩画就有数百幅,数千个个体图案。就狩猎的人数而言,有单人猎、双人猎、三人猎,还有围猎;就狩猎的运载工具而言,有步猎、骑猎和车猎等;就射箭的姿势和特点,又可分为立射、蹲射、跪射、俯冲射杀等多种形式,狩猎者有拉弓瞄射、骑马盘弓、追逐欲射、伪装劲射、潜伏隐射等。这种繁忙紧张的打猎,反映出远古人们将射箭作为获取生产资料的主要手段而盛行着。人类经济生产的进步,首先的就是劳动工具的进步。弓箭的出现,是劳动经验的积累和接受大自然启示的结果。在当时的狩猎经济中不仅具有特殊的意义,而且在体育史上也是一件大事。因为弓箭的发明与使用,标志着人们已经把物体的弹力和人的臂力结合起来了,提高了"自我"认识与理解。

三、贺兰山岩画中古老民族的战争形式

在父系社会,原始人已开始有私心,出现了血亲复仇发展到掠夺财产、草原、水源、奴隶和扩充领地的战争。贺兰山古代岩画中出现多处人与人在搏斗中和争战中的画面,互

相用弓箭对射、石块投掷、石斧砍杀、木棒打击等,表现了战争的原始性和残酷性。原始部落之间的战争出现,加剧了人类机体技能的增长,强化与扩展了活动的功能,同时,说明人们的思维发达了,开始运用战争的手段掠夺资源、打击异族。如格斗岩画,既有人与动物搏斗,也有人与人械斗,两组战士举弓对射,好像是通过战斗在争夺猎物;一些骑马与徒步征战的岩画,也描绘了争夺食物的激战场面。如钻洞子沟一幅战斗图,除了战争之外不可做其他解释,说明这是一场战斗或为越界、或为争夺草场、或侵占水源而引起的。作品在构图上疏密相间,争斗动态错落有致,战争场面纷乱宏大,颇具艺术感染力。不难想象,原始艺术家创造的多种形式的战争岩画,其目的就在于记录战功,炫耀势力,使本部落的子孙后代永不忘自己的光荣历史,也可能还有传授战术、战斗技巧等克敌制胜的意思,以及担负保护与抵御外来侵犯的职责。从一定意义上讲,早期军事活动的出现,促进了萌芽状态的体育活动的发展。

原始社会晚期,由于部落与部落之间多种冲突的不断加剧,规模也逐渐扩大,为了保证战争胜利,部落成员不仅要有生产劳动的能力,而且还要有强壮的身体和掌握各种军事活动技能以及武器性能,因此,出现了以战争为目的的身体训练和教育方式。在这一点上,国内外概莫能外,无论是古希腊的尚武教育,还是欧洲中世纪的骑士教育,击剑、角斗、骑射都是训练城邦士兵提高战斗力的重要手段;而在我国,早在奴隶时代就有了利用田猎来训练士兵的军事制度;秦汉以后,除了骑马、射箭、角力、游水等基本训练手段外,连极富娱乐性的蹴鞠也成为军事训练的手段之一。据《史记》记载,轩辕为了对付经常出现的部落战争,就组织本部落的人练习戈射。传说夏时的后羿,不但善射箭,而且善教射。人们把生产劳动中使用比较成功和熟练的工具与方法加以归纳,反复模仿练习,并传授给下一代。贺兰口一幅描绘射箭技能训练的岩画,画面上四个武士,手持弓箭,围成圆圈,在进行射箭练习,其中一人似"教练",操练井然有序。大西峰沟一幅凿刻有部落成员手持盾牌练习攻防技术图,不排除阻挡弓箭射杀的练习目的,整个画面表现的气氛强烈,震撼人心。这些画面很难排除原始人的实用的、功利的目的,既记录了征战的胜利,又用于下一次争斗进行巫术祈祷胜利的军事训练。古老的岩画,不仅是对武士们严格的训练和高超箭术的刻画,而且反映了游牧民族生活中所特有的尚武精神和英雄气息。

原始社会人们为了生存,除了制造和使用一些原始的工具以及简单的战争手段外,社会成员还必须依靠自己的身体发展多种搏击能力。于是,出现了先民通过缠抱厮打、肩扛身背、叠罗汉等身体活动形式,使他们的下一代从小耳濡目染这一切,为未来的生存生活打下坚实的基础。树林沟一幅反映摔跤的岩画,画面两人缠抱扭打在一起,左面的人将右面的人已摔成头向下倒去,右面的人仍然不松手。这些原始形态的攻防技能虽然是低下的,还没有脱离生产技能的范畴,但却是摔跤技术的萌芽。恩格斯说"需要是发明之母",摔跤也是顺应远古时期原始人类的种种需要而产生的。原始先民对摔跤取得胜利者,常用一只肥大的羊作为奖赏,高高举过头顶,还伴随有舞蹈,据想先民获胜心情是多么快乐和愉悦。摔跤在秦代以前叫角力,是军事训练项目。"春秋角试,以徕精才",诸侯大夫也用角力的方法,测试将才的武功能力。到秦代发展为娱乐项目,称为角抵,是人们共同喜爱的传统体育项目,一些民族在很早以前就盛行摔跤竞技活动。在少数民族部落兴盛时期,所谓"相搏"的摔跤,甚至成为定夺汗位和选拔部落领袖的重要条件之一。元代,在西域还专设"校署",统管各个民族部落的摔跤等竞赛活动。从古代角力到后来的摔跤,历时数千年,这类竞技活动相沿成习,深受各族人民的喜爱,并发展为民间节日、喜庆的助兴节目。

四、贺兰山岩画中古老民族的娱乐特征

经济生活是一切意识形态的基础,民族体育文化的产生、传承也必然是当时经济生活方式和生产关系的反映。在原始氏族社会,舞蹈常和生产劳动、军事训练、社会交往、宗教祭祀紧密结合,融为一体,属"实用舞蹈"。因此,在贺兰山岩画中刻画猎人、牧民紧张劳动之余,表示其内心世界的欢快舞蹈场面,如单人舞、双人舞、三人舞、集体舞等岩画随处可见。手之挥,足之跳,谓之舞蹈,是最古老的姿态造型艺术,直接体现了人类生命和炽烈的情感,展示了自身的力量和美。岩画中舞蹈的人文内涵极为丰富,或倾吐心中的热望,或表达对图腾的膜拜,或对神灵的颂扬,或唤起异性的爱情等,贺兰山小西峰沟一幅三人手拉手在牛背上翩翩起舞,举手投足气氛热烈亲切。在《吕氏春秋·古乐篇》中有"昔葛天氏之乐,三人操牛尾,投足以歌八阕"。八阕中的"遂草木""总禽兽",反映出先民进入农业定居阶段的愿望与意识,描绘了一幅远古时代人们的生活景象。三人在牛背上挽手起舞,与史前短歌所叙十分相似。人类最初的舞蹈,只是一种模拟式的艺术,一种模拟人们劳动生活实践不同动作的艺术。为了再现狩猎过程,舞蹈中既有猎人角色,又有野兽形象,再现人与兽的搏斗。黄羊湾一个舞者头部装扮成马的形状,曲肘弯腿,跃跃而舞,是远古动物舞蹈的一种真实体现。这种动物舞蹈岩画在内蒙古阴山、乌兰察布和新疆库鲁克山都有。《尚书·益稷》中就有"击石拊石,百兽率舞""鸟兽跄跄""凤凰来仪"的这种模拟兽鸟的原始舞蹈记载。这种舞蹈是一种全民性的舞蹈形式,人人都可以参加,完全源于人类生活的功利目的。狩猎丰收、战争取胜,他们在尽情地载歌载舞加以庆祝,感激上苍给人们的宽厚赐予;或许通过仿牲性舞蹈的发泄,表达远古人生产的艰辛和对自然界动物的强烈占有欲望;也体现了当时人们通过伪装兽的方式,来获取更多的野兽,借以维持生命。同时,很多这种舞蹈也是教授年轻人行猎的课堂讲授,传授狩猎技艺,认识兽性及锻炼猎人的胆识、体魄的教育和体育功能。贺兰口六人组舞簇拥着一个正面领舞人,象征着在作为大巫师的带领下,一定是为庆丰收和猎获成功,在相聚之时边歌边舞,情意相投,舞姿优美,动作轻快,整齐划一。这与当今世界演唱会伴舞伴歌大可媲美。世界上所有的原始民族都有巫术,而几乎所有的巫术活动都采用过歌舞形式。贺兰山南端黄羊湾巫舞岩画,巫师蹲踞张臂,摆头呼号,向虚幻中的鬼神顶礼膜拜,祈求恩泽。这与人类社会中出现对自然、神灵、祖先、图腾崇拜的各种祭祀活动深入到舞蹈中来有异曲同工之妙,反映出原始社会崇拜巫师的上古巫风。舞蹈的出现表明了萌芽状态的体育文化活动也在逐渐形成与发展。如苏联著名哲学家普列汉罗夫在《艺术讲演提纲》中就提到的"亦舞亦体的体操舞";我国藏族和彝族的舞龙、舞狮等。在这些节日舞蹈中,身体活动和舞蹈艺术紧密交织在一起,这些涵盖了体育、舞蹈、歌声、乐声,甚至宗教信仰等诸多的人类文化活动,有力地诠释了体育与舞蹈艺术的有机联系。随着社会的发展,体育和舞蹈的社会职能也在发生变化。尽管如此,体育与舞蹈二者的交融也随处可见,例如,在体操运动中,有意识地编排舞蹈的动作增加了观赏性;为了增强舞蹈的唯美性,许多舞蹈动作中也有意识地增加了一些体育动作。当社会分工达到了能完全区别事物的性质时,事物的独立形态才能明显地显示出来。对舞蹈出自于游牧民族,而且也传播于游牧民族,这在考古学中也得到了证实。专家们认为,中国舞蹈文化早就出自于北方游牧民族。游牧民族将繁忙紧张的打猎和劳动以及丰收的欢悦场面跃然画上,反映出远古人民的生产和内心世界。庆祝狩猎和牧业的丰收,足见纯朴的先民时刻都把他们的生产、劳动和各种内心的活动凿刻在丰富多彩的岩画之中。

五、贺兰山岩画中古老民族的主要交通工具——马

人类进入新石器时代,一方面黄河流域种类繁多的野生动物仍然为人类提供重要的食物来源,另一方面人类也逐渐在狩猎中驯化野生动物为家畜。这一时期的马,就是先民们驯化的主要家畜之一,而且初始就在西北,贺兰山地区应该是早期驯化马为家畜的地方。依据贺兰山岩画看,马已成为被驯服的家畜并与放牧人关系十分密切,诸如马群、独马、牵马、牧马、赛马等。据《史记·匈奴列传》记载,匈奴"其畜之所多则马、牛、羊""士力能弯弓,尽为甲骑"。《左传》上说:"冀之北上,马之所重,无兴国焉。"古代宁夏游牧民族,逐水草而居,不定居的游牧生活,使他们离不开既是生产工具又是交通工具的"马",在变化无常的气候和艰苦流动的生活中,不但养成了"养马""驯马""爱马""饰马"的传统习俗,而且练就了他们在特定环境中的马上功夫和豪迈、坚强、剽悍的民族精神。如黄羊湾一幅马术岩画,大胆运用在马上分腿来帮助控制身体的重心平衡,动静结合,平稳站立,达到表演的目的。贺兰山岩画上所显示的马文化,反映了古代宁夏各族人民在长期的驯马、骑马生涯中,对马的习性有了很深的了解,才产生了表现马和马文化的造型艺术。将各种造型的"马"刻画在山壁上,如骑马射箭、骑马放牧、骑马奔跑、骑马追逐等岩画,就是想证实先民们与马的亲近关系。5世纪,地理学家郦道元看到贺兰山和阴山一带岩画上的"尽若虎马之状",就是先民们留下来的历史画卷。

六、贺兰山岩画中古老民族的体育器材

岩画中有一些属于工具的图形,如石斧、石索、石刀、石棍(棒)、石球、钩、木棒、树枝和猎套等,为原始体育形态岩画增添了新的内容。这些原始的生产劳动工具,是人类运用自己高于其他动物的智慧创造出来的。原始人生活在极其险恶的自然环境中,为了自己的生存和繁衍,利用个人、集体的智慧和力量,从简单到复杂,从一物多用到一物专用,从利用天然工具到制造简单石器,使人类的器官、机体、思维在劳动中发展起来。史前时代的特征是使用石器,因此岩画中有石器工具也在情理之中,因为石斧不仅可以劈木剁肉、充当武器,而且也是制作岩画的工具。在贺兰口发现的石斧岩画,有木柄,外形接近戚的样子,显示了石斧的威严和尊贵。可以说,人类生产劳动的工具自然而不可分割地孕育着体育器械,紧密结合原始生产和生产需要的投、掷、抛、射等就是最初的体育活动器材。

七、结束语

贺兰山原始体育形态岩画具有明显的经济、地域、环境、文化、民族等特征,它不同于且又融合了中原农耕文化的体育观念,其形态突出了尚武民族精神的品格。贺兰山自古就是一个多民族聚居地区,他们的生存方式以游牧为主、以狩猎为生,沙漠、戈壁、草原是他们栖息的故土。他们逐水草而居,游牧和狩猎成为赖以生存的两大支柱,这一切决定了宁夏贺兰山地区各民族勇悍刚烈的性格特征,也体现了游牧经济的特点。贺兰山连绵起伏,千沟万壑,东边是黄土高原,波涛滚滚的黄河,西边是浩瀚无际的沙漠、戈壁,气候寒冷干燥,常有沙尘风暴。如此恶劣的地理环境和严酷的气候条件,催生了驻足贺兰山各民族刚烈顽强、坚韧不拔性格的形成。贺兰山独特的自然地理环境、经济结构所形成的一种文化特征,构成了贺兰山各民族生存繁衍所需求的各种可能条件。射猎、弓箭、驯化动物、摔跤、舞蹈、骑马、套马、赛马、投掷、游戏、打斗、杂耍等欢娱活动长久盛行,变成了当时一种群体生态,一种文明形式,一种文化经济"特区",并渗透着浓厚的宗教神秘色彩和折射出初期原始体育形态。这意味着原始体育文化无论在时间上,还是在空间里,已被先民所接受,形成了原始体育文化的生态圈,氛围浓烈,并透露着原始体育的竞技、娱乐和审美特点以及先民们文化心态之间的深层关系。当然,这些在荒寒中的活动形式,还不是真正意义上的体育,它是与生产、军事、宗教等方面的活动交织在一起的,体育还没有分化出来形成独立的形态,但是,这些原始岩画在构思上的天真纯朴,反映出人类童年时代某种

幼稚的想象和美好的愿望,把对于生活敏锐的观察力和艺术上粗犷手法浑然一体地结合,使得许多狩猎、放牧、舞蹈等岩画至今仍有其生命力,对我们今天了解史前体育莫过于这些岩刻艺术。用历史唯物主义观点分析,原始人当时的欢娱,既是劳动活动的延伸,也是生活技能的持续培养。人类社会发展的需要,是体育产生的前提条件。这和其他人类社会现象的产生的根本依据是一致的,是人类一切实践活动的原动力,也是体育产生与发展的唯一源泉,不论科学技术水平发展如何,都需要人的智慧去创造工具并掌握和使用技术方法,都需要人的运动去创造劳动价值。岩画中描绘先民在狩猎时使用的石球、石杵、流星球、弓箭等工具投掷或射向禽兽,就是一种为生存发展的需要而制造的最原始的"体育器材"。同时也反映出这些石器和弓箭距离后来真正意义上体育的出现并不十分遥远,现代体育器材也正是从这些生产劳动工具中演变出来的。我们从贺兰山数以万计的岩画中看到许多人体运动形象的画面,如乘骑、踢球、弄丸、嬉戏、叠罗汉、扛羊等。如果将这些图像汇集在一起,那么一幅史前的"民族运动会"画卷就展现出来了,它鲜活生动,让人的视野豁然开朗,原来在这些画卷背后,还有如此热闹非凡、绚丽多彩的体育盛会!岩画中的原始体育形态,揭开了北方众多游牧狩猎民族在迁徙、流动、交融、碰撞中的劳动活动以及生活技能的序幕,对我们从性质上认识图像与体育的联系有重要意义。

体育,是通过人类活动而产生的一种文化形态,是构成不同时代人类社会生活特征的一种身体运动的表现形式。岩画反映原始时代的民族体育文化,是东方文化体系中的一种独特构体。从崛起到普遍开展为一种典型的地域性文化现象,是中华民族悠久历史文化的重要组成部分。岩画是人类共有的宝贵的文化遗产和文化资源,虽然显现的是一种沉默的语言,但是,它却传达着一个伟大民族的童年时代,一部让人肃然起敬的远古史诗。岩画充满了豪放的气势和奔腾的速度,就像在不停地奔跑、运动、追赶、射猎、战斗,显示出生命的可贵和力量的较量。这种运动的旋律,是一个处在上升飞腾民族心理的表白,也是对前途、对命运、对力量、对生活的真诚赞美。我们探讨古代民族体育文化,研究民族体育文化对继承古代文化遗产,增强民族自尊心,发展现代民族体育文化,建设社会主义物质文明和精神文明,无疑都有着重要意义。

贺兰山原始射艺岩画分类分布考察

浙江建设学院　崔凤祥　崔　星

【内容提要】 采用田野考察和文献资料收集、查阅、对比分析相结合的方法,对中国原始岩画最早蓬勃发展的西部宁夏岩画中的射艺图像进行研究。将收集的355幅有关射艺的图像分为狩猎图、战斗图、出行图、弓箭练习图、持弓舞蹈图、游牧风情图、崇拜弓箭图、射箭生殖崇拜图等8类。所有这一切为古代宁夏地区原始游牧民族体育文化的形成和繁荣创造了条件,也为古代农耕民族体育文化和草原游牧民族体育文化的交流搭建了良好的平台。此次考察发现狩猎图中单体持弓迎射岩画最多,其分布于宁夏境内5个岩画区,20多个岩画点,其他射艺图处于分布不均状态。通过对8类射艺岩画动作的分析,确定了射艺姿势与特点有立射、蹲射、跪射、弓步射、俯冲射、步行射、跑射、骑射、立于马上射、伪装射等10种类型。弓的形状各式各样、大小不一,随处可见大于人的弓;箭杆有箭头或无箭头,长短、粗细均有;箭头尖细或带镞或有倒钩或折挂双箭;弓的材料选自牛角、竹和胡杨柳条;弦线是用动物皮搓拧绳拴系而成,箭杆选用树枝经过加工后使用。

【关键词】 宁夏　岩画　射艺

亘古以来,宁夏就是我国古代北方少数民族繁衍生息、劳动创造的地方。鬼方、西戎、匈奴、鲜卑、羯氐、羌、吐蕃、敕勒、突厥、党项、蒙古等游牧民族相继在这里生活。虽然有的民族消失了,迁徙了,变化了,但他们光彩夺目的业绩,悲壮的历史进程和艰苦卓绝的斗争,以及灿烂的文化艺术,杰出的才华,丰富的想象力,在宁夏大地留下了难以磨灭的手迹和丰富的文化遗产。被称为"岩石报章"的岩画就是历史真迹的佐证。这些属于不同历史时期,数以万计的岩画,凿刻简洁,线条粗犷,构图朴实,题材广泛,大到天文宇宙现象,小至手印足蹄图形,最多的则是类人头像和多种动物图像,其中的狩猎、放牧、战斗、舞蹈等岩画,则是古代游牧民族实际生活的缩影,即富有英雄主义气概和浓郁的生活气息。根据中、外考古专家考证,宁夏岩画距今最早在3万年前~1.7万年,这个时期正好相当于欧洲的奥瑞纳时期(公元前35000—公元前17000年)、梭鲁特时期(公元前20000—公元前

15000年)、马格德林时期(公元前18000—公元前11000年);较早期距今8500年至10000年前的旧石器时代晚期;中期在6000~5000年前左右,中后期在3000年前左右,晚期在1000年前左右。宁夏岩画大多创作时代跨越在中期6000~5000年前左右。当我们循着岩画史前人类遗迹溯源而行,就能在斑驳陆离的巨石岩壁中能看到一幅幅弓满月、张弓待发、骑马盘弓、追逐欲射、伪装劲射等狩猎场面,手持弓箭传授技艺与习射操练,以及在生产劳动和战争中弓箭形状不断得以改进,等等。这些集弓箭为一体表现出一种相对专门化的身体活动形式,展示了远古、中古时代黄河儿女的精神生活和物质文明,充分揭示了我国北方古代少数民族保留下的拉弓射箭所蕴藏着深厚的体育文化内涵,为体育和社会文化史以及民族史研究提供了极为珍贵的实物资料。

  本研究拟从宁夏原始岩画资料中探明描绘岩石崖壁上的射艺,要对以下方面的问题进行探讨:

  一是有关射艺岩画的数量和射艺岩画的种类到目前为止还不清楚,需做一个全面的统计。

  二是对有关射艺的岩画在宁夏各岩画点的分布情况和地域特征进行考擦,探明原始社会宁夏岩画射艺规模和范围,并为今后的研究者提供资料探寻依据。

  三是了解弓、箭的形状,制作,射艺的方式和动作。

一、研究方法

  根据本研究的需要,笔者在北京国家图书馆、宁夏图书馆、宁夏大学图书馆、北方民族大学图书馆查阅了已出版的、最新出版的、最具代表性和较全面的岩画研究著作,即《贺兰山岩画1~3册》(图片)、《大麦地岩画1~4册》(图片)、《宁夏岩画》(图片),并参考《贺兰山岩画》(1098幅摹绘图)、《贺兰山与北山岩画》(700幅摹绘图)、《中国岩画发现史》(50幅摹绘图)、《贺兰山岩画拓片》《中卫岩画》(1310幅摹绘图)、《岩画探秘》(230幅摹绘图)、《宁夏考古史地研究论集》(38幅摹绘图)及中国美术出版社出版的《中国岩画全集宁夏篇》等。从以上诸书所收录的4652幅照片、拓片、摹绘图中撷取有关射艺的岩画。还从宁夏岩画研究中心主办的年刊《岩画研究》4册中收集了有关射艺的岩画。

  2009年1月20日~2月28日,参观了北方民族大学岩画与西夏文献研究中心陈列馆和银川世界岩画博物馆,走访宁夏文物部门的岩画研究专家,听取意见。他们对该研究课题予以支持和肯定,并提供了许多相关资料。同时还对宁夏境内遗存的5个岩画区42个岩画点的3个岩画点(贺兰口、大麦地、水洞沟)进行田野考察,对有关射艺岩画进行了拍摄与摹绘,以供和文献资料对照研究。

二、射箭图的分类及分布

据此次的调查,反映先民射艺现实生产生活的岩画有狩猎图、战斗图、出行图、弓箭练习图、持弓舞蹈图、游牧风情图、崇拜弓箭图、射箭生殖崇拜图等8类。有关射艺的具体内容均刻画于这8类图之中。

(一)狩猎图

狩猎是古代先民们主要的生产活动,在岩画中有着大量和集中反映。古代宁夏贺兰山、北山等地自然环境十分优越,这里山岭葱茏,牧场草肥,有着种类繁多的兽类和繁多的牛、羊、马、骆驼等畜群,是先民理想的狩猎驻牧之地。所以,越是古老的岩画所在地,野生动物越多,狩猎业也越发达,狩猎文化也越丰富(图1)。狩猎的主要工具——弓箭,使用十分广泛,它具有射程远、速度快、杀伤力强、取材方便、制作简单等优点,它能大大增加狩猎效率,所以不论步猎和骑猎都离不了它。据调查统计,使用弓箭狩猎的岩画有278幅,其中单人射猎128幅、双人射猎19幅、多人射猎35幅、骑射42幅、车猎6幅、伪装射猎10幅、骑步协同射猎38幅。射的方式有弓射、戈射两种类型,以弓射为主。狩猎岩画在贺兰山诸山口有93幅、北山大麦地有185幅。

骑步射猎　　多人猎　　车猎　　　　部落战争　　争夺牧场

图1　狩猎岩画　　　　　　图2　战斗岩画

(二)战斗图

宁夏是个多民族融合聚居之地。在古代,由于各民族间的社会发展程度不同,生产力水平相差很大,一些发达的民族为了自己的生存和发展,便向异族发起攻击,掠夺人口、水源、牧草场、财物乃至生存空间。《旧唐书·突厥传》载:"……射猎为业,又皆习武,强则进兵抄掠,弱则窜伏山林。"《宋史·夏国传》曰:"觇鞯来伐……率部来袭贺兰山……掠牛羊,孳畜万计。"反映了战争的频繁、规模与目的,他们手中的弓箭既是谋生的工具,也是战斗的武器,这是研究当时弓射的重要资料。充满肃杀之气的格斗岩画有20幅(图2),其中,北山大麦地10幅、贺兰山大西峰沟3幅、黑石峁1幅、树林沟1幅、芦沟湖1幅、口子门沟1幅、南端余脉石马湾2幅、香山火石沟1幅。

(三)出行图

原始社会人类为了狩猎成功或者是为了取得战斗的胜利,在出行前都要举行协调劳动和战前壮胆仪式活动。此次调查收集到 1 幅持特大弓箭出行图,在中卫市北山大麦地,画面高 26 厘米,宽 28 厘米,凿刻制作(图 3)。

(四)弓箭练习图

使用弓箭在原始社会既是渔猎的生存手段,又是弓箭使用最主要的军事技能。同时,也是重要的教育手段和传播最广参与者最多的社会活动之一,因此也被敲凿磨刻于岩壁上。此次考察在贺兰山中段贺兰口的岩崖上共收集到 2 幅集体和 14 幅单体弓箭手练习图(图 4)。集体练习图,一幅是敲凿制作,画面高 88 厘米,宽 54 厘米,图中 2 个高大的武士,手握一张弓,似在纠正射箭姿势,似在相互切磋箭术,腰间携带箭杆(身佩腰刀?),左边有一人在做模仿动作,右边的人在为他们的演练欢呼跳跃,整个画面表现的气氛强烈,很难排除它的实用、功利的目的;另一幅是 4 人持弓箭练习图,画面高 108 厘米,宽 86 厘米,磨刻制作,图中 4 个人,各持弓箭,围成圈,似一个战斗小组在进行射箭练习,其中一人或是指挥者或是指导者,还有一人袒露粗壮的生殖器。单个弓箭手练习图,分布情况是:贺兰山中段贺兰口 2 幅、南端四眼井 1 幅,北山大麦地 10 幅、北山大通沟 1 幅,制作方法有敲凿、凿刻、磨刻三种。这些弓箭手身体高大粗壮,挽弓搭箭,使用的弓大小不一,有的弓悬挂有双箭杆,箭头带簇或有钩的双箭头,人物大都着服饰、系尾饰、佩带腰刀,是一种力的象征(图 5)。可见,当时这一地区非常盛行射箭活动。

图 3　出行图　　　　　　图 4　弓箭练习图　　　　图 5　单体弓箭手练习图

(五)持弓舞蹈图

描绘手持弓箭射猎的舞蹈动作的岩画发现 2 幅;一幅在中卫市北山大麦地,手持弓箭的猎人狩猎的舞蹈形态,飘逸、潇洒自如,一手臂举弓搭箭迎射一只幼鹿,一手叉腰,下肢有裙摆,脚下方刻绘岩羊和符号,画面高 23 厘米,宽 25 厘米,敲凿制作,图 6:1;一幅在贺兰山北段平罗县归德沟,画面高 19 厘米,宽 38 厘米,凿刻制作,图 6:2。据此推定这是

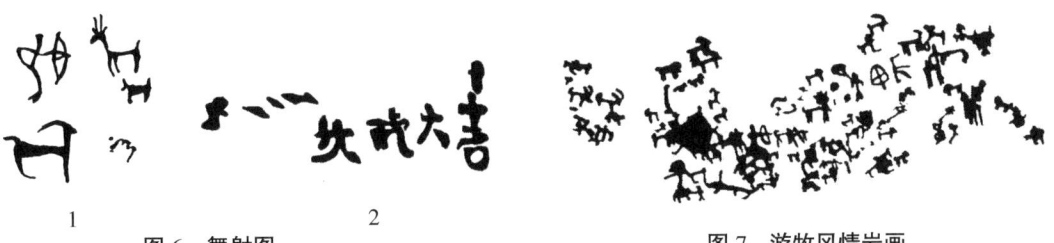

图 6　舞射图　　　　　　　　　　　　图 7　游牧风情岩画

以女性表演射箭技术动作为中心的舞蹈图,包藏了宝贵的先民古代文明史,诠释了射箭与舞蹈艺术的有机联系。

(六)游牧风情图

游牧风情场景表现的是一种集体性的、全民的活动,人人都可以参加,完全源于人类生存的功利目的。狩猎成功,人们在尽情地载歌载舞加以庆祝,感谢上苍宽厚赐予,既表达远古人狩猎生产的艰辛和对自然界动物的强烈占有欲望,又涵盖了舞蹈、音乐、体育,甚至宗教信仰等诸多元素的文化活动,生动鲜活地显现了游牧民族的生活蓝图(图7)。其分布情况:贺兰山北段白芨沟1幅、中北段小西峰口1幅、南端口子门沟1幅、四眼井2幅、芦沟湖2幅,北山大麦地5幅,共计12幅。

(七)崇拜弓箭图

在远古人类的心目中,弓箭成了战胜天灾的和取胜的一种威力无比的法宝。传说唐尧时代,后羿用箭射落九日,又射河伯之目、风伯之膝以及其他危害百姓们的怪妖恶兽,拯救了百姓。突厥人把弓矢看作权威的标志,弓曾为其右翼指挥官之标志,矢则为其左翼指挥之标志。如图8:1,弓箭、人与符号岩画,在中卫市北山大麦地,凿刻制作,画面高15厘米,宽13厘米。此图由3个图画符号组成,似叙述氏族战争争夺土地、人口、牛羊,征服者战胜了对方,取得了胜利。这是征服的记录,也是胜利的记录,更是臣服的记录。右侧胜利方氏族首领长踞接受降者的跪拜,此人显得高大威武;左上侧是一副弓箭,表示武力,表示统治,也表示占领;左下侧一人在弓箭武力的震慑和压迫下跪拜求饶,或请罪,或臣服。此图表达了一个完整的意思,是一个完整意义的文字符号。

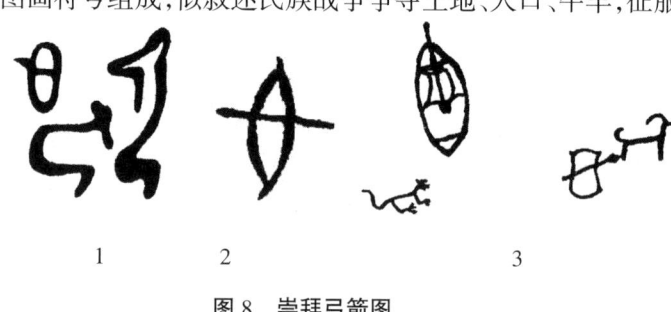

图8 崇拜弓箭图

岩画中,崇拜弓箭图有21幅,其分布是:北山大麦地7幅、大通沟4幅、贺兰山北端黑石峁2幅、大西峰沟1幅、南端口子门沟1幅、砂石梁2幅、南端余脉黄羊湾2幅等。

(八)射箭生殖崇拜图

弓箭在原始艺术中具有双重意义,表现在岩画中,一是表示常规意义上的武器;另一层却蕴含着生殖崇拜的深层意义。一些狩猎岩画直白表现猎人射箭时的生殖器和动物雄性,有意把箭杆敲凿得很长很粗,直射动物阴门部,让猎人和动物联系在一起,显示出富有充沛的生命力和男子汉特有的阳刚之气(图9)。先民们将这种人与动物的深层关系以及畸形心理,此外也有象征性或会意性的描绘,渴望求偶或对生育繁衍后代的情感或占有的欲望敲凿在大山巨石崖壁上。既是力的竞争,又是男性美的展示,刚劲有力的生殖器,能促进或影响箭头的射力,箭头会像男子性器冲向阴户般地射入岩羊的身上。猎人在这种奇巧思维支配下,正蛮有把握地猎取眼前的猎物。故成为"性文化"的最佳传播

图9　生殖崇拜图

方式。此次考察共收集到17幅射箭生殖崇拜图,全部出现在北山,其中大麦地16幅、大通沟1幅。

以上的8类岩画是宁夏诸多猎牧民族使用弓箭的范围。其中,狩猎图中使用弓射动作最多,其分布地点较广。出行图最少,只有1幅,其次是持弓舞蹈图2幅。其他5类图像在各岩画点处于有或无的分布状态。

三、弓、箭的形状及制作材料

人类经济生产的进步,首先就是劳动工具的进步。世界上各个民族在原始时期都经历过发明和使用弓箭的阶段,而中华民族发明和使用弓箭的时间为最早。史料记载,我们的祖先早在3万年前发明了弓箭(《风俗通·泰山篇》及谯周《古史考》)。由此可见,弓箭的发明和使用源远流长,其工具和技能的形成也经历了一个漫长的过程。恩格斯在《家庭、私有制和国家的起源》一书中曾对弓箭的发明给予这样的评价:"弓、弦、箭已经是很复杂的工具,发明这些工具需要有长期积累的经验和较发达的智力,因而也要同时熟悉其他许多发明。"因此,弓箭的发明和使用,在当时的狩猎经济中具有特殊的意义,从根本上改变了人们在狩猎生产中的被动地位,用弓箭打猎成了普通的生产劳动手段之一。因为古代先民们为了猎取动物和赢得战争的胜利,千方百计地创造和改造弓箭。据传说黄帝时代有专门制作弓箭的工匠,制作精良。《古今图书集成》戎政典274卷,弓矢部纪事引《外记》曰:"黄帝命挥作弓""夷牟作矢"。又《越绝书》载:"黄帝以玉为兵。"②依据这些记载,可见黄帝时代的弓已较完善,箭也以砮石坚玉制作,穿透能力当然要比木矢优越。在宁夏岩画中有许多古人敲凿的原始弓箭造型形态(图10)。一些长弓弓体甚大,往往弓大于人(图

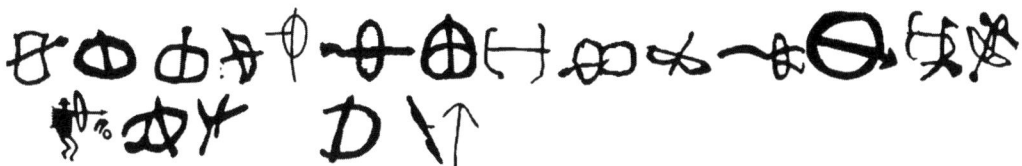

牛角弓　　　　　　无箭杆弓　　　　　　　　箭杆

图10　弓箭形状

11)。先民对弓的刻画一般表现有箭杆和无箭杆两大类。依其形状可分为9种:一是形状呈椭圆形,搭放箭杆;二是形状近似椭圆形,弓缘线较长,箭杆从中央穿过;三是弓缘弧圆,弦线为直线或略内凹;四是用一条竖行的粗刻线代表弓,中间有一个较短、与之垂直相交的箭杆;五是弓体呈三角形,从一角处连接箭杆;六是弓缘与弦线对称,两侧中央内收呈亚腰葫芦形,箭杆从亚腰穿过;七是

图11　弓大于人

弓缘向一侧内收,有弦线或无弦线,有些内收呈曲线,有些内收呈折,与弦线相连,近似英文字母"B",箭杆从中央垂直穿过;八是弓缘上下弯曲呈直角,弓背平齐,有些没有弦线,有些与弦线构成长方形,有的弦线内收或外弧,箭杆从中央穿过;九是弓缘为半圆形,有弦线或无弦线,箭杆从中央垂直穿过。

箭头都是伴随弓的出现而存在,数量较少。表现的方法有两种:一是与弓连接为一体,即箭搭于弓上;二是与弓脱离,用箭头直接表示已获取猎物。箭头还有有杆和无杆的区别,或带钩或者不带钩。按其形状有条形、翼形、三角形、圆球形等。

弓箭的材料仅凭岩画是无法断定其制作材料的,但是,借助古籍文献资料得知,原始时代制作弓箭的材料不外乎竹、木、骨。因此,可以断定先民是采用就地取材的办法,弓的材料选用牛角和胡杨柳枝,弦线是用动物皮搓拧绳拴系而成,箭杆选用树枝经过加工后使用的。

四、射的方式和动作

按照射的方式来分,有弓射和戈射。弓射的方式有各种各样的动作,戈射仅有立射和跪射两种。射类岩画中所表现的人在进行弓射、戈射时各种动作的身体姿势,是先民射艺的具体动作的记录。

(一)弓射

弓射的方式和动作有立射、蹲射、跪射、弓步射、俯冲射、步行射、跑射、骑射、立于马上射、伪装射等10种。

1. 立射

立射是以两脚前后开立的站姿用弓将箭射出的方法。彭大雅《黑鞑事略》云:"其步射,则八字立脚,步阔而腰蹲,故能有力而穿扎。"步呈八字,重力在下,重心在两脚中间,弓的弹力与人的弹力相和谐统一,故能射中。这也是弓箭最简便、最快捷、最基本的技术姿势,常用于狩猎和战斗中。由于立射的方向可随意改变,上、下、水平面即可,所以灵活性较大。岩画中先民立射的姿势有两脚开立或两脚并拢,也有单腿站立,身体倾斜举弓欲

射(图12)。其分布是:贺兰山岩画区有 20 幅、北山大麦地岩画区 105 幅、香山岩画区 9 幅、西山区 3 幅、东山岩画区 12 幅。

| 平射 | 向下射 | 向上射 | 单足立射 |

图 12　立射图

2. 蹲射

蹲射是两脚开立或并脚,两膝弯曲进行弓射的动作,此姿势是能使自身身体重心降低并有隐藏射者身体作用的射姿。蹲着的时候,双脚在身子的前面,胸和头只露出一点点,而且蹲着的时候重心也比站着的小,容易点射。此种姿势的弓射在描绘狩猎和战争场景的岩画中多见(图13)。其分布情况:贺兰山岩画区有 2 幅、北山大麦地岩画区 15 幅、香山岩画区 1 幅。

图 13　蹲射　　　　　　　　　　　　图 14　跪射

3. 跪射

跪射是两膝前后、平行跪地或单膝跪蹲,足尖抵地进行射箭的动作,它的特点是隐蔽性强、稳定性好,相对于立、蹲射,更不容易被发现。跪射的姿态古称之为坐姿,是射箭的一种基本动作。跪姿射箭时重心在下,用力省,便于瞄准,同时目标小,是防守或设伏时比较理想的一种射艺姿势(图14)。跪射在贺兰山岩画区有 3 幅、北山大麦地岩画区 3 幅。

4. 弓步射

用弓步(两脚前后开立,前腿弓,后腿蹬)进行弓射的特点是:身体重心较低,两脚前后距离长,有利于全身发力和身体稳定(图15)。弓步射在贺兰山岩画区有 3 幅、北山大麦地岩画区 11 幅、香山岩画 2 区。

图 15　弓步射　　　　　图 16　俯冲射　　　　　图 17　步行射

5. 俯冲射

俯冲射是身体拔地而起,朝向目标冲射出去的一种动作。它的特点是迅猛快速,多用于近距离出击。猎物不是惊惶失措地逃遁,就是在猎人弯弓面前处于就擒无疑的困境,这种方法在狩猎中总是处于优势状态(图16)。俯冲射在北山大麦地岩画区有3幅。

6. 步行射

步行射是在行走中完成弓射的动作。其射的目标是固定的或是移动的。所以说,步行射也是一种动态的射技(图17)。

步行射的岩画在狩猎图、战斗图、练习图、游牧风情图、射箭生殖崇拜图等5类图中都有反映。其分布:贺兰山岩画区有6幅、北山大麦地岩画区12幅、香山岩画区4幅、东山岩画区6幅。

7. 跑射

跑射是在快速移动中的射箭方法之一。它除保持身体稳定,瞄准猎物(目标)外,还要随时调整出射的角度,射的难度较大。跑射的运用时机与优点:一是移动目标有障碍物阻隔,如树林、沟坎、乱石区;二是对峙双方皆有速效性武器,移动闪躲的同时亦可伺机攻击,如弓箭、矛、石球等;三是有效地追逐猎物,可发挥追逐时之射猎效能;四是缩短射距,能在短时间内缩减距离,调整弓射的角度,提高杀伤力(图18)。分布情况是:贺兰山岩画区分布有6幅、北山大麦地岩画区3幅、香山岩画区2幅、东山岩画区3幅。

8. 骑射

骑射即骑马射箭。骑射有着很快的移动速度,很远的射程,很强的机动性,是主要的狩猎方式和进行战斗的重要手段。历史上的北方少数民族无不以骑射为长,以引弓为强,崇拜英雄,崇拜勇悍,射箭这种活动恰恰符合他们审美心理。据《史记·匈奴列传》记载:匈奴"儿能骑羊,引弓射乌鼠……士力能弯弓,尽为甲骑"。日常"人不弛弓,马不解勒"。从北狄、匈奴起,许多北方草原民族,利用马的背力和蹄力建立了雄踞一方的偏霸王朝或与中原王朝分庭抗礼的割据政权。草原民族以马背为家,逐水草而生,掌握了娴熟的骑术。《马可·波罗游记》说:蒙古族"男人在训练自己能在马背上过两天两夜的生活,马吃草时可以在马上睡觉,世界上没有一个民族,在困苦中表现得这样坚毅。"史称契丹人"祖宗以来,骑射绝人,威震天下"。突厥人"穿庐毡帐,披发左衽,食肉饮酪,身衣裘褐……善于骑射"。乌桓、鲜卑族"俗骑射,戈猎禽兽为业"。正因为马与北方游牧民族的生产生活、军事关系极密切,千百年来,北方游牧民族才养成了"爱马""饰马"的传统习俗,也养成了大量制作马形状岩画的艺术传统。这些古老的马匹岩画,让我们看到"马"的驯服与生存在西部边陲地区的游牧民族和马相依为命的亲近关系,更是看到了弓箭的发明与狩猎民族向游牧民族转换的过程。

岩画中的骑射有静止在马上的骑射和驰骋劲射两种方式,射的方式向主要有向上、向下、向前平射等,射的对象是人和动物,射的目标有静止和移动两类(图19)。

骑射岩画,仅狩猎活动有100幅,其中单人骑猎30幅、双人骑射9幅、三人骑射2幅、骑步射猎59幅;战斗中骑射岩画有5幅。其分布是:贺兰山岩画区有30幅、北山大麦地岩画区57幅、香山岩画区10幅、西山3幅。

图18 跑 射　　　　似静态骑射　　　驰马追射　　　战斗中骑射

　　　　　　　　　　　　　　　图19 骑 射

9. 立于马上射

古代游牧民族立于马上射箭的许多动作不是偶然的,是先民与马朝夕相处,相依为命,对马的习性有了很深的了解,才产生了表现马和立于马上的射艺。他们大胆运用在马背上分腿开立来帮助控制身体的平衡,达到动静结合,平稳站立的射箭目的,可见,先民已基本掌握身体重心的移位、力与美的结合以及支撑点的关系等平衡技术原理,并用写实的手法再现古代骑士的风采(图20)。立于马上射在贺兰山岩画区有1幅、北山大麦地岩画区有3幅。

图20 立于马上弓射　　　　　　　　　　　图21 伪装射

10. 伪装射

伪装射猎,其伪装成何种形象,总是与他们所要猎取动物密切有关,如猎人披上鸵鸟的皮,伪装成鸵鸟形象;捕猎虎豹时,就穿动物毛皮的颜色和模仿虎豹特征,以便于迷惑对方迅速接近它而一举捕获,很显然人类最初用动物形象来装饰自己完全是以功利主义为唯一目的。那时,人们的一切行为都是服从于生存需要。这也是原始狩猎社会人类进步、聪明的表现(图21)。伪装射在贺兰山岩画区有1幅、北山大麦地岩画区2幅。

(二)戈射

戈射是中国古代一种古老的体育项目,和其他中国古代体育项目一样,它集生产与娱乐为一体,也是世界上其他民族未曾使用过的。据《古史考》记载,史前人类已能较熟练地使用弓箭进行狩猎活动,但由于弓的张力有限,箭的射程和力度都不够,因此有时猎物虽然中箭却不能致命而逃走。为了提高狩猎的成功率,原始人对弓箭进行了改造,在箭挺尾部系上一根长长的绳子,射中引绳而取物,这种用来狩猎的弓箭的变体便是戈射(图22)。

戈射靠缠绕、束缚飞禽走兽的方法来捕获猎物。这和箭头直射飞禽的方法相比又很大差别,《说苑·敬惧》说:"鸿鹄飞冲天,岂不高哉,矰缴尚得而加之。"《新序·杂事》中也记载射猎时的要求"戈者选其弓弩,修其房防翳,加矰系其颈"。班固在《西都赋》有"鸟惊触丝"之说。可见,戈射主要靠矰缴缠绕在飞禽的脖颈上来获取猎物,而箭矢并非用来射杀飞禽走兽,只起到了牵引绳子的作用。戈射箭矢上所系的绳子称为缴。缴在古时指一种生线绳,矰为带有线绳的短箭。《淮南子·说山训》有"好戈者,先具缴与矰"之说。意为做戈射前的准备时,缴与矰是不可缺的。

戈射这种史前人类的狩猎手段,后来随着狩猎经济的衰落,也逐渐演变成为消遣娱乐的活动。

此次考察共发现6幅戈射岩画,其中5幅凿刻于北山大麦地,1幅凿磨于贺兰山苏峪口。图22的1、2图,戈射时是将绳索系在猎人腰间,3图连接在手臂,4图是中矢后的鹿角被绳索套住。

1　　　　　　2　　　　　　3　　　　　　4

图22　戈　射

五、结论

首先从公开出版发行的4652幅宁夏岩画的拓片和摹绘图中收集到了355幅有关弓射的图像。这些有关弓射的岩画主要是狩猎图、战斗图、出行图、练习图、持弓舞蹈图、游牧风情图、射箭生殖崇拜图、弓箭崇拜图等8类。这些图大约凿刻于自西夏时期上溯至5000年前的新石器时代。

岩画的制作者是逐水草而居,逐水草而牧的古代诸多北方游牧民族,他们是:匈奴、突厥、党项、回鹘、契丹、党项、蒙古等民族。

制作方法有敲凿、凿刻、磨刻三种。制作工具是用简陋粗糙、坚硬的石头和金属,在坚硬又平整的石壁敲凿的。

在中卫市北山大麦地,发现描绘女性持弓箭射猎的舞蹈岩画,据此推断妇女当时不仅是社会劳动的主要成员,同时也掌握了射箭技能。

8 类弓射图中的狩猎图像数量最多,共有 268 幅。其中,狩猎图分布范围较广,约在 30 个岩画点。其他的弓射图在各岩画点处于或有或无的不均匀分布状态。

射箭岩画大部分都凿刻在巨石上半部或坦露石头上,一般都面向南,也有一些岩画凿刻在肉眼难以观察的地方。

弓射岩画中的弓有两种,一种是弓的中间呈凹形,一种是弓呈弧形。据弧形弓的形状推定,凹形弓需精细加工,弧形的弓则是使用直形竹、树枝、藤等自然材料制成。箭头表现有条形、翼形、三角形、圆球形、带钩或者不带钩等。

据弓射用具的不同,射有弓射和戈射之分。弓射有立射、蹲射、跪射、弓步射、俯冲射、步行射、跑射、骑射、立于马上射、伪装射等 10 种。戈射有两种类型,一种是箭头系绳索的石具,一种是箭头系绳连接弓,戈射有站立和蹲跪姿势两种。

参考文献

[1] 乔华. 宁夏岩画. 银川:宁夏人民出版社,2007.
[2] 李祥石. 发现岩画. 银川:宁夏人民出版社,2005.
[3] 束锡红,李祥石. 岩画与游牧文化. 上海:上海古籍出版社,2007.
[4] 薛正昌. 宁夏历史文化地理. 银川:宁夏人民出版社,2007.
[5] 许成,卫忠. 贺兰山岩画. 北京:文物出版社,1993.
[6] 陈兆复. 中国岩画发现史. 上海:上海人民出版社,1991.
[7] 蔡秀华. 贺兰山岩画研究. 南京:江苏文艺出版社,1996.
[8] 刘秉果. 中国体育史. 上海:上海古籍出版社,2003.
[9] 周兴华. 中卫岩画. 银川:宁夏人民出版社,1991.
[10] 李祥石,朱存世. 贺兰山与北山岩画. 银川:宁夏人民出版社,1993.
[11] 陈兆复. 古代岩画. 北京:文物出版社,2002.
[12] 盖山林. 中国岩画. 广州:广东旅游出版社,2004.
[13] 柳斌杰. 灿烂中华文明·体育卷. 贵阳:贵州人民出版社,2006.
[14] 宋兆麟,冯莉. 中国远古文化. 宁波:宁波出版社,2004.
[15] 编委会. 民族体育论集. 北京:民族出版社,2007.
[16] 崔乐泉. 图说中国古代体育. 西安:世界图书出版公司,2007.
[17] 王系松等. 贺兰山岩画(拓片). 银川:宁夏人民出版社,1990.
[18] 李重申,李金梅. 丝绸之路体育文化论集. 北京:中华书局,2005.
[19] 刑莉. 游牧中国. 北京:新世纪出版社,2006.
[20] 张跃东,束锡红. 移民与宁夏区域文化. 银川:宁夏人民出版社,1994.
[21] 许成. 宁夏考古史地研究论集. 银川:宁夏人民出版社,1989.
[22] 编委会. 大麦地岩画(1~4 册). 上海:上海古籍出版社,2005.

[23]刘光宁.如歌的寂静.北京:科学文献出版社,2004.
[24]司马迁.史记.北京:中华书局,1982.
[25]赵林.告别洪荒——人类文明的演变.武汉:武汉大学出版社,2005.
[26]陈兆复.古代史·岩画研究中的若干问题.北京:文物版社,2002.
[27]编委会.贺兰山岩画(1~3册).上海:上海古籍出版社,2007.

Archery original study the distribution of rock classification

Cui feng xiang   Cui Xing

(PE Department of ZHEJIANG University)

Abstract: The field trips and collection of literature, reference, comparative analysis of the combination of methods, of China; vigorous development of the original rock of the earliest rock paintings in Ningxia Hui Autonomous Region of western archery images for research. Will be collected on the 355 image is divided into archery hunting maps, battle maps, travel maps, map exercises, holding bow dance chart, nomadic style map, arrows Fig worship, archery and other reproductive worship Figure 8 categories. All of this is the original ancient nomadic Ningxia sports culture has created conditions and prosperity, as well as national sports culture of ancient agricultural and grassland nomads sports cultural exchanges to build a good platform. The study found that hunting bow holders monomer chart rock shot up to greet its distribution in the territory of five rock paintings in Ningxia area, more than 20 rock, the other archery in the uneven distribution of the state of Fig. 8 categories of archery action rock analysis, to determine the position and characteristics of archery have been enacted to radio, radio squatting, kneeling shooting, archery bow step, dive shot, walking shot, running shot, Horseback archery, an immediate shot, camouflage shot 10 types. The shape of bow range of sizes, you can see over the bow person; have the arrow shaft or arrow, the length of both thickness; arrow taper or with clusters or linked to double barbed arrow or folding; material selected from the bow horns, bamboo and wicker HU Yang; string rubbed with animal skin tethered by rope screw, shaft selected processed through the use of branches.

Keywords: Ningxia rock Archery

贺兰口岩画文字解析
——关于贺兰口即不周山的文字学证据①

高 原

【内容提要】 初期汉字的本质特征,是象形字为基础,加象形字之间的谐声和假借。《山海经》中表述的在中原西北的"大荒之隅",南北伸延的不周山和南北伸延的泥河"赤水"(经文亦称"河"即黄河)互相平行,中间有广大连湖区"泑泽"(ào zé)。此地貌在全中国和全亚洲独一无二,非贺兰山及黄河银川段莫属。贺兰山岩画中用远古象形谐声文字刻有"飞鸟山""飞鸟蚕",均可直译为不周山;又,在贺兰口发现"飞鸟"即"不周"二字谐声造型十余处,"飞鸟"在此处为"不周山"之名的略称。

【关键词】 飞鸟山 飞鸟蚕 不周山

一、叙说

有人在解释不周山的时候,盯住《山海经》把"不周山"说成是"有山而不合"的字面,进一步发挥想象,把不周山说成是"环形山带缺口"。这种说法,犯了望文生义的错误。

据岩画文字记载的知识,华族全称华不注民族,简称华族。

华族的远古史的梗概是这样的:三皇五帝时代的历史,是三大层级相叠而相继的历史。第一大层级是"华"层级,代表人物是女娲和她的儿子轩辕。那时候,华、丏二字谐音互代,所以女娲(女旁为后加)就是女华,即华氏女。第二大层级是"不"层级,代表人物是庖羲(或伏羲)。庖羲在岩画文字中作"不泗"。"不"层级的伟大氏族是有邰氏。第三大层级是"注"层级。"注"字是"颛顼"二字急读,古音读若"凋"。据岩画文字记载,他是炎帝烈山氏的儿子。在贺兰山岩画文字中,轩辕和庖羲、炎帝三位为"三皇",意思是三位辉煌伟大的帝。帝字的原始意义十分朴素,就是像托着花瓣和花蕊的"蒂"一样托着整个族群的人。帝的本义就是蒂。

何谓"华不注"?"华"即"花",其象形字为(✿),我们的民族在以母系制度为主体时,

---

① 本文系对《岩画中的文字和文字中的历史》一书中的有关内容进行补证,并使之聚焦于银川贺兰口。

对花的钟爱,将本氏族的名字称为"花"。"花"即"华",即开放的花。在最初的时候,特指野生的牡丹花。"不"即"柎",其象形字为(∩)或(⋂),亦即花蒂背面附生的长叶。它是紧紧依附在花蒂下的花朵的一个组成部分。"注"本字即"柱",其象形字为(丨),是花朵的茎秆,其意也是作为花朵的一个重要组成部分。后用表示一滴水的"注"其象形字为(◯)与"柱"同用,因上古是大谐声时代,那时的同音字可相互替代!"华不注"(宋)作为我们伟大民族商、周以前"史前时代"的称号,是有原因的。

在"华"层级诞生后距今约在 8000 年前,"注"层级诞生。他们和"不"层级的有邰氏靠世世代代的婚姻关系结成互相协和的联盟。这样,"不"层级的宗姓"不",和"注"层级的宗姓"注",两字放在一起,就代表了这个联盟的伟大时代,流行于天下,远播于四海。而这个伟大的联盟的圣山,"不"和"注"两大族群共同的祭山,便是在"中邦"的西北,作为"天柱"撑拄着天的不注山。在远古汉字(即远古华族文字)中,"注"字的写法是(·),"周"字的写法是"∷"。这两个字完全同音,因而长期相谐互代。这样,"不注山"便可直接读作"不周山"。

二、古文献之证明

不周山之名,见于古代文献的不止一处,但是都不能给现代历史地理学者确指它在什么地方。让我们引出《山海经》的三段文字做一些分析。

"大荒西经":西北海之外,大荒之隅,有山而不合,名曰不周负子。(后略)

"大荒西经":西北海之外,赤水之西,有先民之国,食谷,使四鸟。

"西山经":(长沙之山)又西北三百七十里,曰不周山(中略),东望泑泽,河水所潜也。

引文第一段,把不周山定义为"有山而不合",表明中原大邦的商和周,对华族远古之事的记忆符号,已经严重丢失,所以才有这样的望文生义的言辞。"不周负子"四字,是指不周山有邰氏为上帝轩辕抚养了儿子后稷。这句话暗示,有邰氏女姜嫄用脚踩了上帝轩辕脚印上的拇趾,感孕有喜,生了后稷的故事,和后稷作为农官建立西周古国的史事,都发生在不周山。引文第二段所说的"先民之国",即是指后稷之周。清儒改"先民"为"天民",显误,因为《山海经》作者具有周人立场。

在以上三段文字中,第二段所言"赤水",与第三段所言"河水",应是同一条河流。所谓"赤水",是指这条河是含有红砂壤的泥河,而所谓"河水",在古代又专指黄河,那么,"赤水"应当说就是黄河。

值得注意的是:后稷所建"先民之国"和替上帝抚养"帝子"后稷的不周山,应当在同一个地方,就是说,都应在"赤水之西"。这是一。不周山"东望泑泽",而泑泽又为"河水所潜",那么,泑泽应当在黄河与不周山之间,是一片广阔的连湖地带。这是二。此处所说的泑泽,不是深水泽,泑字在这里不读 yōu,而读 ào,是今天黄河与贺兰山之间"七十二连湖"

乘以若干倍以后的地貌。

在这三段经文中,赤水(黄河)有西有东,不周山有东有西,中间是黄河搬移和渗透造成的连湖区,那么这座不周山和这一段黄河,应当是南北伸延和流动,隔着广阔的连湖区而互相平行。

历史地理上的这个境域,在什么地方呢?我以为比较可靠的定位方法,是选在周人历次迁居地的西北。我们知道,不窋的迁居地,是今甘肃陇东的庆阳;公刘的迁居地,是今陕西彬县;古公亶父的迁居地,是今陕西的岐山;武王"克殷践奄"的根据地,是丰镐;周公所建洛城,即东周的王城,是今河南的洛阳。如果依次以上述地址为中心点,向西北方向寻索,那么,在西北天地之间,那座南北伸延的高山和跟它平行的南北流动的黄河,以及那山那河之间大片大片辗转勾连的湖群——这样的地形地貌,究竟在哪里呢?

只有贺兰山和黄河前套段!

三、贺兰口以外岩画文字之证明

不周山岩画文字,属于华族远古文字,从音系上说,也就是早期的汉字。那时的文字,还处在大谐声时代,大量的象形字和大量谐声现象,是它的本质特点。

所谓谐声,就是在同音字中借字表声。这是《说文解字》以后研究文字学的人们很容易理解的,也是学者们很熟悉的道理。但是,历来文字学的字例分析,都没有遇到过下列情况:在文字草创期,大量存在着有物即有形,有形即有声,有声而无字,绘形取声而为字的现象。被借来的字,往往是为借声而借形,目的不过是借形表音罢了。早期汉字,就是把形和义基础上的表音作为最高任务的。

在这里先就贺兰口以外岩画文字举例说明:

"不"字古音读若"杯",它的谐声字为"飞"字,古无轻唇音 f,古之飞字也读若"杯"。

"注"字古音读若"雕",它的谐声字为"鸟"字,也读若"雕"。

山字的谐声字是"参"字和"蚕"字。"参"和"蚕"都读若参差之"参",清母侵部[tsəm]。

又,与"注"字同音,在使用上与"注"字长期互代,从而和"注"字一样可以借"鸟"字表音的,是"周"字。这样,凡是用"飞鸟"造型表示的"不注"的读音,全都可以看作是"不周"的读音。

这是我们从贺兰山岩画资料中引证贺兰口以外的三幅岩画进行解析,以证明远古不周山即今天的贺兰山。

析例一:

此图选自许成、卫忠《贺兰山岩画》,据载:它被刻于贺兰口北邻的白头沟,画面为

0.07 米×0.10 米。不用说,这是一只飞鸟的造型,按谐音法,读作不注或不周。把它刻上山石,是对不周山的称名赞颂。

析例二:

 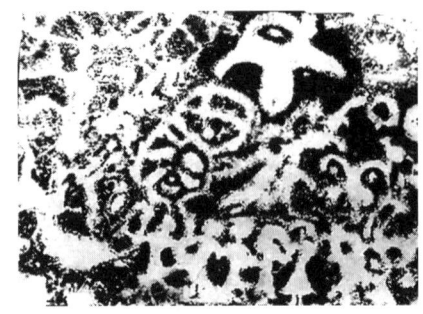

此图选自《贺兰山岩画》(四人本)。原图刻于贺兰山青铜峡广武四眼井。图的上端,是举翅飞跑啄鱼的水鸟,举翅为飞,读作"飞鸟"。图的下端,是上有峰阜下面平直的"山"的象形。上下相合,读作"飞鸟山",我们经过谐声还原,得出的便是"不注山"或"不周山"。

析例三:

此图像上部为飞鸟,下部为"蚕"字象形,读作"飞鸟蚕",经过谐声还原,"飞鸟"即"不周";"蚕"即"山",合读"不周山"。

四、贺兰口岩画文字之证明

贺兰口岩画中不周山的名称,表明在上古不周山的祭祀中心就在贺兰口,既然那时的贺兰山称作不注山或不周山,那么,表示不周山名称的飞鸟造型,一定会集中在贺兰口显耀位置上。根据宁夏岩画工作者二十余年的考察记录,我们的这个推断已经从岩画作品的位置上得到证实,现将贺兰口对不周山称名赞颂的岩画,摘举实例进行解析。

析例一:

贺兰口南壁入口处,"不字鸟"造型:

此图选自《贺兰山岩画》(四人本)第 49 页图 141。原画位于贺兰口南部山壁由东向西第一个圆缓的转弯处,创作时间应在距今 7000 年左右。

图中最显耀的是一大鸟头,即"鸟"字的象形,读"注",而此鸟头同时刻成"不"字形状,鸟头作花蒂状,鸟喙及鸟身作"不"字的三,如此便将"不"字和"鸟"字合为一体,很明显地表示它的读音是"不🐦鸟",经过谐声还原,得"不注"二字合文,同"不周"二字合文,即不周山之名。看图可知,下面是很热烈、很隆重的祭祀场面。人们身着长袍,挥舞长袖,跳起了连臂舞。有舞必有歌唱。这幅岩画记载了古人对圣山不周山隆重祭祀和赞颂的场面。

远古华人为什么要对一座山进行隆重的祭祀呢?

因为贺兰口是华族圣山——不周山主峰的入口处。

这个入口处自然而然会成为神圣的祭祀中心。学术界早在20世纪90年代初就称贺兰口为"祭祀中心"的,是宁夏学者汤晓芳先生。我要补充的是,它是共工以后华族在不周山的祭祀中心。

析例二:

此图摘自许成、卫忠《贺兰山岩画》第109页图526。具体位置处于沟口外靠近南口的冲积滩的一个巨砾上。画面为0.19米×0.18米。

图中三个山丘为"阜"的象形字。"阜"意为山或丘陵,据《王力古汉语字典》第1577页释阜:奉母幽部[vu],奉母[v]为轻唇音,这已是中古的发音了,在上古没有轻唇音,只有重唇音。因此,奉母应归入并母里[b],那么,"阜"在上古应为并母幽部,即[bu],音"不"。"不"字在上古并存"不""杯"二音。

三座山丘下有一长线,为柱的本字(l),长线下有一串圆点,皆为"注"的本字(·),柱与注两个字放在一起互相注音,形成转注的字偶。

据这幅图所给出的文字信息,我们应读之为"不注",按照"注""周"二字,同音互代之例,可读为"不周"。这是古人对不周山称名赞颂和祭祀的文字造型。

析例三:

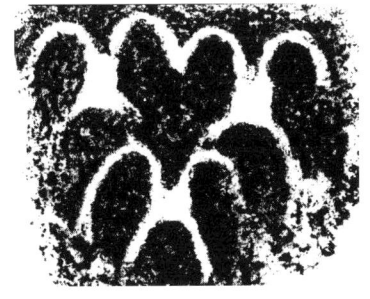

此图选自《贺兰山岩画》(四人本)第96页图293。原图位于靠近沟口南侧山洪冲积滩的一个巨砾上,画面为0.40米×0.34米。

图中为三只飞鸟,读作"飞鸟",按谐音,读作"不注"。它刻在贺兰口这样的祭祀中心,亦必是对"不周山"的称名赞颂。

析例四:

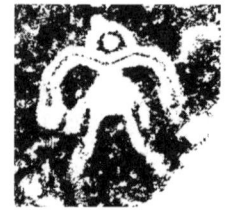

此图选自《贺兰山岩画》(四人本)第 16 页图 026。该图位于贺兰口北壁下方的斜坡上。这是一只飞鸟,读若"不注",亦即"不周",它表示的是当时贺兰山的名称——飞鸟山,即不周山。

析例五:

此图选自《贺兰山岩画》(四人本)第 14 页图 019。原图刻于贺兰口西行约 1.5 公里处南北走向的山谷之东壁,那里有一组岩画,其中包含着这么一个造型。这个造型有几个要素。

图中上端有一横线,读柱(丨)。横线下有一飞鸟造型,读"不注",鸟身下面一竖,两侧有两个向下折的树叶,此是"不"字,与鸟身上的横线合读"不注"。这是一面旗帜,应为不周山的山旗。

五、结论

在贺兰山上发现"飞鸟蚕""飞鸟山"和多处的飞鸟造型,按照远古华族文字(早期汉字)大象形、大谐声、大借音的特点,等于听到贺兰山用它自己的声音喊出它远古的名字——不周山。

在贺兰山的岩画中,发现了不周山自呼其名的多处岩画,等于为"贺兰山即不周山"这个命题提出了不可动摇的内证。

远古的贺兰口既然是这么一座伟大的圣山——不周山的祭祀中心,那么它本身的历史价值,就像它身边的主峰——"天柱"一样,崇高而光耀人寰。

到时候了,不周山的历史面目应该向全世界揭开了!

参考文献

[1]王系松,许成,李文杰,卫忠编著. 贺兰山岩画(四人本). 宁夏人民出版社,1990.
[2]许成,卫忠编著. 贺兰山岩画》(二人本). 文物出版社,1993.
[3]高嵩,高原. 岩画中的文字和文字中的历史. 宁夏人民出版社,2007.

(高 嵩 校阅)

贺兰山大小巫岩画

宁夏新文化国际旅行社　杨启兆

贺兰山岩画，是中国北方岩画代表之一，作为全球范围内，离中心城市最近的岩画点有着天然的资源优势。贺兰口岩画作为贺兰山岩画人面像岩画最为众多，祭祀文化明显的岩画点，现已开发为全国4A级旅游景区，能让大众更直观的了解岩画，对丰富人民大众的精神生活，建设精神文明有着不可或缺的价值。

笔者曾在贺兰山岩画景区从事过4年的景区做讲解工作，深感荣幸，但也发现了一些问题，虽然在学术界对贺兰山岩画的研究成果十分丰富，但对于普通的游客和一线旅游工作者，在短时间内产生吸引力和认知仍有困难。为此，笔者试图以贺兰口北壁一幅名为大小巫师的岩画为例，对贺兰口远古岩画这一题材的特殊内涵做一探索。

纵观整个人类文明史，人类对世界的认知的摸索与探索，造就了今天的人类文明；人类生产力和生活方式的差异性，也造就了今天人类历史人文景观的丰富多彩性。因此，要理解这些人文，必须要理解不同时代，人们生活方式的不同。人和动物最大的区别在于人的心智体系，人类对于事物的认知与行为，是以人作为参照物的，这就使得人类的一切人文景观有着共同的主线——既符合人性的需求而诞生。因此，我们对贺兰山的大小巫岩画的探索分析，也应当建立住牧于贺兰山游牧民族祭祀文化背景的基础之上。

岩画，rock act，泛指一切以岩石为载体所表现出的艺术形式。从目前全球的岩画研究以及发现表明，这一艺术形式大多兴盛或于集中制作于人类原始时期，即采集—狩猎—早期游牧时期，很多岩画，特别是岩绘岩画的颜料年代分析表明，岩画是存世数不多史前艺术之一。她是原始时期人们的社会生活与原始宗教艺术的统一。

贺兰山岩画多以夸张抽象图案居多，其中，大小巫岩画是这种抽象图案的典型代表，是原始社会生活与巫术宗教的完美统一体。但是这一惊人的艺术形式如何理解呢？，厦门集美大学的王毓红教授在《贺兰山岩画人面式样结构的建构、功能和意义》一文中这样提到："其实，大量视知觉心理学实验已经证明，人的视觉活动在把握外部事物特征时，常常通过创造一种与客观实际事物性质相对应的一般式样结构来感知眼前的事物的活动。英国学者 E. H. 冈布里奇引证指出：19世纪后期以来，人们已经越来越明确地认识到了，原始人的艺术和儿童艺术所使用的是象征语言或"概念形象"，而不是自然符号。已经证明，儿童并不去观察树，他只满足于关于树的"概念"图式。这种依赖于建构而非模仿的特征，可归结于生活在他们自己的世界中的儿童和原始人的特殊的心智状态。但在孩子们制作的粗糙的世界地图和按照自然主义的形象描绘来得更为完美的地图之间并不存在对立。一切艺术都起源于人的心灵，起源于我们与世界的相互作用，而不是起源于世界本身。

简单来说，如幼儿园的小朋友在作画时，经常会画出脸大身小不成比例的图案，因为对于幼儿来讲，认脸是幼儿区分不同人的重要方式。这样一来岩画的抽象性就较为好理解了。但是贺兰山的大小巫岩画，既是这种原始人类童年期的文化产物，又是已经十分抽象化的高级艺术珍品（图1）已不能用简单的儿童画的形式来做判断。

图1的贺兰山大小巫岩画，位于贺兰口岩画二区（B区）第五地点（B5）的第15幅，高78厘米，宽52厘米，属于阴刻岩画①，我们来看这幅岩画，图中一大一小的人物造型，十分生动。大的人物蛙形而爬，五指分开、肘部弯曲、腿部叉开、赤脚。小人物位于右侧肘部和右腿，同样呈蹲踞状。两者裆下有着明显的凸出物。特别是大的人物的脚腕出现线条，连接坑穴；脊柱线直出头顶往上延伸，但连接的事物由于石层剥落不得而知。这是一种原始社会象征性的典型的生殖巫术形式的艺术再现。

首先，古代人们看见青蛙一次生很多孩子，而人一次只能生一个。于是人们羡慕青蛙的神奇，把它作为偶像神灵来拜，这就是世界各地原始时代出现青

图1 贺兰山大小巫岩画

蛙崇拜的缘由。青蛙即与生殖有关，也与降雨有关，蛙鸣池塘是风调雨顺的象征。因此，古人模仿蛙形动作，希望多子多孙，风调雨顺。因此，笔者认为，贺兰山的大小巫岩画，就是在这种青蛙崇拜巫术背景下产生的，是人们一种自然需求生殖愿望的达成。

由此角度出发，我们细看大小巫岩画的人物姿势及其文化内涵，就比较容易理解了。首先我们看，大小巫人物屈肘蹲踞、类似蛙形状，坑穴跟线条可以理解成类似铃铛的法器。随着动作，打出音节，一大一小的人物，做生殖舞蹈表演。表现出比较典型和夸张的造型。

---

①贺吉德：《贺兰山岩画研究》，宁夏人民出版社，2012年，第256页。

其次，人物头顶的线条从尾闾至头部直升天上，表现古代巫师与上天沟通、与神灵沟通的原始思维。是人们通过巫师引领，通过群体生殖舞蹈，随意交合，并祈求上天赐子的特殊形式。这样，人们可以在如痴如狂的气氛中，完成人与人、人与神亲密沟通，以图增强神力，繁衍人类，扩大种群，抗击部落间的入侵。

最后，贺兰山岩画的大小巫师的生殖巫术活动，既是原始社会生活的必然产物，也是一直留存至现代的一种人神合一的民俗文化。古代巫师具有"通天地、近鬼神"的神奇技能。他们知识渊博，技能超群，上达人意，下传神旨，既可预知吉凶祸福，又能为人免灾除病，是人与鬼神之间重要的媒介。因此，每当氏族有重大活动，都是巫师通过跳神、请神，用神的智慧来解决疑难问题的。因此，在古代，由于人们的生产力低下、知识低下，无法科学地认识世界，巫师就自然而然地成为人们尊敬、爱戴的精神领袖，贺兰山岩画中大小巫岩画巫师形象的出现，不是偶然的，首先说明了贺兰山原始人群的存在及其社会生活与宗教思想的神秘性、现实性，说明了古代巫术文化的深厚性。这幅大小巫画，画得如此奇幻精美，活力四射，代表了贺兰山巫师岩画的极高水平。因此，大多专家认为，贺兰山的巫师岩画，绝大部分都是由氏族部落中的巫师所制作的，而制作岩画的过程其实也是巫术活动的一项重要程序。因此，精美的岩画一旦制作成功，便成为人们顶礼膜拜和祭祀的对象，成为人与自然界、与神灵契合的特殊地方，成为人们社会生活纪念的会所。

贺兰山岩画中的动物崇拜

银川贺兰山文化旅游投资开发有限公司　周舒婷

【内容提要】 在宁夏的西北腹地,有一座拔地而起的山脉,名为贺兰山,它孕育着银川平原上的人们,阻挡了世界头号寒流,西伯利亚寒流,阻碍了沙漠的入侵,人们将它亲切地称之为父亲山,在绵延250余公里的山中,分布有近6000余幅的岩画,就像是一个个文身附着在贺兰山身上,随着原始社会的演变,出现了大量的动物岩画。

【关键词】 贺兰山岩画　动物

一、浅述动物岩画[①]

动物是史前艺术家的基本题材,在内蒙古和新疆的岩刻中,许多鹿和山羊都描写得很真实,在南方的岩画中,不少猴和水牛也是如此,有些动物已经灭绝了,大多数的种类仍然存活于世。作为原始人生活来源和崇拜对象的动物岩画,在全世界范围内,都赋有宗教意义。除了宗教崇拜外,岩画中的许多动物形象,还可能有记事的目的,在我国发现的岩画中,动物形象占据相当大的比重。在商周的青铜器中,动物的图案也是极其复杂多样的。

二、动物岩画中的狼

在贺兰山岩画中出现了很多形态的狼,一般而言狼的栖息环境比较广泛,包括丘陵、森林、草原、荒漠等各种环境。以树洞等为穴居,或者占用其他动物的洞穴,有时也自己挖掘,单独活动或者合群。通常夜行,冬季有时白天也活动。狼字拆开是犬良,可以推出古人认为狼是良犬而非恶兽,狼也是狗的祖先。狼属于生物上层的掠食者,在《新华字典》中释义狼:一种野兽,形状很像狗,耳直立,尾下垂,毛黄灰色,颊有白斑,性狡猾凶狠,昼伏夜出,能伤害人畜。原始时期,狼在草原上可以说是力量的象征,游牧民族比较畏惧狼的力

---

① 陈兆复:《中国岩画发现史》,上海人民出版社,2008年,第220页。

量,在千百年的传说中也渐渐将它神话。在蒙古人的神话中狼又被叫作天狗,是上天派来统治草原的猛兽。在蒙古人起源的传说中也有苍狼白鹿的神话,而贺兰山作为一道屏障,如果穿越过去,即是内蒙古境内,因此,在贺兰山岩画中出现了大量的狼岩画。

三、动物岩画中的羊

在岩画中,我们常常可以看到山羊群,图形大都是写实风格,但也有些带有示意性,如上图,①有数据显示,人类饲养、驯化山羊的历史可追溯到1万年以前,山羊是人类最早从狩猎转向畜牧的对象,也是人类渡过漫长游牧生活历史的物质基础,可以说,人类早期的生存与羊只的狩猎和畜养有着密切的关系。贺兰山岩画中,反映各种羊图像的岩画非常多,有羚羊、山羊、北山羊、黄羊、青羊等形象。其表现形式也非常丰富,各种各样的羊都有所表现,在构图风格上,贺兰山岩画中的羊形象有单线刻画,极具线条的简美,有轮廓线描绘,透出国画白描的韵致。

在一些宗教仪式中,羊是祭祀祖先或山神、龙王的供品,中国汉字中以羊大为美,羊人为羌,羊被看成是高贵、纯洁、美好的象征,是引领人灵魂升天的使者,是美好的一种向往,在贺兰山贺兰口,当地的农民在祈盼山神保佑狩猎成功、祷告龙王顺时下雨、土地五谷丰登时,总是群体出动,面向大山,将一只耳朵洒进水的活羊献给神祇,等待这只羊摇头时,便将其屠杀,把羊全煮熟后,分别从羊头、羊尾、羊背、羊心割下一小片肉,连汤水一起泼洒在大山之下,贡献给龙王、山神或者土地神,然后围坐成一圈,代神祇分享这只羊。羊的性格温顺,习性和善,以食草为生,不与人争,更不会伤害人类。羊对人的贡献很大,肉可食,皮可衣,所以在各种动物中,人们总把羊视为吉祥之物。各种羊的岩画的出现成为人们膜拜的对象。

四、贺兰山岩画中的虎

在我国的传统文化中,就有将白虎同青龙、朱雀、玄武合称为四方四神,在云南省的丽江、兰坪、维西等地的普米族群众崇尚白色,自称白人,崇拜白虎,他们视虎年为吉年,虎日为吉日。

---

① 贺吉德:《兰山岩画研究》,宁夏人民出版社,第181页。

虎岩画的制作方式很独特,有时候仅仅凿刻老虎的轮廓线,构图简洁明了,有的形象像剪影,在《说文解字》中释义虎为山兽之君,把老虎视作百兽之王,在汉语中包括很多成语:虎踞龙盘、虎视眈眈。虎是一食肉动物,异常凶猛,在我国北方岩画系统中,据目前公布的资料表明,在宁夏、内蒙古、新疆等地方,都发现有虎形象的岩画。宁夏贺兰山岩画中的虎岩画有24幅,宁夏北山岩画中的虎岩画有8幅,内蒙古阴山岩画中的虎岩画有20幅,贺兰山岩画中的虎,无论从题材上、表现形式上都具有鲜明的特点,老虎的勇猛形象被刻画得栩栩如生。

五、贺兰山岩画中的牛

贺兰山岩画中的牛,有野牛,也有家牛,牛是人类最早驯服的动物之一,中国驯养牛可追溯到新石器时代。"(牛)事也。理也。事也者,谓能事其事也牛任耕理也者,谓其文理可分析也。庖丁解牛。依乎天理。批大卻道大窾牛事理三字同在古音第一部。此與羊祥也,馬怒也,武也,一例。自淺人不知此義。乃改之云大牲也。牛件也。件事理也。"牛在古代承担耕作的重任,一般而言人们会把勤劳耕作的牛称为老黄牛,著名大师韩美林先生也将自己自喻为牛,他说,上苍告诉我,韩美林你这辈子就是头只知低头拉车的老黄牛,可见牛自古以来就以勤奋示人,在远古时期的人们,一直就把牛作为崇拜的对象。

六、贺兰山岩画中的马

说到马,人们会想到万马奔腾,马匹也是原始社会人们离不开的一种动物,贺兰山岩画中的马形象是史前人类动物崇拜、图腾崇拜的偶像。人们在用岩画真实地刻画马的图像时,赋予了它深层次的含义,用岩画的形式,表达了古人借助动物的超自然力,追求美好生活的愿望,其特点是形体较大,刻制精细,磨槽较深较宽,有被崇拜者千万次反复磨刻的崇拜槽。

随着人类社会的发展及战胜动物力量的增强,人类产生了对动物神的崇拜。将图腾动物拟人化,赋予动物人的形象。

在岩画中,无论是在南方还是北方,都会出现人们对动物的崇拜,表现出人与动物的亲密关系,或许说,我们把早期的原始人类看成是狩猎生活的产物,他们全部经济中最主要的部分都是与动物有关的。他们的世界观就是在这样的基础上形成的。

贺兰山双羊出圈岩画随想

胡江霞

在宁夏回族自治区银川市56公里处,有一著名4A级景区——贺兰口岩画景区。在这里我们可以看到分布着大大小小风格迥异、内容不同的岩画,这些岩画有3万幅以上。据贺吉德先生研究,这些岩画可分为人面像岩画、太阳神岩画、人物头像带弧线岩画、骷髅头岩画、"田"字形岩画,独足人面像岩画、羊岩画、"匈奴风格"动物岩画、耙形动物岩画、男性崇拜脚印岩画、虎岩画、牛岩画、车辆岩画、多层同心圆岩画、手头上的手印岩画、"斯基泰鹿"岩画、植物岩画、兽交岩画、图画文字岩画等。作为一般人,如果看这些岩画,可能除了惊诧怪异男女交媾的岩画外,其他一般的倒看不出来有什么奇特、复杂之处。但是如果你细细品味,回溯到岩画创作时代的原始社会人类生活来考察,我们就会不由得不赞叹原始先民的聪明、智慧和非凡的能力,也不得不让我们对他们产生由衷的敬仰。

游人可别小看了这些岩画,看似一个个变形的牛、羊、马、人、植物等各式各样图案,但是作为万年左右的石画艺术作品,作为国家的重点保护文物,我们不能不说件件都是震惊世界的艺术精品。

贺兰山岩画的内容十分丰富,涵盖了贺兰山从旧石器时代发展到新石器时代以来历史文化轨迹,是贺兰山从原始社会、奴隶社会、封建社会以来,驻足在这里的各种民族社会生活画卷的缩影。因此,简单看,它是一幅不经意的岩画,历史地看,它却是一个时代、一个民族、一个部落人社会生活的真实历史记录。它对于研究中国北方黄河流域人们的社会生活与思想,具有无法替代的作用。我们现在研究中国的历史文化,除了留存于世的文献资料、文物典藏,就是文化遗址,而文化遗址的发现与研究却是有一定的历史期待的。本文所涉及的贺兰山岩画"双羊出圈图",就是基于在这个历史文化的基础上,来探索分析它的复杂的社会内涵意义的。

众所周知,大部分岩画是在汉字之前产生的,它是原始先民为了某种社会与精神的需求,潜心磨制而成的。这些岩画留存了大量的文化信息,是研究原始畜牧业、原始农业、原始手工业、群婚、族外群婚、对偶婚、对偶家庭、私有制等的一部历史石书资料,特别是对中国人类神话学、宗教史、文化史、原始艺术史的研究具有重要的价值。因此,当代著名文学艺术家,中国文联副主席冯骥才先生所书的:"岁月失语;唯石能言"八字,最能体现岩画的历史内涵与艺术价值的。

在这里我不妨就贺兰山岩画的"双羊出圈图"所体现的艺术形式、社会内容、历史价值以及其刻制年代,做一个简单的探索。(图1)

贺兰山岩画"双羊出圈图",位于贺兰口第三区(C区)第七地点(C7)第六组,属阴刻岩画。这幅双羊出圈图从整个画面来看,由三部分组成,第一部分是羊的后上方,是一

图1 贺兰山岩画"双羊出圈图"

个羊圈及羊圈里大小不等的栅栏,东边有门(以此图的方向为例);第二部分是由南到北的通往羊圈的路,也可以由北到南走向一个地方;第三部分是两只由东门出圈的公羊,昂首前进。前两部分内涵清楚,不必做过多的解释。第三部分为什么说是出圈的公羊?大家仔细看就可以发现羊圈的东面有一出口直对上方的羊,这说明家畜的饲养和繁殖已经出现,人类已由狩猎,发展到圈养,又发展到放养。同时,这两只羊都是公羊,意气风发,挺坚而进,似有东去与别的羊交配,多生羊羔,繁衍羊群的意思。由此可知,这是原始先民已由狩猎经济转入原始畜牧经济的开始。这幅图强力表现出了,希望自己的羊群繁荣发展的愿望,同时也说明,当时已有了剩余产品的出现。

剩余产品的出现为阶级的产生提供了物质前提,氏族内部的一部分人占有另一部分人的劳动成为可能。随着生产力的进一步发展和社会分工、商品交换的扩大,逐渐产生了财产的私人占有。生产资料私有制的出现,使一部分人可以利用自己占有的生产资料剥削另一部分人,从而使产生阶级的可能性变成了现实。而私有制的出现则是在母系社会晚期,距今一万年左右(私有制的出现也是导致母系社会向父系社会转变的原因之一)。

整个画面使用石头磨制而不是金属凿刻,人类所用石器主要为磨制石器,考古学上称之为新石器,称此时代为新石器时代,大约在一万年以后。考古学界一般认为新石器时代有三个基本特征:1. 开始制造和使用磨制石器;2. 发明了陶器;3. 出现了农业和养畜业。因此,由上可以推定,此幅双羊出圈图最晚磨制年代在新石器时代晚期,距今5000年

左右。

羊图、群羊图,在贺兰山岩画中很多,但双羊出圈图不但在贺兰山岩画中仅此一幅,且在全国的岩画中也实属少见。内蒙古呼伦贝尔市发现的"人羊同圈图"(图2)不是阴刻,而是彩绘。令人惊诧的是,贺兰山双羊圈图,羊圈在东边,人住西边,东西用墙隔开。呼伦贝尔市的"人羊同圈图",羊圈在南边(以此图为例)人住在北边,南北用墙隔开。但二者的羊圈入口都在东面,通往其他地方的人行道路却都是朝南的。这说明这两幅岩画的创作时代不但大致相同,且居住方位也是相同的,说明5000年左右的古人,已经能根据太阳的光照方位与气候,确立自己居住方位和羊圈的方位,这是值得令人敬佩的。

图2 内蒙古呼伦贝尔市发现的"人羊同圈图"

贺兰口人面像岩画的年代探析
——从神话的角度

三峡大学中国岩画研究中心 杨 超

岩画断代是一个世界性的难题,虽然现在各种方法层出不穷,由于各种原因,依然鲜有公认的有效方法。尤其是针对岩刻的年代确定,①还是困扰学者对其开展研究的主要障碍。笔者经过对神话的研读,发现神话和岩画之间存在着某种天然的连接,本文试图借助神话来给岩画进行断代,期望从中找到可以打破岩刻断代的瓶颈。

一、神话作为岩画断代的可能性

今天,"神话"这个词总是用来表示虚幻或者不真实的事情。日常生活中,如果遇到那些大家不愿意相信的话,总会说,你是在讲神话。笔者也总是遇到岩画关于岩画点的传说,当地人讲完之后,会加一句,这个"故事"(神话)都是瞎编的,不能当真。可是,我们应当知道,在远古时期,"凡有人类的地方,必有神话"②,神话是作为人类生活的一部分而存在的,它是人类生产生活的总结。这在神话一词本意中就已经体现出来了。"神话"是由英语中的"Mythology"翻译而来,这个词是由希腊语"Mythos"和"Logus"组合而成。"Mythos"的意义包括:一、一个想象的故事;二是极古时代的故事或神与英雄的故事;三、如实际历史似的传说着的通常故事。"Logus"则为记述的意思③。从中可以看出,神话并非总是"想象"出来的,它也是过去事情的叙述。维罗妮卡·艾恩斯在解释神话的时候,说"什么是神话?尽管众说纷纭,但有一点是一致的,那就是它不能用平常意义上的'不真实''异想天开'或'不屑一读'等词来形容"④。耶芳士(Frank B. Jevons)认为"神话是原人的科学,是原人的哲学,是原人历史的一个重要成分,是原人诗歌的源泉,但不是原人的宗教"⑤。英国人类学家爱德华·泰勒认为:"神话的虚构,也像人类思想的一切其他表现一样,是以经验

---

①对于岩绘的断代今天可以用 ^{14}C 来做。
②凯伦·阿姆斯特朗:《神话简史》,胡亚豳译,重庆出版社,2005年,第2页。
③《神话三家论——神话学ABC》,第1页。
④〔英〕维罗妮卡·艾恩斯:《神话的历史》,希望出版社,2003年,第10页。
⑤耶芳士:《宗教史概论》,转引自黄石:《神话的价值》,《中国神话文论选粹(上编)》。

做基础的,神话为研究人类的想象以及其规律提供了依据,神话的可靠性并未变为社会公论。"[1]英国作家阿姆斯特朗也在其著作《神话简史》中说:"在古代社会,'神祇'很少被解读为超自然的、非人格化的存在,或是生活在与人间完全分离的形而上空间。用时髦的观点来表达,就是神话并非神学,而是人类经验的总汇。人们曾经认为,神、人、动物和自然是密不可分的一体,他们遵守同样的法则,并由同样的身形物质所构成。在人的世界和神的世界之间,并不存在所谓的本体论鸿沟。"[2]我国著名神话学家袁珂说,"神话是原始先民思想意识的总汇,它不仅有着属于文学艺术方面的审美东西,还有着属于宗教崇拜、哲学思辨的、历史和科学探讨的、地方志和民俗志……其他多方面的东西"[3]。邓启耀也说"神话,是与神话时代的社会生活密切相关,与当时人们的文化心理或者思维结构彼此对应的有机整体,并不是我们想象的可单独拆零开来的'哲学'体系、宗教范文、幻想'故事'等等"[4]。从这些论述来看,学者们对于神话的理解并不像我们所认为的那么简单,它与历史一样,从另外一个侧面构建我们人类的历史。正如英国作家阿姆斯特朗所认为的那样,"一个神话即是一个事件,在某种意义上,它不仅发生过,而且始终没有停止过"[5]。"神话不单是原人思想的结晶,亦为原人生活的反映,史前时代的文物礼制,政教风俗,借神话的传说,遗传下来,不至于完全埋没在过去的坟墓中,这实在是一宗很可幸的事情!"[6]也就是说,"人是有历史感的动物,而远古先民是把神话当作信史一代一代传下来的"[7]。著名文学家沈雁冰先生下面这段话可以为神话的"历史特征"做非常有力的注释:

> 我们能不能将一部分古代史还原为神话?上面讲过,我们的古代史,至少在禹以前的,实在都是神话。如果欲系统地再建起中国神话,必须先使古代史还原。否则,神的系统便无从建立。[8]

沈先生的这个观点是非常中肯的,尤其在人类历史的早期,神话的内容表现的是我们人类过去所发生的一些事情,其作用在于记录我们的过去,即是人类自己的历史。正如王德保所说:"最古老的神话,几乎是远古人类留存下来唯一可信的精神生活的记载,倘

---

[1] [英]爱德华·泰勒:《原始文化》,连树声译,广西师范大学出版社,2005年,第223页。
[2] [英]凯伦·阿姆斯特朗:《神话简史》,胡亚豳译,重庆出版社,2005年,第6页。
[3] 袁珂:《中国神话史》,重庆出版社,2007年,第4页。
[4] 邓启耀:《中国神话的思维结构》,重庆出版社,2005年,第10页。
[5] 凯伦·阿姆斯特朗:《神话简史》,胡亚豳译,重庆出版社,2005年,第7~8页。
[6] 黄石:《神话的价值》,载马昌仪编:《中国神话文论选粹》,中国广播电视出版社,1994年,第103页。
[7] 吴天明:《中国神话研究》,中央编译出版社,2003年,第7页。
[8] 邓思贤:《神话考古·后记》,文物出版社,第369页。

若人们要追溯人类某种精神活动或者意识形态的起源,往往会归结到神话"[1]著名人类学家林惠祥认为神话是"实在的,在民众中神话是被信为确实的记事,不像寓言或小说是属于假托"[2]。王大有更是直言,"今人称之为神话者,古人确以其为史,后世文学家以神话为民间文学,力排其所谓历史化;历史学家以神话为虚妄,力排其文学化;都是极端的意见。事实上,越古老的历史,神话的特色越浓,才越符合古人的思维特点,与历史的本相越接近,因此才越有价值;反之被净化了的'正史',却舍弃了原始时代人们的图腾意识,以为有辱没祖宗的嫌疑。越不具有神话意味的'纯正'的历史,因不符合特定的时代特点,所以是不真实的"[3]。实际上,我国历史学家很早就把"神话"当作历史的一部分来看待的。汉代著名的历史学家司马迁在其《史记》中有这样几段摘录如下:

> 殷契,母曰简狄,有娀氏之女,为帝喾次妃。三人行浴,见玄鸟堕其卵,简狄取吞之,因孕生契。(《史记卷三·本纪第三·殷》)

> 周后稷,名弃。其母有邰氏女,曰姜嫄。姜嫄为帝喾元妃。姜嫄出野,见巨人迹,心忻然悦,欲践之,践之而身动如孕者。居期而生子,以为不祥,弃之隘巷,马牛过者皆辟不践;徙置之林中,适会山林多人,迁之;而弃渠中冰上,飞鸟以其翼覆荐之。姜嫄以为神,随收养长之。初欲弃之,因名曰弃。(《史记四·本纪第四·周》)

> 秦之先,帝颛顼之苗裔孙曰女脩。女脩织,玄鸟陨卵,女脩吞之,生子大业。(《史记卷五·本纪第五·秦昭襄王》)

> 高祖,沛丰邑中阳里人,姓刘氏,字季。父曰太公,母曰刘媪。其先,刘媪尝息大泽之陂,梦与神遇。是时雷电晦冥,太公往视,则见蛟龙于其上。已而有身,遂产高祖。(《史记卷八·本纪第八·汉高祖》)

如上之《史记》中的记载不一一罗列,司马迁的观点给我们今天的学者在看待神话的作用和功能的时候,应该具有一种借鉴的意义。因而,"在现代文明氛围中,民族学家最终会发现,研究古典神话的价值,不在于神话本身的内容,而在于其样式,或者说,主要在于

---

[1] 王德保:《神话的意蕴》,中国人民大学出版社,2002年,第191页。
[2] 林惠祥:《论神话》,载马昌仪编:《中国神话文论选粹》,中国广播电视出版社,1994年,第223页。
[3] 王大有:《三皇五帝时代》,中国时代经济出版社。

其形成时代的思想提供文物鉴定似的证据"①。汉代的班固《汉书·高帝纪第一》对高祖刘邦的记载如下：

> 高祖，沛丰邑中阳里人也。刘氏，母媪。尝息大泽之陂，梦与神遇。是时雷电晦冥。父太公往视，则见交龙于上，已而有娠，遂产高祖。

后汉书也在诸多章节中叙述了一些民族起源的"历史"：

> 哀牢夷者，其先有妇人名沙宣，居于牢山。尝捕鱼水中，触沉木若有感，因怀（上任下女），十月，产子男十人。（《后汉书·南蛮西南夷列传》）

> 夜郎者，初有女子浣于遁水，有三节大竹流入足间。闻其中有号声，剖竹视之，得一男儿。归而养之。及长，有才武，自立为夜郎侯，以"竹"为姓。（《后汉书·南蛮西南夷列传》）

在《隋书·高句丽传》：

> 高句丽之先出自夫余，夫余王尝得河伯女，因闭于室内，为日光随而照之，感而遂孕，生一大卵，有一男子破壳而出，名曰朱蒙。夫余之臣以朱蒙非人所生，咸请杀之，王不听。及壮，因从猎，所获居多，又请杀之。其母以告朱蒙，朱蒙弃夫余东南走，遇一大水，深不可越。朱蒙曰："我是河伯外孙，日之子也；今有难，而追兵且及，如何得渡？"于是鱼鳖积而成桥，朱蒙遂渡，追骑不得济而还。朱蒙建国，字号高句丽。

类似这样的记载在中国古代的各民族史书中比比皆是。在西方，被西塞罗（Cicero）授予"历史之父"的希罗多德，基本上都是依据口头证据，把口头证据当作他们的主要史料，修昔底德的历史学著作亦是如此。荷马史诗《伊利亚特》，是古希腊神话的杰作，关于希腊人与特洛伊人的战争，长期以来被认为不过是有关奥林波斯崇拜的神话故事而已。可是19世纪，德国人谢尔曼根据荷马诗史中的记载，在希沙利克山丘进行挖掘，最终找到了古特洛伊城的故址。谢尔曼的成功，也证实了荷马史诗中的神话有真实的历史背景。正如美国学者苏拉米·莫莱所说："希腊神话之中的特洛伊城，在最终被发掘出来之后，活生生的

---

① 〔英〕爱德华·泰勒：《原始文化》，连树声译，广西师范大学出版社，2005年，第224页。

现实证明了历史是如何在神化的过程中成为神话的。"①

人类学的经验也是值得我们思考的,"传教士惠特米(Whitmee)报道说,在罗图马岛上有一棵极古老的树,据传说,树下埋着一位著名领袖的石座。不久这棵树被暴风拔出,树根下果真有提到的领袖石座,它避开人眼想必已埋藏了若干世纪"②。"库克船长的故事",同样给世人留下了永久的沉思,在夏威夷人那里,有关祖先玛卡希基的神话被当地人当作真实的存在,才导致了库克在因为桅杆断裂之后,再次回到岛上被当地人当作神话中的"玛卡希基"被杀。

可见,自古以来在人们的视野里,神话从来都是被当作一种真实的存在,在远古人或者现在的原始部落里,神话总是被作为历史而传颂的。也就是说,"神话并非活跃在一个纯粹虚构或捏造的世界,而是有它自己的必然性模式,按照唯心论的对象概念,有它自己的实在模式"③。对于岩画,它的表现除"艺术"之外,最重要的就是重构历史的素材了,也就是说,岩画表现的也是人类的历史。它们在产生时间、题材以及叙述方式均有一致的表现。神话和岩画之间如此相似,甚至可以说是一句话的两种说法。换句话说,用神话方式或者思维来理解岩画,是最接近真实的一种方式。在阐释岩画的时候参照神话,或者解释神话的时把岩画当作对照可以取得意想不到的结果。

(一)它们都是人类历史发展的素材和"文化遗存"

起源于史前没有文字的人类阶段,也是无文字人类发展阶段的产物,是人类那一时期记载自身历史和生产生活的手段,它展现了当时人类生存相关的现象。

(二)原始思维均是神话思维,岩画思维也是一种神话思维

岩画和神话在思维方式上具有相同的途径或者方式。盖山林认为北方草原岩画中所表现出来的原始思维有互渗性、拟人性、动作性、群体性。④神话思维也表现出相同的特征。"神话思维与岩画思维非常相似,但前者的工具是语言,而后者是图像和符号。它们都是采用象征的方式来进行认知和表达,有时,神话也可以用岩画的形式来表述。"⑤它们之间的这种雷同性,表现在思维方式产生和发展阶段也具有一致性,这对确定岩画的创作年代,提供了一种潜在的支持。

(三)神话和岩画均是集体智慧的结晶

"岩画不应当被认为是一个孤立的文化现象,或是个别艺术家的创造。它们是史前人

---

① 〔美〕苏拉米·莫莱:《破译〈圣经〉》,长春:吉林摄影出版社,1999年,第194页。
② 〔英〕爱德华·泰勒:《人类学》中的《历史和神话》,广西师范大学出版社。
③ 恩斯特·卡西尔:《神话思维》,中国社会科学出版社,1992年,第5页。
④ 盖山林:《北方草原岩画与原始思维》,《文艺理论研究》1992年第1期。
⑤ 孙新周:《诗性智慧与岩画思维》,《三峡论坛》2010年3期。

类文化的代表作品。"①神话亦是如此,它是通过人们的口耳相传,不断加工的过程中,逐渐发展的结果,是集众人的创作为一体形成的艺术作品,并不是哪一个人或者作者的功劳。

(四)岩画和神话起源于劳动

武世珍在解释神话的时候,认为:"直接形成古代神话的最深刻、最主要的根源不是别的,是劳动,是人类共同的物质生产劳动。除此之外,其他各种原因都是次要的。"②岩画的起源并不是现在有些学者所谓的纯粹艺术,坦率地说,岩画在古人那里并不是艺术,它是实用的东西,是人们对自然和外界认识的结果,从某种程度上说,是对劳动的总结。"事实上,原始艺术正是从非艺术的广大领域中发展而来的。在包括神话在内的原始艺术起源的初期,艺术不仅和非艺术的多种因素结合着,而且,在劳动过程中兼而从事艺术创作活动的原始劳动者本身,由于他们开始萌芽的审美意识还未得到发展,因而也不是把自己的艺术创作活动当作艺术来看待的。艺术要从非艺术的广大领域中分离出来,成为一个独立的艺术形态的部门,这时条件还不具备。条件还不具备。马克思和恩格斯极其深刻地指出:只有从物质劳动和精神劳动分离的时候起,"某种和现存实践的意识不同的东西;它不用想象某种真实的东西而能够真实地想象某种东西。从这个时候起,意识才能摆脱世界而去构造'纯粹的'理论、神学、哲学、道德等等"③。

(五)世界不同地区神话表现出惊人相似性,岩画也是如此

列维-斯特劳斯认为:"在不同地区收集到的神话显示出惊人的相似性,这种相似性又是与上述明显的任意性背道而驰的。"④前联合国教科文组织岩画委员会的主席阿纳蒂教授和联合国教科文组织亚洲区执行委员陈兆复先生均认为,在岩画的初期发展阶段,岩画曾经存在过很长一段时间的雷同性,即全球的岩画曾经存在过同一种"语言"的状况。

(六)神话和岩画是人类早期的"语言"

正如列维-斯特劳斯所言:"神话是语言:神话要让人知道,就必须讲述;神话是人类言语的一部分。"⑤"史前的岩画是一种原始的语言,一种文字前的文字。事实上,这些远古的岩画艺术,已成为原始时代的百科全书。"⑥今天看起来,特别抽象的岩画形象,在远古人那里是非常具体的,并且含义明了的。神话和岩画一样,在早期均承担着"语言"的功能,神话总是作为人类叙述自己"历史"的一部分而存在,岩画则起到了他们之间交流的功能。

---

① 陈兆复:《古代岩画》,文物出版社,2002年,第5页。
② 武世珍:《神话学论纲》,敦煌文艺出版社,1993年,第37页。
③ 《马克思恩格斯选集》第1卷,人民出版社,1973年,第36页。
④ 列维-斯特劳斯:《结构人类学》,上海译文出版社,1999年,第44页。
⑤ 列维-斯特劳斯:《结构人类学》,上海译文出版社,1999年,第45页。
⑥ 陈兆复:《古代岩画》,文物出版社,2002年,第3页。

二、岩画和神话发展阶段之比较

学者们认为最早的神话是狩猎者的神话,或者是图腾崇拜神话,①是人们在生存之中的产物,"对他们(原始人)而言,神话跟狩猎的武器和各种生存技能同样生死攸关,同样能杀死他们的猎物并在某种程度上操控着他们所处的环境"②。这和岩画产生的特征是相同的,只是岩画的起源应当比神话更早一些,"科学的证据,诸如放射性碳素断代的测试,以及史前气象学和考古学的分析,证明目前已知的最早的岩画大约创作于四五万年以前"③。每一种类型都反映了其特定的文化的精神状态:1. 早期狩猎者(尚不知弓和箭);2. 早期采集者(饮食基本上是素食);3. 进化了的狩猎者(使用弓和箭);4. 牧人和饲养者;5. 复合经济型岩画。④对于这些民族当中的每一个来说,艺术创作并不只是有一个目的。艺术可能是信仰的表达,巫术的工具,也可能是追念神话和集体记忆的方法,或者是为了某个仪式而装扮自己。

参照神话和岩画各自的发展历程,归纳它们在内容上表现出来的相同或者相似的特征即可清楚地看出这两者在不同的历史阶段的脉络,从思维的角度看,那些表现出相同内容的阶段总是处在同一历史时期,也就是说,什么性质的神话,也就具有相同性质的岩画作品出现,神话和岩画之间是可以互证的。当然,对岩画的断代,仅仅凭这一点还是不够的,仍然需要和其他的一些实证材料,岩画的制作工具,创作技法等一起才能相对准确地给岩画断代。

表1 神话与岩画的比较⑤

项目\类别		神 话	岩 画	
年代	旧石器时代(2万年前)	缺失	早期狩猎者岩画:1. 主要的图形是以大型动物为主,动物成为岩画形象的中心,那些戴有面具的人形也是在极力表现动物的强大和能力。2. 简单的场景,复杂的组合非常少。总体上是自然化形象为主。3. 人类的生活往往表现世俗和神圣毫无界限,日常生活中通常以神圣的形式出现。4. 制作技术上,岩绘比岩刻更为流行,手法单一,色彩在某些具体的地区受到限制。	早期采集者岩画:1. 主要采集野果、块茎和其他的植物。2. 艺术图式是非现实的人形生灵,可能具有图腾意味。植物的图案,其风格是隐喻的。3. 简单的场景,神话的场景。经常会出现幻想的世界。4. 早期采集者具有共同的特征。

①凯伦·阿姆斯特朗、摩尔根、袁珂、潜明兹等人均认为神话起源于狩猎时期。
②凯伦·阿姆斯特朗:《神话简史》,胡亚豳译,重庆出版社,2005年,第14页。
③陈兆复:《古代岩画》,文物出版社,2002年,第6页。
④Anati, World Rock Art–The Primordial Language, EDIZIONI DEL CENTRO, 1994a, pp35.
⑤此表中所列的比较,很多年代只是大致的状况,因为各地地方性的状况以及社会发展的情况,可能会有出入,如果和当地的考古或者其他的情况相比较断代,将比较可行。

续表

项目 \ 类别		神 话	岩 画	
年代	旧石器时代（约公元前2万年到公元前8000年）	狩猎神话：1. 宗教信仰是日常生活的一部分，世界上还没有世俗这个概念，神圣和世俗存在形而上的本质差异，人们通常用神话和象征体系来思考世界的诸多问题。2. 最早的神话通常告诉人们如何洞悉眼前的有形世界，去发现另一种包含着某种"彼岸性"的真实世界。3. 动物不仅不会被当作低等动物，而且其神话的显著特征是不得不对猎杀的动物表现出极大的尊重。4. 旧石器时代后期，"天"作为神圣的象征。	进化了的狩猎者岩画：1. 主题为图画，以动物为主，人形和少量的表意岩画，最大特征是出现了弓和箭。虚构的形象成为经常的现象，那些包含着"彼岸性"的世界成为岩画经常表达的主题。2. 叙述和故事的场景普遍存在，简单的规则通常和背景联系在一起。3. 自然和现实的形象组合。4. 岩绘和岩刻同样盛行，欧亚大陆的大多数岩绘是单色的，装饰性的岩绘在非洲和南美洲分布广泛。	中石器时代晚期采集者：1. 岩画图形表现出抽象派的，以具有数字意义的记号，点和线的重复组合、网格的形状。2. 晚期采集者有地方性的特点。
	新石器时代（约公元前8000年到公元前4000年）	农耕神话特征：1. "性"活动被视为一种能使大地更为丰盛富饶的神性力量。性交被视为神圣之举，它将激发土地的潜力，促使万物生长。2. 这一时期神话说明，人类、岩石、河流、森林等等都归属于这块大地，世界各地人们普遍设想大地第一批人如植物般从地里生长出来。3. 神话意识到了一种遍及宇宙的创造力，它最初呈现为一种无差别的神圣力量，令大地成为"圣显"的载体，对于天空的崇拜成为主体。	采集捕鱼者：与中石器时代图形有形似的特征，此时期出现了鱼的图案。	牧人饲养者岩画：1. 家畜和拟人的形象。出现了茅屋或者其他的建筑，偶尔表意型是不存在的。2. 混合的场景，叙述和故事的场景盛行。3. 现实组合趋向普遍化，也有一些理想化的形象出现。4. 随着地区的变化，或者出现岩刻和岩绘。	符合经济型岩画：1. 常以耕作者的形象出现，由于农业活动特殊的要求和限制，人们的生产和生活随着季节的轮换而变化。其中岩画作品中的场景已经表现出对自然规律和自然现象的关注。2. 复杂的场景和多重组合的场景，神话的场景分布广泛。3. 表意型和图画型岩画占绝对优势，在某些地区出现了以表意为主的岩画群，以简略和抽象的，大量使用隐喻的描述。
	早期文明（公元前4000年至公元前800年）	特征：1. 人们表现对自己命运的主宰，他们看待诸神的方式和人类祖先类似，诸神不再是自明之物，而是变得遥不可及。2. 人与自然之间的关系恶化，自然毁灭一切，世间和宇宙的一切都是由人的躯体（尸体）所重新创造，即神话和仪式提醒人们，"否极"之后才能"泰来"，必须通过艰辛斗争和自我牺牲才能取得生存的权利和创造力。如"盘古开天地"。3. 人类把自己视为独立的动因，日益成为神话叙事的主体，而诸神则日渐远去，古老的神话不再是人类希望的指南。		海洋类型岩画：它们主要表现为出海的主题，以船型岩画、海浪等为主要岩画形象，通常伴随有表意型的岩画，或者是杯状穴，或者是抽象的符号。这种类型的岩画一般以岩刻为主。	

续表

项目 \ 类别		神　话	岩　画
年代	轴心时代（公元前800年至公元前200年）	1. 新的宗教和宗教体系竞相崛起,横空出世的圣贤先知成为"轴心时代"一个象征性的标志。它们共同的特点:具有更强烈的苦难意识。2. 各文明对神话态度产生了不同的立场,一是抱有敌意,二是采取"不干涉主义"的放任态度,不过不约而同地内在化,更伦理化的方式来诠释神话。3. 人们已经不能像他们远古祖先那样轻而易举地获取神圣体验了,诸神已开始退场。祖先崇拜,指向先于人类世界而存在的先验世界。	
	后神话时代	文字出现,那些文明社会掌握了自然规律,神话逐渐消失,部落社会依旧制作岩画,来表现自己的来源和生活。	

三、贺兰口岩画的创作年代示例

利用神话对岩画进行断代应当首先厘清岩画中所表现出来的内容,关于岩画内容的解读,有一种倾向,即从一整幅岩画中索取自己想要的部分,这是导致岩画误读最重要的情况之一。岩画内容的辨析不仅仅从单个岩画图形上来说,重要的是要从整体上来把握,从岩画的全方位的层面上岩画的真实内容和意义,其结果与相处阶段神话的特征比较之后,获取岩画产生的相对时间。出现在岩画中的人面像,实际上就是面具。①从功能来说,可以将其分为狩猎面具、战争面具、丧葬面具、驱傩面具、祭祀面具、舞蹈面具、装饰面具、戏剧面具等。②而岩画中的人面像是具有多功能的崇拜图式,它综合了自然崇拜、图腾崇拜、生殖崇拜、祖先崇拜等诸多因素。③贺兰山贺兰口是中国人面像的聚集地之一,多达七百个,笔者对这些人面像(或称类人面像、面具)和其组成的岩画形象所做的分析,认为贺兰口人面像主要表现了狩猎者活动、人类诞生的情况、对自然天体的崇拜和祖先崇拜几种。这些特征各异的人面像也来自几个不同的时期的作品。

(一)狩猎者的人面像岩画

狩猎者人面像最早见于法国拉斯科洞穴中,属于旧石器时代的作品。一头被刺伤的野牛尾巴上翘,脊背上的鬃毛根根直立,身下有肠子从腹腔中流出,两只犄角直刺面前一

---

① 在本文中,笔者认为把面具和文面当作同一回事,因为在人类发展的过程中,实际上文面和面具起着相同的功能。
② 顾朴光:《中国面具史》,贵州民族出版社,2002年,第5页。
③ 陈兆复:《古代岩画》,文物出版社,2002年,第189页。

个鸟头模样的人,他被击倒,手边有一个鸟头模样的物件,学者认为是他使用的面具(图1)。可见,人类在很早的阶段就使用面具作为狩猎的辅助工具,这种最初的面具是为了生存才产生的。后来随着人们对面具的认识,其用途逐渐扩大。我国的许多文献都有关于上古时期人们生存状况的记载。《韩非子》曾记述:"上古之世,人少而禽兽众,人民不胜禽兽虫蛇。"

图1　野牛和鸟头人

野兽对人类的威胁是非常巨大的。这种情况在中国古代其他地方也有记载,如"九疑之南,陆事寡而水事众,于是民人被发文身,以像鳞虫;短绻不绔,以便涉游;短袂攘卷,以便刺舟。"(《淮南子·原道训》)高诱《注》曰:"文身,刻画其体,内墨其中,为蛟龙之状。以入水,蛟龙不害也,故曰以像鳞虫也。""(越人)常在水中,故断其发,文其身,以象龙子。故不见伤害也。"(《汉书·地理志》下　应劭《注》)"(哀牢)种人皆刻画其身,象龙文。"(《后汉书·西南夷传》)等等。拉斯科洞穴中的这幅岩画表明,是人首先攻击了野牛,这说明这些巨大的野兽不但是人类的威胁,还应当是人类食物来源。人面像(面具)主要功能在这一时期主要的功能是为了麻痹诱骗猎物,让猎人能悄悄地把接近猎物,使猎物把自己当作其同类,进而丧失警惕,达到捕获猎物的目的。远古时期,人们如何利用面具进猎现在还不太清楚,但是现在一些部落里的人伪装成动物的形象捕获猎物却被人类学家做了记载,非洲布须曼人在猎取大象、河马和犀牛时,常常戴着羚羊头,披着羚羊皮,惟妙惟肖地模仿野兽的动作。人类总是会适应环境,"藏族以牧业为主,兼营农业。藏族民间舞蹈面具因此而有别。牧区多狮、熊等动物面具;农区多人物、神怪面具"①。类似的情况在岩画中也经常出现,南非开普省德拉肯斯堡山区的一幅猎人伪装成鸵鸟捕获猎物。这样的场景曾经也在一部电影《上帝也疯狂》中出现过,当那位女律师和白人男人困在丛林中时,他们为了生存,白人男人装扮成鸵鸟去偷鸵鸟的蛋。而贺兰口的人面像之中也有一些是用来狩猎的面具,

图2　伪装成鸵鸟的猎人

---

① 陈阵、赵作慈:《中国面具艺术》,北京美术摄影出版社,1997年,第30页。

它们基本上比较简单,或像青蛙,或像猴子,或像鸦鹰,或像鸟儿,还有些人面像比较简单,通常用几个点表示,应当是两只眼睛和嘴,有些加上了鼻子,有些甚至连嘴都不表现出来,这一类人面像通常伴有动物的图案一同出现。之所以说这些人面像是

图3 贺兰山白虎沟狩猎图

狩猎面具,可以从贺兰口一幅岩画中得到印证(图3)。其中间站立手执弓箭的猎人,面部仅仅出现了眼睛、嘴和鼻子,和贺兰口中许多与动物(尤其是羊)形象的人面像如出一辙,它们当是同一批人(图4)。这人面像岩画在贺兰山范围内,乃至整个北方人面像岩画中,从其形象都不能表现出其在图腾上的存在,笔者认为当是一种用来进行狩猎的辅助工

图4 贺兰山贺兰口中的狩猎人面像(面具)形象

具。从这种情况来看,类似这种类型的人面像(面具)岩画是属于狩猎时期的作品。整个旧石器和新石器时期都有狩猎者岩画出现,这是非常宽泛的时间跨度,如果比照图3中那个狩猎者手中的弓箭,我们既可以得出这种人面像出现的时间属于进化了的狩猎者岩画,弓箭的出现表达狩猎者拥有了更为先进的生产工具,也标志着他们已经步入了进化了的狩猎者时期。进化了的狩猎者是岩画一大特征是狩猎者使用了弓和箭,他们主要以捕获小型动物为主,住在临时性具有季节性的流动住所中,人数通常要比早期狩猎者要少。作品主要分布于非洲、亚洲和美洲,它们最引人瞩目的特征是出现了叙事的场景和弓、箭的使用。进化了的狩猎者岩画从内容上表现为狩猎神话晚期和农耕神话早中期的特点,也就说,这种狩猎型的人面像出现的时间约是旧石器时代晚期和新石器早中期,即公元前9000年到公元前5000年左右的时间段。这是贺兰口人面像岩画的最早期出现的人面像岩画。

(二)具有"创世神话意义"的人类诞生岩画和表示天体太阳神岩画

1. 创世神话意义的岩画

贺兰口有一组岩画,表现了两个人和一条线连在一体,从地上生长了出来(图5),李

祥石认为其是伏羲女娲共同交媾于蛇身上，①笔者不敢苟同。其实远古时期，人们对自身的追问，人是从哪里来？从岩画本身所表现出来的情况看，这两个人面像岩画似乎出自大地，或者一根植物的藤蔓，也就是说，这幅岩画表达的是土地

图5　贺兰山岩画

生人或者植物生人的创世神话，与此岩画相似的人面像岩画在贺兰口非常多（图6），当表示相同的意义。现在已经非常著名的江苏连云港将军崖的岩画中也有相似的岩画（图7），

图6　贺兰口表示人类诞生意义的岩画

其人面像与下面三角形呈放射状的图形相连接，对这组三角状呈放射性的形象，学者们毫无疑义地解释为禾苗。②只是这些禾苗似乎有些特别，每个禾苗上面都生出来一个人面的形象。显然，当时居住在这里的人们认为，人是从植物之中生长出来的。《诗经·大雅·绵》中有这样的诗句："绵绵瓜瓞，民之初生。"闻一多先生认为这句诗表示的是人起源于瓜。③肖兵先生在《将军崖岩画的民俗神话学研究》中说，"女娲的化身之一是瓜。瓜瓠芽生，这是万物的由来，生民的伊始，所以说'厥萌之初'，萌者瓜种之萌芽也。这也暗示人类起源于瓜，于庄稼、于植物"。在欧洲和北美，某些最古老的创世神话设想大地上第一批人就是像植物那样从土里生长出来的——

图7　连云港将军崖岩刻

---

①李祥石：《贺兰山与北山岩画》，宁夏人民出版社，1993年，第264页。
②仅有盖山林先生认为是太阳的光芒。盖山林：《连云港将军崖岩画题材刍议》，《徐州师范大学学报（哲社版）》1983年第4期。
③闻一多：《神话与诗》，上海人民出版社，2006年，第49页。

他们的生命如同种子般始于大地之下,直到长出"新人"、钻出地表;或者像开花的植物那样生根发芽,再由他们人间的母亲采集为种子。①古代埃及神话说,谷神奥西里斯(Osiris)每年冬天都要像庄稼一样死去,潜入冥府,到来年春天,由他的妻子兼妹妹生命女神伊西斯(Isis)化作一阵春风把他吹活。这位稷神就会像庄稼一样从土地中生出。古巴比伦的农神、母神、爱神,被认为"麦穗和粮食之圣母"的伊斯塔(Ishtar)的"身上就有枝茎长出来"。现代苏格兰、英格兰和斯拉夫人有时会把收获的最后一捆稻草扎成一个人像作为农神、谷神,以庆祝或者祈祷丰收。实际上,在我国古代一些经典中也有这样人从土出的说法。如:"人穴居,食土,无男女,死即埋之,其心不朽,死百廿(niàn)岁乃复更生。"(《山海经·海外北经》郭璞注);"无咸民,食土,死即埋之,其心不朽,百年复生。"(《太平御览》卷367引《括地图》);"无继民,穴居食土,无夫妇,死则埋之,心不朽,百年复生。"(《太平御览》卷797引《外国图》);"无启民,穴居,食土,无男妇,死埋之,其心不朽,百年还化为人。"(《博物志》卷二);"录民,穴居,食土,无夫妇,死即埋之,肺不朽,百二十年复生。"(《太平御览》卷797引《外国图》)此外,我国各少数民族地区而也都不乏关于植物生人的神话。

> 夜郎者,初有女子浣于遁水,有三节大竹流入足间。闻其中有号声,剖竹视之,得一男儿。归而养之。及长,有才武,自立为夜郎侯,以"竹"为姓。(《后汉书·南蛮西南夷列传》)

> 米六甲第二次造人是用生芭蕉树刻的。她把生芭蕉树雕成人样,用稻草包起来,又拿到岩洞去雍。七七四十九天过去了,米六甲又去揭开盖子,看见人仔会动了,她又喊道:"仔呀,你们出来吧!"这帮仔跑出来,个个白白嫩嫩的,模样比上一批漂亮,可是身子不够硬朗,同样不能做活路,还是不合米六甲的心思,她又想造第三批人。(壮族神话)

> 相传在很久以前,剑川还无人类。在剑川坝子的东西山上,各长一株瓜,并各结一个大瓜,某年七八月间,瓜熟后从藤上自脱,两瓜都滚在坝子上,东山上的大瓜里走出一个男人,西山上的大瓜里走出一个女人,后来结为夫妇,他们便是剑川最早的祖先。(白族神话)

---

① 凯伦·阿姆斯特朗:《神话简史》,胡亚豳译,重庆出版社,2005年,第47~48页。

其他的类似的神话如德昂族创世史诗《达古达楞格莱标》认为天地万物是由茶叶变化而成的;佤族史诗《葫芦的传说》认为人是由葫芦中出来的;拉祜族创世纪《牡帕密帕》甚至认为人是像庄稼一样种出来的……

贺兰口的这组岩画有一个明显的特征就是:人是从植物或者土地之中生长出来的,但"值得注意的是,人来自于农作物并不表明人对土地的依赖,也不说明这一氏族已进入了农业社会。当时的先民将庄稼作为图腾来加以爱惜和保护,只能表示这种植物对该氏族来说具有特殊的意义,而它对今人来说只不过是一种食用作物。因此生长的关系实际上是指血缘关系,它体现出先民将这种植物视为他们的祖先"①。如果我们从这方面加以考察的话,会发现岩画中的内容与创世神话别无二致,如创世神话一样,"试图说明,人类与岩石、河流和森林无异,都归属于这块大地"②。人类的来源也像植物一样,是从土地之中"长"出来的。可见,在世界各地的人们的观念中,人和谷物及其他植物之间关系非常密切。在他们的观念中,植物就是人类来源的"根",贺兰口和将军崖岩画的内容恰恰反映了本地先民的这一原始观念。贺兰口中此类人面像除了人从土地或者植物中生出之外,还有一些人面像是类似植物状的人面像,上面有植物的缨子,可能在说明表达他们的一种观念,人和植物是有相通性的,人和植物是同一的,即人和植物的产生是同一母胎。有些人面像是修饰的类人面,或者直接是人面,下面有一条线连在一起,这和连云港将军崖岩画中人面像如出一辙,这也说明贺兰口的这种表现人类诞生意义的岩画是和创世神话相关联的,它们产生的时间具有一致性,即是新石器时代的作品。

2. 贺兰口中的太阳神岩画

人类学家爱德华·泰勒说过:"凡是有阳光照耀的地方,均有太阳崇拜的存在。""对于宇宙中光明神(日神、月神、火神及星曜神)之崇拜,乃是人类远古时代,当原始宗教观念初发时期,普遍存在于世界许多民族中的一种引人注目的宗教文化现象。世界上一些文化最古老的民族,都有自己的日神和火神。如印度上古神话中有太阳神阿蒂亚(Aelitya)和苏利亚(Surya)、火神阿根尼(Agni),埃及上古神话中有太阳神阿托(Atou)、寿(Shou),巴比伦上古神话中有太阳神沙马士(Shamash)、月亮神辛(Sin),波斯上古神话中有圣火之神阿达(Atar),希腊神话中有太阳神阿波罗、盗火神普罗米修斯,大洋洲原始神话中有太阳神夷(Yhi)。"③我国远古时期就曾广泛存在着太阳神崇拜,有不少原始部落将太阳视为崇拜的对象,传说中的太昊和少昊均为太阳神的化身,在古代文献中对于太阳敬奉和崇拜

---

① 翟学伟:《东方天书探析——将军崖岩画的文化人类学研究》,《东南文化》1993年第2期。
② 凯伦·阿姆斯特朗:《神话简史》,胡亚豳译,重庆出版社,2005年,第48页。
③ 何新:《诸神的起源》,北京工业大学出版社,2007年,第26页。

的记载也是非常多的。

《礼记·郊特牲》记载:郊之祭也,迎长日之至也,大报天而主日。

郑玄注曰:天之神,日为尊。……以日为百神之王。

孔颖达也指出:天之诸神,莫大于日。祭诸神之时,日居群神之首,故云日为尊也。天之诸神,惟日为尊,故此祭者,日为诸神之主,故云主日也。

比这些文献更早的是留在国内各个岩画点上有关太阳形象的岩画,它们从不同的角度表示远古先民对太阳的崇拜。例如,江苏将军崖岩画中的太阳形象的岩画(图8),内蒙古阴山地区、白岔河、乌兰察布塔克马拉、乌拉特中旗必金河、狼山地区、巴丹吉林地区、桌子山、贺兰山等地区都大量分布着太阳形象的岩画作品。尤其是在贺兰山的贺兰口,太阳神岩画是贺兰口岩画最令人心动的岩画形象。贺兰口太阳神岩画(图9),已经脱离了太阳原来的形状,除了极个别太阳形状仅仅是用一个圆圈来表示之外,基本上已经具有拟人化的性质,这中间可以分为三种类型:首先是周围有射线的太阳神人面像,眼睛一般都比较圆,周围

图8　将军崖岩画

射线短而密集,明显是太阳形象,不过加了人类自己的影子;其次,是人面像依旧,只是仅仅用头顶上的头发,发射出光芒,来表示太阳神,这些头发是朝外散发出去的,是一种射线,有些与2008年奥运会上的福娃相似;最后,人面是用简单的装饰,外围不是射线,而是改由三角形,或很小的半圆围绕在人面像的周围,特像人类小时候给太阳作的画。太阳神岩画的出现给我们传达了一个信息,即人类开始关注天空,关注那些距离较为遥远的天体。如果从神话的角度来说,其和上面人类诞生意义的岩画一样,表现的是创世的神话。只是一个关注的是人类自身,另外一个关注的是与人类生活、生产息息相关的天体——太阳。说明这两种类型的人面像岩画属于同一个时期,参照它们所表现出来的内容,可见是和农耕神话具有比较一致的表现,从原始思维角度看,这在暗示我们这一时期

图9　贺兰口太阳神岩画

人面像岩画产生的时间应当是与农耕神话属于同一时期,即新石器时代。不过,从岩画的造型上来看,贺兰口的太阳神岩画已经具有装饰性的意味,其不但表现了太阳的特征,也具有人的特点,它虽然也属于新石器时代的作品,但是它的出现应当比连云港将军崖的太阳神要晚。

(三)神灵崇拜人面像

在澳洲土著那里,一种被认为具有灵魂意义的石头或者木头叫作"哲仑加",其发展成为"祖先像","但这些祖先像不是一个人出生前或者出生时制作,而只是死后才制作。它们与活人的灵魂不能等同,但却包含另外的东西,即'死去的灵魂'。……在人造的祖先圣像之外,死人的头骨或骨骼也作为含有'灵魂力量'之物而受到崇拜,并且这两种类型的偶像,偶然还结合在一起出现。……从死人崇拜和头骨崇拜,发展出面具崇拜及其舞蹈和表演。刻成的面具,象征着灵魂、精灵和魔鬼"。①面具在原始人那里具有多重含义,它因使用的场合不同则表达了不同的意义,如祖先、部族中的英雄人物、精灵、鬼魂和神祇、图腾等等。从今天依然留存的巫术来看,面具在仪式中通常充当一种与上天、祖先、神灵等各种所谓的鬼神相通或者交往的无形力量。从出现在贺兰口的一些人面像看,可能是鬼神崇拜、祖先崇拜或者英雄人物的崇拜(图10),那些以人面为基本相,辅以角、眼睛大而无珠或者头型出现笔架形三只角,都在暗示其非人类,而是某种依据人类为原型,想象出来的某种鬼魂观念。盖山林说:"祖先崇拜的前提是鬼魂崇拜,在人们的头脑中,产生鬼魂观念之前,人们对祖先和亲族的死者是不崇拜的。只有有了鬼魂观念和血统因缘观念时,祖先崇拜才会产生和盛行。……祖先崇拜的对象是与崇拜者有亲族血缘关系的死人的鬼魂,一般都是当作善灵来崇拜的,所崇拜的鬼魂是固定的、长期的崇拜对象,其祭祀活动一般是比较隆重的。……祖先的鬼灵,一般地被认为是会保护子孙的。"②"可以肯定地说,人面岩画是祭祀的一部分。当时的祭祀一定分作两部分:一是众巫师和众子民参加的祭

图10 神灵崇拜人面像

---

① 利普斯:《事物的起源》,四川民族出版社,1992年,第347~348页。
② 盖山林:《内蒙古岩画的文化解读》,北京图书馆出版社,2002年,第354页。

祀仪式和过程;另一是凿刻岩画,禀告上苍,让神祇明知,使这祭祀仪式或祷告的内容,获得宗教法律上的认可。"①贺兰口这些表现鬼神和祖先的人面岩画,也当是在这种情况下制作而成的。它们有三种形式:其一是类似于鬼神的人面组成,具有恐怖的特点,不带有生气或者生机,其中蕴含某种死亡的味道。其二是基本上是一些面具,带有装饰,面目上都进行过精心的描摹,或者是文面,头顶或者两边带有穗絮,可能是部族中的英雄人物,或者领袖,给人一种庄严肃穆之感。其三葫芦状的圆头人,它们基本上模样一致,没有多大的变化,一般头顶上都带有穗子,面部轮廓惊人的一致,面容刻画简单,额头上都有两块类似刺斑的东西,它们应当是同一种族的人,从这里来判断,它们可能是这个族群中已经逝去的人,是他们的祖先,当是族群人对祖先的拜祭。从这些人面像形象来看,它们在发展的过程中,后来的一些人面像岩画并不仅仅是鬼魂和血缘观念的祖先形象了,那些在部族中具有重大贡献英雄人物也被加以神化,也成为他们祈求保护的神灵。人们已经不能像他们远古祖先那样轻而易举地获取神圣体验了,诸神已开始退场。祖先崇拜,指向先于人类世界而存在的先验世界。这类岩画中体现出来特征和轴心时代的神话特点相吻合,它们的出现和发展应当也是在这一时期展开的(公元前800—公元前200年)。

四、结语

从上面判断的结果来看,首先,贺兰口人面像岩画总体上分为狩猎者的人面像岩画,它产生的时间为旧石器时代晚期和新石器时代早中期,即公元前9000年到公元前5000年左右,是贺兰口最早出现的人面像岩画。

其次是具有"创世神话意义"的人类诞生岩画和表示天体的太阳神岩画。这两种岩画实际上是属于同种类型,都是"创世神话意义"岩画。出现的时间是新石器时代,但是从岩画自身表现出来的特点及其与其他地区人面像岩画的对照,可以发现,具有人类诞生意义的岩画要早于表示天体太阳神岩画。

最后是表现神灵祖先崇拜的岩画,它是贺兰口最晚的人面像岩画,时间约是公元前800年到公元前200年之间。这并非说贺兰口岩画中并不存在早期文明阶段的人面像,只是从这一时期人面像岩画没这几类岩画成规模,表现得突出罢了。

如果从国内一些学者对人面像年代的确定,虽然,这些观点是从总体上给人面像岩画做了一个判定,他们的结论对笔者的断定给予某种支持。实际上,也表明神话断代法还是具有可运用性的。

一是陈兆复认为"在彩陶、陶塑、骨雕或玉饰上,均发现有人面像图案。所以似可认

---

① 宋耀良:《中国史前神格人面岩画》,上海三联书店,1992年,第285页。

定,我国北方人面像岩刻主要应是新石器时代的作品"①。

二是宋耀良认为"人面岩画的出现、发展到终止,大致与人面形器物的创作、流行过程相仿。从早期采用石器工具磨制,到晚期运用金属利器敲凿表明它起始于新石器早中期,而终止于青铜时代。大致制作在距今7000年至3000年之际"②。

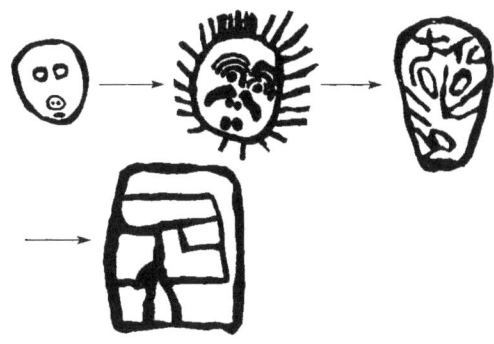

图11　面具岩画的演化历程(盖山林的观点)

三是盖山林总结了内蒙古的神格面具形象,认为"如果以上对神格面具的演变过程大约不谬的话,似可将神格面具的演化概括为以下几个阶段:写实风格的面具形(伊始期,约新石器时代)——装饰风格的面具形(鼎盛期,约青铜时代)——符号风格的面具形(衰落期,约公元前后至唐代)——简约风格的面具形(模拟期,约唐代至元代)"③。(图11)

参考文献

[1]Bednarik,R. B. 1988. Art Origins. in W. Davis （ed.),The very possibility of Meaning,University of New Mexico Press.

[2]Odak,O. 1991. A new name for a new discipline. Rock Art Research8(1):3~7.

[3][4]Barn,P.G. & J. Vertut.1997. Images of the Ice Age. Weidenfeld & Nicolson,London.

[5]Odak,Osaga 1991. A new name for a new discipline. Rock Art Research8(1):3~7.

[6]Filingeri & Pietro Gaietto 2002. Call in order to found together the "science of the prehistoric art",that we have called paleoarteology. Paleolithic Art Magazine,July.

[7]J. Clottes. 1979. Rock Art:A universal cultural message,p.1. Annual report of International Committee on Rock Art.

[8]越来越多的学者主张用"部落艺术"(Tribal art)一词来代替"原始艺术"(primitive art)一词。参见注1以及E. Anati 1994. World rock art:The primordial language,p.32. Edizioni del Centro Camuno di Studi Preistorici.

[9]保罗·G. 巴恩. 剑桥插图史前艺术史. 山东画报出版社,2004:11.

[10]Anati,E. 2002. Presentazione. Bollettino del Centro Camuno di Studi Preistorici,vol.XXXIII:5~6.

[11]Bednarik,R. G. 1993. Palaeolithic art in India. Man and Environment 18(2):33~40.

[12]王幼平. 旧石器时代考古. 文物出版社,2000. 233.

[13]Bednarik,R. B.2003. The earliest evidence of palaeoart. Rock Art Research 20(2):89~135.

[14]Noble,W. and I. Davidson 1996. Human evolution,language and mind. Cambridge:Cambridge University Press.

①陈兆复:《中国岩画发现史》,上海人民出版社,1991年,第372页。
②宋耀良:《中国史前神格人面岩画》,上海三联书店,1992年,第207页。
③盖山林:《内蒙古岩画的文化解读》,北京图书馆出版社,2002年,第358页。

［15］Dunbar,R. 1996. Grooming,gossip and the evolution of language. London: Faber and Faber.

［16］Gamble,C. 1994. Timewalkers: the prehistory of global colonization. Cambridge,Mass.: Harvard University Press.

［17］20世纪80年代初用 ^{14}C 法测定水洞沟遗址的时代为距今16760±210或25450±800年；但用铀系法测定同层位化石,其年代为距今38000±2000年和34000±2000年,参见吴汝康等主编.中国古人类遗址.上海科技出版社,1999:214~215.

［18］高星等.中国学者重新发掘宁夏水洞沟遗址.中国文物报,2003-12-19.

［19］高星,黄万波等.三峡兴隆洞出土12万~15万年前的古人类化石和象牙刻划.纪念水洞沟遗址发现八十周年国际学术研讨会论文.2003:119~130.

［20］杨隽永.贺兰口岩画附近典型危岩体稳定性分析.文物保护与科学研究.2012(8).

［21］刘吉平,郝向阳.纳米科学与技术.北京:科学出版社,2002:78.

叠压断代法在岩画中的应用

——以意大利梵尔卡莫妮卡为例

三峡大学长江三峡发展研究院 杨 超

【摘要】 岩画的断代方法已经非常之多,叠压断代作为其中的一种在意大利运用比较广泛,并且取得非常显著的效果,笔者希望通过对这种断代方法介绍,能够给国内的同行提供一些启示和借鉴。

【关键词】 岩画叠压断代法 梵尔卡莫妮卡 解析

岩画的断代问题仍然是困扰学者的难点,即使采用了一些自然科学的手段和方法,由于这样那样的因素,学者依旧不能得出一个令人信服的结果。尽管如此,从 G. 贝邹尼(1820:360-1)第一次用氧化程度的变化来判定岩画年代开始,各种方法如雨后春笋般相继涌现出来。其中一些成功的测定方法和经验已经成为普遍的做法,例如 ^{14}C 测定岩绘的年代。此外,那些比较特殊的地区(例如,至今依然有人类活动的岩画区;那些依然有人进行岩画创作的地区;岩画出现地区考古资料丰富的地方;等等),由于地理位置、气候状况、考古发掘、地方性知识等基础资料雄厚,给岩画断定年代提供了一些间接或者直接的证据,为岩画的准确断代提供了资料的保证。

目前学术界对岩画断代的方法一般分为相对断代和绝对断代。相对断代方法主要通过分析岩画形象获得一个相对的时间概念,仅仅从产生的顺序上给予划分,而时间上并不明确,需要借助其他有明确时间概念的因素来确定其准确的年代,例如考古发掘的器物和资料,岩刻图形中与某些已经明确具有时间动物、建筑、人物等相关因素的对比,这种方法主要包括根据岩画的重叠、风格、岩石表面氧化的程度等;绝对断代通常都能明确岩画大致产生的年代,常常借用现代科学的技术手段(例如 ^{14}C 等测定),以及已知和已经明确的历史信息、文献资料和考古资料通过与岩画形象的比对进行断代,虽然可以确定明确的历史时期,可是往往也会因为某些无法预料因素的干扰而导致误断。目前只有 ^{14}C 在条件完全具备的情况下,其结果较为可信,其他方法还没有哪一种方法被确定为是公认无误的方法,而在实际操作中,断代实践更多的时候是很多方法结合在一起使用的。

一、叠压断代法（Dating Based On Superimposition）

叠压断代法是相对断代的一种,其产生一种可能是较老的主题被"擦掉"是因为它不再有用了,很明显这是一种故意的、有意识的行为。或许这一主题已经过时,就需要另外的一种信念来替代,也或许是后来者为了削弱其力量,产生一种"以巫攻巫"的力量。另一种可能是叠压的主题是产生在一个或者相同的流程中,为了表达时间次序的不同,或者时间是不存在的或者是无足轻重的。当然,也有人认为可能岩画本身就是不重要的,无论是它们叠压在一起,还是单独存在都是没有影响的,这种推理是不可能的（Bohuslan and Φstfold,2000）。此外,也许是制作岩画的地点非常重要,这里或许具有某种超乎寻常的力量或者意味,例如神灵或者超自然的某种精神存在,只有在此制作岩画才能显现其功能。

岩画作品的叠压现象在世界各地普遍存在。学者们研究发现:根据岩刻的雕刻情况、岩绘的颜色来判断岩刻或者岩绘的层次,最直接的表现就是后来的作品总是覆盖在先前的作品之上。叠压现象在岩刻和岩绘上表现略有不同,岩刻中,主要体现在雕刻的技术手法、图形的不同,而岩绘作品则是通过颜色的差异来表现叠压现象的。要注意的是,有时候的叠压是非常微妙的,并不是所有的叠压岩画作品能毫不费力地被发现,有些作品很隐秘,甚至不经过仔细观察和对比是难以发现它们是不同作品的叠压,这一点我们在后面的叠压断代中会重点描述。一般的常识告诉我们:叠压在最上面的图形距现在最近,而被覆盖的图像相对来说要早些。研究岩画图形的叠压,可以给在同一块岩石上的作品提供一个相对创作时间。如果需要确定岩画产生的准确年代,还需要借助其他方法,或者结合图形中所表现出来的一些具有时间特征的图形才能完成。

二、梵尔卡莫妮卡断代的有利条件

梵尔卡莫妮卡岩画产生的时间被认为:最早起于旧石器时代末期,结束于罗马人军团到来[①]。这个结果已经得到学者的普遍认同,在这一历史阶段,也被划分为五个主要的时期。可是因为所依据材料和所持认识不同,在解释五个历史阶段的时候产生了两种不同的意见:一派以卡莫诺史前研究中心的阿纳蒂教授为首;另外一派是米兰大学和那波利大学的学者们。两者之间最大的分歧在于决定某些岩画主题应当分属于哪一时期时,难以达成一致。例如山谷之中表现"祈祷"形象的简略图形归属问题,有些"地图"归属成为争论的焦点。同时, 有关岩画现象的综合解释上也是各执一端（Angelo Fossati,

---

① Angelo Fossati, Topographical Representations In The Valcamonica Rock Art Tradition: Typology, Chronology And Interpretation, Rock Art In Landscapes—Landscapes In Rock Art, Tapir Akademisk Forlag, 2003, pp31~32.

2003,31~32)。由此可见,对于研究者来说,如果使用不同的标准和不同的材料,都可能导致结果的不同。从这些争端来看,岩画的断代绝非易事,需要小心从事,可能一个很小的疏忽和判断不当都可能得出相反的结果。

意大利梵尔卡莫妮卡岩画的断代有着诸多的有利条件①。

一是存在岩画数量巨大,目前发现的岩刻图像总数已经超过300000幅。如此数量巨大的岩刻图像,表现在风格上变化多端、互相杂糅、彼此共存。简略的、复杂的;粗略的、精致的;写实的、抽象的;静止的,运动的;注重细节表现的、热衷于整体内容表达的诸多风格形式,这些形形色色的作品本身就给岩刻图形出现的时间,提供了互相印证、承前启后的蛛丝马迹。

从技术层面上来看,岩刻的制作工具是多样化的,雕刻技法变化无穷。有些岩刻是单一工具制作的,有些是多种工具互相辅助才完成的;有些是由石器制作的,有些是由金属器具制成的;一些图形是用琢的方式,另外一些则是雕刻;有些时候用"点"形的工具敲打在岩石表面,另外一些则是借助辅助工具"凿"上去的。这些技术的不同和使用工具的变化,给岩画创作的年代有了一个定位。

从岩画自身所表达的内容上来说,梵尔卡莫妮卡岩刻(图1)几乎囊括了所在那个历史时期所有的东西。人形、拟人形、动物图案、器具(石器、金属器皿以及武器等);耕作运输工具,以及诸多的符号或者象征物;复杂和简单的建筑物;最为有趣的是,在梵尔卡莫妮卡发现了早期的"地图"以及一些类似字母的东西等等诸多庞杂的内容,使岩刻自身所辐射的信息给学者

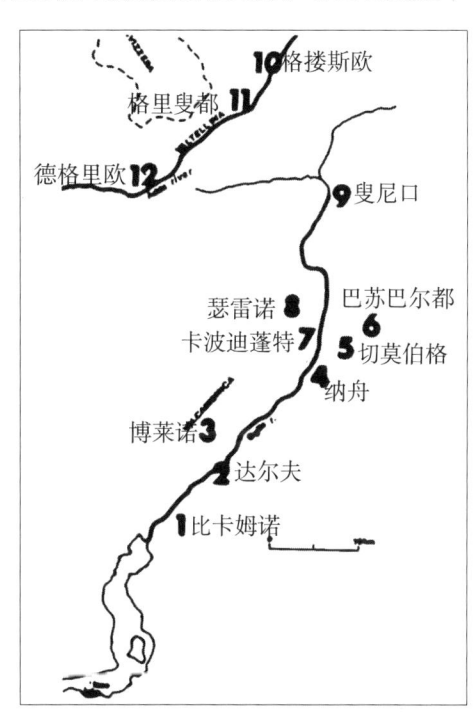

图1 梵尔卡莫妮卡主要岩画点

---

①阿纳蒂认为梵尔卡莫妮卡断代的有利条件有七条:1.大量的图形资料提供了优越的考古资源;2.联系岩刻的风格和腐蚀的程度,以及同一块岩石表面上出现的大量岩刻的重叠给岩刻确立先后次序提供了可能;3.大量存在的武器、工具和其他一些物体的岩刻图形特征和形状使岩刻与其他的考古发掘材料提供了比对的基础;4.一些风格和类型不断变化的实物发现,多数岩刻出现的时间提供了更为容易辨认的特征;5.一些曾经人类居住地岩刻在考古层中被发现,给岩刻的断代增加更为精确的证据;6.在北Etruscan,一百多个碑文字母很可能是岩刻最后阶段的资料;7.一些灭绝的动物形象把岩刻出现的时间追溯到更为久远的时期。

进行断代,提供了历史书一样的解释。

其次,在梵尔卡莫妮卡发掘了一批燧石、陶器、骨器、石器和其他的一些器具。在巴都李娜(Bedolina)发现了雕刻岩刻的石质工具;在 Dos dell'Arca 出土了燧石器具和一个多人墓葬,其中遗留的八块骨骼经检测认定为铁器时代的坟墓;在茄莫(Cemmo)的马斯(Massi)发掘出了一些颜料的原材料;以及出现在雷梅德娄(Remedellian)古墓中的匕首,等等这些考古发掘给梵尔卡莫妮卡岩画的年代确定提供了实物的证据,或者比对的对象。

此外,一些具有敏锐观察力的学者给岩画的断代给予了智力支持。Raffaello Battaglia 观察了岩刻上那些完全可以认定的武器和工具图案之后,和一些铁器时代初期的文物做了比较,参考岩刻上的卡莫妮卡人图形、拉丁文字这些内容认定:梵尔卡莫妮卡的文明史是从铁器时代初期到现代的一个连续发展的过程,第一次猜测卡莫妮卡岩刻属于不同的时期(Anati,1961,56),给卡莫妮卡岩刻的断代提供了某种思路。

还有,一些同属阿尔卑斯山以及欧洲其他地区的岩画形象也给梵尔卡莫妮卡的断代提供了间接的证据。这些丰富的材料和证据以及梵尔卡莫妮卡自身所具有的"一个史前档案馆"功能,为学者重访"历史"和重构史前欧洲的"历史"提供了可能。

三、两个例子:卡莫妮卡岩刻的断代

梵尔卡莫妮卡岩刻的断代由三个层面组成:一是通过对岩刻图形的分层分析来确定同一块岩石上图形的先后次序;二是依据民族材料和考古材料与岩刻图形进行比对,以及 ^{14}C 测定,确定岩刻的年代;三是通过研究岩刻的风格特征,以及所使用器具的变化给岩刻进行断代。这三种方法的综合是梵尔卡莫妮卡断代的特点,它构建了庞大的梵尔卡莫妮卡史前历史:

原始卡莫妮卡人时期(公元前 10000—公元前 5500 年):岩刻形象以简略、静止和象征为特征。主题比较单一,形象一般是孤立存在的,偶尔出现的图形组合,也是同一形象和相似手法的简单重复,缺乏变化。最早的图形是由一些点、碎片、集合图形构成。此后表现为次自然风格的图形:人形、类似太阳的圆形、斧子以及大型的动物图像,基本上是由简单的线条、点形成的简单轮廓图像。

卡莫妮卡人的第一、二时期(公元前 5500—公元前 3300 年)是和新石器时代相对应的。岩刻特征已经比较综合,附有实质的意义,崇拜者的形象总是伴随着一些崇拜的象征物出现,例如太阳圆形、斧子和其他一些器物。反映了这一时期当时的宗教仪式以及社会经济活动。一些有关庆典的仪式也在某些岩画点上有所反映,例如婚礼、对死者的祭奠和对太阳的崇拜等等。第二个时期末期也出现了一些大型的类人形偶像或者神像。图形由武器和工具像矛、回力镖、弓箭、船桨、锄头和犁组成,第一次出现了家畜,例如狗、牛和山

羊。社会结构由宗族和小的部落组成。

卡莫妮卡人的第三时期是其经济社会发展较为复杂的时期，可以细致地分为A、B、C、D四个阶段。从信仰、文化、社会组织来看，与其他发展时期有着明显的界限，表现为不同的特点。前期(公元前3300—公元前2500年)与黄铜器时代(Calcothic)相对应。岩刻风格上由纪念碑式的东西构成，世俗和阴间的象征成为它们表现的最基本的形式。武器种类更加丰富，开始出现了金属器具，主要形式有匕首、斧子和halberd。一些交通工具的形象也出现在梵尔卡莫妮卡，例如车轮和马车。家畜除了狗、牛、山羊之外，猪的形象也加入了其中。社会政治结构出现了权威统治方式的部落和社会阶层。

属于同时代的B、C、D期(公元前2500—公元前1200年)是和青铜时代相一致。器具和地形图成为岩刻的主要表现形式。具有神秘色彩的场景和类人形的数量增多，武器以三角形的匕首、战斧、矛和盾牌为主。家畜除了旧有的狗、牛、山羊和猪之外，又增加了马和绵羊的形象。纺织器具开始出现，经济活动暗示了当时的生产和贸易情况。社会政治结构虽然还是权威统治的方式，但是以前那种金字塔结构的社会阶层有所变化。

卡莫妮卡人的第四个时期(公元前1200—公元前16年)与青铜时代的后期以及铁器时代相吻合。岩刻以写实和叙述为主要表现特征，人类日常生活复杂场景的描述，神秘巫术的刻画成为这一时期的经常活动。武器包括盾牌、头盔、剑、斧子，值得注意的是这些武器都被人执于手中。大量的犁、锄头、镰刀、采摘器具等农业工具的出现，体现了那一时期发达的农业发展状况。屋子、畜棚或者谷仓、庙宇等一系列建筑物的出现，预示着人们依赖自然住宅物的终结。家畜的种类进一步增加，狗、牛、马、驴、山羊、鸭子、鸡和鹅已经成为人们饲养的对象，后期还出现了家养的兔子。经济活动多样化，贸易、农业耕作、养殖、铁器制造、狩猎纷繁复杂，同时出现了不专门从事生产活动的职业——武士和传教士。一些简单类似字母的岩刻形象成为卡莫妮卡人学习书写最早的证据。

后卡莫妮卡人时期岩刻产生在公元前16年之后，罗马人统治时期，中世纪和新近的时期，岩刻的总体风格是简约的。一些场景中有人物、碑文、互相交织的曲线图案、十字图案、武器、房屋和建筑物等构成复杂的表现形式。武器包括斧子、长矛、弓箭和剑。家畜有山羊、绵羊、牛、马和驴。最重要的技术是石头屋子上面附有瓦片的屋顶，开始出现了铺路架桥的集体工程。文化上，拉丁文字作为雕刻的内容也出现在岩刻中。经济活动以贸易、动物饲养、农业和第三产业，呈现多样化的局面。社会政治结构进一步扩大，从宗族和局部的政治体系发展成为更为广阔的地域政治统一体。

从以上的分析可以发现，重建这样一个庞大复杂的历史结构，是需要多种资料和知识的支持，想要在这么短的篇幅里面把学者们构建这一历史画面的方方面面都呈现出来是不可能的,也是没有必要的。这里笔者主要想从岩画"地层学"(叠压断代法)和类型学方法出发,来展现岩画构建历史的冰山一角,进而来展示岩画"地层学"(叠压断代)是如何来分析岩画历史次序的。在对岩画的叠压进行分析的时候,选取了两种类型的例子:一种是针对位于同一块岩石表面的叠压岩画形象进行断代,另外一种就是对同一种类型的岩画形象根据叠压来给其做年代评定。

首先对同一块岩石表面的岩画作品为例分析其所产生的时间顺序。为此,笔者选择了梵尔卡莫妮卡一块非常著名的岩石——来自于卡波迪蓬特附近的小村庄茄墨一号岩石,它是1902年被布雷西亚地区著名的文化名人辛尔戴勒·拉鄂格(Gualtero Laeng)发现,被认为是梵尔卡莫妮卡有岩画的开始。

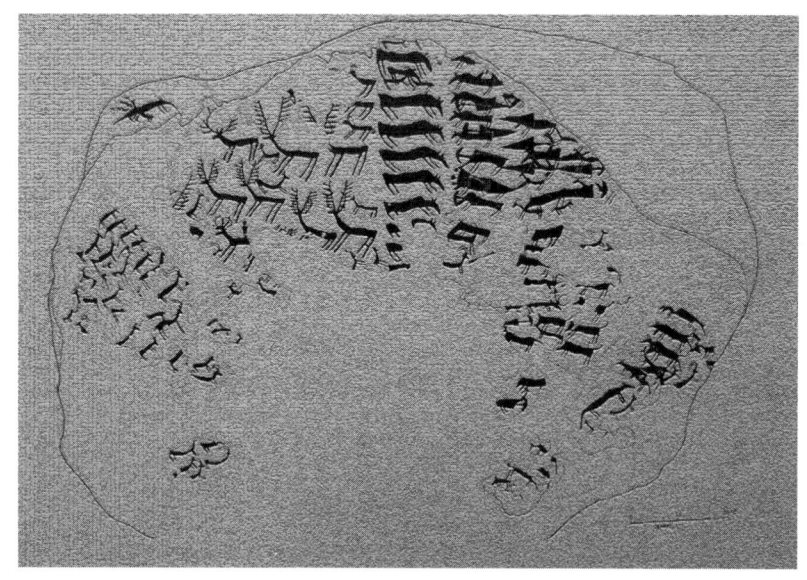

图 2 茄墨一号岩石,整体复制图

如果对图2这幅岩刻不仔细探察的话,很可能认为是同一个时期的作品,很多艺术形象都是相似的,内容也以动物为主,只在右上角一些叠压的部分发现了几把匕首的图形。仔细观察,会发现这些所谓"相似"的动物之间的风格还是不同的,比如鹿,就出现了两种不同类型,一种鹿的角是弯曲的,另外一种是三角形的。如何区别哪种鹿谁在先谁在后?看两者之间谁覆盖了谁,是哪一种类型的风格表现得最为明显、突出。这幅图中,三角形的鹿角是最突出的,鹿角很长,中间叉也很密集,一眼都能看出来。这些鹿中左上角的那一只鹿角是弯曲的,很明显与其他那些三角形的鹿角不同。如果再细致看这些三角鹿,发现在它们的鹿角里还隐藏有两只弯曲的鹿角,比较小,比较淡,要仔细观察才能看出来。明显的道理,后来的作品肯定是覆盖了前面的鹿形象,从时间序列上来说,角弯曲的鹿是早于三角形鹿角的鹿。

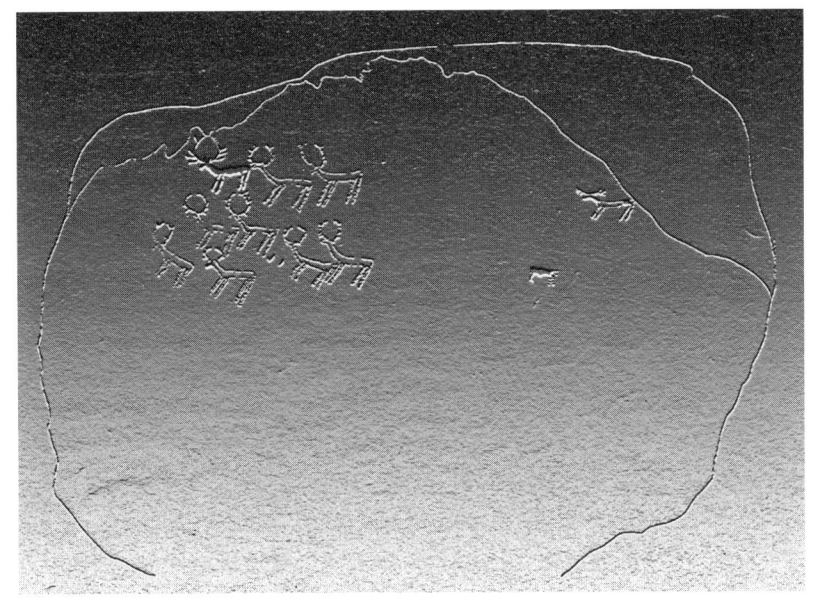

图 3　茄墨一号岩石：复制的图形为第一个阶段

从整幅图来看，这个岩石表面所呈现出来的形象分为四个时期，时间序列就是下面四幅图示的先后顺序。具体岩刻的叠压以及风格上来进行判读，我们一步一步按照岩刻的时间先后来进行解读。

在这块岩石表面，为什么时间最早的岩刻是鹿角弯曲的鹿图形呢？

前面我们已经对两种不同风格的鹿形象进行了分析，认为弯曲的鹿早于三角形鹿角的鹿，在此不再赘述。从风格上来看，上面的鹿和旁边这种排列整齐的动物，应该是同一时期的作品，一个体形较大，四只腿两两并拢朝前，臀部稍微上翘（图6）。这种动物靠近右上角的两排动物被匕首所覆盖，在右下角这种动物又被另外一种尾巴下垂的动物所覆盖，这表明匕首和尾巴下垂的动物是同一时期的作品，并且要晚于臀部上翘的动物，这样也就晚于三角鹿角的鹿。左下角的这种动物好像是山羊之类的，它体积比较小，在岩面上分布较广，叠压情况较少，最明显左上角同一类型这样一个动物被尾巴下垂的动物所覆盖（图4），在右上角有几个这样的动物被匕首所覆盖。同时我们发现在大型排列整齐的臀部上翘的这些动物和鹿群的间隙，却并没有被覆盖，尤其是那一排大型动物第二个和第三个动物之间（图4）安然有两个这样的动物存在，在其尾部也有三四个类山羊的动物，这说明这些小动物是出现在这种动物和鹿之后的，而它们同时又在匕首图形和尾巴下垂动物之前，所以在时间段上应该是属于第三个时间段。这样，整个岩石表面的时间序列就一目了然了，第一时间序列如分解的图6所示：鹿角弯曲的鹿为最早的作品，是第一序列；鹿角成三角形的鹿和右边的以及下面少量的臀部上翘的动物为第二时间序列，如图4所

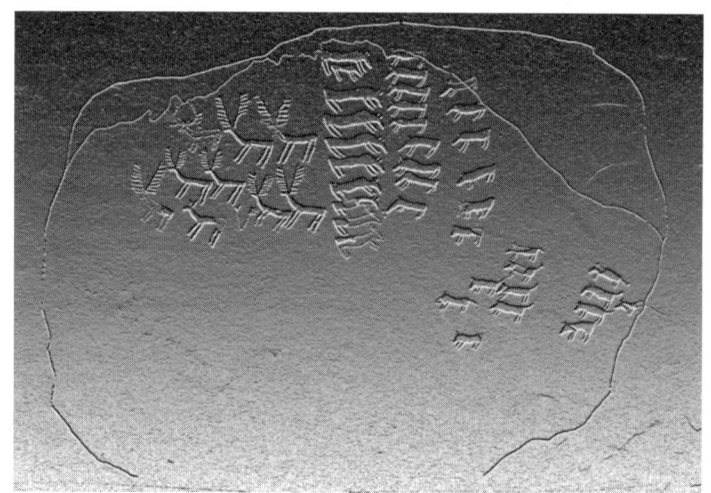

图 4　茄墨一号岩石：复制的图形为第二个阶段

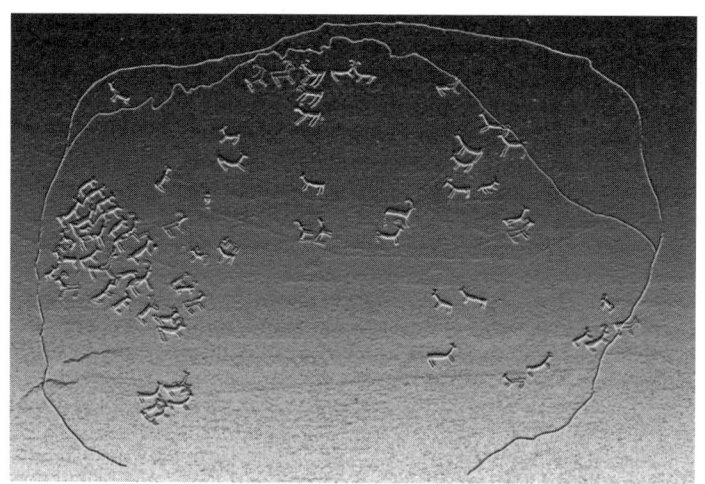

图 5　茄墨一号岩石：复制的图形为第三个阶段

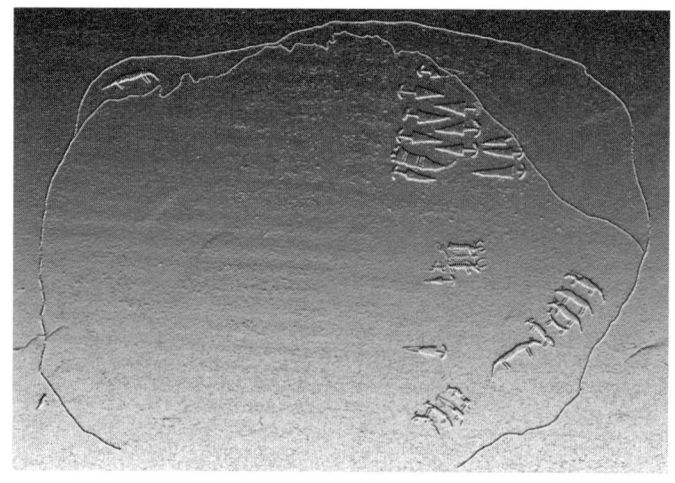

图 6　茄墨一号岩石：复制的图形为第四个阶段

示;类似山羊的小型动物为第三序列;匕首、尾巴下垂的动物以及双牛和犁为第四序列。这个时间序列只是一个相对的时间段,可以是史前的任何时期,决定性的时间概念是由人工制品来确定的。其中的匕首、双牛和犁就成为这个岩面岩刻产生时间的关键因素。参照在梵尔卡莫妮卡发掘的古代遗址,图中两种匕首出现的时间在约公元前3800~约公元前2000年之间,是属于新石器和黄铜器时代(Calcolitico),距今至少4000年前的作品。

图7 雷梅德娄83号墓发掘的青铜匕首

重叠分层断代对于叠压在同一块岩石上的岩画形象确立先后顺序是非常有效的,当然,这种方法也可以借助其他的图形间接地给那些同一类型的岩刻图像确定产生的年代。下面这个例子就是针对那些不在同一块岩石表面的同一类型岩画形象所做的解释。

梵尔卡莫妮卡除了大量人形、动物形象、武器和生产工具,还存在一种岩刻图像,就是"地图"形象。这种艺术形象几乎在梵尔卡莫妮卡各个岩刻点都有发现(图8),笔者就以此作为基础,给梵尔卡莫妮卡提供另外一种类型有关岩画叠压断代的实例。当然,要注意的是,许多岩画形象都可以作为类型叠压断代的样本,这里所举的"地图"型艺术形象仅仅是其中之一。

"地图"形象在梵尔卡莫妮卡主要表现形式为"地点(spots)",也叫部分矩形(sub-rectangular)(图9),部分矩形是采用琢的手法,整体图形是由点组成,其在岩石表面和那些巨石上都有发现。另外一种形式是双矩形(double rectangle)。双矩形主要表现的是外形轮廓,有时候其轮廓里面会出现琢的点,可能是叠压了部分矩形。第三种形式通常被联想成一个双三角形,它是由一些点构成,或者是由一些拉长了点构成,这种形式被叫作通心粉(macaroni)。第四种形式被称作"子弹带"(bandoleer)或者"肩带"(shoulder-belt)图形。它通常被发现在巨石上或者巨石柱上面。一般是由单个或者双线组成的圆,有时候在圆圈的中间、圆圈内壁和圆圈的外部出现两个或

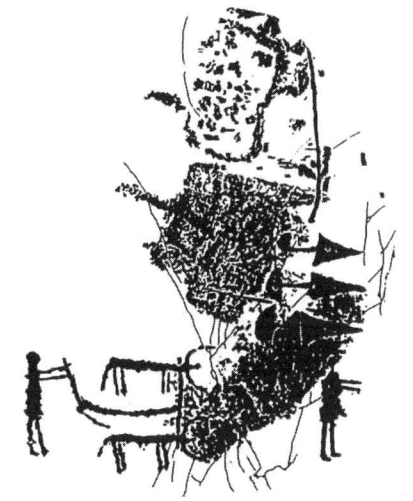

图8 叠压的博莱诺1号巨石

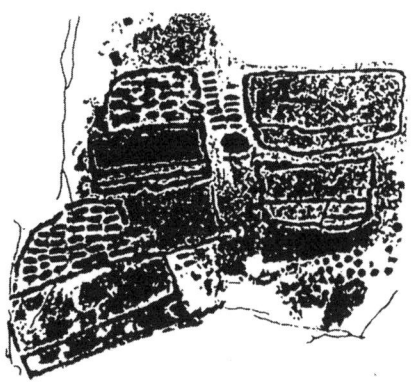

图9 岩石上的点和"通心粉"

者更多半圆的线。

对图 8 进行观察发现：有三把匕首叠压在两个"地点"上，这表明"地点"形象产生的时间要早于匕首。这种类型的匕首就成为"地点"年代的重要参照物，根据考古发现,这种类型的匕首在布雷西亚的一个小镇雷梅德娄(Remedello)的古墓中发现，是属于雷梅德娄人(Remedellian)文化，是黄铜时代的遗留物，专家们对这个古墓进行了 ^{14}C 测定，得出了一个年代大约是公元前 2800 年到公元前 2400 年之间。也就是说"地点"出现的年代最迟也是在公元前 2400 年左右，这个时间是恰好是新石器时代末期和黄铜器时代早期。此外，"地点"也和另外一种地形图形"双矩形"相叠压，而"双矩形"在 Bagnolo2 号的巨石上被黄铜时代的太阳形象所覆盖，给我们提示"双矩形"出现的年代是博莱诺 2 (Remedello2) 时期之前，就是雷梅德娄 1 (Remedello1) 时期，这个时期恰好是斯米拉 (Similaun)人，冰冻木乃伊死亡的时间，大约是前 4000 年前半期，同时告诉我们"地点"出现的时间是在公元前 4000 年之前。

图 10　八思巴来多的维德德莱雅

图 11　Proto Badisco 的带状形象

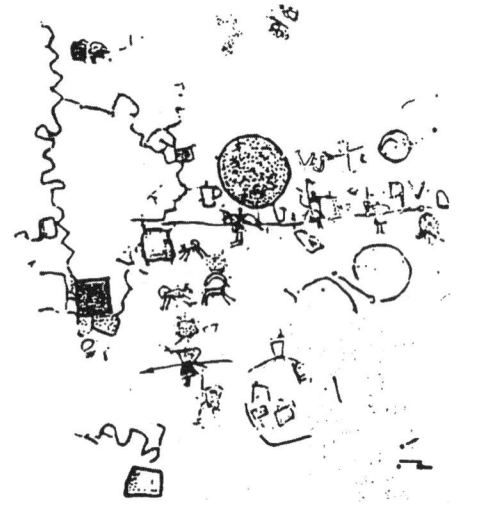

图 12　法国的 Aussois 岩刻

"通心粉"岩刻(图 9)通常被想象成点的集合或者是一些拉长了的点。点的集合以及拉长了点，给我们根据这两种图像为"通心粉"岩刻进行断代提供了之间的联系。椭圆形有时候经常会被人们和其他的异性形状联系在一起，例如点、矩形，还有连在一起的线等。因此它们就构成了不同的主题：双矩形、椭圆形、矩形、点以及"蘑菇"。它们经常出现在巨石上，或者与岩刻出现在有很多岩画点岩石表面周围。一个打磨得非常细致的石斧（图 14），古陶器的碎片以及燧石器具，这些挖掘出来的古代遗留物被证明是黄铜时代初期的遗留物。

"子弹带"(bandoleer)或者"肩带"(shoulder-belt)图形。它们通常被发现在巨石上或者巨石柱上面,是与黄铜时代几个阶段相联系的。也是属于黄铜器时代,与其他"地图经过比较,时间是大约公元前2400到公元前2000年之间,这些图形经常出现在巨石上,或者较平的岩石上。它经常覆盖了双矩形。在Los Millares 和 Iberian Peninsula的一些黄铜时代的点出现与之相类似的主题。它通常是作为一种篱笆,在里面用来做仪式或者进行风俗活动。半圆很可能表示小塔,这种艺术形象现在分布很广,在梵尔卡莫妮卡、法国的

图 13　巴都李娜地图

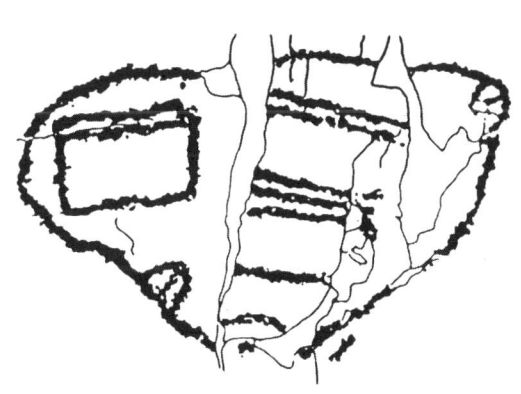

图 14　博莱诺的"地图"型岩刻

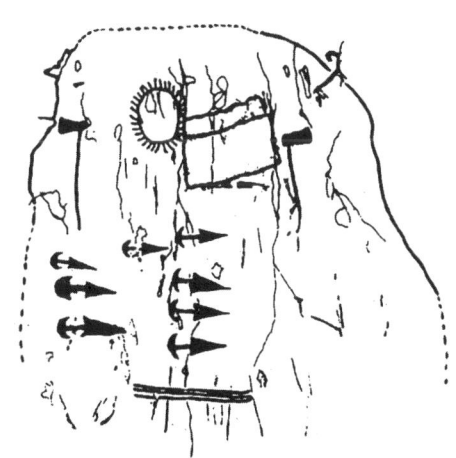

图 15　梵尔卡莫妮卡的巨石

布列塔尼（Brittany）的巨石艺术中和英吉利海峡，以及贝格山的岩刻和意大利南部的一些岩绘汇中都有发现，经过这些类似例子的印证，"子弹带"或者"肩带"图形应当是新石器时代晚期的作品（图10）。最晚的地图，出现在卡波迪蓬特的纳奎尼的巴都李娜（Bedolina）地图（图13），整个岩石表面出现了许多叠压和重复。依据图中出现的地图形象和更早的岩刻地图之间的不同，它们应当属于更晚的一个时期——铁器时代的中晚期（Turconi，1998，85~113）。这些形象和法国的 Haute Mauerienne 的 Aussois 出现的形象非常相似，以及法国 Aussois 岩刻地图覆盖了武士形象来判断（图12），它们应当属于同一时期，或者大约相同时期。在 Asiago 岩画点也发现了类似的地图形象，也出现在铁器时代晚期。至此，有关地图形象岩刻的年代序列就有了如下的规则，它们依出现的先后顺序依次：

地点型岩刻→双矩形→通心粉→子弹带/肩带蘑菇形

梵尔卡莫妮卡针对其岩刻进行叠压断代的这些做法被实践证明是切实可行的，可是并不是一种通行世界的做法，不是放之四海而皆准的通行准则，它留给其他世界学者的仅仅只是一种启示。在诸多远离人烟，缺乏考古发现和实证材料的地方，就很难用借用这种方法为具体某几个岩刻形象进行断代。因而，叠压断代法对国内的学者仅仅是一种参考，在实际的田野实践中，学者们应当结合具体情况做出合适自己的方式，如果这种方法在岩画断代过程中能给国内的同仁某种灵感或者些许的帮助，笔者将是不甚欣慰的。

参考文献

［1］Anati Emmanuel

1961　Camonica Vally, A depiction of village life in the Alps from Neolithic times to the birth of Christ as revealed by 1000's of newly found rock carvings. Translated from French by L.Asher. Alfred A.Knopf, NEW YORK,

1976　Evolution And Style in Camunian Rock Art, Edizioni del Centro, Capo di Ponte.

1990　10,000 Anni Di Storia In Valcamonica, Edizioni del Centro, Capo di Ponte.

1994　Valcamonica Rock Art-a new history for Europe, Edizioni Del Centro, Capo di Ponte.

2008 The Civilisation of Rocks, Edizioni Del Centro, Capo di Ponte.

［2］Angelo Fossati

　　2003　Topographical Representations In The Valcamonica Rock Art Tradition: Typology, Chronology And Interpretation, Rock Art In Landscapes-Landscapes In Rock Art, Tapir Akademisk Forlag, pp31~32.

［3］BELZONI, G.

1820 Narrative of the operations and recent discoveries within the pyramids, temples, tombs and excavations in Egypt and Nubia, Vol. 1. London.

［4］Bohuslan and Ø stfold

2000 Rock Carvings In The Borderlands, Warne Förlag..

［5］Turconi, C

1998 La mappa di Bedolina nel quadro dell'arte rupestre della Vacamonica,
Notizie archeologiche Bergomensi 1997(5),pp85~113.

Abstract:Many methods dating of rock art were used by different scholars in the world. Dating based on superimposition from Italy,which has been got the sufficient effect. The aim of the thesis I want to provide a notice and reference for Chinese scholars. I am very happy if some ways of developing rock art from Italy can be understood by researchers.

Key Words:rock art　dating based on superimposition　Valcommonica　interpretation

浅谈贺兰山岩画中一幅狩猎图的断代

银川市贺兰山岩画管理处 李学军

岩画的断代,一直是世界性的难题,目前学术界尚未有一致的看法。现在岩画的断代大约采用三种方法:第一种内容推断法、第二种地衣测定法、第三种 ^{14}C 测定法。贺兰山岩画刻制年代大致有三种说法:[①]第一种认为岩画刻制年代上限在旧石器时代晚期,持这种观点的有周兴华和艾天恩老师;第二种认为岩画刻制年代上限在新石器时代晚期,或产生于母系氏族社会时期,持此观点的有贺吉德、钟祝辉、李树㑆、高文宁、刘贻清老师;第三种认为岩画刻制年代上限在商周——春秋战国时期,及青铜器文化——早期铁器时代。他们的说法各有所据,在此我不敢妄加评判,但多数学者认为贺兰山岩画产生于新石器时代晚期。其依据是在贺兰山岩画分布区内发现大量的石器和陶片具有齐家文化的显著特征。在此对贺兰山岩画刻制年代的上限我不做讨论,但对其中的一幅岩画我采用内容推断法做了大胆的推论,正确与否请专家学者和各位爱好探险、考古的同行指教。

著名的国家4A景区贺兰山岩画景区有一幅狩猎图,长期以来人们一直对其年代的断代众说纷纭,有说是在旧石器晚期、新石器早期,也有说是秦汉时期凿刻的,各说其辞。我的推断为春秋战国时期或早于秦汉也可能为秦汉时期所刻制的。

为什么推断为春秋战国时期或早于秦汉也可能为秦汉时期所刻制的呢?

首先让我们了解一下这幅画的构图内容和整体布局(图1)以及从中所反映的信息。

从画面来看有三部分构成:第一部分为一人拉弓射猎;第二部分为其他动物(头和耳朵连为一体)惊慌逃脱;第三部分有一只动物竖起两只耳朵面向拉弓射箭的人,从形状上判断为驯养的猎犬或狗。画面中人物和所有动物线条流畅,而且采用了单线勾勒法(贺兰

[①]贺吉德主编的《贺兰山岩画报刊文摘》第一种认为岩画刻制年代上限在旧石器时代晚期;第二种认为岩画刻制年代上限在新石器时代晚期,或产生于母系氏族社会时期;第三种认为岩画刻制年代上限在商周——春秋战国时期,及青铜器文化——早期铁器时代。但多数学者认为贺兰山岩画产生于新石器时代晚期。其依据是在贺兰山岩画分布区内发现大量的石器和陶片具有齐家文化的显著特征。

口其他岩画磨制或凿刻的动物为整体磨制或凿刻,唯独此岩画为单线条敲打而成)。人物(身体的躯干部位为整体磨制)和其他动物相比比较小,这说明刻画的人当时或已懂得了近大远小的构图原理,或者刻画人有意突出被射猎的动物。我们发现在人物、动物上面附着地衣已经与岩石融为一体。通过和其他大量岩画相比较,可以断定不是现代人的杰作。

图 1　狩猎图

那么它是何时制作的呢?

我们针对构图中的内容及布局做一详细分析和比较,最终推出大致的年代。

在分析比较之前我们先了解几个概念性常识,有助于我们推断这幅狩猎图的年代提供必要的帮助。

一、狩猎经济及其年代

狩猎经济(Hunting Economy)也称"渔猎经济",以捕捉猎取自然界动物为生活资料来源的经济。它与采集经济结合在一起,成为原始社会前期的主要经济活动。人类早期,由于劳动技能低下和工具简陋,只能靠采集自然界的食物为生。当时最主要谋取生活资料的活动,除了采集野生植物外就是狩猎。狩猎活动早在猿人阶段就已出现。原始人在长期的狩猎活动中积累了经验,创造了各种狩猎方法,比如,除用棍棒、石块、投枪和火驱赶捕获动物外,还利用陷阱、罗网,并使用犬、鹰助猎,或将猛兽逼上悬崖使它们坠死。在发明和使用了弓箭以后,狩猎活动有了迅速发展。通过狩猎活动,不仅使原始人的食物丰富起来,而且能得到皮毛、骨、角、脂肪等众多的生活资料。原始人的狩猎活动是集体进行的。在当时工具简陋和征服自然能力有限的条件下,只有发挥集体的智慧和力量,才能防止猛兽的袭击并从事各种活动。在狩猎经济的基础上,产生了原始畜牧业。随着狩猎经验和技术不断提高,人类捕捉到的兽类不断增多。有些性情温驯的兽类便被饲养起来,逐渐出现了畜牧业。畜牧业的出现,使食物来源较狩猎稳定,于是狩猎便退居次要地位。历史上的狩猎经济也就成为过去。

概括起来,狩猎经济大约 200 万或 300 万年前开始至大约 1 万或 2 万年前。

二、中国弓弩的产生与发展

在当今的历史学界与考古学界关于兵器的产生过程已经达成了一种共识。即:"兵器源于渔猎工具。原始社会的劳动工具同战斗用的武器是分不开的。"所以弓箭这种曾经引导着人类踩着无数同类尸体跨过蒙昧时代的门槛向着氏族社会、奴隶社会、封建社会迈进的"特殊工具",理所当然的是人类古老先民智慧的结晶。

在旧石器时代人类的主要生产活动是狩猎,当时的原始人类仅仅使用打制过的石块、削尖的木棒等向各种猎物投击,但投掷的距离毕竟有限。直到人们从木制棍棒在被外力弯曲变形,但外力一经消失突然恢复原状时产生的能量中得到了启发,懂得了利用通过储存起来的机械能,将标枪状的箭弹射到远方。当时人类用有弹力的能弯曲变形但不会折断的木材或竹材,用坚韧的弦弯曲固定,制成了人类历史上最初的弓箭类武器。对于当时以狩猎为主的原始氏族部落,弓箭的应用具有极大的意义。

至于弓箭发明的具体时间,据1963年,在山西朔县发现的旧石器遗址中发现了一枚石镞,它是我国发现的最早的石镞,这枚石镞长约2.8厘米,用薄燧石片制成简单的薄片状,加工精细,前锋锐利,经放射性碳素测定年代,为距今28965年。不过按照《易辞系》记载,最原始的弓箭只不过是"弦木为弓,单木为矢"(即是说最原始的弓仅是单片的木头制成,箭也不过是削尖的木棍而已)。

由此可见中国古老的先民们懂得制造和使用弓箭的具体年代,要比能够制造这种石镞的年代还要早得多,至少也是距今三万年以前的事情。

其后弓箭在制造方面得到了长足发展,到春秋战国时期弓箭制造技术已趋于完善。据《考工记》①记载春秋战国时期弓箭已批量生产。而且已能制造双曲反弯复合弓,这种弓在不上弦的时候为C字形,上弦之后以中节成横过来的M形(图2),到战国末期、秦汉时期已出现了更为先进的弩(图3和图4)。唐宋元时期已发展成能发射多箭镞的长弓、角弓、格弓,箭镞(图5)也由简单的单片性发展成了三棱形或倒钩形,明清时期已出现了火器。因此从对弓箭的考证和这幅狩猎图中所画的M形弓箭比较,可以断定为春秋战国或

---

①《考工记》,是作为《周礼》的一部分。《周礼》原名《周官》,由《天官》《地官》《春官》《夏官》《秋官》《冬官》六篇组成。西汉时,《冬官》篇佚缺,河间献王刘德便取《考工记》补入。刘歆校书编排时改《周官》为《周礼》,故《考工记》又称《周礼·考工记》(或《周礼·冬官考工记》)。

《考工记》全文7000多字,记述了木工、金工、皮革工、染色工、玉工、陶工等6大类、30个工种,其中6种已失传,后又衍生出1种,实存25个工种的内容。书中分别介绍了车舆、宫室、兵器以及礼乐之器等的制作工艺和检验方法,涉及数学、力学、声学、冶金学、建筑学等方面的知识和经验总结。正因为此,历代有关《考工记》的注释和研究层出不穷,其中成绩卓著的学者,早期有汉代的郑玄,中期有唐代的贾公彦,晚期有清代的戴震、程瑶田、孙诒让等。清代学者戴震著有《考工记图》、程瑶田著有《考工创物小记》等有关研究著作。

前秦时期使用的弓箭。

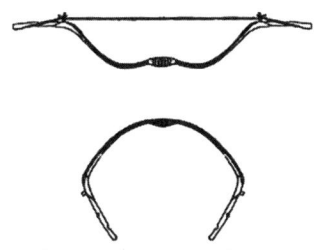

图 2　春秋战国弓箭双曲反弯复合

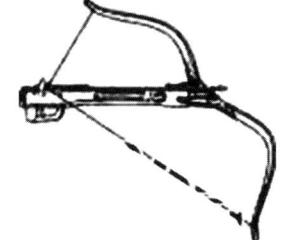

图 3　战国弩复原图

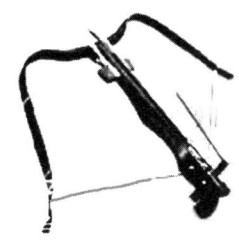

图 4　汉弩复原图

科学家在对来自于欧洲、亚洲、非洲和北美洲的上百只狗进行 DNA 分析后发现，世界上所有的狗的基因都有着相似的基因序列，因此他们得出结论，世界上所有的家狗都是在大约 1.5 万年前，从东亚狼进化而来的。这些狗的祖先和美洲最早的定居者通过白令海峡，一起穿越亚洲和欧洲到达美洲的。瑞典和中国的科学家们对 654 只狗的基因进行了研究，结果发现了东亚狗的基因具有很强的多样性，这说明东亚人是最早把狼驯服成狗的。

经研究人员推断家犬 15000 年前在亚洲驯化，14000 年前随人类迁移到世界各地。而这幅狩猎图中的狗最早不会超过这个年代的上限。

三、汉代绘画的主要特征是单线勾勒

单线勾勒的技法在中国绘画艺术中的巨大成就在于它的写实能力，在于它有可能表现对象的形体、质感、量感、运动、空间，所以是一种效果明显而高度简洁的描绘技法。而汉代绘画用单线勾勒是主要的表现手段，人物形象只有正面及侧面两种，从大的动作姿态着眼，构图平列所有形象，多是不断地重复，画面常常做纵深和远近的空间关系处理。一般采取单线阴刻法和单线阳刻，像"朱鲔祠"画像石和四川画像砖都代表了汉画以单线勾勒为主要表现手段的特点。

四、贺兰山岩画狩猎图可能是秦汉或以前的艺术作品

通过以上的了解，我们可做以下分析：

一是狩猎经济虽然在大约 1 万或 2 万年前结束，但狩猎或打猎却得以延续到现在。只是狩猎的次数逐步减少，狩猎的工具更先进。由于狩猎工具更为先进，狩猎由过去的群

小图上为锋下为链，大图最上端为镞，中为杆，下为羽，最底下为比。

图 5　箭

猎演变为个体的狩猎。这种个体狩猎的现象从某种意义上讲已脱离了原始社会群居和群猎的社会形态,人类社会已经有了剩余产品,标志着人类社会已由原始社会过渡到奴隶社会或封建社会早期,也就是中国的夏商周时期或更晚的秦汉时期。而这幅狩猎图中已具备了上述信息。二是制造和使用弓箭距今3万年以前,但较为普遍使用双曲反弯复合弓(不上弦的时候为C字形,上弦之后以中节成横过来的M形),据《考工记》和史料记载则是春秋战国时期。三是至于驯化狗或家犬虽然在15000年前,随人类迁徙在14000年前,但这个过程不可能一蹴而就,而是相当漫长的过程。中国过去的疆域并不是现在的版图,也很不固定,西北地区也许是蛮荒之地,很有可能狗在当时才迁徙到现在的西北地区。更为可能的是作为西北地区农耕经济较为晚些,狩猎在当时也许是主要的食物来源,驯化狗作为捕猎的工具,也许从它们自身开始而不是随人类的迁徙而来。狗作为捕猎的工具在西北地区也不会太早。四是单线勾勒表现手法的绘画特征主要是在汉代,但开始使用这种画法肯定是在春秋战国时期或更早,而秦汉时期得到了长足发展。汉代人们绘画的手法主要有两种:一种是绘画人物形象只有正面和侧面,另一种是采用单线勾勒的手法。五是从布局结构上采取从大的动作姿态着眼,构图平列所有形象,多是不断地重复,画面常常做纵深和远近的空间关系处理,也是汉代常采用的手法。

  贺兰山岩画的这幅狩猎图反映了个体狩猎,更为明显的是使用的弓箭具有春秋战国M形弓箭的特征,所有形象从大的动作姿态着眼,人物采取侧面形象,构图平列所有形象,构图布局做纵深和远近的空间关系处理,采取单线勾勒的手法且不断地重复,则完全符合汉代的构图特征。由此推断此幅狩猎图不晚于汉代,也可能是秦汉之前或为春秋战国时期的作品,其时间下线应当距今2000年左右。

中国岩画产生的时代环境与文献记载浅议

周兴华

岩画究竟是什么时代的文化产品？联合国教科文组织官方网站上在关于"世界遗产名录"中指出："岩石上的绘画和图形，正如人们通常所说的岩画，它们产生在人类还不知道如何读和写之前，是开始于智人出现的时候，它们提供了人类在文字发明之前极其重要的历史资料。"早期智人出现于距今约20（或30）万年至5万年，晚期智人距今约5万年至1万年，这是考古界众所周知的定论。岩画"产生在人类还不知道如何读和写之前"，即岩画是人类文字产生之前的产物。埃及文字起源于公元前4000年，两河流域苏美尔人"楔形文字"产生于公元前约3000年，中国殷商时代的甲骨文距今约有3600年。殷商时代，正值中国的青铜时代。这一时期，甲骨文已是中国的成熟文字，"有册有典"的中国图书时代已经开始；《尚书》《周书》已是华夏早期王朝的历史著作；《诗经》作为文字记载的民歌乐章已广泛流行；《春秋》《左传》《国语》《史记》等文字专著已全面记述着社会历史的方方面面。

岩画是各族群文字产生之前的作品，这是国内外岩画专家、学者不争的岩画学术常识，这也是国内外史前考古界认可的历史事实。在文字产生以后的个别地区，直至近现代，也有一些部落在继续制作运用岩画，这是因为这些部落的社会发展仍处于原始社会阶段，本部落并无文字，所以照旧制作岩画。据中国历史文献记载，历史时期，在一些使用文字社会的人群中，基于各种心态，有的人仿效史前岩画在岩石上刻制图画或在史前岩画旁边刻制图画、文字；有的人在岩石上刻制佛像、图画或文字。历史时期制作的这一类石刻作品，在动因、内涵、功能、作用等方面与史前岩画是根本不同的，不能同日而语，不能列入史前岩画的范围。若将历史时期使用文字的人们制作的这一类石刻作品视同为"岩画"，这就等于取消了岩画作为原始艺术的本质属性，将史前文化与历史文化混为一谈了，这是没有搞清"岩画"这一学术"概念"作为史前艺术的专业界定。

从世界范围来看，岩画在世界上的发生是多元的。经历过原始社会族群的地方，一般都有制作岩画的传统和遗存有岩画的遗迹。100多年来，随着全世界一批一流的专家、学者对岩画研究的不断深入,在岩画断代上取得了令人信服和举世公认的科学成果,如遗存于旧石器时代晚期的距今3万年前的阿尔塔米拉洞窟壁画、阿纳蒂向联合国教科文组织提交的岩画报告等等。总结20世纪80年代以前全球岩画的研究成果,国际岩画委员会前主席阿纳蒂在20世纪80年代向联合国教科文组织提交的一份关于岩画的报告中曾说:"因为岩画产生于文字之前,它成为早期人类表现他们自己和他们对世界看法的最重要的证据。同时,最古老的书写文字产生只有5000多年,而岩画在此之前,提供了人类数千年前的记录。"根据阿纳蒂教授的研究结论,刻制岩画的产生时代距今已有三四万年。三万三千年前出现在非洲、亚洲和欧洲,两万年前出现在澳洲,一万七千年时出现在巴西,一万年前到达南美洲大陆的最南端。

中国岩画产生的时代非常古老。早期狩猎者及一些动物岩画产生于旧石器时代晚期,繁盛于新石器时代。一般来说,中国文字产生以后,真正意义上的原始岩画就已退出历史舞台。此后仿效史前岩画制作的摩崖石刻、壁画,在性质、功能、作用等方面已与史前岩画有着根本的区别,属于史前岩画的遗风,它们已不是真正意义上的原始岩画了。

中国岩画见之于古典文献的记载是非常早的。《诗经》记载说:公元前3000年左右,周氏族的始祖母姜嫄,踩踏古代遗存下来的大脚印痕迹,以之作为生殖巫术手段,祈盼自己怀孕生子。大脚印痕迹,即今之大脚印岩画。距今2500年前后,左丘明在《国语》中记载了"掌足之迹"的手印、足印岩画。距今2400年前,《山海经》收集著录了深山旷野里的大批岩画。200年左右的汉献帝时代,今甘肃张掖柳谷山沟中的动物、人物岩画已被作为灵验古迹发现著录。267年,西晋张掖太守已将柳谷岩画作为神品复制上报朝廷。450年左右,北魏地理学家郦道元在《水经注》中著录了长江、黄河诸流域遗存下来的大量古代岩画,并用远古神话予以解释,其中许多岩画就分布于青藏高原及其毗邻地区。中国岩画产生时代之古老由此可见一斑。

中国岩画退出历史舞台也是很早的。中国战国时期成书的《韩非子》记载说:"赵主父令工施钩梯而缘播吾(今河北省平山县东南),刻疏人迹其上,广三尺,长五尺,而勒之曰:'主父常游于此。'""刻疏人迹"就是在山上凿刻脚印图像。现行学术著作都认为,该记载是中国刻制岩画的最早文献记录。我认为,恰恰相反,这是中国岩画退出历史舞台的最早文献记载。道理很简单,史前时期,岩画是史前人类的公共图画语言,那个时期的人们,只要一看岩画,按照传习久远的约定俗成知识,就知道岩画记述表达的内容是什么。战国时期,赵主父将大脚印图像凿刻好以后,还要让凿刻者在其旁边特意加刻上"主父常游于此"六个汉字专门说明其凿刻图像的用意,否则他怕别人看不懂他凿刻大脚印图像的原意。这说明,只看凿刻涂抹的岩画就能辨识岩画语言的时代已经结束,赵主父凿刻的大脚印图像是对史前岩画的仿效,而不是史前岩画,中国的史前岩画在赵主父时代(公元前340—公元前299年)就已经退出历史舞台了。赵主父生活于战国时期,主政于中国北方草原游牧族群活动地区。赵主父凿刻大脚印图像并以文字注图的事实证明,战国时期中国文字的使用已遍及长城内外,此时人类社会的信息传达、表情达意无须使用岩画去表现。人类社会语言信息的媒介载体早由岩画嬗变为文字的这一事实,亦被战国秦昭王的华山刻字所证实。《韩非子》载:"秦昭王令工施钩梯而上华山,以松柏之心为博,箭长八尺,棋长八寸,而勒之曰:'昭王尝与天神博于此矣。'"秦昭王华山刻字的这一做法分明是原始宗教的遗俗,但其表情达意的媒介载体却是文字而非岩画,这说明岩画的原始功能作用已从宗教文化中退出。200年左右的汉献帝时代,今甘肃张掖柳谷岩画已被作为古迹予以著录。267年,今甘肃张掖柳谷岩画已被作为神品上报朝廷。450左右的南北朝时期,岩画是以神话传说或文物古迹的"身份"载入《水经注》的。当时有的"夷人"出于好奇,模仿古岩画刻制新岩画。《水经注》"河水二"记载"天马经"古岩画时,郦道元(卒于527年)说:"夷人在旁效刻,是(疑作足)有大小之迹,体状不同,视之便别"。所谓"效刻",即指当时也有人在古岩画旁边模仿刻制新岩画。郦道元说,对这些当时模仿刻制的新岩画,从其大小、痕迹、风格(体状)上一看,就知道是假的。对这种模仿刻制新岩画的行为,时人称之为"效刻",即说这种行为如同儿戏,玩玩而已。这说明,在南北朝时期,不管是古岩画,还是时人"效刻"的新岩画,已均无任何现实的宗教文化意义。到了唐朝,遗存于今福建华安境内的仙字潭岩画,已成了连大文豪韩愈都看不懂的考古对象了。

中国古文献记载说明,在西周先祖姜嫄时代(公元前3000年左右,约当中国原始社会末期),当时的人类还能知道遗存于世的古岩画(大脚印)具有生殖巫术作用,到了战国至汉唐时期,当时的人对于存时的古岩画已看不懂了,只能作为神话传说的孑遗或神圣古物对待了。

在当代中国一些学人的岩画研究中,竟将所谓唐代工匠或佛教徒的佛教摩崖造像也列入"岩画"进行分期研究。中国自汉唐以来,佛教造像盛行,汉代制作画像石,南北朝、唐代的摩崖造像成风,这既有文献记载,又有存世的大量艺术品可验。所以,即便唐代或吐蕃时期青藏高原诸族或者"汉人工匠"在山崖石壁上刻制了"三转法轮图""汉式造像""文成公主礼佛图""佛塔、经幡、吉祥结、六字真言",上述作品均属人为宗教的摩崖石刻,根本不属于"岩画"的范围,谓之唐代"文物"则可,称之"岩画"则非。若将所谓文成公主进藏时命人凿刻的摩崖佛像、吐蕃时期凿刻的"文成公主礼佛图"、青海玉树勒巴沟出于"汉人工匠"之手的"三转法轮图(图246)""唐代(或吐蕃时期)"凿刻的"象""佛塔、经幡、吉祥结、六字真言"(见汤惠生:《青海岩画——史前艺术中二元对立思维及其观念的研究》)

均视为"岩画"的话,则麦积山石窟、龙门石窟、云冈石窟、贺兰山明代石刻碑文岂不都成了"岩画"了!很明显,这是没有搞清"岩画"这一学科的概念,将史前岩画与历史文化混淆所致。当今一些学人,将中国岩画的分期断代为商周、春秋战国、秦汉匈奴、南北朝诸族、隋唐、西夏至元明清时期的作品即源于此,是以历史知识比附史前岩画进行断代分期,导致中国没有史前岩画,中国岩画成了世界岩画序列中的"新生儿",汤惠生等著《青海岩画——史前艺术中二元对立思维及其观念的研究》对青藏高原岩画的断代研究即是其中之一例。

岩画的"崇拜槽"与减地刻法

贺吉德

在贺兰山贺兰口，有相当数量的人面像岩画，是用先凿后磨的方法制作成图的，线条较细，匀顺平浅。但还有一些较大的人面像岩画，其轮廓线且宽且深，槽线可宽 2~4 厘米，槽深有达 2.5 厘米者，距山壁五六十米之外也能看见（图1）。

仔细观察，这些线槽均呈 U 形，槽内表面平滑，不见凿坑凿点，无刻凿痕迹。这类岩画，是先用垂直打击法或敲凿法使石面成图，然后用石器沿图像轮廓线多次推磨，使线条愈粗愈深，最终形成 U 形线槽。所用工具，极有可能是沟谷中俯拾即是的小卵石。

图1　贺兰山贺兰口人面像岩画上的"崇拜槽"

有些学者在面对这种岩画现象时，仅仅谈到的是制作方法，认为这只是用先凿后磨的方法制作成图的岩画而已。至于这些岩画 U 形槽背后深层次的文化意义，则很少论及。

磨制有岩画的贺兰口山体岩石为长石杂砂岩，其表面硬度为 5 度。实验表明，在这种岩石上，用坚硬的砾石做工具对其进行研磨，不停地工作 1 个小时，研磨深度不到 1 毫米。除了能看到一条灰白色的印痕外，石面的平整度几乎没有什么变化。很难设想，在很短的时间内，以一个人的耐力，非常机械地用石器在石壁上反复推磨，就可以制作出有如此宽深线槽的人面像岩画来。因此，在石面上开始成图时，采用垂直打击法或敲凿法刻画人面像的形象，所用的时间可能很短，但将最初敲凿而成的线条磨成 U 形线槽的时间肯定会很长，绝非一两人在短时间内可以完成。那么，这些 U 形线槽的形成有什么文化背景呢？也就是说，为什么古人要用石器磨出如此宽且深的 U 形线槽呢？

我们知道，人面像岩画是崇拜文化的产物，是古人对他们心灵中的神灵进行崇拜的对象。在人面像成图以后的漫长岁月里，人们一次又一次地通过一定的仪式，对这些心目中的神灵进行祭祀时，每一个人都会按照主持祭祀仪式的巫师所指示的方法，或根据自己的意愿，从沟谷中捡起一块小小的鹅卵石，依次在岩画的槽线磨过，希望用这种与神灵接触、亲近的方式，求得神灵的保佑。于是，经过了千百人的手、千万次的研磨，这些岩画上的槽线便越磨越深，越磨越宽，越磨越平滑，从而形成了我们现在所看到的 U 形槽岩画。

这些人面像岩画上的 U 形线槽，如同青海塔尔寺供奉宗喀巴的大殿前，被千万僧侣千万次五体投地用手磨出凹面的大石板，又如同在转经楼下，被千万信仰者千万次转经时用脚磨出凹槽的青砖地面。这是神灵崇拜者虔诚、执着、痴迷和韧性的表征，也是向神灵表达崇拜心愿的一种行为方式的反映。

为此，我们可以把这种表示崇拜而接触人面像岩画时，由无数人经过无数次磨制而成的线槽称之为"崇拜槽"。

在这些有"崇拜槽"的人面像岩画中，有一幅人面像岩画，其制作方法非常有特色。这幅人面像岩画的轮廓线槽为两层，底层距石面的深度是 2.7 厘米，宽度为 1.8 厘米，在底层槽的外侧，有宽 2.2 厘米的台面，其台高为 0.8 厘米，这样就使上层的线槽加宽到了 2.2 厘米，整个线槽的剖面呈现为倒"凸"字形(图 2)。

图 2 有两层线槽轮廓的人面像岩画

为什么会是这样呢？合乎情理的解释是因为所用的工具有差异，致使槽线形成了两层。人们用卵石在这具人面像岩画的浅线条上进行接触式的反复推磨，以示崇拜的时候，因手中所持的"磨具"大小不一，留在线槽上的磨痕是不尽相同的。如果在原来较窄的磨槽上用较大的卵石磨过时，这道磨槽肯定会加宽，并会在原来磨槽的两侧凹下去一层台。这样，就形成了剖面为倒"凸"字形的两层磨槽。

然而，事情并不会这样简单。如果真的是为了虔诚地用卵石推磨这幅象征神灵的人面像的槽线，以讨其好的话，卵石的大小一定要适合已经形成的线槽宽度，不会偏离原来的线槽做任意推磨，因为选择一块与磨槽宽度大小合适的石头并不是件很困难的事。所以，人面像岩画的磨槽出现上下两层，绝对不是因为无意识地使用了不同磨具而造成的差异，而很可能是一种有意识的巫术行为的体现。

我们已知，史前人类之所以在石壁上磨刻他们心灵中的神灵，除了创造一个有形的崇拜对象之外，在很大程度上也是为了控制这些神灵。磨刻出神灵的图像，神灵即会"附着"在这些图像上,各就其位,即所谓"安神",人们面对这些"安"在岩画图形上的神灵实行崇拜,以祈求这些神灵为人类降福祉、祛灾祸。

在民间,"安神"的方法很多。旧时,我国各地都有"贴门神"习俗,讲究将门神贴到门上时,家里每一个人都要用手在门神像上使劲按几下,希望将门神像牢牢地贴在自家的门上。这叫"按神",谐音即为"安神"。如果"按"得不紧实,神是会跑掉的,贴门神驱邪镇宅将成为一句空话。再比如,民间建庙请神时,在庙中台座上的神龛里,相对神像底座的地方,事先要在东西南北四角钻 4 个孔,待所请的神像入龛就位时,尽管神像很重,也能坐稳,但依然要将其底座上的 4 个孔对准神龛里的 4 个孔,用木楔上下钉牢,使神像与神龛连为一体。这叫"钉神",谐音即为"定神"。"安""定"义同,故"定神"也即"安神"。

有上下两层线槽的人面像岩画,U 形槽里出现的上层台,是在原来较窄的磨槽上用较大的卵石磨凹下去的一层台。原来较窄的磨槽,是为人面神像的轮廓线,用较大的卵石在原来的磨槽上磨下去所形成的宽槽,应是"安神"用的磨槽,如同贴门神时手的按(安)迹、请神时楔木的钉(定)孔。因此,有两层槽线的人面像岩画,上面的第一层宽槽,或可称之为"安神槽";下面的第二层较窄的 U 形槽,即是"崇拜槽"。磨槽被加宽了,人面像的面部轮廓也被放大了许多,人们崇拜的神祇即在人面像的轮廓中被"安定"下来。

前面说,在石壁上磨刻人们心灵中的神灵(人面像),除了创造一个有形的崇拜对象外,在很大程度上也是为了控制这些神灵,也即"安神"。那么,又有什么必要在已经"安"过了的神像的 U 形槽上,再加上一层"安神槽"呢?

在贺兰口 700 多幅人面像岩画中,有上下两层线槽的人面像岩画仅此一例。这幅用特殊线槽构成的象征神灵的人面像岩画,极有可能是经常给人们带来灾难的鬼怪,也就是极不安分的神灵。人们崇拜它,但又惧怕它;要讨好它,但又想控制它。于是在已经形成的"崇拜槽"上,再加一道"安神槽",以便能够更加有效地控制它,让它在人们控制性的崇拜中,不再兴风作浪,不再给人们带来灾难和不幸。

在贺兰山岩画中,还有一种制作方法,是将构成人面像岩画的部分岩面,用石器磨刻下去,低于原来石面达 0.8~2.5 厘米,形成局部凹面,与没有被磨掉的凸面共同构成一个完整的图形,类似浅浮雕(图 3)。这种磨刻方法,我们称其为"岩画的减地刻法"。

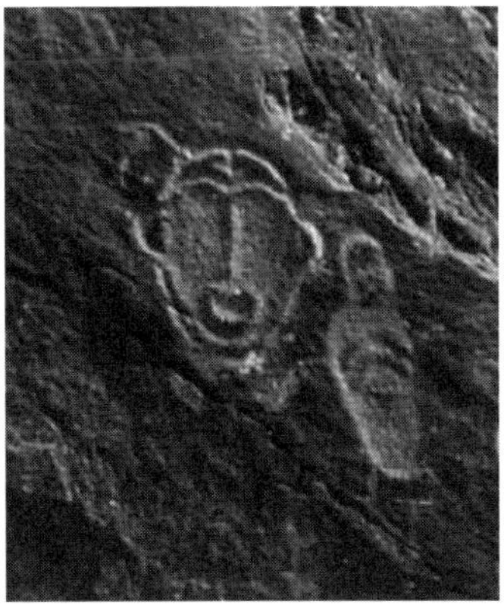

"减地刻法"是一种非常古老的雕刻方法。2003 年,在河北省易县北福地村,发现了新石器时代的房屋遗址。经过发掘,出土了使用减地刻法制作的十余件完整或基本完

图 3 减地刻法制作的人面像岩画

整的刻陶假面面具。据 ^{14}C 测定,其绝对年代为公元前 6000~公元前 5000 年。

这些用直腹陶盆的腹部片或盆底片制作的假面面具,边缘有切割修整的痕迹,一般长约 10 厘米。"雕刻技法属平面浅浮雕,单面雕刻。常见的是用减地法刻出凹块面与凸块面的浮雕、阴刻法勾勒出凹线条、阴刻线与凹块面相应组合成图案。图案内容有人面、兽面等"[①]。刻陶假面面具 F2:1,陶质为夹云母黑褐陶,系直腹盆的口沿及腹片,左侧有整齐的切割痕迹。宽 6.6~13.1 厘米、高 20.2 厘米。人面雕刻在沿下腹面,方向与口沿倒向垂直。减地阳刻为主要技法,凹下块面构成椭圆形大眼眶,其与阴刻弧形线条之间的凸弧线条成为眼眉。镂孔为眼睛,双眼斜立,右眼长 2.9 厘米,宽 0.4 厘米,左眼长 2.3 厘米,宽 0.4 厘米。弧形三角凸块面为鼻部,镂刻两个小圆坑点为鼻孔,孔径 0.4 厘米。减地椭圆形凹下块面为口部,其中间为凸起块状表现舌部,舌中间又有阴刻交叉线条。额头一字并列 3 个穿孔,鼻下口两侧各有一穿孔,孔径 0.4~0.5 厘米。

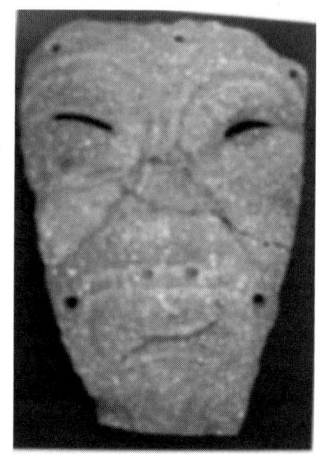

图 4 "减地刻法"制作的刻陶面具

这些用减地刻法制作的刻陶假面面具,与使用同样方法制作的人面像岩画相比较,尽管所使用的材料不同,载体不同,但它们的文化性质是一样的。都是一种原始宗教或巫术活动产物,是用于祭祀崇拜或是巫师实施巫术时的辅助用具。

"减地刻法"多用于尺寸较大的人面像岩画,有个别体形硕大的动物岩画,画面通体低于石面,使整个画面构成阴刻效果,也是运用减地刻法制作而成的。

用这种方法制作的岩画,在凹面的边缘部分,总是从岩面向下呈弧形转角,目前尚未发现有直角减地的刻法。从艺术效果上看,有些像浮雕的感觉。由于形成图形的线条是没有磨刻而相对凸起的石棱,所以打制出拓片来,又会有阳刻的效果。显得厚重粗犷,极具艺术魅力。

岩画的"减地刻法"所形成的凹面,和 U 形线槽一样,也不是一两人在短时间内完成的,而是经过千百人无数次磨制而成的。所不同的是,U 形线槽基本上是用线条表现人面像形象的,而"减地刻法"则是利用"减地"所形成的凹面及没有"减地"而形成的凸面共同刻画人面像形象的。

因此,人面像岩画的 U 形槽磨制方法和"减地刻法",从表象上看,似乎只是一种岩画

[①] 河北省文物考古研究所等:《河北易县北福地新石器时代遗址发掘简报》,《文物》2006 年第 9 期。

的制作方法,而从发生学意义上去做深层次的考察,实际上是崇拜文化在表现形式上的一种反映。用磨制 U 形线槽的方法或"减地刻法"制作的人面像岩画,无论从内容到形式、从文化内涵到表现形式上,都强烈地透露出远古人类对神灵崇拜的思维方式,表现出崇拜观念对人面像岩画从创作内容到制作方法上的深刻影响。

岩画学：作为一门独立学科的发展

南京大学 汤惠生

英语岩画"rock art"一词是18世纪译自德语岩画"Felskunst"一词，到了19世纪，由于考古学家如Belzoni诸人的大力推广，才变成了一个专业用语。

岩画学虽然于19世纪末正式被发现，但它一直从属于历史、人类学、史前艺术或原始宗教等学科。发展到20世纪80年代，岩画学取得了突飞猛进的发展，随着考古出土资料的增多、研究的深入以及学科的发展，21世纪以来，岩画研究深入发展的主要标志是作为一门独立学科而日渐成熟和完善。20世纪70年代末80年代初，不仅是我国，全世界都迎来了岩画学的热潮和兴盛。首先标志着岩画研究的兴盛并不是来自技术的革命，而是一种认识的变化。最早是加拿大岩画研究协会（Canadian Rock Art Research Associates），创办岩画季刊杂志；1975年美国岩画研究协会（American Rock Art Research Association）；1983年澳大利亚岩画研究协会成立（Australian Rock Art Research Association），创刊《岩画研究》。1980年，在联合国教科文组织的国际历史遗迹和遗址委员会（International Council on Monuments and Sites 简称ICOM）辖下成立国际岩画艺术委员会（International Committee on Rock Art 简称CAR），旨在保护岩画遗址、联系contact和协调correspond各国的岩画工作者、岩画研究以及与岩画相关的学术活动等。这样一个大型的国际岩画组织为岩画向独立学科发展奠定了基础。其次是1988年在澳大利亚的达尔文市召开的澳大利亚岩画协会第一次会议，后来情况表明，这次大会并不仅仅是澳大利亚岩画界的会议，而是整个世界范围的一次岩画盛会pageant。这次会议上有两件事值得一提：一是成立了世界岩画组织联合会（International Federation of Rock Art Organisations，简称IFRAO）；其次是这次会议标志着岩画学（rock art studies）已发展成为一门独立的学科。

"旧石器时代艺术"一词越来越多地出现在旧石器考古、古人类以及史前史研究中。鉴于"旧石器时代艺术"研究的特殊性，许多学者甚至建议应该成立一门专门从事"旧石器时代艺术"研究的学科。由于该学科与认知考古学（cognitive archaeology）有较多的联系，有些学者建议将其归在认知考古学门类之下。

既然作为一门独立的学科,那么首先是学科命名问题。1988年,澳大利亚史前艺术研究学者贝德纳利克建议将史前艺术研究重新定名为"认知学"(cognitology)[li];后又与中国的汤惠生共同建议将史前艺术研究重新定名为"认识论研究"(cognitive epistemology)[lii];稍后英国学者巴恩(P. G. Bahn)等人主张使用"冰期艺术"(Art of the Ice Age)[liii];1990年肯尼亚学者奥达克(O. Odak)建议用合成词"pefology"来涵盖包括史前艺术、原始艺术以及岩画等在内的各项研究。这里的"p"指"pictographs"(象形文字、岩壁画)和"petroglyphs"(岩刻画);"e"指"engravings"(雕刻、刻凿);"f"则是指"figures"(图画、图像)和"figurines"(小雕像)[liv]。印度学者建议用印度语的"岩画"(purakala vigyan或peena)来命名该学科;2002年,意大利史前研究学者Licia Filingeri和Pietro Gaietto呼吁学界设立"古代艺术学"(Paleoarteology),用以囊括"史前艺术科学"(science of the prehistoric art)中的所有领域。此外,还有人建议用"palaeoart"(古代艺术)或"palaeoartology"(古代艺术学);还有人建议用"epipent","epipentology","cognitive archaeology","cognitology"等等[lv]。不过并非所有的学者都喜欢更名,世界岩画艺术委员会前主席阿纳蒂认为还是使用"Rock art studies"的好。[lvi]

当然,这些建议是不可能达成一个一致的共识,也不会有一个最终结果。不过有一点学者们的意见是一致的,鉴于史前艺术研究,特别是旧石器时代艺术研究的特殊性,亦即研究对象、研究理论和方法论以及从事该研究所必需的知识与训练等,该研究有必要成为一门专门的学科。

学者们之所以如此热衷重新命名和规定此项研究,最主要的原因是原来的命名"史前研究""原始研究"以及"岩画研究"等等首先是时间上的概念不清。对于欧洲学者来讲,尤其是20世纪70年代以前,"史前艺术"更多是指一万年以前包括洞穴岩画在内的旧石器时代艺术。如法国莫蒂耶(G. de. Mortillet)的《人类的史前遗物》(Le prehistorique aniquite de l'homme)、安德烈·雷诺阿—古尔汉(Andre Leroi-Gourhan)的《史前艺术宝库》(*Treasures of prehistoric art*)、美国学者契安奈(J. A. Cheyne)的《原始艺术》(*Prehistoric art*)等,均指旧石器时代艺术。而欧洲以外的学者或20世纪70年代以后学者们所谓的"史前艺术"则多指历史时期之前包括新石器和旧石器在内的艺术,此间最为著名的就是英国学者巴恩的《剑桥插图史前艺术史》,该书的汉译本2004年由山东画报出版社出版;前世界岩画委员会主席、法国著名的岩画学者让·克劳德(J. Clottes)在谈及史前艺术时,其时代甚至延续到青铜时代,即指斯堪德纳维亚地区德岩画等[lvii]。对于那些文字出现以前的艺术,也就是已进入历史时期但仍处在原始状态人群部族所创造的艺术,国外学者多用"原始艺术"(primitive art)来指称,德裔美国学者鲍阿斯(F. Boas)的《原始艺术》

(Primitive art),就是这方面的代表。不过由于"原始"一词中含有种族偏见的贬义色彩,当代(尤指20世纪80年代以后)学者们都不主张使用[lviii];而对于非洲和美洲的史前艺术研究学者来说,同样也不主张使用"史前艺术"一词。在世界不同的地区,"史前"的概念是不一样的:比如在中国,史前的下限在公元前2000年前后的龙山文化晚期;在近东则在公元前3100年左右;而在澳大利亚、波希尼亚等地,其下限仅在几个世纪之前。"所以近几年来,作为对所谓'欧洲中心论'或'新殖民主义'考古学的一种反映,一些第三世界的学者拒绝了'史前'一词,因为他们的口头传说和历史与西方传统的书面文献相比,不大有效或不怎么可靠,也很少值得尊重。"[lix]现在国际上越来越多的学者主张用"部落艺术"(Tribal art)一词来代替"原始艺术"。意大利著名的史前学家阿纳蒂(E. Anati)将笼统称为"史前艺术"的研究分作两个领域:旧石器时代艺术(包括岩画)和部落艺术,他认为这两个领域是构成史前艺术研究中的主要部分;[lx]贝德纳利克也认为应该用"旧石器艺术"(palaeoart)和"部落艺术"来替代"史前艺术"一词[lxi]。

最后还应谈及"旧石器时代艺术"的时间范围。其实就此学科的命名而言,时间范围似乎不应该成为一个需要讨论的问题,而事实上学者们对于"旧石器时代艺术"的时间范围是颇有争议的。从世界范围来看,人类整个旧石器时代大致经历了300万年;我国的旧石器时代据目前最新的考古发现材料来看,也经历了大约200万年。[lxii]在这样一个巨大的时间跨度内对包括艺术在内的任何问题进行一揽子式的探讨,显然是不合适的。既然我们所讨论的对象被规定在人类最初的表现人类象征思维的非实用性精神产品,那么其时间范围也随之需要根据体质人类学的材料在理论上加以讨论。

近年来国际学界争论非常热烈的问题之一,是与符号学相关的象征系统起源问题,亦即象征符号于何时、何地以及如何起源的问题,不过对此目前国际学界目前还没有一个统一的认识。关于这个方面的讨论被贝德纳利克归纳为两个流派,这两个流派可以分别称作长线模式(long-range model)和短线(short-range model)模式。[lxiii]其中近年来一直占主流地位的短线模式认为:我们已确认的人类最古老象征符号最多古老到32000年或35000年;可以观察到的最古老的语言是在澳大利亚被成功地加以移植,发生在60000年前。短线模式的思想来自澳大利亚的戴维逊和诺博尔(I. Davidson & W. Noble),他们认为人类象征能力的起源不可能超过100000年。[lxiv]

长线模式尽管还不能被充分的考古学材料所证明,同时为大多考古学家所反对,但却是大多数语言学家所青睐的理论。[lxv]这个流派认为人类的象征能力应该有一个一百万年左右甚至更长的历史。长短线模式是两个水火不相容的对立理论。短线模式认为人类的象征能力仅属于解剖学意义上的现代人(anatomically modern humans),亦即晚期智人(Homo sapiens sapiens)，或简称为"现代人"。[lxvi]短线模式明确宣称早期人类不具有语言、类似艺术的物品、社会系统、自我意识，甚至没有可以被称作文化的东西。他们的这种确定不是基于考古学的材料，而是基于"非洲夏娃"（African Eve）的人类学推论，即现代人是10万~20万年间从非洲的泛撒哈拉地区通过孤立遗传进化而来。这些孤立的人群约10万年前开始走出非洲到达地中海东部的黎凡特（Levant）；6万年前到达亚洲和澳大利亚；最后在2万年前后抵达欧洲。在这个迁徙过程中，他们与其他的人类或竞争，或战争，但从未通婚。大约28000年前，所有其他人类都灭绝了，独剩这支基因单纯的人类，也就是晚期智人，他们统治了整个世界。

就我国的考古学证据而言，似乎也支持短线模式理论：目前我国发现最早的旧石器艺术品是水洞沟第2地点出土的34000年左右[lxvii]的用鸵鸟蛋壳制作的饰珠，[lxviii]尽管有些学者宣称在三峡兴隆洞发现12万~15万年前的象牙刻画，[lxix]不过是否为人工刻痕，还有待确认。我国旧石器时代艺术的研究还远远没有开展起来，1935年裴文中先生撰写的《旧石器时代之艺术》到目前为止，仍然是有关我国旧石器艺术研究方面唯一的、最系统的以及最有深度的著作。随着我国旧石器时代艺术品发现的逐渐增多，随着学科的不断发展，现在应该是对其进行专门、系统和深入研究的时候了。

2001年AltaMira Press出版了由南非岩画学者David Whitley主编的《岩画研究手册》（Handbook of Rock Art Research），该书共840页，百万余言。

1. 分析与管理方法

包括岩画的记录、保护管理与规划、相对年代断代、AMS放射性碳分析断代、年代技术：岩刻画、物理与化学分析法、风格与分类。

2. 解释方法

作为图画的古代图画研究 Cristopher Chippindale：Studying Ancient Pictures as Pictures 牛津大学考古与人类学博物馆副馆长，从事英国巨石、法国洞穴岩画以及澳大利亚岩画研究，两本代表作是《岩画考古》（The Archaeology of Rock Art）和《岩画的景观》（Landscape of Rock Art）。

结构和符号方法 Margaret W. Conkey：Structural & Semiotic Approaches 美国加利福尼亚大学伯克利分校人类学系教授。她的代表作：《考古学中风格的使用》（Uses of Style in Archaeology），《艺术之外：更新世形象与象征》（Beyond Art：Pleistocene Image and Symbol）。

民族学研究和象征分析（Robert Layton：Ethnographic Study and Symbolic Analysis. 艺

术人类学(The Anthropology of Art)。

Brainstorming Images:Neuropsycholgy and rock art research);David lewis–Williams:Contested Images: Diversity in Southern African Rock Art Research. Jean Clottes: Trance and Magic in the Painted Caves. With Lewis–William.

3. 世界岩画概览

Robert G. Bednarik:Rock Art Science. 2007年新德里出版。2007年,澳大利亚岩画学者,国际岩画联合会主席贝德纳里克(Bednarik)在印度新德里出版了《岩画科学》(*Rock Art Science:The Scientific Study of Paleoart*)一书,第一次确立了岩画学的学科体系以及研究理论和方法。全书220页,共分12章其中设计到"岩画技术""岩画记录""岩画的保护""岩画的断代""岩画的解释""岩画科学的方法"等几个重要方面。

(1)岩画科学:引言。

(2)历史上的岩画研究(《穆天子传》云周穆王访西王母时,"天子遂趋升于弇山,乃纪丌(其)迹于弇山之石"。《穆天子传》为西晋时期出土于魏襄王墓,故该书的成书与流传当在战国或战国之前。"迹"即足迹,这是早期文献中喜欢著录的岩画主题。又如最早的古代文献如《韩非子》等书,也曾提到同样岩画主题:"赵主父令工施钩梯而缘播吾,刻疏人迹其上,广三尺,长五尺,而勒之曰:主父尝游于此"。"疏"即赤脚之谓。然而"履帝武敏"这类关于"巨人迹"的文献记载常与神话,特别是汉代以来的神仙方士的"仙人迹"相混淆。自商周开始,在我国古籍中,看见、践履,甚至包括刻凿"仙人迹"(往往脚印很大,或称"大人迹"),往往只是表示异人之异相或异行。以上面韩非子关于岩画的记载为例,这条记载的下面还有一条有关岩刻的记载:"秦昭王令工施钩梯而上华山,以松柏之心为博,箭长八尺,棋长八寸。而勒之曰:'昭王尝与天神博于此矣。'"从世界的角度来看,岩画最初被认识是在16世纪末。1598年,巴西人安布罗西亚·费尔南德斯·布兰多(Ambrosio Fernandes Brandao)首先认识和著录了巴西岩画;稍后于1627年,一位名叫阿尔弗逊(Peder Alfsson)的挪威教人,发现了瑞典岩画。这两地岩画首次被人专门进行调查与研究,并正式报道了他们的发现,表明岩画研究的滥觞。)。

(3)自然和人工岩面痕迹的辨识(主要是指旧石器时代的艺术品,如峙峪马骨、自然与人工洼穴)。

(4)岩画的技术(指画、岩绘、岩刻;颜料和黏合剂分析、制作工具)。

(5)岩画的记录(传统方法,临摹,拓印,数字(数码和三维扫描));环境分析以及数字统计。记录方法的规范(比如王建新、描述的规范性等。比如对岩刻画制作方法和刻凿深度以及腐蚀程度,共分为9级,每级均有详细描述和定义),岩石的岩性与当地环境的腐蚀速率,当地岩晒、地衣、微矿物堆积的地质环境。颜色与比例尺(国际岩画联合会比例尺与色标),数据处理(尤其是图像电子处理,模拟与环境复原、各种气候与生态等模式的建立)。

(6)岩画的保护(自然破坏包括化学:潮湿、酸雨;物理:滑坡等;天气:风蚀水蚀、温差;生物;人为)。

(7)岩画的断代(岩刻画的断代仍主要使用多学科的综合比较法,亦即19世纪初期英国考古学家贝尔佐尼在研究尼罗河古埃及石刻时提出的"考古近似断代法"(archaeological minimum dating))。

相对年代:风格、制作技术、发掘、王建新的层位(打破);绝对年代:微腐蚀断代与颜料和矿物堆积的微层位分析。

(8)岩画的解释(图像学,即图形的确认、民族学方法,即人类学中程理论、科学的统计学方法)。

(9)岩画科学的几种方法。

(10)可移动的旧石器艺术。

(11)岩画研究的文献资源。

(12)岩画术语表。

古代北方草原通道上的贺兰山岩画与匈奴文化

宁夏大学　陈育宁
宁夏人民出版社　汤晓芳

　　岩画的出现,是人类进入文明史的重要一站。贺兰山岩画的发现,为我们认识古代北方游牧民族所创造的草原文化提供了极其珍贵的原始资料。这一幅幅栩栩如生的画面,展现了岩画作者们的生产生活、原始信仰、风俗习惯、艺术审美观念以及那个时代的自然景观,是当时社会历史的忠实记录。贺兰山岩画与阴山岩画、阿尔泰山岩画以及分布在蒙古人民共和国境内北亚地区的岩画和苏联境内中亚地区的岩画所表现出的诸多一致性,更清楚地表明,整个北部草原地区的岩画,恰恰是分布在古代游牧民族从东到西的草原交通线上;在我国境内的贺兰山岩画和阴山岩画,又几乎是与长城并行分布在我国北方游牧民族与中原农耕民族南北交往的文化汇聚线上。贺兰山岩画中相当一部分所表现出来的诸多特征,说明它与匈奴文化有着极为密切的内在联系,可以推断产生于匈奴时代,为匈奴族所创造。

一

　　在我国北方地区,大兴安岭以西,阿尔泰山、阴山以南,燕山、祁连山、阿尔金山以北,是一条内陆草原地带。这条草原带由东向西延伸,经西亚南俄草原,直达南欧黑海沿岸。在遥远的古代,这是一条极其辽阔的草原谷地。骑马游牧活动产生以后,众多狩猎、游牧氏族部落在这条草原带上驰骋于东西方。他们从蒙古高原逾阿尔泰山脉或准噶尔盆地进入哈萨克斯坦,再经里海北岸、黑海北岸到达多瑙河流域。这条横贯亚欧的草原之路也是古代几度引起民族大迁徙浪潮的通道。这条草原之路穿越我国北方,在它的中段,即从河西走廊到鄂尔多斯和阴山南麓的漠南草原,处于联结东西和南北通道的十字路口,向西通过居延海南部可以进入天山北麓、阿尔泰山南麓草原,直至伊犁河流域;向东沿阴山可达呼伦贝尔草原;向北通过蒙古草原到达贝加尔湖附近;向南过黄河可直通中原内地。贺兰山正是立于这一十字路口的一侧,历来是东来西往、南下北上、迁徙流动的游牧民族经过或驻牧的地方。处在这条草原通道上的各个游牧民族,他们的文化本来就是以草原游牧生活为基础,加上在频繁的流动中相互交流,互相吸收,从而形成了许多共同特征和共同风格。岩画作为文字产生以前文化形态的主要表现形式,必然要反映出这种文化的交流及其共同特征。东亚到西亚草原地带已发现的岩画不仅在分布上是大体沿着这条草原交通线延伸,而且可以明显地看出这些地区的岩画在基本内容、构图和表现手法上有着很大的一致性。处于这条岩画走廊之中的贺兰山岩画同样也不例外。从贺兰山岩画的一些单体画面中可以看到从艺术构图到刻制手法与阴山岩画、阿尔泰山岩画以及苏联和蒙古发现的岩画有极其相似之处。

如在这几处岩画中,都大量出现了以羊为表现对象的图像,其中数量最多的是山羊,大都采用单线凿刻的表现手法,线条简洁,比例适当,突出了山羊角长、尾短、体形修长的主要特征(图 1~图 5)。表现盘羊的图像,则用夸张的手法,突出了盘羊角,显示了盘羊区别于其他山羊的体形特征(图 6~图 8)。在贺兰山岩画和中亚、北亚其他地方的岩画中,表现各种动物的图案从数量上说山羊居多,而且从山羊头部的不同形状,可以区别出岩羊 ♉、盘羊 ♋、北山羊 ♐、羚羊 ♍、黄羊 ♒ 等等。在狩猎、放牧、野兽侵害、械斗等复合构图中都可以看到各种姿态及不同品种的山羊出现,其表现手法均大体一致。山羊主要生活于山坡谷地,善于翻山越岭,攀行于悬崖陡壁,抗御气候及自然灾害的能力较强,适应于亚洲北部草原山林地带的环境。山羊又是最早被狩猎民族驯服成为游牧民族的家畜,能跟随牧民进行较远距离的迁徙,放牧山羊很早就成为古代山地游牧部落生产生活的一部分。古代的岩画是写实的艺术,游牧人把山羊用各种极为形象的图像凿刻在山岩之上,以表达山羊在他们生产生活中的重要地位及他们对山羊的特殊感情和占有愿望。这种文化现象的相似性,从一个侧面反映了阴山岩画、贺兰山岩画、阿尔泰山岩画、苏联塔吉克的戈尔诺—巴达赫尚岩画、蒙古乌兰哈达岩画所在地的草原之间不仅有共同适应于山羊生活的自然环境,也有共同放牧山羊的生产习俗,更反映了他们之间通过草原通道存在着文化交流和相互影响的关系。

我国汉文资料的记载也表明,从原始氏族社会起,我国北方的狩猎、游牧民已经在这条草原大道上来回迁徙了。殷商时期,鬼方势力强大,天山以东的广袤草原是鬼方控制的游牧之地。商代后期鬼方东侵,越过黄河,成为商代的西患。当鬼方东侵时,荤粥又被迫北移。至西周时期,周的势力向西、向北扩张,周穆王西征犬戎,也走上了通往西北的草原之路。懿王以后,周室衰微,狄分别从西、北方东进南下。这些戎狄百有余数,构成了我国北方以游牧经济为主的草原社会。这个草原社会的基本特征是,以畜牧为主要生产方式,人随着牲畜依据季节和草场情况而移动,"逐水草而徙";"人习战攻以侵伐","利则进,不利则退,不羞遁走"。[①]

---

① 《史记·匈奴列传》卷 110。

由于受生产方式的局限和生活资料的缺乏,使他们在经济上不得不更多地依赖于南方农耕民族。这种种特点说明,北方的游牧民族是一个经常处于迁徙移动的民族,这种迁徙移动除了南下农耕区外,又大体是遵循在与农耕民族相交界的从东到西的草原通道上,因而,表现这种游牧生活的文化形态——岩画,也就广泛地分布在这一线。

我国北方阴山与贺兰山岩画的分布,又大体与长城处于同一平行线上,呈现出长城与岩画长廊平行,由东向西蜿蜒延伸的奇观。长城的修建,固然首先是中原王朝"防胡"的边防军事需要,但在自然地理位置的选择上,又是经过长期实践摸索出的一条自然生态线,农牧经济分界线,也是一条草原文化与农耕文化的汇聚线、交流线。岩画的出现要早于长城,但也是沿着与农耕文化相交界的地区分布,呈现出吸收农耕文化并向草原地区扩散的特点。古代北方的各个游牧民族为了与中原农耕民族取得经济联系,得到游牧生产和生活的必要补充,常常在这一带集中或要求通关市,进行贸易交换,或诉诸武力,要求南下,入主中原。因而沿长城一线又常常是游牧民族的士卒驻扎屯兵的地方。那些屯集在长城以北山林之中的游牧民族的士卒,在战争的间隙或长期驻扎期间,依据他们当时的文化观念,把他们各自的崇拜、信念、游牧生活、祭祀习俗,特别是他们亲身经历的战争生活,用自己古朴、原始的艺术手法,表现在驻守地的山崖岩石上。贺兰山岩画中武具、械斗图、首级等图像可能就是这些士卒们留下的反映当时民族战争的文化遗迹。从某种意义上讲,长城是一条中原王朝军事防御线,岩画则是一条北方游牧民族的军事进攻线。北方游牧民族之杰作——岩画画廊也如同农耕族(也包括其他民族)之杰作——长城一样,它们不仅是用石凿刻、用土夯筑,也是用士卒的血肉创造的。战争无疑会对经济文化的交流起到阻碍作用,但从另一方面看,战争又是经济文化交流的另一种追求方式。长城毕竟挡不住南北经济文化交流的历史潮流。在贺兰山岩画中,我们并不难发现游牧民族与农耕民族经济文化交流的痕迹,比如表现某种手工工具或象形文字的图形(图9、图10),可能就是受农耕文化影响的作品。而到了党项人时期,在贺兰山岩画中则留下了他们接受佛教文化信仰的印记,如贺兰山贺兰口北侧的一处岩画中,有10个"𰀀"(佛)的西夏字,还有西夏文题记为"德法盛苗牙善"的一句佛语。其实,跨越这条草原文化与农耕文化分界线的南北交流早已存在。我国学者认为,外贝加尔湖地区和蒙古地区的青铜器,特别是刀、戈以及短剑和某些装饰物,大约是从我国商代开始由北迁的草原骑马民族从南方带去的。春秋战国时代,中原文化通过北方民族的草原通道向西、向北传递的轨迹更是十分明显。这一点,在贺兰山岩画中也可以得到佐证。贺兰山岩画中所凿刻的武士手持的弓大多是长弓,这种长弓也见于阴山、阿尔泰山及苏联塔吉克的戈尔诺—巴达赫尚岩画(图11~图15)。这种长弓源于匈奴人的弓,而匈奴人的弓又是受中原汉式长弓的影响。据日本学者伊濑仙太郎考证,"匈奴人的弓,如今日所发现,迄于西迁欧洲道上所遗留,形式仍保留所蒙受汉式长弓影响。"①匈奴是"引弓"之族,"治作弓矢"大多取材于阴山的木材,其形状受汉式长弓的影响,很可能这种长弓是由阴山南麓及鄂尔多斯与汉地相邻地区的匈奴猎人和武士传到了阿尔泰山麓及以西的中亚地区,并且在那里的草原岩画中留下了长弓的印记。

二

公元前3世纪,相当于战国时期,匈奴起于大漠南北,势力日强,逐步统一了各游牧部落,建立了地域辽阔的游牧军事帝国。其后裔及其所建立的政权最迟活动到五胡十六国时期,整整跨越了8个世纪(公元前3—5世纪)。在这一历史期间,贺兰山至黄河河套地区不仅是北方草原通道十字路口的一部分,更是匈奴民族政治、经济、文化统治中心的重要组成部分。在匈奴兴起的时期,也就是从公元前3世纪开始,匈奴的物质文化已由青铜时代进入铁器时代。近数十年来国内外的考古发现,提供了很多匈奴使用铁器的实物资料。蒙古诺颜山发现的属于公元前3世纪以前的匈奴墓葬中,出土的有铁斧、铁刀、铁马嚼、铁镞、铁矢等。②内蒙古伊克昭盟(今鄂尔多斯市)准格尔旗西沟畔发现的属于战国时期(公元前4—公元前3世纪)匈奴墓葬中,出土有柳叶形长条铁剑、铁马嚼、铁镰、铁锥、铁勺等,在该旗玉隆太匈奴墓葬中有铁鹤嘴镐;在东胜补洞沟匈奴墓葬中有长条形铁剑,扁棱形、三棱形铁镞。③铁器的广泛使用,极大地推动了生产力的发展,各种新的生产工具随之出现,促进了手工业、铸铜业及金银制造业的发展,也有力地促进了文化艺术的发展。在岩石上凿刻,非铁器难以实现。只有铁器在生产生活中广泛运用,才有可能将诸多复杂的图像及构图,按照人们的意识去凿刻在坚硬的岩石上。铁镞、铁锥、铁剑等都可以作为在岩石上凿刻的工具。工具的重大变革,把北方的草原文化推向了一个新的更高层次,游牧民们可以在更为宽阔的领域内以更加丰富的想象和多样的形式来表达自己的文化意识。因此,从地域、时代及文化特征上看,贺兰山地区的岩画许多出自匈奴生活的时代。我们将已发现的匈奴考古资料及历史文献记载与贺兰山岩画所反映的文化特征结合起来进行分析,使这一看法得到了进一步印证。

(一)从匈奴青铜艺术的特征看

早在戎狄时代,青铜制件就已流行在游牧社会,到了匈奴时代更有发展,特别是著名

---

① 转引自姚大中:《古代北西中国》,台湾三民书局,第33页。
② 参见策·道乐吉荣:《北匈奴的坟墓》一文,转引自林幹著《匈奴通史》,人民出版社,1986年。
③ 参见:《内蒙古文物考古》1981年创刊号。

的鄂尔多斯式青铜器,充分体现了以匈奴为主体的我国北方草原文化的特征,其制作精美和艺术造诣都达到了相当高的水平,而且分布范围相当广(图16)。大量出土的鄂尔多斯式青铜器中,在马具和装饰品上所雕饰的图案,多以动物纹组成,反映了游牧狩猎生活的特点。这种青铜饰牌上的动物纹图案,在贺兰山岩画中也有所发现,而且在题材、风格和构图方法上基本一致。如图17贺兰山岩画和图18鄂尔多斯青铜饰牌上的群兽纹图案,正体现了战国时期匈奴兴起时,鄂尔多斯式青铜器动物纹的构图特点。[1]这类图案,从它的构图、布局和表现的意图看,已经从动物形象的写实升华为抽象的艺术。这些艺术的出现,说明随着匈奴奴隶制的发展,奴隶主贵族的奢侈要求日益增长,各种金银、青铜装饰牌上用精美的图案加以修饰,艺术活动领域更加扩大。动物纹的复杂化与图案化,表现了匈奴艺术已经具有很高的表现能力。贺兰山岩画的动物图案与鄂尔多斯青铜饰牌的动物纹极其相似,说明了两者在地域和时代上有很大的一致性,它们共同的作者当是匈奴或匈奴之前的戎狄。岩画的产生时间可能要早于鄂尔多斯青铜器,凿刻岩画要比模铸青铜动物纹容易得多,很可能是岩画的动物图案给予青铜动物纹以影响;但也不排除二者同时产生,即在有冶炼条件的地方模铸青铜动物纹,而在荒山野岭则于岩石上凿刻;也有可能是牧人或骑士在岩石上临摹青铜饰牌的动物纹所致。

动物纹造型艺术在商代青铜器的装饰中就已被广泛采用,如饕餮纹、夔纹(图19),与鄂尔多斯青铜饰牌的动物纹及贺兰山岩画的动物图案在艺术表现手法上也有相似之处,可见它们之间存在着相互影响、相互吸收的交流关系。

在阴山岩画中也有不少与鄂尔多斯青铜器动物纹相似的动物图案,这种风格的岩画在蒙古境内也有发现,被称之为"花纹风格",苏联学者注意到在亚洲草原广泛流传的这种极为相似的现象,称之为"匈奴风格"。在蒙古乌兰乌德附近发现的"鹿石"上,就凿刻着类似风格的动物图案(图20),从中也可看到匈奴文化在漠北草原的扩散情况,看到贺兰山、阴山及鄂尔多斯地区在扩散匈奴文化中的交通、中介作用以及草原文化相互影响的关系。

(二)从匈奴的崇拜意识与祭祀习俗看

形态各异的大批类人首图像的发现,是贺兰山岩画的特点之一。这些类人首形象所表达的含义是多方面的,它包含着对自然、对祖先、对英雄、对图腾以及对原始宗教的崇拜,以及与这些崇拜相关而形成的劈面、黥面、面具、纹饰等习俗。比如古代北方民族原始宗教萨满教崇拜天、地、日、月,岩画中出现了表现星辰和太阳(图21)的图形;萨满教也崇

---

[1] 参见田广全、郭素新:《鄂尔多斯式青铜器研究》,《鄂尔多斯式青铜器》,文物出版社,1986年,第180页。

拜偶像,认为"整个头部是魂的住所,脸面是魂的外形",而魂是对人有醒世、警世作用的。"有的萨满跳神时用饰物或假面掩着面部。"①贺兰山岩画中有一幅发光类人首图像(图22),头部经过装饰,面目可怕,有震慑作用,似是表达了一种崇拜之意。劓面又是匈奴人举行葬礼的一种习俗。据《后汉书·耿传》载,"匈奴闻(耿)秉卒,举国号哭,或至梨面流血""梨面"即劓面。在葬礼进行时流行着亲友自我伤害的现象,如断耳、剪发、伤面、刺腕等,以这种原始的方式表达生者对亡魂的哀悼。贺兰山岩画中出现的面类人首群(图23),似不排除有集体哀悼部落首领的含义。匈奴人也有黥面的戒律,《汉书·匈奴传》载,"匈奴法:汉使不去节,不以墨黥面,不得入穹庐。"黥面是臣服的表示,也是战俘的一种标志。根据这种习俗推测,岩画中出现的黥面类人首或许是对战俘的记载。

匈奴的崇拜和信仰意识还表现在他们的祭礼仪式中。《史记·匈奴列传》记:"岁正月,诸长少会单于庭,祠。五月,大会龙城,祭其先、天、地、鬼神。秋马肥,大会 林,课校人畜。"即匈奴人每年有三种重大的集会进行祭祀活动。正月为春祭,参加者为诸长,各路诸侯会于单于庭商讨国家大事,属于政治性质的祭祀。五月大会龙城。据史家考证,龙城不一定专指单于庭。龙城也即轮城,是指匈奴迁徙时,家属资产皆载于车上,所歇之地,车集中在一起而谓轮城。秋天 林大会,课校人畜,庆祝丰收。"蹛林"即有树木的地方, 林大会祭祀时,要"登山,刑白马",②举行隆重的登山祭奠,以白马为牺牲的仪式,同时还要赛马、角力竞技、查人口、牲畜,祈祷来年丰收。这种登山杀白马以祭祀,载歌载舞庆丰收的场面,在贺兰山贺兰口的一幅岩画中得到了生动地描绘(图24)。这一幅画面中,7个人体连臂起舞,每个人头上有光圈,表明这7个人不是普通的牧民,或是部落首领,或是巫师。人前有一匹大马,可能就是一匹献给神灵的牺牲白马。河套一带曾是南匈奴右奠糟日逐王比的驻牧地。比自立为呼韩邪单于后,建单于庭于五原塞西郊80里处。所辖八部置于北地、朔方、五原、云中、定襄、雁门、代郡、上谷等地。贺兰山东麓气候湿润,水草丰美,为匈奴部落的驻地,在贺兰山举行过某部落的蹛林大会,杀白马以祭是极可能的。

为什么在贺兰山岩画中出现大量的有崇拜含义的类人首图像和祭祀场面的画面呢?笔者认为,这是因为贺兰山很可能是被匈奴人视为杀白马以祭祀的神山所致。唐人李吉甫在《元和郡县图志》称:"贺兰山,在县西九十三里。山有树木青白,望如驳马,北人呼驳马为贺兰。"又据《水经注·河水三》云:"访诸耆旧,咸言赫连之世,有骏马死此,取马色以为邑号,故曰城为白马骊,韵转之谬,遂仍今称,所未评也。"赫连勃勃时期称"白"为"驳",

---

① 乌丙安:《神秘的萨满世界》,上海三联书店,1989年,第109页、第123页。
② 《汉书·匈奴传》卷94。

"驳"音为"拔",'驳马'即"白马"①。唐人记,北人(匈奴人)语"驳"为"贺兰",称贺兰山,实际上是称白马山。匈奴崇白,又有杀白马祭天的习俗,联系贺兰山岩画中的祭祀场面,被命名为白马山的贺兰山是匈奴人'刑白马'以祭祀的圣地,似是合乎情理的。岩画学者盖山林先生也指出,岩画在地理分布上是有规律可循的,"岩画的聚集地,无疑是古代居民崇拜的地方,是氏族部落祭祀鬼神或举行盛大祭奠仪式的场所,这里往往是向已故的部落首领和祖先奉献牺牲的圣也。"②

(三)从匈奴的风俗习惯看

《后汉书》记载,"赵武灵王效胡服,以金貂饰首前,插貂尾为贵职③。"插貂尾是"贵职"戴的冠的标志;另有一种"鹖冠",也就是在这种冠上双插鹖尾(鹖为一种大鸟),表示勇毅气概,是战士戴的武冠。在贺兰山岩画中,见到有的人物头像上双插羽毛的装饰(图25、图26),可能是表达匈奴人对部落首领或战功赫赫的武士的一种英雄崇拜。史籍又载,匈奴向有结发的习惯。所谓"编发"④,即结发为束,引垂脑后。陕西省沣水岸边曾发现雕有两个胡人摔跤姿势的腰牌一面,其头发都是结成一髻,拖诸脑后⑤。贺兰山岩画的人物头像中,有的在头顶部出现或圆或尖的部分(图27),似是匈奴编发的装束。匈奴人还有一种习俗,将所捕获的敌人在神前杀戮奉献,大抵每俘虏百人杀一人为比例⑥。贺兰山岩画中有一目人头像旁刻以手印,手印大于人首(图28),可能是在表示俘虏的数目或杀戮俘虏首级的数目,刻石铭记,以表战功。

以上探讨说明,匈奴时期的岩画在贺兰山岩画中占有突出的地位。当然,岩画中还有早期原始氏族部落时期的作品,也有一些突厥、西夏、蒙古等时期的作品,并且显示了各自的特点,但从历史和艺术相结合的角度来评价,无论在数量和文化内涵上,都比匈奴时期逊色得多了。

---

① 参见力识:《贺兰山的名与义》,《宁夏文物》1986年试刊号,第97页。
② 盖山林:《阴山岩画》,内蒙古人民出版社,1985年,第6页。
③ 《后汉书·舆服志下》。
④ 《淮南子·指瑞训》,转引自陶克涛:《毡乡春秋》,人民出版社,1987年,第184页。
⑤ 《1955—1957年陕西长安沣西发掘简报》,《考古》1959年第10期。
⑥ 参见江上波夫:《骑马民族国家》,第37页,转引自姚大中著:《古代北西中国》,台湾三民书局,第24页。

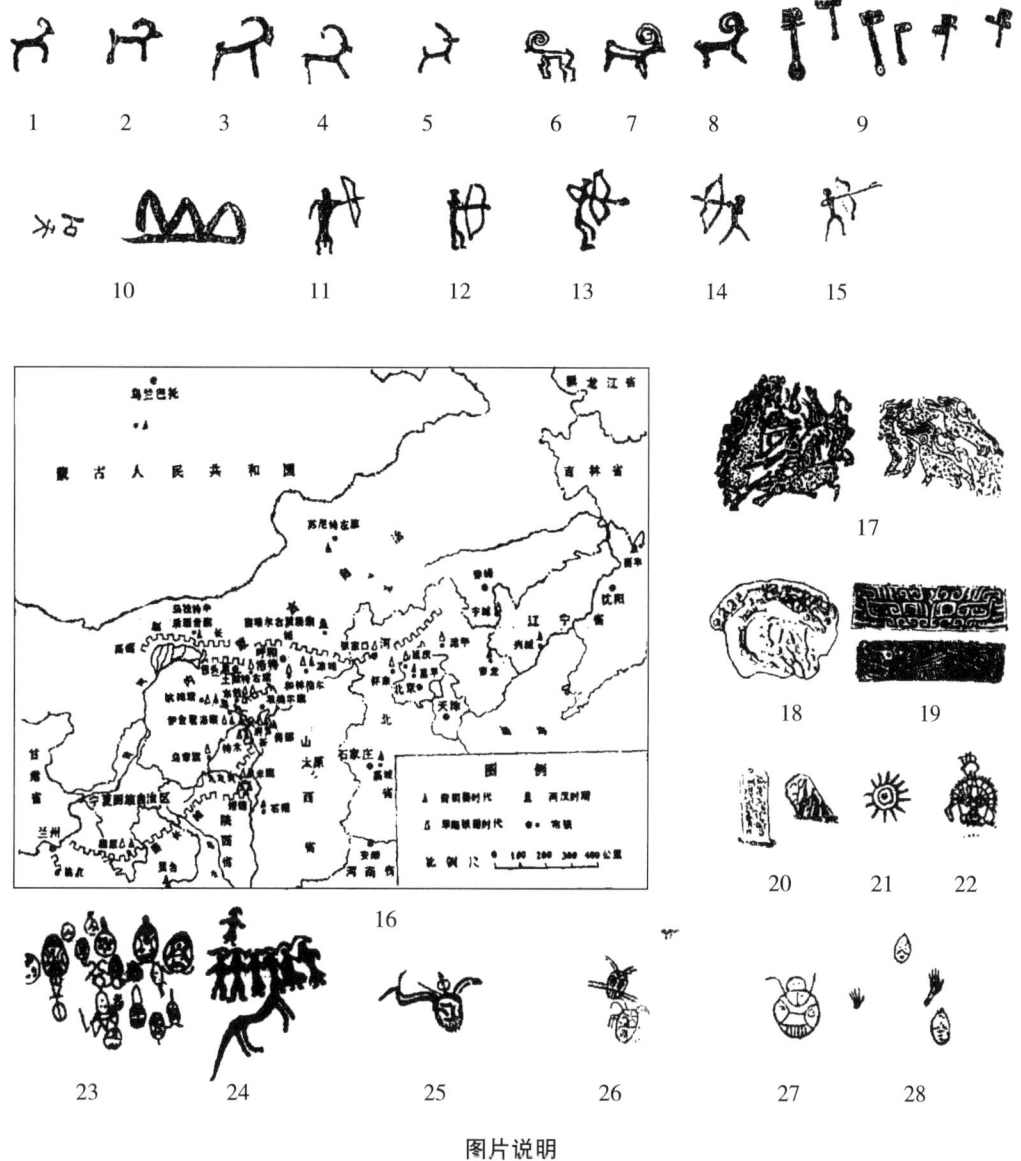

图片说明

图 1　贺兰山岩画。《贺兰山岩画》,宁夏人民出版社,第 63 页图 179。
图 2　阴山岩画。《阴山岩画》,文物出版社,第 56 页图 169。
图 3　阿尔泰山岩画。《中国阿尔泰山岩画》,陕西人民美术出版社,第 102 页 BM1:27。
图 4　苏联戈尔诺—巴达赫尚自治州岩画。B. A. 拉诺夫、A. B. 古尔斯基:《戈尔诺—巴达赫尚自治州岩画简述》,译文载内蒙古文物工作队编:《文物考古参考资料》1980 年第二期第 108 页图二。
图 5　蒙古乌兰哈达岩画。道尔吉:《蒙古岩画研究简史》,译文载内蒙古文物工作队编:《文物考古参考资料》1980 年第二期第 117 页图一。
图 6　贺兰山岩画。《贺兰山岩画》,宁夏人民出版社,第 83 页图 250 页。
图 7　阴山岩画。《阴山岩画》,文物出版社,第 67 页图 219。
图 8　阿尔泰山岩画。《中国阿尔泰山岩画》,陕西人民美术出版社,第 89 页 AM4:1。
图 9　贺兰山岩画。《贺兰山岩画》,宁夏人民出版社,第 91 页图 275、第 94 页图 286。

图 10 贺兰山岩画。《贺兰山岩画》,宁夏人民出版社,第 95 页图 288,第 93 页图 282。

图 11、12 贺兰山岩画。《贺兰山岩画》,宁夏人民出版社,第 17 页图 031,第 56 页图 158。

图 13 阴山岩画。《阴山岩画》,文物出版社,第 249 页图 999。

图 14 阿尔泰山岩画。《中国阿尔泰山岩画》,陕西人民出版社,第 108 页 CM1:11。

图 15 苏联戈尔诺——巴达赫尚自治州岩画。B. A. 拉诺夫、A. B. 古尔斯基:《戈尔诺——巴达赫尚自治州岩画简述》,译文载内蒙古文物工作队编:《文物考古参考资料》1980 年第二辑第 109 页图五。

图 16 鄂尔多斯式青铜器分布图。《鄂尔多斯式青铜器》,文物出版社,第 176 页图 123(4)。

图 17 贺兰山岩画。《贺兰山岩画》,宁夏人民出版社,第 55 页图 155,第 54 页图 151。

图 18 鄂尔多斯式青铜饰牌。《鄂尔多斯式青铜器》,文物出版社,第 176 页图 123(4)。

图 19 商代铜器花纹——夔纹。翦伯赞:《先秦史》第 229 页插图 22,北京大学出版社 1990 年。

图 20 蒙古乌兰乌德"鹿石"动物图案。道尔吉:《蒙古岩画研究简史》,译文载内蒙古文物工作队编:《文物考古参考资料》1980 年第二期第 122 页图 6。

图 21、22 贺兰山岩画。《贺兰山岩画》,宁夏人民出版社,第 95 页图 289,第 11 页图 010。

图 23 贺兰山岩画。《贺兰山岩画》,宁夏人民出版社,第 15 页图 022。

图 24 贺兰山岩画。《贺兰山岩画》,宁夏人民出版社,第 7 页图 001。

图 25、26 贺兰山岩画。《贺兰山岩画》,宁夏人民出版社,第 20 页图 041,第 26 页图 071。

图 27 贺兰山岩岩。《贺兰山岩画》,宁夏人民出版社,第 23 页图 058。

图 28 贺兰山岩画。《贺兰山岩画》,宁夏人民出版社,第 14 页图 021。

贺兰山贺兰口的崇拜文化遗存

贺吉德

在贺兰口,世世代代人生活着以牧羊为生的"山里人",这里有分布于沟口内外数以千计的史前岩画遗产,而且还沿袭着古老的民俗,留下了大量民俗文化遗存。贺兰口居民信神鬼,重巫筮,至今还崇拜山神、路神、石神、泉神、土神、树神、猎神、火神等贺兰山八大神,并且有祭龙王、祭山神、祭圈神的习俗。

一

每年正月初一至十五日,贺兰口农民在家祭祀贺兰山八神,大户人家在面东房屋的西墙壁上,挂八神像,设供桌,摆供品,烧香磕头,行跪拜礼。以求诸神保佑贺兰口风调雨顺,羊只牲畜多产无病,生齿人口无灾无祸。

每年阴历三月十八日祭拜龙王。这一天,由一位长者带领全村父老乡亲,背一口大锅,牵一只羔羊,携带酒水、香及黄表纸,沿贺兰口沟口进山,到一个叫"芦沟"的地方,在有泉眼的开阔地,面对大山上香、点黄表纸,然后由老者张开双臂扬头呼喊:"龙王爷爷!今天俺们都敬你老人家来了,请你老人家多给下点雨,多产粮食,让村子里五谷丰登,让羊只无病无灾……"这时,牵羊的人将已在羊脊梁上、羊头上、羊耳朵里洒进水的羊放开。又听老者高呼:"龙王爷爷,我们给你献牲了!点头不算摇头算,请你老人家收了吧!"说到这儿,全村人都看着这只羊,只要羊一甩头,大家就高呼:"收下了!收下了!龙王收下了!"然后支锅、杀羊。等羊煮熟了,将其放在一块用山泉水洗净的大平板石上,先从羊头、两胸、脊背、心脏上割下五片肉,放在一碗羊肉汤中,一齐洒泼在上香烧纸的前方,给龙王献祭。然后由老者将煮熟了的全羊在大石头上操刀割开,众乡亲围着分而食之,猜拳、喝酒、唱歌,声音一定要大得在群山中有回音,以便让龙王听见。到太阳快落山时,大伙才从山中归来,祭祀龙王的活动结束。

除了祭拜贺兰山八神和龙王外,山民们还崇敬原始而古老的羊圈神。在每家的羊圈主墙上,都辟有一个用石头垒砌的小石龛,山民叫"石头窑窑"。在石龛中,往往立一个小木牌,木牌上写着"圈神爷爷神位",或立一块白色的石头。每年春节期间,山民们总是要在石龛里摆放一些祭品。上香升表,跪拜行礼,祭祀羊圈神,以乞求圈神为羊消灾减病,盼望羊多产旺生。

贺兰口的这些古老民俗,是自然神灵崇拜、生殖崇拜的遗存,其中又有原始丰产巫术的痕迹,为我们研究贺兰口发现的自然崇拜、生殖崇拜、神灵崇拜、图腾崇拜等类型的岩画提供了有传承关系的民俗文化数据。

二

在贺兰口岩画景区,有很多石砌建筑,其中有两处石砌建筑的形体,和岩画中的符号形象相同,特别引人注目。在沟口外的一片洼地上,有一处直径为 6.20 米、高 0.80 米的石砌环状墙体,围着一小圈洼地,环状墙体中间用石块垒砌有一个直径 1.45 米、高 1.20 米的圆柱。从上往下看,整个建筑形似符号⊙,和贺兰山岩画中常见的中间带点的圆圈符号相同。在环状的墙体内侧北边底部,立着一块高 0.80 米的尖锥形大石头,这块尖锥状的大石头,有明显被砸击过的痕迹。从这块尖锥石对面的墙体上用指南针进行校对,指南针的正北方正对着这块大石头的尖锥,再往前远看,则正指向贺兰口沟口北面的山峰峰顶。在环状墙体中间的圆柱体上,发现有一块岩画石,上面凿刻着一个植物图案。

在岩画中,⊙是一个女性符号,植物是女性的象征。据初步研究,这处有植物图案又形似岩画中阴性符号的建筑物,应是女阴崇拜的祭坛之属,与史前人类的生殖崇拜有关。

在东距贺兰口沟口约 300 米处,还有一座高大的石砌建筑,为覆斗状造型。每面三层台,每层高 1.5 米,形成三层梯形结构。

有人说,这是明代石砌的烽火台,但与银川境内贺兰山东麓的明代烽火台形制有别。贺兰口的明代墩台之设,都有记载。在沟内北山坡上的"贺兰口墩",有明嘉靖十七年(1538 年)题刻为证,是瞭望敌情的石砌墩台。贺兰口有明代烽火台遗址,但不是这座巨大的石砌建筑,而是距沟口 150 米的"土围墩"。据沟内南山壁上明万历三十七年(1609 年)题刻记载,这座"土围墩"是由宁夏镇城游击将军潘国振、洪广营游击将军文应奎创建。又据贺兰口的老年人回忆,这座"土围墩"是黄土夯筑而成,是下大上小的方形建筑,与沿贺兰山东麓现存的高家闸烽火台、平吉堡烽火台、插旗口烽火台形制相同,高约 5 米。"文革"时,贺兰口的烽火台被农民取土建房,现遗迹尚存。因此,沟口外巨大的石砌建筑不是"烽火台"。

又有人说,这是一座"积石墓",但这只是没有根据的猜测而已。在贺兰口沟口外的洪积扇台地上,发现有很多明显是人工所为的石头堆砌物。其中有 13 处为一个个大石头摆成的圆圈。据一些专家推测,是原始游牧民族特有的圈石墓。在埋葬人的地方用大石头摆成一个圆圈,同岩画中的圆圈符号一样,象征太阳,是原始人类再生观念在葬丧形式上的一种反映。至于积石大墓,在宁夏考古史上尚无先例,故这种推测尚需考古发掘印证,不能臆说。

还有人推测,这应是一座史前人类的"祭坛"。"祭坛"之说,始自内蒙古著名考古学家盖山林。2000年9月,他在参加宁夏国际岩画研讨会暨国际岩画委员会年会期间考察贺兰口岩画时,由笔者和高嵩先生陪同,在这座巨大的石砌建筑物前伫立良久,认为这很可能是与岩画同期产生的史前人类祭祀天地的祭坛。古人"天圆地方"的观念产生于新石器时代,祭天之坛为圆,祭地之坛为方。这个方形石砌建筑,方向为正东,站在坛上,可直指沟口内贺兰山主峰沙锅洲。这个"祭坛",应是古人祭山祭地之坛。在坛之前,摆放有列为一排的五块大石头,有3米之长,当为置放"五牲"的供台之设。因此,说这处巨大的石砌建筑是古人祭山祭地的祭坛不无道理。

当然,这座巨大的石砌建筑,还没有经过考古发掘,准确地判断其性质还为时过早。不过,考察这座矗立于贺兰口正前方、可直对沟内贺兰山主峰的石砌建筑,就其所处的方位及形制而言,似可推定具有一定的宗教意义,当与烽火台、积石墓无涉。

三

贺兰山贺兰口内外,不仅分布有数以千计的古代岩画,而且还有大面积的西夏建筑遗址。

进入贺兰口沟内约10公里,狭窄的沟谷豁然开朗。在四面环山、地势平缓的绿草坡上,坐落着两处非常古老的石头房。每处用大卵石干垒起来的石头房,都是一门两开间,非常坚固。石房子里,有用石头垒砌的矮墙,小矮墙上横排着十几根短木,形成一盘石墙木炕。当地山民称呼这两处石头房为"贵房子"。在贺兰山地形图上,这个地方也被标为"贵房子"。

据当地的山民讲,在贺兰山没有禁牧前,叫"贵房子"的地方一直是大家的草场,凡是在这里放牛的贺兰口山民,都可以住在"贵房子"里。至于为什么把石头房叫作"贵房子"?"贵房子"是什么人在什么时候建成的?没有一个人能说得清楚。

在"贵房子"方圆数万平方米的草地上,有很多用石头砌筑的墙基,有的墙基宽度可达1.2米。在一处墙基旁边,有十多块完整的青砖和板瓦。其中三块砖上有深深的手印,这是典型的西夏手印砖。至于有西夏特征的砖瓦残片及瓷器碎片则随处可见。可以断定,在"贵房子"周围,是一处面积很大的西夏建筑遗址。是不是这些西夏建筑遗址在破坏前被人们称为"贵房子"而一直流传至今呢？那就不得而知了。

从"贵房子"一直往北行，进入一条东西走向的深沟，在海拔1950~2000米的沟谷北侧，有一处依山伸出约200米的台地，东西绵延2000多米。这处高20多米、面积约40万平方米的台地，当地农民称之为"皇城台子"。

在"皇城台子"上，分布有大面积的西夏建筑遗址。用夯土建造的"皇城"城墙已残断颓废，一排排宫室建筑基址层层布局在山坡上，台院均有石砌护壁，护壁下铺筑的石砌踏步依稀可见。在遗址地表上的西夏砖瓦碎片俯拾即是，有的地方，砖瓦堆积层可达1米多厚。附近不远处，还有西夏时期的砖瓦窑遗址。

据《西夏书事》卷十八载：西夏景宗天授礼法延祚十年（1047年），李元昊"大役丁夫数万，于山之东营离宫数十里，台阁高十余丈，日与诸妃游宴其中"，反映了西夏皇族在贺兰山大兴土木、营建宫苑的状况。

在贺兰山东麓各山口，都有称之为"皇城台子"的西夏建筑遗址。据初步调查，贺兰口沟内的"皇城台子"，是贺兰山东麓面积最大的西夏皇家建筑遗址群，是西夏时期所建的一处规模宏大的"离宫别院"。有专家考证，当为《西夏地形图》上标示的"木栅行宫"故址。

另外，在沟口面东的南北山坡上，发现有6处西夏建筑遗址，其中南坡5处，北坡1处，当地山民笼统地称其为"大寺台子""庙台子"。经实地考察，均为西夏寺庙建筑遗址。在距沟口约400米的南山坡上，有一处面积约1000平方米的台地，用石头垒砌的护坡层次清晰。在平整的台地上，有西夏特征的砖瓦残件随处可见。这处遗址，宁夏考古部门还未曾发掘过，一直保持着不知因何缘由而坍毁的初始状态。2005年初夏，岩画管理处工作人员引领宁夏大学西夏研究中心的研究生考察贺兰口西夏建筑遗址时，在这处台地上，一个直径约60厘米的小土坑引起了大家的注意。一名学生用手刨了几下，在离地表约25厘米的土层中，就出土了两件陶制的西夏贴塑佛像残件，这在宁夏出土的西夏文物中，还未曾见到过。直惹得学生们为之欢呼雀跃。精美的造型，细腻流畅的衣饰纹线，让我们大开眼界。不禁使人猜想，在西夏时期，这处寺庙会有多么辉煌！再联系到沿山口南北的其他西夏寺庙遗址，当时的贺兰口，一定是香客不断，佛事频仍。又联系到沟口内人面像旁边的五个西夏文"佛"字，以及现在还保存着的明清两代山神庙、龙王庙、羊圈圈神小庙和山民们仍然传承着的祭山神、敬龙王、信鬼神的习俗，这就不能不让人得出这样一个合乎历史真实的推想：

在远古时期，贺兰口是游牧氏族部落依凭岩画存在的祭祀仪式中心。从遥远的那个时代开始，贺兰口崇拜文化、祭祀文化的文脉就一直延续了下来。西夏时期，贺兰口是西夏皇家大型"离宫"的所在地,也是西夏党项民族的宗教活动场所。明清时代,贺兰口又是道教活跃的地方。直到现在,这种从原始宗教遗存下来的余绪仍然波动在山民们的心灵中,并且变换着形式、断断续续地沉淀在他们的人生轨迹中。贺兰山岩画以及贺兰山岩画所蕴含着的深邃的文化魅力,就这样一代一代地影响着人们的精神生活,一直到将来。

四

为了弘扬贺兰山岩画文化,对贺兰口与岩画有相同文化意蕴的崇拜文化、祭祀文化进行深层次发掘,使之成为贺兰口岩画景区独具特色的旅游项目,打造具有世界文化交流意义的旅游胜地。现将概念性建设贺兰口崇拜文化、祭祀文化中心创意如下:

(一)恢复建设贺兰口原始祭坛

拆除祭坛西侧、北侧羊圈墙及坍塌巨石,修整祭坛全貌,使之凸显方形三层的原始祭坛形制。祭坛西侧中央的五块巨石是唯一可证祭坛真实性的物证,应予保留。

(二)恢复建设八神洞

贺兰口内,有八神洞,应予恢复建设。再现昔日洞有八神石像的景观。以延长景区沟内旅游线路。

(三)恢复建设生殖祭坛

保留生殖祭坛的原真性,结合景区环境整治,打通通往生殖祭坛的道路,使之成为景区祭祀文化的一个独特景点。

(四)重建龙王庙

据考察,始建于明代的龙王庙,原为三间硬山式建筑,龙王庙庙门直指沟口北高峰,对庙门的方向稍有移动,即与沟口北高峰上的垂直肌理线(龙脉)错位。从旅游角度讲,这是一个神奇的闪光点,也是一个卖点。所以在现存遗址上重建龙王庙,必须遵循不移位的原则进行设计。两侧厢房,严格按贺兰山区传统的下卵石墙、上土坯墙砌筑的平坡屋顶房建造,以保持原生建筑。

(五)恢复山神庙祭祀活动

贺兰口山神庙已在原址上进行了恢复建设,成为贺兰山东麓规模最大的一座山神庙。山神庙屋脊中央直对山口最高峰,已形成贺兰口一大景观。应恢复山神庙祭祀活动,为游客提供可参与性项目。

(六)恢复家祭八神的场景

在范家大院恢复家祭八神的场景,为游客了解贺兰口民俗文化及增加参与性项目提供条件。

(七)修整圈神窑窑

贺兰口的羊圈,是贺兰口岩画所表现的史前人类从游牧到定居放牧的物证,圈神窑窑是贺兰口岩画所表现的史前人类祭祀文化延续到现在的物证,应当予以保护。前几年已恢复的圈神窑窑,有的已经被破坏或废弃,应予恢复。

(八)重建贺兰口外东山坡5处西夏庙宇

贺兰口外东山坡上的5处西夏庙宇遗址,是远古祭祀文化到西夏时期的延续。应联系宁夏考古研究所进行抢救性发掘后予以重建,并修筑通往各庙宇的上山步道,以供游客参观游览。

(九)打造以太阳神祭祀大典为主的贺兰口祭祀文化项目

贺兰口祭祀文化,历史悠久,积淀深厚,丰富多彩。竭尽全力打造以太阳神祭祀大典为主的贺兰口祭祀文化项目,已成为建设贺兰口文化旅游景区的重要目标。要在研究的基础上,努力发掘贺兰口祭祀文化的类型、表现形式及其典礼仪式的程序、运行方式等,以凸显贺兰口作为史前人类祭祀中心的地位;设计出大体符合原始人类祭祀大典的实际、便于游客参与并从中获得知识和乐趣的项目来,以丰富贺兰口岩画景区的文化内涵,扩大贺兰口岩画景区的旅游视野,增加贺兰口岩画景区的旅游观赏项目。

北方民族大学岩画研究现状和展望
——贺兰山岩画的重大学术发现和价值

北方民族大学　束锡红[①]　张春雨

贺兰山巍峨壮丽,是我国西北地理、气候、生态的重要分界,也是历史上军事、政治、文化的博弈交融之地。自远古到汉代,直到西夏时期,先民们创作了自己的文化图解——岩画,造就了扑朔迷离、蔚为壮观的艺术长廊。

2007年8月完成的《贺兰山岩画》,是北方民族大学(原西北第二民族学院)和上海古籍出版社"东西联动"、互相支援的又一大型岩画项目。自2004年双方合作编纂出版《大麦地岩画》四大册以后,以北方民族大学社会学与民族学研究所为主体,双方联合组团,深入贺兰山腹地,拍摄、临摹和著录了几乎所有最主要的岩画,编纂成800幅照片、1000幅拓片、1400幅影描图共三大册的《贺兰山岩画》,再次"一网打尽、多元立体"地完整呈现和保存了我国北方最主要的岩画群落的精彩画卷。

如果说,大麦地岩画是养在深闺、不见经传,贺兰山岩画则是金枝玉叶、声名煊赫;大麦地岩画是鲜为人知的秘密宝藏,贺兰山岩画则是闻名世界的绝代经典。我们调查结果,远远突破了对贺兰山岩画的一般认知。在数量上,贺兰山岩画大大超出了学术界"三百多组"的预先估计,达到了四五百组;在质量上,首次显示了作为文化史极为重要的新的材料,比如许多已经灭绝的动物种群,首次发现的穗状和羽叶状的植物,比任何一次发表多出成倍的人面像,首次见于北方的红色彩绘岩画空心手印;等等。

一、国内外岩画研究和保护现状

岩画学的兴起,现在已经成为正在兴起的新的人文学科。自从1879年西班牙发现阿尔塔米拉洞窟岩画以来,国外有150多个国家和地区发现岩画,岩画已经成为世界性的文化符号,成为人类历史、艺术最早和连续性的篇章。联合国教科文组织成立了国际岩画委员会,致力于世界性岩画研究。从目前发现岩画分布的情况分析,人类先民的部落社会都曾有创作岩画的习惯是世界性的。国外对岩画的保护从立法到措施都有严格的规定,

---

[①] 束锡红,女,1964年出生,江苏无锡人,北方民族大学岩画中心主任、教授。

都有非常详细的数据管理,包括照片、摹本、尺寸数据、生化数据、研究索引等,保证对岩画的有效监控。同时由于较好的公民教育意识,一般很少有人为损坏的发生。

我国近代岩画发端于1915年发现福建华安太溪石刻以来,如今14省150多个县(旗)发现岩画。十余年来,岩画学作为一门新兴学科,在我国学术界逐渐形成并以充沛的生命力茁壮成长。中国在中央民族大学成立了首个中国岩画研究中心,指导中国岩画研究。而2002年北方民族大学(原西北第二民族学院)也成立了岩画研究中心,致力于宁夏乃至整个黄河流域的岩画研究。

近十几年来,我国各省区不但都在积极进行田野考察,而且先后出版了汪宁生的《云南沧源崖画的发现与研究》、盖山林的《阴山岩画》和《乌兰察布岩画》、赵养锋的《中国阿尔泰山岩画》、覃圣敏等人的《广西左江流域崖壁画考察与研究》、王克荣等人的《广西左江岩画》、宁克平编著的《中国岩画艺术图式》、盖山林与楼宇栋等人编著的《中国岩画》、陈兆复的《中国岩画的发现》、王系松等人的《贺兰山岩画》、周兴华编著的《中卫岩画》、高业荣的《万山岩雕》、王炳华著的《新疆天山生殖崇拜画》、许成等人的《贺兰山岩画》,以及即将出版的盖山林的《中国岩画学》,还有一些画册的出版。到目前为止,已发表的岩画的调查报告和研究文章不下四百篇。这些著述,基本上反映了我国岩画现阶段的发现情况和研究水平。

宁夏岩画几乎分布于5.2万平方公里的全境之内,但尤以贺兰山岩画和卫宁北山岩画最为突出,数量巨大,约在万幅以上,制作精美,内涵丰富,这在国内也尚属少见。如此众多的岩画为我们研究古代北方少数民族的政治经济、文化艺术、社会习俗提供了极为珍贵的实物资料,对于历史学、文化人类学、民族学、民俗学、考古学、美学、绘画史等学科都有着重要的学术研究价值。

二、北方民族大学岩画研究的现状及成果

宁夏有着丰富的岩画资源和巨大的岩画优势,利用这一优势,北方民族大学(原西北第二民族学院)率先在宁夏高等学府和科研机构中成立岩画研究中心,随后发起贺兰山岩画申报"世界遗产名录"的倡议,得到了宁夏回族自治区人民政府的高度重视并提供资助,组成了贺兰山岩画申报世界遗产研究项目组,取得了较丰硕的研究成果。2003年出版了专著《贺兰山岩画与世界遗产》;完成了《贺兰山岩画申报世界遗产可行性论证报告》,收集整理相关图文资料数百万字,并积极建设岩画网络数据库,为下一步深入研究打下了基础。与此同时,形成了一支精干高效的研究岩画的专家队伍。

(一)大麦地岩画的突破性成果

北方民族大学岩画研究中心两年多来,组织科研人员多次深入人迹罕至的大麦地和贺兰山进行调查研究,克服重重困难,先后完成了岩画照片的拍摄、线描图的制作,并搜集、拓印了约 1800 幅图像,进行了初步分类和定名工作。同时与上海古籍出版社达成了密切的合作关系,双方工作人员组成工作组共同进行了前期工作,包括确定体例、商定定题、详细的场记工作以及互相切磋得以提高拍摄水平,所以在短时间内顺利完成了《大麦地岩画》和《贺兰山岩画》这两套大型文献丛书的编纂和出版工作。

《大麦地岩画》丛书共 4 卷本,已于 2005 年 8 月全部正式出版发行。该图册收录了岩画彩色照片 1000 幅,岩画影描图 3000 多幅,此外还有数百幅拓片集萃。图书以 800 幅彩照、800 幅拓片、3000 幅影描图分为 4 册出版。《贺兰山岩画》共 3 卷本,是继《大麦地岩画》之后北方民族大学又一重要的岩画学术成果,于 2007 年 8 月正式出版,收录了岩画彩色照片 1000 多幅,岩画影描图 3000 多幅,此外还有近千幅拓片集萃。两套大型图录以严肃的科学态度,全面系统地介绍和研究了大麦地岩画和贺兰山岩画,并且对大麦地和贺兰山的文化遗存、文物景点以及地理、地质做了综述,对岩画产生与发展的社会条件和物质条件进行了客观分析。这批岩画资料首次向世人展示了大麦地岩画和贺兰山岩画的风采全貌和细节信息,是极为珍贵的第一手人文资料。

(二)贺兰山岩画研究中的新发现

贺兰山岩画一直是我们对宁夏岩画最熟悉的部分,也是宁夏旅游最重要的景点之一,然而我们它的内容、艺术风格、图案装饰化倾向的了解,并没有达到同它的知名度一般的水平。在此次细致而全面的考察研究中,我们发现了贺兰山岩画有许多方面值得特别关注,主要有以下几个新看点:

1. 人面像

在贺兰山岩画中用无数诡异的人面像表现了宇宙人神的对话。在为世界岩画学界所注目的人面像类型中,有自然崇拜类人面像、生殖崇拜类人面像、首领崇拜类人面像、神灵崇拜类人面像、图腾崇拜类人面像、写实表现类人面像、巫术面具类人面像等。对于"人面像",有着许多不同的解释。作为原始先民,除了关心人类自身生产繁衍还不会关心自身的面容。因此,人面像只能是"神面像",是泛自然崇拜的包括宇宙、星宿、地祇、山林等等自然神的人格化体现。贺兰口著名的"太阳神"是人面像最集中繁复的表现,究竟是不是人面、是不是太阳神,至今还无法得到确切的结论。

2. 集体舞蹈

当距今 5000 年前,马家窑文化的先民围绕陶盆的一泓清泉牵手舞蹈的时候,贺兰山岩画中也留下了先民挽臂踏歌的场景。贺兰口共有两组集体舞蹈，在岩石上残留比较浅薄，受到风化比较严重。图中人物已经穿上了袍服，有的裙摆宽大。这种服饰可能是使用兽皮制作，这在寒冷的北方是必需的；同时，为了在宗教仪礼中扩张威仪、渲染神秘，需要用服饰来营造效果。沟通神灵的需求，甚至会超过日常的物质生活需求，以调用氏族的财力来满足奢靡的排场。

因此，原始绘画可以表现赤裸裸的人体，也可以有华服巧饰的装扮。在人群上部横亘的水波，无疑是一场围绕水的宗教典礼，和马家窑文化的陶盆表现了同样的场景。而两者的差异，更是意味深长。

3. 植物

人类早期和人的孩童期有很多相似。他们一开始关注的是动物，而不是植物；当狩猎、游牧发展到一定阶段，才会对植物也就是农耕发生兴趣。在贺兰山，首次发现了岩画中的植物形象，主要是对生的羽状复叶和谷穗。按照贺兰山地质变迁的历史，这里沧海桑田，经历了多次变化。北

部煤矿标志着这里曾经是大片森林，生长着茂密的远古植物。这种植物至今在贺兰山深处还有很多。但是，原始美术肯定是出于功利目的而不是后人附会的美感目的，所描绘事物对于解决现实生活定是有实际意义的。作为先民的注意点，在岩画中出现穗状植物，昭示了人类已经进入了农耕的时代。当时的食物结构已经从动物开始进入了谷物。谷物和果实的采集不同，一定是通过耕作才能成规模地取得。植物的出现表示了社会生产力的一大进步。这对于北方岩画的社会分期具有重大价值。

4. 马镫

在贺兰山石马湾一群大角羊中，射猎骑手脚下竟然蹬着圆环形的马镫！《中国科技史》作者、英国著名历史学家李约瑟曾经说过，在中国古代"四大发明"之外，最重要的发明也许就是马镫了。春秋时期，军人还不能骑在光溜的马背上作战，而必须乘坐马车冲锋；当时世界上其他军队都是如此；直到战国赵武灵王"胡服窄袖"才开始有单个骑兵直接骑在马背作战，但还不能证明是否已经有了马镫。此后，草原民族能够在欧亚大陆纵横驰骋，商旅能够在有效防御中横贯"丝绸之路"，都离不开马镫的发明。李约瑟把马镫对欧洲历史的神奇作用用一句话揭示出来："就像火药在最后阶段帮助摧毁了欧洲封建制度

一样,中国的马镫在最初阶段帮助了欧洲封建制度的建立。"可惜,至今发现马镫的最早实物,在中国是3世纪,在欧洲则是6世纪。马镫是中国发明已成定论,但是发明权归属南方还是北方尚且众说纷纭。在云南晋宁石寨山西汉时期古滇国的青铜贮贝器上,有骑在马上、脚上套绳的骑士,可以说是最早的实例,因此有认为马镫最早由云南发明,理由是云南山区骑马经常要上下坡,首先发明了用绳圈套住脚趾作为马镫的雏形。然而,在贺兰山石马湾岩画中,鲜明地绘制了骑手脚下圆弧形的、供脚踩踏和牵引方向的马镫雏形。"众里寻他千百度",贺兰山岩画中表现的大量单个骑手的画面中,在保持平衡、高速驰骋时,终于用绳套做出了第一个马镫。而这个时候,还是大角山羊欢奔乱跳、尚未灭绝的洪荒时期!

5. 具有文字表意功能的图形符号

某一图形由于经常使用,就逐步抽象为符号;某些符号的组合,具有经常、固定的关系,也就具备了文字的性质。从《大麦地岩画》到《贺兰山岩画》,许多固定搭配的符号表现了可以诠释的固定意义。在甲骨文字以前的历史悄然无踪的时候,在少量彩陶符号难以认定含义的时候,岩画符号和甲骨文字的类比研究,就有了非同凡响的意义。《贺兰山岩画》和《大麦地岩画》首先完成了资料普查和积累占有,初步揭示了一些符号的固定关系,对其研究的展望,并非空穴来风,而是渐入佳境。

除此以外,比如远古时期贺兰山动物种群和生态关系,比如为数不少的空心手印,比如在北方绝无仅有的彩绘岩画,等等,都具有重要的人文价值和深刻的科学含义,值得深入探讨。

总之《贺兰山岩画》和《大麦地岩画》的照片、拓片、线描图各有特点,它们互相联系、互相补充,组成了不可分割的整体,卷末附录的对照表分别提供了从照片、拓片和线描图检索其他样式相同图板的线索,以便对照研究。这样完整的多方位的相互联系的整理出版形式,构筑了地区岩画研究的独特平台,在我国岩画出版史上是空前的。以这样完整的、几乎是网罗无遗的规模和形式出版这两套巨型岩画丛书,在国际上也是罕见的。毫无疑义,这样做在经济上会有着很大的风险,但我们认为,这是我们的学术责任和社会责任。既然我们学校地处宁夏,既然我们开始接触和研究贺兰山和大麦地岩画,既然我们首先深切地感受到了搜集资料和保护资料的不易,我们就有责任完整地介绍给读者,并将之完整地编纂出版以化身千百地留传给后人。北方民族大学除了自身科研和前期工作的重大投入以外,还给予出版社有力的资助,这样才能终于取得今天的辉煌成果。

四、北方民族大学岩画研究前景展望

对大麦地岩画和贺兰山岩画的研究,促进了北方民族大学岩画研究在学术上、科研上的长足发展,也同时为保护整理和研究表明宁夏游牧文明的岩画资料起到了巨大的推动作用。后续工作无疑是以岩画保护为主要方向的研究和探索。

岩画保护是对于一种特殊对象的系统工程,涉及许多研究工作和沟通联络工作。我们的研究工作的创新性主要表现在:一是研究工作建立在完整全面调查的基础上。北方民族大学岩画中心从建立前后,已经踏勘调查了宁夏从贺兰山到中卫北山沿线的大部分岩画分布区,最大限度地掌握了岩画的基本情况,比较国内其他岩画研究机构和人员对贺兰山岩画的熟悉程度具有领先优势。二是首次编纂出版了大型岩画图录,以全面、真实、实用的图像和记录文字,提供做新的研究。三是具有扎根于西北岩画环境条件的专业队伍,以及学校各院系的协作支撑。四是编制了岩画保护研究的长期规划,将继续从人文历史文化研究(如原始社会生活、社会结构、巫筮文化、狩猎采集等)、岩画断代研究(如丽石黄衣地衣测年法、地质底层鉴定、同位素应用等方面)开展工作。五是建立了较好的国际协作交流体系,和国际岩画研究、保护机构和专家可以随时交流,开展广泛的合作。六是尝试会同责任单位研究建立新的岩画保护体制和机制,比如吸引社会力量共同保护和开发。

北方民族大学岩画学研究将在现有科研优势和成果、影响的基础上,进一步突出自身特点,即突进学术主流,抢占学术先机,扩大学术影响。在科研项目构架上要着重强调的,一是重大工程,二是国际合作,三是民族特点。我们将从两个方向继续深入:

(一)扩容

不失时机地开始进行"黄河流域岩画丛书"的准备和实施。将黄河流域岩画整体地出版,这不仅是北方民族大学的重大科研项目,也是我国和世界岩画史上的一件大事,对提高岩画研究的学术水平和保护程度无疑具有重要的意义。

黄河流域岩画,包括了青海、甘肃、宁夏、内蒙古、山西、河南六省区的岩画,是一个特大范围的地域性文化。这些地区的岩画正好分布在古老的中华文明的发祥地区,同该地区的细石器文化、仰韶文化、马家窑文化、裴李岗文化、龙山文化相吻合,相重叠。这绝不是历史的巧合,而是有着历史的联系和历史的必然。研究黄河流域的岩画,就是从历史、文化、艺术、民族的广度和深度多层次、多方位、多内容地深入研究和探讨中华文明的起源、发展与演变,并从中找出规律性的认识和联系。

(二)挖潜

从文化内涵、民族民俗、象形文字和断代分析等方面继续研究,努力构建起岩画研究的学术理论框架,最终目标是建立系统的、科学的、具有一定权威的学科标准。

1. 岩画的断代研究

岩画断代是阻碍岩画研究的瓶颈,多年来人们一直在为岩画的断代苦苦寻觅,一方面是没有更好的方法,另一方面是没有充足的经费,两个方面限制了这一工作的进展。因此,要想在岩画研究方面有新作为和进步,必须要在岩画的断代上下功夫。我们将通过收集黄河流域岩画资料,采集更多更规范的丽石黄衣,进一步完善丽石黄衣的岩画测年工作;争取利用花粉和孢粉分析来测定岩画所处的地理环境的变化,并通过对比研究以推进岩画年代的测定工作。

2. 汉字的产生与中华文明的起源有着密切的关系

我们在岩画与汉字起源关系问题的研究是具有开创性的工作,随着黄河流域岩画的开展与研究一定会有更多的新发现、新成果。为了实现最佳效果,我们还将引进先进的模糊数学方法对岩画进行分析研究,找出规律的东西。另外,我们还将利用数学和电脑分析,经过大量的分析、类比、对照,从大量的岩画中找到排列顺序,发现早期、中期、晚期的岩画特征。

目前通过对大麦地岩画、贺兰山岩画全面系统地分析,力争在2~3年的时间内解决宁夏岩画古文字符号的识读、分类、对比研究工作。突破目前仅在岩画研究上的形象思维考察,建立起岩画与古文字间关系的数据库,寻找出岩画与古文字间关系的理论脉络。

岩画就是岩画,她不同于一般艺术品,她是来自那个远古的智慧的复合体。她粗朴而精致,简单而神秘,在她稚拙冰冷表象下面蕴藏着深厚的历史。让我们走近岩画,走过黄河文化带,就是走进洪荒年代,走进神秘而亲近的远古世界。

贺兰山岩画与斯基泰文化

李祥石　韩学斌

贺兰山是我国少有的一条大致南北走向的山脉,位地宁夏回族自治区的西北部。长约 250 公里,是宁夏回族自治区与内蒙古自治区的界山。其结构属于拉张型地垒式断块山地,山势峥嵘险峻,东临黄河洪流,北接乌兰布和沙漠,南毗卫宁北山,西邻腾格里沙漠,平均海拔 1500~2000 米,最高峰沙锅洲海拔 3556 米。这里"峰峦苍翠,崖壁险削,延亘五百余里……自来为居人畋猎樵牧之场"(《嘉靖宁夏新志》)。

早在唐代,《元和郡县图志》卷四记载贺兰山"山有树木青白,望如驳马,北人呼驳为贺兰"。由此可知我国北方古代民族视贺兰山为神兽驳马,反映了他们对贺兰山崇拜与敬仰之情。

更早的旧石器时代晚期至新石器时代早期,我们的古代先民已经在贺兰山一代繁衍生息,劳动生产,并且创造了举世闻名的贺兰山岩画。这些岩画,就是古代先民们对生活的真实记录,反映了他们对生活的感受、理解,也成为他们用岩画这种独特形式进行交流沟通和传播的信息平台。这些艺术的瑰宝虽然经历了历史风雨的侵蚀和战乱人为的践踏,但毕竟艺术之树常青,放射着生命之光的岩画依然顽强地傲立于山岩之上,以她粗犷豪放的个性,多姿多彩的形象和海纳百川的肚量,展示出人类交融交流、相亲相爱的宏伟画卷而纷呈于贺兰山的峻岭之上,成为弥足珍贵的文化瑰宝。在贺兰山岩画中竟然发现了斯基泰鹿的珍贵形象。这不能不引起学术界的关注,也定将成为岩画研究的重要课题。

在我们这个蓝色星球上的北半球,在欧亚大陆的北纬 35°~55°之间,东自我国的东北,西至欧洲多瑙河下游,有一条横亘东西的草原地带,在这个又粗又长的草原带上,孕育了人类早期的文明,在人类发展史上产生了具有巨大影响的草原狩猎畜牧文化和农耕文化。在这条草原地带上,气候适宜,介于温带荒漠和绿林之间,水热条件保持着半干旱和半湿润的特点,因此,在这条草原带上湖泊和森林、沙漠和荒原相间,点缀和穿插,相互影响又相互补充,相互抗争又相互包容,同时也孕育和繁衍了历史上的许多民族,他们在这条道上来回穿梭,尤其是随着历史时期的气候变迁,草原带随之发生扩缩与迁移,多民族的草原文化带也热闹起来,赖以生存的草原狩猎畜牧业文化,农耕文化草原文化也随之进行着自然的演替和传播。(图1)[①]

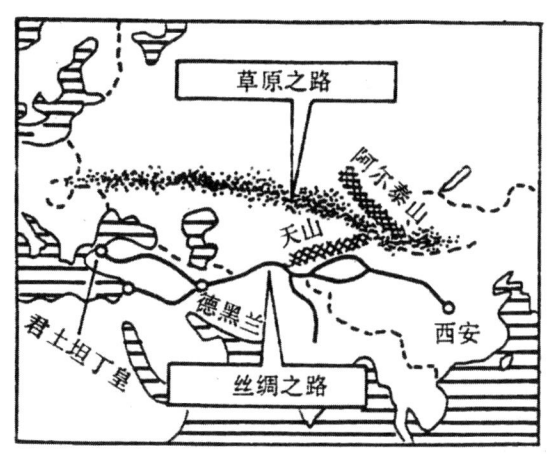

图1

这条草原文化大道东头起于我们东北大兴安岭以西,处在燕山、阴山、贺兰山、祁连山、阿尔金山、天山两侧,成为人类交流的通道,成为人类交流信息交流文化与交换遗传因子的友谊大道。这条草原大道早在旧石器时代就已经开始了。距今约15000年前就已经有原始先民活动,到了距今10000年冰河时期结束时,这里就是大陆性气候,夏季炎热、冬季严寒,气候干燥,适宜人类活动。人们摆脱了冰期的桎梏,自然界回复了往日的绿色,动物奔驰在广阔的草原,狩猎与原始畜牧业成了人们主要生产活动,人们使用打制方法生产的长叶形又薄又利的石叶,镶嵌在有柄的骨器上制成了复合型刀具。此外又用尖利的小型石器制成了箭头,不仅大大方便了狩猎,也提高了狩猎的成果,因此弓箭成为人类得心应手的工具,事半功倍,每每有所收获,提升了征服自然的能力,也提升了人们生活的质量。这算是人类利用火之后又一次生产力和生产工具的革命吧。

我国著名的考古学家梁思永先生在1932年《美国人类学杂志》上发表了《远东考古学上的若干问题》一文中,对贝加尔湖地区,即南西伯利亚旧石器时代的遗址群和华北旧石器时代的遗址群进行了比较研究,并列举了黄河流域河套地区水洞沟和萨拉乌苏遗址与贝加尔湖地区阿丰托瓦和列塞兰邱斯杰以及叶尼塞河上游地区的遗址情况。他在对两个地区旧石器堆积的地层顺序、动物和文化内容进行对比后,得出的结论是西伯利亚和华北十分接近,从地层的顺序看几乎相同,从动物群看,在草原大道的原始森林和湖泊繁殖着大量的兽类、鱼类和禽类,如熊、鹿、狼、貂、獾、狐、野羊、野牛、野马、野驴以及鸭、鹅和多种鱼类,为人们生存提供了丰富的食物,保证了人们的需求。从对比分析,至少有四个种属是两地所共有的,使用的生产工具也相同,使用着船底形的刮削器。人们居住在地穴和半地穴式房屋里。大致相似的气候,相似的自然环境和生活条件,满足了人们的生活

---

① 吕厚远:《新石器以来的北温带草原文化与气候变化》,《文物保护与考古科学》1991年第12期,第49页。

需要。在哪里也得生活,因此,形成了流动人口的相对稳定。对猎人游牧人来说,什么地方丰足什么地方就是好地方。

以上事实说明,在旧石器时代晚期,末次冰期结束,气候变暖,地球北方广大地区冰雪融化,草木复苏重新茂盛起来,随之大批的动物也由南向北迁徙,就如同今天的北非大草原一样,随着季节的变化而产生动物大迁徙大流动。那时,在黄河流域掌握了先进细石器的猎人和游牧人,也不断向北迁徙,他们跟在大群动物的后边,边走边猎,如同牧人一样,赶着大群大群的动物,顺着草原大道渐渐扩展到了贝加尔湖以及黑龙江流域,最早开辟了地球北温带的草原之路。根据考古资料,原始先民开辟的草原大道,就是从我国宁夏、内蒙古经过蒙古的赛音、山达市、曼达尔戈壁、鄂尔浑河(哈尔和林)等地到贝加尔湖和叶尼塞河上游一带,并在乌兰哈达一带,在这些地方都发现了船底形刮削器,锥形石核,底部带凹档形的三角镞,石片制成的一端刮削器和石刀等工具。(吕光天:《贝加尔湖地区和黑龙江流域与中原文化关系》,《北方文物》1985年第1期)

不仅如此,在这条草原大道上,星罗棋布地分布着许多岩画,贝加尔湖一代的山间峭壁上有许多人物和动物岩画,这些镌刻岩画从风格和制作方法上看,与我国北方传统的岩画大致相同。动物形象大致相同,而人物仅仅在于服饰不同而已,似戴着厚厚的帽子。只能说明两地的气候变化不一,北部较为寒冷一些罢了。

在叶尼塞河的岸边峭壁上,绘制了许多人面像岩画。另外,动物岩画的种类也很丰富。这些许许多多的神灵岩画、人面像岩画,如同贺兰山与北山大麦地的神灵岩画一样,是人们对自然的崇拜和敬畏,也是人们对祖先的思念和对家乡怀念的反映。这些岩画的内容和题材,同时出现在北方草原大道上,说明了人们的信仰一致性,表现了文化上的相似性和历史渊源的一致性。

总而言之,在北方草原大道上,从旧石器时代以来,我们河套人和宁夏水洞沟人就开始了历史的"长征",他们成为北半球最早的文化传播者和耕耘者,是文化的先驱,是人类战胜自然的先锋,他们身着兽皮、羽毛,手执利箭,从贺兰山出发追逐着野兽,沿着北方草原之路开始了徒步的迁徙,将文明和艺术带到了地球的北端,并开始了同远方的氏族、部落进行文化的交流。应该说,是我们的先民最早开辟了北方草原大道。

历史的交流并不是就此止步,交流一旦开始,如滚滚洪流一发而不可收了。

历史终于来到了一个新的时期。旧石器时代过去了,迎来了新石器时代,生产力和生产工具有了长足的进步,人类征服自然的力量和能力也大有长进。

据考古发现,我国黄河流域新石器时代的陶鬲,出现在中亚和西亚的地层中。后来,到了商代,制作于公元前16~公元前11世纪的商代马头刀、马具等,明显带有中亚、西亚文化的痕迹,只产于东南沿海的海菊贝制珠饰,在新疆罗布淖尔的原始社会墓群中发现,西亚新石器时代的"舞蹈纹"彩陶和青海大通县上孙家寨出土的"舞蹈纹"彩陶大致相同,西安半坡彩陶"鱼网纹"与西亚彩陶"鱼网纹"饰一致;产于我国的谷子,通过草原大道落户于西亚两河流域,再向西南到达欧洲大陆的法国南部(靳之林《抓髻娃娃》)。这是一幅何等壮丽、何等丰富的文明交流的巨大锦织和图画!

处于北方草原大道上的贺兰山像一匹骏马,横亘于宁夏的西北,贺兰山大致位于北纬38°50′09″~39°50′21″之间,正好位于北半球草原大道上。贺兰山又处在我国温带和暖温带草原与荒漠的过渡带,是季风气候与非季风气候的分界线,还是我国外流区和内陆区的分水岭。

优越的自然条件和连贯东西南北的地理位置,使贺兰山成为我国北方一条内陆草原的重要通道,这条通道可以向东到达大兴安岭;向西抵达祁连山、阿尔泰山、到伊朗高原,经过西亚到达俄罗斯的南部草原,最后到达南欧黑海沿岸;向北则穿越蒙古草原到西伯利亚。

贺兰山岩画,是贺兰山的骄傲,更是贺兰山文化典型代表。贺兰山岩画内涵丰富,题材多样,既是一部不朽的典籍,又是一部历史的篇章,更是一部民族史、文化史,是我国古代先民制作于山石之上的凝固的史诗。

贺兰山岩画据初步统计有数千幅,个体岩画多达上万个形象,主要分布在4市5县的20多个岩画点上,形成了蔚为壮观的艺术长廊。

在贺兰山数以万计的岩画中,尽管姹紫嫣红,百花争荣,却尤以斯基泰风格的岩画引人关注。

斯基泰指公元前8世纪~公元前3世纪生活在黑海北岸从多瑙河口至顿河河口的草原地带古斯基泰王国。民族以斯基泰人为主,即我国典籍中所称的塞种。这里属于北半球的森林与草原地带,向东延伸到西伯利亚广大的地区,地势相对平缓,广阔的草原和森林,成为游牧民族纵横驰骋的自由天堂。这里也孕育了先进的农业和游牧文化。斯基泰人以游牧为主,但早已进入青铜器时代,以种植麦类为主(小麦、大麦、黑麦)及黍黍,饲养和放牧牛羊以及马匹。

斯基泰文化中最显著的特点是斯基泰的兽纹,也是其具有代表性的艺术,造型具有夸张性和装饰性,极富有斯基泰人张扬和强悍的性格。主要表现在生活用具上充满了特有的纹饰,如在马具、武器、器皿等独有的野兽形象和鹿纹形象。这些鹿纹形象,抓住鹿的主要特征,进行艺术的夸张,使它的主要形象更加鲜明、更加突出,从而加强了整体效果。

有的学者认为,斯基泰动物造型与古伊朗的原始宗教有关,斯基泰典型动物造型

"鹿",则是伊朗语系诸民族共同的图腾形象。理由是:"塞人"(亦称 sacae 或 sahas)这个词的本义就是"鹿",所以凡与斯基泰人有血缘关系的亚洲游牧民族皆可称为"塞人"。由此可知,那种头部高耸、大眼、有耳有四肢且吻部修长,角形长而弯曲多变化的鹿,亦称为斯基泰风格。

早在公元前 8~公元前 7 世纪,在亚洲腹地的草原地带和伊朗高原就已经出现了这种斯基泰鹿的造型,如在西伯里亚南部的阿尔疆地区(苏联地名),就出土过斯基泰风格的鹿饰;又如在伊朗的基维埃地区和黑海沿岸斯基泰人居住过的地区都发现了斯基泰风格的鹿的造型。(图2)①

这些独具匠意的斯基泰鹿饰,不仅反映了北方草原带西端黑海沿岸到西伯利亚广大地区游牧人的古老原始宗教观念,也体现了草原游牧民族对于动物的崇拜

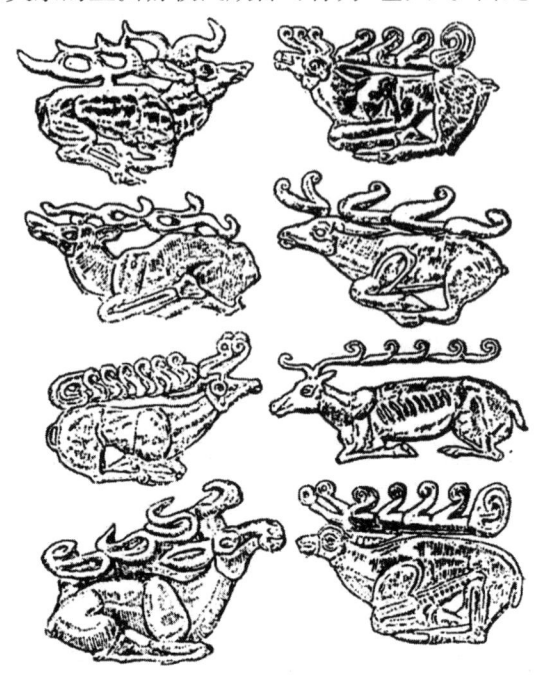

图 2

和信仰。"斯基泰鹿"是草原带上狩猎民族与游牧民族在艺术创作上的伟大创造,也是对人类文明的贡献。

除了上述出土的青铜器斯基泰风格的鹿饰之外,在北方草原带的蒙古、外贝加尔湖、阿尔泰等广大地区还存在着一种称之为鹿石的石雕。这种石雕一般是制作于墓葬的石碑,或者墓碑人物(武士)雕像的背景。这是一种十分特殊的文化现象,仍然与动物崇拜有关。这种鹿石分布甚至在哈萨克斯坦中部,乌拉尔南部、伏尔加河中游、格鲁吉亚、保加利亚东北以北河沿岸都有发现。鹿石的造型,亦属于典型的"斯基泰鹿",一般为屈足,昂首,大眼,吻部修长,鹿角呈后仰或前置,造型多角多弯曲或修长或粗壮。

这种鹿石出现在墓葬中,是一种古老的习俗和信仰。殡葬仪式的基础是对阴间生活和灵魂不死的信仰,死者在人间所得到和使用的生活必需品,死后在阴间也同样需要。基于这种思想,许多人间的东西也葬于墓葬。对于死者来说,坟墓就是他的住所。那么,生前的喜好,生前的信仰,以至于图腾崇拜的图像制作于石碑之上,也就不难理解了。在辽阔的外贝加尔湖和蒙古大草原上早期居住的塞人,或者说是与塞人有着密切交往的其他民族,由于游牧经济的一致和社会制度的相似,加之信仰的相同或相近,致使文化艺术的相

---

① 王明增:《丝绸之路遗宝》,《美术史论》1984 年第 4 期,第 83 页。

同或相近,便产生了"斯基泰鹿"的风格一致性(图3)①。

贺兰山岩画主要分布在贺兰山东麓的山口两侧和山坡的洪积扇上,是我国古代游牧民族的杰作。这些岩画是我们研究那些游牧民族的政治经济、文化艺术、宗教信仰、社会习俗的珍贵资料。它是一部游牧民族用艺术形象描绘的史记。这种艺术化了的符号和形象,是人类形象思维与抽象思维的结晶,是我们中华先民的伟大创造,反映了中华先民文化的源远流长和博大精深。

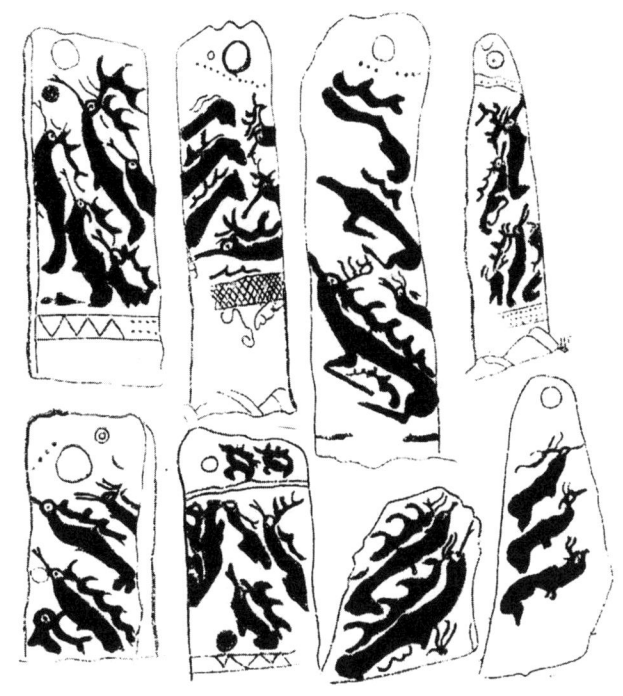

图3

在遥远的洪荒年代,先民们制作岩画成为流传的"史书",也成为草原带上多民族交往的见证。

在北方大草原带上出现的多种动物形象、人面像之外,贺兰山岩画格外引人注目的就当属"斯基泰鹿"了。这种斯基泰风格鹿的造型,在贺兰山多处被发现,突出的地点有归德沟岩画点(图4)②、苏峪口岩画点(图5)③、广武口岩画点(图6)④、贺兰口岩画点(图7)⑤,这些地点不仅岩画密度高,而且是重要的交通要道,是通往西部的关隘枢纽。

贺兰山岩画中的"斯基泰鹿"造型优美生动,同样是屈肢、昂首、大眼、吻部修长,鹿角后仰多角多叉似凤冠。贺兰山斯基泰鹿的风格同草原道上的斯基泰鹿异曲同工如出一辙。仅仅是大小不同、制作的质地不同而已,但从形式到方法以及形态几乎一模一样,天造地合一般。

经过对比分析,斯基泰鹿风格,一言以蔽之,就是一种奔驰的、飞动的风格,给人一种优美的强烈动感,体现了幻想与现实相结合的艺术手法。通过斯基泰鹿,我们不难看到制作岩画鹿时的心态和思想,反映了一个活泼的激情四溢的民族心态和无忧无虑的生活状况。

---

① 迈达尔:《蒙古历史文化遗存》,《文物考古参考资料》1984年第5期,第82页。
②③⑤ 王系松等:《贺兰山岩画(拓本)》,宁夏人民出版社,1990年,第54~55页。
④ 李祥石、朱存世:《贺兰山与北山岩画》,宁夏人民出版社,1993年,第2页。

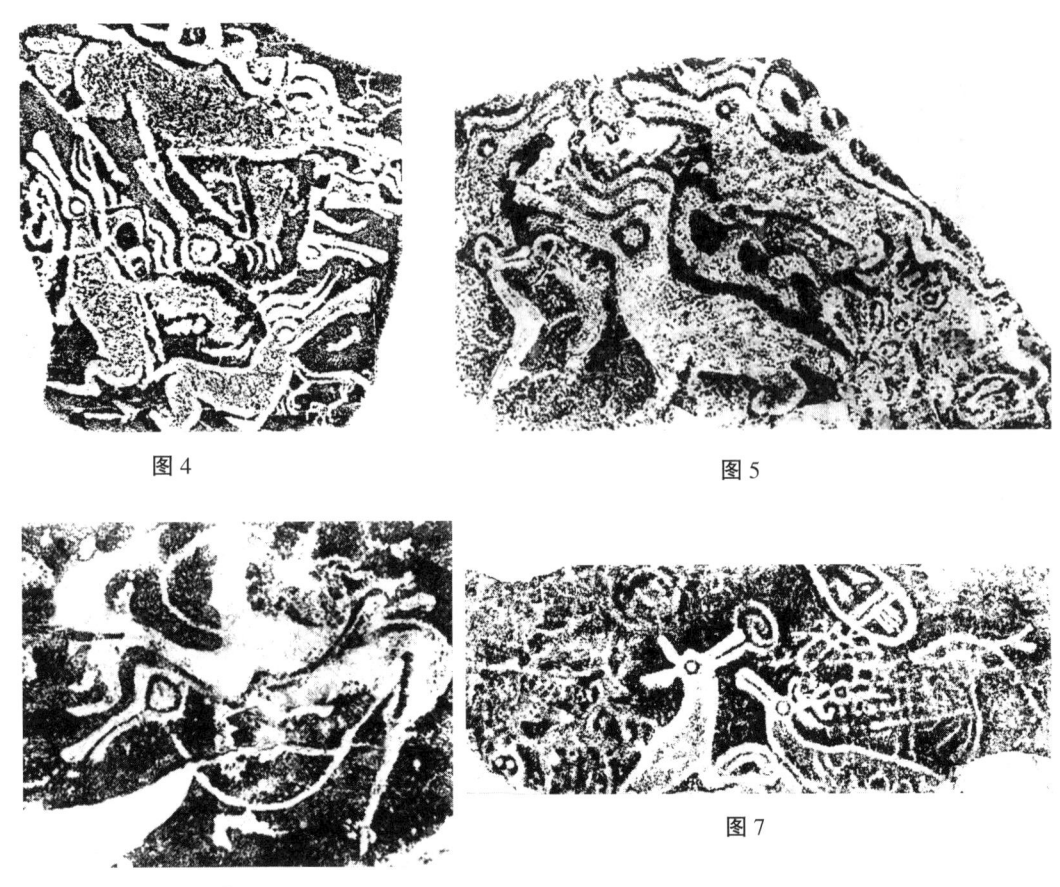

图4　　　　　　　　　　　　图5

图6　　　　　　　　　　　　图7

贺兰山地区岩画中出现斯基泰鹿足可以证明古代草原大道上各民族人民之间的交往交流和文化沟通是何等亲近,起码反映几点重要信息:其一,在北方草原大道上公元前8世纪~公元前3世纪,黑海沿岸及伊朗高原和西伯利亚的古斯基泰人,他们沿着草原大道东进一路狩猎一路游牧来到过贺兰山地区,在贺兰山的山石之上制作了传统斯基泰鹿,给我们留下了珍贵的斯基泰风格鹿的形象,成为2800~2300年来斯基泰人带来了友谊带来了独特文化信息并"到此一游"的见证。其二,有可能是贺兰山人沿着草原大道曾经游历到斯基泰广大地区,感受到斯基泰文化的独特韵味,然后有感而发,在贺兰山石上制作了这种具有斯基泰鹿特征的岩画。其三,贺兰山游牧先民沿着草原大道一路将贺兰山文化传播到斯基泰地区进行文化交流,创造了艺术个性的张扬,使它更鲜明,特征更显著,成全了这种世界独有的斯基泰鹿的优美形象。其四,可能是见到斯基泰鹿的古代巫觋或艺术家,他们接触过、欣赏过斯基泰鹿,有感而发,有为而作,在贺兰山石上留下了千古不朽之作,同时也把自己的生命和信仰制作在了山石之上。因此,那些贺兰山斯基泰鹿显得那么灵动潇洒充满了活力。总之,贺兰山岩画斯基泰鹿与斯基泰文化有着千丝万缕的血肉联系。

再说一点与本文有关的话,就是在《贺兰山岩画(拓本)》一书中,把斯基泰鹿说成了鸭嘴兽,与历史学和生物学开了一个不大也不小的玩笑,虽然有人指出了这一问题,却没有明确指出斯基泰鹿[①],使贺兰山岩画中的鸭嘴兽远扬海内外,在岩画界和学术界造成了不良影响,为此只得再提一笔,仅此而已。

总之,在贺兰山石之上,出现了多处难得一见的斯基泰鹿,这绝对是一件有意义的文化现象,起码说明,早在丝绸之路开通之前,在亚洲北方的草原大道上,东西方多个民族已经来来往往于这条大道上了,不仅仅交流着信息、友谊、文化艺术,也交流着人类的基因,成为人类迁徙、流动、交往与友谊的见证。

这条草原大道,通过岩画这个特殊文化现象的交流,称之为岩画大道也未尝不可以,岩画文化和经济的往来,增进了世界性的各民族往来,互通有无,互相交流,繁荣了草原道上的经济、文化,促进了整个人类的进程,其意义和贡献是难以估量的。

---

① 沈自龙:《议贺兰山岩画中的鸭嘴兽》,《宁夏文物》1993年第7期,第87页。

贺兰山岩画与贺兰山文明

宁夏大学西夏学院研究员　杨满忠

地质学、考古学、历史学、人类学研究成果表明,黄河孕育了黄河文明、河套文明,河套文明孕育了贺兰山岩画、贺兰山文明。因此,黄河河套不但是古老黄河的最初孕育诞生地,同时也是中国华夏文明重要的发祥地之一。黄河与鄂尔多斯盆地、贺兰山、阴山、吕梁山形成的冲积平原、湖泊湿地,是河套人赖以生存的美丽家园。黄河水、河套人与河套山系形成的河套山水文化,是河套文明的重要组成部分。而贺兰山是河套文明的典型代表,同时也是贺兰山文明的典型代表。

贺兰山文明是"贺兰山人"在不同的历史时期、不同社会生活环境及其文化因素影响下创造的。那么,贺兰山岩画、贺兰山文明是哪些族群、哪些人,在什么时候,什么社会背景下创造的呢?只有这个问题搞清楚了,那么贺兰山岩画的社会历史背景就搞清楚了,贺兰山岩画的社会历史背景清楚了,那么贺兰山岩画凿刻的历史族群、历史年代及其内涵特点、艺术形式、文化含义、历史价值就自然而然地清楚了。为此,笔者试图将贺兰山岩画与贺兰山文明结合起来,进行系统对比研究,从而为深入贺兰山岩画系统研究、提供历史文化线索。

一、贺兰山自然地理演变为贺兰山岩画与文明提供了条件

(一)贺兰山的诞生为贺兰山岩画与文明提供了地理条件

据地质学、古生物学研究表明,在一亿三千万年的白垩纪时代以前,贺兰山尚未形成,银川平原与蒙古大平原连成一体,是巨大的渤海、湖泊、沼泽连片的热带森林区。一亿多年前的燕山造山运动时,由于鄂尔多斯台地的三升三降,才使贺兰山与阴山、吕梁山一块儿隆起,并将高原渤海、湖泊、沼泽之水聚于低洼,形成最早的古黄河。此后随着喜马拉雅山的不断抬升,使青藏高原东来下冲的河流连通河套古黄河,并将上游黄土高原的大量泥沙,带入宁夏平缓地带后,逐渐流积形成宁夏、临河、土默特三大冲积平原,为贺兰山万物生长及其古人类的生存、发展提供了条件。

(二)贺兰山湿润的气候为贺兰山岩画与文明提供了发展条件

由于青藏高原季风影响,使得贺兰山、银川平原的气温朝着适宜人类生存的方向发展变化。据耿侃等先生的"银川地区35000以来气候变化曲线图"说明,由于阳光、季风、气温的作用,初期的贺兰山、银川平原一带,曾相继出现了温和适宜期(3.5万~3万年),暖温适宜期(3万~2万年),冷偏湿期(2万~1.75万年),湿干、冷湿、凉湿期(1.75万~1万年),偏冷干、增湿段、暖干期(1万~5000年),温(冷)湿期(5000年至今)[①]。这些适宜于人类生存的气候,为贺兰山的诞生、创造岩画、创造文明提供了条件。

二、贺兰山人文环境为贺兰山岩画与文明奠定了基础

(一)贺兰山人的出现为贺兰山岩画与文明的产生发展奠定了重要基础

贺兰山文明,首先是贺兰山人创造的。这里所指的贺兰山人,是一个较为宽泛的概念。它即指住在贺兰山谷、坡地的人,也指以贺兰山为中心带的银川平原及其周边的人。贺兰山水形胜为贺兰山人的生存发展提供良好条件。从此,贺兰山作为贺兰山人生活、狩猎、避暑、祭祀的神圣地方,为贺兰山岩画、文明的发展创造了条件。

研究贺兰山岩画、文明,首先要研究贺兰山人,只有将历史上居住在贺兰山、银川平原及其周边的贺兰山人研究清楚了,那么,贺兰山岩画及其文明就清楚了。因此,我们将贺兰山古人群的发展轨迹分为两个大的历史阶段来探索研究。

一是1万年以前的旧石器时代,二是1万年后的新石器时代与历史时代。

1. 1万年前旧石器时代的贺兰山人

根据考古研究表明,在1万年前的旧石器时代,在宁夏贺兰山、银川平原周边一带,就有了更新世时期的晚期智人活动,并创造了旧石器时代的文明。这个晚期智人的代表,一是生活4.3万~1.7万年之间的宁夏灵武"水洞沟人","施家窑人"。一是生在1.1万年左右的宁夏青铜峡"鸽子山人","芦沟湖人"。一是生活在1万年前的贺兰山"贺兰口人"。这些人与贺兰山发生着一定的关系,并对贺兰山早期岩画的开凿做出了重要贡献。

2. 1万年后新石器时代、历史时代的贺兰山人

新石器时代是指1万年至4000年之前,历史时代是指我国有文献记载的4000年至今。这一时期应当是贺兰山岩画发展的繁盛期。

新石器时代的贺兰山人:新石器时代,在贺兰山、银川平原黄河两岸,生活着众多的人,我们可称其为"新石器时代的贺兰山人"。从目前发现的四十余处新石器时代文化遗址看,这些遗址一部分在贺兰山一带,一部分在黄河两岸,主要有银川西夏区高家闸、贺兰县洪广镇、灵武水洞沟、石嘴山、惠农、平罗、大武口、青铜峡、中宁、中卫等区域活动中心。

历史时代的贺兰山人:我国有文字记载的历史是从夏商开始。目前,只在古黄河河套地区的鄂尔多斯伊金霍洛旗纳林陶亥乡朱开沟村,发现了4200~3500年重要的夏商遗址,但目前在宁夏贺兰山、银川平原一带尚未发现夏商遗址。

两周时期,宁夏黄河沿岸,贺兰山、盐池一带是戎人活动的地方。目前发现的重要遗址不多,主要有中卫照壁山冶铜遗址、铜矿遗址、照壁山遗址(东周)等十余处。这些遗址表明,两周时期的戎人当与贺兰山岩画有一定的关系。

秦汉魏晋隋唐时,银川一带进入人群高峰期,除了很多北方少数民族如匈奴、高车、柔然、鲜卑、突厥、回鹘、吐蕃、党项外,还有大量的汉族入住,这些入住人群为贺兰山岩画的开凿提供了重要的条件。

西夏时期,党项族在银川建立大夏国,因此,不但大量的党项民族、汉族入住外贺兰山、银川平原一带,还有回鹘、吐蕃、契丹、女真等民族入住,因此,刻下了西夏文岩画。

(二)贺兰山人群创造了贺兰山岩画与文明

水洞沟遗址发掘研究表明,水洞沟不但具有4.3万~1.7万年的旧石器时代的典型文化层,同时也有8000~5900年的新石器时代典型的文化层。近年来,水洞沟盆地相继发现的旧石器时代文化点达14处,其中仅第2、3、8三个点出土石器与装饰器就达数千件,这些石器、石核,不但有欧洲勒瓦娄哇人的技术特点,与欧洲的莫斯特、奥瑞纳文化有许多相似之处。同时,他们的装饰品还使用鸵鸟蛋皮做珠、赤铁矿粉涂染东西。

青铜峡"鸽子山遗址"(1.2万年左右)发现的上千件石器,不同于水洞沟石器,特点鲜明,一是"鸽子山"石器,既有打制的石器,也有细石器;二是打制石器的技术远比水洞沟成熟。"鸽子山遗址"不但是贺兰山、银川平原更新世至全新世转型期的典型代表,与中亚、西亚一些遗址文化内涵有相互渗透的特点,而且与贺兰山南部岩画、牛首山、砂梁子岩画可能有一定的关系。

贺兰山口旧石器时代遗址说明,这些住在贺兰口的人不但与贺兰山发生了及其重要的关系,而且应当是贺兰山岩画的最初创作者。

新石器时代到历史时代,贺兰山下、黄河两岸有大量的人类文化遗址,每个遗址出土的大量石器、细石器表明,当时的人不但具备了一定的审美意识,而且还把这种审美意识表现在贺兰山岩画中。

从西夏以前到新石器时代,是贺兰山岩画创作的高峰期,同时,随着游牧民族的不断迁徙,将这些凿刻艺术,传到黄河上游、下游以及中国疆域的东西两带。西夏石器与西夏以后,由于佛教与唐卡艺术的传播,岩画的凿刻艺术就逐渐中断了。

三、贺兰山岩画与贺兰山文明

贺兰山文明是以贺兰山为主体的及其周边人居文明的综合体。贺兰山文明孕育了贺兰山岩画,贺兰山岩画体现了贺兰山文明。关于"文明"解释,世界上的有百余种之多,但是大多数人认为:人类文明必须达到三个条件:一是语言文字,二是有城堡,三是有国家制度与军队。但是用这个观点来解释贺兰山岩画与文明,却不甚恰当。中国的"文明"有其特定概念,文者,纹饰也,为文可见也;明者光明也,文化也,智慧也。在西周时就已确定了"文德教化"的基本内涵与功能。从这个角度上讲,贺兰山岩画就是贺兰山人凿刻在石崖上的"纹饰"。这些"贺兰山纹饰"既有"画"的功能,又有"字"的间接功能,是具有一定的社会教化作用的。贺兰山岩画是一代一代的贺兰山人,在不同的时期、不同的社会文化背景下不断画出的"纹饰"。因此,"纹饰的图画作用"以及在阳光下的"聚光显化作用",就是文明的体现,也可以叫作岩画文明。

从岩画到文字的过程,是一个从具体"物象"到"抽象的过程,这个道理很简单,就像小孩从具体的"可视图画"到"可认文字"的过程。从这个角度上讲,贺兰山岩画即是贺兰山人原始童年期的物象产物,也是中年期抽象产物。因此,它既是童年的,也是文明的。明白了这个道理,那么贺兰山岩画与贺兰山文明的关系就十分好理解了。

由此推论可知,贺兰山岩画是贺兰山文明的宝库,也是贺兰山文明的标志。

四、贺兰山岩画研究的新思路

客观地说,贺兰山岩画就是贺兰山人将其社会生活情感、思想认识水平,通过抽象化、符号化表现出来的视觉艺术形式,她是一种直观的图画认知系统与文化经验传承系统。贺兰山岩画是贺兰山文明的核心之一,她的诞生、发展、完善,是贺兰山人认知、升华贺兰山自然人文关系的结果,也是贺兰山历史文化的符号化结晶。

首先是"贺兰山人",在不同的历史时期、不同社会生活背景下,创造了贺兰山岩画。那么?贺兰山岩画是哪些族群、哪些人,在什么时候,什么社会背景下创造的呢?这是我们研究贺兰山岩画的首先思考的难点所在。

目前,关于贺兰山岩画内容及其艺术表现形式的研究成果颇为丰富,但其具体岩画的断代却相当困难。笔者认为,要研究贺兰山岩画的分期、分类及其重要的文化内涵,首先应当从研究入住贺兰山游牧民族族群及其留住、迁徙历史入手,从研究不同时期贺兰山族群的社会、文化关系入手;从研究不同时期贺兰山人,对人与自然的认知状态、思想情感、技术水平、文明程度入手。

其次,将历史考古、地理气候、自然变迁、游牧文化、农耕文明结合起来综合对比研究,寻求科学的对应点。

再次,要把贺兰山岩画与贺兰山与银川文明、黄河文明、河套文明、华夏文明综合起来系统研究,在中国华夏文明大时空背景下,筛选确定目标。

最后,还要从贺兰山岩画的内涵与外延的逻辑时空入手,将中国黄河流域带岩画、北方民族迁徙带岩画以及中国疆域东西的环太平洋岩画,中亚、西亚、非洲、欧洲岩画联系起来系统对比研究,方可得到令人满意的成果。

关于贺兰山岩画研究,目前主要采取环境考古学、文化人类学、民族学、民俗学、神话学、符号学等方法,但从历史学、地理学、比较学、文化哲学的角度研究不够,从"类群法"的角度研究多,而从"历史分期法"研究少,从类型特点的文化艺术研究多,而类型的历史演变角度研究少。因此,笔者提出用历史文献与田野考古相结合的"历史文化分期法",社会科学研究方法与自然科学技术相结合的"文理辨识法""人本物化"与"文化哲学"相结合的"人化持续法"等方法,结合来进行多元互证研究。从入住贺兰山的人群、族群生活的历史入手,从贺兰山人生活习俗与贺兰山岩画的合理关系入手,从现存文化遗址推理断代入手,分期、分类地探索贺兰山岩画的创作时代及其相关内容。

五、贺兰山岩画与中国域外东西带岩画的关系

近些年来,岩画研究者对除了对黄河流域的岩画研究外,还对东面的环太平洋岩画,中亚、西亚等岩画进行了对比研究,研究的结果是贺兰山岩画与环太平洋岩画,中亚、西亚等岩画有一定的关系,而这个关系恰好也与宁夏贺兰山、黄河两岸发现的古人类文化遗址研究成果,表现了惊人的相似。如果说:旧石器时代晚期的灵武"水洞沟遗址"文化与欧洲、非洲有关,青铜峡的"鸽子山遗址"文化与中亚、西亚有关。那么,他们的关系是怎样建立起来的?他们与贺兰山岩画表现的特点为何有相似性?贺兰山岩画与北美太平洋岩画,中亚、西亚岩画,欧洲、非洲岩画的相似性说明,这些岩画是一个迁徙的族群不断创造的吗?贺兰山、银川平原的古人类文化遗址表现的内因文化因素与外因文化因素,与贺兰山岩画研究的内因文化因素与外因文化因素特色也有明显的一致性,这是为什么?这只能说明一个道理,那就是气候环境的变化、民族的流徙、文化的传播、交流、融合的结果。从这个角度上讲,我们也只有从外围气候环境变化、民族动乱流迁、文化传播交流的角度入手,来综合系统地深入研究贺兰山岩画及其文明,才可能有新的突破。

传承与创新:探析岩画中的文明

宁夏旅游投资集团 李成荣

【内容提要】 我国有着丰富的岩画资源,在几代岩画人的努力下,岩画研究、保护已经取得了巨大成就,一大批岩画学专著、论文得以发表,为我国岩画事业的发展奠定了坚实的理论基础。但我们应该看到,我国的岩画研究与保护似乎到了一个瓶颈,在一些关键问题的研究上仍未取得突破,绝大部分岩画仍然在风吹日晒中逐渐消失,岩画的断代问题依然悬而未决,等等。本文试图通过对贺兰山岩画特别是新发现的岩画进行分析,探讨岩画所蕴含的人类历史文明,并借此提出研究、保护岩画的对策措施,为今后我国岩画事业的发展提供参考。

【关键词】 传承 创新 岩画 文明

贺兰山岩画是我国岩画的重要组成部分,也是我国北方岩画的代表之一。虽然从20世纪80年代起就陆续在贺兰山东麓的多个沟谷发现了大批岩画,但至今仍没有一个确切的数字来表明贺兰山究竟有多少幅岩画,这是因为几乎每一次岩画普查都会发现一些新的岩画,使得贺兰山岩画的数字在不断地更新。2010年5月,贺兰山岩画管理处组织了两次岩画普查,普查过程中普查组在贺兰山贺兰口、大西峰沟、小西峰沟相继新发现多幅岩画,这些岩画有人面像,有放牧图,有狩猎图,等等,增加了贺兰山岩画的数量,丰富了岩画资源。本文将从祭祀文化、狩猎文化、游牧文化这三方面来解读岩画,进而探析岩画中的文明。

一、岩画中的文明

(一)岩画与祭祀文化

在我国,祭祀的习俗由来已久。祭祀指祭神、祭祖,是根据宗教或者社会习俗的要求进行的具有象征意义的一系列活动或仪式。祭祀是伴随着人类对自然、祖先、图腾、生殖的崇拜而产生的。在人类社会早期,人们思维简单,生产能力低下,对一些自然现象感到神秘而恐惧,天上的日月星辰、地上的飞禽走兽都被视为有神灵存在。在这种情况下便产生了万物有灵和泛神论思想,原始宗教也随之产生。随着思维的发展和生产力的不断提高,原始人类适应自然的能力不断增强,人们对自然、动物的崇拜逐渐变得虚幻,出现了既有人的特征又有兽的特征同时又加入夸张想象力的崇拜对象,而这种形象就是岩画中最具神秘感与想象力的人面像岩画。人面像岩画出现后就成为自然界各种神灵的载体,大自然的万事万物就这样被神话了,并被赋予了人格的色彩。与此同时,人面像岩画也就成了氏族部落各种神灵的外化形式和供族众参拜祭献和祈禳的对象,它是调和人与自然之间的关系的交际手段,是一种纯精神化的万能武器。人面像与原始信仰的结合,被赋予了某种神性,因而也就具有了无穷的象征威力。①

正是由于岩画中的人面像被赋予了神性与人格的色彩,人面像岩画才成为远古时代各氏族部落的祭祀的对象。以此次在贺兰口新发现的六幅岩画为例,其中一幅岩画面部呈圆形,神态威严,头部有七条放射状的线条,毫无疑问这是古代先民对太阳神的塑造,明显表现出远古人类对太阳的崇拜之情。当然,仅凭几幅人面像岩画是不足以说明岩画与祭祀文化之间的关系的,需要从不同的角度进行论述。首先,贺兰口外的遗址区经考古专家考证认定是一处远古祭祀遗址,出土的一些文物被认定与祭祀有关。我们是否可以这样认为:这些祭祀遗址所祭祀的对象就是不远处贺兰口中的岩画,人们将太阳、月亮及各种神灵具化为一幅幅神态威严、造型夸张的人面像,凿刻在岩石上,从而形成了我们今天所看到的岩画,并在沟口外设坛祭祀,已达到人们祈求风调雨顺、氏族兴旺的愿望。其次,人面像岩画分布地的环境优美。如宁夏贺兰山贺兰口、内蒙古阴山格尔敖包沟等地都分布着极为密集的人面像岩画,这些沟口曾经都是水草丰茂、日照充足的宝地,虽然人面像岩画的朝向各不相同,但无一例外都能受到阳光的照射。当阳光普照这些岩画的时候,人面像似乎更具神性,更加威严,而人则更容易通过祭祀达到与神沟通的目的。最后人面像岩画大都凿刻在陡峭的崖壁上。贺兰口的人面像岩画绝大部分都是高高在上的,这些人面像俯视着古往今来的芸芸众生,接受人们的顶礼膜拜,而人们虔诚的膜拜便是祭祀的重要组成部分。综合贺兰口外的祭祀遗址与周边环境,结合人面像岩画所处的地理位置,可以基本肯定岩画与祭祀有着密切的关系,以岩画为祭祀对象是我国祭祀文化发展过程中的重要阶段,是祭祀文化的重要组成部分,对我国祭祀礼制的发展有着深远的影响。

(二)岩画与狩猎文化

狩猎是我国北方岩画表现的主题之一,从已发现的大批狩猎岩画中可以看出,我国北方经历了一个漫长的以狩猎经济为主的时期。在贺兰山岩画中狩猎岩画就占有相当大

---

① 高原:《神秘的北方面具岩画》,《内蒙古艺术》2007年第1期,第40页。

的比重,这些岩画记录了当时贺兰山地区的自然环境及在此生存繁衍的不同民族的经济社会活动,反映了这一地区的居民由狩猎经济向游牧经济转变的历史足迹。

狩猎是人类社会发展进程所经历的重要阶段,在一个相当长的时期内,狩猎是人类赖以生存的根本。远古时期,人类的力量还很弱小,使用的工具也很简陋,在这种情况下个人很难猎获大型动物,需要多人配合才能完成,且狩猎是一项对经验和技术要求很高的活动,没有一定的经验和技术不但猎取不到猎物,反而会被猎物所伤。狩猎的经验和技术是怎样传承的呢?结合贺兰山岩画中诸多的狩猎岩画,我们认为岩画就是传承狩猎技术与经验的主要载体之一。在贺兰山岩画中有很多完整的狩猎岩画,分为单人猎、双人猎、多人猎、围猎等,画面中的人物分工明确,有堵截动物群的,有驱赶动物群的,有步行的,有骑马的,狩猎工具除棍棒、长矛外,还有弓箭,而弓箭几乎是每一幅狩猎岩画中必不可少的,猎人手持制作精良的弓箭指向动物,而动物在弓箭的攻击下惊慌失措。这样的狩猎岩画不仅记述了当时狩猎的情形,而且对后人有传授经验、技术的作用。我们或许还可以从弓箭产生的时间上来推断岩画的制作年代。此外,还有很多狩猎岩画被人们赋予了巫术的色彩,人们希望通过对岩画中所刻画的动物施以巫术,达到猎取该动物的目的。表现这一主题的岩画在狩猎岩画中占有很大的比例。

在文字还没有产生的远古时期,狩猎岩画就是记录人类狩猎经济时代的史书,不光是在我国,在世界各地的岩画中狩猎岩画都占有很大的比重,这些狩猎岩画翔实地记录了当时狩猎的场景,展现了当时的社会经济活动和人们的宗教信仰,同时将狩猎的经验、技术传授给后人,达到壮大部族、教育后人的目的。正是由于狩猎经验技术的代代相传,使得人类逐渐从狩猎经济时代进入到游牧经济时代,但狩猎这一生产方式并没有消失,而是伴随着游牧业的发展而发展,成为游牧业的重要补充。

(三)岩画与游牧文化

贺兰山及周边地区是北方游牧民族最早活动的地域之一,也是历代游牧民族活动的重要历史舞台。由于贺兰山特殊的自然地理环境,农牧业在这一地区都有一定程度的发展,但这一地区在历史上多是北方游牧民族繁衍生息之地,因此畜牧业的发展有着悠久的历史,丰富多彩的贺兰山岩画就反映出了浓郁的游牧生活气息,也表现了古代游牧民族的生产方式和经济状况,形象地揭示了北方游牧民族历史发展的轨迹。

贺兰山岩画中表现放牧、动物的画面特别多,在整个北方岩画中,动物图与放牧图也占有很大的比重。在此次大西峰沟的岩画普查中,普查组新发现放牧、动物岩画多幅,其中编号为DXF24—1的岩画就生动地表现了当时放牧时的场景。在这幅岩画中,画面上方为多个动物,主要是羊,下方一人骑在马上看管这些动物,右侧还有几个线条。在DXF30

这一岩画点上,有数个动物被凿刻在距地面不高的岩石上,最右侧有一人面像岩画,似乎是在表示这些动物有人看管,其他人不能随意驱赶。当然,以上两处岩画较为简单,只是表现了当时的游牧场景,在贺兰山还有其他很多经典的放牧岩画,活灵活现地表现了当时游牧的场景。从贺兰山表现游牧的岩画中我们可以看到,被驯养的动物品种在增加,从一开始只有羊,到后来逐渐出现牛、马、骆驼等牲畜,而且放牧人也由徒步放牧变为骑马放牧,并且已经有了狗在帮助放牧。这一幅幅岩画生动地表现了人类游牧文化的发展进步,正是由于对野生动物驯养的成功,牧群增加,食物出现了剩余,人类的生产生活水平得以提高,于是人们便有了文化娱乐生活,岩石上也随之出现舞蹈、娱乐的岩画。

毫无疑问,这些放牧岩画都是当时在这里生活的游牧民族创制的。我们不排除一些单体的动物岩画或许是一些放牧人的即兴之作,但面积巨大,人物、动物数量较多且完整地表现了当时放牧场景的岩画绝对是游牧民族有意识进行制作的,由于没有自己民族的文字,这些民族就以直观的图画来表现自己的生产方式、经济状况和社会生活,在记录历史的同时,将放牧的经验传授给后代,为部族的发展壮大奠定基础。可以说,这些放牧岩画就是早期游牧文化最早的记录,为游牧文明的传承起到了积极的作用,并对以后畜牧业的发展产生了重要影响。

二、岩画事业的传承与创新

自从 20 世纪 80 年代我国岩画事业发展起步以来,我国岩画的发现、研究、保护工作已经取得了辉煌的成就,在全国多个省区发现了一大批岩画点,其分布地域广阔,遍及我国的北方、东南及西南地区;制作方法多样,有凿刻、磨刻、彩绘及凿磨结合的方法等;岩画内容丰富多彩,涉及祭祀、崇拜、符号、动物、游牧、狩猎、舞蹈等。这些丰富的岩画资源是我国重要的历史文化遗存,是研究史前文明的重要资料。多年来,国内外学者不遗余力地对我国的岩画进行深层次、多角度的研究,一大批岩画专著与论文相继出版、发表,取得了丰硕的成果。但就目前的岩画研究来看,岩画事业的发展似乎进入到一个瓶颈时期,很多学者对岩画的研究仍在走老一辈专家的老路,无非是就某一岩画点做一个普查报告,或对某一题材的岩画进行解读,再就是以新的技术手段来测定岩画的年代,等等。如何在岩画研究上取得突破已经成为目前急需解决的问题。

我们可以从传承与创新两方面来实现岩画研究的突破。在传承方面,我们要继承老一辈岩画研究者的经验与成果,在认真、扎实地分析、统计岩画资料的基础上,结合民族学、历史学、考古学、人类学、生态地理学、宗教学、符号学、美术史等方面的理论知识,实现岩画研究的跨学科,以期通过不同角度的岩画研究实现岩画事业的全面突破。在创新方面,岩画不光是重点的保护文物,更是文化传播、旅游开发、艺术创作的品牌与源泉,我们要在研究、保护岩画的基础上,充分挖掘岩画的历史文化底蕴,以岩画为重点,打造文化、旅游、时尚品、艺术品开发的品牌,广泛宣传岩画,使世人认识到保护岩画的重要性,从而促进岩画的研究与保护。

三、岩画研究与保护的对策建议

(一)吸收多学科、跨学科的人才参与到岩画研究工作中来

岩画学这一概念的提出时间较晚,我国还未形成专业的岩画研究队伍,而且专业的岩画研究队伍不免会陷入研究视角狭窄的境地。因此,组建一支多学科、跨学科的岩画研究队伍就显得尤为必要。这样就可以从不同学科的角度与层次展开对岩画的研究,当然,具备扎实的岩画资料基础也是非常必要的。只有这样才能实现岩画研究的突破,推动我国岩画事业的发展。

(二)岩画管理部门应与国内外高校及科研机构合作

我国现在已经成立多个岩画管理部门和岩画研究机构,科研力量都略显单薄,但这些部门机构却拥有丰富的岩画资源,可以随时进行岩画普查工作,掌握着大量的第一手资料;而国内外高校和科研机构拥有较强的科研队伍,科研水平较高,能够对岩画展开深层次、多方位的研究,但缺少第一手的岩画资料。如果岩画管理部门能够与国内外的高校和科研机构建立长效的合作机制,实现资源互补,必将从根本上促进我国岩画研究的进步。

(三)以开发岩画资源为契机,推动岩画的研究与保护

开发岩画资源是以保护岩画为前提的,通过开发岩画,向全社会广泛宣传保护岩画的重要性,提高全民保护岩画的意识,以开发岩画所获得的经济利益为基础,扩大岩画保护区的面积,增加岩画保护的投入,真正实现对岩画的保护。同时对岩画分布地周边的历史文化遗址进行考古,以出土的文物、遗址的特征来分析岩画产生的年代,为岩画的保护提供历史依据。

(四)采用新技术、新方法保护岩画

岩画历经千年依然清晰地呈现在世人面前不得不说是一个奇迹,然而随着全球气候的变化,岩画正在逐渐消失,如何保护这些历经风雨的岩画是必须面对的问题。对此,在以往对岩画进行拍照、制作拓片和线描图的基础上,应该采用一些新的技术与方法实现对岩画的保护,如在岩画表面喷涂无污染且防水防沙的涂料,或以坚固、透明的罩子将重要的岩画罩住、避免风沙的侵蚀,再就是对一些松动脱落的岩画进行固定,或者直接将脱落岩画放在博物馆中展出,等等,当然这些技术和方法还需专家进行研究与论证。

综上所述,岩画是人类文明历程的画卷,是记载人类历史最早的史书,岩画为我们打

开了一扇通往远古文明的大门,使我们在感叹、震撼之余,可以一睹原始先民那独特的审美和充满想象的艺术创造。传承岩画所蕴含的文明,并对岩画进行和创新和开发,从而实现对岩画的研究与保护,这就是当代岩画人的责任与义务。

岩画文化的地域性研究

宁夏社会科学院历史研究所　薛正昌

岩画,是新石器以来狩猎与游牧民族在一个地区不断活动留下的历史见证,是这个历史过程中留下的类似于文字的历史文化记录,更是沟通古今信息表达的直观视角形象。近年,随着岩画的不断发现和研究的深入推进,岩画研究也逐渐涉及地域性特点。所谓地域性,主要是指岩画图像造型与内容在大文化背景下的差异。这种差异,是由不同地域环境、生态文化、民族迁徙背景等多重因素来支撑的。当然,也与岩画创作者的审美情趣和审美意象有关。每一处岩画区之间的岩画内容,其凿刻的图像造型是不完全一样的,有些地区的岩画图像内容直接体现着截然不同的地域文化的特点。

一、基本相同的岩画图像造型

陈兆复先生把世界岩画从符号的意义上分为三类:图画型、表意型、情感型。从内容上分为三个主题、五种题材,三个主题即性、食物和土地;五种题材即动物型、拟人型、建筑型、工具和物件、几何图形和图形字母。"但是这五种题材所占数量和比重是不同的。当人们从事狩猎时期,岩画的题材是动物和符号;拟人型这个题材相对来说要少些;作品数量以及在画面所占位置的重要性,都以动物型为主。而反映地形和建筑的岩画极少,有时还辨别不清,似是而非。工具和武器亦是如此。几何形和符号是属于抽象的表意的图形,在各地岩画点都有发现,并且又常与其他图形联系在一起。待到复杂经济与农耕发展之后,动物的图形在画面上就不是那么重要了。"[1]在这里,陈先生把世界范围的岩画做了宏观上的归类。同时,对各类岩画图像的变化、出现的频率与时代紧密联系在一起,对于我们研究和判断岩画的时代和经济类型提供了非常有借鉴价值的衡量标准。在这个大的框架里,我觉得陈先生的话题也涉及了岩画的文化的地域性问题。

（一）岩画出现的地理环境大致相同

岩画凿刻选取的环境,大都在山脉与草原相交融的沟壑和崖壁上,或在茫茫戈壁边

---

[1] 陈兆复:《岩画:人类早期的视角表达》,《西南民族大学学报》2003年第12期。

缘,且有水源相伴。同时,也是水草丰茂的地方。这些地理条件,基本是史前和古代游牧民族生存的地方。全国乃至世界岩画生成的地理环境或条件,大体都具备这些资源。

(二)岩画的内容大都反映了岩画所在地古代民族的信仰、世界观和审美观

通过岩画揭示了古代民族的游牧生活状况。中国北方的岩画真实地记录了古代北方匈奴、敕勒、鲜卑、蒙古等游牧民族的生产与生活的历史,大致图案造像分为这样几类:动物图像(野生动物和家畜,如羊、驼、鹿等)、人物图像(狩猎、放牧、征战、舞蹈、祭祀活动中的人)、神灵图像(人面像、魔法符号等)、器物图像(穹庐、马车、畜圈、弓箭)、天体图像(日、月、星辰等),北方岩画多表现狩猎、游牧、战争、舞蹈等,其中最多的是野生动物图像。

(三)岩画中代表性的图像造型——羊

在世界范围内,羊是通用的图像造型。无论在贺兰山岩画里,还是内蒙古岩画、新疆岩画里,羊都是重要而频繁出现的图像造型,而且名目繁多。岩石上奔跑的"山羊"、安详的"盘羊"图像,都会让人感觉到远古时期,羊与先民的亲近关系。贺兰山岩画里的"羊"造型图案极为丰富,"盘羊"的角大得出奇,有写实的,有写意的,尽显羊岩画的历史根脉。岩画里的"羊",是体现羊文化的一个侧面,在其他造像类型里,"羊"的形象也很特殊。1981年新疆新源县巩乃斯河南岸古墓葬中出土了一件铜质大角羊,它竟然与阿敦乔鲁岩画中的大角羊形象几乎相同。巴黎卢浮宫里有一个中东馆,里面有石质等各类材料的盘羊造型;巴黎凡尔赛宫后花园里也有不少大型雕塑,都是盘羊的造型。看这些与历史和文化密切关联的"羊"的造型,再联系岩画里羊的图像,就能帮助我们进一步认识岩画里"羊"造型的远古文化意义。

(四)岩画里另一个代表性图案,就是马

贺兰山的得名,可能与"马"这类岩画有关。在新石器时代及历史早期,狩猎仍是人类的一项重要活动,人类也在逐渐驯化野生动物为家畜。马,就是先民们驯化的主要家畜之一,而且初始就在西北,贺兰山地区应该是早期驯化马为家畜的地方。据李祥石、朱存世先生编著的《贺兰山与北山岩画》一书,我做过"马"岩画的统计,共123处,但不包括骑牧类"马"图像。马车传入中国,时间很久了,河南安阳殷墟出土的公元前1300年的马车,是整个东亚年代最久的马车;骑马作为一种技术也是从欧亚大草原西部传入的。骑马、马车使用之前,马的驯养就至为重要,以至成为历代重要的军用物资。从这个意义上看,岩画里的"马",就是中国早期马文化的直接反映。

二、岩画图像造型的差异性

岩画造型在内容上的差异,主要是指随着环境与文化背景的变化而形成的差异。即

不是所有的岩画区,都有着大致相同的造型图像,而是随着地域和环境的变化,岩画内容亦发生变化。

(一)岩画内容在不同岩画区的变化,也有几种情况

一种情况是,大致相同的岩画会跳跃性地出现在不同的岩画区。如宁夏贺兰山韭菜沟岩画中就有蒙古包组成的居住群落岩画;内蒙古曼德拉山的帐幕岩画——帐篷村落,也是蒙古包组成的帐幕群落。这些岩画图像的出现,就说明这一地域上的居民已经从狩猎民族向畜牧民族转化了,他们已经告别了天然的住宅——原始山洞,搬进了人工建筑的帐幕中。就是这类岩画,在南方或其他地方的岩画中就比较少见,甚至是找不到的。

另一种情况是,在不同的岩画点都有鹿或者骆驼等造像,但凿刻手法上都体现了其写实性。甘肃永昌县位于河西走廊东部、祁连山北麓,这里的牛娃山岩画也是这样。牛娃山岩画的图像主要是大角鹿、骆驼狩猎图、双峰骆驼、群体动物等,出现的图像与其他北方岩画大致一样。但细微处仍有较大差异,在岩画造型真实性表现方面,大角羊、牛、鹿的造型更为逼真,尤其是双峰骆驼。这可能与生活在这里的人长期观察有密切关系,成为当时历史现象在这里的真实写照。

(二)岩画内容在不同岩画区的另一种表现形式,是绝对地域性的

珠江口宝镜湾史前岩画,就属于绝对地域性岩画。宝镜湾岩画,就刻凿在珠江口高栏列岛巨大的花岗石的岩体上。从空中俯视,承载岩画石的载体如同一个硕大的海蚌。凿刻在巨石上的图案不是北方的岩画的内容,而是形态各异的船只,船身平长,船头与船尾翘起,船身上有海浪状花纹装饰。另一组是双舟,船上还刻有舞蹈者,正是欢天喜地翩翩起舞。双舟旁边还有一只小船,表达着另一层意义。

在凿刻手法上,多抽象而神秘,充满着幻想和深层的意义,少了北方岩画写实的成分。它表现的不是北方游牧民族狩猎与战争的生活,而是海洋先民以海为生来描绘和记录他们的生产方式和生活内容,并以粗犷和古朴的石刻方式来传递他们的生存信息。

此外,浙江宁波市区象山鹤浦镇大百丈村的岩画也属这一类。这里刻凿的内容:有的图像是妇女戴着斗篷,穿着袍子;有的图像是骑着马戴着斗笠的人;有的图像是船,船上还有帆。在专家眼里,这些岩画刻凿于宋元时期,表现的是当地的生活习俗,图案内容大多与海洋有关,比如船、鱼、神像等,目的是祈求出海平安。整体上,表现的是海洋文化特征。[1]

河南新郑具茨山发现的4000~8000年的岩画,也是这一类。刻在岩石上的女性生殖器崇拜特征的岩画,表现方式也不同于其他地方的岩画。

---

[1]《象山神秘岩画是谁刻的?》http://www.sina.cn,2009年6月7日。

(三)西藏岩画,既具有北方狩猎游牧岩画的特色,又有我国西南地区岩画的特点

这类岩画在表现手法上是涂绘的;在表现内容上,造像以人物为主,特别是以宗教活动为主,这就体现了西藏地域上的民族、历史、宗教背景。在西藏岩画中出现频率最高,也最能代表高原动物的就是牦牛,其次是代表宗教的符号——雍仲。这些岩画造像,也是其他岩画区无法见到的,是最能代表西藏地域文化的图像。

三、应加强对贺兰山岩画差异性的研究

以上所举简单的例子,试图说明岩画图案造型的差异性。其差异性是通过大文化背景来体现的。地域文化的研究,就是在大历史和文化背景下发生在地域上的历史事件重大文化现象和重要历史人物。岩画文化的地域性,与有记载的史料一样,也是地方历史文化研究的重要资料,而且是很直观的充满着诱惑力的特殊史料。

贺兰山所在的地域环境很特殊。在距今8000~3000年之间,地处中游的贺兰山地区正处在温暖湿润的历史时期,树木葱茏,水草丰茂。这种得天独厚的自然地理条件,为不同生态类型的动植物提供了良好的生存环境,也为远古人类在这里生存提供了丰富的果实,尤其是为游牧民族提供了栖息和狩猎的场所。用人类社会发展阶段的经济形态看,贺兰山这种独有的生态条件和地理环境,直接影响着当时人们的生产活动和生活方式。贺兰山面对的黄河平原和黄河,背靠的是亘古沙漠,黄河孕育了银川平原这块富庶之地;贺兰山阻挡了南下的黄沙和冷风,山下冲积扇上的草原为早期游牧民族提供了良好的天然环境。贺兰山东麓四十余条山谷沟道,地面多裸露巨石;沟谷的壁面和山前的巨石,成为岩画创作的巨大天然画布。

有了这样一个天然的生存地,远古以来不同时期的游牧民族在这个舞台上进行着淋漓尽致的表演,刻在岩石上的真实写照、蕴藏着神秘情节的艺术时空,永远地留在了贺兰山。漫长的历史岁月早已逝去,但岩石上的图画依然夺目璀璨。它传递给我们的是一幅幅远古时代的生活图景,是一首首自然天成的田园牧歌,是一缕缕浓缩了的历史文化气息。但从研究的意义上,这仅仅是开始。

我在《宁夏历史文化地理》一书里,用"雕刻在岩石上的历史:贺兰山岩画文化"一章的内容,对贺兰山岩画的分布与内容、上古神话传说在贺兰山岩画中的表现、原始巫术在贺兰山岩画中的反映、贺兰山岩画反映的生殖崇拜、贺兰山岩画的原始宗教,包括贺兰山岩画的刻凿者、刻凿年代、艺术特征、文化意义等都做过粗线条的研究。现在看起来,在研究常规意义的贺兰山岩画的基础上,要加大对不同于其他地区岩画内容的研究力度,尽力挖掘有差异性图像造型的研究。早期的民族迁徙,是形成贺兰山岩画与其他岩画差异性的内在原因。因为,岩画毕竟反映和记载的是每个时代先民的生活经历、生产和生活方

式、审美理念。"岩画研究的最终目的是要能恢复当时历史的真实面貌,这就是我们常常说岩画是'岩石上的历史''刻画在岩石上的远古史诗'的缘故。目前我国的岩画研究往往只做到图像的分析、年代的考证及艺术风格的介绍就戛然而止了。"[①]目前的岩画研究的确大多都处在相对的表层,需要做深入细致的研究。要认识到岩画文化地域性的重要价值。它的地域性正好记载和反映的是研究当时地域历史和文化的重要史料;岩画图像里直接蕴藏着丰富的可以复原的历史真实。所以,通过岩画图像来研究曾经的历史和文化,就是贺兰山岩画研究的特殊历史意义和文化价值所在。

---

① 陈兆复:《读西藏岩画》,《中国藏学》2007年第1期。

雕刻在岩石上的历史:贺兰山岩画文化

宁夏社会科学院历史研究所　薛正昌

岩画,是一种刻凿在或画在岩石上的图像。陈兆复先生对此做过精辟而通俗的阐释,"岩石,同时也是世界上最早的画布,先民们在岩石上刻画和涂绘,来描绘人类的自身生活,以及他们的想象和愿望,这就是岩画"。"岩画是描绘在崖石上的史书"。[①]这种人类早期的最为原始的艺术表现形式,在世界各地均有遗存。在我国,岩画遗存丰富,分布地域广阔,东西南北方都有,目前已得到了一定程度的研究。贺兰山岩画,就是中国大地上岩画的重要分布地区之一,也是我国和世界岩画的重要组成部分。据最新发现和研究数据表明:目前世界上已有120多个国家和地区发现有古代岩画。在欧洲,旧石器时代后期至铁器时代早期的文化中常有发现。在中国,迄今已有16个省(市)自治区、100多个县(旗)发现了古代岩画。[②]在文字出现以前,岩画是一种重要的记事方式,先民们情感的表达与思想的交流都是通过岩画的形式传递给后人的。"在全世界各地的林壑之间、山崖之上,先民们遗留下来的大量岩画,都是他们以视角形象表达自己感情,交流思想观念的产物。"[③]说"史前岩画是一种原始的语言,一种文字前的文字。……原始时代的百科全书"[④],就是对岩画的历史与文化价值的高度概括。

贺兰山岩画,发现于1983年。在经历了20多年的不断发现和研究之后,现在已取得了可喜的成绩,但更广泛更深入的研究,还需要研究者去做大量的工作。贺兰山岩画,是曾经活动在宁夏西北部贺兰山地区的古代游牧民族遗留下来的一种刻凿在岩石上的艺术图像。它分布在绵延250公里的贺兰山东麓诸山口的山壁和山前的岩石上,整个刻凿过程和时间跨度长达数千年,大体起始于旧石器时代晚期,终止于西夏时期。贺兰山岩画真实生动地描绘了人类早期大量的动物、类人首、射猎、放牧、战争、舞蹈、劳动、交媾等场

[①]陈兆复:《中国岩画全集序》,《中央民族大学学报》1994年第3期。
[②]《光明日报·华夏时讯》,2002年12月20日。
[③]陈兆复:《岩画:人类早期的视角表达》,《西南民族大学学报》2003年第12期。
[④]陈兆复:《古代岩画》,文物出版社,2002年,第3页。

面,再现了远古时期贺兰山地区游牧民族的生存经历和人类早期生活习俗、原始观念和审美情趣。贺兰山岩画作为一种文化现象,是历史长时间形成的。它所反映的内容,在整个历史长河中得到了不断演化变迁。这里,我们主要从历史文化的视角来观照和审视贺兰山岩画产生的历史地理背景、年代、族属、内容等,尤其是将贺兰山岩画放在中国岩画的大视野中,从大文化背景上追溯贺兰山岩画的历史演进过程及其独特的文化意义。

一、贺兰山岩画与贺兰山的得名

研究贺兰山岩画,应该弄清楚贺兰山的得名。这个问题搞清楚了,更有助于贺兰山岩画文化的深入研究。贺兰山因何而得名,近年来已有研究者从不同的角度做了尽可能情理并举的学术阐释。其实,前人对贺兰山的得名早已有服人的说法。《资治通鉴》卷一〇八胡三省注:"兰,赖音转耳"。姚薇元《北朝胡姓考》:"贺赖即贺兰之异译"。马长寿《北狄与匈奴》:"此'贺兰部'当即'贺赖部'之异译"。他们都提出了贺兰山得名的缘由,贺兰山似乎是因"贺赖部"而得名。从文意看自有其理论,因为早在他们之前的《汉书·地理志》里已有记载。后人的另一种说法:蒙古语称骏马为贺兰山,显然与历史发展过程不相吻合。愚见以为应有另一种谬论:贺兰山的得名与贺兰山岩画有关,即贺兰山是贺兰山岩画的伴生物。

地名或者山川称谓的缘起和约定俗成,都有一个发展演变过程。贺兰山的得名,也不是一朝而就的。贺兰山,汉代名为卑移山。《汉书·地理志》里记载:"廉(县),卑移山在西北"。廉县,汉代时设置,属北地郡所辖,地望在今宁夏贺兰县暖泉一带。这是文献中关于贺兰山最早的记载。再往前追述,《管子·小匡篇》里记载战国时尹桓公西征大夏时,曾过"卑耳之山"。余太山先生的《古族新考》里引黄文弼先生之说:大夏在河西,卑(辟)耳山应即《汉书·地理志下》所载北地郡之卑移山(今贺兰山),"流沙"即今贺兰山西北的腾格里沙漠。桓公乃由今山西北境西行,经陕西北部,至宁夏渡河,过"卑耳山",复西行,经"流沙"之南,抵达大夏。①如果此说不误,那么贺兰山最早的称谓就是卑耳山了,而且早在战国时期。卑移山,是卑耳山的演绎。

贺兰山的名字,最早见于隋代的正史。《隋书·赵仲卿传》记载:"开皇三年,突厥犯塞,以行军总管从河间王弘出贺兰山,仲卿别道具进,无虏而还。"《隋书·地理志》也有记载:"弘静,开皇十一年置,有贺兰山。"开皇三年,为583年。隋代的正史典籍里已使用了"贺兰山"的名字,说明早在隋代以前贺兰山的名字已约定俗成。贺兰山的名字是在社会发展过程中,逐渐得到社会的认同之后才出现约定俗成的"贺兰山"称谓的。正是从这个意义上,贺兰山得名源于"蒙古语称骏马为贺兰"的说法明显是后人牵强附会的,与时代进

---

① 余太山:《古族新考》,中华书局,2000年,第6页。

程相悖。

自隋代正史有贺兰山的名字和称谓之后,一千多年来没有演绎出新的名字。作为一座历史久远的著名的山脉,它称谓的演化过程仅仅是卑耳山——卑移山——贺兰山,但贺兰山的名字如同贺兰山一样绵长悠久,充满着无限生机,依旧那样美丽诱人。历史地看,目前关于贺兰山名字的来龙去脉,只是一个轮廓,还需要做追溯性的研究,包括考古资料的发掘利用。贺兰山名字的来历应该与贺兰山岩画的形成过程衔接起来研究,正是从"追溯性"研究这个意义上说的。

提出贺兰山的名字与贺兰山岩画有关,是基于以下几方面考虑:

第一,是《水经注》里的文字资料。《水经注》的作者郦道元,他在途经宁夏时已发现贺兰山东麓北段的岩画,并做了记载:"河水又东北迳浑怀障西……河水又东北历石崖山西,去北城五百里,山石之上自然有文,尽若虎马之状,粲然成著,类似图焉,故谓之画石山也。"

第二,《通典·突厥传》里的资料。杜佑是唐代人,他在《通典·突厥传》里写道:突厥人"谓马为贺兰,故有贺兰苏尼阙、苏尼,掌兵之官也"。

第三,古人对"马"的诠释。古人对"马"解释大致有三种说法:一是兽名。《说文解字》解,"兽如马,倨牙,食虎豹。"《山海经·西山经》:"中曲之山有兽焉,其状如马而白身黑尾,一角,虎牙爪,音如鼓音,其名,是食虎豹。"二是毛色青白相杂的马。《管子·小问》:"意者君乘马而盘桓迎日而驰乎?"三是木名,即梓榆。《诗·秦风·晨风》:"山有苞棣,湿有六"。陆机疏云:"驳马,梓榆也。其树皮青白驳荦,遥视似驳马,故谓之驳马。"[1]湿,低湿的地方,与湖泊相近似,古代将山湿连称。湖泊与河相通,湿主要是由雨水积成。

通常,湿是与山相连的地方,位于山脚下不远的平地,由于山洪的作用而形成的低洼地势。贺兰山下的洪积平原及低洼地势的形成,揭示的就是远古时期贺兰山腹地的生态环境及地理特点。《诗经》所记载的"山有苞棣,湿有六驳",描述的就是当时贺兰山繁盛的"梓榆"的景观。《诗经·唐风》里也有"山有枢,湿有榆",描绘的也是这种地理景象。银川平原,贺兰山下,湖泊众多,亦多沼泽,加之《诗经》时代北方气候温暖湿润,这里更应该是森林茂密的山地。因此,"六驳"就是各类树木织成的生态景观。

第四,《元和郡县志》卷四"灵州·保静县"条载:"贺兰山,在县西九十三里。山有树木青白,望如马,北人呼为贺兰"。这一诠释依晋代人陆机疏意。

由以上唐代以前的史料记载看,郦道元在《水经注》里的记载是非常重要的。在他所发现的贺兰山岩画,"自然有文,尽若虎马之状,粲然成著,类似图焉,故谓之画石山也"。

---

[1] 台湾三民书局编:《大辞典》下册,第5407页,《辞源》,第四册,第3456页。

郦道元看到的岩画内容是极为丰富的,但他记载下来的最具代表性的是"马"的图案。人类进入新石器时代和文明时代,一方面黄河流域种类繁多的野生动物仍然为人类提供重要的食物来源,狩猎在新石器时代及历史早期仍是人类的一项重要活动;另一方面人类也逐渐驯化野生动物为家畜。①这一时期的马,就是先民们驯化的主要家畜之一,而且初始就在西北,贺兰山地区应该是早期驯化马为家畜的地方。据学者们研究表明:《诗经》中有家畜和家禽统计,写"马"的诗29首;在诗中出现过"马"的诗50首。《诗经》中还有不少异名的马,如浅黑与白色相间的马称"驳",身黑鬃白的马称"雒"等。马的这些异名在《诗经》中出现127次,连同"马"字在《诗经》中共出现177次,②远远超过牛、羊等数。贺兰山岩画中的马图案造型,就是人类早期驯服之后的"马"文化的折射与写照。依据李祥石、朱存世先生编著的《贺兰山与北山岩画》一书,我对所有"马"造型的图案做过大致统计:贺兰山岩画凿刻有"马"图案者计123处,③这个数字不包括骑牧类"马"图案。如果算骑牧类图案,有关马的数字就更多了。

　　追溯"马"文化的发展背景,就是想证实新石器时代生存在贺兰山地区的先民们与马的亲近关系:他们将各种造型的"马"刻画在贺兰山的山壁上,是他们那个时代现实生活的真实反映。郦道元看到岩画上的"尽若虎马之状",就是先民们留下来的历史画卷,这与唐代人杜佑《通典·突厥传》里"谓马为贺兰"的意思是一样的;也与晋代人陆机注释的"北人呼为贺兰"的说法相同。即贺兰山得名因马而来,马即因马岩画而来;"贺兰氏""贺赖部",都是因为这些部族先后驻牧贺兰山,因山而得名的。至于陆机阐释的:"马,梓榆也。其树皮青白驳荦,遥视似驳马,故谓之驳马",也是对的,他是从意象的审美角度来审视的。这种阐释也符合先民们的文化心态。杜佑的《通典·突厥传》(第197卷)里就写到了北方先民们用颜色来命名官号的事:"突厥官号的来历有十等,或以形体,或以老少,或以颜色……或以兽名"。"谓黑色者为珂罗便,故有珂罗啜,官甚高,耆年者为之"。《北周地理志》灵州条:"访诸耆旧,咸言故老宿彦云,赫连之世,有骏马死此,取马色以为邑号,故曰城为白口骝。"④可见,北方游牧民族可以颜色命名官员,也可以颜色取名山川地名。这些,都是对"驳马,梓榆也。其树皮青白驳荦,遥视似驳马,故谓之驳马"的最好脚注。而"驳马"的原型,实际上就是贺兰山岩画的马图案造型。其实,全新世时期的贺兰山森林不光是陆机诠释过的"梓榆"。据《宁夏森林志》载,这一时期贺兰山木本植物有松、云杉、桦、桤木、榆、蒙古栎、胡桃等⑤。如此之多的树木,怎么能遥遥望见的只是"驳马"状的"梓榆"

---

①②侯仁之主编:《黄河文化》,华艺出版社,1994年,第53页、第188页。
③李祥石、朱存世:《贺兰山与北山岩画》,宁夏人民出版社,1993年,第20~219页、第6页、第283页。
④《北周地理志》卷一,第130页。
⑤《宁夏森林志》,北京林业出版社,1990年,第35页。

呢？显然是一种意象，是贺兰山岩画马图案造型的一种审美幻化。

此外，我们还可通过同类型岩画的类比来看贺兰山的得名与贺兰山岩画的关系。广西花山岩画，是南方著名的岩画地，但广西花山的得名并不是因为这里的石头生出奇花异果，而是由于石山的崖面上凸凹不平，呈现出灰、白、黑、黄、红各种颜色的斑点，再加上血红夺目的各种人物画像，使人们展望时，有如看到争艳的百花色彩一样，故而称之为花山或画山。① 贺兰山的得名，无论缘于岩画"马"图案造型，还是因了意象性的"马"一样的树木，它们存在的基础都是源起于贺兰山岩画的。

正是从以上这些意义上，笔者认为贺兰山的得名应该是在北朝以前，北魏时已约定俗成；隋代，已进入官方的史书记载之中。至于后人对贺兰山得名的说法，已纯属演绎性的了，不足为凭。贺兰山的得名与贺兰山岩画的关系如果能够成立，那么，贺兰山就不仅仅是贺兰山了。这不光是要贺兰山演绎出人类童年时期的历史画卷，再现史前时期北方游牧民族的演进过程，尤其是那些留在贺兰山峭壁上的人类早期的艺术形象。同时为贺兰山历史文化的积淀，为显示贺兰山历史与文化的丰富和厚重，开创了一条亘古的文化通道。

二、贺兰山岩画的史地背景

从地质形成的历史看，黄河的走势与其中游的贺兰山都是地质作用的产物。经过中生代的燕山运动和新生代的喜马拉雅山运动，到了第四纪初期，青藏高原已经升起，中国大陆上今日所见到的山脉均已形成。从此，在宁夏境内有了著名的贺兰山、六盘山，黄河穿越贺兰山脉、宁夏平原而过。河套地区，是黄河的走势所圈定的北方最富庶的地区，贺兰山就处在河套这个大套环的西南面。在这里，曾孕育过著名的"水洞沟文化"。

贺兰山岩画所在贺兰山地区，是一处特殊的地貌。从整个大的环境看，它处在黄土高原与鄂尔多斯高地之间。黄河出青铜峡之后，转折北上，是因为受鄂尔多斯台地的阻挡。实际上，黄河的这种流向及其格局，成就了"天下黄河富宁夏"的粮仓，也孕育了贺兰山岩画的形成，这当然是在新石器时代。这一时期，距今8000~3000年左右之间，与整个黄河流域一样，中游的贺兰山地区正处在温暖湿润的历史时期，贺兰山树木葱茏，水草丰茂，植物分布广泛，尤其是有广袤的森林和辽阔的草原。一方面，这种得天独厚的自然地理条件，为各类动物在这里栖息提供了很好的生存环境。这里不仅有大量出没于森林草原的各类动物，而且还有今天热带地区生存的喜暖动物。另一方面，这样的气候与地理环境不仅为不同生态类型的动植物提供了良好的生存环境，而且为远古人类在这里生存提供了丰富的果实，也提供了狩猎的场所。用人类社会发展阶段的经济形态看，贺兰山这种独有

---

① 杨成志：《广西壮族的古代崖壁画》，《中央民族学院学报》1988年第4期。

的生态环境和地理环境,直接影响着当时人们的生产活动和生活方式。但这种气候环境也是在变化过程之中,先民们的行踪也随着气候的变迁而移动。《汉书·匈奴传》描述过北方气候变冷之后的状况:"幕北地平,少草木,多大沙"。在这片难以跨越的戈壁滩以北,是茂密阴冷的西伯利亚原始森林,封锁了北方游牧民族的北上之路,必须南下。南下,贺兰山地区是最好的生存之地。

从贺兰山自身看,它可分为南北两段,北段褶皱激烈,多逆掩断层;南段逐渐向南倾斜,山势随之平缓;中部山高峰险,尤其是东坡山麓陡峭,有四十余条山洪沟顺坡下注,沟谷深切,地面多裸露巨石。这些沟谷的壁面和山前的巨石,为岩画的创作提供了天然的画布。

贺兰山岩画作为一种文化景观,它的产生和发展不是单相的,而是原始社会游牧民族与贺兰山这一特殊的地理环境不断发生交互关系的结果。用现在生态学的观点看,考察贺兰山岩画的成因与文化现象,最为要紧的就是自然环境及其因素。研究生态文化的学者认为:文化生态在五个方面影响着区域文化的特征。它们是:文化区的地理位置、地表形态、土壤、气候和资源。①如果以上述五个方面的特征看,贺兰山的存在时间和空间对于生成贺兰山岩画极为适宜。地理位置,正当黄河环绕滋润之地;地表形态,是由于印度板块向北漂移并与欧亚板块发生碰撞,引起新构造运动,喜马拉雅山隆起,伴随着这次造山运动新生成的贺兰山地表,为游牧民族在这里记录他们的生活提供了得天独厚的条件;当时的气候,正处在一个温暖期,气候条件温暖而湿润,极便于原始人类的生存和扩散;资源条件,由于气候变暖,贺兰山植被为草原类型,到处都是浩瀚的森林,②自然生态很好。考察我国凡有岩画出现的地方,都是森林茂密,谷中水清草绿,草木茂盛,便于驻牧的高山草场;或低山丘陵,或两岸山崖峭壁,有凿刻岩画的天然画布;是一个农牧兼宜,可供生存发展地方;气候适宜驻牧,足以使动物栖息繁衍。

贺兰山,位于我国温带和暖温带草原与荒漠的过渡带,动植物资源极为丰富。这种特殊地理环境,不但隔阻了北面风沙进入宁夏平原,而且发挥了调节气候、涵养水源的作用,尤其是其裸露的岩石为古代北方民族制作岩画提供了优越的自然条件。任何一种文化的生成,都有它生成的独特地理环境。贺兰山岩画,就是在这样一个中原与边地、黄河与山峦相依的时空里生成的。如果从更大背景上看,岩画作为一种文化现象,它的走势是一个带,体现的是其特定的地理环境及其作用。因此,黑格尔在他的《历史哲学》一书中提醒研究历史要注意"世界历史的地理背景"。我们研究贺兰山岩画,以文化生成的五个条件来看贺兰山岩画,实际上也是从历史与地理的角度来审视和观照的。

---

① 吴必虎、刘筱娟:《中华文化通志·景观志》,上海人民出版社,1998 年,第 17 页、第 5 页。
②《宁夏森林志》,北京林业出版社,1990 年,第 35 页。

三、贺兰山岩画的历史内涵

岩画,是一种刻凿在或画在岩石上的图像。从文化属性看,属原始文化。目前,我们看到有岩画的地方,是由一个或数个少数民族居住;而贺兰山的山民们早已迁徙并融汇于其他民族之中,但在数千年前,这里曾经是多个民族生活过的地方。岩画,不仅遍布中国,在世界很多国家都出现过岩画,这是一种属于历史早期世界性的文化现象。岩画的制作,一种是凿刻的,即用金属尖刀刻画或打凿而成。个别是敲击而成,贺兰山岩画的开凿是由打凿与敲击的方式而生成。岩画的表现形式,其共同点是以粗细曲直的单线表现出整个艺术形象。

(一)贺兰山岩画的分布与内容

贺兰山是一个南北走向的长带子,贺兰山岩画主要分布在贺兰山东麓的冲积扇上。从岩画的地域分布看:在宁夏石嘴山市境内的有麦汝井、黑石峁、韭菜沟、大树林沟、小树林沟等岩画;平罗县境内有归德沟、白芨沟岩画;贺兰县境内有大西峰沟、小西峰沟、白虎沟、插旗口、贺兰口、苏峪口、回回沟岩画;永宁县境内有红旗沟、柳渠沟岩画;青铜峡市境内有广武沟、口子门、四眼井、芦沟湖岩画;中宁县境内有石马湾、黄羊湾岩画;中卫县境内有大麦地、大通沟、老虎嘴沟岩画等二十余处景点。已调查的岩画达万余幅。[1]贺兰山岩画以个体动物为主,几乎都是草原森林动物,有犀牛和大象造像(能有亚热带动物,说明当时贺兰山气候较热),应属旧石器晚期的作品,也可能是贺兰山最早的岩画;中部以贺兰口、苏峪口为代表,以人面像、类人首居多,是脸部造像最集中的地方,还包括多种神奇的符号;南部以中宁县黄羊湾、中卫县北山大麦地和大通沟为代表,既有刻画战争的场面,也有狩猎过程惊险情景的展现,还有草原牧歌式的牧场生活以及题记、人面像和太阳等多种造型符号。[2]

中卫大麦地岩画,是近年专家学者们多次考察的地方。从地域看,大麦地岩画所在的地方僻远而闭塞,属人迹罕至之地,尤其是横亘在西面的一望无际的腾格里大沙漠,更是从心理上限制了人们的行程。这种僻远荒凉之地,却保存了岩画的原始状态。这里的岩画数量多,内容丰富,在15平方公里范围内,有岩画3147组,个体图案约万幅,[3]是贺兰山岩画带上的精品区域之一。

贺兰山岩画内容丰富,依据《贺兰山与北山岩画》一书的图录看,岩画的造型有家禽类:马、牛、羊、狗、驼、驴等;动物类:狼、虎、豹等;建筑类:喇嘛塔、方塔、穹庐、帐房等;天

---

[1] 许成:《贺兰山岩画的发现保护及学术地位》,《宁夏社会科学》2000年第6期。
[2] 李祥石、朱存世:《贺兰山与北山岩画》,宁夏人民出版社,1993年,第20~219页、第6页、第283页。
[3] 庄电一:《宁夏中卫大麦地岩画展示的古代文明》,《光明日报》,2004年10月24日。

象类:太阳、星星、月亮;人物类:戴尖角的人、骑马骑骆驼的人、玩蛇的人、舞人、跪拜人、类人面谱、人伏虎,还有手印、脚印等;生活类:车辆、弓箭、陷阱、石杵、男根;自然类:植物、流水、莲花、树木、长嘴鸟;各类大型出游图类:游牧风情图,凿刻有人物牧放、狩猎、乘骑等多种活动,场面气势宏大,形象生动逼真,写实性极强。我们从大规模群猎和牧放的画面,还能看到游牧民族迁徙的场景。羊群与喇嘛塔图,亦极具情趣,羊群分散环绕在塔的周围。牧马图画面逼真,大小透视适中。游牧风情图场面宏大,人物众多,既有狩猎与放牧,也有舞蹈等各式各样的人物,人物装饰也各具风采。有归牧营地图、有虎群图;文字类:有梵文题记文字、西夏文题记、其他类型的题记文字等,反映原始先民征服自然、体现生存欲望与生殖崇拜类的野合图也是主要内容之一。与人面像相伴随的常有重圈纹岩画,这应是巫师所为,是巫师宇宙观在岩画艺术中的反映。①

需要指出的是,绵羊和马作为畜牧文化的代表,是缘起于西北地区的。"随着青铜时代的到来,西北以绵羊和马为特征的畜牧文化开始分别向西南和东北发展,形成了一条人字形的文化传播带。在这个过程中,绵羊和家马进入蒙古草原……由此草原逐渐进入游牧时代。"②依据贺兰山岩画看,马已成为被驯服的家禽并与放牧人关系十分密切,诸如马群、独马、牵马、牧马等。贺兰山与马有关的岩画不仅说明马在这里早已为人们所驯服,而且可以看到贺兰山的马牧岩画与内蒙古马牧及岩画的关系。

贺兰山岩画的造型与表现手法,李祥石、朱存世合著的《贺兰山与北山岩画》一书,对贺兰山岩画的内容和刻凿做了较为详尽的研究和叙述;陈兆复先生就贺兰山岩画各个分布点的内容和刻凿特点也做过概要性的论述。总起来看,麦汝井岩画是贺兰山最北端的一个岩画点。它的特点是:一般画面较小,多为个体图案,组合图案较少。画面以动物居多,也有个别人物、植物和符号图案。凿刻方法是敲击与刻划并用。黑石峁岩画,整个分布相对集中,主要采用敲凿的方法,也有磨刻的,个别岩画采用划刻法。韭菜沟岩画的突出特点是有虎的造型,而且体态强健,身上饰有条纹状,为双勾刻线;此外还有塔的造型。大树林沟岩画主要分布在沟口开阔的乱石上,画面以个体图像居多,图像以动物为主,也有人物和车轮的形象。此外,还有人面像。小树林沟为一狭窄的山谷,这里凿刻的岩画有北山羊、岩羊和马等动物形象,还有围猎图,猎人系有尾饰。归德沟,也叫龟头沟,这里的岩画多朝西面,保存较差,有相当一部分脱落或不清楚;图像粗糙且不规范。图像主要以动物为主,也有个别人物图像。白芨沟岩画,是贺兰山唯一的一处彩色涂绘岩画,位于白芨沟一个天然石洞东侧的岩壁上。说它是唯一一处彩绘岩画,因为是采用了南方岩画的涂

---

① 盖山林:《贺兰山巫师岩画初探》,《宁夏社会科学》1992年第3期。
② 邢莉、易华:《草原文化》,辽宁教育出版社,1998年,第13页。

绘方式。岩画以红色涂绘,共有37组,一百余幅。人物形象中有征战的乘骑者和狩猎的猎人;动物形象有北山羊、蛇、狗等。这里的岩画还表现了生殖崇拜和太阳崇拜的内容。另有手印、标志和符号。大西峰沟岩画,主要是人面像、人物和动物等。小西峰沟岩画,仍以动物为主,制作手法多为凿刻,个别也有使用磨刻方法的。贺兰山口岩画,是贺兰山岩画的主要地段和最集中的一处。这里空间开阔,沟内有泉水涌出。岩画分布在沟谷两岸的断崖石壁上,以沟口北崖向阳处的岩画数量最多,内容大多为人面像,另有人物、舞者、天体以及马、羊、虎等。图像以敲击和磨制为主要方法。从画面风格、内容等看,这里岩画的制作延续时间很长。苏峪口,俗称宿鬼口。这里的岩画分布在沟谷两岸,以巨大的"神牛图"最为著名。广武沟岩画,主要有北山羊、狼、人、手印和脚印。红旗沟岩画,凿刻有举着弓的猎人、北山羊和盘羊群、骑者以及人面群像。柳渠沟岩画,凿刻有人物和符号、人物和动物以及六角形符号。四眼井岩画,凿刻在贺兰山东侧的一道道崖壁和岩石上,每个岩画景点的画面相对集中。石马湾岩画,凿刻在山梁面西的崖壁和山顶上,以敲凿方法制成。黄羊湾岩画,近靠黄河,沿长城形成岩画点,分布范围较广,或在山梁的南坡,或在山顶上,或在沟沿上,但每一个景点的岩画都相对密集,也是用敲凿法完成的。大麦地岩画,位于中卫县城东北,冈峦遍地,沟壑纵横,地貌独特,宜于岩画凿刻,在这里凿刻有一千余幅。题材以动物为主,反映了狩猎和放牧的生活特点。此外还有星辰和西夏文题刻等内容。大通沟岩画,与大麦地岩画遥遥相望,有三十余组岩画,凿刻有动物、植物、人物和人面像或符号。[①]

总起来看,贺兰山岩画绝大多数是动物和类人首图像,大量表现着宗教内容,尤其是人面像,是对天体、大山等自然崇拜的艺术再现。此外,表现的是日常生活和生产活动过程中的记录。从整个布局看,贺兰山口发现的岩画最多,图像也相对集中,是贺兰山岩画的荟萃之处。其特点是:这里有多种多样的人面像,几乎占全部岩画的三分之二。[②]按照陈兆复先生的分法,"贺兰山岩画分为三类,即山前草原岩画、山地岩画、沙漠丘陵岩画。贺兰山南段的卫宁北山地区的沙漠、丘陵岩画,主要分布于其西部与腾格里沙漠毗邻的地方,所属岩画地点有中宁县黄羊湾岩画,中卫县的苦井岩画、大麦地岩画等。这一类型的岩画明显有别于山前草原岩画和山地岩画。岩画分布点相对高度明显降低,岩画多分布于山梁裸露的基岩上,呈条带状分布,相当一部分被沙漠所侵漫。画面大小不一,有单体图案和组合图案,多采用敲凿法,少量使用磨刻法和划刻法"[③]。

贺兰山岩画所表现的内容,都是关乎人类生存的重要事件:狩猎、祭祀、性崇拜等。以上这些岩画内容,反映了远古先民生存的历史画面,真实生动地记载和描绘了大量的动

[①]陈兆复:《古代岩画》,文物出版社,2002年,第58~62页。
[②][③]陈兆复:《古代岩画》,文物出版社,2002年,第32页。

物、类人首、射猎、放牧、争战、舞蹈、劳动、祭祀、交媾等场面,反映了当时人们的生活和宗教信仰,尤其是深层的宗教文化。"史前岩画上有许多狩猎、农耕和放牧的场面,乍看起来不是源于生产劳动,其实这是表面现象,在这些画面的背后还有一种力量,即是在巫术思想的支配下创作上述绘画的。"①

贺兰山岩画题材和内容十分丰富,说明巫教因素极为浓厚。尤其是那种造型奇特的人物形象:人物以全身正面形象面对游人,有的头上有饰物,双臂弯曲举上,五指分开,两腿做最大限度叉开,脚尖朝外,胯下有夸大了的生殖器。对这类人物造型,盖山林先生说:"这正是古代汉文典籍中屡屡提及的巫师形象。"而且这种"巫师岩画不是一种孤立的古代文化现象,而只是那个时代亚洲北部草原广泛流行的巫教信仰古俗在贺兰山岩画艺术中的反映"②。

(二)上古神话传说在贺兰山岩画中的表现

贺兰山岩画中,有不少手印、脚印、蹄印。这些足迹是怎么来的?它源于远古神话。夏、商、周三代始祖神话传说,不断向后人传递出生殖巫术文化的信息,传递着远古人类的生存经历。德国哲学家恩斯特·卡西尔说:"神话绝不仅仅是想象的产物。它并不是一个不健全、不正常的大脑的产物,也不是梦想或幻想、荒谬观念和怪诞观念的聚合体。在人的思维发达过程中,神话起着十分重要的作用。……并不是满足于描述事物的本来面目,而且还力图追溯到事物的根源。经知道事物何以如此。它包含着宇宙论和一般人类学。"③可见远古神话都是有历史渊源的。英雄神话中的英雄常常表现为处女所生,正如印第安人神话中英雄的生母常常是部族的图腾祖先。正是这种特殊的精神原型规定了神话中英雄特殊的生殖意义。这种图腾生殖本身就是一种神圣化了的信仰的产物。④在中国,最典型的就是伏羲诞生的神话故事。《史记·补三皇本纪》有伏羲出生的记载:传说他的母亲华胥去雷泽这个地方出游,看见巨人的脚印便踩上去一试,就感觉全身颤动,结果怀孕而生伏羲。类似"履大人迹"而怀孕的神话传说故事不少,《史记·殷本纪》有玄鸟生契的神话,是简狄吞玄鸟卵而生契。《史记·周本纪》:"周姜出野,见巨人迹,心忻然悦,欲践之,践之而身动,如孕者,居期而生子。"这是中国神话传说晚期产生的故事。"脚印和手印是世界各地岩画中常见的题材。有关伏羲和后稷踩脚印而生的故事,反映了脚印岩画与远古时代的生殖崇拜有关"。⑤我们现在去陕西乔山黄陵祭拜时,还能发现在一块巨石上凿出的巨

---

① 宋兆麟:《巫觋》,学苑出版社,2000年,第271页、第278页
② 盖山林:《贺兰山巫师岩画初探》,《宁夏社会科学》1992年第3期。
③ 恩斯特·卡西尔:《语言与神话》,三联书店,1988年。
④ 朱狄:《原始文化研究》,三联书店,1988年,第761页、第28页、第526~527页。
⑤ 陈兆复:《古代岩画·古代岩画的发现》,文物出版社,2002年,第15页。

人脚印。当然,从地域文化的角度看,历史上的贺兰山是南北农牧分界线,但早期主要是北方游牧民族生息繁衍的地方。因此,贺兰山岩画群里面的伏羲女娲岩画造像,不一定是由北方游牧民族来完成的,但贺兰山脚印岩画里却融进了东西南北的文化影子。因为这是世界性的。贺兰山有不少手印岩画,在国外研究者看来,在动物附近刻有手印,是远古人希望自己能得到这种动物。①

神话又与巫术和先民的岩画关系密切。因为"神话是以口头传述为主,以巫术、绘画、岩画、纹饰和古文字符号等多种原始艺术符号表现为辅的综合性史前艺术"②。原始足印,就是典型的神话与巫术的结合,是原始神话母题与岩画艺术的早期的表现。早在战国时期成书的《韩非子》里就有关于"足印"石刻的记载:"……刻疏人迹其上,广三尺长五尺"。这是最早记载古人在岩壁上刻凿足迹的事。贺兰山岩画脚印,就是原始神灵巫术在先民思维中的反映。古人信仰的天神是一位巨人,他有巨大的脚印。这脚印就是神灵的象征,是最古老的交感巫术,女人踩着他的脚印就要怀孕,而且生下来的全是不平凡的人物。这种将远古神话与原始巫术有机融汇在一起的北方游牧民族,不但把他们早期的思想、期盼、向往留在了贺兰山的岩石上,而且随着他们实力的强大,在向南推进的过程中还留在了宁夏南部固原。《汉书·地理志下》记载,汉武帝元鼎三年(公元前114年),在安定郡(今宁夏固原)朝那县境内就有胡巫端旬祠15所。当然,这已经与他们留岩画于贺兰山的先民们之间相隔时间很久远了,但在文化上是有着千丝万缕的联系的。"贺兰山胡巫岩画,揭开了探索我国北方草原文化文明源头的通道,同时也证实了我国北方草原巫教源远流长,见于贺兰山胡巫岩画不是巫教源头,而是巫教发展到原始社会后期阶段在岩画艺术上的反映。"③从文化的承传看,意义十分重大。难怪汉武帝时宁夏固原已有如此之多的匈奴胡巫祠,而且影响到军事、政治及社会生活各个方面。

四、原始巫术在贺兰山岩画中的反映

研究者认为,巫术孕育了绘画。文字没有产生之前,原始人总是通过刻在岩石上的画来表达他们的思想。正如朱天顺先生在他的《原始宗教》一书中说的:"原始人类的一切社会活动都离不开宗教和巫术"。可见,宗教和巫术是并行的,它们都会渗透到社会生活的各个方面。贺兰山岩画,就是这种社会背景的产物,是交感巫术的反映。"原始人不会无缘无故地在岩石上刻画,他们刻岩画是有目的的。岩画是他们施行交感巫术的一种方式,他

---

① 桑塔耶纳:《审美味的衡量标准》,《美学译文》第一集,1980年,第279页、第278页;引自宋兆麟:《巫觋》,学苑出版社,2000年,第279页。
② 刘锡诚:《象征》,学苑出版社,2002年,第3页、第231页。
③ 盖山林:《贺兰山巫师岩画初探》,《宁夏社会科学》1992年第3期。

们向往什么就画什么,于是所画的物品便被认为具有了感应的魔术力,画射野兽便被认为行猎一定丰收。"①贺兰山岩画的许多以狩猎为题材的内容,就是原始先民从事狩猎之前进行的"巫术"行为,为的是创造和幻化出一个狩猎成功的"前兆场景"。泰勒认为,神话起源的真实背景就是万物有灵论的信仰。在涉及神话起源时,某些解释已把它看作是思维的原始阶段的产物,那时的人性和生命不仅归之于人和野兽,也被归之于物,凡我们称之为无生命的事物,像河流、石头、树木、武器等等之类的东西无不被作为一种有智能的事物来看待,可以和它们交谈,向它们表示赎罪或惧怕,由于伤害了它们而得到惩罚。②对于生存在贺兰山地区的先民们来说,他们的思维与理念,就是转换并凿刻在贺兰山岩壁上的万余幅图像。

巫术在贺兰山岩画中的反映,最突出的就是图腾崇拜。岩画景观是图腾艺术的物化载体。图腾艺术通过岩画的形式,记载和反映了史前先民们朴素的思想意识,真实地再现了人类童年的追求和向往,也充分表达了生息繁衍在贺兰山地区的一代代游牧者的先民们精神世界、思想轨迹和发展的艰辛历程。图腾崇拜的过程,是先民们认识世界的过程,也是贺兰山岩画艺术化的过程。

五、贺兰山岩画反映的生殖崇拜

生殖崇拜,是人类社会早期的一大母题崇拜。作为一种文化现象,是遍布于中外岩画石刻中的。贺兰山岩画也不能例外,有不少内容的画面就是反映生殖崇拜的,有的画面是人物与人物,有的画面是动物与动物。从造型看,没有任何掩饰,它们的突出特点是在强化生殖崇拜,尤其是突出雄性动物和男性的生殖器,显示出其独有的阳刚之气。除了直接展示者外,有一些是用生殖符号来表示的,这一部分较为隐讳。比如"十"字符号在岩画的上部,表示男性;一个圆圈中间一点的符号在下部,表示女性。其潜在的意义,仍在表示阴阳的结合。从总体上说,岩画所反映的生殖崇拜,是巫人从事生殖崇拜活动的产物。巫人通过对岩画图像的直观操作,以达到生殖的目的。

贺兰山岩画的许多画面如"类人首""人面像""兽面像"等造像,"它们均是与女阴有关的图像";"贺兰山岩画中的女阴图像与我国新石器时代仰韶文化遗址出土有关考古资料相比,它们均为人们'生殖崇拜'思维意识……尤其重要的是贺兰山岩画图002图像,在婴首下刻有女阴画像符号,与半坡、姜寨仰韶文化出土的婴首分娩图像——彩陶盆、缸上的图案以及仰韶文化彩陶片上的女阴刻画符号基本相同,可知其作画的动机和意义是

---

① 高国蕃:《中国巫术史·巫术与绘画雕刻》,上海三联书店,1999年,第20页。
② 朱狄:《原始文化研究》,三联书店,1988年,第761页、第28页、第526~527页。

完全相同的"①。这不但分析了一些图像的内涵,也通过比较的方法界定了这些岩画的刻凿年代。生殖崇拜,始于母系氏族社会阶段。但从贺兰山岩画的狩猎、生殖崇拜直观造像看,多突出动物雄性和男性生殖器,似乎反映的基本是父系社会以后的社会生活。看来还不完全是这样,只是女性生殖崇拜在造像上显得隐讳一些:有的属写实,便于直观;有的则进行了简化,甚至是用一种符号来表示。这样,艺术的成分得到了体现,直观的感觉少了,含蓄的内容多了。但无论如何,它们都是两性生殖崇拜的"巫面"。代表性的就是弓箭的生殖崇拜。

弓箭在原始艺术中具有双重意义,表现在岩画中,一是表示常规意义上的武器;另一层却蕴含着生殖崇拜的深层意义。陈兆复先生认为:弓象征女阴,箭象征男根。执弓搭箭就意味着两性交媾。如果施加巫术的魔力,弓箭图像就有了增加生殖力的作用。②贺兰山岩画中多处出现类似的交媾内容的画面,以大西峰沟岩画最具代表性。从巫术文化的视角看,这正是将弓箭所蕴藏的生殖力传递给交媾过程的夸张表现,满足了先民渴望生育繁衍的内心欲望,也表现了更为强烈的阳刚之气。③

六、贺兰山岩画的原始宗教

宗教和巫术,是原始人类赖以生存并观照在各个生活层面的超现实形式。在原始先民那里,有的时候很难将宗教与巫术截然分开。当然,贺兰山岩画中与宗教有关的岩画,实际上也与巫术紧密的关联在一起。类人首岩画造型即属此类,它类似人面,但又不完全是,有许多抽象的东西融会在画面里。宗教,是在巫术基础上的产物。它源于生殖巫术,却又是巫术的升华,便有了新的潜在的诱惑力。当生殖巫术逐渐失信于原始游牧民族的时候,就有一种类似于"神灵"的东西取代巫术而产生新的活力。这就是在生殖巫术基础上,演化而来的一种新的宗教形式。狩猎岩画,是贺兰山岩画中的重要组成部分。人们在狩猎之前,必须先祭祀山神,向山神祈求恩赐。这类岩画,不光有狩猎人与被猎的对象,还有游牧人顶礼膜拜的太阳神的场面。这就是原始宗教的表现形式,画面体现的是一种神秘的宗教色彩。"原始人是生活在这样一些存在物体和客体中间。他们除了具有我们承认的那些属性外,还拥有神秘的能力,他们感知他们的客观实在时,还在这种实在中掺和着另外的什么实在。"④岩画之所以追求险峻、隐秘,就是因为原始人迎合的是原始宗教。在这种宗教仪式的背后,狩猎岩画作品生动地反映了原始时代人们攫取生存资料后,流露出来的是战胜自然界并取得胜利的欢乐情绪。尤其是岩画中日、月图像、天地神祇、祖先神像,

---

①李仰松:《内蒙古与宁夏岩画生殖巫术析》,《宁夏社会科学》1992年第2期。
②陈兆复:《古代岩画》,文物出版社,2002年,第183页。
③陈兆复:《古代岩画》,文物出版社,2002年,第184页。
④列维-布留尔:《宗教史》,商务印书馆,1985年,第15页。

都是宗教崇拜的集中体现,包括手印和脚印。

(一)太阳神崇拜

贺兰山岩画有一幅闪烁着太阳光束的岩画,是贺兰山岩画的代表作之一。这幅岩画,同样再现了古人对太阳神的崇拜。太阳神崇拜在远古时代,是世界各大文明区都曾有过的一种文化现象。国外研究者认为,太阳神崇拜就是生殖崇拜。①将太阳与男性生殖器认同,是古代人跨文化的思维定势。许慎《说文解字》训"日"字为太阳之精,反映的就是古代民族心目中太阳是宇宙间阳性力量的总源泉。贺兰山太阳神岩画及其周围雕凿的四射的光芒,就是先民生殖崇拜的再现。

我们看到的贺兰山岩画的太阳神,已经是抽象化了的高度凝练的象征图案。著名考古学家严文明先生在20世纪70年代发表的《甘肃彩陶的源流》文章中,分析和研究了彩陶纹饰中象征日月神的图案以及这种图案由实到虚,从具象到抽象的演变规迹,涉及了日月神的问题。贺兰山岩画太阳神的文化内涵,与远古人类的日月神关系密切。太阳神崇拜在传世的文献中,就是后羿射九日的记载,透露出中华民族早期关于太阳神的神话意蕴。在西北地区,属仰韶文化庙底沟期的陶器上描绘的鸟纹,其背上驮一个大圆点,正是太阳鸟的象征。太阳神也好,太阳鸟也罢,都是对太阳的崇拜。贺兰山太阳神岩画,就是远古人类对太阳神崇拜的文化折射。

(二)羊崇拜

羊崇拜最为典型,羊神为大角羊。在崇拜和艺术化的过程中,从写实到写意,形象地表现着羊的不同动态和造型。大角羊的写实就突出了羊角的粗壮有力、威武雄壮,随着写意程度的加强,羊角就逐渐简化为单线条,包括羊身和四肢;再往后,羊的造型只有羊角和羊身而没有了四肢;最后就简化到只有能显示象征意义的羊角。这时候,留下来的实际上只是一种符号,即图腾符号。羊作为宗教或宗教艺术中的动物,它都是被古人视为神明来崇拜的。贺兰山图腾崇拜岩画中的典型,即为永宁县红旗沟第二区中的类人面岩画:左侧为羊的形象,弯角,有躯干、四肢和尾,又似象形羊字。右侧上部类人面仅突出了弯弯的大角,下部类人面则是将左侧的羊造型图案完全移植入人面之中,整个构图再现了人与羊结合的图腾崇拜。②

(三)鸱鸟崇拜

鸱鸟即猫头鹰。孙新周先生在他的《走进岩画》一文中说:猫头鹰以先民崇拜的原因

---

① 哈里·卡纳:《性崇拜》,中译本,湖南文艺出版社,1988年,第9页。
② 李祥石、朱存世:《贺兰山与北山岩画》,宁夏人民出版社,1993年,第20~219页、第6页、第283页。

在于它是他们的农业神和祖先神。①贺兰山岩画中也有类似的猫头鹰图式。孙新周先生将鸱鸮——毛头鹰看成是商朝人图腾的一种神像,是太阳的生命意识,是农业的保护神。而鸱鸮的造型,在岩画中也有不少反映,表现的造型艺术风格几乎完全雷同。它们都着力夸张和刻画鸱鸮最明显的特征:两只毛角和如太阳般的极为有神的大眼睛,其他轮廓一概舍去。整个造型透露出神秘的色彩和冷峻的气氛,显然具有图腾族徽的性质。②从图腾的时代意义上看,贺兰山岩画的鸱鸮崇拜时代已经很久远了,它是远古图腾文化在贺兰山岩画中的表现形式。陈兆复先生认为:这是太阳和春天的象征,是"猫头鹰—昴星宿—太阳"这样一条文化链上的崇拜物。这是远古时期自然崇拜的表现,也是先民们崇拜太阳并对其加以神化的反映。

(四)人面像崇拜

人面像崇拜的来历很复杂。陈兆复先生认为:它综合了自然崇拜、图腾崇拜、生殖崇拜和祖先崇拜的多重因素。③贺兰山岩画里的人面像岩画不少,相对集中的地点在贺兰山口、苏峪口。这里不但数量多而且凿刻延续时间长。人面部神态各式各样,有的似脸变谱,有的人面猴像,有的为胡人面像,有的面部造型夸张,有的人面像再现了面具和黥面的民族习俗,这类造像实际上是变形的人面像,主要是在于面部轮廓的变化。人面像头部有装饰物,如有的为角状,有的插着羽毛,有的好似戴着尖尖的帽子。女性的装束特点鲜明,或者挽着髻,有的留着头饰。但以贺兰口猫头鹰面形的人面像岩刻最具代表性。这种怪诞奇异的人面形,表现和反映的是我们未知的精神世界。荒唐的想象,大胆的创造,既是神灵的形象化,也是先民们思想信仰的表现。这是一种生命力的象征。④有的研究者认为,这种新石器时代刻画的人面具图像,是原始宗教萨满教的面具。⑤贺兰山早期巫师岩画类蛙,"均具有人蛙合体或人、蛙两种因素的特点。这种人和蛙互相拥有对方的表现形态,实际上体现的是人和蛙相互转形"。"从意念上看则可能表示巫师请蛙附体。西伯利亚的雅库特人认为普通的萨满(巫)才有变成青蛙的能力。"⑥看来,学者们对这类巫师人面像的内涵研究是一致的。这就说明,贺兰山巫师岩画的出现,是贺兰山地区巫教兴盛的产物。

贺兰山岩画的原始宗教崇拜,还与远古先民进行祭祀、拜神的场所关系密切。远古先民总是在部落集会、祭祀的场所,刻有神灵图像或舞蹈图。在贺兰山岩画带,贺兰山口是

---

① 陈兆复:《古代岩画》,文物出版社,2002年,第180页。
② 孙周新:《鸱鸮崇拜与华夏历史文明》,《天津师范大学学报》2004年第6期。
③ 陈兆复:《古代岩画》,文物出版社,2002年,第189页。
④ 陈兆复:《古代岩画》,文物出版社,2002年,第191页。
⑤ 刘锡诚:《象征》,学苑出版社,2002年,第3页、第231页。
⑥ 盖山林:《贺兰山巫师岩画初探》,《宁夏社会科学》1992年第3期。

最理想的祭拜祖先的神秘场所和中心。这里是一片开阔地,用于祭祀的神灵人面像就开凿在贺兰山沟口那幽静的山岩上。祭祀的人们面对如此神圣的所在,崇拜和敬慕之情会油然而生。对于后人,我们也可以想见远古人举行祭祀仪式时,踏着庄严的节奏在神秘的巫术气氛中载歌载舞的情景,还有那留在岩石上的肃穆和壮观的舞蹈场面。在这里,岩画、歌舞与环境融为一体,就成为一个独有的巫术艺术氛围浓烈的世界。这种祭祀场景所构成的真实与非真实、天地物我一体、精神与自然相融的时空氛围,体现的是一种超越岩画自身的一种神秘壮美的宗教审美意识和久远的时空画面。

今天,我们研究远古人类遗留下来的岩画艺术,其中有许多内容和题材就反映了当时人类自身"种的繁衍"和狩猎、畜牧等"直接的生活资料"。这些都与人的生存、社会的发展有密切的关系。这些关系的背后就是古人的精神支柱——巫术信仰。

七、贺兰山岩画的开凿者和开凿年代

(一)贺兰山岩画的开凿者

贺兰山岩画的开凿者,从宏观背景看,早期就是游牧于河套地区的原始人类,包括生存在贺兰山境内的游牧民族。作为历史追溯,猃狁、鬼方、匈奴、突厥、柔然、契丹、党项等民族都先后在这里驻牧生存过,不同的只是他们驻牧生息的时间长短而已。以贺兰山地区为中枢,根据考古资料、历史文献和同类研究成果看,远古时期,这里曾出现过荤粥、鬼方和狄等氏族和部落,他们大约是贺兰山岩画的早期创作者。商周至春秋战国时期,这里生存的主要是猃狁、匈奴等少数民族;秦时主要为匈奴民族;汉以后至魏晋南北朝时期,出没于贺兰山的主要是羌戎、鲜卑、北狄、柔然等民族;进入隋唐,主要是突厥、回鹘等民族;中唐以后,吐蕃入驻贺兰山,党项人也杂居其间;元代以后,成为蒙古族各部落的驻牧地。日月交替,寒暑更迭,在贺兰山地区的先民们经过一代又一代的生息繁衍的过程中,表现在岩壁上的岩画内容也随之而发展变化。进入游牧时代以来,同族之间迁徙变换的力度加大,不少游牧民族都于不同时期在贺兰山境内生活过。他们的历史缩影,都留在了贺兰山的不同地带的岩壁上。

通常意义上,贺兰山岩画是由远古时期少数民族艺术家们所创造的。这是研究贺兰山岩画的学者们的共识,也是中外岩画研究的一致看法。普列汉诺夫说过:"狩猎民族是优秀的画家。"[1]意大利岩画研究专家埃马努埃尔·阿纳蒂认为,岩画是远古人类日常生活里不可或缺的和本质的方面,"在世界的每一部分,分散居住在各地的人群,各自绘画或凿刻着岩画。的确,在世界的每一部分,岩石被人们作为最早的画布使用着。"[2]陈兆复先

---

[1]《普列汉诺夫哲学著作选集》第二卷,三联书店,1961年,第756页。
[2] 埃马努埃尔·阿纳蒂:《世界岩画研究概况》,《卡莫诺史前研究中心公报》第21期,转引自徐建融:《岩画的当代意义》,《新疆艺术》1988年第4期。

生认为:"岩画不应当被认为是一个孤立的文化现象,或是个别艺术家的创作。它们是史前人类文化的代表。"①

盖山林先生在谈到内蒙古阴山岩画时说,"描绘这一巨幅画廊的绝不可能是一个民族,而是包括北方龙山文化和氏族以及后羌、匈奴、突厥、回纥、党项、蒙古等北方游牧民族的智慧创造"。②盖山林先生虽然说的是内蒙古阴山岩画,但从先民创作岩画的历史角度看都是一脉相承的。可见,关于岩画的作者是谁,研究者的看法是一致的。贺兰山所处的地理环境,正当中原农耕文化与北方草原游牧文化的过渡地带,自古以来就是北方游牧民族活动的历史舞台。在这个漫长的历史过程中,远古时期的贺兰山地区先后有荤粥、鬼方、猃狁、狄等氏族或部落在这里驻牧生存,他们就是贺兰山早期岩画的创作者。更为具体一点说,一是掌握文化知识的巫师,二是一些能工巧匠。"那些遥遥难达的洞穴的绘画是经过训练的画师所作。画师也必须是常常参加打猎,才能觉察并模拟其典范的动作。"③只有实践了生活,才能创作出贺兰山岩画这样富有时代载记和生活气息的绘画作品。到了春秋战国以后,在贺兰山地区前后驻牧过、生息繁衍过的北方民族有东湖、匈奴、鲜卑、突厥、蒙古等。对于一代人来说,他们如同历史长河里掀起的一束浪花,稍纵即逝;但无穷尽的演绎,却留下了这千古无法更改的史诗和乐章。正是从这个意义上,贺兰山岩画是古代北方游牧民族绘就的记载着他们那个遥远时代的生存实践、生活信仰、象征意义、思维理念等的艺术结晶。"由于人口和民族的迁徙,一个地区的文化景观往往是由各种文化叠置形成的"。④作为一种文化景观,贺兰山岩画也是由多种文化的积淀和多元文化的叠加而形成的。同时,也反映了民族迁徙过程中留在贺兰山的文化烙印。因为,"岩画不仅代表着人类早期的艺术创造力,而且也包含着人类迁徙的最早证明"⑤。

(二)贺兰山岩画的开凿年代

贺兰山岩画的刻凿年代,是贺兰山岩画研究的主要内容之一。通常只是一种相对的大概念,早期岩画的刻凿在旧石器晚期,主要始于新石器时代。由于贺兰山岩画是在远古不同历史时期,由不同的北方游牧民族完成并留下来的,所以就存在刻凿的年代问题。根据岩画上的特殊动物来推断岩画的年代,是用一种类比的办法即类型学。因为不同类型的岩画艺术出现于不同时期,不同时期的岩画艺术又与不同时期的社会经济和生活方式紧密相连。宋兆麟先生说:贺兰山石刻岩画"最早可到新石器时代以前,因有些动物在新

---

①陈兆复:《古代岩画》,文物出版社,2002年,第5页。
②盖山林:《阴山岩画》,文物出版社,1986年。
③贝尔纳:《历史上的科学》,科学出版社,1983,第47页。
④吴必虎、刘筱娟:《中华文化通志·景观志》,上海人民出版社,1998年,第17页、第5页。
⑤陈兆复:《岩画:人类早期的视角表达》,《西南民族大学学报》2003年第12期。

石器时代已经灭绝,它应是旧石器时代晚期的作品"[1]。陈兆复先生说,贺兰山岩画鹿图形的刻凿年代为青铜器时代;贺兰山岩画中的双轮、单辕、有舆的车的岩画也大体属于这一时期。[2]这一时期,当在公元前2000~公元前1500年之间,正当夏朝时期。或者是早期铁器时代的题材。[3]贺兰山岩画中的巫师岩画图像开凿时代大致在新石器时代晚期到青铜器时代;包括众多不同时代不同氏族、民族刻制的人面像岩画,其中一部分与巫师岩画属于同一时代,即新石器时代晚期至青铜时代。[4]"人面艺术是出现于一定时期的一种特有的艺术形式,从美术史上来看,它是大致产生于新石器时期至青铜时代之间"。[5]贺兰山岩画人面像应是这一时期独特艺术的产物。"人面像(面具)是中国岩画中突出的题材……中国新石器时代,无论中原或边远地区,都大量出现过这种风格的艺术品……"[6]从这个意义上,陈兆复先生还是将人面像这种岩画表现形式的出现定位在新石器时代的。阿纳蒂认为,旧石器后期的风格是以描绘大型动物为特点的,这是中国最古老的岩画。[7]贺兰山大西峰沟老虎岩刻就属此类。如果此说不谬,这可能也是贺兰山岩画旧石器时代的作品之一,也是贺兰山最古老的岩画。

贺兰山岩画所反映的社会生活是一个超长的历史画卷,其制作年代:有的出自旧石器时代,有的出自新石器时代,有些属于青铜器时代,有的则出自铁器时代。而以新石器时代为最多,因为贺兰山岩画中数量最多的是野生动物形象,这类图像产生最早,是原始人类以狩猎为主要生产方式时期的作品。人面形的神灵图像,应是原始神灵崇拜的对象,属早期巫术图腾时期的作品。这一类型的岩画凿刻应在新石器时代,下限当在青铜器时代。有关战争、放牧等岩画要晚一些,大约到了铁器时代。

八、贺兰山岩画的艺术特征

依据研究岩画的学者们的观点,根据岩画的内容与风格以及所处的文化区域,将岩画划分为北方、西南与东南三个文化区。贺兰山岩画为北方岩画,造型以动物为主,风格注重写实,技法大都是凿刻。"图形通常是采用自然主义手法,大多数形象都是写实的……写实总是艺术的主流。"[8]第一,这些特点就是贺兰山地区狩猎与游牧民族作品的总体艺术特征,表现了生存在贺兰山地区的历代游牧民族崇尚气力、善于搏斗的向外心态。

---

[1] 宋兆麟:《巫觋》,学苑出版社,2000年,第271页、第278页。
[2] 陈兆复:《古代岩画·岩画研究中的若干问题》,文物出版社,2002年,第5页。
[3] 邢莉、易华:《草原文化》,辽宁教育出版社,1998年,第13页。
[4] 盖山林:《贺兰山巫师岩画初探》,《宁夏社会科学》1992年第3期。
[5] 孙新周:《内蒙古岩画所见东夷文化遗存辨析》,《中央民族大学学报》1989年第6期。
[6][8] 陈兆复:《中国岩画全集序》,《中央民族大学学报》1994年第3期。
[7] 《阿纳蒂谈中国岩画》,转引自蒋学熙:《新疆岩画研究综述(续)》,《新疆师范大学学报》1991年第4期。

第二,北方早期狩猎岩画,主要是描绘巨大的动物和一些符号,如牛、老虎、马和骆驼等,图像往往是单个的,手法近于写实。贺兰山大西峰沟老虎岩画就属此类。后期狩猎岩画,由于已经使用了弓箭,表现的主要是狩猎过程中的集体场景,描绘的往往是精力充沛的猎人。狩猎人也是一小群一小群的生活着,显得恢宏刚健。第三,畜牧业发展之后,出现了牧放的场面,还有被驯服的狗,这在贺兰山岩画游牧图中得到了表现。第四,贺兰山岩画分布空间大,南北数百公里,但岩画点却相对集中。每一处岩画都能显示出一种古拙而粗犷的原始野蛮的气息。国外研究者认为,"野蛮艺术的特点就是:庞大的体积,某种细节的突出,花样复杂。仅仅这些特点就足以产生一种神秘的奇迹,人们世世代代为此所吸引。野蛮艺术一半是巫术的魔法。"①这些特点在贺兰山岩画中大量存在。尤其是岩画细节的突出,如人头、妇女的腹部、男子生殖器等。同时,也是宗教艺术的再现,即"巫术的魔法",像祭祀、神像、巫术方式等,都是巫教的产物。第五,岩画介于艺术与非艺术之间,展示给人们的既是静态的视角,又突现着它独有的动态结构,人们仿佛能看到它在动,更能幻化出它在动。它是以环境艺术或大地艺术的宏壮形式表现出来的。第六,贺兰山岩画高度概括的简化、符号化和原型化,是岩画艺术语汇表述的一大特征。这一特征主要表现在人物的造型过程中。最典型的如人的造型仅是由四肢、头颅构成;羊的造型仅由羊角符号来表现等,崇尚简约和厚重。这是人类艺术童年时代独有的情感表现和巫术感应的需要。

九、贺兰山岩画的历史文化意义

通常意义上,岩画的内容是当时人们社会生活环境的真实写照,是后人研究当时人们经济和文化生活的活画石。贺兰山岩画以远古时期人类独有的艺术手法,用古朴、凝练、粗犷的笔触和画风,通过岩画的纯自然表现形式,从经济生活、社会活动、宗教信仰、审美理念诸方面记录和展现了人类早期的历史活动。当我们现在回头审视这些远古先民们留在贺兰山历史文化长廊上的岩画时,这些史诗般的历史记载,向我们折射出了先民们的生存轨迹和丰富而独特的历史文化内涵:人类学、美术史、艺术史、民族史、宗教史等,如同中国文学的源头——《诗经》一样,它们同样成为中国历史文化研究的源头。贺兰山地区人类童年的生活场景早已被时光的隧道所湮灭,但留在岩石上的历史画卷却成了永久的信息,成为文字产生以前宁夏人类活动的重要石刻文献,也是远古人类与今天人类沟通的历史性语言。

当然,我们应该清楚,贺兰山岩画所反映的原始先民的活动和文化背景,不是宁夏所独有。从区域文化的角度看,岩画最直观的表现和反映了文字产生以前宁夏的地域文化;

---

① 桑塔耶纳:《审美味的衡量标准》,《美学译文》第一集,1980年,第279页、第278页;引自宋兆麟:《巫觋》,学苑出版社,2000年,第279页。

但这种文化同原始社会时期多个地域的文化背景是有密切联系的。岩画作为史前的一种诠释性文化,是有很大背景的,它又不仅仅是区域性的。审视和观赏那些造型生动简朴、情感狂放不羁的贺兰山岩画,就如同在读一部厚重的历史书籍。在这部蕴含了早期人类历史活动的"史书"里,的确是贮存了太多的人类生存的信息。从人类文化发生而言,好多文化之间都有其内在的必然性。考古学界认为:宁夏水洞沟文化遗址与内蒙古萨拉苏文化遗址构成属同一文化背景。以此为文化背景看,宁夏贺兰山岩画与内蒙古阴山岩画、甘肃、新疆等地的岩画,在内容上有许多共同的地方。从世界范围看,岩画都有其惊人的相似性:诸如动物母题、狩猎母题、畜牧母题、神灵母题、符号母题等。从这个意义上,人类早期文化的发生有其同一性。世界岩画研究专家、意大利人阿纳蒂指出:"一些重复的因素出现在所有的大陆,标示出岩画的基本原理和基本结构。岩画作为一种原始语言的表现,也会有方言,但不会像现代语言那样彼此无法沟通。它是一种普遍性的语言,它能为任何一种语言、使用任何一种文字的人们所阅读、所理解。"[①]依阿纳蒂的观点,岩画是可以跨文化、跨地域并能相互沟通的人类早期共同性的语言。由此可见,贺兰山岩画为宁夏、为中国乃至世界提供了人类早期丰富的历史文化信息和美轮美奂的岩石画卷。

面对着遍布于贺兰山的岩画长廊,那些形成于不同时代不同作者之手的历史画卷,传递给我们的一幅幅远古的生活图景,是一首首自然天成的田园牧歌,是一缕缕浓缩了的文化气息,是一种最为古老的"原始语言"。通过它们,我们能从那些看上去表现形式简单,甚至粗糙幼稚的、直观的图像里,感受到原始人类强盛的生命力。通过它们,我们可看到贺兰山天然的生态景观,自由自在的各类动物群,先民们在这里的生存状况和一代代延续的过程;尤其是看到了先民们猎取动物时的雄壮场面,祭祀神灵时的虔诚和充满野性的舞蹈……从这里,我们还可以看到远古时期生存在贺兰山的亚热带动物,看到了"马"的驯服与游牧民族的生存和亲近关系,更是看到了弓箭的发明与狩猎民族向游牧民族转换的生存过程。

贺兰山岩画通过独特的艺术造型,虽以其原始古老而朴素的表现形式,经历了数千年的风雨劫数,却承载着遥远的原始人类的生存文化信息,而且继续向相隔久远年代的人们诉说着人类童年的经历。因为它是"刻凿在岩石上的史书"。在我们研究贺兰山岩画的历史文化意义的同时,我们是否想到了它的衰落与消失。根据目前研究的现状看,贺兰山岩画到了西夏时期,其刻凿画上了一个历史性的圆圈之后,基本消失了。"这种迹象表明农耕文化的高度发展对社会经济的发展有着巨大的推动作用,但与此同时,它也加速

[①] E. 阿纳蒂:《世界岩画的原始语言》,《岩画》第一辑,中央民族大学出版社,1995年。

了狩猎文化的衰落。"①农耕文化与狩猎文化的深层次转换,同样带来了文化背景的变迁。"待到复杂经济与农耕发展之后,动物的图形在画面上就不那么重要了。"②但历史与文化意义上的贺兰山岩画却永远地传递了下来。如果从这个意义上研究贺兰山岩画,我们将会在一个更高的层面上感悟和认识贺兰山岩画存在的历史意义与文化价值。

---

① 朱狄:《原始文化研究》,三联书店,1988年,第761页、第28页、第526~527页。
② 陈兆复:《岩画:人类早期的视角表达》,《西南民族大学学报》2003年第12期。

寻找贺兰山文化之魂
——对贺兰口岩画的思考

银川市贺兰山岩画管理处　李建平

　　贺兰山地处中国的北部偏西处,长约250公里,呈东北西南走向,它是宁夏回族自治区和内蒙古自治区的界山,在它西边是浩瀚无垠的腾格里大沙漠和内蒙古阿拉善草原,东边是绿树成荫、阡陌纵横的"塞上江南"宁夏平原。贺兰山自古以来就有猃狁、西戎、羌氐、匈奴、鲜卑、柔然、突厥、吐蕃、党项、蒙古等北方少数民族在这里长期游牧、繁衍生息,这些生活在原始或半原始状态的先民,为我们留下了极为珍贵的图画历史书卷——贺兰山岩画。在贺兰山东麓27个山口的山崖绝壁、山前洪积扇或荒漠草原上,分布着远古先民刻制的4万多幅岩画,形成了一条绵延五百余里的史前文化长廊。如今,曾经留驻贺兰山的那些先民,如同滚滚东流的黄河水,已汇入历史的大海,无法觅其踪迹,只有他们留下的这些岩画,在平静地、顽强地向后代人们诉说着久远的过去,诉说着岁月磨蚀的悲壮……

　　贺兰山岩画的集中代表地——贺兰口,处于贺兰山东麓中部,一年四季水源充沛,气候宜人,野生动植物种类齐全,为远古先民提供了必要的生存环境。遥想当年,原始先民在漫长的游牧生活中,发现了这片神奇的土地:沟谷内流水不断,沟谷外碧草连天,这是理想的家园。他们也许站在贺兰口沟口,在烈日炎炎的夏季,甚至可以望见被终年不化积雪覆盖着的贺兰山主峰——砂锅洲,在遥望贺兰山主峰的过程中,对峥嵘的山体产生了敬畏,把奇形怪状的大小漂石认为是神灵的再现。于是,他们依赖大自然的赐予,在这里繁衍生息。他们以石器为"笔",岩石为"纸",留下了他们喜悦的心情、辛酸的发展历程、神圣的理想、意念中的神灵……

　　就这样,他们用"岩画"的方式表达着他们对大自然的敬畏,对美好生活的追求和企盼;记录着他们狩猎、争战、祭祀、娱舞、交媾等生活场景,表现着原始宗教自然崇拜、生殖崇拜、图腾崇拜、神灵崇拜的文化内涵。贺兰口就这样成为史前人类的祭祀中心,一直延续了几千年,成为贺兰山岩画的富集之地。

　　如今的贺兰口岩画,占贺兰山岩画总数的三分之一,有近6000幅岩画。我们坚信,加上自然毁坏和后世人为破坏掉的岩画,贺兰口岩画至少应在8000幅以上。这里的岩画几乎集中了世界各地岩画的所有表现题材:动物岩画、人物岩画、植物岩画、人面像岩画、符号岩画、文字岩画各呈风采。在动物岩画中以牛、羊形象居多,其他如虎、豹、狼、犬、鹿、野猪、鸟的形象也多有发现。人物岩画以表现狩猎、争战和交媾等生活场景为主。而数量最多的除了表现崇拜文化的人面像岩画之外(多达700余幅),当数符号岩画和已具备某些文字特征的图画文字岩画,数量多达3000多幅。而那些动物岩画、植物岩画及人面像岩画、人物岩画,从深层意义上观察,实际上是以一种更具象征意义的符号形式出现的,或者本身就是一种符号的组合,或者是一种被赋予动物、人物或人面特征的符号形象。可以说,贺兰口岩画,是一个有待破译的庞大的符号系统。

如今留存在贺兰口怪石突兀山壁上的人面像岩画,有着各种各样的面部轮廓,有的呈圆形,有的呈方形,有的呈山字形,有的呈椭圆形,有的呈倒三角形,有的呈枣核形,有的呈棱形。在各种轮廓的人面像中,有的五官俱全,有的只有一双硕大的眼睛,有的则仅画眉毛和鼻子,而又有一些人面像,其五官形象并不能确指,在眼睛、鼻子、嘴的位置上,往往刻有一个或几个符号。这些千奇百怪的人面像,其人面轮廓线以外,还有很多表示头饰、帽饰、发饰和胡须的各种刻线。在人面像的顶部,有的刻一根垂直的线条,有的是一对向外弯曲的长翎毛,有的长着犄角,有的插着树枝,有的头顶尖状或圆形小帽,有的戴着一顶山字形或人形高冠。其发饰有的只用一个小圈代表抓髻,有的则将头发披在两边。有一幅人面像,周边由13个花瓣组成,当地农民称这幅岩画叫"女人花",似乎在表明这是一位女性。人们往往把女人形容成一朵花,这种古老的比喻,大概源于岩画。人面像岩画尽管形象怪诞、面目各异。但认真地从构图上分类,我们惊奇地发现,贺兰口的人面像,从人面轮廓到五官构成,都有程式化的倾向,是崇拜文化在人面像上的反映。史前人类把抽象的自然崇拜、生殖崇拜、图腾崇拜、神灵崇拜的对象,物化为人面像,赋予它们人的形象。将原始宗教中多种崇拜文化的神秘符号,具象为人面轮廓和具有象征意义的五官形象,以供人们顶礼膜拜,进行祭祀和瞻仰。著名的"太阳神"岩画,是贺兰口自然崇拜类人面像的代表,它用环眼象征光明,用毛发代表太阳的芒线,高居于山腰。直到今日,其威严壮观的形象,仍然令人油然而生崇拜的宗教情绪,使人感到心灵的震撼。这些人面像是史前人类精神升华的产物,具有强烈的宗教法术意义。它们或被用来驱邪除恶,或被用来乞求上苍或平息天怒,以表达人们对美好生活的追求和向往。

贺兰口所有的符号岩画,在对其线条的构成及外在表现形式上进行分类记录后,我们惊奇地发现,这些千奇百怪的符号,尽管有140多种,但几乎没有一个符号是出现过一次的,几乎所有相同符号的出现,都在3次以上,出现频率最多的,甚至有十几次。尽管磨刻方法不同,表现形式各异,但其线条构成总是呈现出一种传统的、约定俗成的规律性特征。我们又把这些符号与已发现的陶文、金文、甲骨文,甚至同云南纳西族东巴文进行对比研究,发现了可与象形文字进行对应的符号。而有很多符号,其象征意义十分明显,与已经被世界各地史前人类反复使用且已认同的象征符号非常相似,甚至相同。

一个庞大而丰富的符号系统,就这样被人们逐渐发现、感悟、认知的过程中,使我们产生了越来越多的疑问,全面破译贺兰口岩画,也许还有很长的路要走。但可以肯定地说,这些岩画是我们今天探秘远古文明的信息窗口,是引领我们穿越时空与远古先民对话的"时间机器"。我们不难想象,如果岩画作为史前人类的一种生活的、精神的记录形式,作为全人类普遍存在的一种文化现象,一旦被我们像解读甲骨文那样破译,展现在我们面前的,将是一个怎样的人类世界!

人类在地球上生存了300万年,用文字记载人类活动踪迹的历史仅仅是5000年。人类对自身过去的认识,还只停留在有文字出现的阶段。我们需要了解人类在地球上生存的全部历史,仅仅寄希望于文字记载已经感到无能为力了,把眼光转向神秘的岩画世界,可能会"柳暗花明,别有洞天"。逝去的先民已经沉默,然而岩石还会对我们"说话"。这也再次说明了著名作家冯骥才先生给贺兰口岩画公园的题词,"岁月失语,唯石能言",既是对曾经生活在这片神秘土地上的先民创造的历史给予高度评价,也是激励我们要肩负起研究历史的责任。我区著名学者高嵩先生经过多年对贺兰口岩画内容的研究,大胆提出了贺兰山是不周山,贺兰口岩画公园所在地是共工怒撞不周山和女娲补天所在地,是中华民族历史文明的发源地,也是世界人类文明的发源地。如果此说最终能被证实,就将改写中国远古历史,引起世界轰动。我们相信,人类对岩画世界的认识,在经过了千万次的探索,经历了无数次失败后,总会有所提高,有所发展。那些总想通过岩画告诉后人一些什么故事的原始"艺术家",一定会因千万年以后的人类对岩画的理解和认识感到欣然。

尽管在贺兰山文化遗存中还发现有史前人类生活或活动遗址(如居住的山洞、房址、祭坛等)以及史后人类的活动遗址(如水关、西夏离宫建筑遗址)、宗教活动遗址(如道教、佛教、伊斯兰教建筑和西夏寺庙、羊圈圈神庙、龙王庙、土地庙、石佛像等建筑遗址)、军事遗址(如明代烽火台、驻军题刻)等众多文物古迹遗址,但都支离破碎,没有历史厚重感。因此,真正能解读圣山贺兰山人文秘密的无疑是贺兰口岩画,它是当之无愧的贺兰山文化之魂,尽管我们对它还一知半解。

参考文献

[1]贺吉德主编.银川市贺兰山贺兰口岩画岩面保护及防风化处理研究.银川市贺兰山岩画管理处,

2006.

　　[2]贺吉德主编.宁夏贺兰山——西夏王陵风景名胜区资源价值介绍.银川市贺兰山岩画管理处，2005.

　　[3]高嵩,高原.岩画中的文字和文字中的历史.宁夏人民出版社,2007.

石不能言最可人
——贺兰山岩画的特殊魅力

宁夏石嘴山博物馆　韩学斌

石嘴山岩画分布在石嘴山市约10公里的贺兰山山脉北部,山势巍峨,西长城蜿蜒其中,地理环境十分优越,是古代游牧先民们理想的狩猎和游牧的地区。在这里先民们创造了绚丽多彩的游牧文化,世代相传,绵延不绝,同时在山石上凿刻了许许多多的岩画。这些岩画是他们游牧生活的真实写照,从多方面反映了他们真实的生活、美好的愿望以及强烈的情感,这些艺术珍品是历史凝聚积淀下来的活"化石",不仅可以弥补历史记载之不足,而且向我们直接提供了大量的直观的形象资料,其信息量之大,超过了已有文字记载和传说,是一份硕大的形象的文化艺术宝库。

我国著名南宋诗人陆游曾说过:"石不能言最可人。"此话信然。岩画,这些凿刻于山石之上的古代艺术,虽然默默无语,千百来栉风沐雨,却反映了时代的特色,她像火中的凤凰,死而复生,再现了悠悠牧人,金戈铁马,艰辛狩猎,以及人生的种种风情逸事,把我们又带回到了那蛮荒的岁月。岩画是创世纪的记录和宣言,是人类自我表现自我认识的教科书,岩画的价值已经引起了人们的重视。当你站在贺兰山山巅之上,看到千山万岭,看到无边无际的岩画,你会油然敬佩我们这个伟大的民族,伟大的国度。中国人的自豪感、自尊自爱自强之心像红日一样喷薄而出,真是可以净化心灵,启迪思想,为开拓未来去奋斗。

一、岩画是人类自我表现的一种艺术形式

岩画是人类自我表现的造型艺术形式。从远古狩猎时代开始,一直到近代原始部落延续了数万年之久,是一部人类生存连续性的篇章,是岩画首先开创了人类文化艺术、美术的先河。世界上最早的岩画,首推欧洲奥瑞纳文化中的岩洞原始绘画,其次是后来的马格德林文化中的岩洞原始绘画。这些旧石器时代晚期的岩画艺术以制作精美、生动、逼真而著称于世,被誉为世界艺术的珍宝。如今,全世界上百余个国家发现有岩画。由此可见,岩画是世界上最普及的文化,是世界性的艺术语言。岩画中包括思维形象、视觉形象或思维与语言的符号。总之,岩画的内涵十分丰富,包罗了人生许多方面,是集艺术文化之大

成，有的直抒胸臆，有的则隐喻其间，像一首理性与野性、天真与浑厚、现实与幻想相互协调的交响乐。其间真、善、美的相交融，血与火的相抗争，使我们回味无穷。

通过岩画的研究，我们真切地体会到人民群众才是历史的创造者，是艺术和文化的创造者。人类社会发展的历史首先是物质资料生产发展的历史，人民群众是物质生产方式的主体，是社会物质财富和精神财富的创造者。在畜牧时代，游牧人首先创造了畜牧文化，狩猎和畜牧是生活的主体，他们创造了这些精美绝伦的岩画，正是他们所处时代的真实反映和艺术反映。

岩画的惊人之处在于数量之多，制作之精彩，反映面之广阔，是其他石文化所不可比拟的。有大到数米的巨制，有小到数厘米的玲珑之作，五彩缤纷，令人叹服！因为不论是牧人、巫觋，还是古代的艺术家们，要制作如此巨大或小巧的岩画并非易事，起码要有大致的构图，勾出一个图形，然后进行加工，要么凿，要么敲，要么磨，总之细心琢磨，费工费时。当然也有信手拈来之作，用金属器具随心所欲，尽心而致，满足了创作之念就行了。所以在岩画中，我们可以看到许多独特的形式与构图方式，或雷同的图形，这是同一民族或同一心理或同一环境下的"即兴"与"猎奇"之作。但究其根源，却都是以游牧人的思维方式或心理活动为基础的。

从岩画一代接一代的制作，使我们进一步认识到，艺术创作的主体是千百万名不可考的群众，古往今来，积天下之物，聚艺术之精华，哪样不是人民大众所创造的？闻名遐迩的艺术宝库敦煌的雕塑与壁画，云冈、龙门、麦积山、须弥山的石窟石刻，巍峨壮观的被称之为"凝固的音乐"的古代建筑，无数件工艺美术品，等等，它们的创造者发明者都是榜上无名的英雄。历史是他们创造的，文化、艺术也是他们创造的。他们寓教于乐，寓教于画，创造了历史，创造了文明，不断创新，不断进步，把人类社会推向前进。我们今天的文明大厦就是建立在他们弯曲的脊骨之上。高尔基有句名言："人，按其本性来说，就是艺术家。他无论如何力求给自己的生活带来美。"就是说人们不仅仅在直接创造艺术的时候，而且在一切创造性的活动中，都不同程度地存在着。不过，在艺术的创造中最能表现出这种艺术才能罢了。岩画的创作，正是基于这一观点，我们才真正体会到："人，按其本性来说，就是艺术家。"这是一句至理名言。是游牧人创造了这人间的奇迹，是他们美化了生活，美化了山川大地，也美化了自己。

二、石文化与岩画学

所谓文化即泛指人类社会实践过程中所创造的物质财富和精神财富的总和，具体说是指社会的意识形态以及相适应的制度、知识、信仰、艺术、道德、习俗和一般知识的掌握运用等等。岩画作为一种文化，与人类的社会生活及人类的物质与精神生活有着密切的关系。

从人类用手制造出第一个石器工具开始,就标志着石文化的诞生。

石文化是世界上延续时间最长的文化。从某种意义上讲,世界文化的开端就是起源于石文化。因此,石文化是人类文明史、艺术史发展中必然经历的一个阶段。我国是一个历史悠久文化灿烂的文明古国,尤以石文化最为璀璨耀眼。在华夏大地之上,不论水火战乱或天灾人祸,许多文化匿迹了,唯有石文化得以较好地保存下来,真可谓石坚而寿,石明且华,石本身既是文化又是载体,把中华文化尽收其中且发扬光大,成为石头的卷帙,历史的史诗,文化的织锦。

在旧石器时代晚期,至今三四万年前的奥瑞纳文化中除了有名的岩洞岩画之外,还有刻有简单动物的小石头;多种动物的骨雕、石雕,如维伦多夫女神雕像,实际是丰产女神像,体态丰满,造型别致。到了至今一二万年前的马格德林文化中,除了精美的岩洞岩画之外,制作了大量的小件雕刻片和立体石雕像,成为人类艺术上的第一个高峰。在我国旧石器时代同样出现过毫不逊色的旧石器文化。位于山西省朔县西北十五公里的峙峪遗址至今约三万年,相当于欧洲的奥瑞纳文化时期,20世纪60年代就在峙峪遗址出土的兽骨片发现有羚羊和鸵鸟的简雕刻以及表示数量的直道道符号。证明我们的先民早在三万年前已经有了艺术的概念和数字的概念。我国的石文化同样有着悠久的历史。

我国的石刻是石文化中的一朵奇葩,在新石器时代已经崭露头角,在石器的器物上已经可以看到她的倩影,汉代以前以有过她辉煌的一页。特别是汉代,由于生产工具的改进,石刻已经较为普及了,其内容十分丰富,仙境人物、乡风习俗、生产劳动、山水建筑以及歌舞、宴饮、杂技、出游、狩猎、礼仪等等,兴盛一时之后又偃旗息鼓了,虽有石刻之作,但已史不见经传。正如朱剑心著《金石学》上所说:"李唐以后,则人物、山水、树木、花卉、飞禽、走兽,皆有刻画于石者,意徒在画,世不甚重,不备述矣。"然而,石不言,画不绝,石刻在中华沃土之上仍然生机勃勃流传千古。岩画国外称之为"岩石艺术"(Rock art),我国称之为岩画或摩画。石嘴山白芨沟洞穴摩崖壁画接近南方的制作方式。我国的岩画有南系和北系之分。岩画多用牛血掺赤铁矿粉或树液掺赤铁矿、方解石、石英、高岭土粉末,涂绘到岩石上,经久耐用,内容多为描绘狩猎、歌舞、礼俗、村落、战争等;北方的岩画则是用石、骨、金属工具在石头上磨、凿、敲、刻成画,内容多描绘动物、狩猎、歌舞、畜牧、宗教等,基本上表现以狩猎与游牧生活为主的社会意识形态。[①]我国岩画南北各异,说明了我国岩画的丰富内涵及多样性,表现了先民们绚丽多彩的生活及丰富的想象力和高超的艺术表现力,证明了我们的古代先民同世界上其他民族一样,具有辉煌的历史和艺术才华。

---

① 李祥石:《贺兰山中部岩画》,《宁夏文史资料第六辑》。

岩画在我国石文化中异军突起。藏之深山,储之石林,挺秀于山巅,出类拔萃流芳于民间。千百年来默默无闻,一旦显示出庐山真面目,大有一种"神女应无恙,当惊世界殊"之慨,真是石破天惊,发出耀眼的光辉,千姿百态,千变万化,争奇斗艳,使世人耳目一新,刮目相看,别有一番天地和情趣。因为这些岩画是留在石头上的史诗长卷。石刻是石头上的已逝去的时代杰作,还是一种消失之后又焕发青春的文化和美学心理。岩画的文化积淀太厚重了,几千年的文化集于一身,以至于令人吃惊得难以相信:这荒山野岭,千山万壑,怎么会开出如此艳丽的文化之花,结出如此丰硕的艺术之果。用千锤百炼,用千刀万凿也无法比拟创作的艰辛和呕心沥血博大精深独运匠心。

岩画是中国文化藏珍育宝的文化之库,制作之难可谓艰难困苦,育汝玉成。岩画是民族文化和民间文化之源根之本。

岩画与其他文化相比较则显得造型粗犷,浑厚,虽刚挺而不生硬,虽雷同而各有千秋。岩画风格洒脱清新,许多精美之作构图紧凑、和谐,匠意极高,达到了很高的艺术境界,可以同古代雕刻、绘画、石窟艺术、壁画、工艺品相媲美。因此,岩画是我国石文化的重要组成部分,是文化人类学最早的篇章和文化模式之一。特别是岩画的那种夸张变形的造型艺术,既是艺术的形象,又是现实真实反映,还是思维、文化心理的记录符号。总之,这种集多种用途,既表情又达意的文化现象,实在是其他石文化所望尘莫及的。

岩画之所以有强大的生命力,就在于岩画有着非常鲜明的个性。虽然岩画在表现生活时往往以自然主义的面貌出现,但是它质朴、自然,毫无矫揉造作之态。岩画在创作时也力求摆脱单纯的模仿和雷同,而是在原先的基础上加以概括和抽象。这种创造性的形式美也使岩画表现出了无穷的变化和摆脱死板的模式,并且力求表现运动的美。生命在于运动,动态才能显示出生命的活力,才能表现出灵活性、节奏性和雕塑性。所以动态的美是一种最感人的具有魅力的运动形式和表现形式。这一点岩画艺术家们捕捉得非常准确,他们总是善于摄取和捕捉到一瞬间的运动轨迹,如动物的飞跑、马的奔驰、鹿的跳跃、蛇的盘曲、人的舞蹈等等。此外在成组的岩画中又多运用对比、对称、和谐、多样统一与节奏韵律等等形式美的规律。岩画学就是要研究和解决艺术上的一般规律,即:写实—写意—象征—写实;一个层次比一个层次高,一个层次比一个层次显示不同的风格和个性。这些犬牙交错在一块的艺术作品才造成今天岩画异彩纷呈的局面。

宁夏自古以来就是一个多民族融合的绳结之地,又地处闻名于世的丝绸之路的要冲和东西方文化交流的通道,在这里各族人民创造了高度发达的古代文明,同时也遗留下了大量珍贵的文物。

唐代《元和郡县图志》卷四记载:贺兰山"山有树木青白,望如马,北人呼之为贺兰"。

至少在唐代以前宁夏贺兰山一带北方游牧民族就在这里繁衍生息,劳动生产,驻牧狩猎了。贺兰即贺兰部族,或白民部族的称谓。实际上远在春秋战国之前,北方的游牧民族猃狁以及后来的匈奴、鲜卑、突厥、党项、蒙古等民族就生活在这块土地上,是他们创造了灿烂的北方游牧民族的畜牧文化,他们既是这里历史的主人,又是历史的匆匆过客,尽管有的民族迁徙了,有的民族融合了,有的民族销声匿迹了,但是他们业绩却永载史册,成为中华民族的一员,成为中国历史中不可缺少的一章。除了文字记载或口头传说的历史之外,他们利用岩画这种形式,在贺兰山上,在阴山上,在祁连山上,在阿尔泰山上、肯特山上,在西北的几乎所有大山之上留下了弥足珍贵的岩画手迹和文化遗产,这些大山像金色的项链一样,连接了各族人民,连接了多种文化,似颗颗珍珠,似玛瑙翡翠,点缀着欧亚大陆和北方的草原地带。岩画这种世界性的艺术思维、艺术形象和心理的语言符号,在这个星球上的北部代表了地域性与多民族性的共同语言而深深地植根于各族人民之中,植根于广袤无垠的大地之上。我国地域广阔,是一个多民族的国家,在历史的长河中,各个民族都有反映自身特点的文化。岩画作为文化的一个重要部分,从历史的广度和深度忠实地再现了当时的社会风貌,成为留在岩石上的历史。

浅谈贺兰山岩画景区中的祭坛

李学军

贺兰山岩画是全国重点文物保护单位,是国家4A级景区。游客在参观岩画的过程中经常会看到在景区内的一座祭坛,这个祭坛经北京考古专家考察认为距今已有5000年的历史了。经岩画工作人员测量祭坛斜高11米,上方直径10米,下方直径20米。祭坛面积约165平方米。估计远古时期要比现在高大,但由于当地农民20世纪70年代前挖石取土才变成为目前的样子。据考证此祭坛与沟口内的岩画是远古先民举行盛大祭祀活动所留下的遗迹。在远古时期,一年四季不断的祭祀活动都在这里举行。

为什么远古先民把这里作为祭祀的场所呢?

史前人类把贺兰口作为祭祀中心的原因:一是贺兰口是银川境内贺兰山东麓泉水涌出量最大的山口,据宁夏水文水资源勘测局监测,贺兰口每天的泉水流量为3390吨,这就为人类在这里生存提供了基础保障。二是有水就有生物,水草丰美,动物出没频繁,又为古人类放牧、狩猎、采摘、娱乐等生产生活提供了良好的自然环境。三是这里的山势峥嵘、怪石林立,具有阴森、恐怖的气氛,在原始先民的心目中,这里是神灵出没的地方。因此,贺兰口成为最理想的自然神祭祀中心也就不足为怪了。

站在祭坛上,它的位置直盯着贺兰山主峰敖包疙瘩,整个祭坛都是用土石堆砌而成。祭坛从上到下共有三层,底下的两层都用石头围砌成方形,象征地。在第三层上面正中用石头围成一个圆形,象征天。这种设计来自远古"天圆,地方"的思想。当年萨满巫师就站在圆坛中心虔诚地祭祀苍天、山神,希望上天能赐福于他们,护佑他们,带给他们更多的的食物,让他们的部族人口越来越壮大。

贺兰山岩画祭坛正门朝西北方向开的,贺兰山是一座南北走向的山脉,在全国的祭坛很少有向西北方向开门的,仅有贺兰山一个。

纵观整个贺兰口石壁上刻制的不可移动岩画图案,发现从南壁往里延伸无论动物还是人面像的头部方向都是往北向着阴面,北壁岩画无论动物还是人面像的头部方向都是向外延伸的,都向着阳面,形成一个轮回。

为什么从南壁往里延伸,无论动物还是人面像的头部方向都是往北向着阴面呢?

古代的先民认为北方代表着黑暗,是北方之神玄冥居住的地方,传说玄冥是北方七宿的方位星神,长年居住在黑暗不见天日的黑暗王国,即"幽都"(《山海经·海内经》)。而隅强在传说中是主管形杀的"不周风"之神(《史记·律书》),"不周风居西北,主杀生"。《淮南自·地形训》:"隅强,不周风之所生也。"这样一来,玄冥便成为冥王,即"北方黑地",也就是中国神话中的死神之一。北方在古时是黑地,象征冥界,是人死以后灵魂停留休息的地方,原始先民认为动物或人死以后灵魂可以离开肉体、身躯,可以储存在石头或树木等上,在适当的时间重新依附其他肉体、身躯。可以转世,生死轮回。

今天我们将贺兰山祭坛周围进行修复,目的是把远古时的祭祀场面再次地展现给后人,让人们感受到当时宏大的祭祀场面,感受到中华文明的深远与博大,激起我们对祖国的热爱,增强我们的爱国之心。

下面是我对祭坛周围环境修复的几点肤浅的看法。

在中国的盘古神话中,为西方印度故事所没有的因素,只是如下几个数字概念:"数起于一,立于三,成与五,盛与七,处于九。故天去地九万里。"

这几个数字其实是来自于《易.系辞》"天一、地二、天三、地四、天五、地六、天七、地八、天九、地十"中的五个天数:"天一、天三、天五、天七、天九。"《京房易传》卷下说:"一、三、五、七、九,阳之数"。

所以在祭坛正门的左右两边各立了9根高低、位置不一的神柱。虽然位置不一,但两边神柱的位置是对称的。在远古时1、3、5、7、9是奇数代表阳数,2、4、6、8、10是偶数代表阴数,左右两边加起来的数字是18,18是阴阳结合,代表天上的太阳,其光芒向四面八方辐射,带给人间温暖,同时也象征孕育了世上万物。

站在祭坛上看到祭坛从上到下用石头围砌成三层的遗迹。遗迹的"三"是有一定说法的。

在老子的《道德经》中,是宇宙的创生过程,用极其简括的四句话完成的。

道生一;一生二;二生三;三生万物。

调和人与神对立的办法,就是老子所说的"三"。我们应当知道,在中国的文字中,三就是"参",参就是参和,即调和。因此,一生二、二生参、参生物。这就是说阳与阴的调和,人与神的调和,产生了宇宙中的一切事物。我认为应当对围砌成三层的遗迹重新进行修复,以恢复他的本来面目。

首先在祭坛正门口的几根神柱最上方悬挂上羊头和牛头,象征远古先民的图腾、生殖崇拜。

图腾崇拜是原始宗教的表现形态和发展阶段之一,同一图腾制下的人们,认为自己的氏族同氏族用以命名的动物、植物或无生物之间具有血缘关系。这种动、植物或无生物便是氏族图腾,对于本民族的图腾动植物禁吃禁杀。比如,龙是中华民族的象征,也是我们中华民族各民族融合汇集凝聚的图腾旗帜。让游客身临其境地感受图腾崇拜的深厚文化内涵。

在贺兰山岩画中,羊的图像最多。因为羊是远古、上古的宗教仪式中的祭品之一,从以羊为祭的宗教仪式中,演化出了吉祥之意。从晚唐以后,羌族人曾在一个相当长的历史时期,活跃于贺兰山下。"羌"字是一个象形字《说文·羊部》:"羌"西牧羊人也,从人从羊,羊亦声。"羌人视人为羊,视羊为人。甲古文中"羊人为羌","羊大为美"。羌族把羊看得很神圣,人们始终把羊视为可"上请民意,下达黎明"的使者,它承载着人们美好的愿望,体现了对所求神灵的

图 1　贺兰口岩画中羊图腾正侧面照片

无限虔诚,他们的崇拜物中有羊神,羊神是他们的图腾。(图 1)

生殖,是原始先民抵御自然灾害,捕获猎物最有效的方法之一,从而形成了生殖崇拜。

贺兰山岩画中就有一幅牛生人的岩画(图 2),从这幅岩画中就可以知道,原始先民把牛视为自己的祖先,当作自己的生殖图腾加以崇拜。

其次在所有神柱中间刻上我们贺兰山一些经典的图腾、生殖崇拜岩画图案,比如各种姿态的羊图案、老虎图案、鹿的图案以及人面像、巫师图案,以此刻画出姿态不一的人面像、巫师形象,给人以感官上的冲击力。

之后在所有神柱下方刻上连臂舞的图案,比如六人连臂舞的图案(图中众人拉手,迈着整齐的舞步),传导出一种热烈而又欢

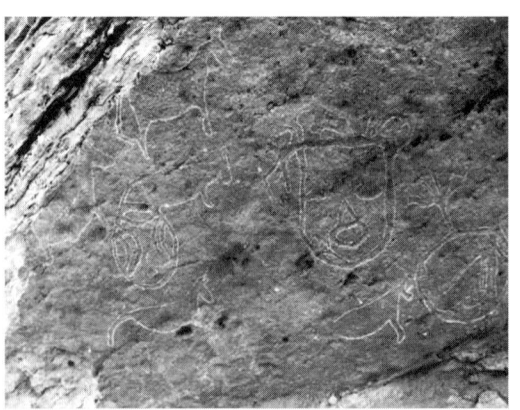

图 2　贺兰口牛生人岩画的照片

快的情绪,给人以愉悦的感受。

同时祭坛的四周用石头围砌成正方形,把正中祭坛包围起来,这样能够聚集祭祀气场,被笼罩在这种气场之中,给人以肃然起敬、神秘之感,使巫术更加灵验,达到想要的效果。而这种设计来自远古"天圆,地方"的思想。《礼记·祭法》注:"封土为坛",即用土石堆砌成一个高出地面的祭坛。祭天用圆坛,古称"圆丘";祭地用方坛,古称"方丘"。

周代祭地的正祭,是每年夏至之日在国都北郊水泽之中的方丘上举行的祭奠。水泽,即以水环绕;方丘,指方形祭坛,古人认为地属阴而静,本为方形。水泽、方丘,象征四海环绕大地。动为阳、静为阴,故而"天圆"就成了阳的象征,代表一切积极、主动的事物,如日、昼、刚、健、男、君、夫、大、多、上、进、动、正等;"地方"就成了阴的象征,代表一切消极、被动的事物如月、夜、柔、顺、女、臣、妻、小、少、下、退、静、负等。天圆地方是"天人合一"的一种。

在贺兰口祭坛周围有许多几十年甚至上百年的桑树,可以移植一些到祭坛的周围,因为在远古时就有扶桑的传说。

扶桑木是太阳树,而太阳是古华夏民族所崇拜的宇宙和始祖神。因此,在古华夏族的宗教中,象征扶桑树的桑树,就成为一种受到崇拜的生命之树。这种象征太阳树的桑树,常常被种植在一个神圣的祭坛周围,这个祭坛名字叫"社",而桑树也就成了"社林"和"社木"。我们知道,在中国古文明中,"社"是一个非常神圣的地方。在《礼记·郊特牲》中记载到,冬至祭天日郊,夏至祭地日社。在《礼记·外传》中记载,国以民为本,民以食为天。故建国君民先命立社也。由此可见,社既是一个宗教的寻根之所,又是祈年、免灾、献俘的神坛。

扶桑其实正是太阳树。但由于扶桑是神话中的树木,事实上是不可栽培的。因此祭祀太阳神的先民,只好以桑木为其替身。关于殷人社桑的记载,遍见于先秦的典籍中。《吕氏春秋·顺民》中记载:天大旱五年不收,汤乃以身祷于桑林。

桑社是生殖神的象征,因此桑林成为上古时代先民们自由性交场所。但是,从古文献的记载看,这种自由性交并不是任何时候都可以进行的。它只是在某些特定季节或时期,才是被礼法和风俗所允许的。在中国民俗中,这个季节就是"太阳神"在人间降临的季节——春天。而这种活动的仪式,就叫作"春社"或叫作"社会",即"聚社会饮"狂欢也。

以上结合史料记载谈了一点我的粗浅看法,不对之处请各位指教。

宁夏岩画的回顾与展望

北方民族大学岩画研究中心研究员　李祥石

宁夏岩画的调查和研究走过了40年的历程,现在进行回顾与展望,对今后进一步开展工作无疑具有重要的意义。

一、宁夏岩画发现研究阶段

自从郦道元在《水经注》卷三河水条中记述:"……河水又东北经浑怀障西,《地理志》浑怀都尉沿塞外者也。太和初,三齐平,历下民居此,遂有历城之名矣,南去北地三百里。河水又东北历石崖山西,去北地五百里,山石之上,自然有文,尽若虎马之状,粲然成著,类似图焉,故亦谓之画石山也。"据考石崖山在今宁夏平罗县陶乐区红崖子乡,濒临黄河,现称红崖子山的那座山。其上是否有郦道元所说的岩画时至今日仍无答案。虽然时光过去1500年了,也经历过两次宁夏文物普查,但还是没有被发现。是地点不对,抑或未被发现,至今仍是一个历史悬案,也是岩画界的一个遗憾。

(一)第一阶段(1969—1978年)

斗转星移,历史到了1969年,贺兰县金山乡金山村贺兰口岩画被发现,从此开创了宁夏岩画调查与研究的滥觞。鉴于当时"文革"的特定历史环境,只能采取沉默的态度,此时也可以说是宁夏岩画的冬眠期。

(二)第二阶段(1979—1989年)

"文革"结束,自1979年始,迎来了科学的春天,岩画事业迎来了百花齐放万紫千红的春天。从此宁夏岩画有了较大的起色,其间最可圈可点的是1984年的宁夏文物普查,上百名文物普查队员,深入贺兰山,冒酷暑,顶风沙,在极为困难的条件下,沿贺兰山东麓发现了20多处岩画点,为后来的宁夏岩画事业发展创造了有利的条件。接着,在20世纪80年代中后期又发现了卫宁北山大麦地岩画和香山岩画,为宁夏岩画不仅增辉添彩,而且是一处极为珍贵的文化宝库,数量多,质量高,有着巨大的发掘潜力,大大提高了宁夏岩画的声望。这年,产生了第一批国际岩画委员会会员(IODMOS),标志着中国岩画、宁夏岩画走向世界,从1979~1989年,这十年可称为宁夏岩画大发现大发展的十年,这十年的发现影响巨大而深远,直到今天仍然为宁夏岩画起着支撑的作用。可喜的是,贺兰山岩画很幸运,从她发现到公开的那天起,就受到自治区领导和文化厅的重视。

(三)第三阶段(1990—2000年)

1989年起,宁夏岩画进入了快车道,研究成果丰硕。先后发表的论文约百篇,出版的岩画专著有:《贺兰山岩画(拓片)》《贺兰山与北山岩画》《贺兰山岩画》《贺兰山岩画研究》等一批著作。虽然良莠不齐,总算有了一批成果。不可否认,其中不乏制作粗糙的现象,这10年,突出的是1991年10月5日至10日在宁夏银川召开了"国际岩画委员会年会暨宁夏国际岩画研讨会",这是在亚洲,在中国召开的第一次国际性的岩画研讨会,共有13个国家的145位代表参加。这是一次岩画界的盛会,为宣传宁夏,宣传宁夏古老的岩画,提升宁夏的文化品格起到了积极的作用,同时也促进了宁夏岩画与世界岩画的接轨与联系,增进了友谊,增进了交流。

其间,还有一件值得一提的是,1995年4月自治区文管会在贺兰山北部的白芨沟一处天然洞窟内发现了由赭石粉绘制的彩色岩画,计31组,上百个个体形象。在我国北方以镌刻为主的岩画体系中,发现了彩绘岩画,无疑具有重要的历史、文化、艺术价值,对研究我国岩画的多样性,对研究我国北方和南方岩画的发生与发展,以及古代民族、民族迁徙、文化交流与传播、宗教信仰等都有着普遍意义。这次发现,也丰富了我们对绚丽多彩古代岩画的认识,看到了中华文化圈的博大精深和丰富内涵。白芨沟洞窟彩绘岩画,是一个坐北朝南的天然洞窟,开口长约40米,高约20米,进深约35米,可容纳上百人,洞窟前方山湾开阔,有泉水从旁边流过,自然环境优美。彩绘岩画分布在岩洞东侧呈斜坡状的岩石之上。这批彩绘岩画内容基本上是纪实性的,描绘了当时人们的生活场景和所见所闻。其中制作在洞口上方的空心手印十分珍贵,因为制作方法独特,一共有18个,黑色的较早,以后又喷制了赭色的覆盖在黑色手印之上。更多的是彩绘岩画,有狩猎、放牧的生活场景,有人们赛马飞奔的瞬间描绘,动感强烈,生动活泼,十分难得。这10年,加上较前发现的宁夏岩画有:1995年4月白芨沟洞窟岩画;1995年9月同心县青龙山岩画;1995年6月青铜峡牛首山岩画;1998年7月灵武横山岩画。

(四)第四阶段(2000年至今)

进入第四阶段,有以下主要事件:2000年9月召开了第二届"宁夏岩画研讨会暨国际岩画委员会年会",这一次参加人数和论文,远不及第一次研讨会影响大,但仍然达到了预期的目的,与会的仍然有几位在国际岩画界有影响的人物,他们很欣赏贺兰山岩画,并且支持贺兰山岩画申报世界文化遗产。2006年3月以来,在贺兰山又相继发现了双疙瘩岩画;韭菜沟岩画;驴尾沟岩画;石炭井岩画、中卫黄河南岸岩画等。

综观宁夏岩画,近40年来总有新的发现,总有新的奇闻,就像海绵里的水,只要愿挤总还是会有的。宁夏岩画还将会有新的发现,这不仅是一个岩画的奇迹,也说明了岩画有着无穷的生命力。宁夏岩画几十年的实践说明,宁夏岩画还处在发展阶段,还有很长的路要走。今后,随着国家综合国力的提高,随着文化事业的发展以及岩画研究的深入,岩画的发现与研究必将有新的发现与进步。因此,岩画研究的前途是诱人的,将鼓舞一代又一代岩画工作者去进行新的发现和探索。笔者相信,随着时间的推移,随着人们认识的深入,也总会有新的认识、新的观点出现,一浪又一浪地推进,使人们不断完善对岩画世界的认识。

二、中国及宁夏岩画的学术研究

宁夏岩画发现与研究走过了一条不平坦的道路。20世纪80年代初期,人们对岩画的认识还很肤浅,这是客观存在,谁也不可否认,只要把那个时代的岩画著作、论文、文集进行对比分析,就看得出,那时多采用介绍式的、宣传式的描述,层面的东西多,而深层次的东西少。一则是形势的需要,二则是认识的水平有限。后来,随着研究的深入,层面的东西少了,而深层的东西多了。相继出现了一批有水平有说服力的力作,把岩画研究推向了更高的层次,例如岩画的图腾论、岩画的巫术论、岩画的生殖崇拜论等,都是岩画研究不断创新的结果,也是我们这支队伍兴旺发达的表现。

宁夏岩画的发展与研究,有问题有崛起,表现如下:

(一)岩画的断代研究

岩画的断代,这是一个世界性课题,也是研究岩画的瓶颈。断代几乎成了岩画研究的致命点。其实,在过去的上百年岩画断代的研究中人们进行过许多尝试和努力,只不过现在人们的要求更高而已。过去多运用传统的考古学方法和比较学方法来进行断代,多根据文献记载、岩画刻痕颜色、岩画的残破情况;此外,岩画的制作、岩画的内容、题材、艺术风格与民族学民俗学的有关材料进行对比;还运用岩画的打破和叠压关系;运用比较学的方法,用已出土的器物形象与岩画中的形象进行比较对比,找出对应的年代关系,也有利用岩画上的动物形象进行动物学研究分析;再就是利用岩画旁的题记、题刻分析对比时代等。这些方法,有的也有称二重论证或三重论证法,总之,都是实用的可行的,也是有效的,缺点是不够细化,较粗糙,较早的岩画无依可比,致使断代出现空白。现代自然科学技术为岩画断代带来了希望,尽管还不尽如人意,但有了较先进的方法,也有了盼头。比如 ^{14}C 的测定,阳离子比较断代法、CR 草酸盐分析法等。现代科学最新测定成果有"宇生同位素测年法"和"岩漆显微层理层序测定法",是比较实用又较准确的方法,可以直接测定岩画的年代。但费用太高,还有宇生同位素测定岩画也仅限于国外,国内目前还做不了。

在现有的条件下仍有一些好的办法,如微腐蚀断代法,此法的发明者罗伯特·贝德纳里克先生就测定贺兰口岩画早期为10000年。丽石黄衣测定是十分经济实惠的方法。我

们也曾计划过用 ^{14}C 测定法测定白芨沟洞窟黑色空心手印岩画,也咨询过相关测试部门,终因经费等因素而停顿。今后仍没有放弃过这个打算,只要条件允许,我们会立即行动。冰川擦痕测定法,也仅限于贺兰口一带,学术界存在两种截然不同的观点,一种认为,冰川打破岩画,即岩画在前,冰川在后,一种观点认为相反。这个问题相对讲好解决,需要多观察多分析对比就可以解决了。为此,我们邀请过宁夏第四纪专家张国典先生于 2005 年和 2006 年两次到贺兰口鉴定冰川擦痕,张先生认为岩画在先,冰川打破岩画,时间修订在距今 1 万~3 万年。

总之,一切古老的、现代的多种测定方法,只要实用就可以试一试、用一用,有不足的地方可以改进,可以不断创新。百花齐放、异彩纷呈、姹紫嫣红才是春,行动起来干起来,就有希望解决,哪怕是一点点进步,积少成多,积小经验成大经验,总会有结果。诚如,岩画毕竟是远古以来先民们的作品,已尘封了几千年,甚至上万年,社会意识形态的不同,必然造成认识的不同,也造成赋予岩画内涵的极大差异,为岩画的破译和释读造成困难,而且愈是早期的岩画释读愈困难,没有也无法找到证据可以验证。可以说,现在是岩画呼唤着科学,科学的步伐再快些吧!

宁夏乃至中国,在岩画的断代研究方面还要等待相当长的时间,心急不得。人类在进步,科学在进步,随着时间的推移,还会有新的方法和新的理论诞生,岩画的断代总会解决的。

(二)岩画研究的创新意识

在中国岩画经历了百年的发现与研究之后,岩画的内涵得到了极大的弘扬与发挥,有许多有识之士和专家学者,相继提出了"岩画图腾论""岩画神话论""岩画生殖崇拜论""岩画文字论""岩画巫术论"等,初步建立了中国岩画的理论基础。这些理论框架的构建和形成,为我们研究岩画创造了极为有利的条件。

创新是一个民族兴旺发达的标志,创新,也是一个民族具有生命活力的表现。进入 21 世纪之后,宁夏岩画是否已无多大的潜力了,是否已经走到了尽头,会不会有新的发现和创新了?事实告诉我们,宁夏岩画的潜力还很足,正处在方兴未艾的青年时期。中国近代岩画自 1915 年黄仲琴发现福建华安太溪岩画以来,将近 100 年了,中国大地上北到黑龙江,南到宝岛台湾,东到大海边的连云港,西至雪域高原的西藏无人区,都发现岩画的形象。到目前为止又不断有新的岩画发现,过去认为中国岩画分布在边疆地区,而现在这种观点已经被颠覆了,在中原大地的禹州市具茨山上发现了数以万计的岩画,数量之多,密度之高都是惊人的。具茨山属嵩山余脉,地处河南省新郑、新密、禹州交界处,山势东西走向,连绵 40 公里,海拔约 500 米,像一条巨龙横亘在豫东大平原上。具茨山岩画不同于北方大多数地区岩画,符号、人物、动物、地形、地势、工具、器物、几何图形等内容几乎不见,百分之九十以上为圆穴,并由圆穴组成各种图形,尤以花形图案引人关注。另外,具茨山岩画经过地质学剖面分析判断,为周原黄土,属于全新世中期,距今 4000 年,是我国依据地层关系进行断代准确的年代测定,为岩画研究开辟了一条新的方法。我们于 2009 年 1 月参加禹州市具茨山岩画研讨会,登上具茨山考察了岩画和地质剖面。这里是一个巨大的文化宝库。

总之,中国岩画的发现,还是宁夏岩画的发现,都得有坚韧的毅力和吃苦精神,只有身临其境才能感受岩画的魅力。正如王安石在《游褒禅山记》中所说的:"古人之观于天地、山川、草木、虫鱼、鸟兽,往往有得,以其求思之深而无不在也。夫夷以近,则游者众;险以远,则至者少。而世之奇伟瑰怪非常之观,常在于险远,而人之所罕至焉,故非有志者,不能至也。"有志者去登山去探远,去发现以彰显和弘扬我们古老的民族文化,岂不是人生一大快事吗!

最近一个时期,宁夏岩画的调查与研究,也有了一定进步并取得了一些成果,主要表现在北方民族大学岩画研究中心与上海古籍出版社出版了四册《大麦地岩画》文献,系统地、较全面地辑录了大麦地岩画,采用大开本,豪华精装,第一册收录彩色岩画照片 835 幅,第二册收录岩画拓片 752 幅,第三、四册收录岩画线描图 3172 组,8453 个个体岩画,总共个体达上万个。其中符号岩画 1500 个,发现有似文似图具有表意文字的单个或复合型图符。这种类似古文字性质的图符可能和古汉字的象形文字、表意文字、指示文字有关。2007 年《大麦地岩画》从全国 40 万册(套)图书中脱颖而出,获得了第一届中国政府图书奖的提名奖,为宁夏争了光,为岩画界争了光。此后北方民族大学又出版了三巨册《贺兰山岩画》《岩画与游牧文化》以及《贺兰山岩画与世界文化遗产》《发现岩画》。此外,贺吉德出版了《贺兰山贺兰口岩画》《岩画百题》。在经过十多年的历练,五大本《中国岩画全集》终于显现庐山真面目,宁夏岩画笑脸灿烂,占有重要的一席之地。宁夏岩画研究院出版了大型画册《宁夏岩画》以及四册《岩画研究》,银川市贺兰山岩画管理处《银川国际岩画研讨会论文集》《岩画世界》等新研究新成果。这些成绩的取得都来之不易,要珍惜这些成果。说实在,现在出的书不是多了,而是太少了,还远远不能满足社会的需要,要鼓励多出书,多出好书,促进学术繁荣和兴旺。

三、宁夏岩画事业的发展及展望

岩画为我们提供了无与伦比的直观而鲜活的人文资料,而且这些资料是文字记载所没有的,拾遗补缺,十分难得。既然要调查、研究岩画,就得从最基本的收集资料做起,在调查和掌握第一手资料的同时,这一过程也是学习的过程,研究的过程。如今,宁夏两大块岩画——贺兰山岩画和大麦地岩画,我们经过艰苦地调查,可以说大部分资料都已收集到了,现在要深入地进行专题研究,一步一个脚印,踏踏实实地进行钻研,力争在研究上有所突破有所进步。

中国岩画经过百年的探索,宁夏岩画经过40年的不懈奋斗,现在的研究水平已经不是早年所比拟的了。我们的视野已经大大的开阔了,关注和研究的范围已经很广泛,提出的问题和解决的问题也有了大的进展,在掌握的资料和研究手段方面比早先已经不可同日而语了,得到了快速的发展,新的方法、新的手段、新的思路、新的观念都有了长足的进步。过去那种解说式的大而化之议论,从概念到概念,以现象的罗列而省去议论的简单方式,也已被细化研究、多方求证、古今对比的科学方法所取代。另外,岩画研究中的民族学、环境学、人类学、计算机、石器、刻痕的微观观察、冰川学、陶器纹饰等一系列新资料引入岩画学研究范畴,加之诸多学科如考古学、人类文化学、文字学、地质学等学科介入,广泛进行"历史二重证",甚至"历史三重证",进一步提升了岩画学的学术水平。总之,岩画学已经由过去的那种鲜学变成了显学,岩画学已经从过去那种小家家气的独门小户变成了门庭若市的大气魄、大市场的大好局面。另外,从1991年、2000年、2008年到2009年接连不断的宁夏国际岩画研讨会,以及众多的岩画研究机构和相关学术团体,扩大了学术交流的范围,打破了过去少数人掌握的信息资源和资料资源,相互增进了解和共识,促进了对岩画的认识、研究,推动了岩画学的世界化进程。同时,在岩画的研究中开始关注到文化与社会的联系以及岩画更深层的内涵,使岩画与古代生活有了更密切的关系,使岩画那种游离状态回归到它本该关照的实际生活环境,并进行具有普遍意义的研究和探讨。

值得骄傲的是,如今宁夏建立起了4座岩画博物馆,有银川世界岩画馆、宁夏博物馆岩画厅、北方民族大学岩画与西夏研究中心展厅、石嘴山市博物馆岩画展厅,百花齐放,各有特色各有千秋。这是一个很大的成绩,为岩画事业奠定了坚实的基础,为岩画走向社会走进广大人民群众开辟了广阔的空间,成为了学习的课堂,成为进行爱国主义、热爱家乡教育的最生动、最直观、最鲜活的教材,并成为国内外文化交流的平台。这里有吸取不尽的文化乳汁,这里有人们精神成长的维生素,是文化、历史、艺术盛宴的大餐。

在岩画博物馆中银川世界岩画馆最耀眼,建立在贺兰山上,山光水色,风光无限,这里成了一座岩画艺术的殿堂,集世界、中国、宁夏岩画精品于一馆,光彩夺目动人心弦,将成为博览、观光、学习、休闲旅游的胜地。

虽然我们已经取得了巨大的可喜的成绩,但还要看到我们的不足,即岩画研究队伍力量单薄,加之人员素质的差异,没有形成合力,各自为政,体制隔膜限制,这是不足之处。因此,要进一步加强岩画的学术研究,进行专题性的,整体与局部的课题研究,进行综合性的学术整合,或进行地区性的专门研究,使岩画学有一个大的发展与进步。

再谈岩画与丝路

李祥石

最近一个时期,由我国牵头带动周边有关国家在进行一项引起世界关注的文化工程——丝绸之路世界文化遗产申报工作。说明丝绸之路文化在其历史意义和价值意义上是具有世界性的,是多民族文化艺术相互撞击、融汇、交流、吸引的结果,是人类不畏自然条件严酷,不惧千山万水漫长,冲破封闭的状态,走向世界的雄心壮志。丝绸之路那种流动鲜活、海纳百川的接纳功能和可歌可泣的精神品格,无疑对世界文化的交流和繁荣具有划时代的意义。

人们在论及丝绸之路时,往往涉及最多的是:丝路从古长安城伸出,走关中西部平原,进入陇右时,路分北、中、南三道通河西走廊。丝路经宁夏的大致路线属北线,由甘肃平凉入宁夏,经瓦亭驿,越固原东南陇山(今六盘山)古萧关,再经隆德—甘肃静宁—靖远—渡黄河到景泰县—河西走廊武威,然后一路西去,大致如此。这些提法无可挑剔合情合理,没有疑义。只是,我们觉得应当把丝绸之路范围可以划大一些,内涵再丰富一些,包举面更广一些,历史更延伸一些,这样就更能突出丝绸之路的广阔胸怀和博大精深的精神世界。如果在丝绸之路中把分布在丝路前后左右的岩画艺术也纳入这个"万宝囊"中,那将极大地扩展丝路的天地,开拓人们的眼界,同时也为丝路增添新的血液、力量和耀眼的光辉。

丝绸之路通常说的是经济之路、贸易之路、文化之路,是通过商业活动——即商品的交换为动力进行的东西方友好往来。我国与西域各地的贸易最先是通过羌戎、匈奴、鲜卑、突厥、吐蕃、回鹘等北方草原民族进行。自古以来,这些民族就占据着丝绸之路的要冲,并通过前丝路和丝路进行物资交换和贸易取得必需的生产生活资料。现在知道,沿丝路的北方阴山、贺兰山、祁连山,到昆仑山、天山一带形成一条岩画带,这条岩画带的位置正好与丝路大致相生相伴。而且,这条岩画带又恰巧与北方草原带南线相连。在这条又粗又长的岩画带上,有星罗棋布的丰茂草原、丰硕的农业区,各族人民的聚落点,小集镇点缀其间,是人类发祥的地区之一。岩画在这里产生和发展,正表明了古往今来各族人民很早就来往于这条大道上,前仆后继,继往开来,从没有停止过。也说明,古代文化的交流频繁,文化辐射的面且深又广,涉及文化的方方面面,深入人心。由此看出,丝绸之路文化根深叶茂,以恢宏的气度容纳多种文化(其中无疑有岩画文化),并以开放的自然环境、社会环境和广阔的胸襟包罗万象。

岩画,属于文化艺术,是以狩猎、游牧、农耕为经济基础的上层建筑。岩画始于史前,是人类生存活动的连续性的篇章。早在丝绸之路之前,在我国北方,在地球的北温带,就已经存在着一条岩画之路、彩陶文化之路和玉石之路。尤其是岩画,岩画可作为人类文化的使者或称为文化先锋最早出现在丝绸之前,构成了一条岩画文化组成的艺术走廊,其后,才有了丝绸之路。因此,是岩画这种独特的艺术语言沟通了古代各个民族,联结了各个民族。从这个道路出发,足以说明,岩画是世界上最普及的文化,是世界性的共同语言。岩画的内涵丰富,包括了人类的物质生产、精神生产、人类自身生产三种生产形式和生活状态,因此,把岩画称为岩画文化一点也不夸大而是恰如其分。因为文化即泛指人类社会实践过程中所创造的物质财富和精神财富的总和,具体说是指社会的意识形态以及相适应的制度、知识、信仰、艺术、道德、习俗和一般知识的掌握运用等等。而岩画文化,则是人类大文化系列中的一枝奇葩,也是自成体系的一种特殊文化。

岩画,记载了人类最基本的生存信息,是已知最悠久的图画艺术,是凝固在石头上的文化、历史、艺术,成为人类表达感情、交流信息、传承文明的符号载体。因此,岩画就是"石头书籍"和"石头文献"。宁夏贺兰山、卫宁北山、灵武横山、青铜峡牛首山等,是我国岩画的发祥地区之一,约有上万幅,内容丰富,题材多样,构图奇特,造型优美,风格粗犷、雄浑、壮观,富有诗情画意,记录了我国古代北方多个民族的物质生活和精神生活,有图腾崇拜、自然崇拜、生殖崇拜的原始宗教的内容,也有丰富多彩的民族风情,更多的是描绘了形形色色的人物和人面群像和狩猎、放牧、舞蹈、战争的生动场面,以及人们的心理活动和自然环境,包括了古代先民所认知的大千世界,堪称是民族文化的瑰宝。

岩画制作以敲、凿、刻磨或绘制而成,一敲一凿一绘,都赋予了深刻的含义。由是观之,岩画是一部历史文化艺术巨著,是不折不扣的文化宝库。岩画与古丝绸之路上的古代雕塑、绘画、石窟艺术、壁画、工艺品相比较,自有其特色和内涵,其博大、深厚、壮丽自立于世界艺术之林,是其他艺术无法抗衡和比肩的。

早在新石器时代而著称的贺兰山岩画中的太阳图腾崇拜,在阴山岩画中大量存在,在古丝绸之路沿途各地的岩画中以变形形式大量出现。甚至在罗布泊距今 4000 年的墓葬形制也与太阳崇拜有关。贺兰口岩画中的舞蹈图形不仅出现在青海大通县上孙家寨出土的新石器时代的彩陶盆上,也同样在西亚彩陶中变形出现过。更为神奇的是我国古代广为传播的始祖神伏羲女娲的形象,在贺兰口岩画中就高居群山之上俯瞰大千世界的伏羲女娲,两个几乎相同的人面同长在一条长蛇之上,有的先生说是两个大的人面和两个小的人面长在一条蛇之上,或有可能是有先后之分等,总之,人面生于一条长蛇之上没有疑义。这就使我们有了共同的语言,双人生长于蛇身之上,形象生动,原始性、直观性、认同性都具备了。需要说明的是,尽人皆知伏羲女娲的形象不仅在贺兰口岩画中存在,而且广泛存在于中原大地的汉代南阳石室画像中。就是在丝绸之路的古代新疆地区古高昌国(499—640年)出土的绢画中也有伏羲女娲的画像,两人头饰、衣饰是西域式的,相交的蛇纹是中原式的,这种不伦不类的伏羲女娲形象,是典型的东西结合土洋结合,不仅证明了丝绸之路漫长又悠远的历史渊源,也证明了中华文明、黄河文明是养育丝绸之路文化的摇篮和共同认祖的思想。

在贺兰山银川地区的葫芦峪口有一处石窟,共有三个稍加整修自然形成的洞窟,一号窟高3.5米,宽2米,进深1米;二号窟高6米,宽1米,进深8米;三号窟高5米,宽4.5米,进深5米。窟壁涂草泥抹白灰,壁画为佛教故事。就是这样一个不起眼的被人们遗忘了的洞窟中却出土了大量的震惊学术界的西夏时代的经书。至于贺兰山中(含大麦地)有着大量形制各异的宝塔形象,就更能证明与丝绸之路的关系了。

在贺兰山中(含大麦地),岩画塔的形制大致有三种,一种是密檐式塔,塔身修长,呈多面体,由底层向上逐渐收缩,有尖形塔刹。这种密檐式岩画塔仅在贺兰山石嘴山地区麦汝井岩画区发现一座,足见十分珍贵。第二种岩画塔为方形楼阁式,五层,塔顶为宝珠顶,形状酷似西安大雁塔。此岩画塔虽然手法简洁,但塔的气度犹存。有些岩画塔上部有西夏文佛(𗴂)字一个,表明了西夏时期党项人的敬佛之意。

第三种岩画塔就为数很多了。这种岩画塔喇嘛式,呈葫芦状、三角形式或梯形状。这种喇嘛式岩画塔广泛分布于贺兰山青铜峡地区、贺兰山石嘴山地区,尤其是贺兰山南部的北山大麦地比比皆是,构成了独特的岩画塔群。这种喇嘛式岩画塔蒙古语称小擦擦,与宁夏青铜峡市黄河边上的一百零八塔和贺兰县贺兰山拜寺口方塔出土的西夏与蒙元时期大量泥制小擦擦,十分相似或相近,从造型上看它们之间有着一定的渊源关系。

岩画中的大量喇嘛式塔(小擦擦)是古代吐蕃人、党项人等游牧人信奉佛教或喇嘛教的明证,是他们把虔诚之心铸进了难以磨灭的石头之上。岩画中刻制的众多小擦擦,实际上是一种法身舍利,刻画一塔如同建造一座佛塔,积一大德,刻制的越多,积德就多,得到的福也就越多。所以在山石上也就自然出现了许多岩画塔。这些岩画小擦擦为我们不仅留下了弥足珍贵的形象资料,也成为研究佛教艺术和丝绸之路的宝贵财富。

丝绸之路的内涵极为丰富,岩画的内涵也极为丰富,如何将这两个不同领域里的学术思想、研究课题联系在一起,并为申报世界文化遗产做出贡献,无疑是一个新的挑战,我们只能说是抛砖引玉,如果能对申遗工作有所帮助,这将是我们最大的心愿。同时,也希望有志于此的同仁们不懈努力,做出无愧于时代的成果。

另外,贺兰山岩画单独申报世界文化遗产,目前尚有不少困难,联合国教科文组织规定每个国家每年只准申报一项世界文化遗产和一项世界自然遗产,这对于一个古老的泱泱中华大国连杯水车薪都算不上,加之贺兰山岩画申遗相对较晚,仅在国内申遗排队都落后于许多省市,因此,在相当一段时间内我们只能耐心等待,并要持续地加大投入加大保护与研究力度。如果贺兰山岩画或是宁夏岩画能搭上丝路申遗这趟班车,那将是最理想最快捷的好事,并将带来巨大的社会效益和经济效益,大大提升宁夏和银川的声望。

这仅仅是一个美好的愿景,但愿好梦成真。

贺兰山山名沿革新考

宁夏大学西夏学研究院 杨满忠[①]

【内容提要】 本文主要在吸收谭其骧先生《山海经》中"求如山"就是"贺兰山"研究成果基础上,利用新的材料和观点,对"贺兰山"山名的由来,进行了系统沿革考证,指出了"贺兰山"就是匈奴语"大青山"的意思,也是"雪青马"的意思,与南匈奴"贺兰部"有一定关系,但与"驳马"(猛兽)、"白马""白马祭""黑王""骏马"没有直接的关系。南北朝时的鲜卑语"贺兰",唐代的突厥语"曷拉(贺兰)",元代的蒙古语"阿兰筛",清代满语"阿拉善",都是匈奴语"贺兰山"的音译与意译。从最初的"求如山"到汉代的"卑移山",再到北朝、隋唐的"贺兰山",即是一个民族语言文化的长期演变过程,也是古代游牧民族相继入驻贺兰山的社会生活写照,对于进一步研究贺兰山岩画、开发贺兰山文化具有极其重要的意义。

【关键词】 贺兰山 求如山 沿革考

贺兰山与狼山、阴山是我国河套西北,伴随着黄河巍峨矗立的著名高山,是高原戈壁沙漠与内陆冲积平原的分水岭,是我国北方游牧文化与半农半牧文化的地理分界线,也是我国古代华、夷民族文化的分界线,在我国古代的黄河绿洲文明与中原王朝发展史上扮演着十分重要的角色。它的军事国防、经济与文化的战略位置,不但在我国历史上十分重要,而且在现在以及今后的历史长河中,仍是十分重要而久远的。

贺兰山自从诞生以来,就具备了地理学上重要位置与特点,尤其是第四季冰川以来,贺兰山及其周边良好自然生态环境的逐步形成,为贺兰山人文环境的诞生、发展提供了最基本的条件,并经过数万年与人类的和谐共生演变,逐渐形成为内涵丰富、特色鲜明的贺兰山文化。这种文化,不但是我国古人类生存发展演变的灿烂结晶之一,而且也是宁夏历史文化形成的核心。以贺兰山岩画为特色的人类艺术宝藏,不但是贺兰山文化的主要内容之一,也是古代贺兰山人文历史的艺术精髓所在。她所表现的古代贺兰山人丰富的

[①]杨满忠(1956—),男,宁夏固原人,宁夏大学西夏学研究院研究员,主要从事西夏研究、回族文化等研究。

社会生活内容与高超的艺术表现形式的完美统一,无不再现古代贺兰山人的社会生活方式与精神审美的迷人境界,对于揭示古代贺兰山的人文历史演进规律,具有十分重要的启示意义。本文试图在吸收前人研究成果的基础上,对贺兰山山名进行系统考证,从而也为贺兰山岩画及其文化的逐步深入研究,做一些初步的启示性的探索。

一

对贺兰山山名的由来及其文化内涵的探索,既是对古代贺兰山人的社会生活的间接探索,也是对贺兰山岩画的本质内涵的间接探索,是贺兰山岩画研究的重要组成部分之一。由于贺兰山在我国古代历史上的军事战略地位与文化地理内涵十分重要,因而使得古代的历史学家、地理学家、艺术家,对它及其相应的发展历史,进行了十分珍贵的记载。这些记载,为今天贺兰山山名、贺兰山岩画、贺兰山文化的系统研究,提供了极为宝贵的资料。

关于贺兰山名的由来及其内涵,唐、宋、元以来,已有基本的定论,主要有三说:一是唐代李吉甫《元和郡县图志》中的"驳马说";二是唐杜佑《通典·突厥传》的突厥语"马说";三是宋司马光《资治通鉴》卷一○八胡三省注的"贺赖说";但近年来也有很多同志对此进行了新的研究与探索,提出了一些十分新颖的观点。如力识先生的"黑王说";汤晓芳先生的"白马祭说";何星亮、朱世存、李芳先生的"图腾说";薛正昌先生的"岩画说"等。这些新的研究成果,标志着对贺兰山名及其文化内涵,有了一个新的认识,拓宽了一个新的领域,上了一个新的台阶,为贺兰山岩画的进一步深入研究,奠定了十分重要的基础。

客观系统地看,由于古文献资料的相对缺乏,我们对古代入驻贺兰山的马方、鬼方、荤粥(荤育)、山戎、猃狁、犬戎、昫衍、林胡、鲜卑、乞伏、赫连、贺兰、贺赖等少数民族及其语言文化研究不够,对贺兰山最初的自然环境与人文环境关系研究不够,对贺兰山最初具有特殊代表意义的虎、马研究不够,因而有些问题并未得到很好的解决。如贺兰山是隋唐时期才出现的名称,此之前的魏晋时期,曾称"乞伏山",汉时称"卑移山",先秦以前称"卑耳山","求如山"。那么,"求如""卑耳""卑移""乞伏"的汉语语义是什么?它们对贺兰山山名的演变有何意义?对贺兰山岩画的研究有何意义?对于这些,由于我们目前尚缺乏具体而系统的研究,因而给贺兰山岩画的深入拓宽研究带来了一定的困难。

笔者认为,研究贺兰山岩画,首先要解决三个基础问题,一是对贺兰山山名的沿革考证,要有一个前后相接的系统认识;二是通过贺兰山山名的系统考证,搞清楚各个历史时期、各民族相继入驻贺兰山的历史及其社会生活;三是入驻贺兰山民族的社会生活与贺兰山岩画的内在关系。为了使大家对贺兰山山名的由来及其历史沿革,有一个时序性的系统认识,我将所知的前人研究成果综合起来,先拉一个清单供读者参考,然后加以分析,提出新的看法。

贺兰山名称沿革及文化内涵考释表

年代		名称	出自典籍	汉语意义	记录考证者
先秦秦汉	6000—前220	求如山 卑耳山 卑移山	无名氏《山海经·北山经》 春秋·管子《管子·小匡》 汉·班固《汉书·地理志》		谭其骧 黄文弼 班固
魏晋隋唐	前221—960	画石山 贺兰山 贺兰山 乞伏山 空青山 楼树山	北魏·郦道元《水经注》 唐·魏微《隋书·地理志》 唐·李吉甫《元和郡县图志》 唐·李吉甫《元和郡县图志》 唐·李吉甫《元和郡县图志》 唐·李吉甫《元和郡县图志》	画石山 驳马	郦道元 魏 微 李吉甫 李吉甫 李吉甫 李吉甫
宋元明清	961—1911	贺兰山 阿剌筛 贺兰山 阿喇克 阿拉格 阿拉鄙	宋·司马光《资治通鉴》 元·《蒙古秘史》 明·胡汝励《嘉靖宁夏新志》 清·《清实录》 《平罗记略》		司马光
近现当代	1912—2008	贺兰山 贺兰山 贺兰山 贺兰山 贺兰山 贺兰	《贺兰山的名和义》 《贺兰山与贺兰山岩画》 《中国图腾文化》 《贺兰山之名新探》 《贺兰山岩画文化》	黑王说 白马祭说 图腾说 图腾说 马岩画说 斑马说 野马说	力识 汤晓芳 何星亮 朱世存等 薛正昌 (日)村上正二 (法)伯希和

根据上表可知,隋唐以前,贺兰山由于不同时期不同民族的入驻等因素,名称变化较大,相继有"求如山""卑耳山""卑移山""乞伏山"之称,到隋唐之时,贺兰山的名称就被明确地固定下来,直到元代、清代时,虽有"阿剌筛""阿拉格(阿拉克)"等之称,但都是对贺兰山的直译之音,别无另意。由此,我们可以将贺兰山名称的沿革考证,分为先秦秦汉、魏晋隋唐、宋元明清、近现当代四个时期来进行论述。

二

大凡山名的由来,一是与入驻的民族历史、语言、文化、传说有关,二是与山的客观形状、颜色、特点、功能有关。每一座山名的由来及其演变过程,都是与一定的民族文化背景及其演变过程产生联系。因此,贺兰山山名的由来,也毫不可例外地遵循了这个演变过程。

(一)先秦秦汉时期

秦以前,现已考知的贺兰山山名有两个,"求如山"与"卑耳山"。

"求如山"作为最早的贺兰山山名,是由谭其骧先生所考证。"卑耳山"作为贺兰山的第二个山名,是由黄文弼先生所考证。

关于"求如山",最早出自《山海经·北山经》单孤山条下:"又北二百五十里,曰求如之山,其上多铜,其下多玉,无草木。滑水出焉,而西流注于诸毗㟾之水,其中多滑鱼。其状如鳣,赤背,其音如梧,食之已疣。其中多水马,其状如马,文臂牛尾,其音如呼。"①根据谭其骧先生考证,"求如山"应是贺兰山。其位置是"今宁夏、内蒙古的贺兰山的一部分"②。李盛诠先生认为:"从实证考,求如山区应以今宁夏地区的银川平原及内蒙古的河套平原,史称'塞外江南'的宁、蒙灌溉地区为宜。"③

关于"卑耳山",最早出自《管子·小匡》篇,桓公曰:"寡人北伐山戎,过孤竹。西伐大夏,涉流沙,束马悬车,上卑耳之山。南伐召陵,登熊耳山以望江汉。"④佘太山引黄文弼先生之说:大夏在河西,卑(辟)耳山应即《汉书·地理志下》所载北地郡之卑移山。齐桓公征大夏时,由今山西北部西行,经今陕北,至宁夏渡河,过"卑耳山",复西行,经"流沙"(今腾格里沙漠)之南,抵达大夏。⑤如果黄说不误,那么,汉代的"卑移山"就是春秋齐桓公时所说的"卑(辟)耳山",但查《山海经》,并无此山名。

秦汉时期,贺兰山一带或为匈奴所有,或为秦汉所有。匈奴所居时,当自有其名称,但未留存下来。秦时蒙恬奉秦始皇之命,率大军三十万逐匈奴于贺兰山、阴山以北,并在贺兰山、河套一带设立三十四县(有说四十四县),迁四方之民入住,屯田戍边,并在贺兰山东麓黄河一带设立富平县、朐衍县、神泉障、塞外浑怀障等,因此,对于贺兰山来说,或保存原来的旧名,或起新名,但由于秦始皇巡国猝死,赵高弄权,蒙恬、扶苏被杀,中原大乱,原迁于贺兰山下的秦民四散逃跑,匈奴又入驻贺兰山下,因此,关于贺兰山的名称及其相关历史事件均无记载。汉朝武帝时,步秦始皇之后辙,派大将卫青、霍去病、公孙敖,逐匈奴于大漠以北,收复贺兰河南之地,并在贺兰山下的洪积扇上,建立了距贺兰山直线距离最近的依山傍水灵武县(今青铜峡的邵岗堡一带)与廉县(今平罗暖泉),但贺兰山当时有何名不得而知。东汉后期,北方鲜卑族游牧于贺兰北段,于是遂有"卑移山"之名,《汉书·地理志》载:北地郡廉县后注,"卑移山在西北"⑥。

(二)魏晋隋唐

魏晋之时,鲜卑乞伏氏部从阴山南迁到贺兰山北部一带,因此,贺兰山北部又有了"乞伏山"之名。《元和郡县图志》载:"贺兰山其东北抵河处,亦名'乞伏山',在黄河西处。"⑦

---

① 袁珂:《山海经校注》,上海:上海古籍出版社,1980年,第67页。
② 《支那历史地理研究》,转引自谭其骧:《论〈五藏三经〉的地理范围》,第286~288页。
③ 李盛诠:《〈山海经〉所见马图及其与匈奴先祖的关系》,中国《山海经》学术讨论会编:《山海经新探》,四川:四川省社会科学院出版社,1986年,第225页。
④ 石一参:《管子今诠》,中国书店出版,1988年,第499页。
⑤ 佘太山:《古族新考》,北京:中华书局,2000年。
⑥ 《汉书·地理志》卷十八,"北地郡廉县后注,"卑移山在西北"。
⑦ (唐)李吉甫:《元和郡县图志》卷4,"灵州保静县",北京:中华书局。

后乞伏部又顺清水河迁徙到今固原、海原、甘肃靖远、榆中一带,并在榆中建立西秦政权。乞伏氏西迁以后,鲜卑"贺赖"部又入驻此处。据《晋书·北狄匈奴传》记载,西晋武帝太康八年前后,"匈奴胡"三批十五万人"降附","其入居塞者,有贺赖种……凡十九种。皆有部落,不相错杂"①。宋人胡三省考证,"贺赖"者,贺兰也,"贺赖"的"赖",与"贺兰"的"兰",是"兰、赖音转耳"。②由于"贺赖"部久居贺兰山,因此,时间渐久,就约定俗成,遂有"贺兰山"之名。

到了北魏,由于著名的地理学家郦道元,亲自考查了贺兰山一带,发现了著名的贺兰山岩画。因此,他将这个重要的发现记载在《水经注》中,"山石之上自然有文,尽若虎马之状,粲然成著,类似图焉,故谓之画石山也"③。郦道元以岩画为特色,命贺兰山为"画石山",这不但是发现贺兰山岩画的最早文献记载,也是以"虎马之状"贺兰山岩画,具有了划时代的历史文化意义。

此后到了隋代,"贺兰山"名称基本被确定下来,并出现在历史文献中。具体说,"贺兰山"一词,最早的出现在《隋书》中,《隋书·赵仲卿传》中记载:"开皇三年(583年),突厥犯塞,(赵仲卿)以行军总管从河间王弘出贺兰山。"④又《隋书·地理志》"灵武郡宏静县"条下注:"开皇十一年置,有贺兰山"⑤。到了唐李吉甫编撰《元和郡县图志》时,详细地记载了"贺兰山"得名的由来:"贺兰山,在(保静)县西九十三里,山多树木,青白,望如驳马,北人呼驳为贺兰。"⑥唐杜佑《通典》(766~801年间)突厥条称"突厥谓驳马为曷拉,曷拉即贺兰"⑦,又突厥"达官谓马为贺兰"⑧。

(三)宋元明清

宋元明清时,一直延续唐代说法。宋人见《元和郡县图志》中"山多树木,青白,望如驳马"不实,故北宋乐史在《太平寰宇记》中附为"山上多有白草,遥望如驳马",故曰贺兰。⑨李昉《太平御览》引《泾阳图经》云:"贺兰山在县西九十三里,山上多有白草,遥望青白如驳,北人呼驳马为贺兰,鲜卑等类多依山谷为氏族,今贺兰姓者,皆以此山名。"⑩由此可知,宋人只是对"贺兰山"的白草做了新的解释,并无新名称。

元时将贺兰山称为"阿剌筛"。据《蒙古秘史》载:西夏统帅阿沙敢不(即西夏军统帅嵬

---

①《晋书·北狄匈奴传》,北京:中华书局,1976年。
②(宋)司马光《资治通鉴》卷108,胡三省注。
③郦道元:《水经注》。
④《隋书》卷74,列传39,北京:中华书局,1976年,第1696页。
⑤《隋书·地理志》卷29,北京:中华书局,1976年。
⑥(唐)李吉甫:《元和郡县图志》卷3,北京:中华书局。
⑦(唐)杜佑:《通典》,北京:中华书局,1976年。
⑧(唐)杜佑:《通典》卷197,《边防十三·突厥上》,北京:中华书局,1976年,第1066页。
⑨(北宋)乐史:《太平寰宇记》。
⑩(宋)李昉等撰:《太平御览》卷44,地部九(第一册,第210页)"贺兰山"条。

名令公)对成吉思汗的使者傲言曰:"今汝蒙古若以惯战而欲战,则我有'阿拉筛'之营地,有褐子之帐房,有骆驼之驮焉,可趋'阿拉筛'山奔我,在彼战之。若需金、银、缎匹、财物,则可奔额里海牙(西夏都城中兴府——今宁夏银川市)、额里折兀(西夏西凉府——今甘肃武威)"。成吉思汗被傲言所激,带病从搠斡儿合惕(也即搠罗河罗,今内蒙古阿尔寨石窟一带)出发,"直趋阿剌筛,至而与阿沙敢不战,胜阿沙敢不,逼使寨于阿剌筛山上,遂擒阿沙敢不"①,又重兵围夏都,迫使西夏王安全纳女投降。此处的"阿剌筛",原蒙文本旁注曰"贺兰山",可知"阿剌筛"只是"贺兰山"的直译之音,别无新意。

明时,仍延续隋唐之名,统称贺兰山。《嘉靖宁夏新志》载:"贺兰山,在城西六十里,峰峦苍翠,崖壁险削,延亘五百余里,边防倚以为固。"②清时称贺兰山为"阿拉格""阿拉克""阿喇克""阿拉鄯"等,都是元时"阿喇筛"蒙古语直译的同音别字而已。

由上沿革可知,"贺兰山"之名,只是贺兰山文化发展到一定时期的称谓,是隋唐时突厥民族对匈奴、鲜卑语言称谓的承袭,其含义有三,一是由于山色黑白相杂如"驳马"而得名,北人呼"驳马"为"贺兰"。二是由于鲜卑"贺兰部"入驻而得名,故谓之"贺兰"。三是由山上草木斑驳得名而谓之"贺兰",自从隋唐的历史学家录入史书后,一直延续至今。

(四)近现当代

近、现、当代以来,尤其是近十年来,对贺兰山名及其内涵的研究有了新的突破,有的从山名入手,有的从语言入手,有的从祭祀入手,有的从图腾如手,有的从岩画入手,取得了可喜的成绩。从山名入手的有谭其骧、黄文弼两先生。谭先生考证的《山海经·北山经》中"求如山"就是贺兰山,黄先生考证的《管子·小匡》篇中的"卑耳山",就是贺兰山。谭、黄二先生的研究成果,把贺兰山命名的时间提前了一千余年,为贺兰山山名及其文化内涵的进一步研究,提供了最大的时间与空间,也为贺兰山岩画的研究拓宽了重要的领域。从语言入手的有力识先生的"黑王说":力识先生认为:贺兰山的"贺",是黑白的"黑",古书多作"黑难""黑头"。贺兰的"兰",相当于烧当羌首领"滇零"的"零","滇零"又作"滇王",故"兰""零"是"王"意的异言音译,因此,贺兰之名实为"黑王"。③从祭祀入手的有汤晓芳先生的"白马祭说":汤先生认为,唐李吉甫在《元和郡县图志》中记载:北人呼驳马为贺兰,这里的北人是指匈奴族系,而驳马是白马的对音通假,"贺兰""驳马""白马"是相同的表述,因此,贺兰山实为"白马山"。贺兰山岩画中极为生动的"白马祭"岩画,就是匈奴最隆重、最生动的"白马祭"仪式的再现。因此,将从事"白马祭"仪式活动的山口名为"贺兰

---

① 道润梯步译著:《蒙古秘史》续集卷二,内蒙古:内蒙古人民出版社,1991年,第352页。
② (明)胡汝励:《嘉靖宁夏新志》,《宁夏总镇·山川》,宁夏:宁夏人民出版社,1982年,第12页。
③ 力识:《贺兰山的名和义》,《宁夏文物》1981年创刊号。

口",其山体也名之"贺兰山",①更显示贺兰山的神圣、威严。②从"图腾说"入手的主要有何星亮、朱世存、李芳三位先生:何星亮先生在他的《中国图腾文化》,最早提出了贺兰山之名来源于"驳马",是"贺赖"部的图腾的观点,③但何先生只是简要提出,未系统展开论述。朱世存、李芳二先生,根据新材料,对何先生的"图腾说"观点进行了系统论证。朱、李二先生通过新材料首先论证出,贺兰山岩画证实贺兰山有驳马生存,其次论证出"'驳马'是东汉'屈兰'部,晋朝'贺赖'部的图腾"。因此最后证出"贺兰山之名来源于'驳马'图腾","驳马山"就是"贺兰山"。④从岩画说入手的是薛正昌先生:薛先生在《贺兰山岩画文化》中指出:"贺兰山得名因马而来,马即因马岩画而来;'贺兰氏''贺赖部',都是因为这些部族驻牧贺兰山,因山而得名的"。⑤

除此而外,国外的学者也对贺兰山的得命进行了探索:日本的村上正二认为,《元和郡县图志》的"驳马"应解释为"斑马",因此,贺兰山就是"斑马"的意思。⑥法国著名学者伯希和解释为:是鲜卑属以个部族的名字之转,其实是指"野马"而言。⑦

上述观点,除了谭其骧、黄文弼二先生是对贺兰山最初山名新的发现外,其余观点都是对贺兰山山名文化内涵的新探索。笔者认为这些新的探索观点,虽然具有一定的代表性,开拓了贺兰山山名及文化内涵研究的新领域,但觉得仍有些关键问题,还需要进一步系统探索,商榷澄清。基于这一思路,笔者欲在对上述观点进行评析的基础上,运用最新的材料和系统观点,提出新的看法,以与同行切磋。

关于隋唐以前的贺兰山名如:魏晋时的"乞伏山",汉代的"卑移山"、秦汉以前的"卑耳山""求如山",皆是北方少数民族语言。"乞伏山"是鲜卑乞伏氏入住而得名,姚薇元认为:"疑乞伏氏原居乞伏山,因山为部,复以部为氏也"⑧,乞伏者,是"乞扶""乞佛"的同音异译。"卑移山"疑是鲜卑族入住而得名。但"卑耳山""求如山"均不知其意。如果按黄文弼先生所考,"卑耳山"就是汉代的"卑移山",那么"卑耳山"就不是鲜卑族入住的意思,因为在管子所在的春秋时期,还没有鲜卑族入住阴山、贺兰山的历史,如果"卑移山"从"卑

---

①汤晓芳:《贺兰山地名新释》,《宁夏社会科学》1991年第5期。
②汤晓芳:《贺兰山与贺兰山岩画》,见陈育宁主编:《塞北江南旧有名——宁夏历史十五题》,宁夏人民出版社,2003年,第42页。
③何星亮:《中国图腾文化》,北京:中国社会科学出版社,1992年,第115页。
④朱世存、李芳:《贺兰山之名新探》,《宁夏社会科学》2002年第4期。
⑤薛正昌:《贺兰山岩画文化》,《宁夏社会科学》2004年第2期。
⑥《晋书·乞伏国仁载记》,北京:中华书局,1975年。
⑦袁珂:《山海经校注》,上海:上海古籍出版社1980年,第462页。
⑧《隋书·地理志》"灵武郡宏静县"条下注:"开皇十一年置,有贺兰山"。(唐)李吉甫:《元和郡县图志》载:"贺兰山,在(保静)县西九十三里,山多树木,青白,望如驳马,北人呼驳为贺兰。"

耳山"而来,那么就更没有鲜卑族入住的意思。所以"卑移山""卑耳山"汉语意义自今不明,尚待进一步研究。

关于"求如山"之名的发现,笔者认为十分重要,如果谭其骧先生考证不误,那么关于"求如山"的研究,不但可以解通贺兰山之名的最初由来,也揭开了贺兰山岩画研究的新篇章,对于贺兰山文化的研究具有十分重要的启示意义。笔者认为"求如山"与《山海经》《南次二经》《西次二经》《北次二经》《中次十一经》所载的:"瞿父山""句馀山""区吴山""漆吴山""薰吴山"等,是同音异字,具有同样的意思,是专指"无草的青山"。由于这些山有一个共同的特点,是上"无草木,多金玉",主要是由沉积灰岩构成,晴天远望,如雪青之马。因此,古人称"求如""瞿父""句馀""区吴""漆吴""薰吴"之山命名之,实际上都同音异字,都是"青山"意思。

到魏晋南北朝时期,虽然出现了"屈吴山""乞伏山"之名,但也是"求如""瞿父""句馀""区吴""漆吴""薰吴"山同音异字称谓的延续罢了。魏晋南北朝时,鲜卑族一支,从阴山南迁至贺兰山北部、陕西静边县北部一带。因此,这一支鲜卑族就以"求如山""区吴山"为族名,号曰"乞伏氏"。实际上"乞伏""屈吴",只是对"求如"的别字记音。此后,这支鲜卑"乞伏氏",又沿清水河(当时称高平川)迁自固原,并在固原一带,打败另一支鲜卑——结鹿部后,又向宁夏海原,甘肃静远、榆中一带迁徙,最后在榆中修筑"勇士城",并建立了强大的西秦政权。因此,在其迁徙经过的陕西靖边县北部,贺兰山北部,海原以西的甘肃靖边,至今还留有"屈吴山"的山名。实际上,"屈吴山"就是"乞伏山","屈吴山"即是"青山"同音异字的称谓,也成鲜卑"乞伏氏"的族名。关于"求如""乞伏"的汉语语义,笔者认为是"青山"的意思,理由有二,一是"乞伏"实际上是一个古羌戎语言"青"的泛音。与周时的猃狁语,秦汉的匈奴语,魏晋的东胡语、鲜卑语,唐时的突厥语之间,有着十分重要的嬗延与继承关系。鲜卑游牧民族入住"青山"后,遂以"求如山""区吴山""屈吴山"为"乞伏氏"族名。据《晋书·乞伏国仁载记》追述乞伏国仁的祖上时写道:"乞伏国仁,陇西鲜卑人也。在昔有如弗斯、出连、叱卢三部,自漠北南出大阴山。遇一巨虫于路。俄而不见,乃有一小儿在焉。时又有乞伏部,有老父无子者,请养为子。年十岁,骁勇善骑射。四部服其雄武,推为统主,号之曰乞伏可汗讬铎莫何。讬铎者,言非神非人之称也。其后有祐邻者,即国仁五世祖也。"

由此可知,乞伏部落原驻在阴山以南、贺兰山一带,原为氏羌的一支,《山海经》曰"伯夷父生西岳,西岳生先龙,先龙始生氏羌,氏羌乞姓",后与南迁的鲜卑如弗斯、出连、叱卢三部融合,形成了一个十分强大的部落,因此,就以"求如山"之名为族名,号曰"乞伏氏",从此,贺兰山北部就又有了"乞伏山"之名。但"乞伏山"之名没有出现在魏晋南北朝的文献里,而出现在唐代的《元和郡县图志》里,这正好说明"乞伏山"之名早于"贺兰山"之名。后来乞伏部落离开贺兰山西迁至今兰州一带,而原住在内蒙古大青山一带的贺兰氏又入驻贺兰山,故逐渐有了贺兰山之名。

二是,"乞伏",即是"青山"的意思,又是"雪青马"的意思。游牧民族既爱山,又爱马,以马名山,以山名马。何以见之:《元和郡县图志》载"银州"的来由时说,"北人呼白马曰'乞银'",由此可知,"乞伏"与"乞银",语音十分相近,都有马的意思,但有色彩之分。因此,笔者认为:最早的"求如山"的"求如"就是后来的"乞伏",它既有驳杂之纹的"纹青山"意思,也有驳杂之纹的"纹青马"的意思。这种"纹青马",类似于《山海经》记载的"求如山"下生活的一种"其状如马,文臂牛尾,其音如呼"的"水马"。

关于贺兰山之名的汉语意义:隋唐至宋有"驳马"说,"贺赖(兰)部"说,元时有"阿剌筛"说、清时有"阿拉格"说、"阿拉鄯"说,当代有"黑王"说、"白马祭"说、"图腾"说、"岩画"说等。凡此种种都与"马"有直接的关系,也与"图腾""祭祀""岩画"有一定的联系。

唐李吉甫的"驳马"说,是由山上树木的颜色青白相杂而来,因望之如"驳马",故北人呼驳为贺兰。此处的"驳马"前指"杂色的树",后指"杂色的马",并不是《山海经·西山经》中野兽"驳马"①,也不是《山海经·北山经》"騂马",②《山海经》中的"驳马""騂马"是专指两种类似于马的野兽。"驳马"是一种"其状如马而白身黑尾,一角,虎牙爪,音如鼓音,是食虎豹,可以御兵"的猛兽,"騂马"是一种"牛尾而白身,一角,其音如呼"的野兽。且这两种类似马的野兽,并不是生活在"求如山",而是生活在《西山经·西次四经》的中曲山和《北山经·北次二经》的敦头山。有的学者将《元和郡县图志》中的杂色"驳马,与《山海经》中类似于"驳马""騂马"的猛兽等同起来,笼统地认为是这种猛兽式的"驳马",是古代贺兰山游牧民族"图腾"的一种表现形式,笔者认为这种观点尚有商榷之处。实际上《元和郡县图志》中北人称"驳马"为"贺兰"是突厥语,唐杜佑《通典》突厥条中明确记载,"突厥谓驳马为曷拉,曷拉即贺兰",又突厥条称"达官谓马为贺兰"。③由此可知,唐人"驳马"为"贺兰",没有鲜卑"贺赖(兰)部"入驻而得名的意思。到了宋代,为了有别于唐,将唐《元和郡县图志》的"山多树木,青白,望如驳马"改为"山上多有白草,遥望青白如驳,"如乐史《太

---

① 袁珂:《山海经校注》,上海:上海古籍出版社,1980年,第63页,《山海经·西山经·西次四经》中曲山条载:"其阳多玉,其阴多雄黄、白玉及金。有兽焉,其状如马而白身黑尾,一角,虎牙爪,音入鼓音,其名曰駮,是食虎豹,可以御兵。"

② 袁珂:《山海经校注》,上海:上海古籍出版社,1980年,第81页,《山海经·北山经·北次二经》敦头之山:"其上多金玉,无草木,旄水出焉,而东流驻于印泽,其中多(馬字)马,牛尾而白身,一角,其音如呼。"

③(唐)杜佑:《通典》(766—801年)。

平寰宇记》："山上多有白草，遥望如驳马，故曰贺兰"①，北宋李昉在也在《太平御览》引《泾阳图经》云："贺兰山在县西九十三里，山上多有白草，遥望青白如驳，北人呼驳马为贺兰"②。唐宋的"树""草"之别，没有重要的实质之别，是大其同，小其异而已。二是《泾阳图经》认为，"鲜卑等类多依山谷为氏族，今贺兰姓者，皆以此山（指贺兰山）名"③。由此可知，宋人认为鲜卑"贺兰"部先得名于"贺兰山"，而不是"贺兰山"先得名于鲜卑族。

　　元明清时，贺兰山之名没有变化。元代的"阿剌筛"、清代的"阿拉格""阿拉鄯"都是"贺兰山"蒙古语和满语的对应音译而已，至于现当代的"贺兰山"是"骏马"之说，虽说不确，只是现代人的随意演绎，将"骏马"美称概念移情于贺兰山罢了，不必细纠。关于力识先生的"黑王说"，笔者认为理由不够充分。力识先生认为，贺兰山的"贺"，是黑白的"黑"，古书多作"黑难""黑头"；贺兰的"兰"，相当于烧当羌首领"滇零"的"零"，由于"滇零"又作"滇王"，所以"兰""零"就是"王"的意思，"贺兰"就是"黑王"的意思。这个观点的不足之处有两点，一是把本为一词的少数民族语言"贺兰"，分割为"贺"与"兰"两个字来论证，"贺"是"黑"，"兰"是"王"，违反了汉语与少数民族词语对译过程中的整体对译原则，在中国历代研究分析的过程中，从来没有人把"贺兰"二字分开来论，另外"滇零"同于"丁零"，是一个北方少数民族的名称，更不能分开而论，"滇王"不是"滇零"的意思，而是"滇零王"的省写，例如"美利坚合众国"，简称"美国"一样。二是"贺兰"有"黑"的意思，也即蒙古语中"哈拉"（黑）的意思，"贺兰山"也有"黑山"意思，即近似"青山"，但单字的"贺"并非是"黑"的意思。因此，把"贺兰"译为"黑王"，"贺兰山"译为"黑王山"，似有不妥。

　　关于"白马祭"说，虽与贺兰山名有一定的联系，但觉得尚缺乏一定的说服力，一是匈奴虽在秦汉时期，在贺兰山驻牧过，但时间并不长，其民族在北魏建国后，就融入到鲜卑、汉族或其他民族之中，其历史名称也就从此消失了，因而没有留下与贺兰山有关的直接文献资料，因此，"贺兰山"名与匈奴的"白马祭"有关，似乎不够客观，但如果说与古代入驻贺兰山游牧民族的"马祭"有关，则似乎较为确切一些，因为，"白马祭"并非只有匈奴族祭祀，北方其他少数民族大都是这样。二是将《元和郡县图志》的"北人"确定为匈奴族系，将"驳马"看为与"白马"的对音通假，认为"贺兰""驳马""白马"是相同的表述，"'贺兰山'实为'白马山'"的观点，也缺乏足够的说服力。因为"驳马"有三义：

　　一是指"山上树木青白相杂，远望其色如驳马"。陆机认为"驳马"，梓榆也，其树皮青白驳荦，遥视似驳马，故谓之"驳马"④这是以青白相杂斑驳的树色来比喻山色，也就是《元

---

①（宋）《太平寰宇记》。
②③（宋）李昉等撰：《太平御览》卷44，地部九（第一册，第210页）"贺兰山"条。
④《诗经·晨风》陆机疏注，商务印书馆，转引自《辞源》第四册，第3456页"驳马"条注。

和郡县图志》所载的另名"空青山"的意思,与"白马"没有直接的关系。

二是指"其状如马""白身黑尾",头长一角,虎牙虎爪,声音如鼓,能食虎豹的一种猛兽,这种独角的食虎兽也没有在贺兰山生存过,而是生存在《山海经·西山经·西次四经》的中曲山,因此,也与"白马"没有直接的关系。

三是"駮"是青白杂色,"白"是纯白色。二者颜色区别较大,故认为"駮""白"是对音通假,似说也属不通,不符合古汉语同音假借的基本原则。因此,"贺兰山"是"白马山",与匈奴族系的"白马祭"有关的观点,尚待进一步商榷。笔者认为,虽然贺兰山岩画中有极为生动的"白马祭"岩画,但实际上与"贺兰山"名称来源关系不大。因为《山海经·北山经》所载的"单孤山""求如山"等二十五山的祭祀之神,不是"白马",而是"人面蛇身"的伏羲女娲神像。

关于"駮马山"就是"贺兰山"的"图腾说"观点,虽然思路很新,认为"贺兰山之名来源于是东汉'屈兰'部,晋朝'贺赖'部的'駮马'图腾,贺兰山岩画也证实了贺兰山有駮马生存的事实,但笔者认为商榷之处尚多。

首先,贺兰山无"駮马"生存的古文献资料,一是《西山经·北山首经》中的"求如山",没有关于"駮马"的记载,虽然有"其状如马,文臂牛尾,其音如呼"的"水马",但不是"駮马","駮马"头上有独角,能食虎豹,而"水马头上无角,也不能食虎豹。二是《山海经·北次二经》另载的"䮝马"①,虽也是一种"牛尾而白身,一角,其音如呼"马,但也不食虎,更不是生存在"求如山",而是生存在"敦头山"。因此,贺兰山有"駮马"之说,暂无文献资料可证,实属合理推断而已。

其次,在贺兰山所有的岩画中,尚未发现类似"駮马"的岩画。李祥石先生和朱存世先生的《贺兰山与北山岩画》第109页第十七组,以及李祥石先生《发现岩画》第17页的"贺兰口駮马岩画",实际上只是一般的马或者"水马"的岩画,而不是"駮马"的岩画,因为头上无独角。所以,贺兰山岩画中没有"駮马"的岩画存在,则是事实,同时也证实了《山海经》"求如山"中,只有"水马"记载的事实,而没有"駮马"记载的事实。

再次,既然有关文献资料与贺兰山岩画的资料证明,贺兰山没有"駮马"生存过,那么,汉朝的"屈兰"部,晋朝的"贺赖"部的"駮马""图腾"崇拜,就与"贺兰山"名的由来没有直接的关,因此"图腾"意味上的"駮马山"就是"贺兰山",值得进一步继续探讨。

关于"岩画说"的观点,主要是受北魏郦道元《水经注》"画石山"的影响。郦道元是第一个发现提出贺兰山岩画并提出的"画石山"的人,他记载的"山石之上自然有文,尽若虎马之状,粲然成著,类似图焉,故谓之画石山也",十分重要,但郦道元当时并没有提出"画

---

① 袁珂:《山海经校注》,上海:上海古籍出版社,1980年。

石山"就是"贺兰山",可见当时并没有"贺兰山"之名。薛正昌先生在系统研究的基础上,首次提出贺兰山之名与贺兰山岩画的关系问题,认为贺兰山岩画中很多生动的马岩画,与贺兰山之名有重要的关系。因此,贺兰山之名是来自于贺兰山岩画,是贺兰山岩画的伴生物。笔者认为,贺兰山岩画固然与贺兰山名有十分重要的关系,但并不是直接的关系,而是间接的关系。如果是直接的关系,那么"画石山"就是"贺兰山",但实际上郦道元所指的"画石山",只是贺兰山有岩画的部分山,并不是指贺兰山全部。因此,贺兰山岩画中马岩画,并不是"贺兰山"直接名称的来源。

通过对上述观点的对比分析,我们不难看出,虽然每一种观点都有充分的理由与相对的不足,但每一种观点,都与马有关,与马的颜色、形状有关,同时与贺兰山的颜色、形状有关,更重要的是与入驻贺兰山的一定的民族文化有关。由于过去,我们在探索"贺兰山"名称的文化含义时,没有系统地从入驻贺兰山各个不同时期的、少数民族的语言、信仰、生活习俗及其与贺兰山相互作用的文化关系入手,没有从更广阔而宏观的文化材料入手,没有从宏观整体、历史系统、分析对比的方法入手,同时,由于缺乏长期而系统的专项研究,因而没有取得系统突破性、集大成研究成果。笔者认为,在具体问题上,也由于对《元和郡县图志》中杂树"驳马"说,宋代《太平寰宇记》《太平御览》中的杂草"驳马"说;《山海经》中野兽"驳马"说,贺兰山中的岩画"驳马"说,在概念理解上出现了模糊性的差异,缺乏更新的材料和系统方法的运用,因而给"贺兰山"名称及其含义的进一步深入研究,造成了一定的困难。针对这个问题,笔者系统地运用了《山海经》的文献资料,运用了谭其骧、黄文弼先生的成果,在对力识、汤晓芳、何星亮、朱存世、薛正昌先生,以及日本学者村上正二,法国学者伯希和等诸先生成果吸收的基础上,提出自己的相对看法。

三

(一)同意谭其骧、李铨盛先生观点

《山海经·北山首经》中的"求如山",就是"贺兰山"的最初的山名。但不能完全单一的苟同李铨盛先生"求如山"中"文臂牛尾"的"水马",是"水马部落人有文身和以牛尾为服饰的传统习俗"[①]观点由于《山海经》成书于战国时期,"是上古之巫书",因此,它对"求如山"当时生态、环境、物产的记载十分重要。如果谭其骧先生考证不误,那么,"求如山"就是贺兰山最早的山名。"其上多铜,其下多玉",十分符合贺兰山现今的矿藏情况,铜是指铜矿石,玉是指贺兰石。"出滑水","多滑鱼","多水马",说明当时"求如山"下的水很多,

---

① 李盛铨:《〈山海经〉所见马图及其与匈奴先祖的关系》,中国《山海经》学术讨论会编:《山海经新探》,四川:四川省社会科学院出版社,1986年,第226页。

也符合贺兰山古代的基本状况。其中值得指出的是,滑水中"多水马,其状如马,文臂牛尾,其音如呼"这对于隋唐时贺兰山名称谓的由来,具有十分重要意义。这条重要资料的发现,解决了"贺兰山"名称研究中的一个关键而棘手的问题:即早期的贺兰山有无独角食虎豹的"驳马"猛兽。资料证明,当时贺兰山生长的是一种"其状如马,文臂牛尾"的"水马",而不是独角食虎豹的"驳马"。因此,关于贺兰山"驳马"猛兽与"贺兰山"之名的探索研究,可以告一段落。

但是我不能完全苟同李盛诠先生,关于"文臂牛尾"的"水马",是"水马部落人有文身和以牛尾为服饰的传统习俗"观点。客观地说,《山海经》所载的"水马",应当有三层意思。一是如实记录,名曰"水马",但只是"其状如马"的一种动物,并不是真正意义上马,是指一种是马而又非马的马,可能是伯希和所说的"野马",或是村上正二所说的"斑马"或者是笔者认为的"驳马"一样。①其突出的特点是,"文臂牛尾,其音如呼"。二是这里的"水马"是实指一种近似于马的动物,但不是祭祀所用的神像。因为《山海经》中的《山经》,有一个十分重要的特点,就是在每卷《山经》后面,都十分详细地记载各大山脉所祭祀的神。如《西山经》中所祭之神,有的"人面而马身",有的"人面牛身",有的"羊身人面"。《北山经》中,有的"人面蛇身",有的"蛇身人首",有的"马身人面",有的"彘身而载玉",有的"彘身八足而蛇尾"。而"求如山"所祭祀的神是"人面蛇身",实际上是祭"伏羲女娲"之神,说明贺兰山一带,当时已受"伏羲文化"的影响。因此,这里的"水马"不是祭祀神的概念。三是"文臂牛尾"的"水马",既然是一种似马的野兽,因此,就没有"水马部落"的含义,也没有"文身和以牛尾为服饰的传统习俗"。即使有"文身牛尾"的服饰习俗,也乃古代农耕民族的共同特点,并非古代贺兰山一代游牧民族的唯一特点。另外《山海经·北山经》还载,"其山北人,皆生食不火之物"②,说明当时"求如山"北的人,都是过着茹毛饮血的原始生活。

(二)从民族语言的角度及与贺兰山的直接关系讲

"求如山",首先是当时入驻贺兰山的西北猃狁、氐羌民族的语言,与魏晋时期的"乞伏山""屈吴山"名称具有一致性,是同音假借,均有汉语"青山"意思。关于春秋时的"卑耳山",东汉的"卑移山",语意暂时不详,或曰:"卑移山"是鲜卑入驻而得名。

(三)"贺兰山"是如何得名的

"鲜卑语"?"突厥语"?还是"匈奴语"。是鲜卑族入驻而得名,还是突厥族入驻而得名。

笔者认为"贺兰山"首先得名于匈奴语,后被"鲜卑语""突厥语"所承袭。"贺兰山"在南匈奴后裔赫连勃勃统治期间,是"赫连山"之意。"赫连"是"天"的意思,"赫连山"就是"天山"的意思,也有"青天子""天可汗"的意思。众所周知,我国历史走向东汉的后期,出

---

①②袁珂:《山海经校注》,上海:上海古籍出版社,1980年。

现了一个较长的"天下大乱",群雄争霸的时代。此时,阴山以南的河套一带是"羌胡为乱,塞下皆空"①,百余年后,到五胡十六国时期,一支南匈奴的后裔赫连勃勃在宁夏一带迅速崛起,他先在高平(今宁夏固原)称"大夏天王",攻下长安后,在今陕西靖边修筑了著名的统万城,尊夏后氏大禹为先祖,建立大夏帝国(407—431年),并拥有今宁夏至陕西长安、甘肃陇东、内蒙古的鄂尔多斯高原的大部分地区。由于赫连勃勃初名刘勃勃,属匈奴单于"铁弗"部。胡语意为"铁弗"者,是胡父,鲜卑母所生的混血儿,不是匈奴贵族种。所以刘勃勃称大夏天王后,以"铁弗氏"为耻,遂改"铁弗氏"为"赫连氏",改"刘勃勃"为"赫连勃勃",自云为"徽赫与天连"②。由此可知"赫连"即为"天"的意思,也是"天王""青天子""天可汗"的意思,还有"高高的青山"的意思。赫连勃勃的势力统治宁夏达25年,他将"灵州"改为"果园城",将"饮汗城"(今宁夏银川市以东的掌政乡一带)改为"丽子园城",为宁夏的历史文化发展做出了巨大的贡献。关于赫连勃勃与贺兰山的关系,目前暂无文献资料。但贺兰山一带,曾被赫连勃勃之父,后秦大单于刘卫辰统治了33年的时间,因此,刘勃勃改姓为"赫连氏"后,就自然而然地有了"赫连山"之名,"赫"者,高大也,"连"者,山也,合起来,就是"连天的高山"。因为,北魏时,鲜卑"綦连氏"居于"祁连山"下,因而有"祁连"之名。"祁连"者,是鲜卑语"天"之意,这与"赫连"是同样的意思。姚薇元认为:是"刘勃勃"将"祁连"改译为"赫连"。但笔者认为,"祁连"是鲜卑语,"赫连"是匈奴语。另外"祁连"与"乞银"有一定的关系,《元和郡县图志》记载"银州"(今陕西米脂县西北)的来历时,认为"银州"来源于"乞银","乞银"者,白马也,北人呼白马为"乞银",③此处的北人应当指鲜卑族,"乞银"当为鲜卑语。由于"祁连"的"祁"与"乞银"的"乞"是同音,都有白的意思,由此可知,"祁连山"除了天山以外,还有"白雪山""白马山"的意思。而"贺兰"是"赫连"音译,"贺"者"赫"也,"连"者"兰"也,"赫"是青,"连"是山,"赫连"者,"青山"的意思,也有"雪青马"的意思。"赫连山"后改"贺兰山",确又是鲜卑族"贺赖氏""贺兰氏"入驻而得名,实际上"贺赖氏""贺兰氏"本身就有"马"的意思,也有"山"的意思。"赫连""贺赖""贺兰"都有同一个意思。由于鲜卑语承袭东胡语,东胡语又承袭匈奴语,因此在基本词汇上,即有承袭关系,又有同一性的关系,这是以马、山和草原为生的游牧民族的基本特点。

由于从匈奴语到东胡语、鲜卑语、突厥语,是我国北方民族语言一个较为稳定的继承与演变过程,它即是一个大的语言范畴,也有较多的区域性差别,但是从语言演变的规律和基本原则上讲,其最基本的词汇演变不会太大,因而具有长期的稳定性。再者,由于贺

---

① (唐)李吉甫:《元和郡县图志》卷3,北京:中华书局。
② 《晋书·赫连勃勃载记》,北京:中华书局,1975年。
③ (唐)李吉甫:《元和郡县图志》卷3,北京:中华书局。

兰山一带,是我国古代中原农业民族与西北游牧民族交融的地带,也是战争最频繁的边疆地区。从殷商到隋唐之时,民族流动迁徙十分频繁,相继入住贺兰山的各种民族也很多,尤其是猃狁、匈奴、鲜卑、突厥、党项等民族相继入驻时间较长,因此,使贺兰山的称谓也就出现很多的变化,表现出以最初本意音译为主的附加重叠现象。另外,贺兰山绵延五百里,自有史以来,每一段环境优美的山谷,都有人群聚驻,所以在历史上它又有其他很多的名字,如唐时就有贺兰山、乞伏山、楼树山,空青山。①明时有贺兰山、莎罗模山、省嵬山、黄草山、石嘴山、黑山、西瓜山、麦垛山等。②

(四)"贺兰山"与"驳马""水马""驳马""白马"的关系。

由上分析论证可知,"求如山""乞伏山""屈吴山",是古戎羌语,都有"青山"的意思,"乞伏山"来自于"求如山""屈吴山",鲜卑"乞伏氏"之姓,实得名于"求如山""屈吴山","乞伏"者,"求如""屈吴"也。"赫连"者,"贺兰"也,匈奴语也,也是"高高的青山"意思。匈奴呼阴山一带的大青山(今内蒙古呼和浩特以北)曰"贺兰"或"贺赖"。因此,居住在这一带的匈奴部族就以山为名曰"贺兰部""贺赖部"。《晋书·慕容儁载记》记载:前燕光寿元年(255年)"匈奴单于贺赖头率部落三万五千降与(慕容)儁,拜宁西将军云中郡公,处之于代郡平舒城(今山西大同)"。③《晋书·匈奴传》又载,前燕光寿三年(257年),"入塞匈奴十九种,中有贺赖种"④。由此可知,前燕光寿年间,原住在阴山以北的"贺兰部""贺赖部",入塞后进入代郡(今山西),后由于中原多故,贺赖部又迁到阴山以北的大青山一带。后当鲜卑拓跋部从东北的大鲜卑山(大兴安岭)、小鲜卑山(小兴安岭)一带,西迁入阴山一带的大青山及塞内代郡始,由于共同抵抗河套地区赫连勃勃父亲刘卫辰的侵扰,鲜卑"拓跋部"与匈奴"贺兰部"的联姻。据《魏书·太祖纪》载:"登国元年(386年),刘显逼南境,帝虑内难,乃北越阴山,幸贺兰部,阻山为固。"⑤从此匈奴"贺兰部"就与鲜卑"拓跋部"的命运牢牢地联系在一起,后来他们共同创立了北魏政权,贺兰部也成为北魏政权的八大显赫贵胄之首。

北魏的道武帝拓跋珪,攻灭赫连勃勃建立的大夏国后,拥有河套平原,并派精兵南下固原、西安,又攻占河西走廊。因此,贺兰部就随北魏的主力部队随之南移,由阴山、代郡移向贺兰山、固原、平凉一带。后贺兰部族著名大将贺拔岳,在今平凉西南被侯莫、陈悦杀害后,贺拔岳的部众就由其部将于文泰统领。于文泰曾担任夏州(今陕西靖边县北的统万

---

① (唐)李吉甫:《元和郡县图志》。
② (明)胡汝励:《嘉靖宁夏新志》,银川:宁夏人民出版社,1982年。
③ 《晋书·慕容儁载记》卷101,北京:中华书局,1975年。
④ 《晋书·匈奴传》卷97,北京:中华书局,1975年。
⑤ 《魏书·太祖纪》卷二,北京:中华书局,1975年。

城)郡守,后入灵州、收原州(今宁夏固原),攻克长安,建立西魏政权,其子偡又建北周政权。北周时,曾大力经略宁夏一带,迁两万户人入怀远(今宁夏银川兴庆区),并升怀远县为怀远郡,又迁吴地的三万余人入灵州。于是灵州、怀远一带始有"江左之风"和"塞上江南"之名,同时以逐渐鲜卑化的贺兰氏入住贺兰山下,赫连勃勃时期的"赫连山",也随之就被"贺兰山"之名所代替。

笔者认为最初的"贺兰""贺赖"是匈奴语,而不是鲜卑语。后来,随着匈奴"贺兰部"与鲜卑代魏拓跋部联姻而逐渐走向融合时,"贺兰"一词在移入鲜卑族的过程中,逐渐产生了变异,原有"马"或"青山"的匈奴语意逐渐消失,代之而起的是鲜卑意味的"忠贞"二字。由于匈奴"贺兰部"与鲜卑"拓跋氏"长期联姻,同甘共苦,为北魏政权的建立与巩固立下了汗马攻劳,从而使"贺兰氏"不但成为北魏拓跋皇族的"舅家",而且其地位也十分显赫,仅次于"拓跋氏"而备受人们的尊重。据《唐相州刺史贺兰务温墓志》载,贺兰氏"其先太公之后,代为庆氏,至待纯避汉安帝父讳,改为贺氏。自后魏尚书令纳,以元舅之贵,定建立之策,封贺兰国君,赐姓贺兰氏"①。后贺兰氏"随魏南迁河洛。魏以'忠贞'为贺兰,因以命氏。孝文时代,人咸改单姓,唯贺兰氏不改"②。到西魏时,皇帝还将有功之臣赐姓为贺兰氏。如《周书》中载,西魏的镇东将军苏椿、颍州刺史梁台、著作郎裴文举,都赐姓为贺兰氏。③

由此可知,"贺兰山"得名,即与贺兰山本身的颜色特点有关,也与当时的匈奴语言有关,与匈奴爱马爱山的生活有关。匈奴贺兰部原居于阴山、大青山一带,北魏时贺兰部一部分从长期居住的阴山、大青山一带迁至洛阳,一部分随北魏的主力部队进入今宁夏贺兰山一带,有的在贺兰山一带定居下来。由于阴山、大青山与贺兰山属同一地貌,有着同样的特征,有着美丽青蓝的颜色,在天气晴朗时,寥廓的蓝天、悠悠的白云、巍巍的青山、绿油油的草地、清清的流水、绵绵的牛羊,组成天地间最美的图画和交响曲,正如北朝民歌:"敕勒川,阴山下,天似穹庐,笼盖四野。天苍苍,野茫茫,风吹草低见牛羊。"因此,贺兰部入住宁夏的"赫连山"时,就自然而然地将大青山的特征与"赫连山"联系起来。在贺兰部看来,"大青山""赫连山"就是自己的部族名"贺兰"的意思,也有美丽的"雪青马"的意思。北魏拓跋氏皇族,赐姓"贺兰部"为贺兰氏,封为"贺兰国君",喻以"忠贞"的意思,实际上一方面直接继承了匈奴语"贺兰"的读音与词意,而又赋予了新的意义。

由上分析可知,"贺兰山"名称的由来与流传自今,是由历史、地理、文化等诸多因素

---

① 转引自姚薇元:《北朝胡姓考》,北京:科学出版社,1958年,第34页。
② 转引自姚薇元:《北朝胡姓考》,《元和姓纂》三十八个贺兰氏条,北京:科学出版社,1958年,第87页。
③ 《周书》卷23《苏绰传》,卷27《梁台传》,卷37《裴文举传》,北京:中华书局,1975年。

长期融合发展而成的。笔者认为:一是由"美丽而青蓝色神圣之山"的最基本地貌因素所决定的,就是"美丽的青山"的意思。二是由北方游牧民族生活与精神思想因素所决定的。北方游牧民族,常把心爱的"马"拟人化,以马名山,以山名马,因此,"大青山""贺兰山"就有"雪青马"的美称。三是由众多部族的优秀品格及其硕勋的功绩所决定的。匈奴贺赖部本是一个强大众多的部族,其首领也十分优秀,与北魏拓跋氏联姻后,为北魏的建立与统一,做出了巨大的贡献,因此,"贺兰"不但作为"忠贞"的意思,而且作为一个美丽的山命、国名流传至今。北魏以后,贺兰部或者曾居住在贺兰山下的其他民族,相继迁徙全国各地,因此,贺兰山的山名也出现了文化流移现象。如江西赣州的"贺兰山"、河北磁县的"贺兰山",实际上就是宁夏贺兰山的山名,随着贺兰山原住人群迁徙新驻地而形成的文化流移现象。

关于"贺兰山"与"驳马""白马""水马""駮马"的关系,前面已多有论述。贺兰山以前的山名"求如""乞伏"(或"屈吴"),都是"青山"(也有黑山的意思),至于"卑耳山""卑移山"实际上是"驳山"的意思,"驳山",即是黑白相杂的青山,既有青山的一思,也有黑山的意思。《诗经·秦风·晨风》有"山有苞栎,隰有六驳"。此处的"驳",是秦语,是指青白驳杂的"桑榆",类似驳马(杂色马)的"驳"色,故唐孔颖达注疏说:"驳马,梓榆也。其树皮青白驳莹? 遥视似驳马,故谓之驳马。"唐李吉甫在《元和郡县图志》解释贺兰山山名时,即用了孔颖达承袭晋代陆机的杂色树木之说,也用了"北人呼驳为贺兰"匈奴、鲜卑语言的"驳马"(杂色的马)说。 但是"贺兰山"并没有存在能食虎的"驳马"兽。法国著名的学者伯希和所谓的"贺兰"是"野马",日本的学者村上正二所谓"贺兰"是"斑马",都不太准确,如果我们将《山海经·北山首经》中"求如山"的"文臂牛尾"的"水马",和《山海经·海内北经第十二》的"駮马"结合起来讨论,一切问题就解决了。

据《山海经·海内北经第十二》载:"犬封国曰犬戎国,状如犬,有文马,缟身赤鬛,目若黄金,名曰吉量(良),乘之寿千岁。"①《逸周书·王会解》诸侯朝会贡物载,"犬戎(贡)文马,文马赤鬛缟身,目若黄金,名古黄(吉黄)之乘。"②《说文》解:文马即"駮马"。由于犬戎(也即猃狁)民族十分强大,对西周王朝的西北边境造成了极大的威胁,宣王曾派大将尹吉甫、仲山父几次征讨,"薄伐猃狁,至于太原(今宁夏固原)",并"筑城朔方"(今宁夏灵武至陕西靖边一带),周宣王还亲自"料民太原",安置教化猃狁民族。后来,犬戎灭西周,迫使平王东迁,在洛阳建立东周。自此,西周王朝的原京畿地一带,又为秦赢氏(秦始皇的先

---

①袁珂:《山海经校注》,《海内北经第十二》。
②贾二强点校:《逸周书·王会解》,见新世纪万有文库《帝王世纪·山海经·逸周书》,辽宁:辽宁教育出版社,1997年,第63页。

祖)经营。到了战国时期,以今盐池、定边为中心的朐衍戎(猃狁的一支)也十分强大,驻牧于贺兰山一带,秦惠文王时期,朐衍戎降于秦后,秦王在此基础上成立朐衍县。因此,笔者认为,朐衍戎十分崇拜"駮马",如果说,贺兰岩画中,有反映"马祭"的马崇拜,也只能是"駮马",而不是能食虎的"驳马"。由于駮马是白色,故也叫作吉量,叫作白马,但是肯定地说,"駮马"只是与贺兰山岩画有很大的关系,但与"贺兰山"本身的得名没有直接的关系。另外,关于独角,食虎豹的"驳马"兽,只是与周代义渠(六盘山一带)戎所尊崇的"兹白"一样,"兹白若白马,锯牙,食虎豹"①,但"驳马""兹白"均无"白马"的意思,也与"贺兰山"本身的得名没有任何关系。虽然好似"锯牙,食虎豹"的"兹白"巨兽,也出现在贺兰山岩画中,但只是仅仅与岩画有一定关系。

综上所述,在旧石器时代,贺兰山下生活着大量的"水马",也有"駮马",并有原始部族相继入驻。到新石器时代的殷周之际,贺兰山一带由山戎、猃狁入驻。秦汉之际为匈奴、鲜卑入驻。唐宋之际,又有突厥、党项入驻。因此,根据北方各个民族相继入驻的时间、语言以及相关的历史、地理、文化因素来看,"贺兰山"一词,最早应出现在北朝五胡十六国时期,而真正记载到文献中并确定下来,是隋唐时期。"贺兰山"的得名,与匈奴"贺兰部"及其语言环境有直接的关系,而后来的鲜卑语、突厥语、蒙古语、汉语中的"贺兰山""曷拉山""阿拉鄯"等,都是一贯承袭匈奴语"贺兰"一词的语音、词义的直接结果。

---

① 贾二强点校:《逸周书·王会解》,见新世纪万有文库《帝王世纪·山海经·逸周书》,辽宁:辽宁教育出版社,1997年,第62页。

乌海市桌子山的概况、岩画的分布及其特点

李学军

桌子山岩画，虽然在目前的行政划分上属于内蒙古乌海市，实际上是贺兰山系统的一个不可分割的地理文化单元。因此，我们在研究贺兰山岩画时，应当将其纳入贺兰山岩画研究的范畴，这样既丰富了贺兰山岩画研究的内容，也对桌子山岩画的系统研究具有了重要的意义。

桌子山又称西桌子山，位于贺兰山东北端，属贺兰山的余脉，被黄河割裂，山体呈南北走向。桌子山长约75公里，宽3~1公里，面积约1604平方公里，平均海拔1700米以上。其中南端为主体，主峰阿郎太西2194米，北段称千里山。桌子山因有南北长930米，东西宽330米的平台，比较开阔，好似一张桌面，故由此得名。桌子山主要由片麻岩、石灰岩构成。

桌子山的山体沟谷主要有三条。一条为千里沟，位于桌子山北段东西长15公里，宽100~300米；一条为苏白沟，位于桌子山主峰北侧，东西长15公里，宽100~300米，两侧为悬崖峭壁；第三条为黑贵沟，位于桌子山南端，长约6公里，宽10~200米。桌子山岩画主要分布在这些沟谷里。

贺兰山北段由乌达—大武口—哈不梁—马圈一线，长约50公里，宽20~50公里，海拔1000~2000米。北段山势较缓，局部陡峭，山脊自南向北曲折而断续，断没于乌兰布和沙漠，形成数片群山，岩画就分布在这些群山之中。

桌子山从北到南海勃湾区主要有毛尔沟、苦菜沟、苏白音沟、苏白音后沟、召烧沟五个岩画点。海南区主要有雀儿沟岩画点。毛尔沟、苦菜沟、苏白音沟、苏白音后沟、召烧沟岩画多分布在桌子山西麓各沟口的岩盘上，呈片状均匀分割，南北分布面积约50米，东西约40米，但总的看来浑然一体。

毛尔沟位于市区东北12公里，乌兰布和煤矿东南1公里处，系桌子山山脉大峡谷之一，岩画主要集中在南面的悬崖峭壁上，以人面像岩画、羊、马、狗等动物居多，并且多为个体图案。人面像是磨刻而成，深度达到2厘米，动物图案则是划刻而成，深度较浅，专家

推断此处为古代游牧民族祭祀场所,是多神崇拜时期岩画。

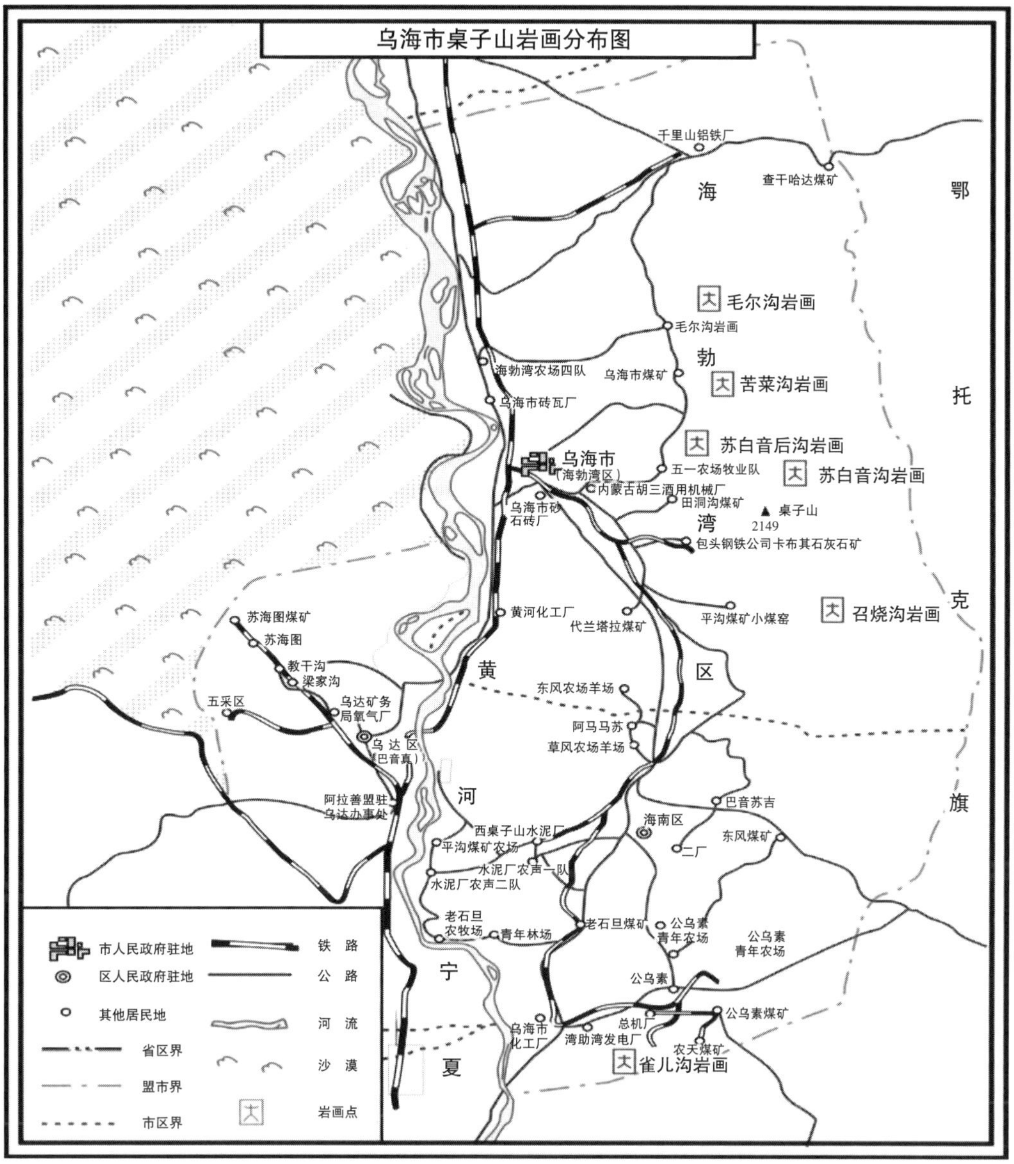

图 1 乌海市桌子山岩画分布图

苦菜沟位于市区东北 10 公里处,岩画主要集中在沟口及南北两壁的悬崖上,南壁多北壁少。南壁共有 18 组岩画(岩画群少,故列于此)。

雀儿沟距海南区公乌苏露天矿西南 2 公里,岩画主要是人图形和动物图形以及抽象的交媾图,反映的是生殖崇拜。

桌子山岩画主要在苦菜沟与召烧沟,其中召烧沟是岩画主要地点。

一、苦菜沟岩画

苦菜沟岩画主要集中分布在南部白云岩峭壁上,北部分布较少。

南壁共分布有18组岩画:

第一组岩画分三层排列,上层为骑者和马,还有羊。中层中间为犬。下层为骑者和马,另一动物为鸵鸟。

第二组岩画为乌云、闪电和流水。

第三组为生殖崇拜岩画,反映的是人蛇交媾和女阴符号。

图2　毛尔沟

第四组为人面像和野猪以及鸭子之类的动物。

第五组为猴面像单体岩画。

第六组为人面像岩画。

第七组为三个带芒刺状人面像岩画。

第八组为两个鸟形以及六个人面像岩画,其中一个人面像下蹲,鸟形与人面像结合旨在表示生殖崇拜。

第九组为人面像和鸟形岩画,上方两只鸟在交尾,下方为人面像,表示的是生殖崇拜。

第十组为马骑者和鹿,两只动物重叠显示出人的智慧和力量。

第十一组为鹿、犬和野牛。

第十二组为生殖崇拜的岩画,画面反映的是一男子弓形挺立,生殖器上举的画面。

第十三组为大角鹿。

图3　苦菜沟

第十四组为人面像与猴面像岩画。

第十五组为雨神和风神。

第十六组为太阳的岩画,图案有表意的意思。

第十七组为人面像岩画。

第十八组为不同姿势的男女交媾图。

北壁共分布有5组岩画。

第一组为雨神。

第二组为鹰、犬、羊、鹤、鹿岩画。

第三组为山谷和人面像。

第四组为骑者和驯化的动物。

第五组为三排人面像。

苦菜沟岩画主要反映了原始先民的生殖崇拜、生活场景以及对大自然的初步认识。

二、召烧沟岩画

召烧沟是桌子山岩刻最主要的地点,它位于黄河以东12公里,北距乌海市13公里,东靠桌子山,约有300个人面像,而且集中在一片,其余的地方只是零星地散刻。人面像大都采用磨刻的方法,磨痕宽而深,断面呈"U"字形,从磨痕看,是用石制工具磨成的。这里也有太阳、星星、动物、同心圆等,召烧沟岩画以太阳神、面具、动物居多。现在岩刻已有相当一部分或因风雨侵蚀而模糊不清,或因石皮崩裂而残缺。从岩石的硬度来分析,非经数千年的岁月,是断不会如此的,从技法、风格、内容来看,属新石器时期末到青铜时代的作品。

此外,雀儿沟、苏白音沟也有一定数量的岩画存在。

雀儿沟距海南区公乌苏露天矿西南2公里,岩画主要是人图形和动物图形以及抽象的交媾图,反映的是生殖崇拜。

苏白音沟岩画距乌海市东偏东10公里,沟呈东西向,山势陡峭,岩画刻在离沟底15米高的崖壁上。可惜只有三幅。一幅是猛虎,一幅是三人群舞,另一幅是黥面人面像。

苏白音后沟岩画是神格面具,岩画刻在坚硬的崖壁上,保存得比较完好。从技法、风格来看与召烧沟刻法极为相似。从内容来看要晚于召烧沟岩画,可能是匈奴祭祀的礼器。

我与岩画

崔凤祥[1]

说起岩画,我对岩画的了解并不算多,研究的时间也不长。之所以喜欢上岩画,是因为岩画就在我们身边,就在我们的眼前。十多年前,当我从一本体育期刊上看到沧源、怒江岩画时,联想到贺兰山岩画,于是萌生了收集整理体育岩画的念头。是年秋冬,我按捺不住对岩画的探索,考察了贺兰口岩画。在我看到贺兰山岩画的第一眼,既高兴又惊奇,也遗憾。高兴的是看到了人类先祖的神功妙笔,惊奇的是它存在了数千年,甚至上万年,遗憾的是一些岩画已模糊不清,甚至残缺不全,不复存在。站在石头前,凝视岩画许久,内心充满激情。岩画中那或射猎、或游牧、或祭祀崇拜、或竞技、或战斗、或乘骑、或繁衍、或欢乐的画面使我感受到中华文明的源远流长和生生不息。

从此,贺兰山成了我常去的地方,一有时间,就往山里跑。上山就是实地考察岩画,不知上了多少次山,我已记不清了,足迹踏遍贺兰山。那种艰辛、那种困苦、那种孤独、那其中的酸甜苦辣也只有自己才知道。

几年下来,共采集与广泛搜集制作岩画图片约万幅,尽管没有什么创新,但毕竟付出了心血与汗水。要问这是为什么?说不好,可能是一种好奇,一种勤奋,一种兴趣,一种挚爱,一种尊重,一份情节,一个梦想吧!有时为了弄清楚一幅岩画,一个符号,多次上山观察、摹绘、拍摄、记录。有人说贺兰口有太空人岩画,为了证实这种说法,我在山里寻找了数日,翻阅大量资料,对比许多人物、人体形态、人面像图片,至今也无法证实这种说法。我想考古以实物为证,岩画应以图证史。这是我在岩画研究的过程中,始终贯穿的一个根本原则,一切从事实出发,从岩画这种现象出发。因此,我的指导思想,就是遵循"以图证史,以史释图"一个双向互动的研究方法,尽可能去复原和认识岩画中我们所知甚少的本来面貌,破译这些图形,寻找藏在这些图形背后的文化内涵,与古人类的精神世界相沟通,从而得到对岩画研究的新视角。

---

[1] 崔凤祥,原宁夏大学体育学院教授,现交流于浙江工作。

如果说上山是田野作业的话,那么,熟读浩瀚的岩画图片资料就是细致、梳理的作习。每当打开岩画画册,伏案图像前,凝视、品味陈列在蓝天之下、暗绿色森林草原和褐黑色山崖背景之上收集来的一幅幅富有生气的画面时,仿佛把自己置身于那个开天辟地的时代,一幅幅岩画展示了奇妙而又饶有兴味的远古世界,它是一首首自然天成的田园牧歌,又是写在石壁上的春天,更是中华民族灿烂的历史文化的载体,传递给我们的是远古的生活图景和浓缩了的文化气息,展现的是人类社会的发展与进步,描绘的是一个物种伟大的蓝图。

岩画的意义在于研究,研究的是人类文明和发展的进程,研究的是我们是谁？我们从哪里来？我们来这里干什么？所以,无论先民的奔跑、跳跃、攀登、骑跨、躲闪、投掷乃至工具的制作都可以说是文明的起程,都是我们研究的内容。大约10年的时间,我完全沉浸在岩画图片里,朝夕把玩,酝酿胸中,久而久之,渐渐有所感悟,更有所启发。研究史前文化莫过于岩画的认识。古代许多原始体育形态,已具有了体育的特征,只不过后来中国古代体育向着娱乐养生的方向发展,但是,历史与文化意义上的体育却永远地传递了下来。如果从这个意义上研究岩画原始体育文化的起源与发展,传播与交流,我们将会在一个更高的学术层面上感悟和认识岩画中的原始体育形态的历史意义与文化价值。于是,掇笔和墨,乃始课题、论文、专著,见诸报端习文。在报刊上发表了石头上的"马""鸟""骆驼""兽角""车""弓箭""狩猎""石球""摔跤"等文章。自2000年以来在北大中文核心期刊哲学社会科学类、历史类、体育类、民族类、军事类等刊物发表学术论文20多篇,多视角、多方位开展对贺兰山岩画的研究。主持与岩画有关的省部级课题2项。2008年,我携带岩画论文《史前贺兰山游牧社会民族体育文化的崛起与史地环境》,参加了北京第29届奥林匹克运动会科学大会,向世界、向中外专家学者介绍贺兰山岩画,为贺兰山岩画走出宁夏,走出国门而努力。

2010年9月,我与他人合作,由北京人民体育出版社支持出版了《原始体育形态岩画》一书。通过对远古岩画的调查、归纳、分类和挖掘,从文化的视野审视源于岩画、高于岩画的人类原始体育文明,从中复原与想象人类从繁衍、生息、健体发展到竞技走过的漫长之路。2011年,上海电视台专题部纪实频道拍摄羚羊专题片,找到了我。为此,我提供了一些贺兰山羚羊岩画的资料,加速了该片拍摄的进度和内容的补充。这让我激动不已,这不仅仅是一次拍摄,更加是对我研究的肯定,然而这更让我深感研究岩画的重要性和使命感。

为了建立与扩大海峡两岸文化交流与合作,也为大陆高校和宁夏高校加强与台湾高校的友好往来提供体育文化因素的参照,我的系列研究论文之一《贺兰山岩画体育文化的史缘与特征》,入选参加2014年7月在成都举行的第二届海峡两岸暨国际体育运动史学术会议,并获大会优秀论文"二等奖",还被通知收录EI、SCI检索。

日前,我以岩画为例,编纂了《岩画体育论集》《贺兰山岩画体育论集》《西夏岩画体育论集》。力图从纵深把握远古与现代、宏观与微观、复原与真实、内容与形式完美结合的哲学关系,从先祖们满怀激情创作的姿彩绚烂的岩画中,体验图画内蕴含的至纯至善、至精至美。

浅谈巫术文化的认识

银川贺兰山文化旅游投资开发有限公司　周舒婷

【内容提要】 古人认为"国之大事,惟祀与戎",就是说:只有祭神和打仗,这两件才是最重要的国家大事。关于巫文化的起源课题,世界上的专家学者很重视,且争论了两百多年,不过,主要是西方的学者在研究,中国人研究巫文化还是近几十年来向西方学习的。要研究一种文化,必须要找到文化源,并准确为它定位。人类的文化源只有采集、渔猎、游牧、农耕和工业文化这几种,采集文化时期的生产力极其落后,不可能创造出水平较高的文化,渔猎文化和游牧文化的水平逐渐提高,但居无定所,随着人们认识的提高,逐渐对巫文化追溯根源[①]。原始社会的原动力,就是巫傩文化所形成的意识形态,社会发展的规律是不可逆转的,奴隶社会和封建社会,对原始的文化进行了扭曲,使得很多时候的巫文化封存在历史的长河中。在世界各地都出现了大量的有关于巫术的岩画,题材广泛,不只是动物图像与生殖巫术,还有巫术文化的遗迹、巫术影响下的岩画创作、原始狩猎岩画中的巫术思想等,都是巫术文化的产物。

【关键词】 巫文化　傩文化　岩画

一、巫术思维的含义

巫术思维从本质上是一种动作思维,即一种用手来进行的思维。[②]列维-布留尔曾经对我们做了极为重要的提示:在史前时期,手与脑是这样密切联系着,以致手实际上成了脑的一部分,文明的进步正是由脑与手的相互作用引起的。因此,我们要再现原始人的思维,就必须重新发现他们的手的动作。因为说话离不开手的帮助的原始人,也离不开手来思维,手的动作中密切结合着他们的语言和思维。原始人用以表示人、物和行动的"会意符号",有一个突出的特点即差不多总是运动的描写。它们表达的或者是四足动物、鸟、鱼等生物的姿势,或者是它们的习惯动作,或者是制造、使用什么东西时的动作等等。这些

[①] 林河:《中国巫傩史》,花城出版社,2001年,第34页。
[②] 户晓辉:《原始狩猎岩画与巫术思维》,《喀什师院学报(哲学社会科学版)》1993年第1期,第6页。

在岩画中表现得也异常明显,我们所见到的岩画意象绝大多数都是关于动物和人的动作或姿势的意象。在一切客观的因果联系未被认识之前,原始先民把一切事物的运动和变化都归结为自己的动作操作的结果,人的动作始终成为他们意识的原因的一端。他们把狩猎的成功看作是预演中射中动物形象的结果,把事情的如愿以偿看作巫术操作的结果,这与儿童在游戏时用自己的动作将外在现实向自我同化的思维方式极为相似,对于婴儿来说,他所感知的东西全都和自己的动作联系在一起,外在的一切运动似乎只是他的欲望和动作的延伸。比如他把得到食物看作是自己"吃"的动作的结果,把视觉形象认作是自己"看"的动作的延伸。

二、巫术文化的发展①

人类在洪荒初辟的时代,为了生存和发展,要做两件大事,一是生产劳动,二是自身繁殖,这种说法本身没有错,然而,长期以来,由于受弗雷泽、马林诺夫斯基等西方学者倡导的产食文化理论的影响,人们的一个习惯做法是,要么只是探讨前一种即物质生产活动,要么只是研究人类的生殖崇拜文化,而且是对前者的研究有余,对后者的探索不够,在岩画研究界,人们也相应的只是看到原始的狩猎岩画与人类的食有关,属于物质生产活动,生殖岩画与色有关,属于人类自身的生产活动,而很少考虑远古的狩猎岩画与生殖岩画的关系,在远古历史和文化中,两种生产的关系怎样,食与色关系如何?根据上文分析,我们可以得出结论,即在原始世界里,所谓两种生产是相互关联、相互统一的关系,色的意义远在食的意义之上,性的仪式直接决定了人们食的情形,饮食与生殖往往在远古先民的行为操作和语言系统中直接获得了认同或同一。而根据历史文献记载,春秋战国到秦汉时期,南方巫术文化存在的现象是很普遍的。甚至到了唐代仍"家多事越巫",可见巫术文化在南方民族的社会中具有深远的影响和占有极为重要的位置。而左江岩画,正是弥漫于南方的巫术文化的产物,是巫术文化的历史遗迹。

岩画成为巫术礼仪的产物并不是偶然。当人类对自然界和自然现象以至神鬼产生崇拜意识的时候,就懂得用颜色表示,例如尼安特德人,用红色的赤铁矿粉撒在死人的尸体上,就是崇拜神鬼的表现。从此也可以看出,对精灵的崇拜和审美是同时产生的。②岩画主要刻画了人像的两种基本姿态。正面和侧身两类人像,在画面中,往往出现一个身材高大魁伟的中心人物,或抓着小人形,或装扮成野兽的模样,手持剑、刀、铃等器具,显然这些乔装打扮的人物,正是《国语·楚语》所说的民之精爽不携贰者,而又能齐肃衷正,其智能上下比义,其圣能光远宣朗,其明能光照之,在男曰觋,在女曰巫。西南少数民族摇铃,始

---

① 户晓辉:《动物图像与生殖巫术》,《岩画和甲骨文、金文中的例证》,第11页。
② 王克荣、邱钟仑、陈远璋:《巫术文化的遗产》,《广西左江岩画剖析》,第4页。

终属于巫师通神工具,如壮族师公主持打醮仪式时,头戴面具,手持剑棍,与岩画中的巫觋形象是相似的。雷纳克认为旧石器时代艺术揭示了当时巫术信仰的两个最重要的目的,通过巫术也可以促使动物大量繁殖,尽管如此,巫术在原始猎牧业文明中的重要地位仍然未能受到足够的重视,巫术如何在这些文明中得以运作的真相在很大程度上也没有给予揭破。人们在研究远古文化时或者喜欢使用"万物有灵论"的概念,或者喜欢使用"图腾崇拜"的概念,许多国内学者往往不加批判地引用"图腾"这一概念来解释中国文化的文身现象,如龙、凤、龟、麟崇拜等,这种观念和做法实际上是相当可疑的。一旦我们深入到远古文化的界域中去,便不难发现,无论是史前洞穴壁画,还是原始的装饰艺术,其最重要的主题就是动物,而且往往是作为狩猎对象的动物。有学者认为,旧石器时代的艺术本质上可以称为"动物艺术"。动物形象或主题在远古化中的主导地位恰恰是动物最初作为人的生命力或生存完全要依靠的东西,在原始猎牧民心目中占据的至高无上而又无处不在的地位的真实反映。

三、巫术文化在岩画中的体现以及与巫类似的岩画范例①

在贺兰山贺兰口出现有很多类似巫师的形象图案,在远古时代,残酷的自然环境和恶劣的生活条件,使人类的繁衍生息面临着极大的挑战。先民们认为,太阳的东升西落,人的生老病死,四季更替,草木枯荣,等等,都被一种超自然的无形力量支配着。他们既尊重这种力量,害怕这种力量,可又不甘心任其摆布,企图用自己的行为来影响和利用它,于是便产生了巫术。在随后众多的巫术活动中,人们又发现有些自然现象并不能为人的意志所控制,甚至通过祭祀等活动也达不到自己的目的,需要有一个鬼神与人之间沟通关系的人物,这样就出现了巫师。最早的巫师是由氏族长或部落首领担任,以后逐渐成为一个特殊的阶层。巫师能够"通天地、近鬼神",上达人意,下传神旨,既可预知吉凶祸福,又能为人免灾除病,是人与鬼神之间重要的媒介。有专家研究,绝大部分的岩画都是这些巫师所为。制作岩画的过程是巫术活动的一个程序,岩画一旦制作成功,便成为人们祭祀的对象,供原始人类顶礼膜拜。

岩画中巫师的形象一般是双臂外伸,屈肘上举,五指分开,两腿叉开,屈膝蹲踞,双脚朝外,裆间有明显的凸状物,头侧、手上或脚上有法器,呈舞蹈状。(图1)

图1 大小巫

---

① 李成荣主编,张建国撰文,中央民族出版社出版,第14页。

贺兰口的这组大小巫从形体构成来看,是以"蛙"的形象出现的,在新石器时代仰韶文化遗址出土的彩陶中也发现了类似的图案,可为这组岩画的断代提供依据。"蛙"因为有着特殊的身体结构和成长经历,既能入水上岸,又有多种体形变化,所以历来被看作是承担了特殊使命的动物,尤其生活实践中,蛙对自然灾害的预知功能更让人们把它推向了神坛。人们希望对蛙的祭拜可以把美好愿望带给神灵并最终实现,这样蛙便具有了巫师的特性。大巫脚踝处拴系的铃铛作为法器营造了舞蹈的神秘气氛,加强了巫术活动的效果。贺兰口岩画中大量巫的出现,为我们再现了当年祭祀娱舞的盛大场面,同时也更加证实了贺兰口在远古时期是作为贺兰山的中心祭祀场而存在的。在古时候男子称为觋,女子称为巫,巫者,祝也。巫师的表演形式为两人在跳舞活动,即舞蹈,因此,巫所承担扮演的角色非常多,上知天文,下知地理,无所不知,无所不能,既是一个治病救灾的人,也是一个有杰出造诣的艺术家。(图2)

范例

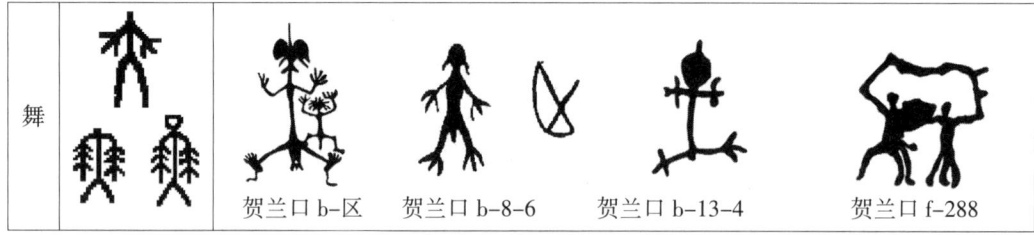

图2 巫觋同舞

四、傩文化诞生地在哪里呢?①

世界上的文明古国都处于北纬30°左右。中国的文明是农业文明,中国农业文明的核心文化是水稻文化。水稻是一种喜暖畏寒、宜水忌旱的农作物。因此,只有在北纬30°左右,具有平原和沼泽地貌的地区最适合水稻的生长。中国南方的洞庭湖、鄱阳湖、太湖等大面积水域和它的水源地都有可能是水稻文化的发祥地。由于"傩文化"是农耕时代的意识形态,它只能依附农耕文化才能生存。因此,它也应发祥于上述地区。根据目前考古发现,中国水稻文化的发祥地,应以中国第一大湖洞庭湖及湘资沅澧四水流域为首选。洞庭湖地区正处于北纬30°的锦绣江南,延绵八百里的水域处处都有广大的沼泽地,是生长野生稻的理想环境,有发展农耕的最佳条件。水稻文化的发祥地应该是具有万古粮仓实力的湖湘地区。作为水稻文化的意识形态,傩文化当然也应产生在这一地区。洞庭湖地区不但出现了9000年以前的彭头山遗址,而且还有大批时代相近的文化遗址,犹如众星拱月似的环绕着彭头山遗址,连绵千余里,持续数千年。不像其他地区,有的虽然有古老的历

---

①新浪网,《傩文化的诞生地与分布区域》(2013-10-19 09:39:42)。

史,但后继乏力,没有历史相近的遗址来传承它的文化,有的地方虽然遗址密布、文化发达,但历史却没有洞庭湖地区悠久。更具体一点,中国最早的农耕定居点及傩文化艺术的发祥地,竟都集中在过去被人称为蛮荒之地的湖南西部的古黔中地。

五、巫傩文化与中华文明有何关系?[①]

傩文化是一种远古的原始文化,是中国传统文化的一个重要组成部分。远古先民在征服自然中获得生息,繁衍后代,生存的欲望需要宗教(自然宗教)观念的帮助来超越自我,龙的传人以伟大的浪漫主义心性创造了灿烂的巫傩文化。"傩"乃人避其难之谓,意为"惊驱疫疠之鬼"。巫傩活动在生命意识上满足了广大信仰者的心理要求,长期以来,巫傩之风的传承与流布融入习俗之中,即使在现代,仍以传统文化的形态存留于民间。巫傩活动在赣鄱大地可上溯到殷商。经 3000 年的沿袭、发展,江西傩文化形成了历史积淀丰厚、原始形态古朴、文化遗存众多、文化体系完整等鲜明的特点;江西傩事活动分布广泛,其中的许多民俗遗存和影响一直延续至今,据 1995 年调查统计,全省有 25 个县(市)有傩事活动,保留的傩舞傩戏节目 247 个;江西傩被学术界誉为古代文化的"活化石",备受瞩目,多次应邀远赴法国、日本、韩国、新加坡等国及香港、台湾地区表演、交流,产生了一定的影响。

六、萨满文化在巫傩文化中的应用

满族在漫长的历史时期内信仰和继承着与通古斯人的古老的多神信仰一致的萨满教。萨满一词最早出现在南宋历史文献《三朝北盟会编》中,它是女真语,意指巫师一类的人。

萨满教是我国古代北方民族普遍信仰的一种原始宗教,产生于原始母系氏族社会的繁荣时期。古代北方民族或部落,如肃慎、勿吉、靺鞨、女真、匈奴、契丹等;近代北方民族,如满族、蒙古、赫哲、鄂温克、哈萨克等也都信奉萨满教或保留萨满教的某些遗俗。萨满教原始信仰行为的传布区域相当广阔,囊括了北亚、中北欧及北美的广袤地区。

萨满教是一种原始的多神教,远古时代的人们把各种自然物和变化莫测的自然现象,与人类生活本身联系起来,赋予它们以主观的意识,从而对它敬仰和祈求,形成最初的宗教观念,即万物有灵。宇宙由"天神"主宰,山有"山神",火有"火神",风有"风神",雨有"雨神",地上又有各种动物神、植物神和祖先神……形成普遍的自然崇拜(如风、雨、雷、电神等)、图腾崇拜(如虎、鹰、鹿神等)祖先崇拜(如佛朵妈妈等)。在萨满举行宗教活动的仪式上,所用的法器很多,如神案、腰铃、铜镜、抓鼓、鼓鞭等。在法器上都刻绘有各种神的图案,尤其是在神案上和抓鼓上古时候都刻绘有色彩丰富的神灵面具。这些满族面

[①]《巫傩文化与中华文明的关系》,长沙到凤凰旅游网,2014-4-25 22:10:55 发表。

具,无论是艺术价值、学术价值、民俗价值、文化价值都是弥足珍贵的。由于满族萨满面具是宗教用品,一般只由萨满传世珍藏,外人很难见到。

萨满,被称为神与人之间的中介者。他可以将人的祈求、愿望转达给神,也可以将神的意志传达给人。萨满企图以各种精神方式掌握超级生命形态的秘密和能力,获取这些秘密和神灵奇力是萨满的一种生命实践内容。萨满分为家萨满和野萨满。家萨满作为侍神者,主要负责族中的祭祀活动。野萨满(又称大神)是神抓萨满,即神灵附体的萨满。神抓萨满的活动包括医病、驱灾、祈福、占卜、预测等人们需要解决的问题。满族萨满平时与族内普通人一样,他们的服务是不取报酬的,也没有超越他人的权限,他们可以结婚生子。萨满死后,所用的神器、佩饰、服装等随葬。新萨满要经过挑选、培训(满语学乌云),最后才能确定。满族萨满面具多在跳野神祭祀时使用。萨满祭祀中,依照祭祀内容要求,模拟成各种动物或神怪。由于怕被死者或神灵认出,萨满要戴上面具,并用神帽上的彩穗遮脸。身穿萨满服,腰系腰铃,左手抓鼓,右手执鼓鞭,在抬鼓和其他响器的配合下,边敲神鼓,边唱神歌,充满神秘的色彩。

综上,巫傩文化在中国大地影响深远,巫文化是中国最原始的文化,傩文化是巫文化发展的高级阶段,随着生产力水平及经济发展的提高,巫傩文化逐渐淡出人们的视野,然而有些原始的宗教还是无法脱离巫傩文化。[①]世界上没有无缘无故的爱,也没有无缘无故的恨,人类对自然灵的崇拜也不是无缘无故的,每个不同的民族都有属于自己的崇拜,比如彝族神话中,人是葫芦所生,家中神坛上要供葫芦,叫祖灵葫芦,傣族神话:天神英叭造人,送人一个金葫芦,人将金葫芦撒遍全世界,长出了亿万花草树木,变成了无数飞禽走兽。不管何种崇拜,都脱离不了自然规律,因此在事物发展的过程中会存在一定的规律性和周期性,巫傩文化亦是如此。

---

① 林河:《中国巫傩史》,花城出版社,2001年,第34页。

初探岩画中的手印

李会娟[1]

【内容提要】 在全世界五大洲70多个国家150多个地区发现的岩画超过5000万幅。岩画是一部巨大的史诗,在人类的历史长河中,很多文明都已经消失,唯有岩画流传。岩画以其特有的方式,传承了人类上万年的历史与文明。岩画从类别上划分主要分为动物、植物、人面像、人体、符号、手印、车辆等等。在众多的岩画中手印岩画是一种普遍现象,可以说是世界性的文化题材。各个地区的手印岩画各不相同,在不同地方所代表含义也不尽相同。笔者通过查阅大量手印岩画的资料,简略浅析手印岩画。

【关键词】 岩画 手印 文化

原始社会时期,先民通过敲凿、磨刻、划刻或者涂画等方式来描绘他们的生产、生活以及表达他们的精神世界,这就是岩画。岩画这个词如今已经被很多人所熟知,这源于国内外多名专家、学者不懈的努力。现如今全世界的五大洲70多个国家150多个地区发现岩画超过5000万幅。还有很多我们未发现的岩画资源,这也是众多岩画人不断努力的动力与源泉。岩画像是一部巨大的史诗,我们作为历史长河中的探寻者,正在一页页地翻看着这部史诗。在人类的历史长河中,很多语言、文明都会消失掉,但是唯有石头还会说话。岩画以其特有的方式,传承了人类十万年的兴衰史。全世界岩画从类别上划分主要分为动物、植物、人面像、人体、符号、手印、车辆等等。在众多的岩画中,手印岩画在世界岩画中也是普遍出现的,手印岩画可以说是世界性的文化题材。各个地区的手印岩画也各不相同,在不同地方所代表含义也不尽相同。笔者通过查阅大量岩画资料,在这里简略浅析手印岩画。

一、中国手印岩画对比图例

图1是在宁夏贺兰山贺兰口发现的两个以凿刻方法制作的手印岩画,位于贺兰口北

---

[1] 李会娟(1986—),女,内蒙古赤峰市人,助理馆员,主要研究方向为岩画学。

壁,距离地面 8.4 米,是整幅岩画的重要组成部分,其特点是两个手印岩画均为左手,非常逼真清晰、手指纤细。

图 2 岩画位于贺兰口南壁距离地面 2 米左右,靠近水源。手印系磨刻而成,是整幅岩画中的一部分,系左手。

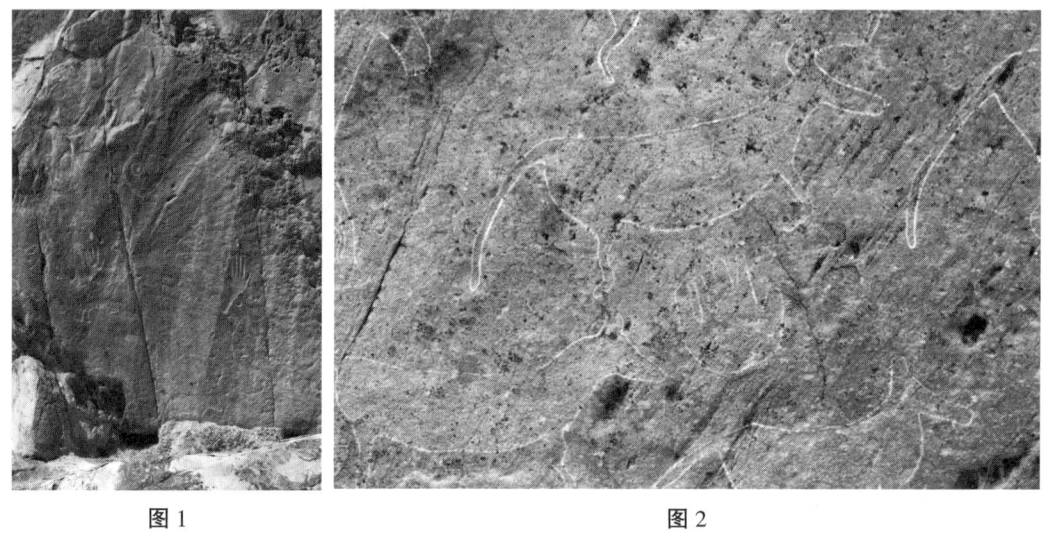

图 1　　　　　　　　　　　　　　　图 2

图 3 岩画位于贺兰口 d 区,镇山虎方向。距离地面 4 米左右,这幅手印非常清晰,手指粗壮,系单独出现的一幅。

图 3　　　　　　　　　　　　　　　图 4

图 4 岩画位于贺兰口的冲积扇上。在单体的岩画石上。2015 年贺兰山岩画景区工作人员夏亮亮发现,整个石头上共有两个辨别清楚的手印,风化严重。

图 5 岩画位于贺兰山高伏沟,贺兰山岩画管理处工作人员普查岩画时发现。两幅手印较为清晰,周围还有一些符号,辨别不清。

图 6 岩画位于贺兰山新沟,2012 年贺兰山岩画管理处工作人员普查岩画发现。这幅手印手指部分有剥落,这也是岩画保护的难题。

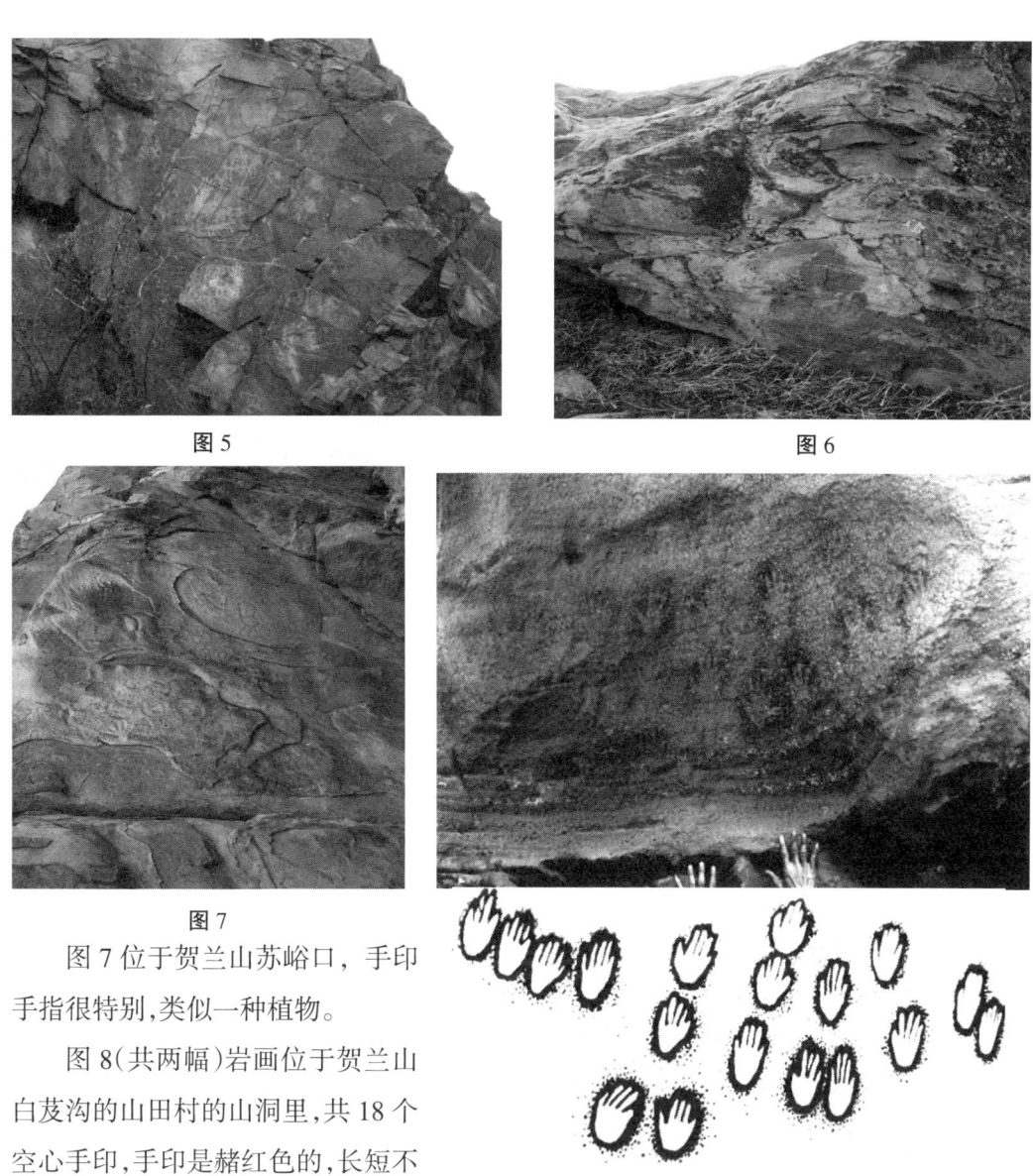

图 5

图 6

图 7

图 7 位于贺兰山苏峪口,手印手指很特别,类似一种植物。

图 8(共两幅)岩画位于贺兰山白芨沟的山田村的山洞里,共 18 个空心手印,手印是赭红色的,长短不一,绝大部分是左手。

图 8

图 9 岩画位于阿拉善右旗的巴丹吉林沙漠南缘的雅布赖山脉,目前已发现 5 处 76 个手印岩画。全部系空心手印。著名岩画专家阿纳蒂前往阿右旗境内雅布赖山的额勒森呼特勒手印岩画考察,经过仔细辨认后,断定该岩画出现在距今 14000 年至 3 万年[①]。

图 10 岩画位于阿拉善右旗雅布赖镇新呼都格嘎查境内陶乃高勒洞窟中,洞窟距离地面垂直高度约 20 米,洞口向南,洞内最宽约 6.8 米,高约 2 米,洞穴深度约 4.4,米褐红

---

① 内蒙古阿拉善右旗发现中国最早手印岩画,中广网,2010 年 9 月 20 日。

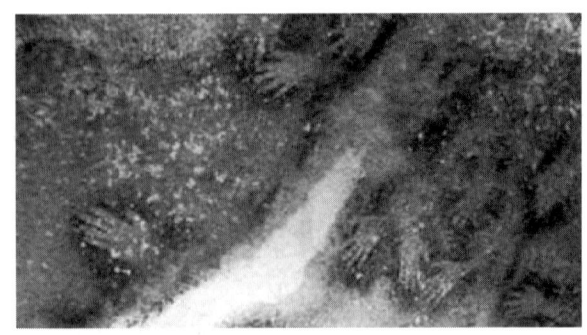

图 9

色和灰黑色的彩绘手印岩画,1 个褐红色彩绘符号,画面大部分保存较好,23 个手印岩画中能够辨认清楚的有 11 个左手手印和 6 个右手手印,其余 5 个模糊不清①。

图 10

图 11 岩画位于阿拉善右旗雅布赖镇布布洞穴岩画,洞穴宽 2 米,高 2.28 米,深 2.1 米。洞穴内共发现喷绘的 11 枚手印,2 枚为右手,9 枚为左手,其中 6 枚较清楚。最大的长 22 厘米,宽 12 厘米;最小的长 15 厘米,宽 10 厘米。

图 12 岩画位于内蒙古阿拉善右旗雅布赖镇乌胡儿楚鲁特,在半山腰巨大的花岗岩石块上,在山脚上约 8 米,由于风吹蚀,洞口高约三米,洞深约八米。其中有七个可辨识的手印,6 个左手,1 个右手。

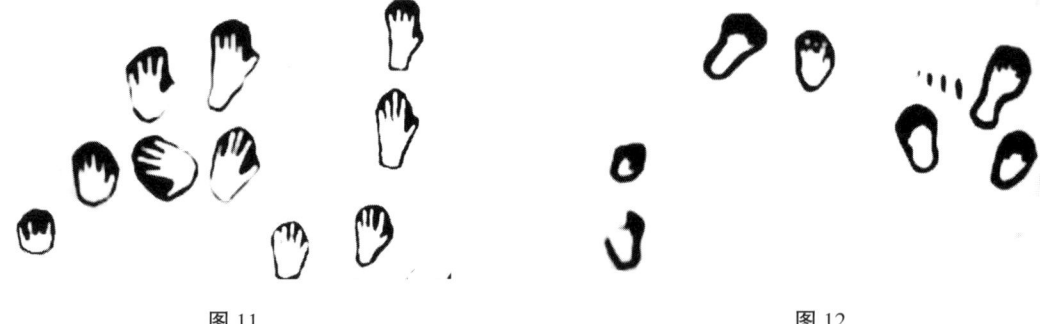

图 11　　　　　　　　　　图 12

图 13 位于内蒙古阿拉善右旗雅布赖山的哈日毛都图,位于孟根布拉格苏木那仁高勒上游北畔,山洞里,手型群分三处。三处岩画点,其中一处有 14 个,剩下两处各 4 个,颜色有红、黑。②

---

①内蒙古阿拉善右旗新现陶乃高勒洞窟手印岩画,大兴安岭岩画的博客,2016 年 1 月 11 日。
②盖山林:《内蒙古雅布赖山洞窟手形岩画发现与研究》。

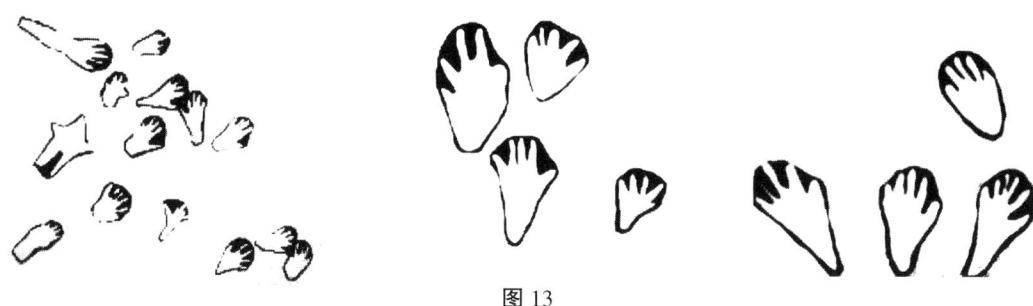

图 13

图 14 岩画位于新疆阿尔泰山的哈巴河县、吉木乃县和富蕴县。手印都以岩绘为主，分布在浅洞穴中，颜色有红、黑、白等。①

图 15 岩画位于新疆天山南部的库鲁克塔格山兴地峡谷中的兴地村，手印短而宽，有的只有三个手指。②

图 14　　　　　　　　　　　　　　图 15

图 16 岩画位于新疆的昆仑山，塔克拉玛干沙漠边缘，在 1985 年 4 月新疆博物馆考古调查小组发现，共三十余个，手印岩画在昆仑山岩刻中占有重要地位。③

图 17 岩画位于新疆的和田地区，主要分布于桑株河谷，1953 年被前西北行政区文化

图 16　　　　　　　　　　　　　　图 17

①陈兆复:《中国岩画发现史》，上海人民出版社，第 130 页。
②陈兆复:《中国岩画发现史》，上海人民出版社，第 139 页。
③陈兆复:《中国岩画发现史》，上海人民出版社，第 144 页。

部新疆文物调查组发现。画面中还有其他的形象,手印岩画在整体岩画之中①。

图18岩画位于贞丰县沙坪镇石柱村(金山村)东南约750米,其中手印共46个,阴手印10个,阳手印36个,用不同颜料绘制②。

图19岩画位于恩施土家族苗族自治州巴东县天子崖,第三次全国文物普查中,2009年11月21日巴东普查队在官渡口镇小溪河村一组小地名叫天子岩的地方发现了手印岩画。整个崖面呈冷灰色,东西走向,长约20米。岩画位于岩石表面的中部,与地面形成30°夹角,距地面平均约2.6米。整幅岩画由左右两个部分组成,现存的手印岩画总数达394枚③。

图18 　　　　　　　　　　图19

二、世界手印岩画对比图例

图20 岩画位于印度尼西亚苏拉威西岛马洛斯地区的喀斯特地貌岩洞中。澳大利亚马克西姆·奥博特等学者最新科研成果的论文称,印度尼西亚苏拉威西岛马洛斯的手印岩画是世界上目前已知最古老的人类手印模板,可追溯到3.99万年前。④

图20

图21岩画位于印度尼西亚的加里曼丹岛上还有30个远古岩洞岩画遗址,这些遗址

---

①陈兆复:《中国岩画发现史》,上海人民出版社,第147页。
②中国岩画研究中心,宁夏岩画研究中心:《岩画研究》,宁夏人民出版社,第185页。
③杨超:《三峡巴东天子岩岩画的发现与初步研究》。
④《自然》,2014年10月9日。

的岩画中有 1500 多个手印。其中一幅被当代人命名为瓜特威特生命之树的岩画最为有名①。

图 22 岩画位于巴基斯坦吉拉斯,岩画风格怪诞,神来之手。

图 21　　　　　　　　　　　　　　图 22

图 23 岩画位于埃及,手印非常清晰,在茫茫沙漠中出现这样的手印,像是给人指出方向。

图 24 岩画位于法国马赛东面莫尔海岬的科斯凯洞窟,1991 年潜水员科斯凯发现科斯凯洞窟位于水下 36 米处,手印岩画共 26 个,洞窟内除了手印,还有动物,根据 ^{14}C 方法测试,岩画分为两个时期,前期距今 28000 年左右,后期距今 16000~18000 年。

图 23　　　　　　　　　　　　　　图 24

图 25 岩画位于西班牙的加斯特罗,大部分手印位于洞窟内。该地区的手印与动物分布在一起,有的手印直接印在动物的身体上,创作时间距今约 25000 年。

图 26 岩画位于美国亚利桑那州东部,手印与动物、符号等相互掺杂描绘在一起,画面清晰。

---

① 印度尼西亚喀斯特地貌岩洞中的 3.99 万年前远古人类手印岩画是世界目前已知最古老,化石网,2014 年 10 月 20 日。

图 25　　　　　　　　　　　　　　图 26

图 27 岩画位于巴西的皮奥伊州，整个手印整齐划一，像是遗留下来的一种仪式。

图 28 岩画位于阿根廷的巴塔格尼亚的洛斯·玛诺斯洞窟，共 830 多个，阿根廷最为著名的就是手印岩画，制作年代距今 11000~95000 年。[①]

图 27　　　　　　　　　　　　　　图 28

图 29 岩画位于澳大利亚的约克岬地区，手印与人物重叠在一起，从画面上看，手印岩画年代在后。

图 30 岩画位于澳大利亚昆士兰州劳拉崖壁画，画面内容有手印、人、鱼、符号。颜色有红色、白色。

通过上述各国手印岩画的概述不难看出，手印岩画是世界性的文化题材，而且手印

---

①陈兆复、邢琏：《世界岩画·欧美大洋洲卷》，文物出版社，第 223 页。

图 29　　　　　　　　　图 30

岩画也是最古老的文化题材,值得我们深究与探寻。笔者所收集到的这些手印资料虽然有限,但从有限的资料中也可窥探出很多重要的信息。

三、手印岩画的制作方法

手印岩画制作主要有两种,一种是凿刻或磨刻法,一种是彩绘法。采用凿刻或磨刻制作的岩刻岩画主要是用石器或金属在石头表面敲凿、磨刻、划刻而成。采用彩绘方法制作的岩绘岩画主要用矿物质颜料融合动物血液、水或添加动物油脂等,直接描画在岩石上。岩绘的手印还包括两种,实心手印与空心手印。实心手印是用手蘸上颜料直接按在石面上;空心手印是把手先放在石头上,然后用动物的骨管或者吸管吹喷在手的周围,这样就形成了空心手印。

四、手印岩画的制作目的与表现的文化内涵

从目前所掌握的资料来看,手印岩画的制作目的有多种。从世界范围来看,手印岩画的含义有 27 种之多,包括生殖、数字、占有、拥有、我、指示方向、成人礼仪式、辟邪、记录等等。在贺兰山的贺兰口岩画中有这样一幅岩画,如图 31。

这幅岩画叫作《鹿与马》,我们会发现在手印的周围的这些动物腹部都是隆起的,似处于怀孕

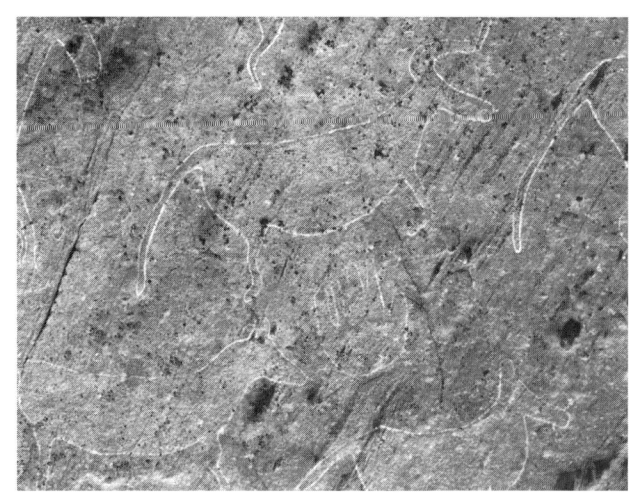

图 31

期间的,但是我们清晰地看到,在这群动物中间出现了一个手印,这个小小的手印为什么会出现在这里呢?

很显然并不是随意刻画的,那么在这里这个手印表示的应该是拥有、占有的意义。意在说明这些动物都是归属于我的。

在贺兰山的贺兰口还有另外一幅手印岩画也很有意思,如图32:

这幅岩画位于贺兰口的北壁,整幅岩画是一幅契约图。画面中间是一个天然的石缝,这条石缝将大小手分成两个部落。左边是一个小手部落,小手的下方有一个动物,动物两个后腿蹬直,前腿呈跪立状,跪立方向是冲向大手这边。在小手印左边有个像蘑菇状的小箭头,意为从原有位置搬离到其他地方。大手印这边最上方看到一幅人面像,代表的是天上的神灵,挨着下方是一个双臂扬起的人物,人物下方连着一个人面像,这应该表现的是巫师形象。在巫师的下方一个带手腕的大手印,手腕下面有个小横线,小横线的下面连着狭长形的人面像,这里代表的是这是女性的手印。最下方画着一头牛,

图 32

这头牛被拴在了柱子上,说明大手部落经济实力比较强,有了多余的动物就会被拴起来。整幅岩画给我们展现的内容就是两个母系氏族部落之间应该发生过一场战争,在战争中小手部落战败了,它所有的权力财产归大手部落所有,从原来的地方搬离到其他地方。这个契约在部落巫师与天上神灵的共同见证下,永久有效。就像我们现在签合同、按手印是一个道理。在当时没有文字、纸张下,先民将此刻画在岩石下做永久保存。在这里手印的含义就是代表最初的"我"。

阿根廷的诺斯·玛诺斯手印岩画非常著名,画面中的手印非常多,都属于岩

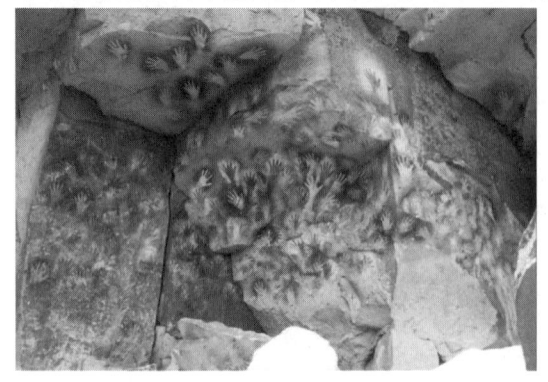

图 33

绘，而且画面中既有空心手印也有实心手印。为什么会有空心和实心的呢？会不会是男女之分呢？这还有待进一步研究。仔细观察这些手印都是非常小的，学者认为这是9~13岁孩子的手印。在一个山洞里出现这些手印不是一个偶然，这是一种集体的行为，很有可能代表的是一种成年礼仪式，也就是说孩子在9~13岁的时候举行了这种仪式，代表他（她）已成年，将要为氏族部落生产劳动。由此我们可以看出当时的成年礼都比较早。

通过以上几个不同国家、不同制作方法的手印岩画可以看出，手印所处不同环境代表的意义也是不一样的，单一手印岩画的出现和在整体岩画中的出现也代表了不同含义。从手印岩画的分布地点我们会发现，每个岩画点都是位于比较偏僻的地方，而且彩绘类手印都位于洞窟内。原始先民在这样一些地方制作岩画可能有以下两个方面的原因：其一，当时原始先民可能大部分都居住于此。考古发现很多山洞里面都有原始先民生活的痕迹；其二，大部分学者认为这些手印可能与祭祀仪式有关，所以一般祭祀活动的地点大部分都是在隐蔽的地点。

五、手印岩画的现实应用

很多细心的人会观察到，这些手印岩画大部分左手多，可能是因为人类"右利"的习惯。日常生活中，人们大都习惯用右手劳动、写字、拿筷子、提东西等，生理学把这种现象叫作"右利"现象。据生物学研究，人们习惯用右手，是在长期的劳动中渐渐养成的。在原始社会时期，人们出去狩猎时，手里拿着石斧、石矛同野兽搏斗。在交战时，人们本能地弯着左手来保护胸腔左侧的心脏，而用右手拿着武器冲向野兽。由于人们经常使用右手，渐渐地人们左边的大脑半球的灵敏性也就比右边的稍高些，而这又反过来促使人们更经常地使用右手。久而久之，"右利"的现象就不仅成了后天的习惯，而成了先天的遗传了。同样人们在制作岩画时，右手拿着工具，左手放在石面上来制作岩画。手在我们现实生活中起着重要的作用，几乎任何劳作都离不开手，所以说"手"不论是在以前还是现在对于人类都是非常重要的。

贺兰口祭祀文化略谈

张建国

贺兰口因大量岩画的存在而闻名于世,周围的地理环境、人文环境及岩画的分布特点同时彰显了贺兰口从古至今深厚的祭祀文化。祭祀就是人们按着一定的仪式,向神灵或祖先致敬和献礼,以恭敬、虔诚的动作膜拜它,请它帮助人们达成靠人力难以实现的愿望。从根本上说,祭祀是对神灵的讨好与收买,是把人与人之间的求索酬报关系,推广到人与神之间而产生的活动。有学者认为贺兰口可以说是贺兰山东麓的祭祀文化保存得最为完整,而且是最能获得原始艺术灵感的地方。如果把雄伟的主峰、繁盛的草木、四季不竭的清泉、种类繁多的岩画、雄伟壮观的祭坛、神秘莫测的神庙等元素结合在一起,浮现在眼前的就是一座自然天成的祭祀的殿堂。

"自从庙宇出现以后,岩画就停止了……"前国际岩画委员会主席阿纳蒂先生的一席话充分说明了岩画祭祀的功能,"有岩画的地方,一定有人类活动的痕迹。人面像岩画出现的地方也一定是先民祭祀的地方"……贺兰口是贺兰山岩画的荟萃之地,12平方公里的保护范围内集中了2321组,5685幅图案,占贺兰山岩画的2/3。岩画题材涉及动物、人面像、人体、生活图像、符号及几何图形等五大类,其中最引人注意的莫过于718幅人面像岩画。人面像岩画是指"远古先民把心目中的神灵鬼怪、图腾动物以及各种崇拜对象附以人面的形象所表现出来的岩画,它是崇拜文化的最高形式"(贺吉德:《人面像岩画》)。沟口周围散落的古祭坛、山神庙、龙王庙作为祭祀文化的重要载体,与岩画共同构成了当地完整的祭祀文化体系。

一、环境概述

贺兰山位于宁夏西北部,呈东北—西南走向,主脉由西南向东北延伸,是中国主要南北向山地之一,同时也是宁夏回族自治区与内蒙古自治区的界山。北起内蒙古的巴音敖包,南至青铜峡的马夫峡子,绵延250公里,纵深15~60公里。主峰敖包疙瘩(俗称砂锅洲)海拔3556.1米,是宁夏境内的最高峰。山体东侧巍峨壮观,峰峦重叠,崖谷险峻,分布有大小48个山口,而贺兰口就是其中之一,并且是直通主峰的最为重要的一条山谷。贺兰口山势陡峭,沟谷幽深,泉水潺潺,草木繁盛,滋养了大量珍禽异兽,自古以来就是人们理想的家园、幸福的乐土。

二、祭祀的对象

在人类的童年时代,人们思维简单,富于幻想,对于自然物和一切自然现象都感到神秘而恐惧。天上的风云变幻、日月运行,地上的山石树木、飞禽走兽,都被视为有神灵主宰,于是产生了万物有灵的观念。这些神灵既哺育了人类成长,又给人类的生存带来威胁;人类对这些神灵充满感激,同时也因为它们的变幻莫测而心生畏惧,因而希望通过对这众多的神灵顶礼膜拜,来达到降福免灾的目的。为了便于祭祀、膜拜,人们按照自己的现实需要创造了这些形形色色的神灵,并以岩画、雕塑或事物原形等作为载体加以表现。贺兰口内容丰富的人面像岩画、原住居民宅祭的贺兰山八神、山神庙里的山神、龙王庙中的龙王、羊圈神龛里的圈神……充分说明了这一地区从远古时期到近现代,人们祭祀的对象种类繁多且相应的祭祀活动也从未停止过。

中国古代宇宙观最基本的三要素是天、地、人,我们可把众多的神灵分为天神、人鬼和地祇。天界神灵主要有天神、日神、月神、星神、雷神、雨神和风云诸神。地界神灵主要有土地神、山神、水神、石神、火神及动植物诸神,它们源于大地,与人类生存密切相关。人界神灵种类繁多,主要有祖先神、首领神、生殖神、灶神、财神、猎神及其他行业神等等。它们直接与人们的日常生活密切关联,享受了最多的祭品。而贺兰口享受人们祭祀的神灵可以说基本上涵盖了天、地、人三界的各种神灵。

(一)太阳神

在贺兰口岩画中,有一幅举世闻名的岩画"太阳神"。炯炯有神的重环双眼,光芒四射的线条,庄严肃穆的神情,无论在艺术造型上还是文化内涵上,都堪称绝世经典之作。远古时代,人们崇拜太阳神的观念几乎遍布世界各个角落。在高高的苍穹之上,神奇的太阳放射出万丈光芒,给人类带来光明,送来温暖,赋予万物以勃勃生机,同时,又使土地龟裂,草木燃烧,导致生灵涂炭。先民认为这一切都源于至高无上的太阳神的喜怒,于是,他们在岩石上绘制、磨刻出太阳的形象并将其人格化,通过一些仪式来祭祀、讨好太阳神。尽管表现太阳神的人面像形态各异,但世界各地的太阳神共同的一点就是四射的光芒,这一点可谓是抓住了太阳的实质特征。人格化的描写赋予了太阳的喜怒哀乐,使人们更能感受到太阳的威力和显现的神性。

(二)月神、星神

在贺兰口岩画中,表现月亮、星星的岩画出现的较多,并且大多处于同一画面。远古时期,黑夜与白昼同样都是人们无法理解,又无法抗拒的自然现象,相对于白昼的光明、温暖,黑夜带给人们更多的则是黑暗、阴冷。人类早期对天体认知的过程是一个既漫长又痛苦的过程,在无力改变的情况下,顺从、讨好是人们唯一能做的。而太阳、月亮、星辰是神秘宇宙日夜两重天最主要的特征,找到了载体,辅之以虔诚的祭祀,人们慢慢发现了黑夜的"好处"。告别了白日的紧张、疲劳,分享着猎获的食物,计划着明日的活动……寂静的夜晚充满了美好的希望。当人们发现月亮的阴晴圆缺、星辰的稀疏清浊能够预示明日的天气时,他们开始为这一伟大的发现而欢呼,祭祀也就有了更为明确的目的。岩画中往往以大量的点、圆、圆弧或坑穴来表示月亮和星星,尽管它们的解释含义有很多种,但在早期普遍代表的都是日月星辰。贺兰口独体岩画石中有一幅岩画刻画的是三个坑穴围绕着两个圆弧,刻槽粗犷、圆润,系典型的研磨法制作;贺兰口沟谷入口处南侧山壁有一幅岩画,表现的是一个圆圈,

四周有类似太阳的芒线,旁边连接着一条狭长的直线,有学者认为是古人对流星的刻画;贺兰山大水吉口有一块1.8平方米的巨石,上面刻有大小138个坑穴,最大的一个直径9厘米,深7厘米,周围几个坑穴之间还有线条相互连接,说明古人在观测星体的过程中对星座已有了朦胧的认识……这些岩画的产生反映出先民对星体不断认知的过程,精心、细致的制作充分表明了他们对月神、星神的虔诚。

(三)生殖神

生殖神是人类对自身生产即种的繁衍的一种祈望和需求而创造出来的神。它的产生体现了原始先民强烈的生命意识和带有神秘宗教信仰的感情。人口的多少直接决定着物

质生产的能力和生存的状态。因此,对人口的现实需求是远古时代人们生活、思想的主体。先民对生殖的渴望归结到对生殖神的崇拜与祭祀上,使他们艰苦的生活充满了激情和憧憬。贺兰口岩画中的人面像大部分刻画的都是部族或家族的生殖神,通过对他们的祭祀,来达到人口的繁衍和部族的强大。生殖神的创造源于人们对生殖现象的认识,女阴、男根、交合行为等很多生殖现象中必不可少的重要因素都被形象地加以刻画,从而有了女性生殖神、男性生殖神及概括化了的生殖神。

其他体现祖先神、首领神、面具神的人面像中,都可以找到特征明显的符号,如有些人面像通过"血祭"、黥面的习俗及用"X光"风格刻画骨骼来表达对祖先的祭祀;也有些人面像通过对眼睛、头饰的着重刻画以突出人物的威猛和强悍,从而表达对氏族中充满力量、智慧的部落首领或有功于氏族的英雄的崇拜;还有些人面像通过对面具本身的记录和描绘,体现面具所具有的非凡神力……

(四)宅祭八神

贺兰口原住居民家中供奉有贺兰山八神:山神、路神、石神、泉神、土神、木神、火神、猎神。这些神灵何时开始成为人们家中供奉的神,已无从考证,但因为他们与人们的生活息息相关,所以一直以来都受到人们的祭祀。八神或以雕塑出现,或以纸画出现,或单一,或群体,根据人们的需要,在不同的日子享受

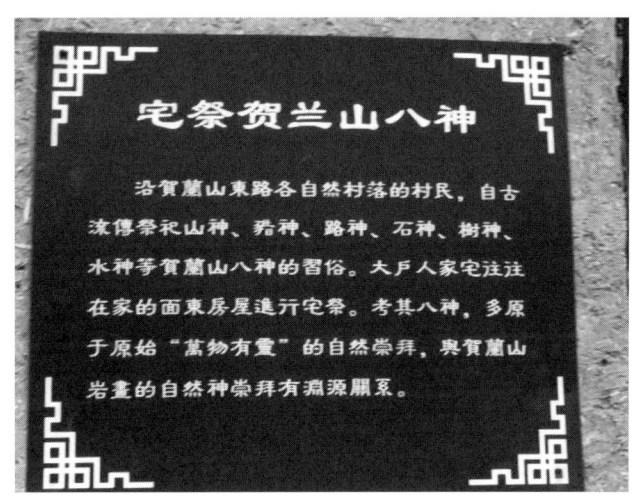

着供献的祭品。八神崇拜是贺兰口早期先民自然崇拜的遗风,而从众多的自然神当中挑选出与人们生活联系紧密的八神再到综合统一的一神——山神,这经历了一个漫长的历史过程,充分说明贺兰口祭祀文化积淀之深厚,传承之悠久。

山神从八神中脱离出来大概是在明代,距离沟口500米处的始建于明代的"山神庙"成为了八神最终的归宿。

(五)龙王

距离贺兰口沟口南侧大约400米处的台地上至今还保留着始建于清代的"龙王庙"。庙虽在,但可惜"龙王"已不知去向。即便如此,当地居民祭祀"龙王"的活动却延续至今,山谷内的泉眼成为了"龙王"的替身。每年农历三月十八,村人皆往,以白羊献之,祈盼来

年水量充足,五谷丰登。

(六)圈神

贺兰口沟口至今还遗留着八座石头垒砌的羊圈,建于何时,不得而知。据说,羊圈上的每块石头都比美国的历史长。每座羊圈石墙主位正中都有一个神龛,当地百姓称为"石窑窑",窑中供奉的就是圈神。圈神的原型已无从考证,村人或以白石代替,或以木牌代替,或以写有"圈神"的纸条代替。羊群的安全,羊只的成长、繁衍只有在圈神的保佑下才能得到保障。因此,每年的除夕圈神都会享受人们隆重的祭祀。

三、祭祀场所

贺兰口早期的祭祀没有固定的场所,随时随地均可献祭。后来,随着祭祀规范化,逐步出现了固定的场所,相继诞生了岩画区、祭坛、圈石墓、庙宇等。

(一)岩画区

这是贺兰口最为独特,也是最大的一处祭祀场所。12平方公里的保护范围,只要有岩画的地方,就是带有祭祀意义的场所。刻制岩画与祭祀神灵密不可分,人们认为把各种神的形象刻制在具有灵性的岩石上,更能激发出神的力量,在祭祀时离神越近,越能实现所祈求的愿望。于是,每幅岩画前就是一个小祭祀场所,整个沟谷也就成为祭祀的中心带。《礼记·礼器》称"至敬不坛,扫地而祭",这也是最原始、最简单,同时也是最神圣的祭祀场所。

(二)祭坛

此坛是距离贺兰口沟口东侧约500米处的一座石头垒砌的石堆,高约10米,直径20

米,呈方形,逐层收缩,正对贺兰山主峰"沙锅洲"。站在坛顶,整个山口一览无余,东侧洪积扇上分布的独体岩画石呈射线状围绕石堆四周。问及村中老者,石堆由来已久,且东南西北四方原本均有台阶可直登坛顶。是否为古时之祭坛,尚需进一步考证,但考古学家、岩画专家盖山林先生及国家博物馆研究员陈斌教授经过多次考查认为该坛很可能是先民当年祭祀所用的祭坛。

(三)圈石墓

在墓地祭祀神灵是较原始朴素的方法,一般用于祭祀祖先神。古人认为,到墓地祭祀离祖先最近,祖先神看得、听得最清楚,更能保佑自己。贺兰口有一直径六米的圆形石墙,正中有一石头垒砌的墓,称之为"圈石墓"。这是北方先民特有的一种埋葬习俗,外形如太阳一般,表达了古人渴求生命的轮回,祈望再次重生的愿望。

(四)庙宇

庙宇是随着祭祀方法的改变和为"神灵"着想的心理而产生的。贺兰口的山神庙和龙王庙让神灵有了栖身之所,从而免受风吹雨淋之苦,也为人们的祭祀活动提供了更加稳固的场所。正如昂纳提先生所说"自从人们把神请到了庙宇,野外刻制岩画的行为也就停止了"。

四、祭祀方法

贺兰口几千年来所表现的祭祀方法可以说是多种多样。不同时期、不同对象,人们采用的祭祀方法也是各不相同,目前所知,就有刻制岩画、血祭、供献祭品、舞蹈等方式。

（一）刻制岩画

通过石头与石头的碰撞、敲击，来达到心灵、思想上的沟通。每一幅岩画都是一个祭祀仪式。巫师或族长创造出所需的神的形象，并刻制在石壁上供大家顶礼膜拜时，每个人都要用石头照着神的形象，反复研磨，而每一次磨刻都是对心灵偶像的一种祭拜，以希望这些赋予了"人灵"

的"神灵"保佑他们。岩画制作完成，祭祀仪式结束。这个过程是许许多多的人在不同时候，不断添加个人的信仰，用意志和虔诚凝结而成的。贺兰口众多人面像岩画刻槽深达1厘米，充分说明了刻在石壁上的不仅仅是画，还有先民深深的敬畏与虔诚。

（二）血祭

萨满教认为人的灵魂存在于血液中、骨骼中，对血液、骨骼的崇拜就是对祖先灵魂的崇拜。在贺兰口岩画中有这样一幅人面像，椭圆形的脸面上除去五官，都是一些纵横交错的线条，令人不寒而栗。有学者认为这很可能反映的是早期先民髤面的习俗。髤

面是先民在悲伤之极或气愤之极时，用石刀、尖状石器、金属利器等在人的脸上划、拉、刻、割出一道道血口子，血流满面，且留下深深的痕迹。这种习俗在我国北方的羌戎、匈奴、突厥、回纥、党项等古代民族中曾经广泛流行过。最早的髤面习俗大约在新石器时代就有了，这一时期的髤面实际上就是原始宗教中的"血祭"。髤面会导致人流血，从而表达人们对血、对祖先的崇拜。在岩画中表现血是很困难的，于是先民通过刻画人面像脸部横竖相交的线条来表示"血祭"中喷涌的鲜血，从而达到祭祀祖先的目的。还有一幅岩画表现的是坑穴与虎的图案，52个大小不一的坑穴围绕着一只老虎。祭祀文化中，坑穴代表着重要的祭

器,人们把战俘或动物的血液盛放在凿好的坑穴中分而食之,来表达对天神的祭祀。

(三)供献祭品

人们为了讨好神灵,可以跪拜叩头,可以焚香燃纸,但对神灵来说最实惠的祭祀方式还是献上祭品,以博得神灵的欢心。贺兰口早期先民祭祀时供奉的祭品难以考证,但从现在来看,祭品大多是羊。羊对于当地居民来讲,可以说是最珍贵的食物了。既然对神灵有所祈求,就理应拿出自己最好的东西来供献。贺兰口原住居民祭祀龙王时,主要就是通过献祭来祈愿的。每年农历三月十八日清早,村里由德高望重的长者带领全村父老,背着一只羊、大锅、酒水及香裱等,到达叫芦沟的泉眼处进行祭祀。羊作为神圣的祭品,从古至今都被赋予了深厚的文化内涵,人们的美好愿望能否得以实现,与神性光环下的这些祭品都有着紧密的联系。

(四)舞蹈

早期的舞蹈主要以表现狩猎生产、庆祝丰收为主要内容,是一种自娱自乐的表演形式。随着人类社会中出现对神灵的崇拜,各种祭祀活动逐渐深入到了舞蹈中,并成为舞蹈内容的主题,娱悦神灵就成为舞蹈的思想主体,更多的体现了舞蹈的宗教色彩。贺兰口岩画中大量出现舞蹈的图案。通过舞蹈,人们达到了祭祀神灵的目的。

贺兰口的祭祀文化与岩画文化、当地民俗文化可以说是相伴而生,密不可分的。在悠久的历史长河中,这些文化绽放出耀眼的光芒,令贺兰山真正成为一座"圣山",它们留给我们的和我们现在所知的还相差甚远,这将吸引着我们不断探寻、发现。

"超写实"的欧洲洞窟岩画

银川市贺兰山岩画管理处 刘永平

岩画是远古不同时期的先民遗留下来的艺术瑰宝,分布广泛,异彩纷呈。按照表现形式来讲,基本上可分为具象类岩画和抽象类岩画,具象类岩画一般比较写实,根据分布区域的不同和岩画产生年代的不同,写实程度也有所不同;抽象类岩画一般为难以解释的符号类岩画或者高度简练的事物形象。相比而言,欧洲洞窟中大型动物岩画极为写实,以超乎我们想象的高超表现技法,大胆、细腻、巧妙、准确地绘制出了这些动物所具有的凶猛形象和原始野性,尤其对动物的骨骼、肌肉、比例以及动势都表现得十分准确,可谓是"超写实"的岩画了。

一、阿尔塔米拉洞窟《受伤的野牛》

西班牙阿尔塔米拉(Altamira)洞窟位于西班牙坎塔布利亚自治区的桑蒂利亚纳·德耳马尔附近,洞窟长约 270 米,深邃而曲折。岩画主要集中在长 18 米、宽 9 米的入口处,多数岩画分布在左侧洞内,其中有一处由野牛等三十多种大型动物组成的"公牛大厅",被誉为"史前西斯廷"。在窟顶,有一群造型极为准确、表现写实的野牛群,比例和结构准确,表现极为细腻,其中最为著名的《受伤的野牛》,被认为是旧石器时代世界原始绘画艺术的典型代表(图 1)。这只野牛形象结构准确、比例适当,神情逼真、动态富有张力,表现的是野牛在受伤状态下身躯蜷缩、怒目圆睁、拼命挣扎、奋力顽抗的瞬间状态,把野牛的这种本能的野性描绘得生动、真实。从表现技法来看,这幅岩画巧妙地利用了洞窟岩壁自然裂痕和凹凸不平的表面,既作为具有一定厚度的外轮廓的一部分,同时又表现其硕壮的肌肉和富有张力的外形,增强了画面的立体感。野牛的外轮廓整体用黑线勾勒,然后对其全身大部分面积涂施浓重的红色,对牛角、眼睛及腿部采用黑色或深色,使画面效果对

图 1 阿尔塔米拉洞窟 受伤的野牛

比强烈，形象更为逼真。突出牛雄健有力的脊背和随时等待时机向前猛冲的动态，达到了形和意的共同写实。在35000前年的旧石器时代，还处在原始状态下的先民，思维和认识水平整体尚不发达的情况下，能够对野牛的观察如此细致，准确抓住野牛的特征，表现得形神兼备，在当时可谓是超写实的绘画水平了。

二、拉斯科洞窟《中国马》

位于法国南部多尔多涅省的拉斯科洞窟，被誉为"史前的卢浮宫"。它由一条长长的、宽狭不等的通道组成，布着2000多幅原始先民的岩画作品，彩绘岩画多达600多幅。其中有一个外形不规则的圆厅最为壮观，洞顶画2~3米长的野马、野牛、鹿等形象，其中4头巨大公牛最长达5米以上，堪称是最具代表的惊世之作。

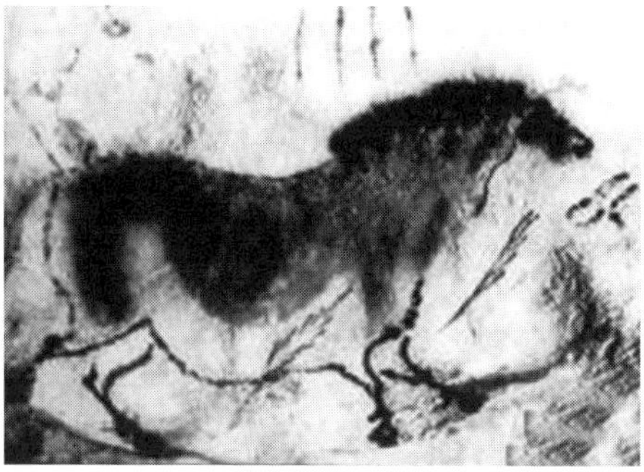

图2 拉斯科洞窟 中国马

洞窟内有一幅动态奔放、色彩鲜艳又过渡自然的棕色马岩画，由于其特征极似中国的蒙古马种，被人们称作"中国马"（图2）。依笔者之粗见，更像中国传统绘画中历代画家笔下的马（图3）。这幅作品以黑色勾勒外轮廓及马鬃，马的头部施以重色，全身棕色平涂，腹部以下渐变过渡，类似于中国画中的"分染"技法。马的轮廓严谨，比例准确，

图3 左图为中国蒙古马种，右图为中国画中的马

又对其特征（如腹部等）稍作加强夸大，线条流畅，结构明确，色彩对比强烈，增强了马的厚重感和立体感。马的形象呼之欲出，其写实的表现水平发挥得淋漓尽致。

在拉斯科前洞岩画中还有一幅堪称是件辉煌杰作的大公牛，整体塑造得强健有力，特别是对其头部的刻画更是逼真，作者把大量的重色调用在牛的头部和轮廓，增强了大公牛的体积感。(图4)这种表现方式在后来的西方画种素描中运用非常广泛，是一种真实反映对象且又对其进行艺术虚实处理的一种表现方式（图5）。这种表现方式会把观众的眼球吸引到着重表现的主要部位上来，让观众有一个从主

图4 拉斯科洞窟 大公牛

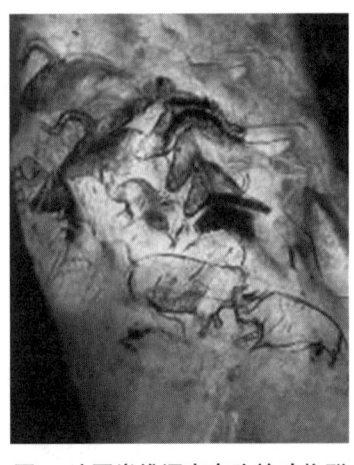

图5 达·芬奇素描作品

图6 法国肖维洞窟奔跑的动物群

到次的参观顺序感、韵律感。同样在法国肖维洞窟中,有一组动物群(图6),刻画的是一群正在向前拥挤奔腾的巨牛和野马,动感强烈,主次分明,着重对其头部进行了强调和塑造,躯干以线条概括,从而产生了虚实对比,使画面的焦点和重心落在了动物的头部,更加突出了画面的视觉重心。在距今上万年前的原始人类,能够运用这种高超写实及巧妙艺术处理的表现技法,无不令人叹服!

三、欧洲洞窟岩画与贺兰山岩画的异同

与欧洲洞窟岩画相比,贺兰山岩画以线条刻画为主,趋于写意类型。欧洲洞窟彩绘岩画大部分着重用块面来表现形象,贺兰山岩画则用石器或金属器刻制在石头上,没有色彩的参与,仅仅用粗细不同的线条及少量的凹面来表现对象的抽象或具象的形象,就如用形容中国画的造型方法一样,是"以线造型",相比之下,欧洲洞窟里的彩绘岩画则非常写实了。在贺兰山贺兰口岩画中,有一幅也可以称作"受伤的野牛"的石刻岩画(图8),在野牛的身上插有匕首,野牛受伤后挣扎的动态与神情和阿尔塔米

图7 西班牙著名画家毕加索对野牛形象简化的过程

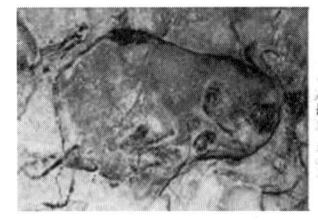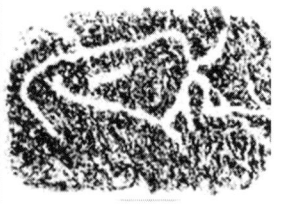

图8 右图为贺兰山岩画(拓片),与左图有造型上的相似之处,但其表现方法却截然不同

拉洞窟《受伤的野牛》极为相似,但表现方式上,一个为写实性的表现方法,一个是写意性的表现方法,对比看来,则其风格一目了然。20世纪,著名的西班牙画家毕加索曾经对野牛的形象做过反复刻画,并对野牛的形象由完全写实的全因素素描向几何图形方向进行了数次简化(图7)。毕加索笔下的野牛形象,在简化的过程中已经与阿尔塔米拉洞窟中野

牛的形象极为接近了。

四、史前岩画对后世艺术的影响

在世界绘画史上,最有代表的两种画种就是欧洲的油画与东方的中国画。欧洲写实性的洞窟壁画,造就了注重科学透视及色彩效果的写实性油画;中国绝大部分写意性的岩画,同样也造就了"以线造型,形神兼备"的中国画。

与西方美术史上出现的印象派、抽象派及野兽派等画风相类似的,在欧洲洞窟里也有一些特殊抽象符号,是与这些"超写实主义"作品"共居一室",形成鲜明对比。由此可以反映出,在上万年前的旧石器时代,欧洲洞窟岩画的作者其思维水平和方式已经有很大区别。但从洞窟岩画的规模和代表性上来看,写实的表现手法仍占据主流地位。

图 9　以线造型的中国传统仕女画　　图 10　注重写实与色彩表现的欧洲妇女肖像油画

在 20 世纪 70 年代,在西方绘画史上兴起了超级写实主义(照相写实主义)运动,其主要特征是利用摄影成果,进行客观的复制和逼真的描绘。这是已经十分成熟的油画画种发展到一定程度上的产物,在当时,其写实水平已经超越了一般意义上的写实主义手法,因此把这种更为逼真、写实的表现技法称为"超写实主义"。而在欧洲洞窟岩画中的写实手法,尽管不能与这种照相写实主义画等号,但在特定历史时期下有着艺术发展程度的相似性。在旧石器时代,其绘画表现水平整体相对比较低下,而在欧洲洞窟岩画中,却存在着出类拔萃的、高于同时代水平的、真实描绘对象的写实技法,从当时岩画的发展水平来讲,这些欧洲洞窟岩画表现手法无疑是"超写实"了。

五、因岩画艺术风格而对人类多元化发展的猜想

从欧洲洞窟岩画和贺兰山岩画对比我们已经看出其风格的差别巨大,不仅如此,在中国乃至整个亚洲、美洲岩画中,整体岩画风格仍以线条为主,而欧洲洞窟岩画、非洲草原岩画等以写实的岩画为主,可谓是"一方水土养一方人",是人类社会多元化发展的有力说辞。著名学者宋耀良在考察美国西海岸岩画时,发现了在美国阿达加斯加海湾出现

的人面像和贺兰山岩画、内蒙古阴山岩画、赤峰岩画以及江苏连云港将军崖岩画有着极为相似的"血缘"关系,从而总结出了环太平洋地区人面像传播和人类迁徙的规律,他认为阿留申岛链是人类从亚洲迁徙到美洲的重要路线。

在非洲撒哈拉沙漠岩画中,出现了大量的羚羊形象,其制作方式与法国拉斯科洞窟中的《中国马》的方式极为相似,均是以赭红色为块面进行有过渡性的涂绘,似乎也有着很明显的"血缘"关系。目前很多学者因非洲发现了人类最早的头盖骨而认为人类起源于非洲,是人类发展"一元论"的代表观点。如果从岩画中的风格和内容来分析,非洲这种过渡式绘制岩画的技法,在欧洲和澳洲得到了发展,但在亚洲、美洲发现极少,是否可以认为亚洲和美洲是人类起源的一脉,而非洲、欧洲和大洋洲是另一脉呢?当然,人类起源问题一直是一个争论较多的话题,一个观点、一种学说需要有实实在在的论据来支撑,不能以随意的猜想作为定论的。但是作为一个大胆的假设,可以为寻找证据提供一个可能的方向,很多学科研究的突破,不一定是把证据找全了才得出结论,而是在大胆的假设后不断求证的过程,也寄希望能从岩画的风格、制作方法和表现内容上面能够有所启发。

银川市贺兰山岩画保护管理和开发建设综述

李成荣

银川市贺兰山岩画管理处在银川市委和市政府的正确领导下,以科学发展观理论为指导,根据银川市建设现代化区域中心城市、创建"两个最适宜"城市及加快发展旅游业的工作部署,按照"保护为主,抢救第一,合理利用,加强管理"的文物工作方针和"保持原始、拒绝现代、顺其自然、无为而治"的开发理念,狠抓文物保护管理,强化自然生态景观保护意识,整治景区卫生环境,努力挖掘景区文化内涵,加大宣传促销力度,不断提升景区文化品位,使银川市贺兰山贺兰口岩画的保护管理和开发建设工作得到了全面发展。

一、贺兰山岩画概述

宁夏贺兰山绵延250公里,在贺兰山东麓27个山口内外分布着数以万计的古代岩画,揭示了原始氏族部落自然崇拜、生殖崇拜、图腾崇拜、祖先崇拜的文化内涵,是研究中国人类文化史、宗教史、原始艺术史和古人类历史的文化宝库。

距银川市区56公里的贺兰口岩画保护区,处于宁夏贺兰山中段,是贺兰山岩画的富集之地,也是贺兰山岩画的代表地。在山口内外分布着5679幅岩画,内容涉及贺兰山岩画中的史前人类放牧、狩猎、祭祀、争战、娱舞、交媾等生活场景,以及羊、牛、马、驼、虎、豹等多种动物图案和抽象符号,其中人面像岩画达700多幅。贺兰口岩画因内容和表现形式丰富、分布区域集中、文化内涵深厚、距离中心城市近而闻名于世,20世纪60年代末期被发现后,便引起了考古学界、艺术史学界、宗教史学界和民族史学界的轰动。1996年,贺兰口岩画被国务院公布为第四批全国重点文物保护单位;1997年,贺兰口岩画被联合国教科文组织国际岩画委员会列入非正式世界文化遗产名录;2004年4月,贺兰口岩画正式启动申报世界文化遗产;2005年12月,贺兰口岩画作为"宁夏贺兰山——西夏王陵风景名胜区"的重要组成部分,被建设部列入《中国国家自然遗产、国家自然与文化双遗产预备名录》。

二、贺兰山岩画及其他文物的保护管理

(一)成立专门文物管理机构

2000年4月底,全国重点文物保护单位银川市贺兰山贺兰口岩画移交由银川市管理。2000年7月,银川市决定筹建"银川市贺兰山岩画管理处"。2000年8月,市政府成立了以市长为组长的银川市贺兰山岩画保护开发领导小组,开始贺兰口文物保护和旅游开发工作。2002年6月,银川市贺兰山岩画管理处(以下简称管理处)正式成立,为银川市政府直属正处级事业单位,其工作职责是保护管理银川市境内贺兰山东麓12个山口的岩画和拜寺口西夏文物以及开发建设贺兰口岩画景区、拜寺口双塔景区。从此,贺兰山岩画的文物保护和开发步入科学、有序、合法、可持续发展的历史阶段。

(二)调查、编号、记录贺兰山岩画

2000年10月始,管理处工作人员顶严寒、冒酷暑,在贺兰口沟口内外约12平方公里范围内的沟梁上、乱石滩中分7个区域,按不同时段反复踏勘、摸排调查岩画,截至2003年5月底,经过3次反复调查,共编号记录贺兰口景区岩画2318组,单体图案达5679幅,并将这些岩画线绘图全部录入微机。与此同时,还对沟口外约9.5平方公里的洪积扇荒漠草原上分布的1500多块岩画石进行了编号和定位记录,首次用卫星定位仪(GPS)记录了每块岩画石所处的经纬度位置和海拔高度。为划定贺兰口岩画保护范围和对岩画实施有效管理提供了科学依据。

自2003年6月至今,管理处还对贺兰山滚钟口、大水吉口、拜寺口、回回沟、大韭菜沟、苏峪口、插旗口的岩画进行了初步调查,新发现400多幅贺兰山岩画。在此基础上,管理处还向银川市文物局报送了将以上6处岩画点申请列入银川市重点文物保护单位的报告。

(三)调查、记录贺兰口其他文物

在对贺兰口岩画进行调查、记录的同时,管理处还对贺兰口沟口内外的其他文物进行了调查、记录。发现原始人类居住过的房址4处、山洞1处和原始人类遗留的祭坛1处,古代游牧民族特有的圈石墓13处,西夏文化遗址5处,明代"贺兰口墩"1处、"土围墩(烽火台)"遗址1处、题刻2处,清代山神庙、龙王庙各1处。在距沟口仅50米处的原始人类居住的房址地表和沟内山洞中,发现了8件石器、30多片陶器碎片。据自治区考古专家对其中3件石器和18件陶片鉴定,认为这些石器和陶片有着新石器时代齐家文化的特征,距今4500~5000年。这些石器、陶片,首次为贺兰口岩画的断代提供了实物资料,间接对贺兰口岩画的进行了初步断代。

(四)划定贺兰口岩画保护区范围

艰苦的岩画普查工作结束后,贺兰口沟口内外的岩画分布情况已经明晰,管理处提

请银川市政府报请向自治区人民政府划定贺兰口岩画保护范围。2002年12月,自治区人民政府第102次常务会议讨论通过了《银川市人民政府关于划定贺兰山贺兰口岩画保护范围的请示》。2003年1月,自治区人民政府正式下发了《关于划定贺兰山贺兰口岩画保护范围的通知》,贺兰口岩画的保护范围最终被确定,为进一步保护管理贺兰口岩画提供了法律依据,为启动贺兰山岩画申报世界文化遗产创造了条件。

(五)搬迁贺兰口岩画保护区内农民,完成土地征用工作

为了加快贺兰口岩画的保护和景区建设步伐,完善景区功能区划,规范景区管理,在各级政府支持和有关领导的关心下,贺兰口岩画保护区内金山村4社农民在2002年5月全部搬迁下山,5社农民在2008年6月搬迁下山。

(六)完成《银川市贺兰山贺兰口岩画保护总体规划》的编制工作

贺兰山贺兰口岩画保护范围公布之后,管理处委托资质单位编制了《银川市贺兰山贺兰口岩画保护总体规划》(以下简称《规划》)。《规划》由市政府和自治区文物局组织区内专家论证通过后,上报了国家文物局。国家文物局组织有关专家论证后,认为《规划》编制地比较规范、合理,水平较高,提出适当压缩开发利用内容的建议。《规划》编制单位按国家文物局反馈的意见进行了修改,形成修订本,再次上报国家文物局。在自治区文物局的指导下,管理处积极与国家文物局联系关于批准《银川市贺兰山贺兰口岩画保护总体规划》事宜。同时按已编制的规划科学做好文物保护工作。它是贺兰口岩画保护管理和旅游开发的具体指南、行动纲领。

(七)协同有关部门制定出台了《银川市贺兰山岩画保护条例》

2003年6月,市第十一届人大常委会第三十次会议审议通过了《银川市贺兰山岩画保护条例》。2003年7月,宁夏回族自治区第九届人大常委会第四次会议决定批准《银川市贺兰山岩画保护条例》,由银川市人大常委会予以公布,并自2003年9月1日起施行。该《条例》是目前全国第一部岩画保护方面的地方性法规,为保护管理贺兰山岩画提供了法律依据。

(八)贺兰山贺兰口岩画岩体保护及防风化处理课题研究项目完成

贺兰山岩画的风化问题,一直是人们关注的焦点,也是世界上难以解决的问题。2003年2月,管理处在科学调查记录贺兰口岩画的同时,在银川市科技局立项,设立了"贺兰山贺兰口岩画岩体保护及防风化处理研究"课题组,通过对岩画石质和结构特征、岩画石面风化的种类、机理、原因、特点以及环境的检测等分析研究,获取相关数据,在对目前国内外运用的硅酸乙酯类岩石保护剂进行筛选的基础上,运用不同参数的防护材料和施工工艺,在对贺兰口岩画石进行实验室喷涂试验和效果测试后,初步确定了对已风化破坏

和正在风化破坏的岩画岩面进行保护、修复的最佳实施方案。为今后制定防止贺兰山岩画遭受自然风化破坏保护方案奠定了基础。

(九)银川市贺兰山贺兰口岩画申报世界文化遗产的工作正式启动

2004年4月,根据自治区、银川市主要领导指示,及申报世界文化遗产的入选原则,向国家文物局呈送了贺兰口岩画申报世界文化遗产的申请报告和有关材料,国家文物局已正式受理。贺兰口岩画申报世界文化遗产工作拉开了序幕。2004年8月,市政府成立了银川市贺兰山贺兰口岩画申报世界文化遗产工作指挥部。2004年11月,自治区政府成立了宁夏回族自治区贺兰山贺兰口岩画申报世界文化遗产委员会,自此贺兰口岩画申报世界文化遗产领导机构成立完备。

三、贺兰口岩画的开发利用

贺兰口岩画景区正式对外开放。从2000年8月开始,管理处通过环境治理、修建参观便道、清理岩画山体上的碎石及腐朽物、设置保护栏和中英文说明牌、在沟口内山坳及山坡上种植了1600多株常青树和乔灌木、设置垃圾筒等抢救性保护措施后,贺兰口岩画景区于9月3日正式对中外游客开放。

(一)在贺兰口岩画景区建设银川世界岩画馆

2004年4月,银川市领导召集市有关部门就银川世界岩画馆选址等问题进行现场办公后,岩画馆开始建设。贺兰山世界岩画馆建馆宗旨是:依托贺兰山岩画荟萃地贺兰口,通过对世界岩画遗产的较为系统地介绍,突出展示驰名中外的贺兰山岩画在世界岩画群落中的重要地位。贺兰山世界岩画馆的功能是:搜集、收藏、保管、陈列世界各国的岩画图片、拓片等资料和实物;组织形象化的陈列展览,并运用讲座、报告会等形式,传播世界史前文明史和岩画知识,以满足广大群众,特别是青少年求知的需要和岩画艺术欣赏的需要,丰富人民群众的科学文化知识;广泛开展各种类型、各种层次的岩画学术研究活动。根据设计要求,岩画馆将建成宁夏第一个数字化博物馆,在岩画馆内,观众可点击浏览所有展示的标本、图录、文字,并链接世界各国岩画的相关资料。依托岩画馆建成我国最有影响的岩画信息中心、资料中心、研究中心。岩画馆陈列内容分为4个展厅:世界岩画展厅、中国岩画展厅、贺兰山岩画展厅、原始艺术展厅,并设岩画研究室、资料阅览室、文物修复室等相关用房。岩画馆规划区域面积19500平方米,主体建筑面积4106平方米。岩画馆作为自治区成立50周年大庆献礼工程,正在抓紧建设,将在2008年8月底投入使用。

(二)全面建设贺兰口岩画景区

修筑贺兰口沟内砾石灌浆游览道路达1500米;铺就通往古村落、古人类房址、祭坛、圈石墓等史前人类活动遗址的卵石小路,长度达1500米;初步完成了贺兰口岩画景区沟口内外道路系统工程,形成了包括岩画、古人类文化遗址、山区古村落群及自然生态风貌在内的贺兰口岩画景区的旅游网络系统,为游客提供了更大的游览空间和便利的交通条件。

景区基础设施建设方面,大力推进景区项目建设,完善景区道路、防洪、指示标志系统、景区大门、游客服务中心等基础设施的项目立项和项目建设,争取到国家旅游发展基金500万元,正在组织实施。为提高贺兰山岩画景区的接待水平,申报国家4A级景区创造了条件。按文物规划完成景区功能分区,启动景区规划工作,加强景区环境整治。规划建设休闲度假区,建设贺兰山休闲度假基地。

(三)加大景区宣传营销力度

管理处力抓一切宣传机会,派专人携带光盘、宣传折页、书籍、展板等宣传资料,参加旅游促销活动,进行旅游促销推介活动,并现场解答询问,收到了很好的宣传效果。通过参加和筹办节庆活动,提升景区知名度,积极参加西北风情联合会、七夕情人节、贺兰山联盟举办的活动,筹办首届贺兰山岩画艺术节、首届贺兰山岩画少儿书画大赛、首届岩画国际交流工作会议。在对外交流方面,建立与国内外岩画界的联系机制,邀请著名岩画专家陈兆复、龚田夫、苏胜到岩画景区给职工授课,传授研究方法,指导岩画国际交流工作会议筹办准备情况和岩画馆的布展工作。努力推动贺兰山岩画文化品牌建设。在旅游营销宣传方面,细化景区旅游产品,策划组织贺兰山岩画8大的旅游产品、4大旅游主题活动。加强与媒体的联系,强化与各旅行社的合作,采取措施,力促旅行社的工作积极性。

(四)建立贺兰山岩画网站

建立贺兰山岩画网站,分《概况》《发现》《保护》《旅游》《申报世界文化遗产》《图录》《中国岩画》《世界岩画》《相关链接》《最新动态》等10个栏目,从不同角度宣传贺兰山岩画,点击次数日渐增多,收到了非常好的宣传效果。

(五)加强知识产权保护

为了保护贺兰山岩画知识产权,防止恶意抢注,加大在互联网上的宣传力度,在维护知识产权方面做了许多基础性工作,对"贺兰山岩画"进行了域名注册。在经费有限的情况下,对"太阳神"等岩画图案进行了部分注册。

(六)培养贺兰口岩画专业人才

狠抓职工教育培训,塑造"贺兰山岩画创业精神",培养专业技术人才和管理人才。加强领导班子团结,坚持民主集中制,推动了岩画管理处工作规范化、制度化。

邀请著名岩画专家陈兆复、龚田夫、苏胜到岩画景区给职工授课,传授研究方法,指导岩画国际交流工作会议筹办准备情况和岩画馆的布展工作,筹建银川市贺兰山岩画保护与研究学会。通过聆听专家的教导,培育职工热爱岩画事业激情,指导职工进行学术研究,培养职工正确的保护管理理念。

(七)创办《雄浑贺兰》报,在管理处成立贺兰山岩画和贺兰山文化研究小组

通过创办小报和创建研究小组的实践,磨砺培养具有较高写作能力、研究能力的专业人才。

四、工作成绩及未来展望

管理处自正式成立以来,连续6年被银川市旅游局评为"银川市旅游先进单位"。贺兰口岩画景区先后被宁夏大学命名为"人文科学科研教学基地";被市科协评选为"科普教育基地";被自治区文联命名为"自治区摄影家基地";被中央民族大学中国岩画研究中心命名为"教学科研基地"。2004年12月,贺兰口岩画景区经自治区文明办、自治区建设厅、自治区旅游局联合考核验收后,被批准为"自治区文明景区"等等。在贺兰口岩画景区的发展建设中,先后成功地接待了全国政协副主席白立忱、罗豪才、王文元、任建新,原国务院副总理黄菊、吴仪,原中央军委副主席刘华清,中共中央政治局常委李长春,全国人大常委会委员长吴邦国、全国人大常委会副委员长司马义·铁瓦尔地等中央领导同志和北爱尔兰众、参议院主席,以及联合国教科文组织官员等,同时还接待了文化部、国家文物局、建设部等中央部委考察组。景区的文物保护及旅游开发,受到了中央领导及区、市党委、政府领导同志及国内外广大游客的一致好评。

在旅游方面,贺兰口岩画景区门票收入平均每年以50%增长;参观人数分别平均每年以45%递增。门票收入在全市统计内的19个旅游景区(点)中,跃居第四位。贺兰口岩画景区已成为银川市最新开发、投资最少、效益最好的文物旅游景点。

事实证明,管理处在文物保护、强化生态景观保护、整治景区卫生环境、挖掘景区文化内涵、提升景区文化品位、提高职工整体素质方面,得到全面发展,为银川市建设现代化区域中心城市、做好历史文化名城的保护和加快旅游业发展,做出了应有的贡献。

在"十一五"期间,贺兰口岩画景区将结合文物古迹优势和自然风景资源,

我们将全力以赴抓好景区规划,科学做好文物保护工作,加强基础设施建设,加强人才队伍培养,加强岩画对外交流,努力使贺兰山岩画成为银川市的核心文化景区,成为银川及宁夏的一张名片,成为银川对外交流的窗口,成为银川市文化产业发展的重要基地,成为全国文物保护的典范。

岩画文化传承和利用的再延伸

王 旭

岩画作为人类共同的文化遗产,保护是我们的首要任务,对其文化内涵的研究和发掘,也是发挥岩画文化价值的必要前提。目前,岩画文化在岩画界可谓家喻户晓,但站在整个社会的角度上看,还没有被更多的人所了解,岩画文化还没有达到大众化普及的程度。

一、岩画文化的传承和有效利用是实现岩画文化研究价值的重要途径

百年来,国内外很多专家和岩画工作者孜孜以求,默默无闻为岩画保护和研究工作奉献着个人的力量,其间也付出了很多辛勤汗水,也取得了大量的成果,为岩画文化的传承和有效利用奠定了坚实的基础。如何将这些成果推广,使这些成果转变成为推动文化传承和利用,真正发挥保护和研究的价值,这也是我们目前需要思考的问题。

(一)岩画的保护和研究是岩画文化传承和广泛利用的基础

岩画的传承和利用层面,更多的一种艺术形式、一种文化思维和精神理念,尤其在文化内涵方面,更需要深入研究和破解。要进一步深入发掘岩画文化内涵及相关信息,了解特定时期人类生产生活、生存信仰等文化现象和精神世界,理清人类文化发展的脉络,也为其他学科的研究提供佐证。只有岩画文化内涵研究深入了,才能更加拓展文化的传承和利用范畴,促进文化经济的整体发展,使其最大化实现社会价值。

(二)岩画文化的传承和利用方式也需要研究

目前,岩画以其古朴、奔放的艺术形象,已经在部分美术设计行业开始萌生应用,也有个别艺术家从岩画中汲取营养,创作出更具特色的文化艺术品,这仅仅是借鉴其艺术风格,从美学范畴应用。岩画是囊括很多层面的文化瑰宝,要使其发挥更大的价值,还需要拓展到社会、经济等多个层面,不但要继续深入岩画本身的内涵,还要研究更为科学有效的传承方式、利用方式,进一步发挥岩画本身的文化价值和研究成果价值。

二、岩画文化的传承,需要更多的载体支撑

岩画文化的传承,除了建立在岩画文化内涵挖掘、研究的基础上,还需要很多"载体"作为保障。

（一）"硬件"载体

所谓"硬件"载体,这里指能够记录岩画文化信息的实物资料,诚然也包括岩画本体。

尽最大能力保护好岩画,使其延缓消亡的速度,是传承岩画文化的根本。岩画本体是反映原始信息最完整的,也是传承最"不走样"的载体,因此,世界范围内都在不断探索岩画本体保护的策略,而且不断有新的保护成果问世。但是,岩画总有消亡的时候,面对自然的破坏,人类的力量有时显得太过渺小,尤其对露天的岩画,要永久保存好其原状,还是力不从心。因此,借用先进的科学技术,建立好日益完善的岩画档案、复制品等,成为传承岩画文化的重要载体。尽管档案资料总是"下真迹一等",但我相信,随着科技的进一步发展,随着更多研究成果的出炉,更先进的记录载体的产生,还是能基本做到"与真迹同等"的载体。

（二）"软件"载体

这里所说的"软件"载体,是指非实物载体,更多的是一种思想传承。如非物质文化遗产,更多的是人和人的传播,一代一代人的传承。

1. "软件"载体最核心的就是"人"

人作为社会群体,是文化诞生、传播、发展的主宰。虽然这是一个人尽皆知的道理,但是作为岩画文化的传承,如何发挥"人"的作用,是要不断探索和研究的。

近年来,贺兰山岩画管理处积极探索发挥社会群体的作用,开展了岩画公民化教育,深入社区开展岩画知识普及,与各中、小学合作,连续六年举办岩画"修学游""科普游""小嘴儿话岩画——小小讲解员讲岩画"等一系列岩画科普教育推广宣传活动,并不断丰富活动内容,扩大科普教育范畴,举办了"岩画馆探秘夜亲子游""文明游岩画,随手拍""国学启蒙教育"等一系列公益性活动产品,并通过各大门户网站、微博、微信等网络媒介拓展宣传,提高公众参与度,使岩画文化更广泛深入大众,拓展岩画文化传承教育范畴。2014年,被自治区社科联、科技厅、银川市社科联等分别评为优秀科普教育基地、科普教育先进集体。这也是探索发挥"人"这一重要传承载体的方式之一。

2. 文化衍生品也是重要的传承"软件"

如以岩画为题材的美术作品、雕刻作品、工艺纪念品等。虽然这些衍生品属于固定的实物,但其创作过程是人的思维理解和表达的过程,具有很大的灵活性和不确定性,故也暂列为"软件"传播范畴。这些衍生品,具有广泛的传播性,能被更多的大众所接受和认同,是一种不可忽视的传承载体。

三、岩画文化的广泛利用,是推进岩画文化传承的催化剂

文化利用率越高,传承范围就越广,岩画文化同样如此。尽管岩画元素在部分设计行

业开始萌动,产生了一些艺术品、纪念品,但还局限于地域性,没有广泛形成规模和品牌。

岩画的开发利用是宽泛的,不单单是指普通意义上的旅游开发,更重要的是文化的发掘和利用。贺兰山岩画管理处自2013年成立了"贺兰山岩画专家委员会",旨在为全方位保护、研究和开发利用岩画文化谋思路,同时通过岩画文化国际交流,探索岩画文化更广阔的利用空间,探索更加贴近大众的岩画文化利用方向,将有效利用岩画作为"催化剂",进一步促进岩画文化的传承和发扬。

四、加大文化传承力度、推进岩画文化有效利用的思路

(一)打造岩画大众化文化品牌,提升岩画文化的影响力

品牌的力量是无穷的,也是渗透性很强的。品牌代表着群众的认知度,也代表着它的"软实力",岩画虽为新起的一门学科,但其存在是最久远的。几千年来,岩画一直作为边缘文化深深埋藏,历史记载里也是极为少见,但其反映的文化内涵是深厚的,可以说,它本身就是一种品牌文化。近年来,随着各国岩画事业的不断发展和宣传力度的加强,逐渐被人们所认知,但还没有形成大众化文化品牌,这种品牌还没有渗透到社会各个角落,需要我们进一步挖掘,进一步打造。

近年来,贺兰山岩画管理处借助发展文化旅游事业优势,不断探索打造岩画文化品牌战略。一是拓宽旅游宣传营销渠道,丰富活动形式,拓展活动范畴,充分利用节庆、假日开展智慧宣传,打造逢节必有活动的系列品牌活动,提升群众参与度,使岩画文化品牌深入更广阔的群体。二是筹划拍摄岩画系列专题纪录片、儿童电影、动漫片、科普教育片等,从岩画保护、研究、传承、利用等多方面进行专题宣传,树立岩画综合品牌,进一步推广岩画文化传承和教育。三是打造艺术家写生基地、摄影基地,通过艺术家的再创造,提升岩画文化的品牌效应。

岩画的品牌打造是多方面的,还需要专家们"传经送宝",提出更加有效的措施,推动岩画事业的整体快速发展。

(二)加快岩画文化产业国际化发展

"岩画文化产业"是一个新名词,也是岩画传承和利用的一个新方向。岩画是一种世界性的文化现象,需要融入国际岩画产业发展"大环境",打通国际文物保护、学术研究、文化产业、旅游经济等全方位沟通脉络,拓展信息化发展渠道,推动岩画文化产业开放内涵式发展;以技术、人才、成果等交流,激发发展新思路,形成岩画文化产业链。

贺兰山岩画以其自然禀赋的地理条件,地处丝绸之路沿线,如何将贺兰山岩画文化产业融入丝绸之路文化经济带,打造地域文化品牌发展,为贺兰山岩画文化产业发展融入更广阔的发展环境提供"新丝路",从而推动贺兰山岩画文化产业突破传统的局部发展

模式,抢抓丝绸之路经济带建设的战略机遇,充分发挥贺兰山岩画文化、西夏文化及生态环境等资源禀赋和区位优势,将贺兰山岩画融入更广阔的文化经济带,高标准谋划特色文化、旅游、休闲、修学、运动项目,将景区资源区位优势转化为经济优势,使贺兰山岩画文化和西夏文化旅游成为丝绸之路经济带上的新品牌,形成以"带"促"点"发展思路。这也是本届岩画国际峰会需要我们探讨的内容。

如何处理文物保护管理研究与科学利用的关系

银川市贺兰山岩画管理处 张少志

【内容提要】 本文从文物保护与开发利用关系探索入手,旨在寻求二者最佳平衡点的可行性措施,达到运用科学方法,制订科学方案,建立一套科学的机制。以促进保护文物和发展文物文化旅游产业的双赢共生。

【关键词】 文物 保护管理 开发利用

文物是中华民族的宝贵精神财富,是支撑推动民族信念和民族进步的基石和动力,是宝贵的文化资源。探古求知的文物旅游自古有之,而随着社会的进步,文物与旅游的结合越来越紧密。近些年,由于人们精神文化生活的需求在日益增长,外出旅游的人越来越多。所以旅游业自改革开放以来,也是日新月异、发展迅猛。于是,不少地方掀起了旅游开发的热潮。人们在欣赏名山大川自然景观的同时,也逐渐热衷于观赏物质和精神人文景观。因此,我们在做好文物保护的前提下,如何做好旅游文化产业开发就显得尤为重要。

有人认为,文物保护与旅游开发是难以调和的矛盾。要搞旅游开发,文物保护就得让路。于是,有些地方为了发展旅游,追求经济效益,干脆把文物保护单位承包给旅游公司。而旅游公司作为企业,在经营和管理文物保护单位时,所追求的是经济利益的最大化,往往会把经济效益放在第一位。这种行为必然导致开发过度,甚至出现乱修、乱改、乱拆、乱建,毁真造假等不负历史责任的现象。为此,国家曾三令五申,禁止对文物的破坏性利用,并以法律形式明文规定:"国有文物保护单位,不得作为企业资产经营"。其目的就是要保证文物的安全,维护文物的原真性。

于是,有些地方又干脆把文物彻底封存起来,让其与旅游完全脱钩,实行"为保护而保护"的政策,结果从一个极端走向了另一个极端。对此我认为要想做好开发利用与保护,首先要理清二者的关系。

一、文物资源的开发利用与保护的关系

文物是人类文明的凝结物,是不可再生的宝贵文化资源,具有独特性、稀缺性、不可

再生性等特点。文物本身蕴含着许多无形而真实的历史信息,使之成为重要的旅游资源。文物具有不可再生性,一旦受损,很难恢复原样。文物旅游事业的科学发展必须以文物的保护为前提,在发展文物旅游事业的过程中,要正确处理好文物利用和保护的关系。

因此我们必须做到"保护为主、抢救第一、合理利用、加强管理"的十六字方针。

(一)保护是前提,利用是目的

文物保护是文物工作的首要任务,也是文物开发与利用的前提。文物作为一种特殊资源,是人类在长期社会活动中创造的物质和精神文明实物载体,是历史遗留下来的社会发展水平的代表性实物,它积淀着丰富的历史信息,是前人留给我们的宝贵财富。它的不可再生性直接决定了我们有义务和责任保护好它。只有以文物保护为前提,才能谈得上文物的多形式合理开发与利用。所以,保护文物是前提,要以"保护为主"。

保护好文物资源,使其免遭自然损坏和人为破坏,目的是要对文物进行合理的开发与利用。文物作为一项重要的资源,具有很重要的作用。具体而言,文物有史料、借鉴、教育和旅游四大作用。

(二)合理利用是对文物的最好保护

在保护好文物的前提下对其进行合理利用,不但不会造成文物的破坏,相反还会促进文物的保护。"合理利用"是一个内容宽泛、层次丰富的概念。利用文物负载的信息(包括岩画的造型、纹饰及其他文化内涵等)发展文化产业是"合理利用"的有效载体,文物的展示、展览、服务于旅游和地区经济发展,兼作对外文化交流的使者等等是发挥文物"合理利用"的丰富内涵。从根本上说,合理利用是对文物的最好保护。

这样,"保护—利用—保护"的良性循环一旦形成,就会形成一种双赢的局面。合理利用与保护是不矛盾的。对于文物的保护开发,我们既要反对不利用,又要杜绝滥用这两种极端观点与举措。我们需要做的是找到文物利用和保护的平衡点,这既为文物保护工作搭建平台,又为文物利用提供更广阔的空间。

(三)旅游开发是实现文物保护性开发的最佳途径之一

基于文物保护基础上的旅游开发,必将深入挖掘文物资源的内在价值,展现文物所代表的文化内涵,通过旅游活动使深刻的文化内涵和遗产得到传承和发展,只有通过旅游规划的手法和理念,才能更好地再现文物资源的深刻内涵,才能使这种保护和传承成为大众的自觉行为,才能变"被动保护"为"主动保护",真正实现"保护性开发"。

二、文物旅游的非科学发展对文物资源保护和利用的困扰

正如前文所述,文物资源的合理利用既可以产生社会效益,也可以起到文物保护的作用。但是,日益火爆的旅游业对文物资源出现越来越重的依赖,造成了对文物资源的过度利用,加速了文物资源的损耗或破坏,突显文物保护和利用之间的矛盾,使文物保护工作遭受阻碍。

(一)文物过度利用,给保护带来紧迫的压力

一些地方利用文物的时候,没有保护计划和措施,对文物只重使用,而不注重保养维护。任由游客对文物随意碰触攀折踩踏,而只有当明显的损坏,甚至毁灭性的破坏出现时才加以注意。特别是一些世界文化遗产地或国家级文物保护单位无限量地接待游客,使有些文物景点游客的接待量超负荷而使文物产生不能承受之压力,而且一年365天全天候开放,没有给文物喘息休养的机会。

(二)在文物保护单位附近随意兴建旅游附属设施

这既破坏了文物景点所在地的整体环境,也增大了文物受损的可能性。例如一些地方的使用部门为了增加效益,在文物遗址周围过分开设旅游附属设施,有的甚至在文物保护单位保护范围内违章建造游览项目和经商摊点,增加了文物受损的可能性。

(三)文物保护单位的权属模糊而使文物得不到较好保护

许多文物景点分布在由非文物部门管理经营的旅游景区内,管理权与监护权、使用权与维修权脱节,利益与义务分离,致使文物得不到有效保护。更有一些文物保护单位管理权和经营权出租、转让或将文物保护单位与旅游企业捆绑上市,致使文物得不到有效保护。

(四)实现文物旅游事业的科学发展,寻求发展与保护利用的最佳契合点

一要通过最科学的规划来解决。文物要保护,旅游要开发。但旅游开发决不能以牺牲文物为代价,科学的规划就是要兼顾两者的利益。所以这个规划必须经过实地考察、讨论研究、精心设计,直到专家论证、行政报批、政府审议等严格的程序,才能付诸实施。只有这样,才既不会造成对文物的损害破坏,也不会产生不利于旅游开发的后果。如果做到了这点,那么文物保护与旅游开发的关系也就自然理顺了。

那么,我们如何根据以上的原则,把我们贺兰山岩画文物的有效保护与岩画旅游产业的合理利用结合起来呢?我认为可以从以下几个方面入手:

一是参观实行预约、预报,分时段、有计划地接纳游客,科学疏导分散游客,防止无序涌入,以降低文物(岩画)利用强度。在旅游旺季,如果没有预约,将不能如愿参观岩画。

二是对开放岩画实行"轮休"制度,以便给开放过度的岩画提供"喘息"的时间。

三是增设旅游线路、景点,合理安排参观时间,对游客实行分流,以避免游客过于集中、拥挤。

四是采取多种措施,尽可能减少游客在岩画遗址区内的停留时间。

首先建立岩画馆影视演播厅、5D虚拟漫游厅、展示陈列厅等。游客到了这里，可以先通过演播厅、陈列厅，对贺兰口岩画乃至整个贺兰山地区的岩画文化做一个全面了解。通过虚拟漫游的方式观看典型岩画，掌握比一般参观更加丰富的信息。

其次通过这些室内学习、了解参观之后，再由导游带领游客去参观岩画遗址区观看学习。这样既可以以较短时间满意而归，同时，对贺兰山岩画有了一个从室内演播厅到室外历史遗址的全程了解。从而不但提高、满足了游客的游量与文化需求，提高了岩画景区的系统服务功能。同时，也很好地系统宣传了贺兰山岩画，起到了保护、研究、开发、利用、再保护的同体化发展。

最后要从思想观念上，树立科学处理文物保护与开发利用的关系，坚持文物保护是文物旅游科学发展的基础。因此，我们要通过岩画景区的科学保护与合理开发，将以上设想全部变成现实，就会在很大程度上解决贺兰山岩画文物保护与旅游开发不能同步发展的矛盾，就会在文物保护和旅游开发方面探索出一条科学发展的道路，使二者相辅相成、相互促进、共同发展，成为典范。

宁夏贺兰山贺兰口岩画损坏机理的研究

宁夏博物馆研究员　王　萍

【内容提要】 贺兰山岩画是曾经活动在贺兰山地区的匈奴、鲜卑、突厥等民族遗留下来的一种岩刻艺术,也是在不同历史时期、不同民族创造的民族文化艺术,它是多民族文化长期交融的结晶。贺兰山岩画在文化艺术史中占有重要地位,它集中、丰富,具有独特的内涵,其历史、艺术、科学价值重大。要深入研究这些形象的历史民族杰作,首先要考虑如何保存这些珍贵资料,本文就岩石的风化腐蚀机理做初步的研究。

【关键词】 岩画　损坏机理　结晶　污染

我国是世界上最早记录岩画的国家,早在5世纪北魏地理学家郦道元在游历了黄河流域之后,就在《水经注》记载了贺兰山等地岩画。在南北长达250多公里的贺兰山散布着近4000多处岩画点,数以万计的各种物象的岩画,分布于其间,这里山势巍峨挺拔,环境清幽,充满了神秘的色彩和诱人的魅力。石壁上到处可见的是千姿百态的人面像和类人面像,它反映了古代先民对各种人首的尊重和敬仰。岩画中人面像之所以十分盛行,是基于一些民族对人首的崇拜之风,它已为民族学、考古学所纪实。这些民族认为一个人的灵魂所在,主要集中在人的头部,因为头有七窍,集中了人的感觉、听觉、味觉、视觉等。因此,古人认为头颅是巫术力量的中心,是神奇力量的反映,令人敬畏和崇拜。

贺兰口是贺兰山岩画长廊中一个十分重要的岩画点,这不仅因为那里的岩画多而密集,内容丰富多彩,作画的延续年代很长而成为贺兰山岩画的缩影,而且还因为贺兰山口岩画内涵深奥,研究上有助于揭示贺兰山岩画蕴含的文化、宗教、哲学、美学、分期、创作技术多方面的秘密,因而具有重要意义。这批岩画分布范围之广,内容之丰富,数量之多,为国内罕见,被世人誉为一部历史"石书",也是中国北方岩画的代表,是研究当时的人们的生活、生存和发展的历程,研究当时的宗教发生、艺术起源、文化传播等等人类足迹的活化石。从文化角度看,它是古代游牧民族创造的艺术珍品,记录了古代贺兰山的自然生态和北方游牧民族的生活方式,反映了他们的社会形态、生活习俗和宗教信仰,为我们研究原古祖先的社会方式和精神世界,研究北方古代少数民族的发展史,提供了珍贵的实物资料,不愧是我国历史文化瑰宝之一。

近年来,贺兰山岩画遭受破坏较为严重,主要是来自大自然方面的因素,也有一部分是人为因素。贺兰山南部岩画点由于多处于偏远的、人烟稀少、交通不便的山沟内,且发现较晚,所以主要是自然破坏因素较多,风化剥落、苏解、酸雨的侵蚀、大气的污染。贺兰山中部和北部的岩画除去自然因素的侵蚀外,人为破坏因素又较为严重,这主要是岩画点离城镇较近,交通比较方便,有的乡村盖房子就地取石打地基等。1998年庆祝宁夏回族自治区成立40周年,曾发行过一套三枚《贺兰山岩画》特种邮票,邮票图名分别为人面、摄猎、公牛。然而,不到10年间,这套邮票中最珍贵的公牛岩画已荡然无存,有的已遭破坏,而且有些地方的岩画现在仍在被破坏。

中国是个岩画大国,贺兰山岩画又是中国北方岩画的代表,如何发挥岩画的发掘、记录、整理、研究、保护、利民这一宝贵财富,为人类做出贡献,是我们面临的一个重要任务。

岩画的保护不仅是一门技术,更是一门极其复杂的科学。不查明其破坏的原因和机理的保护将是盲目的,下面就几种主要破坏因素加以论述:

一、酸雨对岩画的影响

随着人类社会文明的日渐提高,现代工业却创造了一个"空中死神"——酸雨,其危害已成为一个世界性的问题。

当空气无污染时,纯净的雨雪中仅溶有 CO_2,使雨水微显酸性,pH 值约为 5.6。当大气受污染时,有害成分 CO_2 和 NO 等经光化学反应转化为危害更大的 SO_3、NO_2 和 HCl 等,在潮湿空气或雨雪中,便形成硫酸、盐酸、硝酸,使雨水的 pH 值下降到正常值 5.6 以下,此时的雨水被称为酸雨,据国内外科学研究,认为形成酸雨的物质主要是硫的氧化物及氮的氧化物,同时还含有氯化物,气溶胶等。我国通常测定的降水的化学组成如下:阴离子有 SO_4^{2-}、NO_3^-、NO_2^-、HCO_3^-、CL^-,阳离子有 Na^+、K^+、Ca^{2+}、Mg^{2+}、NH_4^+ 等。

据有关资料报导,酸雨的主要成分硫酸和硝酸,二者占总酸量的90%以上。我国酸雨中硫酸和硝酸的比例小于10:1。由此可见,我国的酸雨主要是由大气中的 SO_2 形成的,氮氧化物及氯化氢等酸性气体浓度较低。

酸雨的污染源来自两个方面,一是天然源,二是人为源,天然源分布较广,人为排放物则较集中。在城市上空,人为源占主要地位。

SO_2 的天然源,一般指细菌分解的有机物,缺氧水体以及土壤、森林等火灾和火山中的硫酸盐的还原物。NO_2 主要是陆地上硝酸盐的化学分解物。

SO_2 和 NO_2 的人为源则是当今工业化的产物。燃料燃烧到污染物的主要来源。据报导,由燃料烧煤产生的 SO_2 超过总排放量的 3/4,NO_2 约占 1/2。SO_2 的第二个来源是工业生产,约占总排放量的 1/5。NO_2 的第二个来源是运输,约占总量的一半略少些。

在我国 SO_2 主要来源于煤炭的燃烧(这是我国的主要能源)。煤炭资源是宁夏最大的能源资源。就中国的现状来看,煤类能源占能源总消费量的 1/3 还多,这些煤燃烧后产生的 SO_2 排放量是相当惊人的。SO_2 排放量的多少,不仅取决于工业规模的大小和产值的高低,更重要的还取决于工艺流程和生产设备的先进程度和控制 SO_2 设施的完善水平。

酸雨酸雾都能提供形成硫酸盐,尤其是硫酸钙所需要的硫酸根。同时也为地下水的硫酸根提供来源。酸雨直接降落在石壁上,可增加岩石的侵蚀速度,但它也可以冲刷已风化了产物,这样酸雨便进一步渗透,使岩体被腐蚀程度加深。酸雾缓慢地浸润岩壁,为岩壁表层形成硫酸盐类提供丰富的硫酸根。因此大气酸沉降物中的硫酸根是岩体风化产物的主要作用物。故酸沉降提供的硫酸根形成主要风化产物——$CaSO_4$,而 $CaSO_4$ 在风化破坏中起着至关重要的作用。岩石中有石膏($CaSO_4 \cdot 2H_2O$)形成就意味着岩体受到膨胀腐蚀:

$$CaCO_3(S)+SO_4^{2-} \rightarrow CaSO_4 \cdot 2H_2O+CO_2 \uparrow$$

在高温干旱期间石膏可脱水成硬石膏,体积缩小;常温常压下,硬石膏又可水化成石膏 $CaSO_4 \cdot H_2O \xrightleftharpoons[34℃以下]{34℃以上} CaSO_4+2H_2O$,体积增大,并产生膨胀压力,经过强烈风化后表层变得酥脆松散,使岩石岩体抗拉强度大大降低,砂粒间联结力较弱的部位产生蠕变作用,极易把酥松岩石胀裂,形成片状剥落或粉状脱落。

岩体中石膏的生成、脱水、水化过程就是形成主要风化产物的过程,在这一过程中没有水和硫酸参加,反应难以进行或缓慢进行,岩体风化现象减少或不易发生,所以大气中酸沉降物是造成岩画风化的重要原因之一,它促进了岩画风化的速度和程度。

众所周知,岩画受损的一个主要原因是酸雨的侵蚀。由空气污染产生的酸沉积的是个严重的环境问题,SO_2 和氢氧化物是酸沉积的主要因素。经监测近一二十年酸雨对岩画的侵蚀速度超过了过去数百年,若不尽快采取有效防护措施,许多珍贵记录将不复存在。

二、各种形态水的危害

自然界中对岩画最具破坏性的就是水,它也是最强的溶剂。岩画中存在的可溶性盐类,当它处于干涸和潮湿交替的环境中,可溶性盐就会结晶析出;结晶盐受潮后,所含结晶水数量也可由少变多,这便产生结晶压力和水化压力,使需要的物质转变为离子溶剂。水溶解一些有害物质被岩画吸收后会产生盐类结晶,水解的病害:提高吸湿作用而产生的水汽压力;形成各类酸类腐蚀岩画,使胶结物转变为可溶性盐等。水吸收气态中的有害物质使石质表面污染腐蚀。水还由于水力的膨胀和收缩,使岩画冻脆破裂,水还附着大量微生物等。化学风化、物理风化与生物风化作用都与水分不开,岩画的各种破坏形式都与水的媒介直接有关。

存在于岩画中的水,按其物理性质上的差异可以分为气态水、吸着水、薄膜水、毛细水、重力水与固态水。其中与石质文物关系密切的是毛细水,它充填于岩画的细小孔隙或裂隙中,受到重力和毛细力的两种作用。由于毛细的作用,一部分水沿细小孔隙上升,毛细上升的高度是根据孔隙的大小而不同,它往往造成岩画下部的风化损坏。对从外部进入岩画的水和从岩画内渗出的水,都要对它进行全面分析,以便了解水对岩画的侵蚀作用,还应对水质、水量、水温的动态变化进行长期观测,以确定水对岩画带来什么样的危害,应治理哪种形态的水。在进行岩石化学成分分析时,应关注其中的水含量变化。水能引起岩画冻裂破坏,使盐类溶解和迁移,使有害气体变成酸,促进微生物繁殖和生长等,水在岩画风化破坏中有特别重要的作用。

三、环境污染的危害

大气环境的污染,是造成岩画损坏的重要原因之一。对岩画来说,除日晒雨淋及风沙等自然风化营力外,不可忽视大气颗粒物中含有工业和人为污染的成分,其中就有燃煤排出的 SO_2、NO_x,汽车废气等排放的苯溶有机物以及人为污染形成的总颗粒有机物,它们一旦溶入雨水形成酸雨,便直接危害岩画。

大气中的 SO_2 对石质文物,如岩画的侵蚀是很严重的。国内通过电子探针、X 射线衍射、质谱等手段对石质文物——岩画受 SO_2 侵蚀后的产物的分析证实,其风化产物主要为 $CaSO_4$,而大气中金属氧化物和高温、高湿又在风化过程中起催化作用。水合物的产生,不仅能降低硬度,还会产生体积膨胀,加快岩画的破坏,还会因水的冲刷,使表面的 $Ca_3(PO_4)_2$ 溶解而产生条痕,使岩画表面的细部、画面形成粉状脱落。

CO_2 对硫酸盐为主的岩画,其侵蚀作用也是存在的。因为空气和水中都含有碳酸气,植物的腐烂也提供了大量的碳酸气,而碳酸气与石质反应,形成碳酸盐(这个过程叫碳化作用)。虽然硅酸盐类的石质,性质相当稳定,但是经长期的碳化作用后,仍会形成各种碳酸盐类,进而造成腐蚀。如长石(花岗岩的主要成分),在含有碳酸、有机酸等的水溶液作用下,本来坚硬的长石,经过变化后,KCO_3 和 SiO_2 很容易被水带走,剩下的是一些较为松软的高岭土,花岗岩的质地也自然会变得疏松了。

尤其是含有 CO_2、CO、SO_2、NO_2 等酸性物质的水中具有一定的溶解度,长期的水冲雨淋和有害气体的侵蚀造成了客观的溶失和毁坏。恶劣的环境使岩画的表面变得粗糙、多孔和疏松;水的间接侵蚀和长期处于潮湿的空气之中也使岩画遭受到严重损害,一些苔藓、杂草等植物生长在潮湿的岩画表面,其根深深扎于岩画内部,加速了岩画的风化。

对引起岩画受损的主要环境因素进行逐个评价:

一是对 SO_2、NO_X 采用重量损失与空气中 SO_2 浓度之间建立相关关系,用风化产物中提取 SO_4^- 和 NO_3^- 浓度,按 SO_4^-/NO_3^- 比例大小,来说明岩画受损程度。

二是对颗粒污染物,主要测总悬浮微检(TSP)、降尘量及其物质组成,同时与岩画表面所生成的风化物一起研究,并测出悬浮颗粒的沉降速率的空间分布。

三是酸雨的研究,许多情况下是它与大气污染物、气象因素综合作用的结果。用现场对试样腐蚀重量损失率来评价酸雨对岩画腐蚀的程度。

四是温、湿度及日照强度的监测,是通过高湿、紫外线照射的条件下,与 SO_2、NO_X 共同作用,岩画所形成的硫酸根与湿度变化之间的关系。

四、自然风化作用

贺兰山岩画大约从新石器中期或稍早至西夏、元朝,历经几千年的风风雨雨,表面已遭不同程度的风化侵蚀;温度的周期性影响导致岩体内外的温差变化不同步,产生膨胀、收缩的不均匀,使岩体产生裂隙(纹)、脱片;洪水的冲刷、雨水的淋蚀,地下毛细水的侵蚀乃至冬季裂隙水的"冰劈",也对岩画造成了不同程度的影响。岩石受大气、水和生物的作用以及地表温度变化的影响,在原地被破坏、分解,称为风化作用。风化可使岩体逐渐碎裂,转变为碎石、砂、泥等。

自然界中的岩体之所以发生风化,其原因在于岩石所处的环境发生了变化。由于地壳中的岩石大多数是在地表之下的一定深度,在温度较高、压力较大、缺少氧气的环境中形成的,一旦岩石出露地面或接近地面,而处于常温、常压下,并接受太阳辐射,与大气圈、水圈和生物圈相接触的新环境时,受到各种因素的影响、岩石为适应新的环境,在原地可发生一系列的变化,如崩裂、分解,或形成新的稳定矿物。了解风化作用的机理、过程、影响因素对岩画的保护具有重大现实意义。

(一)物理风化

物理风化作用也称为机械风化作用,是指岩石因温度变化在原地产生机械破碎及岩石空隙中水和盐类物质的物态变化,但不改变其化学成分,不形成新的矿物质,这种作用称为物理风化作用。

1. 温差风化

由温度变化引起的直接使岩石崩解破碎的作用,称为温差风化。

温差风化的强弱主要决定于温度变化的幅度,温差越大风化越强烈。

宁夏属中温带干旱气候,具有明显的区域性四季特征。春暖快、夏热短、秋凉早、冬季长。在春天气温回升快、冷空气活动频繁、大风、沙尘暴次数增多、降水逐渐增加,大部分地区 4~5 月仍有霜冻。初夏和夏末气温偏低,盛夏气温剧升、伏天炎热,如进蒸笼,多雷雨，部分地区还有冰雹。秋天总的雨量减少，但8~9月间多阴雨天，秋雨过后，气温骤降，冷气入侵、霜冷来临，9月下旬至10月上旬，天气晴朗，秋高气爽。严冬少雪、大风增多、进入严冬。地表及近地面空气的温度受太阳辐射的影响，而呈昼夜和季节的变化。昼夜温度的变化对于温差风化起着重要的作用。裸露的岩画，白天接受阳光辐射使表面受热膨胀，热量缓慢地向岩体内部传递，向阳面温度迅速增高，表面体积膨胀，到夜间，岩体表面开始散热，却因无阳光照射而迅速降温，表层体积收缩。其内部则因热能缓慢传导而变化不大，形成外热内冷的差异现象。由于岩体表面与内部的体积膨胀和收缩的步调不一致，岩体的表层在膨胀、收缩时产生的压力和张力作用下发生裂缝而碎裂。当表层脱落后再继续风化新出现的表层。

岩石是由不同矿物组成的，不同的矿物体积膨胀系数也不同，因此由多种矿物组成的岩石在温度变化影响下，其体积的胀、缩也有差异，在它们的接触面上将产生应力，特别是当岩体受到暴晒，表层膨胀时，突然受到暴雨的浇淋，夜晚岩石内热外冷，潮湿空气进入岩石孔隙甚至在岩石表层结露时，某些矿物同水的结合或吸水作用而使其体积膨胀，加速破坏矿物颗粒间的连接和岩石表面与里层的连接。久而久之，岩石便可发生纵横交错的裂缝，有些裂缝平行于岩石表面，形成层状剥离现象，有些裂缝垂直于岩石表面，随着时间的推移，裂缝逐渐加大加深，由表到里地不断崩解、破碎成大大小小的碎块。

温差风化的强弱还决定于岩石的性质，即矿物成分和岩石结构等。

温差的变化多造成岩体的鳞片状剥落。鳞片状的厚度与岩石中矿物颗粒的直径有关，粗砂岩中的鳞片厚度为3~4毫米，细砂岩中形成的薄片厚0.5~1毫米。由于当地温差大，而岩石的矿物膨胀系数不同，石英的体积膨胀系数约为长石的一倍，不同的胀缩应力造成了平行岩画表面的开裂。

形成于地下深处的岩石，因有上覆岩石的重量而承受着较大的压力，当上覆岩石被剥蚀而露出地面时，便解除了原来的压力，这时体积发生膨胀，从而导致岩石产生平行于地表的裂隙，形成层裂，发生机械破碎。

2. 冰冻风化

填充在岩体裂缝中的水分结冰使岩体破坏的作用，称为冰冻风化。

冰冻风化实质是温度变化间接破坏岩体。在岩体裂缝中，常有水分填充，温度下降到−4℃时会冷冻成冰，水结成冰时体积可增大9%，由于体积的增大，对岩体裂缝壁可产生压力达到960 kg/cm²~2000 kg/cm²时，使岩体裂缝加宽、加深。当气温回升后冰体融化，水沿着扩大了的裂缝更深地渗入岩石内部，继续进行冰冻风化。如果气温变化在0℃上下波动时，填充在岩石裂缝中的水分时而冻结、时而融化，岩体在这样反复的作用下，裂缝不断加深,最后岩画表面就崩裂成碎块。

物理风化作用主要表现在太阳紫外线的辐射,温湿度的变化使表层中水与气体体积的热度变化,干湿交替使各种矿物产生不同的胀缩系数,强度小的矿物就易碎裂,水冻结时体积膨胀,在岩画内产生压力,造成矿物颗粒空隙加大,使岩画开裂,减低强度,加大了水的渗透性,突遇阵雨,短时间内岩体达到饱和状态,造成岩体体积膨胀,引起岩画内部岩石结构的变化,力学强度下降,加剧了岩画的风化过程。

(二)化学风化

主要表现在岩画内的水(裂隙水、孔隙水、毛细水等)与气态的 O_2、CO_2、SO_2 等共同进行水化、氧化、还原、碳酸化等综合作用,逐渐使岩画中的矿物变成松散的黏土矿物、胶结物或碳酸钙溶蚀,造成岩画的表面风化解体。矿物中的 K^+、Na^+、Ca^{2+}、Mg^{2+} 等离子溶解移动,大气污染因素使岩石分解成 Cl^-、NO_3^-、SO_4^{2-} 等阴离子,形成粉土矿物间的阳离子交换。

1. 洪水的冲刷

随着地球气候的日渐变暖,各种自然灾害日益加剧。宁夏也不例外,特别是贺兰山的洪水。它破坏了生产安全,制约了经济发展,影响了社会稳定,危害人民的生命和财产,也直接破坏了岩画。

洪流是片流汇集于沟谷中形成急速流动的水流。它有固定的流路,并且水量集中,流速很大。洪流的主要作用是冲刷作用,即洪流以其自身的动能和所挟带的砂石对沟底和沟壁进行冲击和磨蚀作用。因洪流集中了大量的水,流速快,沟底坡度又大,因而拥有巨大的动能,对沟谷的岩画有很大的破坏能力。

2002年6月,在贺兰山降了一场长达10小时左右的暴雨。暴雨催发山洪,山洪倾泻而下,由于贺兰山的沟口、苏峪沟、双渠沟、拜寺沟等大小沟的山洪完全汇集于贺兰山东麓面形成洪流。强大的洪流裹着石块,夹着泥沙,如同脱缰野马,肆无忌惮地横冲直撞,越过三道防洪沟,向东冲击而下,泥岩内有大量易溶盐,遇水岩体极易崩解,造成岩画表面坑坑洼洼,图像模糊不清,刻痕越来越浅。水分的浸入首当其冲的是岩画的表层,它是受水分浸入和影响最大的部位,也是体积膨胀和收缩最剧烈的地方,同时也是岩画的文物价值最高的部位。水分的渗透,不但会造成岩石力学强度和抗御风能力的下降,还具有机械的淋蚀作用。雨水和地下水因自身重力的作用,向下流动,形成水帘和大小不同规模的"瀑布",它具有较强的冲刷能力——一种机械作用,这种力能将已被水分渗透、造成力学强度下降最为明显的各种岩体的表层随水流的方向冲刷流失,水流速度越大,水流与岩体之间的摩擦力就越大,水流对岩体的冲刷力也越大,经多次反复的冲刷,岩画的表层受到的破坏就会越来越严重。

2. 在自然界中的水,特别是含有 CO_2 的水,对许多矿物来说是一种很好的溶剂

在砂岩中,大多数造岩矿物是硅酸盐,它们较难溶解于水中,但当水中含酸或碱度较大时,则其溶解硅酸盐矿物的能力显著加大。温度和压力也能促使矿物的加速溶解。如石英(SiO_2)在常温常压下几乎不溶于水。但在较高的温度和压力下,SiO_2 也能部分溶解于水。在含 SiO_2 较高的岩石裂缝中或空洞中,常常发现石英脉或水晶晶洞晶腺,就是由这种水溶液中析出的形成的 SiO_2 形成的。

水具有微弱的离解性质,即一部分水可离解成 H^+ 和 OH^- 离子的溶液。一些矿物在水中也出现离解现象,并与水中 H^+、OH^- 分别结合而生成新的化合物,原矿物的结构就被分解了,砂盐中的长石属于强碱弱酸盐类,它经水解形成了高岭石 $[Al_4(Si_4O_{10})OH_8]$、氢氧化钾(KOH)和二氧化硅(SiO_2)、其化学反应式如下:

$$4K[AlSi_3O_8]+6H_2O \rightarrow Al_4[Si_4O_{10}][OH]_8 + 8SiO_2 + 4K[OH]$$

    钾长石   高岭石

其中氢氧化钾(KOH)和二氧化硅(SiO_2)呈溶液或溶胶状态随水迁移,只有难溶的高岭石呈粉末状残留在岩画上。

有些岩石吸收了一定量的水后,形成了新的含水岩石,它的结构已不同于原来的岩石,其硬度一般低于原岩石。水化作用使岩石沿裂隙产生堆积物或浸染。此外,水化作用常使新的岩石体积膨胀,增大体积的过程必然对周围环境产生强大的压力。

(三)生物风化

除了酸雨、冻融、盐结晶、风沙、干湿循环等因素会破坏野外的岩画外,生物也是侵蚀岩画的最重要因素之一。生物的破坏作用尽管较为缓慢,但累积效果不可忽视,据初步估计有20%至30%的石质表层腐蚀是生物作用的结果。地球生物圈持续不断演化过程的一个环节就是吸收和转化矿物质。暴露在自然环境中的岩画的岩体都难以避免生物的污染和侵蚀。石头的温度会随雨露和干旱等情况而变化,一旦温度下降,盐浓度会升高直到形成盐结晶,从微观上的石面的裂化矿物、腐生矿物和生物代谢的沉积到宏观上的一些石面的片状剥落、裂开和粉化等等。经常可以看到生物式微生物破坏的痕迹。生物的污染和腐蚀不仅破坏岩画的外观,更严重的是破坏了岩画本身的细微结构。

常见破坏岩画的生物主要有两大类:

1. 微生物:细菌、真菌、藻类及地衣等。

2. 较高级生物:藓类、植物、昆虫及哺乳动物等。

石质的生物腐蚀过程可分为生物化学机理和生物物理机理两类。侵蚀石质文物的生物种类从微生物到高等植物都有可能,生物产生的破坏作用既有因植物的根和微生物的

菌的穿透作用引起的机械破坏,也有因它的分泌物(酸)螯合石头矿物中的金属离子而引起的化学破坏。

微生物附着岩石的能力,受微生物的细胞结构和表面电荷的影响,也受岩石性质和表面孔隙结构的影响,同时微生物本身的生存能力也是决定性的因素。堆积形成的微生物和尘埃的覆盖层,由于微生物的代谢作用会逐渐增加岩石表面的黏着力,使岩石表面的持水能力和捕获空气中营养性浮尘及有机物的能力增加,从而进一步改善微生物群落的生存条件。

岩石腐蚀过程的化学反应十分复杂,不仅涉及微生物代谢和繁殖的机理,还涉及许多中间产物的转换。首先,岩石矿物晶粒间的连接性会因微生物分泌的酸深入岩体微孔隙的菌丝的生物黏液、生物体吸湿和干燥的变化、分泌物凝胶——溶胶间自动调节的变化等因素而被削弱。其次,微生物的存在改变了岩石微孔隙毛细管水吸收和气体扩散等性能,加快了有机或无机营养浮尘的沉积速度。微生物通过调节盐的浓度和储水量使自己获得较好的生存环境,同时也引起岩体表层的物理和化学性质的明显变化。这种变化有可能会缓解天然岩石对于干湿、温差和冰冻等破坏因素的敏感性,但是微生物生长的穿透性、增空压力等易引起机械破坏,特别是酸等分泌物(这是微生物获取矿物质的重要环节)造成的化学破坏将使岩画的画面面目全非。

在岩石表面覆盖的微生物层的演化发展过程中,随着岩体表面某些产物的积累和基本矿物退化,占据岩石表面的微生物群落的种类和复杂程度会随时间变化,生物充分作用后,疏松的岩石外壳会从岩画上剥离,新鲜暴露的岩画表层会再度被微生物侵占,腐蚀过程将继续并不断循环下去,形成持续恒高的破坏过程。

细菌是微生物中数量最多的一类,任何有水存在的地方都有细菌生长,以各种混合烃形式存在的环境污染,工厂排放的易挥发性有机化合物和有机尘埃,都是厌养菌的乳酸等,它们可以直接与岩体的无机组发生螯合或酸化反应。另外,细菌也产生无机酸,如亚硝酸、硝酸和硫酸等。厌养型细菌对岩体表面的腐蚀起着重要作用。当岩体的环境的pH值为5~7时,硝化细菌最为活跃,硝化细菌的繁殖与岩体本身的结构特征有关,当岩体微孔半径为1~10时,硝化细菌的数量很多。若岩体表面有黑色风化壳层,硝化细菌就很容易繁殖。

真菌是另一类最活跃的腐蚀岩体的微生物,多数真菌表现为多细胞有机物,常常以单菌丝或菌丝网形成依附于岩体表面。这些真菌在光学显微镜下酷似石灰沉积,许多岩体的色斑常常与真菌的繁殖和作用有关,如岩体表面出现的橘红色斑块就是一些真菌染色的结果。有机物质的存在可以为真菌的繁殖提供很好的环境条件。

光合类的微生物主要是藻类和蓝细菌。蓝细菌的细胞类似细菌而不是植物,但蓝细菌的生物光合作用过程与植物相似。除了真菌和细菌等微生物会分泌黏液外,光合类微生物分泌黏液较大,黏液中的有机酸是溶蚀岩石的主要因素之一。藻类的蓝细菌产生的结晶体也是破坏岩体的因素之一。

地衣是一个真菌和一个藻的复合体。地衣中的藻类进行光合作用合成有机物并提供给真菌,而真菌为藻类提供一个巩固的基质。地衣不仅用化学的方法,即用自己的分泌物分解着岩体,也用机械方法,即用地衣厚植体的物理活动直接摧毁岩体。地衣在地质岩石中充当着生物风化剂的角色。其机理:

呼出 $CO_2 \xrightarrow[H_2O]{溶介}$ 酸性溶解 $\xrightarrow{分泌草酸}$ 岩体中的阳离子 草酸盐分泌柠檬酸和地表酸 $\xrightarrow[多种阳离子]{溶于 H_2O}$ 螯合混合物,改变了岩体的化学成分。因菌丝生长产生的物理压力破坏岩体微孔的微结构,使岩体局部改变物理性能,造成应力破坏。

微生物是腐蚀破坏岩画的重要因素之一。微生物对岩画的危害程度不仅与微生物的种类有关,也与岩画的岩体本身的性质和周围的环境有关。研究微生物腐蚀岩画的机理,对于我们控制微生物的生长,保护岩画具有十分重要的作用。生物风化的结果,是使岩石最终形成含有腐殖质的松散土壤。

三维数字化技术在贺兰山岩画保护中的应用[①]

银川市贺兰山岩画管理处　刘永平

【内容提要】 三维精细数字化技术是一项全新的数字化留存技术,通过数字化技术可以让贺兰山岩画的整体环境和局部精细内容得以无损保存,并可以通过计算机进行传播,为人们了解贺兰山岩画提供翔实的数据基础,且数字化留存不会随时间的推移而受到损害或消失。

【关键词】 三维数字化　贺兰山　岩画保护

一、背景

贺兰山岩画历史悠久,题材丰富,分布广泛,是重要的人类文化信息的记录和人类活动的佐证。在自然环境和人类活动的影响下,岩画逐渐出现了风化和损坏,岩画的逐渐损坏和消失是一个客观的自然规律,随着时间的推移,这些岩画必将逐渐在这个世界上消失。我们除了运用科学手段对岩画进行加固或削减损坏的进程,我们还需要探索利用其他先进技术延长岩画的生命,利用三维精细数字化技术就是我们为此所做的探索,通过数字化留存让岩画在计算机中得以永久保存。

二、数据采集和处理技术路线研究

(一)数据采集手段

根据岩画分布广泛、几何形状不规则以及刻痕很浅的特点,通过对已有测绘手段的分析,如下方法适合进行岩画的数据采集,而且这几种方法具有各自的优点和局限性,可以取长补短,组合起来运用达到最佳的数据采集效果。

1. 航拍测绘

目前航拍测绘技术已经发展得越来越成熟,该技术利用飞行器空中拍摄和地面矫正,实现大区域的测绘。尤其利用无人机进行航拍,更具有灵活性和方便性,该应用是一

[①]此论文为银川市科技局《3D技术在贺兰山岩画保护与旅游开发的应用》软课题课题项目最终研究成果。

个集单片机技术、航拍传感器技术、GPS导航航拍技术、通信航拍服务技术、飞行控制技术、任务控制技术、编程技术等多技术并依托于硬件的高科技集成。

针对岩画测量，航拍测绘可以更灵活地完成大区域的地形和地貌数据的获取，用于整体环境的数据采集，而且航拍具有更好的视角优势，可以从空中不受限制地获得景区的全貌。通过多视角拍摄结合地面矫正点测量，实现较好精度的摄影对象提取，一次性获取地面高程模型和纹理信息，纹理精细度可达10厘米。

2. 三维激光扫描

三维激光扫描测绘的范围比航拍测绘要小，但精度要更高，精度可达2毫米。三维激光扫描利用激光测距的原理，通过记录被测物体表面大量的密集的点的三维坐标、反射率和纹理等信息，可快速复建出被测目标的三维模型及线、面、体等各种图件数据。由于三维激光扫描系统可以密集地大量获取目标对象的数据点，因此相对于传统的单点测量，三维激光扫描技术也被称为从单点测量进化到面测量的革命性技术突破。

在岩画扫描中，三维激光扫描可以用于采集局部精细环境和岩画本体精确的几何空间信息。在进行局部环境采集时，宜采用全景扫描，扫描精度可略微低一些，5米处10毫米左右；在对岩画本体进行精细扫描时，扫描精度要尽可能提高，但不要高于扫描仪的噪点指标，例如可采用5米处1~2毫米点间隔。另外在三维激光扫描时要为摄影测量获取需要的特征部位的空间信息。当然还有一点重要的考虑就是扫描测站之间要保证点云的适度重合以保证拼接。

3. 摄影测量

摄影测量是利用光学摄影机获取的相片，经过处理以获取被摄物体的形状、大小、位置、特性及其相互关系，基本原理源于测量学的前方交会方法，它是根据两个已知的摄影站点和两条已知的摄影方向线，交会出构成这两条摄影光线的待定地面点的三维坐标。

摄影测量技术主要用于局部岩画区的精细测量，该技术具有可同时获取几何关系及纹理信息的能力，可实现彩色信息的准确匹配。针对岩画扫描，摄影测量中宜采用专业单反相机，最好是全画幅相机，保证具有较高的像素；镜头采用经过校准的定焦镜头为宜，考虑范围适合用50毫米和20毫米定焦镜头组合，根据采集现场情况进行选用，不宜采用大变焦镜头和超广角镜头。另外需要保证拍摄照片的质量，包括曝光、对焦、景深设定，确保岩画主体拍摄清晰，色调合适。

4. 精细光学三维扫描

精细光学三维扫描可以获取更高精度和更高分辨率的岩画信息，精度可达0.05毫米，点分辨率可达0.1毫米或更高。但光学三维扫描在野外采集受到两个方面的限制：1）供电：光学三维扫描仪一般都是直接连接交流电源，自身不带充电电池；2）光照影响，在强光环境下往往无法获取数据,只有在比较黑暗的条件下才能获得理想数据。

岩画基本都在野外,所以采用光学三维扫描,需要专门准备电源,并且最好在夜间进行数据采集。

表 1 四种数据采集手段对比总结

序号	采集方法	采集效率	精度指标	适用范围	缺点或不足	优势
1	航拍测绘	最高	较差,约10厘米	区域大环境测绘	飞行控制可能受天气影响,前期需要做周密准备,包括飞行航线规划和起飞及降落准备。	较少受到空间条件限制,视角好调整,可灵活到达指定区域,并可获取鸟瞰的数据信息。
2	三维激光扫描	比较高	较高,可达2毫米	局部区域环境和岩画本体	扫描仪设站需要考虑周边环境,视角设置偶尔受限,为了达到理想效果需要搭设脚手架。	灵活,可靠,数据采集效率高,精度适中,而且比较适合野外作业。
3	摄影测量	稍低	高,可达0.5毫米	岩画本体	光线条件对数据结果影响比较大,拍摄位置也经常受限,为更好的拍摄位置需要搭设脚手架。	在获取几何形状的同时可以获取同视角高质量纹理信息,精度高。
4	精细光学三维扫描	很低	最高,可达0.05毫米	岩画本体	现场操作比较麻烦,效率低,对电源有依赖,而且需要在光线弱的环境(比如夜里)进行数据采集,另外数据拼接工作量大易造成累计误差。	单站数据精度高,扫描点间隔细小。

(二)数据处理方法

1. 数据配准

数据配准的目的是将获取的空间信息进行空间关系的解算以及坐标系的统一。对于航拍测绘和摄影测量的数据,往往采用摄影测量软件,结合三维激光扫描的校准点坐标,进行空间关系结算,获取点云数据。对于三维激光扫描数据,则可直接进行数据拼接。

数据拼接软件可使用 Cyclone,拼接方法有多种,针对岩画的特点,数据拼接主要采用特征点拼接、标靶拼接和点云拟合拼接三种。标靶拼接主要用于整体环境关系的数据信息的拼接,特征点拼接和点云拟合拼接主要用于岩画重点区域的数据拼接。

2. 逆向三维建模

配准后的点云数据已经具有空间信息,但对于精细岩画区的表现还不够质密,而且点云数据本身体量比较大,在计算机中进行渲染时消耗资源也很大,查看信息也不够直观。因此需要对点云进行三维建模处理,生成三维模型,便于后期使用。

基于已有空间点的 1:1 建模,是逆向建模,采用专门的逆向建模软件完成。针对岩画的表达,最终的数据采用三角网格式,三角网能更好地表现不规则的空间关系和细节。逆向建模软件主要有:Geomagic、Polyworks、ImageWare、RapidForm 四种,针对岩画建模,采用 Geomagic 或 Polyworks 比较适合,可以较方便地完成去噪,三角网封装以及模型补洞等操作,以上软件具有建模效率高,质量好的特点。

3. 纹理匹配

逆向建立的三角网模型只是空间形状的表达,为了更全面地表现岩画的细节和质地,需要为三角网模型匹配纹理信息。纹理信息的原始数据来源于摄影测量照片,经过纠正和特征点设置,使用Topo-Smart软件自动完成映射。因为这个过程相对自动,反而容易出现问题,指定的特征点如果有偏差,结果就会明显出现错误。因此为了保证数据结果的准确性,在工作环节上要进行比较严格的质量复核。

4. 模型优化和精简

逆向软件建立的初级三角网模型,往往面片数会非常多,一小块岩画就会由几十万甚至上百万的三角网面构成。大量的数据会造成后期应用和数据传递的困难,为了解决这个问题,需要对模型进行优化和精简,可以使用Geomagic或Polyworks进行网格的优化和精简,降低面片数,但保留纹理的分辨率。

三、三维数字化应用

经过数据采集和数据处理,形成存储在计算机中的高精细化三维数字化岩画信息,这些信息可以通过软件承载和二次开发为多层面的用户提供不同角度的服务。

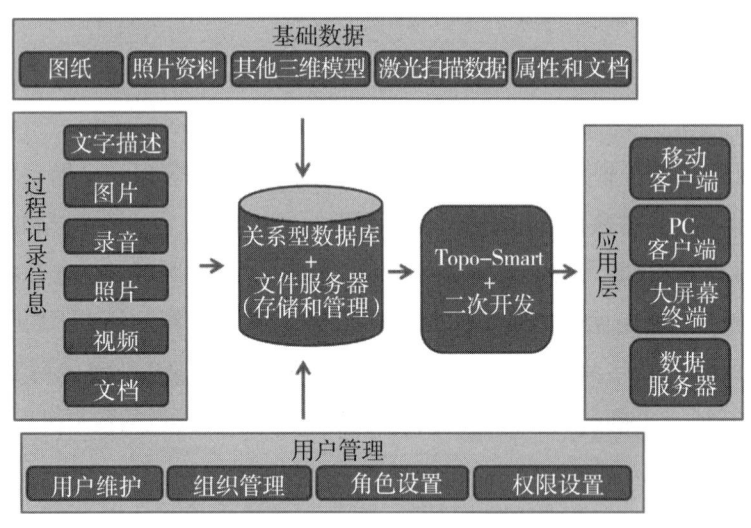

图1　应用系统开发架构

应用系统可搭建为多层结构,组织和管理好基础数据及过程记录信息,借助关系型数据库技术和Topo-Smart三维引擎,通过二次开发实现应用层,并可以支持多种类型的终端设备。常见应用如下:

(一)科学研究

翔实的岩画数据库会为科学研究工作者提供便于检索和可精准量测的数据资料,并可基于环境空间数据库进行全局的空间分析。数据按照空间位置、主题、时间、类别在数据库中进行属性分类,便于高效率检索。针对岩画本体每隔一段时间进行序列化信息采集,构成完整的 4D 信息库,可进行岩画变化的完整监测,结合环境等其他信息的同步记录存档,可供专业的分析使用。

(二)文化交流和传播

数字化的三维岩画信息提供了更便捷的传播模式,借助 Internet 网络发布,形成虚拟的数字化岩画博物馆,可以让更多的公众近距离了解岩画知识,起到科普和宣传的作用。基于网络的应用,因为网络传输速度的限制,无法承载高精细的整体环境三维信息,所以只适合做单体岩画三维信息的展示。用户可对单体岩画进行简单的视角改变操作,近距离观看岩画。

(三)游客体验

利用触控屏幕、3D 影院、三维交互控制器,游客可在展厅中与岩画进行深入体验和互动。触控屏幕提供了用户对三维岩画的直接交互操作,自主进行视角和内容选择查看;通过 3D 影院进行三维资料源的播放,可以给用户带来更真实的体验;使用三维交互控制器可以让游客在三维空间直接进行互动操作。

四、区域试验

我们通过最先进的三维激光扫描技术、摄影测量技术和数字化复原技术,对贺兰山岩画进行真三维数据采集,经过数据处理,然后利用 Topo-Smart 软件二次开发完成数据的组织和管理,达到岩画全息三维信息存档和检索的目的。

(一)数据采集

考虑到岩画的分布形态和精细度要求,数据采集使用两种手段相结合的方法进行,采用徕卡 ScanStation C10 三维激光扫描仪扫描和经过校准的单反相机进行摄影测量完

图 2　三维激光扫描数据采集

图 3　三维激光扫描点云数据

成。扫描仪针对贺兰口景区内约 500 米范围的环境进行了扫描,并对重点岩画区局部进行了高分辨率扫描。从而获取了整体环境信息和局部精细三维信息。摄影测量完成了高精细纹理信息的采集。

本次三维激光扫描总计完成环境全景扫描 20 站,局部精细扫描 5 站,获取三维空间点 5600 万点的点云数据。为了更好进行数据的直观识别,我们利用三维激光扫描仪的内置相机进行了全景照片拍摄,并拟合到点云数据上,因此点云中的每个点具有 7 个数据信息值,包括空间坐标的 X,Y,Z 值和激光反射强度 intensity 以及色彩的三个分量信息 R,G,B,如下表所示部分点云片段信息:

序号	X	Y	Z	Intensity	R	G	B
1	117.007755	261.124040	26.597612	2042	8	8	8
2	116.844411	262.124544	27.219572	2045	8	8	8
3	116.790590	262.459054	27.763578	2042	8	12	16
4	116.734078	262.802258	28.312633	2043	16	12	16
5	116.677657	263.146458	28.886616	2041	16	16	16
6	116.677451	263.146419	28.886655	2041	16	16	16
7	117.303330	262.379556	27.024561	2044	8	12	16
……							

(二)数据处理

采集好的点云数据和大量照片,因为数据量庞大而且散乱,不方便直接使用,需要经过进一步处理,才能形成最终供一般用户使用的信息数据。

1. 三维激光扫描数据拼接

针对贺兰山岩画的扫描,涉及环境和局部精细扫描测站,共 25 站。采用标靶和特征点结合的方法进行数据拼接,确保整体环境的拼接误差小于 30 毫米,精细岩画区局部拼接误差小于 5 毫米。拼接后的数据构成一个完整的统一坐标系的空间环境。

图 4　拼接后的整个测区点云数据

Constraint ID	ScanWorld	ScanWorld	Type	Status	Weight	Error	Error Vector
A951	岩画三处002	岩画三处003	Coincident: Vertex -...	On	1.0000	0.004 m	(-0.001, 0.004, 0.001) m
A502	岩画三处004	岩画三处001	Coincident: Vertex -...	On	1.0000	0.004 m	(0.001, 0.000, -0.003) m
A503	第五站(Le...	岩画三处001	Coincident: Vertex -...	On	1.0000	0.005 m	(-0.002, -0.001, -0.004) m
A954	岩画三处002	岩画三处004	Coincident: Vertex -...	On	1.0000	0.011 m	(0.009, 0.006, -0.003) m
A955	岩画三处002	岩画三处004	Coincident: Vertex -...	On	1.0000	0.013 m	(0.011, -0.004, -0.003) m
A941	岩画三处001	岩画三处002	Coincident: Vertex -...	On	1.0000	0.015 m	(0.013, 0.005, 0.006) m
A912	第一站(Le...	岩画一处001	Coincident: Vertex -...	On	1.0000	0.017 m	(0.016, 0.000, 0.000) m
A921	第二站(Le...	岩画一处003	Coincident: Vertex -...	On	1.0000	0.021 m	(-0.021, -0.004, -0.003) m
A801	岩画二处00...	岩画二处003	Coincident: Vertex -...	On	1.0000	0.022 m	(0.020, -0.008, -0.005) m
A942	岩画二处001	岩画二处002	Coincident: Vertex -...	On	1.0000	0.023 m	(0.023, 0.002, 0.005) m
A823	岩画二处00...	岩画二处003	Coincident: Vertex -...	On	1.0000	0.026 m	(-0.020, -0.016, 0.007) m

图 5　拼接误差表

2. 三维模型逆向制作

岩画的形状特点为不规则对象，因此采用的最佳表达模型形式为三角网模型，这样才可以更好地对空间关系进行准确的描述。在逆向制作的过程中为了统一坐标系，需要将特征点与拼接后的整体坐标系进行匹配。逐个完成区块岩画三维模型的制作，如图6所示为太阳神岩画逆向建模后获取的数字化三维模型。

3. 照片的纠正和纹理映射

经过逆向建立的三角网模型不具有彩色纹理信息，彩色信息可通过对专业相机的照片进行纠正和映射来完成。在照片拍摄前确保相机和镜头进行校准，保证后续数据映射的质量。通过特征点匹配，彩色模型就生成完成了，如图7所示为太阳神岩画带彩色纹理的数字化三维模型。

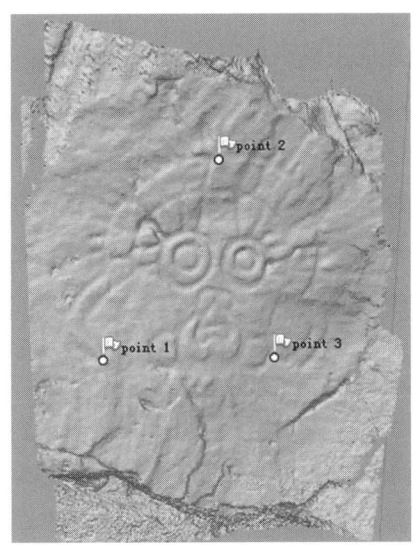

图 6　太阳神岩画逆向模型

图 7　太阳神模型映射照片后的结果

(三)场景组织和数据管理

为了更全面集成和管理岩画的相关信息，我们将采集到的数据信息按照不同类型分别进行保存以确保不同应用要求的数据完整性，并且搜集和整理了与岩画有关的信息数据进行集成。借助 Topo-Smart 软件的多源数据管理能力，将所有信息组织在一个统一的平台下。数据类型包括：

1. 1:1 尺度的岩画精细真三维模型；

2. 原始扫描点云数据；

3. 环境三维模型；

4. 线画图；

5. 照片资料；

6. 文字资料。

Topo-Smart 软件平台可按照树状关系更好对数据进行组织和分层，我们将数据按照类型和区域进行分层，便于检索和查看。

（四）功能二次开发和定制

二次开发和定制主要针对用户的使用而进行的专门功能的扩展，如预定义相机和漫游定义、资料的链接和集成等。相机和漫游定义可通过 Topo-Smart 的专门工具完成，通过交互操作确定视角，进行记录即可。

资料的链接和集成，通过 Topo-Smart 二次开发库的 API 使用 C++语言进行二次开发，实现岩画区的标签添加、文字信息链接及照片信息的关联等功能。

五、应用展望

通过高精细的三维数字化，可以让岩画在计算机中被永久保存。这种数字化的信息可以通过计算机和网络方便地进行传递，并可以通过多媒体互动设备与用户进行交互，同时也是岩画档案资料的精确存档。

随着时间的推移，岩画在逐渐损坏和消失，高精细的三维数字化保存工作更迫在眉睫。我们的工作只是刚刚起步，将分散在贺兰山中的岩画进行更全面的数字化采集和保存是一个庞大而且需要长期进行的工作。完善的贺兰山岩画三维全息数据库的建立必将对岩画研究和留存带来重大帮助，将环境及分散的岩画脉络通过数字化串成一个整体，为科研人员解开岩画的秘密提供数据基础，而且可以让我们的子孙后代即便经过上万年也能看到岩画的今天，我们重任在肩！

参考文献

[1]孙德鸿，刘世晗. 三维激光扫描在岩画保护中的应用. 测绘通报. 2011(1).

[2]贺吉德，丁玉芳. 贺兰山岩画百题. 2012.

[3]周克勤，许志刚，宇文仲. 三维激光影像扫描技术在古建测绘与保护中的应用. 工程勘察. 2004(5).

[4]白启鹏，孙德鸿. 3D GIS 在数字化海上钻井平台中的应用. 测绘通报. 2011(6).

贺兰山小插旗口、盘沟岩画普查报告

夏亮亮[①]

【内容提要】 贺兰山东麓的小插旗口、盘沟是不为人知的两个较小的山谷,随着岩画研究保护与普查工作的逐渐开展,贺兰山岩画管理处组织普查小组对以上两个山谷的岩画进行了全面、系统的普查,并采用较为先进的GPS设备对岩画进行定位,新发现岩画多幅,因这两个山谷的岩画数量较少,故合并做一普查报告。

【关键词】 贺兰山 小插旗口 盘沟 岩画 普查报告

小插旗口、盘沟位于贺兰山东麓著名的岩画点——插旗口以南(图1),自北向南依次分布,两个山谷之间的距离相对较近,每个山谷的宽度较为窄,深度较浅,谷内林木稀疏,植被荒芜,无山泉水流出,洪水冲刷的痕迹明显,与贺兰口、苏峪口等山谷有着明显的区别。

2012年之前,文保机构、科研机构等并未对这两个山谷内外进行过详尽的岩画普查,个别在山谷外洪积扇上发现的岩画也被归结到相邻的较大的山谷中,从而导致岩画的具体地理位置不明。此次普查,普查组与当地

图1 小插旗口、盘沟

---

①夏亮亮(1982—),男,蒙古族,内蒙古赤峰人,银川市贺兰山岩画管理处文物科副科长、馆员,主要研究方向为历史学、岩画学。

林业保护部门进行了细致的沟通,对每一个山谷的名称进行了确认,并制订了详细的普查计划,同时对山谷内外山体及洪积扇平原进行了全面的普查,共发现岩画33幅,其中在小插旗口发现岩画13幅,盘沟发现20幅。岩画题材大部分为动物,另有部分符号、人体、狩猎、放牧等岩画。这些山谷岩画的制作方法基本为凿刻或磨刻制作,部分较为精彩的岩画为凿刻和磨刻相结合制作。这两个山谷及洪积扇平原上普查发现的岩画在之前的岩画或文物普查中几乎没有任何记载,均属于新发现的岩画。

一、小插旗口岩画

小插旗口位于贺兰山东麓著名的岩画点插旗口以南1.6公里左右,两个山谷之间的洪积扇平原上岩画较少。在小插旗口南侧的山坡台地上,有一大一小两座似烽火台的遗址,靠近洪积扇一侧的烽火台由黄土夯筑与石块搭建共同组成(图2),在这座土石结合的烽火台南侧还有呈"L"形分布的十座小的石堆(图3),整座烽火台的体量较小。在靠近山体的一侧是一座体量较大的完全由石块累积起来的

图2　小插旗口南侧台地土石结合的烽火台

图3　呈"L"状分布的十座石碓

图4　靠近山体一侧崩塌呈圆锥形的烽火台

烽火台，烽火台原貌似底座宽大的"T"形，现已崩塌呈圆锥形(图4)。

普查组深入小插旗口1.2公里左右，共在6个岩画点发现13幅岩画，在13幅岩画中可以清晰辨认的共有39个单体岩画，内容有人体岩画、动物岩画、放牧岩画、符号岩画等。前5个岩画点位于小插旗口的北壁，第6岩画点位于南壁。

在小插旗口第一个岩画点共发现3幅岩画，因3幅岩画的距离较近，故编号分别为XCQK1-1、XCQK1-2、XCQK1-3（取小插旗口第一个拼音字母结合岩画分布位置进行编号）。其中，编号为XCQK1-1的第一幅岩画为人骑、动物与符号岩画（图5），画面上部为单线条的动物岩画，似雄性，下部为人骑岩画，在动物岩画与人骑岩画周围有多道刻痕与凿点。整幅岩画制作较为粗犷，凿刻制作，凿点粗大，线条并不流畅，刻痕较浅。

图5　编号为XCQK1-1的第一幅岩画

编号为XCQK1-2的第二幅岩画为人骑与符号岩画（图6），该岩画左侧为两个人骑岩画，右侧为一符号岩画，上方人骑岩画制作较为复杂，所骑动物为雄性，身躯部分有条纹装饰，头部缺损，动物背上图案似一人，一手控制动物，另一手手执似小旗物品后扬；下方人骑

图6　编号为XCQK1-2的第二幅岩画

较为简单，一人骑在动物背上，动物尾部与右侧似动物的符号相连。整幅岩画凿刻制作，线条宽大，刻痕较浅，凿点粗大。

编号为XCQK1-3的第三幅岩画为单体动物岩画（图7），制作较为简单，线条宽大、刻痕较浅难以分辨。

小插旗口第二岩画点仅1幅岩画，编号为XCQK2（图8），为人骑与动物岩画。画面中部人骑为凿刻制作，坐骑尾巴较长，双耳硕大，躯干部分有条纹装饰，一人在坐骑背上，一手控制坐骑，一手后扬，似乎在跃马飞奔；人骑右上方为一单线条动物，背部用两处隆起，似骆驼；人骑下方一动物与坐骑极为相似，体形硕大，尾巴下垂，双耳较大，躯干部分有条纹装饰；画面左侧为一只完整的大角羊与两只未完成的动物，大角羊的羊角硕大、明显。整幅岩画均为凿刻制作，凿点硕大，刻痕较浅，线条较为生硬。在人骑与动物周围，是密布的凿点与刻痕，是有意为之还是制作岩画时失误而做不得而知。

图7 编号为 XCQK1-3 的第三幅岩画

小插旗口第三岩画点共有 2 幅岩画，编号分别为 XCQK3-1、XCQK3-2。这一岩画点的第一幅岩画为单体动物（图9），似大角羊，凿刻制作，凿点粗大，刻痕较浅，线条生硬，岩画周围密布凿点。

图8 编号为 XCQK2 的第二岩画点的岩画

编号为 XCQK3-2 的岩画在 XCQK3-1 左侧两米左右，为放牧岩画。画面最下方为一人骑在马上，一手控制坐骑，一手后扬，在人骑的上方是四只似羊的单线条动物，四只动物均有较长的颈部，头部上扬，尾巴或下垂或上翘。整幅岩画为凿刻制作，凿点较其他岩画更为细密，岩画线条流畅，刻痕较深，制作较为精美。

沿第三岩画点继续向山谷内前行 200 米左右是第四岩画点，该岩画点仅有 1 幅岩画，编号为 XCQK4（图 11），为动物、射猎与符号岩画，画面极为复杂，除下方一单线条动

图9 编号为 XCQK3-1 的第三岩画点第一幅岩画　　图10 编号为 XCQK3-2 的第三岩画点第二幅岩画

物形象较为清晰外，上部岩画刻痕完全交织在一起，仅能分辨左侧有一弓箭形象，其余刻痕难以分辨出具体的岩画形象。该岩画凿刻制作，凿点细密，刻痕较深，线条流畅。

第五岩画点距第四岩画点约100米左右，共发现2幅岩画，编号分别为XCQK5-1（图12）、XCQK5-2（图13）。第一幅岩画所在的石面面积较大，共有11个岩画形象，分别是位于石面左上部的两个人骑，位于石面中部的六个动物与一个人体以及位于石面右下角的两个动物。该岩画均为凿刻制作，左上角两个人骑岩画制作较为精致，凿点细密，刻痕较深，其余岩画制作较为粗糙，凿点粗大，刻痕较浅，整幅岩画因分布面积较大故难以分辨。

图11　编号为XCQK4的第四岩画点的岩画

图12　编号为XCQK5-1的第五岩画点第一幅岩画

编号为XCQK5-2的岩画为人体岩画，画面中的人体双腿微弯，单手平举，头与脚刻画明显，腰部两侧有明显的凸起。该岩画凿刻制作，凿点细密，刻痕较深。

图13　编号为XCQK5-2的第五岩画点第二幅岩画

图14　编号为XCQK6的第六岩画点的岩画

小插旗口第六岩画点仅1幅岩画,由两只动物及三道刻痕组成,上方动物磨刻制作,下方动物凿刻制作。该岩画刻痕较浅,画面较为模糊,难以分辨。

除了在小插旗口山谷内发现的上述岩画,普查组在山口外的洪积扇平原上发现单体射猎岩画一幅,编号为XCQKW1。该岩画右侧一人张弓拉箭对准左侧动物,整幅岩画凿刻制作,线条较小,凿点细密,形象生动。

二、盘沟岩画

盘沟位于小插旗口以南1公里左右,在两山谷之间有不知何年代的砖窑遗址一座(图15),周围遍布碎砖断瓦,另有房屋遗址多处(图16)。在砖窑遗址以南有名为"鹿盘寺"的古佛寺一座(图17),建造年代不得而知,在鹿盘寺以南就是盘沟。

图15 砖窑遗址

图16 砖窑周围的房屋遗址

图 17　鹿盘寺

普查组深入盘沟 1 公里左右进行了普查，共在 11 个岩画点发现岩画 20 幅，岩画内容主要有人面像、动物、符号等。除第六岩画点位于山谷南壁外，其余岩画点均位于山谷北壁。盘沟的岩画除个别位置较高的符号岩画外，大部分岩画都是漫漶不清、难以分辨的，特别是位于山谷底部的岩画，因洪水冲刷及土石冲撞导致极为模糊，因此仅在文中将较为清楚的岩画做一说明，其余模糊难辨的岩画不再介绍。此次在盘沟所发现的岩画是之前文物普查中未发现、记载的，均属新发现的岩画。

编号为 PG2 的第二幅岩画是一单体动物（图 18），尾部上扬，四肢难辨，头部因石面剥落而缺失。该动物岩画磨刻制作，刻痕较浅，线条单一，制作较为简单。从石面断裂处分析，剥落的石面上应该还有岩画。

图 18　编号为 PG2 的盘沟动物岩画

符号岩画是盘沟岩画的重要组成部分,大部分符号岩画都分布在距沟底 5 米以上的山坡石壁上。图 19 是盘沟第六岩画点的一幅残缺的符号岩画,仅余下半部弯曲的单线条弧线,上半部因石面断裂而缺损。该岩画凿刻制作,凿点清晰,线条流畅。

图 19　编号为 PG6-1 的符号岩画

盘沟第七岩画点的岩画是一幅较为完整的符号岩画(图 20),编号为 PG7,是四角为圆弧的近似长方形的造型,左下角因石面剥落而缺失。这种单线条、造型简单的岩画是有意为之还是未完成的人面像或其他题材的岩画不得而知。该岩画凿刻制作,凿点清晰,线条流畅,刻痕清晰。

图 20　编号为 PG7 的符号岩画

第八岩画点共发现 4 幅岩画,编号为 PG8-2 的符号与动物岩画(图 21、图 22)有多个形象,其中较为明显的是两

图 21　编号为 PG8-2 的符号与动物岩画

图 22　编号为 PG8-2 的符号与动物岩画线描图

匹相向而行的马,其刻痕颜色与其他岩画的刻痕颜色有着明显的区别,应是后人在原岩画的空白处添加的。仔细观察可发现两匹后期制作的马是磨刻制作,刻痕较浅;而画面中其余符号与动物岩画为凿刻制作,凿点粗大、清晰,刻痕中有堆积物导致难以分辨。石面中部的裂缝对岩画有较大的破坏。

图 23　编号为 PG10 的动物岩画

第十岩画点的岩画因黄土覆盖导致难以发现(图 23),因条件限制,石面未清理干净,仅一大角羊可清晰辨认。整幅岩画凿刻制作,动物身上布满清晰的凿点,特别是画面中的大角羊羊角弯曲,羊头上扬,四肢做奔走状,极为生动传神。

图 24 是盘沟仅有的一幅人面像与符号岩画,编号为 PG11-1,画面由两个人面像与两个符号组成。人面像岩画造型较为奇特,最右侧人面像面部轮廓为方形,轮廓内部以交叉的线条将面部分为四部分,每一部分有一圆点,似面部的眼睛与嘴;中部的人面像同样为方形的面部轮廓,由交叉的线条分为四部分,左右两部分中同样有圆点,上部为倾斜的短线,同时在整个面部轮廓上方有头饰,下颌部分有似胡须

图 24　编号为 PG11-1 的岩画

图 25　编号为 PG11-1 岩画线描图

的短线条。左侧两个符号均为方形加交叉线条的造型,上下相连。整幅岩画均为凿刻制作,线条宽大,刻痕较深,刻痕中的凿点清晰可辨。图25为该岩画线描图。

  此次对小插旗口、盘沟的岩画普查是银川市贺兰山岩画管理处开展岩画普查所做的阶段性工作,在这两个山谷内及山口外洪积扇上所普查的岩画绝大部分属于新发现的岩画,进一步增添了贺兰山岩画的数量,丰富了岩画的内容,为今后的研究保护工作奠定了资料基础。

水对宁夏贺兰山岩画影响的研究

宁夏博物馆 王 萍

【内容提要】 本文就贺兰山岩画地形、地貌的调查以及泉水动态取样,主要就水对岩画的损坏做了进一步的分析。该工作为岩画的加固保护提供了可靠的依据。

【关键词】 贺兰山岩画 风化 地下水 地表水

一、概述

我国拥有大量珍贵文物古迹,其中相当一部分涉及石质文物。分布面甚广,西起昆仑,东达东海,南抵吴越,北至幽燕。然而,随着岁月的流逝,这些珍贵的历史文化遗产饱经沧桑,遭受着不同程度的腐蚀。特别是暴露在大自然界中的石质文物,经受着酸雨、酸雾以及洪水的不断侵蚀,若不尽快采取行之有效的防护措施,许多珍贵的历史文化遗产将不复存在。

宁夏贺兰山岩画是中华文化的奇迹,也是世界闻名的瑰宝,我国是世界上最早记录岩画的国家。丰富多彩的岩画,为研究我国古代的历史、宗教、艺术、民俗、社会、政治和经济的变革等提供了丰富珍贵的实物资料,是不可再生的文物资源。

贺兰山属于中国华北地台的一部分,20亿年前即形成了古老结晶变质岩组成的基底。20亿年以后,贺兰山地区一直处于活动状态,并延续到今天。贺兰山中段是山脉的主体部分,海拔3000米左右,地势陡峻,峰峦起伏,峭岩危耸,沟谷下切很深。海拔2000米上下有一段相对较平缓的山坡,出现小型山沟洼地或山间台地,甚至出现小型山间积水洼地。贺兰山位于宁夏西北部,总体走向为北东30°,主山脉由西南向东北延伸,南北长150公里,东西宽30公里,共有大小峰46个,平均海拔2500米以上。贺兰山是条典型的拉张或剪切拉张型块断山块,以侵蚀构造作用为主,由中—古生代坚硬基岩组成,山区与平原直接过渡,山坡陡峻,"V"形沟发育,沟谷比降大。贺兰口是贺兰山的一个冲沟口,北临扦旗口,南靠苏峪口。贺兰口两侧岩石矗立,出露三叠纪砂岩为主。侏罗纪末的燕山构造运动,使贺兰山抬起,上升。银川地堑进一步隆起,并在此隆起的两侧,形成白垩纪湖盆。新世纪以后,银川地堑沉沦为湖盆。沿贺兰山东麓断裂带,银川地堑与贺兰山分离,贺兰山的岩体受构造运动的影响,产生断裂、褶皱,形成现在贺兰口看到的岩层倾斜、直立、扭曲的形态。地形可影响风化作用的速度、深度、风化产物的堆积厚度及分布状况。在地形起伏较大、陡峭、切割较深的地区,岩石易受物理风化作用。因岩石表面风化后,岩屑不断崩落,使新鲜岩石直接暴露表面而遭风化,但仅使岩石机械崩溃,由于地形关系,风化产物不易保存而且很薄。

近年来,贺兰山岩画遭受破坏较为严重,主要是来自大自然方面的因素,也有一部分是人为因素。

渗水是岩画主要病害之一,它也是最强的溶剂。渗水使岩体干湿交替,降低了岩体的强度,加剧了岩体的风化速率。水是其他物质破坏石质文物的媒介,没有水的存在,SO_2 等有害气体的侵蚀化学反应无法进行。因此,查明岩画的水文地质条件是治理岩画环境地质病害的关键。

水按其所处的地点,可分为地面流水和地下水两大类。

二、地表水

地面流水主要来源是大气降水、冰雪融水以及流出地表的地下水。

(一)大气环境的污染,是造成岩画损坏的重要原因之一

对岩画来说,除日晒雨淋及风沙等自然风化营力外,不可忽视大气颗粒物中含有工业和人为污染的成分,其中有煤炭排出的 SO_2、NO_x、汽车废气等排放的苯溶有机物以及人为污染形成的总颗粒有机物,它们一旦溶入雨水形成酸雨,便直接危害岩画。

大气中的 SO_2 对岩画的侵蚀是很严重的。国内通过电子探针、X射线衍射、质谱等手段对石质文物——岩画受 SO_2 侵蚀后的产物的分析证实,其风化产物主要为硫酸钙($CaSO_4$),而大气中金属氧化物和高温、高湿又在风化过程中起催化作用。水合物的产生,不仅能降低硬度,还会因水的冲刷,使表面的磷酸钙 $[Ca_3(PO_4)_2]$ 溶解而产生条痕,使岩画表面的细部、画面形成粉状脱落。

(二)自然界中的水,特别是含有 CO_2 的水,对许多矿物来说是一种很好的溶剂

在砂岩中,大多数造岩矿物是硅酸盐,它们较难溶解于水中,但当水中含酸或碱度较大时,则其溶解硅酸盐矿物的能力显著加大。温度和压力也能促使矿物的加速溶解。如石英(SiO_2)在常温常压下几乎不溶于水。但在较高的温度和压力下,SiO_2 也能部分溶解于水。在含 SiO_2 较高的岩石裂缝中或空洞中,常常发现石英脉或水晶晶洞、晶腺,就是由这种水溶液中析出的 SiO_2 形成的。

水具有微弱的离解性质,即一部分水可离解成 H^+ 和 OH^- 离子的溶液。一些矿物在水

中也出现离解现象,并与水中的 H^+、OH^- 分别结合而生成新的化合物,原矿物的结构就被分解了,砂岩中的长石属于强碱弱酸盐类,它经水解形成了高岭石$[Al_4(Si_4O_{10})OH_8]$、氢氧化钾(KOH)和二氧化硅(SiO_2),其化学反应式如下:

$$4K[AlSi_3O_8](钾长石) + 6H_2O \rightarrow Al_4[Si_4O_{10}][OH]_8(高岭石) + 8SiO_2 + 4K[OH]$$

其中氢氧化钾(KOH)和二氧化硅(SiO_2)呈溶液或溶胶状态随水迁移,只有难溶的高岭石$[Al_4(Si_4O_{10})OH_8]$呈粉末状残留在岩画上。

有些岩石吸收了一定量的水后,形成了新的含水岩石,它的结构已不同于原来的岩石,其硬度一般低于原岩石。水化作用使岩石沿裂隙产生堆积物或浸染。此外,水化作用常使岩石体积膨胀,增大体积的过程必然对周围环境产生强大的压力。因为空气和水中都含有碳酸气,植物的腐烂也提供了大量的碳酸气,而碳酸气与石质反应,形成碳酸盐(这个过程称为碳化作用)。虽然硅酸盐类的石质比较稳定,但是经长期碳化作用后,仍会形成各种碳酸盐类,进而造成腐蚀。如长石(花岗岩的主要成分),在含有碳酸、有机酸等的水溶液作用下,本来坚硬的长石,经过变化后,碳酸钾(K_2CO_3)和二氧化硅(SiO_2)很容易被水带走,剩下的是一些较为松软的高岭土,花岗岩的质地也自然会变得疏松了。

尤其是含有 CO_2、CO、SO_2、NO_2 等酸性物质的水中具有一定的溶解度,长期的水冲雨淋和有害气体的侵蚀造成了客观的溶失和毁坏。恶劣的环境使岩画的表面变得粗糙、多孔和疏松,水的间接侵蚀、长期处于潮湿空气之中也使岩画遭到严重损害,一些苔藓、杂草等植物生长在潮湿的岩画表面,其根深深扎于岩画内部,加速了岩石的风化。

对引起岩画受损的主要环境因素进行逐个评价:

1. 对 SO_2、NO_X 采用重量损失与空气中 SO_2 浓度之间建立相关关系。用风化产物中提取 SO_4^{2-}、NO_3^-,按 SO_4^{2-}/NO_3^- 比例大小,来说明岩画受损程度。

2. 对颗粒污染物,主要测总悬浮微检(TSP),降尘量及其物质组成,同时与岩画表面所生成的风化物一起研究,并测出悬浮颗粒的沉降速率的空间分布。

3. 酸雨的研究,许多情况下是它与大气污染物,气象因素综合作用的结果。用现场对试样腐蚀重量损失率来评价酸雨对岩画腐蚀的程度。

4. 温、湿度及日照强度的监测,是通过高湿、紫外线照射的条件下,与 SO_2、NO_X 共同作用,岩画所形成的硫酸根与湿度变化之间的关系。

三、地下水

地下水是指在地面以下贮存于岩画和松散堆积物空隙中的水,地下水与地面水在地壳表层的分布密切相关,一般地下水的水位和地表水的水位相互沟通,构成水圈在大陆部分的连续面。它们之间可以互相补给,当地面高于地下水位时,地面水供给地下水,当地面低于地下水位时,地下水供给地面水。岩画中存在的可溶性盐类,当它处于干涸潮湿交替变化的环境中,可随孔隙中毛细水迁移并在表面富集,循环结晶(膨胀作用)引起表面泛白、苏粉、剥落现象。可溶性盐就会结晶析出,结晶盐受潮后,所含结晶水数量也可由少变多,这便产生结晶压力和水化压力,使安定的物质转变为离子溶剂水。溶解一些有害的物质被岩画吸收后会产生盐类结晶,水解的病害;提高吸湿作用而产生的水汽压力;形成各种酸腐蚀岩画;使胶结物转变为可溶性盐等。水吸收气态中的有害物质使石质表面污染腐蚀;还由于水的膨胀与收缩,使岩画冻胀破裂;水还附着大量微生物等。

存在于岩画中的水,按其物理性质的差异,可分为气态水、吸着水、薄膜水、毛细水、重力水和固态水。其中与石质文物关系密切的是毛细水,它填充于岩画的细小孔隙或裂隙中,受到重力和毛细力的两种作用。由于毛细的作用,一部分水沿细小孔隙上升,毛细上升的高度是根据孔隙的大小而不同,它往往造成岩画下部的风化损坏。对从外部进入岩画的水和从岩画内渗出的水,都要对它进行全面分析,以便了解水对岩画的侵蚀作用,还应对水质、水量、水温的动态变化进行长期观测,以确定水对岩画带来什么样的危害,应治理哪种形态的水。

四、洪水的冲刷

随着地球气候的变暖,各种自然灾害日益加剧,宁夏也不例外,特别是贺兰山的洪水。它破坏生产安全,制约了经济发展,影响了社会稳定,危害人民的生命和财产,也直接破坏了岩画。

洪流是片流汇集于沟谷中形成急速流动的水流。它有固定的流路,并且水量集中,流速很大。洪流的主要作用是冲刷作用,即洪流以其自身的动能和所夹带的砂石对沟底和沟壁进行冲击和磨蚀作用。因洪流集中了大量的水,流速快,沟底坡度又大,因而拥有巨大的动能,对沟谷的岩画有很大的破坏力。

宁夏的降水主要是在夏、秋两季的7、8、9月,贺兰山的降水量垂直分布亦十分明显,平均每上升100米,降水量就增加13.2毫米。年平均降水量约为429.6毫米,日最大降水量211.5毫米,平均高达50.6毫米,易形成山洪。1975年8月4至5日、1984年8月1日,暴雨引起山洪,最大洪峰高1.5米。2002年5月19日、20日、6月8日山洪暴发,尤其是6月8日的山洪,据水文部门的资料显示为10年一遇,降雨长达10小时左右,洪峰流量达58.2 m³/s。暴雨催发山洪,山洪倾泻而下,由于贺兰山的沟口,苏峪沟、双渠沟、拜寺沟等大小山沟的山洪完全汇集于贺兰山东麓而形成洪流。强大的洪流裹着石块、夹着泥沙,如同脱缰的野马,肆无忌惮地横冲直撞,越过三道防沟,向东冲击而下,泥岩内有大量易溶盐,遇水岩体极易崩解,造成岩画表面坑坑洼洼,图像模糊不清,刻痕越来越浅。水分的侵入首当其冲的是岩画的表层,它是受水分侵入和影响最大的部位,也是体积膨胀和收缩最剧烈的地方,同时也是岩画的文物价值最高的部位。水分的渗透,不但会造成岩石力学强度和抗御能力的下降,还具有机械的淋蚀作用。雨水和地下水因自身重力的作用,向下流动,形成水帘和大小不同的"瀑布",它具有较强的冲刷能力———一种机械作用,这种力能将已被水分渗透、造成力学强度下降最为明显的各种岩体的表层随水流的方向冲刷流失,水流速度越大,水流与岩体之间的摩擦力就越大,水流对岩体的冲刷力也越大,经多次反复的冲刷,岩画的表层受到的破坏就会越来越严重。

经过我们对山洪的认真观察,贺兰口内自山体延伸至谷底的坡壁上,大量岩画的剥失,以前人们所说是自然风化而为,其实是洪峰到来时,山洪裹挟大量巨石、泥沙,从比降为84.1%的山谷中冲击、撞砸、摩擦岩画而造成的后果。今后保护贺兰山岩画,首先以治理山洪为主。

五、水的结冰——融化对岩画的破坏

当岩画内部孔隙的水遇低温结冰时,体积增大,产生膨胀压力,对孔隙率较大的砂岩来说造成的破坏也就越大。

填充在岩体裂缝中的水分结冰使岩体破坏的作用,称为冰冻风化。水结冰时其体积增大,由于体积的增大,对岩体裂缝壁产生压力可达 960 kg/cm^2~2000 kg/cm^2 时,岩体裂缝加宽、加深9%左右,渗入岩画裂缝中的水常是在裂口处先冻结成冰,气温进一步降低时裂口内的水才逐步冻结。当气温回升后冰体融化,水沿着扩大了的裂缝更深地渗入岩石内部,继续进行冰冻风化。如果气温在0℃上下波动时,填充在岩石裂缝中的水分时而冻结,时而融化,岩体在这样反复的作用下,裂缝不断扩大,加深。最后岩画表面就崩裂成碎块。此外,若岩石裂隙中充填的不是纯水,而是含盐较高的盐水时,在白天烈日的暴晒下,水分迅速蒸发,由于盐类结晶体积的膨胀使岩壁产生强大的压力,也会加速岩石裂缝的扩展,引起碎裂。

化学风化作用主要是水溶液与地表附近的岩石中的矿物进行化学反应,使岩石逐渐分解的作用。在这个过程中岩石的结构遭到破坏,岩石的成分受到改造,并产生一些在地表条件下稳定的新矿物。某些矿物同水的结合或吸水作用而使其体积膨胀,加速破坏矿物颗粒间的连接和岩石表面与里层的连接。久而久之,岩石便可发生纵横交错的裂缝,有些裂缝平行于岩石表面,形成层状剥离现象,有些裂缝垂直于岩石表面,随着时间的推移,裂缝逐渐加大加深,由表到里不断崩解,破碎成大大小小的碎块。岩画吸收了一定量的水后,形成了新的含水岩石,它的结构已不同于原来的岩石,其硬度一般低于原岩石。水化作用使岩石沿裂隙产生堆积物或浸染,也可使新的岩石体积膨胀,增大体积的过程必然对周围环境产生强大的压力。岩画遭受内外因素的破坏,不是某一因素单独的作用,而是以某一因素为主的多种因素单独作用的结果。除物理、化学、生物等外界因素,与其本身的性质、化学组成、孔隙率大小和胶结物类型等内部因素有着直接的关系。

岩画风化机理,是一项需要进行深入、细致、系统的工作,全面真正地搞清其风化的原因,采取正确科学的方法,才能切实保护好岩画。

贺兰口岩画病害调查

南京博物院　徐　飞

贺兰口岩画主要分布在贺兰口沟口内外的山壁上和沟口外洪积扇坡地上。在保护范围内,共发现有岩画2194组,单体岩画5500幅。贺兰山岩画是我国古代北方游牧民族千百年来创造的精神文化财富,也是多民族文化长期交融的结晶,对于历史学、考古学、民族学、美学、绘画等学科都有着重要的学术价值,是研究中国人类文化史、宗教史、原始艺术史的文化宝库。然而,由于自然因素长期侵蚀,没有得到有效的保护,贺兰山岩画出现了多种病害。

一、贺兰口地区风化类型及其特点

贺兰山贺兰口岩画依附的山体、岩石所发生的风化破坏,按性质不同,可分为物理风化、化学风化和生物风化。

(一)物理风化

由于气温的变化使岩石产生机械破坏,由大变小、由坚硬变疏松而化学成分不发生变化的过程,称为物理风化作用。引起物理风化作用的因素很多,如风、雨、雷电、温度的变化以及水、盐等物质物态的变化、生物的活动等等。经过观察,贺兰口岩画承受物理风化作用的成因有以下几种:

1. 风蚀

贺兰山东麓多风且风速较大,自1450米等高线以上的山体尤为突出。贺兰口沟口海拔1460米,又是贺兰山东麓最窄的山沟之一,沟内山体之间最窄处为30米,沟口宽度仅54米,两侧山势高耸,易造成狭管效应,使风力增大,且随海拔升高,大风日数增多,由每年平均54天增到158天,导致贺兰口地区多大风和沙尘暴危害。风速≥17米/秒,风力≥18级的大风日数,多年平均为28天,最多为56天,最少为11天(表1)。

表1　贺兰山多年平均月、年风速　　　　　　　　　　　　单位：m/s

月年 地名	一	二	三	四	五	六	七	八	九	十	十一	十二	全年
贺兰山	9.8	9.0	8.8	8.0	6.9	5.7	5.0	5.1	5.4	6.9	10.3	11.0	7.7

每年春、冬两季，大风起时，飞沙走石。风沙掠过沟内两侧山体，快速摩擦山体岩面，导致岩画受损；风沙经过沟口外洪积扇，大量沙尘、石屑移动，甚至裹挟砂粒和多种结核物对岩画石进行风蚀，致使岩画表面模糊不清，并产生裂隙掉块。

2. 水蚀

贺兰口是贺兰山东麓水量最为丰沛的山口之一，山泉水出露沟谷地表形成溪流，长度约2.4公里，涌水量约每天600 m^3，沿沟谷深处流至山前洪积扇顶部，灌溉着近500亩土地。由于沟底坡降大（81.4‰），水流速度快，对位于水位线以下的岩画产生水蚀破坏。

经调查，在贺兰口沟口内外，有5处岩画密集的石坡都长期经受过山泉水的冲刷。水际线因坡降距沟谷地表高度不尽相同，在水际线下岩画遭受水蚀的情况也有差异。表现为越往沟谷上游走，两侧山突部位的水际线越低，岩画遭受水蚀破坏的程度越小。而越接近沟口，因历年山洪暴发时，将沟内谷底的卵石大量搬运至沟口，水际线距谷底越来越高，水际线下的岩画遭水蚀破坏的程度就越大。

3. 泥石流破坏

银川市境内的贺兰山中段，山势峭拔，沟大坡陡，尤其是小滚钟口至贺兰口段，常因暴雨而导致山洪暴发，其特点是洪峰高、洪量大、来势猛、历时短。1998年5月20日，贺兰口暴发山洪，沟内洪峰流量达452 m^3/s，洪水量201万 m^3；2002年6月8日，贺兰口暴发山洪，洪峰流量58.2 m^3/s，洪水总量28万 m^3。山洪暴发时，泥石流从比降81.4‰的沟谷中咆哮而出，裹挟着大量石块、泥沙，直接冲砸在迎水的石壁和坡石上，使凿刻有岩画的岩石呈片状剥落，厚度达60~150毫米。在泥石流年复一年的作用下，又将层片断裂处磨成坡面。

4. 温差破坏

在岩石的物理风化破坏中，温度变化造成的岩石风化是最主要的形式之一。岩石和组成岩石的矿物颗粒，由于温度的变化，使岩石因温差而产生交替膨胀和收缩，导致岩石发生裂缝，最终促使岩石破碎。贺兰山地区日照时间长，昼夜温差大，贺兰口年日照时数3040小时，平均气温年较差32℃左右，全年平均日较差13.1~14.4℃。极端气温最高25.4℃（1974.6.16），最低-32.2℃（1980.2.4）。

在温度变化的作用下，由于岩石内各种矿物的吸热膨胀和冷却收缩的性能不一致，从而引起岩石表面发生裂隙，以致崩解破碎，造成岩画石面的破坏。

贺兰口山体岩画,尤其是沟内南北山壁岩画,因重力作用,以及沟谷湿润环境的影响,气温变化引起的岩石风化作用尚不明显。而在沟外东坡及洪积扇上的岩石,因温差产生的热胀冷缩而导致岩石开缝崩裂以致破碎成块的现象极为普遍,使岩画遭到致命的破坏亦随处可见。

(二)化学风化

化学风化是岩石在水、水溶液和大气的化学作用及有机体的生物化学作用下所引起的破坏作用。其特点是可以改变岩石(矿物)的化学成分,产生新的矿物,直到适应新的化学条件。产生化学作用的主要因素是水、氧、二氧化碳。通过氧化溶解、水化、水解和碳酸化方式进行。

贺兰山贺兰口磨刻有岩画的岩石是石英砂岩,岩石在元素组成上以石英,即二氧化硅为主要组成部分,占整个元素含量的73%。

任何矿物都能溶解于水,只是有的溶解度大,有的溶解度小。石英在常温下几乎不溶于水,仅在较高的温度和压力的情况下才有一部分溶解于水。但贺兰口的山泉水不具备石英部分溶解的条件,所以富含石英的贺兰口岩石因溶解作用而产生化学风化的比例较小。

(三)生物风化

岩石和矿物受生长在它上面的动植物影响而发生的破坏作用叫生物风化。生物对岩石的破坏方式既有物理作用的崩解,又有化学作用的分解,但经常是两者的综合作用。

贺兰口岩画保护区生物的物理风化作用,表现在植物生长在岩石裂缝中,其根系逐渐扩大,造成岩石崩裂掉块,从而破坏岩画。贺兰口沟口外以南、以北的东山坡上,分布着属于夏绿阔叶灌丛植被类型的蒙古扁桃灌丛群系蒙古扁桃—短花针茅群丛、酸枣灌丛群系酸枣—三芒草+短花针茅群丛。这两种旱生落叶灌木群落根系发达,穿透力强,对岩画分布区域的岩石破坏极大。岩画石整体崩裂、移位现象严重。多年来,由于封山禁猎,贺兰山二级保护动物岩羊成群出没在贺兰口岩画区,构成一景,但因其造成生物的物理风化作用也不容忽视。沟内C区岩画分布第7、9、10、12、15地点,成为岩羊早、晚两次成群下山饮水的必经之路,所到之处,从山上蹬下的石块往往砸在岩画分布的石坡上,经常在途经岩画石坡时,将尚未崩裂的石皮踩踏掉片,以致造成了岩画的损坏。

贺兰口岩画保护区生物的化学风化作用,表现在岩面及岩画刻槽中,因微生物析出的有机酸、硝酸和亚硝酸、硫化氢等对岩石的强烈破坏作用,不仅使岩面布满土黄色、褐红色、黑色等所谓"岩漆",而且导致浅痕岩画模糊不清,以致完全消失。

二、风化类型分区

贺兰口岩画保护区面积12平方公里,保护区内贺兰山体呈北西向分布,贺兰口沟呈西南向延伸,保护区地貌分山体、沟谷、洪积扇三个单元。由于各地貌单元接受日照时间长短不一,对大气降水、地表水承受面不同,所以其产生风化的条件及岩石风化的方式有很大差异。

根据地貌、风向、日照面、承水面的不同,促使岩石风化的作用不同,风化营力作用于岩石的结果不同,将贺兰口岩石风化划分为4区,即:1. 贺兰口沟内南坡水解作用、微生物化学作用风化区;2. 贺兰口沟内北坡水蚀作用、气温作用风化区;3. 贺兰口沟外东南坡生物作用、气温作用风化区;4. 贺兰口洪积扇风蚀作用、气温作用风化区(表2)。

表2 贺兰山贺兰口岩石风化类型分区

序号	山、地名称	风化类型分区
1	贺兰口沟内南坡	水解作用、生物作用风化区
2	贺兰口沟内北坡	水蚀作用、气温作用风化区
3	贺兰口沟外东南坡	生物作用、气温作用风化区
4	贺兰口沟外洪积扇	风蚀作用、气温作用风化区

注:水解作用属于化学风化;水蚀作用、气温作用属于物理风化。

以上4个风化类型分区,其岩石风化作用的表征不同是显而易见的,但各区风化作用差异明显,互有交叉。在贺兰口,引起风化作用的因素很多,但因温度的变化,使岩石内外温度产生昼夜交替,因而产生膨胀、收缩、裂缝、崩坏、掉块、破碎,许多岩画本体出现大量的片状剥落现象,亟待抢救性保护。

由于本次保护的岩画仅仅局限于贺兰沟内的北坡和南坡的二十余幅,因此以下重点介绍贺兰口沟内南坡和北坡的风化作用。

(一)贺兰口沟内南坡水解作用、生物作用风化区

本区自沟口至芦沟1260米,岩画点14处,分布岩画173组、764个单体图案。自沟口至"水关"为重点保护区段,全长570米,分布岩画12处、146组、660个单体图案。

本区属贺兰口阴坡,多年平均年日照时数为1554小时,为贺兰山多年平均年日照时数的53.6%,多年平均日照时数仅4.26小时,且集中在上午。因此山体岩画经太阳光照辐射时间短,其中有4处岩画点常年不见阳光。岩面阴湿,宜于单细胞体藻类生长,并在石面发现有发菜分布。由此造成的生物风化419幅,占本区岩画分布的54.7%。

由于沟谷内地势西东方向较高,且南低北高,沟谷内山泉水贴近南坡。故本区段岩画,尤其是突出山体的石坡往往常年有流水浸过,水解作用明显,受此影响岩画数量约173幅,占本区岩画分布的22.6%。

本区山体高位岩画,遭受风蚀破坏的现象亦较严重,岩石表层崩裂掉皮,岩画因此受到破坏,共计97幅,占本区岩画的12.7%。有76幅岩画因坡上山榆根扎石缝,导致石裂滑

坡，占本区岩画的 0.10%。因水解作用，微生物藻类作用的风化共占全区段风化破坏的 77.3%，故以这两种风化作用命名本区。

（二）贺兰口沟内北坡水蚀作用、气温作用风化区

本区为贺兰口山体岩画中最为密集的区段，岩画点 21 处，分布岩画 305 组、1497 个单体图案，自沟口至"水关"为重点保护区段，全长 581 米，分布岩画 18 处、276 组、1409 个单体图案。本区人面像岩画 372 幅，占整个贺兰口人面像岩画的 52.5%，著名的太阳神岩画、手印岩画、西夏文题刻岩画等都分布在这个区域。

本区段沟口至"水关"山体呈西北—东北—北西方向延伸。自沟口至"男女人面像"为气温作用风化区；自"男女人面像"至"牧猎图"为自北向南的洪水顶水区，是水蚀作用风化区；自"牧猎图"至"高窑子"南端山体均面向沟口，方向东北，为气温作用风化区。山体面东折向西北至"水关"段，其分布的岩画上部为气温作用风化区，下部为水蚀作用风化区。

（三）结论

根据以上对贺兰山贺兰口岩画风化破坏类型的调查分析及风化类型的分区研究，贺兰口岩画风化破坏类型，以物理风化作用为主。

贺兰口岩画因化学风化作用而受到破坏的形式，主要是水的溶解、水化、水解作用，其中尤以接近地表而长期接受山泉水的浸蚀而产生水解作用的化学风化为多。其水解作用为贺兰口岩石中占 25%~30% 的长石 $[K_2O \cdot Al_2O_3 \cdot 6SiO_2]$ 长期接触山泉水而发生化学反应，其反应式如下：

$$K_2O \cdot Al_2O_3 \cdot 6SiO_2 + 3H_2O \rightarrow Al_2O_3 \cdot 2SiO_2 \cdot 2H_2O + 4SiO_2 + 2KOH$$
  正长石   水   高岭土   二氧化硅 氢氧化钾

正长石里的钾盐与氢氧根结合成为易溶的氢氧化钾真溶液而被带走；析出的二氧化硅呈胶体状态随水流失，其余的部分则形成高岭土残留于岩画石表面，再经活水冲刷后落失于水中。贺兰口岩画中部分岩画线槽已不见凿痕，平浅而光滑，皆为岩石表层受水解作用的结果，也是经水解后岩画的表征所在。

据以上统计分析，目前贺兰口岩画正在承受着物理风化、化学风化和生物风化的多种类型的风化破坏。其中又以物理风化和生物风化的联合作用为主，运用科学有效的保护措施对贺兰口岩画进行抢救性保护已刻不容缓。

三、贺兰口地区岩画本体剥落与裂隙的成因分析

（一）地质构造是产生岩体剥落和裂隙的内在因素

由于多受构造运动的风化等营力破坏，贺兰口地区断层和裂隙特别发育。断层错动

时,受压应力、剪切应力等影响,断层表层岩体发育大量的剪张性、剪切性裂隙,这些裂隙或呈显性张裂面,或呈隐性裂隙面,为岩体后期裂隙的扩展、发育创造条件。

构造裂隙和层面裂隙等裂隙的相互交切,是导致贺兰口岩画岩体剥落和开裂的内在因素。

(二)温湿度剧烈变化是产生岩体剥落和裂隙的主要影响因素

岩石和组成岩石的矿物颗粒,由于温度的变化,使岩石因温差而产生交替膨胀和收缩,导致岩石发生裂缝,最终导致岩石破碎。

贺兰山地区日照时间长,昼夜温差大,贺兰口年日照时数3040小时。在夏季,贺兰口的温度一旦上升,湿度就呈现下降趋势;温度一旦下降,湿度就呈现上升趋势,贺兰口温度湿度变化趋势是相反的(图1)。

最高温度出现在12:00~14:00之间,最高值达到41.4℃。最低温度出现在夜间,最低温度降到21.2℃。一天里最高温度与最低温度相差20℃。相对湿度最低值出现在12:00~14:00点之间,最低值为34.60%。相对湿度最高值出现在10:00~12:00之间,最高值为80.80%,最高湿度和最低湿度相差近达50%。

岩体温度升高部分来自大气与岩体之间的热传导,但导致岩体温度升高的主要因素还是太阳光的热辐射。岩体表层温度梯度的剧烈波动,从而造成表层岩体温差应力巨幅变化。应力主要是张拉应力,因此岩体表层处于高温膨胀与低温收缩的交替状态中。温差应力使岩体表层处于张裂状态,特别是当岩体表面处于低温收缩状态而岩体内部仍然因较高的温度保持膨胀状态时,形成的张拉应力对岩体破坏特别严重,加速岩体表层的开裂。当表层岩体力学强度在风化作用下降低,热力学性质改变的情况下,这种作用更加明显。

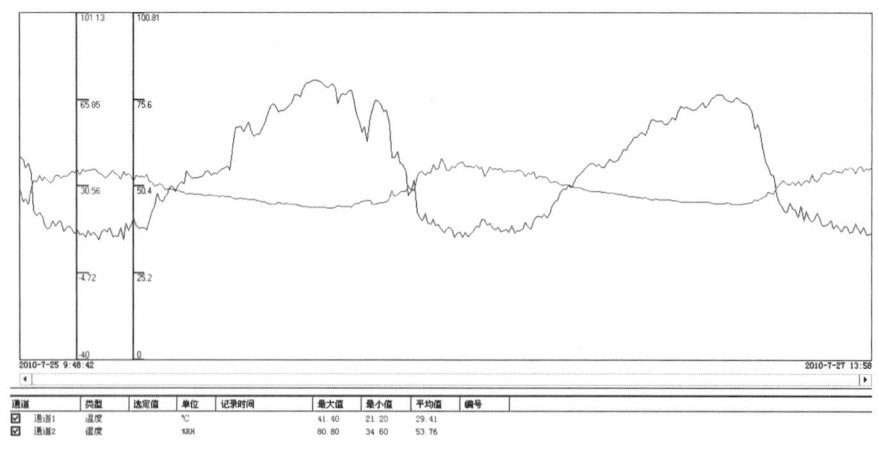

图1　贺兰口地区温湿度变化测量曲线(测量时间为2010.7.25)

在白天受到阳光照射时,由岩石表面向内部传递热量,夜晚则由岩石内部向表面传递热量。在传递热量的过程中,岩石因受热或放热而膨胀或收缩,由于岩石的导热性能很差,这种因热量传递仅限于岩石表面较薄的部分,这部分岩石因周而复始的膨胀-收缩,先是在岩石内部产生与表面近似平行的裂隙,然后裂隙不断加大,最终呈片状与主体岩石分离剥落。

大量的研究表明,由热和水汽导致的膨胀收缩均为不可恢复的。这种不可恢复的变形在受热膨胀吸水膨胀与不膨胀的岩石内部产生应力,导致裂纹。这种现象在很多劣化的石材的表面都得到验证。

(三)水是加速岩画剥落和开裂的诱发因素

尽管贺兰山地区水资源相对贫乏,但是贺兰口是贺兰山东麓水量最为丰沛的山口之一。山泉水出露沟谷地表形成溪流,长度约 2.4 公里,涌水量约 600 m^3/d,沿沟谷深处流至山前洪积扇顶部,灌溉着近 500 亩土地。由于沟底坡降大(81.4‰),水流速度快,对位于水位线以下的岩画产生水蚀破坏。

经调查,在贺兰口沟口内外,有 5 处岩画密集的石坡都长期经受过山泉水的冲刷。水际线因坡降距沟谷地表高度不尽相同,在水际线下岩画遭受水蚀的情况也有差异。表现为越往沟谷上游走,两侧山突部位的水际线越低,岩画遭受水蚀破坏的程度越小。而越接近沟口,因历年山洪暴发时,将沟内谷底的卵石大量搬运至沟口,水际线距谷底越来越高,水际线下的岩画遭水蚀破坏的程度就越大。

贺兰口地段还常因暴雨而导致山洪暴发。其特点是洪峰高、洪量大、来势猛、历时短。1998 年 5 月 20 日,贺兰口暴发山洪,沟内洪峰流量达 452 m^3/s,洪水量 201 万 m^3;2002 年 6 月 8 日,贺兰口暴发山洪,洪峰流量 58.2 m^3/s,洪水总量 28 万 m^3。山洪暴发时,泥石流从比降 81.4‰的沟谷中咆哮而出,裹挟着大量石块、泥沙,直接冲砸在迎水的石壁和坡石上,使凿刻有岩画的岩石呈片状剥落。流水中还会带来一些可溶盐。在温度较高的时候,这些盐将以无水相状态为主,湿度升高及温度降低后,无水盐类将吸水膨胀,进一步导致岩体开裂破坏。在冬天,贺兰山地区有时还会有降雪,甚至有可能结冰。冻融作用将更加加剧岩体裂隙的开裂。

(四)其他因素

贺兰山多风且风速较大,山体上部尤为突出,由于两山之间易造成狭管效应而增大风力,导致该地区多大风和沙尘暴危害,一般刮 7~8 级大风的日数平均每年有 24 天左右。这也是造成岩体破坏的不可忽视的一个重要因素。

四、病害分类

(一)残损、剥落

岩画的表面出现部分残损现象,且有明显的层状剥落的痕迹。造成这一现象的主要原因是岩体为热的不良导体,在白天受到阳光照射时,外热内冷,夜间则外冷内热,产生温差现象。贺兰山地区昼夜温差巨大,气温日较差平均为13.4℃,最大达为29.9℃。大多数岩石是由多种矿物组成的,各矿物的膨胀系数不一致,导致颗粒间的连接被破坏。夏季遭曝晒的石刻突然受到暴雨的浇淋,岩石中的膨胀性矿物遇水膨胀,加速破坏岩体颗粒间的连接和岩体表层与里层的连接,使石刻岩体表层疏松产生裂缝,温差风化多造成岩画的鳞片状剥落,进而造成岩画表面大面积的残损。

图2和图3四幅人面像岩画的现状照片,其鳞片状剥落的痕迹十分明显,岩体沿平行于岩画表面的方向,一层层的逐渐剥落下来,有的断面比较老,是很久以前发生的剥落,有的断面比较新,是最近几年发生的剥落。由此可见,剥落现象处于一个发展的过程中。

 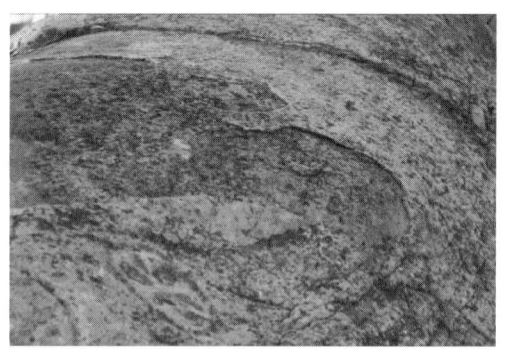

图2 岩画残损和剥落(一) 　　　　图3 岩画残损和剥落(二)

(二)表面风化

岩画表面由于遭受风化作用,其刻画的纹饰、图案部分已模糊不清。造成这一现象的主要原因是水的溶解作用。岩画岩体内的碳酸盐物质,在纯水中不易溶解,但当水中含CO_2时,则易于溶解,形成碳酸氢钙,其化学反应方式如下:

$$CaCO_3+H_2O+CO_2 \rightarrow Ca(HCO_3)_2$$
　　方解石　　　　碳酸氢钙

碳酸氢钙易溶于水,可被流水带走,导致岩画表面产生溶沟和溶洞。即使是较难溶解于水的硅酸盐矿物,当水中含酸或碱度较大时,其溶解硅酸盐矿物的能力显著增大。水的溶解作用,使得岩画表层的石质转变为可溶盐而流逝,造成表层纹饰与图案的模糊不清,如图4。

图 4 是镇山虎岩画的现状照片，由于表面风化作用的破坏，虎的头部与四肢已经模糊不清，如果继续维持这种风化速度，在不久的将来，整个岩画就将完全消失。

（三）裂隙

岩画表面多有裂隙存在，有的是较大的贯穿裂隙，有的是较浅较细的风化裂隙。造成裂隙的原因有很多，主要为地基的不均匀沉降和冰雪的融冻。地基的不均匀沉降，造成岩体受力不均，是产生裂隙的起因；而冰雪的融冻则是导致裂隙扩大的主要原因。当气温降到 0℃ 以下时，渗入岩体裂隙中的水就冻结成冰，水结冰时其体积会增大 1/11 左右，将对周围岩壁产生很大的压力，据测试这种压力可达 96MPa。在裂隙水冻结压力的反复作用下，裂隙逐渐扩大和加深，最终导

图 4 镇山虎岩画

图 5 驴羊图岩画

致裂隙宽度的加大，甚至出现崩塌。此外，裂隙水分迅速蒸发时，水中盐类结晶体积的膨胀将对岩壁产生强大压力引起裂隙宽度的加大（图 5）。

图 5 是驴羊图岩画的现状照片，其通体遍布数条裂隙，将一块完整的岩体分割成几块，有的裂隙甚至贯通岩体。这种裂隙在贺兰口岩画上出现的比较普遍，应当引起足够的重视，否则部分岩体有可能坍塌。

（四）微生物

岩画表面留有苔藓类低等植物及其死亡后的产物，呈黄、绿、白、黑等多种颜色。它们新陈代谢中常常析出有机酸、硝酸、亚硝酸、碳酸和氢氧化铵等溶液，腐蚀岩画并在其表面形成积淀物，造成岩画表面刻画的纹饰与图案模糊不清。苔藓侵蚀岩体的方式和机理为：呼吸出的 CO_2 溶解于水产生酸性溶液；通过分泌草酸与周围岩石中的阳离子（如钙离子）反应形成草酸盐；分泌柠檬酸和地衣酸等溶于水可与多种阳离子形成螯合混合物，改变岩体的化学成分；菌丝生长产生的物理压力破坏岩体微孔的微结构，使岩体局部物理性能（如水力膨胀性能等）发生变化，造成应力破坏。

图 6 是岩画表面的微生物现状照片。贺兰山岩画表面的微生物有如下特点：一是种类很多，呈黑、黄、白、绿、褐等多种颜色，二是分布不均，有的岩画表面完全被微生物遮

盖，看不出岩画的内容，有的岩画表面则几乎没有微生物的生长；三是状态各一，有的微生物已经死亡，有的正在生长，有的则呈"休眠"状态，一旦获得适合的生长条件，就会立刻"复苏"。

检测方法：通过标本切片，观察菌丝、孢子和藻类细胞，确定微生物类别，如图7~图12，鉴定结果见图片底部文字内容。

图6　岩画表面微生物

图7　现场照片

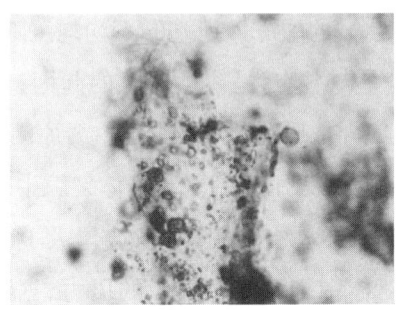

图8　500×显微照片

鉴定结果：地衣，黄枝衣科石黄衣属。

图9　现场照片

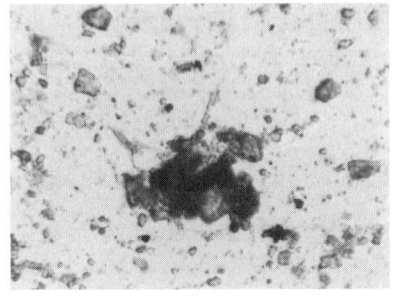

图10　500×显微照片

鉴定结果：地衣，茶渍目茶渍衣科茶渍属黑茶渍。

图11　现场照片

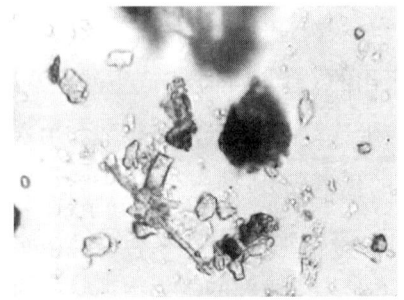

图12　500×显微照片

鉴定结果：地衣，鸡皮衣科鸡皮衣属。

(五)污染物

石刻表面的有色污染物有三种，分别是白色、黑褐色和黑色污染物。

1. 白色的污染物主要是石膏，它是由水化作用形成的：

$$CaSO_4 + 2H_2O \rightarrow CaSO_4 + 2H_2O$$

（硬石膏）　　　　（石膏）

生成的含水新矿物，其结构已不同于原来的矿物，硬度一般也低于原矿物的硬度。

2. 黑褐色的污染物主要是褐铁矿，它是由氧化作用形成的：

$$4FeS_2 + 15O_2 + mH_2O \rightarrow 2Fe_2O_3 \cdot (m/2-4)H_2O + 8H_2SO_4$$

（黄铁矿）　　　　　　（褐铁矿）

石刻中的微量黄铁矿在氧的作用下形成褐铁矿，造成石刻的表面产生黑褐色的污染物，影响文物的美观，如图13。

3. 黑色的污染物是人为造成的，不法分子在偷拓岩画时，未使用脱模剂，直接在岩画上涂刷硅橡胶翻模，而后在清除硅橡胶时，用喷灯烘烤，造成岩画表面形成黑色的残留污染物，如图14。

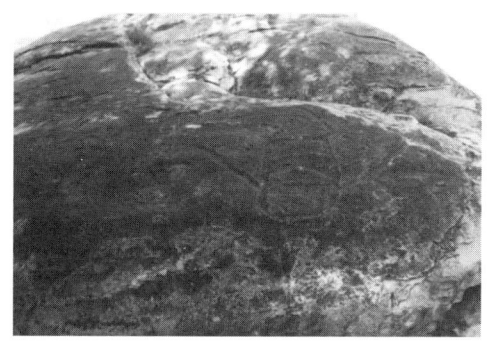

图13　岩画表面黑褐色污染物

图14　岩画表面黑色污染物

4. 现场调查还发现，苔藓等残留物形成黑色污染物，在现场成分分析发现有含锰的矿物经过雨水冲击形成的黑色物质。此外，虎与坑穴岩画，在借展过程中，表面被涂刷了封护材料，改变了岩画原有的颜色。

(六)大气污染

由于工业的发展，大气中的CO_2、NO_2、SO_3含量增加，导致酸雨，某些地区大气

图15　现场测量贺兰口岩画附近空气质量

中粉尘等微粒含量增大。这些酸雨和粉尘降落在岩画表面,造成岩体的腐蚀,使岩画表面出现麻点,甚至小孔洞,破坏了岩画的原貌。在贺兰口现场进行了气体成分分析,发现 H_2S 与 SO_2 含量较高,这是形成酸雨的重要原因。

（七）其他安全隐患

贺兰山岩画分布较分散,管理较为困难,目前的安全隐患有以下几个方面：一是偷拓岩画的事件时有发生,不法分子在偷拓的过程中,由于缺乏相应的知识和设备,对岩画造成了不可挽回的损害；二是保护区内的动物,贺兰山岩画分布区域,生活着国家二级保护动物——岩羊,岩羊在其运动、攀爬过程中,不可避免会对岩画造成损伤；三是游客的不文明行为,由于岩画与游客距离很近,有些地方甚至触手可及,部分游客的不文明行为,在岩画上乱刻乱画,破坏了岩画的原貌(图16)；四是岩画本体,有的岩画几乎已经与岩体分离,随时都有整体剥落的危险。

图16 岩画表面人为刻画印记

（八）贺兰口待抢救保护岩画病害分类

表3 贺兰口地区岩画病害类型分类

序号	病害类型	定义	照片示意	属性
1	微生物	苔藓、地衣与藻类菌群、霉菌等微生物菌群在石质文物表面及其裂隙中繁衍生长,掩盖石刻精美纹饰,导致石质文物表面变色及表层风化的现象。		表层生长植物
2	机械裂隙	指因外力扰动、受力不均、地基沉降、石材自身构造等引起的石质文物开裂现象,一般这类裂隙多深入石材内部,严重时会威胁到石刻的整体稳定,裂隙交切、贯穿会导致石刻整体断裂与局部脱落。		完整性损伤
3	表层片状剥落	指由于外力扰动、水盐破坏、温度周期变化等原因导致石质文物表层片状、板块状剥落的现象。这类病害多发生在岩石纹理较为发达、夹杂较多的沉积岩质地石质文物的表层,且多伴随有表面空鼓起翘现象。		完整性破坏

续表

序号	病害类型	定义	照片示意	属性
4	人为污染	指人为涂鸦、书写及烟熏等造成的石质文物污染现象。同时不当保护引起的变色与污染，如采用铁箍、铁质扒钉等加固断裂部位而引起的石质文物表面变色和不正当涂刷引起的表面变色也归入该类病害。		表层微形态改造
5	鳞片状起翘与剥落	指由于保存环境温差变化较大、易发生融冻现象或曾发生过烟火焚烧的石质文物表面产生的起翘与剥落现象。		完整性破坏
6	表面溶蚀	指长期遭受雨水冲刷的石质文物，特别是碳酸盐类质地文物的表面形成的坑窝状或沟槽状溶蚀现象，这类病害易导致石质文物表面纹饰、题刻的消失和破坏。酸性降雨会导致这一现象的加剧。		完整性损伤
7	残损	在外力作用如撞击、倾倒、跌落、地震及其地基沉降、受力不均等因素的影响下，发生的石质文物残损现象。		完整性破坏
8	大气及粉尘污染	露天存放的石刻表面通常蒙有大量灰尘及风化产物污染石质文物表面。		表层微形态改造
9	浅表性裂隙	由于自然风化、溶蚀现象导致的沿石材纹理发育，除薄弱夹杂带附近呈条带状分布且较深外，一般比较细小，延伸进入石刻内部较浅，多呈里小外大的V字形裂隙。		完整性损伤

(九)典型病害调查图片

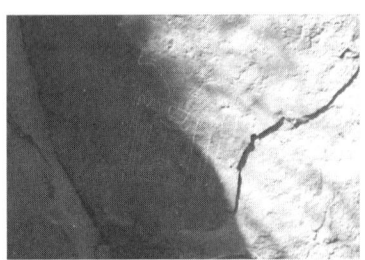

岩画周边表层片状剥落

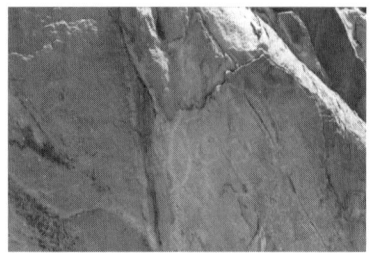

岩画周边片状剥落威胁岩画安全

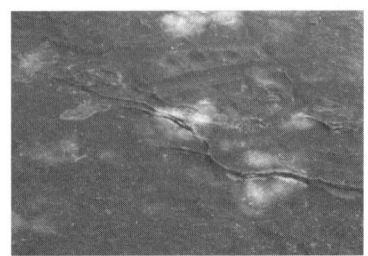

岩画表层片状剥落

岩画表层片状剥落

岩画表层片状剥落

岩画表层片状剥落

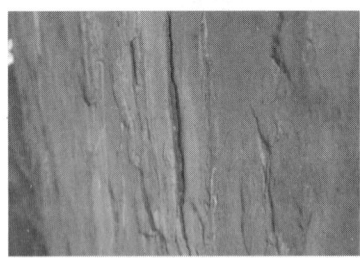

岩画周边片状剥落

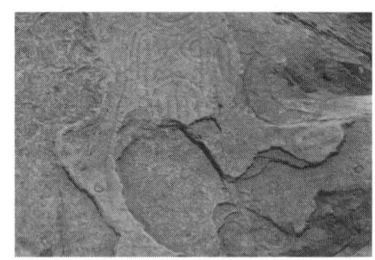

岩画表层片状剥落

微生物污染

微生物污染

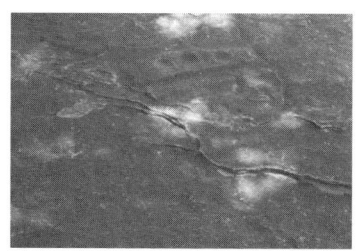
苔藓残留物

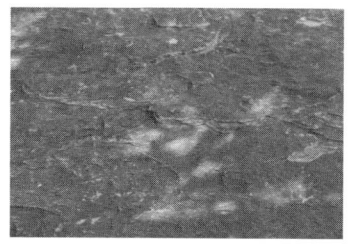
苔藓残留物

苔藓残留物

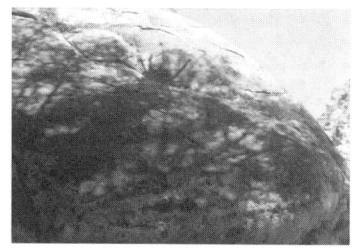
苔藓残留物

鳞片状起翘与剥落

鳞片状起翘与剥落

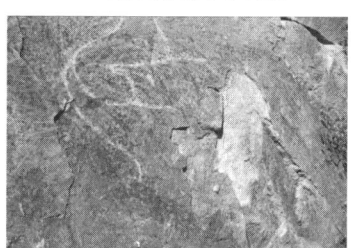
鳞片状起翘与剥落

鳞片状起翘与剥落

表面溶蚀模糊

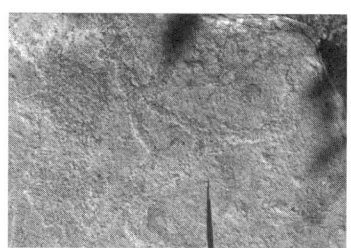
表面溶蚀模糊

表面溶蚀模糊	表面溶蚀模糊
残损	残损
残损	残损
裂隙	裂隙
机械裂隙	机械裂隙

拜寺口岩画普查报告

银川市贺兰山岩画管理处 林 浩

一、拜寺口基本情况

拜寺口位于宁夏回族自治区银川市贺兰县洪广镇金山村 8 队境内,东经 105°57″45′~105°57″47,北纬 38°40″53′~38°40″56′,东距滚苏旅游公路 1.2 公里,东南距银川市 48 公里。拜寺口日照充足,热量资源比较丰富,年平均日照 3040 小时以上,无霜期 128~175 天,具有春寒、夏凉、秋短、冬长的气候特点,是宁夏北部低温和降水中心。拜寺口沟道走向自西向东,长度为 9.6 公里,平均坡降 92.8‰,集水面积 21.6 平方公里。

拜寺口是贺兰山重要的山口之一,三面环山,动植物种类丰富,沟内山泉四季不竭,自古以来就是人类繁衍生息之地。在拜寺口矗立着西夏时期的两座佛塔,1988 年由国务院公布为第三批全国重点文物保护单位。除双塔外,在拜寺口沟口还分布有大量的西夏遗址,其上遍布西夏时期的砖瓦、琉璃瓦、瓷器碎片等物,台面石砌墙基仍清晰可见。其中以方塔寺庙区最为著名,但被不法分子炸毁。

二、拜寺口岩画

2014 年和 2016 年贺兰山岩画管理组织人员两次对拜寺口开展岩画普查,在海拔

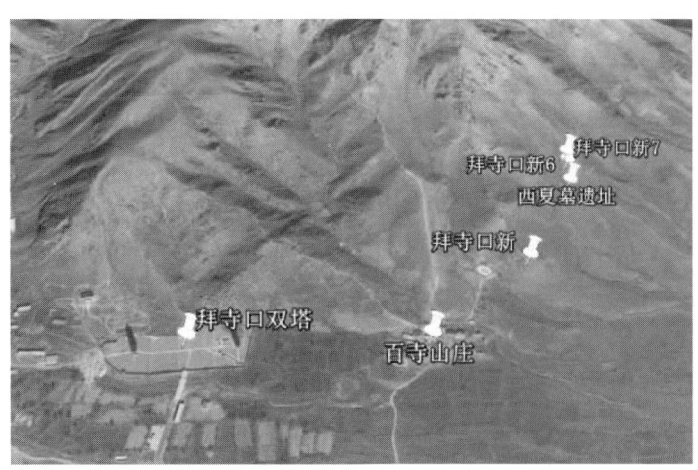

图 1 拜寺口岩画分布

1385~1444米之间，东经105°58′18.75″，北纬38°41′106.67″发现三处岩画点。一共18组91幅岩画。自20世纪贺兰山岩画发现公布以来，贺兰东麓多个山口都发现了数量较多的岩画，但未见对拜寺口岩画的记录，这两次的普查均属于首次发现，弥补了此山口岩画的空白。本次主要针对2016年新发现岩画进行记录。

(一)拜寺口岩画的类型

发现的岩画全部凿刻在裸露的岩石上，大多数图案较为清楚，但部分岩画遭到风雨侵蚀，破坏严重。岩画内容主要有贺兰山岩画中常见的动物岩画。如羊、牛、鹿等，还发现蹲踞的人体、车辆符号岩画，等等，非常珍贵。这些岩画都是以凿刻为主，在生产力相对较为低下的年代制作出精美的岩画，说明这些岩画在当时人们心目中的地位相当高。

按照岩画制作方法的分类，拜寺口岩画属于凿刻的岩画。按岩画的表现内容可分为具象岩画和抽象岩画。具象的岩画主要有动物、人体、车辆等，形象很直观，便于辨认和理解。抽象的岩画有椭圆形、马蹄形、圆形等图案。具象岩画动物羊出现的较多，大多与具象岩画同时出现。以前未发现的岩画，现调查处出的档案的编号分别是：BSKZGDS、BSKZGDSX和BSKX。

(二)岩画普查

第一岩画点距离百寺山庄东北方不足70米的一处山崖上，石面崩塌，脱落严重，共5组15幅岩画分布在深色石壁上，编号为"拜寺口新"（编号代码：BSKX）。（图2箭头所指地点）第二岩画点在第一岩画点东北方220米左右的山坡上，为单体岩画，编号为BSKX-6，共2组18幅岩画；第三岩画点在第二岩画点后方20米左右，编号为BSKX-7，仅1幅人体岩画。

根据岩画的具体位置，将所有岩画编号为BSKX-1~7。具体如下：

图2　拜寺口1~5岩画点

拜寺口岩画

编号	名称	制作方法	尺寸(cm)	朝向	经、纬度/海拔	图例
BSKX-001	动物、符号	凿刻	宽:35 高:22	东南	N:38°40′58.31″E:105°58′07.18″海拔:1383米	图3
BSKX-002	人骑	凿刻	宽:12 高:9	南	N:38°40′58.31″E:105°58′07.18″海拔:1383米	图4
BSKX-003	符号	凿刻	宽:11 高:10	南	N:38°40′58.31″E:105°58′07.18″海拔:1383米	图5
BSKX-004	人、动物、符号	凿刻	宽:52 高:48	南	N:38°40′58.31″E:105°58′07.18″海拔:1383米	图6
BSKX-005	人体、动物	凿刻	宽:34 高:17	南	N:38°40′58.31″E:105°58′07.18″海拔:1383米	图7
BSKX006-1	射猎、动物群	凿刻	宽:103 高:58	南	N:38°41′05.13″E:105°58′10.09″海拔:1408米	图8
BSKX006-2	动物	凿刻	宽:24 高:20	东	N:38°41′05.13″E:105°58′10.09″海拔:1408米	图9
BSKX-007	人体	凿刻	宽:24 高:30	南	N:38°41′05.65″E:105°58′10.06″海拔:1416米	图10

三、西夏遗址考察

图3　BSKX-001
注:岩画BSKX-001,凿刻制作,凿点深且细密,线条流畅。

图4　BSKX-002
注:岩画BSKX-002,凿刻制作,通体密布凿点,动物嘴部缺失。

图 5　BSKX-003

注：岩画 BSKX-003，凿刻制作，石面上部断裂，刻痕较浅。

图 6　BSKX-004

注：岩画 BSKX-004，凿刻制作，线条流畅，刻痕较浅，石面有多道裂隙。

图 7　BSKX-005

注：岩画 BSKX-005，凿刻制作，刻痕较浅，石面中部断裂。

图 8　BSKX-006-1

注：岩画 BSKX-006-1，凿刻制作，刻痕极深，凿点粗大，线条流畅，由多个动物及人体组成，石面部分剥落并有多道裂隙。

图 9　BSKX-006-2

注：岩画 BSKX-006-2，凿刻制作，刻痕极深，凿点粗大。

图 10　BSKX-007

注:岩画 BSKX-007,凿刻制作的人体,刻痕较浅,形象生动。

由以上各图可知,这些岩画的主要内容有:动物岩画、人骑马岩画、人马岩画、人射鹿岩画、人牛群羊岩画、双羊岩画、人岩画等。这些岩画反映了贺兰山古先民的狩猎、游牧生活。其中图 8 的人牛群羊岩画,场面宏大,生动有趣,艺术性强,是不可多得的精品岩画。

四、西夏遗址考察

在第一、第二岩画点之间的山梁上,有一处被开掘的古墓,具体年代不得而知,根据墓周围发现的手印砖及泥擦擦判断,应是西夏时期的古墓。古墓坐北向南呈"凸"字形,墓室宽 3.8 米,长 4 米,石块砌成,表面残存部分白灰涂层;墓道宽 0.9 米,长 3 米。(图 11)因距离拜寺山庄较近,经常有游客在古墓周边私挖乱采,导致古墓被严重破坏。此次在巡查过程中就发现古墓周围有挖掘痕迹,泥擦擦散落在墓边土层上,工作人员只能将泥擦擦带回妥善保管,并将破坏的土层复原。(图 12、图 13)

图 11　西夏古墓

图 12　散落的泥擦擦

图 13　被破坏的墓室土层

五、考察总结

此次考察收获颇丰，所发现的岩画均是之前岩画普查所未发现的，虽然数量不多，但极具特色，丰富了贺兰山岩画的内容与题材，为进一步的深入研究提供了全新的资料。西夏古墓遗址考察所收集到的泥擦擦、手印砖等文物也增添了拜寺口双塔文管所的文物收藏价值。

贺兰山东麓三关口至青羊沟段岩画及其他文物普查报告

银川市贺兰山岩画管理处　李建平

【内容提要】 银川市贺兰山管理处岩画普查小组对宁夏贺兰山东麓三关口至青羊沟段岩画进行了田野普查,新发现岩画2幅,打破了此范围内无岩画的说法,为贺兰山岩画普查再添新彩,使贺兰山东麓银川市境内的岩画普查记录趋于结束。

【关键词】 宁夏贺兰山　岩画　普查

按银川市贺兰山岩画管理处(以下简称管理处)2016年初既定的工作计划,2016年11月2日至4日,在管理处分管领导张建国副主任直接参与领导下,管理处文物保护研究人员李建平、林浩、夏亮亮、仇勇洲组成了2016年度贺兰山岩画普查工作小组,由南向北对银川市境内贺兰山东麓三关口至青羊沟段约20公里的山谷进行了普查记录。具体普查情况如下:

一、准备情况

为了顺利完成管理处岩画普查任务,在管理处张建国副主任的主抓下,成立了2016年度贺兰山岩画普查工作小组,制定了普查工作方案,协调车辆、准备设备和采购野外餐饮食品,询问熟悉地形情况的护林员,联系宁夏贺兰山自然保护区管理局办理了进山手续,一切准备工作于2016年11月1日前全部结束。

二、普查过程

(一)贺兰山三关口

三关口是宁夏进入内蒙古阿拉善左旗的必经之地,现有银川至内蒙古阿拉善左旗的高速公路和110国道贯通山体东西,此处是银川顺畅到达阿拉善左旗的必经之路。调查小组选择从110国道三关口处下路,进入宁夏贺兰山自然保护区管理区域,开始了岩画普查的第一个区域。此处多荒漠草地,山体土质较多,普查小组通过望远镜观察和实地勘察,发现没有适宜刻制岩画的山体或石头。普查小组通过贺兰山自然保护区草地防火通道沿山根继续向北普查。

(二)贺兰山大窑沟

从三关口向北约 2 公里左右到达大窑沟沟口（北纬 38°22′8.42″，东经 105°52′35.71″）。此沟属于比较大的山沟，山体虽有大块石头，但石质十分坚硬，且纵横石纹多，石面非常粗糙，极不适宜刻制岩画。普查人员对沟口南北所有山体及向沟内纵深西行约 1 公里峡谷内两边大石，进行了认真排查，没有发现岩画，但在南沟山体约 30 米的山坡上发现 1 块生铁，约 2 厘米长，可能是西夏或明代留下的兵器残件。除此之外，没有发现岩画和其他任何遗址。

贺兰山大窑沟　夏亮亮 摄

贺兰山大窑沟内峡谷　夏亮亮 摄

(三)贺兰山涝子沟

从大窑沟向北约 1 公里为涝子沟。涝子沟属小山沟，可能是大窑沟分支沟，为石质山体,沟口山体曾被开矿,山体破损明显,现被遗弃。山体石质随地形呈红色、黑色、黄色,石质坚硬、粗糙。经普查小组认真排查,在距离沟底约35米的黑色山体上发现2幅岩画。1幅为人形搭弓射箭图形(北纬38°23′39.21″,东经105°53′10.36″),1幅为符号(北纬38°23′39.32″,东经105°53′0.12″),两幅岩画相距约1米。刻制均采用凿点勾勒法。

涝子沟存有岩画的山体 夏亮亮 摄

涝子沟人形搭弓射箭岩画原图

涝子沟人形搭弓射箭岩画轮廓勾勒图

涝子沟符号岩画原图

涝子沟符号岩画勾勒图

普查小组人员记录岩画

(四)贺兰山井子泉(榆树沟或死人沟)

从涝子沟向北约3公里为井子泉。从井子泉开始,宁夏自然保护区管理局设森林防火站,是其贺兰山最南端的一个护林站。此沟口有军队演习遗留设施。该沟口山体石质坚硬、粗糙,沟口土质多,野草生长茂盛。经普查小组认真排查,没有发现岩画及其他遗址。

井子泉沟(1)

井子泉沟(2)

(五)山嘴沟

从井子泉向北为山嘴沟,此沟属兰州军区空六师管辖地段,为军管区,护林站工作人员一般都不能进入,经初步协调未能被允许进入。此沟岩画普查工作未进行,待时机成熟开展。

(六)甘沟(套门沟)

从井子泉向北约 10 公里为甘沟。该沟口山体石质粗糙,沟口洪积扇野草生长茂盛,基本没有大石块。经普查小组认真排查,没有发现岩画,但发现 2 处烽火台,一处在距谷底约 50 米的山坡上,为梯形石块砌筑而成,石块里层为土夯,经纬度为北纬 38°31′3.23″,东经 105°55′23.84″,高度为 10 米,东北、西南角有塌陷,已公布为银川市重点文物保护单位,该烽火台发现有疑似明代水缸残件;另一处经纬度为北纬 38°31′54.45″,东经 105°54′20.80″,为土夯而成,残高约 4 米,破损严重。两烽火台直线距离约 2 公里。

烽火台(1)

烽火台(2)

烽火台(3)

烽火台残件(4)

烽火台(5)

(七)青羊沟

从甘沟向北约15公里处为青羊沟(北纬38°33′25.98″,东经105°55′09.10″),从青羊沟开始,沟口洪积扇上开始布满大石块,但大石块粗糙,石面纵横纹路多,基本没有平面。经普查小组认真排查,没有发现岩画,但在石面上发现疑似明代或西夏建筑采石的痕迹。该山口发现了规模较大的建筑地基遗址及烽火台遗址,已被公布为银川市重点文物保护单位。

青羊沟建筑地基遗址(1)

青羊沟文物遗址标志界碑(2)

青羊沟采石痕迹(3)

青羊沟采石痕迹(4)

三、普查成效

此次岩画普查比原计划时间缩短了2天，虽然在20公里的范围内普查记录了2幅岩画，但也打破了此范围内无岩画的说法。为管理处岩画普查再添新彩，贺兰山东麓银川市境内的岩画普查记录基本结束。总体来说，此次普查成效显著，为熟悉摸清三关口至青羊沟段地形地貌和其他文物奠定了基础。

一是此区域大部分环境不适宜刻制岩画，地貌要么多荒漠草地、山体土质较多，要么山体石质坚硬、粗糙，沟口土质多无石，尤以三关口、大窑沟、青羊沟为甚。

二是此区域除井子泉、青羊沟外，其他山沟泄洪沟干涸。

三是干沟南侧至今仍为采石矿区，污染严重，干沟北侧发现长城烽火台遗址，保存基本完好。

贺兰山岩画的调查方法及科学记录

银川市贺兰山岩画管理处 王 岩

岩画的调查方法及科学记录,对于岩画的普查、整理、研究十分重要,是岩画整理研究的核心基础。银川市贺兰山岩画管理处自2002年成立以来,根据国家文物调查方案,十分重视贺兰山岩画调查方法及科学记录的培训以及岩画调查整理,并将其作为贺兰山岩画保护、研究、开发工作的第一步,先后组织人员调查记录了3万幅以上的岩画,并逐步建立了岩画档案,为贺兰山岩画的保护与研究奠定了重要基础。因此,本文对十余年来贺兰山岩画的调查方法及科学记录方法,做一个简单的总结介绍,为岩画调查新手的进一步学习、工作、研究提供借鉴。

一、拍摄方法

拍摄方法就是利用照相和摄像设备对岩画进行按比例复制的一种资料记录方法。自照相和摄像设备诞生后,随着科学技术的快速发展,拍摄法已经成为人们留下美好事物或景象的行之有效的手段,最受人们青睐。在文物资料记录方面广为运用,发挥着极为重要的作用。它操作起来方便、简洁、速度快。

在岩画资料记录方面,对于刻痕明显,刻线颜色与岩体颜色分辨度高的岩画图案,拍摄法发挥着极其重要的作用,效果特别好;但对于刻痕不明显,刻线颜色与岩体颜色分辨度低的岩画图案,拍摄法的效果就难以发挥、体现。随着科学技术手段的不断提高,各种超线速的照相和摄像设备不断涌现,对于刻痕不明显,刻线颜色与岩体颜色分辨度低的岩画图案采取拍摄方法进行资料记录,记录效果会大大改善。

二、墨拓方法

墨拓方法是中国古人独创的资料记录的传统方法,具有悠久的历史。此法是将宣纸铺在所要复制图案的载体上,喷上水雾将宣纸浸湿,用橡皮锤(或软锤)对宣纸进行捶打,让宣纸与所要复制图案的载体充分接触,使宣纸进入图案刻痕中,再将墨汁均匀地浇注在特制的捶打刷(又称拓子)上,然后用捶打刷在宣纸上轻轻地拍打,均匀地将宣纸拍打完后,将宣纸再轻轻地从图案载体上剥离,待宣纸阴干后就成为一幅完整的记录资料。这种方法是中国古人专门为了提取石刻文字或石刻图画,采用的一种获取案头研究资料的方法。它常常用于基面平整光滑的文字或图画载体,比如刻有文字或图画的石碑。这种方法能原大、原样复制,经济实惠。但要求操作人员必须细心认真,熟悉各个环节,拓制需要经验丰富,不易在短期内熟练掌握。

因岩画基面大部分不光滑平整,好多岩画载体都不同程度地存在剥落现象,理论上来说采用墨拓法提取的岩画资料不如石碑资料清晰、真实,容易使记录失真。但因这种方法形成的记录资料是原样复制,存在一定的技术含量,方便展览等,被许多研究机构广泛采用,这种记录资料(又称拓片)备受研究人员或收藏爱好者的青睐,目前很有一定市场。墨拓法一般情况下不能用于彩绘类岩画记录资料的提取,对处在悬崖峭壁上的岩画记录资料的提取也难用此法。这种方法会造成对复制对象的加速破坏,国家有关法规对易损文物采用此种方法明文禁止。

三、临摹方法

临摹方法就是利用具备一定绘画基础的人员,对复制对象原样或按比例进行临摹。这种方法用于岩画资料的记录,是在岩画图案模糊不清,刻痕不明显,刻线颜色与岩体颜色分辨度低的情况下,采用的一种岩画资料记录方法。此法要求临摹法人员除具备一定绘画基础和辨识岩画的专业知识外,还需具备强烈的责任心,有吃苦耐劳的精神。否则,稍有不慎,便会失真,误导研究,贻害万年。

目前广泛采用的上述三种岩画资料记录方法因各种原因,在被有关单位运用时没有出现珠联璧合的互补局面。新的历史时期,在不断科学探索岩画保护措施的同时,如何遵循"准确、完整、全面、科学"的岩画资料记录方针,丰富岩画资料记录方法,形成立体交叉的岩画记录资料,为保护服务,为研究服务,是我们义不容辞的历史责任。因此,要做好这项功垂千秋、利在当代的工作,还需注意如下几点:

(一)加强岩画保护管理者、研究者之间的全面交流,推进、创新岩画资料记录方法

在信息爆炸的时代,任何闭门造车的行为都将遭到耻笑和碰壁。开展同行之间的联络交流,建立形式多样的信息交流平台。通过信息交流,可起到互促互进,激发灵感,使岩画资料记录工作方法不断推陈出新,充分发挥岩画资料记录工作的强大作用。

(二)充分吸收科技发展成果,为岩画资料记录工作和建档工作注入活力

运用数码相机对所能拍摄的岩画进行拍摄,然后把拍摄结果储存到计算机,利用计算机相关软件对所录图案进行客观处理,达到最佳效果,包括清晰度处理、对比度处理、岩体颜色处理等,尽量做到与原物一致。这样做,既可以增加、丰富岩画资料记录方式和保存方式,又能弥补纸质档案保管分类繁杂、占用空间、查找不便的缺点。

(三)同一幅岩画采用尽可能多的方法进行记录

除非受岩画位置、制作手法、周围环境等条件的限制,一般情况下,应采用尽可能多的方法对同一幅岩画进行记录。只有如此,方能做到客观、准确、完整地记录好岩画,为保护、研究提供可靠基础资料。

贺兰山岩画保护与旅游资源开发研究

自治区人民政府研究室 张学智

中国是名副其实的岩画大国。新疆天山岩画,内蒙古西部阿拉善草原上的曼德拉山岩画,宁夏中卫地区的香山岩画和大麦地岩画,贺兰山岩画,内蒙古中、北部的卓资山岩画和阴山岩画等,共同构成了中国西部绵延万里的岩画长廊。其中贺兰山岩画——人类祖先在鸿蒙时代文化艺术的神奇创造,以其表现内容丰富,文化内涵深厚,分布区域集中,距离中心城市近而名冠世界岩画之首。1997年被联合国教科文组织世界岩画委员会列入了非正式的世界文化遗产名录。

贺兰山岩画是形象化的历史,是早已逝去的史前艺术的历史见证,是人类童年艺术的化石,是中华民族历史文明的驻足地,是原始先民文化经济活动的真实记录,是原始社会的百科全书。保护文物就是传承我们的历史。

贺兰山岩画不仅是宝贵的历史文化遗产,同时也是宝贵的现代旅游资源,随着旅游经济的发展,贺兰山岩画也渐成旅游新宠,其作为旅游资源的经济价值逐步凸现。与此同时,发现一处破坏一处的现象依然存在,很多珍贵岩画因不能进行有效保护而惨遭毁灭,令人痛心。

因此,对贺兰山岩画进行抢救性保护与合理开发利用问题的研究,对促进贺兰山岩画的科学保护与合理的旅游开发,实现双赢和可持续发展,不仅有着重要的学术价值,也是当前贺兰山岩画保护与旅游开发中急需解决的重要课题。

一、人类历史文化遗产的保护与旅游资源开发的辩证关系

(一)保护人类历史文化遗产的必要性及其重大意义

上下五千年,纵横九百六,中华民族的辉煌灿烂与文明,孕育了丰富的历史文化遗产,使我国成为当之无愧、名副其实的世界人类历史文化遗产大国。不论是从历史的角度还是从现实的角度,保护文化遗产都十分必要。从历史的角度看,人类的历史本身就是一部发展与进步的历史,在漫长的人类历史发展的长河中,文化遗产作为人类精神创造的结晶,浓缩着人类的智慧,凝结着人类的劳动,记录着人类的创造。正是这些珍贵的历史

文化遗产,推动着人类社会的文明进程。一个没有文化的民族就是一个愚昧的民族,历史文化遗产是历史的传承,是人类文明进步的标志。因此,对历史文化遗产的保护,不仅是对前人和历史的负责,也是对子孙后代的负责。从现实的角度看,岩画作为一种世界性的、古老而独特的艺术形式,是具有代表性的人类文化现象,具有非常重要的历史、艺术和科学价值,因其极富神秘色彩和观赏性,人们渴望目睹为快,于是在世界范围内兴起了"岩画热"。因此,岩画不仅是珍贵的文化资源,还是重要的旅游资源。对岩画进行保护与旅游开发,对完善旅游体系,优化旅游结构,精心打造岩画文化品牌,推动地方旅游产业和社会经济文化建设都具有重大的现实意义。宁夏回族自治区党委书记陈建国同志说:"保护好贺兰山岩画是一个功在千秋,利在当代的事业,是我们的历史责任。保护、开发贺兰山岩画,对推动宁夏的文化事业、促进旅游业发展、进一步提高宁夏知名度,促进宁夏的社会进步和经济发展,有着十分重要的意义。"这个话很有见的。因此,如何做好贺兰山岩画的保护与旅游开发工作,继承中华民族优秀的历史文化,进行科学分析研究工作,开展爱国主义教育,建设社会主义精神文明和物质文明,对促进地方经济建设和文化建设,都具有重大的战略意义。

(二)人类历史文化遗产的保护与旅游开发的关系

旅游业的发展离不开旅游资源。岩画作为旅游资源的文化遗产,是旅游业发展必不可少的依托基础和凭借条件,其保护程度和开发利用状况直接制约着旅游业的发展规模和水平。目前,对于人类历史文化遗产的保护,在认识上还存在误区,往往是专家学者注重于保护而旅游部门强调开发。由于这种认识上的分歧,使文化遗产的保护与旅游开发工作常常出现矛盾,严重制约了文化遗产的保护与旅游开发工作的开展。因此,正确处理二者关系,是保护和旅游开发的关键所在。在怎样处理二者关系的问题上,我认为,只注重保护而忽视开发或重视开发而不加以保护的认识都是不可取的。

第一,如果只注重保护而忽略开发,这样的结果会使文化遗产的保护更加困难。其一,保护工作需要大量的人力、物力和财力来做基础。特别是在经济尚不发达的地区,由于受经济条件等客观原因制约,只靠政府财政补贴是难以得到有效保护的,文化遗产保护工作因缺少经费难以为继,大量被发现的珍贵文物因得不到足够的保护而惨遭更大的破坏。科学合理适度地进行旅游开发,通过旅游开发创造经济效益,再反馈于保护,更好地保护文化遗产,是可取的一种积极有效举措。这方面世界各地已有许多成功经验。旅游资源的开发,是人类有意识的开发,至少要具备"进得来,出得去,散得开"的可进入性,有了基本的并同环境相协调的接待设施,才能被旅游业所利用。特别是近年来,人们意识中的旅游活动不再是单纯的观光活动,而更多的包含了求知、探寻、好古、休闲等内容,这就需要更多的旅游服务设施规模开发。其二,珍贵的文化遗产价值只有在开发中才能得以实现,如果不能得到开发和利用,就是对文化资源的极大浪费,文化遗产也将失去了传承历史的意义。人类文化遗产作为先人创造的艺术精华,不应只是封闭,而应是开放的,应当使今人能从先人创造的历史文化中感受到其伟大和神奇,并能从中受到启迪和教育,使历史文化遗产发挥其应有的社会效益。

第二,如果只强调旅游开发的经济效益而轻视保护工作,这是舍本逐末、急功近利行为。首先,人类文化遗产是先人智慧的结晶,是一代又一代先人留给我们的精神财富、稀世珍宝,是不可再生的。如果不重视长远保护,只为当前利益而过度开发,无异于杀鸡取卵。尤其是岩画艺术一旦遭到破坏,将永远从地球上消失,成为千古憾事,最终必然导致这一特殊旅游资源的枯竭。其次,任何事物的发展都是一个循序渐进的过程,旅游资源的开发亦是如此,切不能急功近利,对文化遗产的开发如果只盯在眼前的既得利益而忽略了长期的保护,那么,由于保护工作相对滞后于开发速度和规模,无疑会给旅游资源带来厄运,甚至是毁灭之灾,使旅游资源乃至该区域的旅游业遭受致命打击,直接影响到旅游业的可持续发展。

历史文化遗产的保护和旅游开发的关系是相辅相成、相得益彰的关系,而不是对立的关系,二者不可偏废。只有把历史文化遗产保护好了,有了作为旅游资源的基础,才能形成具有开发价值的吸引游人的旅游资源,产生经济效益和社会效益;有了良好的经济效益,才能反哺于历史文化遗产的保护,历史文化遗产的保护也就有了物质基础做保证。只有正确处理好文化遗产的保护与旅游开发的关系,将二者并重起来,以保护为先导,以开发促保护,在保护中开发,在开发中保护,才能实现保护与旅游开发的良性循环,达到双赢目的。宁夏回族自治区政府副主席冯炯华就保护与旅游开发的关系,给予了精辟的阐述。他说,在西部开发中既有其文化背景,也需要特色文化的支撑,但是在对文化资源开发利用时,经常会遭到开发与保护之间的矛盾。具体表现在旅游部门和文物部门之间的矛盾比较突出,往往是文物部门学气比较严重,管理人员不足,科研人员短缺,资金匮乏,对文化资源开发不够;而旅游部门往往重视开发,盲目追求经济效益,对文化资源保护不够,若将二者结合好,就能获得双赢。

二、贺兰山岩画的历史文化资源和旅游资源

(一)贺兰山岩画概况

贺兰山岩画载于贺兰山,是历史上活动于贺兰山地区的北方猎牧民族凿刻在岩石上的一种岩刻艺术。它记录了远古时期贺兰山的自然生态和北方猎牧民族的生产方式及其社会经济形态,是宁夏古老而丰厚的文明渊源,是人类早期的造型艺术形式,是人类文化艺术、美术的先河,是人类表现自我、表现自身创造力和发泄情感的最原始的方式。岩画是世界上最为普及的文化,是世界性的艺术语言。作为一种史前时期延续而来的造型艺术载体,以其对研究民俗学、文化人类学、符号学等学科的主要参考价值,日益受到中外学术界的重视。

1. 贺兰山岩画的历史背景和人文环境

中华大地西北高原的宁夏有一座名山——贺兰山,唐代《元和郡县图志》卷四记载:"贺兰山……山有树木青白,望如驳马,北人呼驳为贺兰,因此而得名"。据《嘉靖宁夏新志》载:"贺兰山在城西六十里,峰峦苍翠,崖壁险削,延亘五百余里,边防倚以为固。上有颓寺百余所,并元昊故宫遗址,自来为居人畋猎樵牧之场"。唐代诗人韦蟾《送卢潘尚书至塞上》诗云:

贺兰山下果园城,塞北江南旧有名。
水木万象朱户暗,弓刀千骑铁衣明。
心源落落堪为将,胆气堂堂合用兵。
却使六藩诸子弟,马前不信是书生。

宋宝元元年(1038年),党项族首领元昊称帝建国,定都兴庆府(今宁夏银川),以贺兰山为固,贺兰山成为西夏的战略要地。贺兰山还是西夏统治者的避暑胜地、佛教圣地。贺兰山有西夏的佛祖院、"五台山"。据《嘉靖宁夏新志》载:明代尚存"颓寺百余所"。有寺就有塔,今贺兰县的宏佛寺塔、拜寺口双塔、拜寺沟方塔等,可谓"云锁空山夏寺多"。一代抗金名将岳飞传吟千古的《满江红》一词里,有"驾长车踏破贺兰山阙"的不朽名句,更使贺兰山闻名遐迩。自20世纪60年代至80年代初,当有人在贺兰山发现远古人类刻在岩石上的岩画后,贺兰山更以其丰富的文化内涵和独特的艺术魅力蜚声海内外。

2. 贺兰山岩画的分布状况与表现内容

贺兰山岩画主要分布在贺兰山东麓宁夏境内的中卫、吴忠、银川、石嘴山四市所属九县(区)。北起贺兰山北端的麦如井,南到腾格里沙漠边缘的苦井沟,绵延起伏200多公里,分布极广而且十分密集。岩画镌刻镶嵌于水草丰茂的山体崖壁和山前旷野丘陵的基岩石头之上。有麦如井、翻石沟、大树林沟、小树林沟、红果子口、黑石峁、韭菜沟、龟头沟、白芨沟、大西峰沟、小西峰沟、白头沟、贺兰口、苏峪口及回回沟、口子门沟、四眼井、芦沟湖、石马湾、黄羊湾、苦井沟和大麦地等二十多个分布地点,发现岩画总数约4.5万幅,登记、拍摄拓描3000多幅。有资料显示,在中国20个有岩画遗存的省区,宁夏回族自治区的岩画存量总数为全国第一。其中,贺兰山是中国岩画分布密度最大、数量最多的岩画地区。

贺兰山岩画南北分布间距较长,自然条件存在着一定的差异,按岩画分布的特点,可将贺兰山岩画分成三个类型。(1)山前戈壁草原岩画,主要分布于贺兰山北端,有麦如井、大树林沟、小树林沟、红果子口等,这类岩画主要分布于山前洪积扇上,分布范围较广,每组岩画间稀疏杂乱,石面方向各异,由于石面较小,岩画画面也都较小,以个体图案居多,组合图案较少。(2)山地岩画,主要集中于贺兰山中、北段。这类岩画的分布有两个特点:一是分布于深山腹地,岩画分布地带山高谷深,岩画高居于山体之上或陡峭的崖壁上。(3)沙漠、丘陵岩画,主要分布于贺兰山南端北侧卫宁北山一带,有黄羊湾、苦井沟、大麦地等。此类岩画明显有别于山前戈壁草原岩画和山地岩画。多数分布于山梁上条层状裸露的基岩上,呈条带状分布,相当一部分岩画被沙漠所侵漫。岩画分布有序,方向一般均向南。在沟口内外山体上的岩画,多集中在距离沟谷山根以上约10米的范围内,并呈片状分布。最高处的岩画不超过50米。沟口内的岩画,多数分布在纵深500米的范围内,山前洪积扇荒漠草原上的岩画,有"大分散,小集中"的分布特点,磨刻在独立外露可移动的石头上。从沟口到洪积扇,岩画的空间布局呈现出由密集到稀疏的扇状分布特点。

贺兰山岩画内容较为丰富。大量动物形象的岩画带有我国北方岩画的共有特点。人物图像也是贺兰山岩画中常见的一种表现形象,单独出现的人物图像较少,多数人物图像与群体动物同时出现在一个画面上,一般表现的是猎人、牧人、巫师的形象。人面像岩画是贺兰山岩画中最具代表性和最具特色的内容。狩猎岩画是贺兰山岩画中常见的一种题材,这是对古代这一地区狩猎经济的直接反映。舞蹈活动也是古代猎牧人日常生活中的一项主要活动内容。舞蹈岩画数量较多,分布也较广,有集体舞、双人舞和单人舞。还有为数不多的交媾画和急战、械斗岩画。

(二)贺兰山岩画"两个资源"的价值分析

贺兰山岩画群是一个驰名中外的大遗址,是中华民族历史文明的一个驻足地。贺兰山岩画作为古代人类生活的写照和反映,真实地记录着原始先民的文化经济活动,堪称集历史上北方众多游牧民族艺术之大成,是人类生产生活、哲学思想(巫教)等社会实践的历史篇章,是原始社会的百科全书。古代岩画在我国的发现已有数千年的历史。这些古代岩画大多镌刻于远离城市,在荒无人烟的深山峻岭,而贺兰山岩画却坐落于距宁夏回族自治区首府银川市只有60公里的雄伟壮美的贺兰山之中。尤其是贺兰山的人面岩画在世界岩画中以其风格独特、数量集中而成为世界岩画宝库的稀世珍宝,堪称世界人面像岩画之冠,更具有旅游、文化和科学价值。这里环境优美,景物集中,是供游人参观游览、度假、康乐、求知和进行科学文化活动的理想场所。因此,贺兰山岩画不仅是重要的历史文化资源,更是重要的旅游资源。不仅具有重要的历史文化价值、艺术观赏价值、科学研究价值,而且还具有重要的旅游资源价值。

1. 贺兰山岩画的历史文化资源价值

在贺兰口村村民的羊圈围墙上到处是刻有岩画的石头,当地人戏称:贺兰口的一道石头墙都比美国的历史长。这种说法可从遍布贺兰口村四周的遗址和遗迹得以印证。比这更古老的那就是数以万计的贺兰山岩画。史学家说,宁夏有两个历史坐标点,东有黄河边上的水洞沟,西有贺兰山岩画,一个是世界闻名的旧石器时代晚期古人类文化遗址,一个是远古人类的文化创造。尽管在科学家的眼里,这两个地域的古文化没有什么科学意义上的必然联系,但是,它们真实、形象地记录着宁夏古老而丰厚的文明渊源,记录了远古人类在3000年前至10000年前,放牧、狩猎、祭祀、战争、娱舞、交媾等生活场景,以及羊、牛、马、驼、虎、豹等多种动物图案和抽象符号。贺兰山岩画揭示了原始部落的自然崇拜、图腾崇拜、祖先崇拜的文化内涵,是研究考古学、人类文化史、原始艺术史、美术史学、民族史学、宗教史学、民俗史学、符号学以及物种学、地质学、生态学等众多重要学科的文化宝库。佐证着宁夏是中华文明的发祥地之一,佐证着中华民族悠久的历史和灿烂的文化。

贺兰山代表性的岩画集中在银川市以西60公里的贺兰口、苏峪口。它曾是新石器仰韶(其年代相当于西安半坡文化、临潼姜寨文化、马家窑文化)时代的中心祭坛。六七千年前,中华大地出现广泛的造神运动,因此,贺兰口、苏峪口有可能保留六千年前后众多的分层分级神人像,如大地母神、风月女神、生殖女神、太阳崇拜等图像。贺兰口成了祭祀众神的圣殿,也留下如天文测影、祭坛、宗教神器一类的岩画,成为让世界人民认识中国远古先民神奇创造力和想象力的重要佐证。有专家认为:宁夏贺兰山岩画为仰韶文化特异化的产物,其后又受马家窑文化的影响,至商周又受中原青铜文化的强烈影响,春秋之后既受中原文化影响,又受北方草原文化的多边影响,形成多元(样)统一的中华本土文化谱系的文化格局。历经了商、周、春秋、战国、秦汉(包括匈奴文化)、西夏(西夏岩画,吐蕃风格)几个重要时期,其他各个历史时期相对少些。其跨越年代之久远,文化内涵之复杂多样,文化品位之高,均为国内外岩画所少见。它的存在,可以使我们真正窥见自远古乃至历史时期五六千年间中原农耕文化与北方草原诸文化的分布、融合、地域文化交流的生动情景。贺兰山岩画的存在,对研究文化人类学、艺术、历史,对研究原始宗教、原始思维、古代民族迁徙等都有极高的学术价值。贺兰山岩画的人面像,还可以与欧洲、非洲、美洲以及环太平洋文化圈的人面像做比较研究,因而具有其应有的国际地位与历史文化地位。作为史前人类的艺术遗存,自20世纪60年代至80年代被大量集中发现并公布于世后,日益受到中外学术界的重视,在国内外引起强烈反响,令人叹为观止。它的历史、艺术和科学价值更吸引了世界各地的研究专家和学者。1991年和2000年,联合国教科文组织所属的国际岩画委员会在亚洲召开的两次年会,都选择在银川举行。1996年,贺兰山岩画被国务院公布为全国重点文物保护单位。1997年国际岩画委员会将贺兰山岩画列入非正式世界遗产名录。因此,贺兰山岩画不仅是宁夏的,也是中国的乃至全人类的共同文化遗产,其重要的历史文化价值是不可估量的,需要对其进行多学科的综合研究。当前,对贺兰山岩画这一古老的原始艺术,在学术界形成了"岩画热",引起了各级政府及社会各界的高度重视。

从1989年开始,我与几位考古工作者和美术界同仁历时数年,拓制了上千幅岩画,并在中央美术学院成功地举办了"贺兰山岩画展览",在国内学术界引起轰动。后又在自治区党委、政府的大力支持下,积极向联合国教科文组织国际岩画委员会申请,将国际岩画年会定在银川召开,申请获得成功。这次会议共有11个国家的145名学者参加。收到提交的国外论文25篇,国内论文97篇。会议期间,中国、澳大利亚、意大利、美国、英国、法国、加拿大、日本、印度、德国、丹麦等国家的代表,围绕如何进一步加强国际间在岩画领域里的合作,以及中国和世界各国在岩画的研究、记录和保护等方面所遵循的理论方法、措施等进行了深入讨论和广泛交流。各国代表实地考察了贺兰山岩画。在考察中,代表们对贺兰山岩画都表示出了极大的兴趣,认为贺兰山岩画风格独特,岩画的内容和题材丰富,内涵深邃,造型优美,数量可观,并且比较集中,是典型的中国北方岩画系统的代表,在中国岩画和世界岩画中占有极其重要的地位,有着巨大的历史文化研究价值,是极具特色的重要的历史文化资源。

2. 贺兰山岩画的旅游资源价值

(1)旅游资源的概念。"资源",一词属于经济学的范畴,原指取之自然的生产生活资料,它与人类社会的经济生活紧密相关,并随着社会经济活动的发展而不断扩展和深化。旅游资源是伴随旅游业的迅速发展而产生的新的专业术语概念,目前,对旅游资源的概念,尚未形成全面统一的认识。但自1841年英国人托马斯·库克开创了近代旅游业之后,旅游日益成为大众生活的一部分,名山胜水、文物古迹和民风民俗,在旅游业发展之初,就已成为早期旅游资源的基本范畴。在中国,从20世纪70年代到80年代,经济学、社会学和地学一批学者,相继转入旅游科学研究。他们在拟定论文和专著时都涉及对旅游资源的概念的理解和解释,并从不同角度对旅游资源下了定义,其中以下几种说法最具代表性和影响力:一是凡是以构成吸引旅游者的自然和社会因素,即旅游者的旅游对象或目的都是旅游资源。二是旅游资源是指对旅游者具有吸引力的自然存在和历史文化遗产以及直接用于旅游目的的人工创造物。三是凡是能为人们提供旅游观赏、知识乐趣、度假休闲、娱乐休息、探险猎奇、考察研究都可称为旅游资源。从上述各种定义可以看出，虽然它们各自出发点和强调的重点有所不同，但就资源的基本属性而言，大体是一致的，主要表现在以下三个方面：首先，旅游资源与其他资源一样，是一种客观存在，是旅游业发展的物质基础。无论山光水色、植物动物、变幻天象，还是文物古迹、古今建筑、民族风情等都是物质的。对于这些形态化的物质资源，绝大多数人都有认同感。其次，旅游资源具有激发游者动机的吸引性。这是旅游资源的最大特点，也是旅游资源理论的核心。在现代旅游活动中，作为客体的旅游资源与主体（旅游者）的关系密不可分。西方人将"旅游吸引物"作为旅游资源的代名词，足以说明吸引功能对于一事物能否成为旅游资源的重要性。与其他资源相比，旅游资源最大的特点就在于它能激发旅游者的旅游动机，吸引游客到异地进行旅游观赏、登山探险、科学考察、文化交流等旅游活动，以此来陶冶性情，丰富自己的文化生活。再次，旅游资源能为旅游业所利用，并由此产生经济效益。资源一词，本身属于经济学范畴，离开资源的经济价值来谈资源是毫无意义的。旅游资源，具有资源的一般属性，正是这种属性的限定，使得旅游资源的开发利用必能带来一定的经济效益。绝大多数学者在给旅游资源下定义时，都承认旅游资源的效益功能，即旅游资源能够为旅游业所利用，并产生经济、社会和生态环境效益。

综合以上各种观点，对旅游资源的概念可以界定为：旅游资源是指特定地理环境（自然环境和社会环境）中，能够激发人们的旅游动机并产生旅游活动的各种因素的综合。这种"因素"可以是物质的，也可以是附着于物质实体上的精神文化。它们在现实条件下的开发能够产生一定的经济、社会、生态环境效益，或者具有在未来被开发利用的可能性。

（2）贺兰山岩画的旅游资源价值。贺兰口风景名胜区，是贺兰山岩画的荟萃之地。这里山势峻峭，风景如画，山泉四季不竭。在山口内外分布着5000多幅岩画，其中人面像就有700多幅。它以其表现内容丰富、文化内涵深厚、分布区域集中、距离中心城市近而名冠世界岩画之首。与此同时，34处古代遗址为贺兰口岩画增加了更多的神奇。这些遗址包括：远古人类居穴3处，祭坛1处，房屋遗址1处，古代帐址5处，古代游牧民族特有的丧葬习俗——墓石圈13处，西夏时期的建筑遗址5处，明代万历年间重修的水关遗址1处，同年创筑的烽火台1处，明代嘉靖十七年（1538年）哨台遗址2处，清代山神庙和龙王庙遗址各1处。这些珍贵的历史遗迹与贺兰山岩画相得益彰，成为游人探幽访胜的不可多得的旅游资源。

①优越的自然条件，特殊的地理位置。贺兰山岩画凿刻于绵延200多公里的宁夏贺兰山上。贺兰山是我国内陆气候和外陆气候的分水岭，也是农耕区与牧业区的分界线。它

矗立于宁夏平原和蒙古高原之间,形成一道天然的屏障,既阻挡了西伯利亚和蒙古高压冷气流的南侵,又将东南季风所带来的大量水蒸汽截留在宁夏平原上空,而且还阻挡了腾格里沙漠的东侵,成为分割朔温带草原与温带荒漠、季风气候区与非季风气候区的一道天然屏障,也是中原农耕文化区与塞外草原文化区的天然分界线。优越的自然条件,特殊的地理位置,使得贺兰山亘古以来就是北方众多游牧民族心目中的圣山。在这座圣山上,古代先民凿刻了数以万计的岩画,更显示出贺兰山深厚的历史文化底蕴和神秘。贺兰山岩画的富集之地贺兰口所处地缘非常优越,贺兰口岩画处于宁夏贺兰山国家级自然保护区中段,从宁夏银川市驱车半小时即到,下车就可观赏岩画,这在全世界岩画点都是绝无仅有的。贺兰口具有毗邻贺兰山东麓多个旅游景点的位置优势,距苏峪口国家森林公园18公里,拜寺口景区10公里,滚钟口景区17.7公里,西部影视城17公里,西夏王陵40公里,是贺兰山文化的重要组成部分,与各景点间有柏油公路相连。形成了相互贯通的贺兰山东麓旅游圈。

②贺兰山岩画是独一无二的世界奇观。神秘的古老岩画,深厚的文化内涵,独特的历史天书,构成了独一无二的世界奇观,令游人"迷"而忘返。原始人的思维方式所创作的岩画艺术,是当时生活的再现。他们崇尚的是"万物有灵",这些思想在岩画中充分得以表现。而现代文明人类的思维方式却与之截然不同,这种思维方式上的反差,使一些岩画图像,让现代人看了不知为何物。特别是贺兰口那些奇形怪状的人面像,这个民族是什么意思？是什么时候刻的？又是什么人留下的？这个民族从哪里来？又去了哪里？为什么要把他们的思维与表象刻在这里？是用什么工具刻上去的？这不只是史学家、古人类学家和艺术家们所要探索的,更是吸引广大游客的悬念所在。这正是岩画作为旅游产品的"看点"和对游人的吸引力所在,好古好奇心理油然而生。置身贺兰口岩画区,人们不仅能领略到贺兰山的雄伟、大自然的秀美、古岩画的神秘,而且会陶醉于古村落、古遗址的原始文化氛围,发思古之悠情,是中外游客访古探奇、寻幽处静、休闲娱乐的好去处。贺兰口岩画风景名胜区,自开放以来,受到广大游人的青睐,旅游收入和接待人数逐年高速增长,2006年4月被全国31家都市报和"新浪""雅虎"等门户网站评选为"中国最值得外国人去的50个地方"之一,并获得金奖。这再次显示了贺兰山岩画独特的吸引力。因此有人说"来宁夏旅游不看贺兰山岩画等于未到宁夏",这话不为夸张。总而言之,坐落于贺兰山各山口的岩画蕴藏着极大的旅游资源开发价值,是极具发展潜力的旅游胜地。

三、贺兰山岩画保护与旅游开发存在的主要问题

(一)贺兰山岩画保护与旅游开发的现状

贺兰山岩画自20世纪60年代末正式发现,经80年代初有组织有规模的调查,2000

年开始保护与开发,经历了近30年的艰苦发展历程,发现数量不断有新的突破。公布于世后,在世界范围内受到广泛关注,也引起宁夏回族自治区各级政府的高度重视。由于加大了保护与开发力度,使贺兰山岩画的保护研究与对外宣传等各项工作取得了很大的进展,岩画的旅游开发工作也已开始起步,尤其是对贺兰口岩画的有效保护与旅游开发工作已初见成效。

1. 贺兰山岩画目前的分布数量及其保护管理

(1)目前已发现的岩画总量。贺兰山岩画遗存,近年来又不断有新的发现,目前已经发现的宁夏岩画有贺兰山岩画、灵武二道沟岩画、中卫北山(包括大麦地)岩画、香山岩画、中宁牛首山岩画等5个岩画区,42个岩画点,岩画总数已达约4.5万幅。其中贺兰山28个岩画点,岩画总数约3万幅;灵武二道沟1个岩画点,岩画总数约0.25万幅;中卫北山(包括大麦地)5个岩画点,岩画总数约0.9万幅;中卫香山8个岩画点,岩画总数约0.2万幅;中宁牛首山2个岩画点,岩画总数约0.15万幅。2000年以来,不间断的岩画调查和复查,在贺兰口内外11.06平方公里的岩画保护区内,共调查记录岩画2318组,5679幅,分别为10年前记录贺兰山岩画的10.73倍、9.09倍。岩画存量总数仍居全国第一。

(2)保护管理与学术研究。近年来,在宁夏回族自治区、银川市委和市政府的高度重视下,贺兰山岩画得到了有效的保护管理和开发利用。2003年初,自治区政府依法划定了贺兰山岩画保护范围;2000年7月,贺兰山岩画交银川市管理。2002年7月成立了直属银川市政府领导的银川市岩画管理处,即对银川市境内的贺兰山东麓各山中的岩画实施有效保护和管理,尤其是对贺兰口岩画区实施抢救性保护措施,并全面整治了景区环境,修建了景区岩画参观道路。从2000年10月开始,管理处分三次对贺兰口内外11.06平方公里的范围内的山体岩画和山前洪积扇岩画进行了反复踏勘、摸排普查和编号记录。2003年7月,经宁夏回族自治区人大常委会批准,颁布了《银川市贺兰山岩画保护条例》,特别是为申报世界文化遗产而编制的《银川市贺兰山贺兰口岩画保护总体规划》的实施,使长期遭受自然和人为破坏的贺兰山岩画得到了有效保护。这一规划由银川市政府和西北大学城市建设与区域规划研究中心共同编制,近期保护期限为2003~2010年,远期为2011~2020年。贺兰口岩画规划的保护范围为政府公布的保护范围外延500米所包围的区域,即西界为"芦沟"向西延伸500米,北界为沟口外向北2000米,南界为沟口外向南2000米,东界为洪积扇边沿向外延伸500米范围,规划控制区面积为1662.62公顷。保护对象为贺兰口岩画及其历史环境风貌和区域生态环境。规划依据贺兰口岩画的空间分布特点、历史环境和规划的基本对策,将贺兰口岩画保护区划分为5个功能区,即山地岩画保护展示区、博物馆保护展示区、聚落遗址保护展示区、河谷岩画保护展示区和洪积扇岩画保护展示区,通过竖立保护标志、界桩(碑),对岩画进行统一编号,对聚落遗址进行调查和考古发掘,建立岩画博物馆及原始艺术馆等措施,使贺兰口岩画得到了根本保护。

在加强对岩画的保护工作的同时,对岩画的研究工作也取得了一定的成效。1999年,宁夏回族自治区成立了宁夏岩画研究院,主要负责开展对宁夏境内现存岩画的考察、发现与研究等工作,收集、整理有关资料和信息。2000年,在各级政府领导和相关部门的支持与帮助下,宁夏岩画研究院承办了第二届宁夏国际岩画研讨会暨2000年国际岩画委员会年会,来自14个国家(包括中国)的130多名专家、学者参加了会议。会议在岩画研究、记录、保护方面进行了广泛的交流,提出了许多建设性的意见和建议。会后研究院编辑出版了《2000宁夏国际岩画研讨会文集》,收录了国内外岩画论文45篇,展示了岩画研究的最新成果。

2007年,宁夏回族自治区政协文史和学习委员会组织部分委员和专家分别对中卫大麦地岩画、银川贺兰山岩画等进行多次座谈的基础上形成并向自治区党委提交了《关于我区岩画情况的考察报告》。就宁夏岩画的保护管理、研究和开发利用提出了具体建议。自治区党委副书记、政府主席王正伟在《考察报告》上做了批示:"保护岩画,打造岩画文化品牌,应引起各级政府的高度重视"。

(3)旅游开发与申遗工作。在有效保护贺兰口岩画的同时,贺兰口岩画景区的旅游开发建设也取得了可喜进展。近年来,国家投资近1500万元,修筑了自滚钟口至贺兰口17.5公里的旅游公路。修筑了贺兰口沟口内1500米长的参观便道,为游客提供了更大的游览空间和较为便利的交通条件,增加了贺兰口沟口内的防洪、排洪能力,保证了贺兰口沟口的山谷两侧岩画密集区的安全和参观道路的畅通。与此同时,完成了13户农民的拆迁工作,在沟口处原农民居住区,通过综合环境整治,精心铺就了通往古村落、古人类房址、祭坛、圈石墓等史前人类活动遗址的卵石小路,初步完成了贺兰口岩画景区沟口内外道路系统工程,形成了包括岩画、古人类文化遗址、山区古村落及自然生态风貌在内的贺兰口岩画景区的旅游网络系统。为建设最具旅游发展潜力的贺兰口岩画旅游胜地奠定了基础。

2000年年初,为迎接第二届国际岩画年会暨宁夏岩画研讨会在银川召开,银川市政府投资150余万元,平整山地、修建参观道路、设立标志和防护栏,对沟口两侧的岩画实施了紧急保护措施。按照宁夏回族自治区文物局批准的《贺兰山岩画近期保护利用工作方案》,在沟口两侧山崖上的岩画旁,设计了不破坏石体的栈道,供游人攀登参观,以避免任意踩踏石面上攀,造成岩画剥落,沟口贴水渠外侧的岩画也已设计用铁栅栏围护,对于一些珍贵的岩画,如"太阳神""西夏文题记人面像""老虎"等,则采用特殊的保护措施。除设置铁护栏外,还在画石上方栽板岩挡护,防止山坡碎石滚落损坏岩画石面。为了使游客能更好地了解贺兰山岩画的文化内涵,沟口内外岩画分布处,都设置了中英文对照的标志说明牌,游客通过阅读标志牌上的文字,便可准确地指认岩石上被指示的岩画。与此同时,贺兰山岩画风景名胜区也相继建成,并于2000年国际岩画年会期间正式举行剪彩仪式对外开放。宁夏博物馆精心准备的贺兰山岩画展览和20多块岩画实物以及世界岩画展览也正式开展。开放后的贺兰山岩画风景名胜区,风景怡人、景色优美,与古老神秘、内容丰富、风格独特的贺兰山岩画相得益彰、交相辉映,吸引了一批又一批的中外游客。开放后的第一个月,贺兰山岩画区每天接待游客都在200人左右,2006年,在2005年景区门票收入突破百万元大关的基础上,达到142万元,2007年门票收入增长到了173万元,年接待游客逾10万人。成为宁夏旅游业新的经济增长亮点。目前,已列入规划的银川世界岩画馆已开始筹建。它的建成不仅对推动贺兰山岩画的保护、研究和旅游开发工作起到积极的促进作用,而且对中国岩画乃至世界岩画的保护、研究与开发利用也将会发挥积极作用。

根据2007年在我国桂林召开的第31届世界遗产大会的最新消息,目前,中国列入《世界遗产名录》的世界遗产已达35处,居世界第三位,其中文化遗产24处,自然遗产6处,双重遗产5处(全球共有788处世界遗产)。我国自1988年加入《保护世界文化和自然遗产公约》以来,随着国人保护文化与自然遗产的意识增强,以及由于世界遗产称号能给所在地带来荣誉和显著的旅游、经济效应,一些地方准备申报世界文化遗产的热情升温不断。2004年4月22日,贺兰山岩画申报世界文化遗产工作正式启动,申报报告上的世界遗产名称为"贺兰山贺兰口岩画",提名者为宁夏回族自治区人民政府。此前在1997年,贺兰山岩画就被联合国教科文组织列入非正式世界文化遗产名录。2002年,宁夏回族自治区党委书记陈建国先后两次考察了贺兰山岩画后指出,贺兰山岩画是宁夏非常重要的文化遗产和旅游资源,要切实搞好保护和开发,扎扎实实做好贺兰山岩画申报世界遗产的前期准备工作。同年7月,宁夏贺兰山贺兰口岩画申报世界文化遗产委员会成立,拉开了前期准备工作的帷幕。如果贺兰山岩画申遗成功,将会得到国际社会经济上的支持,对提升贺兰山岩画的保护与旅游开发水平,其意义不可估量。

(二)贺兰山岩画的保护与旅游开发存在的主要问题

1. 由于保护不到位,岩画破坏和流失现象严重

岩画的保护是一个世界性难题,对岩画的破坏主要来自两个方面:一是自然损坏;二是人为破坏。自然损坏主要是指裸露于山野的岩画经年累月,长期的风蚀、日晒和雨淋,造成石面剥蚀脱落的自然风化现象以及山洪暴发时,裹挟大量巨石、泥沙冲出山谷,对岩

画撞砸、摩擦等自然力的破坏情况。贺兰山岩画大多数分布在海拔1100~2200米的范围内。这一地区降水量较少,一般只有200毫米左右,植被稀疏、岩画裸露,物理风化强烈,岩屑发育较快,致使许多岩画表面脱皮、刻痕模糊、图像不清。贺兰山岩画很多都是刻于杂色砂岩岩面上,砂岩较坚硬,随着时间的推移,裂隙发育,还逐渐延深加长,使岩画破裂、崩落。沟谷是岩画分布较为集中的地区,每到暴雨洪水季节,洪水携带泥沙巨石,猛烈冲撞着岩画,使岩画遭到严重损坏。更为严重的是人为破坏。贺兰山岩画自发现以来始终处于被破坏的状态。有许多岩画距离城镇、村落等居民点较近,随着人类活动的扩展,岩画遭到了前所未有的破坏,如贺兰口及贺兰山北段等地修路、修渠、开矿、拉沙、取土时,许多岩画被炸碎和掩埋,遭到了毁灭性破坏,加之近年来随着岩画的对外宣传,一些不法文物商贩的盗撬时有发生。另外,在岩画点放牧,人畜踩踏也使大量岩画被损坏。由于自然与人为的破坏,使大量珍贵的贺兰山岩画惨遭破坏,"一劫不复",永久消失。我曾于1989年在苏峪口沟口南边的山体上发现并拓制的射猎图,其造型十分精美简练、极具装饰效果,堪称是一件岩画珍品,给我留下了深刻的印象。等2006年再去欣赏时,却已荡然无存,只剩下了被撬过的痕迹和一些碎石,令人惋惜,令人痛心。

在岩画的保护方面,除对贺兰口的岩画已予以较好保护外,对其他地方的岩画保护不能到位,这是当前贺兰山岩画保护中的突出问题。

2. 管理权限不明、体制不畅,严重制约着保护与旅游开发工作的开展

(1)部门繁多,谁都能管,谁都管不好,谁也没责任。至今尚无一个统一的专门管理机构和有效的保护措施来保护岩画,管理与旅游开发活动中矛盾冲突等问题凸现,但却少有统一协调解决。自1991年国际岩画年会暨宁夏岩画研讨会之后,贺兰山岩画引起了全世界的关注,名声大振。在自治区党委、政府以及有关部门的支持下,相继成立了宁夏岩画研究院、银川市岩画管理处。涉及岩画的保护、研究与旅游开发部门,还有自治区林业厅、自治区旅游局、自治区国土资源厅、自治区文化厅、宁夏文物局、宁夏博物馆等相关部门和单位,以及宁夏大学贺兰山岩画课题组、北方民族大学贺兰山岩画课题组等基层相关组织,针对遍及宁夏各地岩画不断遭到严重破坏的情况,由银川市政府直属的贺兰山岩画管理处却鞭长莫及,因他们只能管段(行政区划内)而不能管面(整个贺兰山麓)。其他部门不是人手紧缺,就是缺乏经费和交通工具。由此,使得宁夏贺兰山岩画难以有效保护,也不能充分被利用。由于机构、体制不顺等原因,形成了各部门之间,各吹各的号,各唱各的调。在学术研究方面对岩画的研究也是如此,缺少统一的课题研究计划,很难从整体上有计划地进行统一的保护、研究和旅游开发。正因为存在这些问题,使打造贺兰山岩画文化品牌的战略目标进展速度缓慢,与岩画保护、研究与旅游开发工作的要求不相

适应。

（2）保护与旅游开发经费不足，对银川以外的石嘴山、中卫、中宁、青铜峡、灵武等地岩画疏于管理。贺兰山岩画是一个整体系统。目前，除银川贺兰山贺兰口岩画得到较好的保护并进行了旅游开发，但仍然存在着经费不足等突出问题。贺兰山岩画自2000年交由银川市管理以来，银川市财政在岩画保护、景区建设方面投入资金达800多万元。但贺兰山岩画品位高，历史价值大，对一般游客而言，观赏性、理解性和参与性相对较差。再加上景区旅游服务设施建设滞后，旅游参观项目单一，宣传促销经费不足，游客数量少，滞留时间短，门票收入少。仅仅依靠银川市有限的文物保护经费和门票收入难以保证岩画的保护和有效的管理。银川两翼的石嘴山市、青铜峡市境内的14个地点的贺兰山岩画，以及灵武马鞍山岩画，中卫北山岩画、香山岩画，中宁牛首山岩画等，保护范围大，又没有专门的管理机构和有效的保护措施，加之受人员、经费、交通工具等条件的制约，使岩画保护工作相对滞后，这些地区的岩画屡遭人为破坏的情况依然大量存在，并且日趋严重。灵武马鞍山二道沟岩画几乎被破坏殆尽，原地留存的岩画石已寥寥无几，包括大麦地在内的中卫北山岩画数量也在逐年减少。石嘴山市境内的贺兰山岩画遭到破坏的消息也屡见报端，青铜峡以及中宁境内的贺兰山岩画也因疏于管理，被开山筑路、拉砂取石破坏及偷撬搬运的情况时有发生。我区极为丰富的岩画遗产，在25年中，已经调查记录在案的岩画仅有2.08万幅，约占宁夏岩画总量的46.2%，且主要集中在贺兰山岩画和中卫北山岩画。而在已经记录的岩画资料中，大约有20%的岩画图录因时间仓促，观察不细，而造成记录不准，图形失真，以至不易辨认，降低了学术价值，急需重新调查校正。除此以外，还有53.8%的岩画遗存一直没有进行过科学的调查和记录工作。

（3）监管滞后，致使有限的岩画管理工作人员也因文物保护意识淡薄，对破坏岩画的违法行为缺少执法打击力度。文物行政执法是文物工作的重要组成部分，也是行政执法体系中不可缺少的部分，承担着对历史文化遗产进行保护的责任。虽说文物是文化系统中法制建设较早的行业，法律也赋予了文物行政执法部门较大的行政执法权，但是目前宁夏文物行政执法机构不健全，执法力量薄弱，执法水平偏低。承担全区文物保护监督管理工作，制定文物保护事业发展规划职能的自治区文物局在机构改革后，实际在岗的行政管理干部只有4人。为进一步加强全区文物保护工作，2002年经自治区编办批准成立宁夏文物保护中心，承担全区文物保护方面的事务性工作，但是工作人员只有4人。2004年成立了宁夏文物执法监察队，虽然在一定程度上使宁夏文物人为破坏事件得到有效制止，但面对分布之广、数量惊人的全区大量珍贵的文物，特别是数以万计的贺兰山岩画，显然与工作要求不相适应。监管与执法力量严重薄弱，不能适应监管要求。由于对严重破坏岩画的违法行为不能进行有效的打击,使得破坏岩画的行为愈演愈烈。长期以来,对于贺兰山岩画的管理,主要依托林业部门,靠护林员进行兼职监管。一位媒体记者曾经在采访时遇到这样的情况,几年前,他到贺兰山岩画区进行采访,见到一条新修的长达300多米的水渠纵穿布满岩画的石壁,珍贵的岩画惨遭破坏的状况令人触目惊心,有的公然被炸掉,有的被凿,有的被砸得残缺不全。令人震惊的是,当年贺兰县金山乡在贺兰口岩画南壁修水渠时没有向文物部门打招呼,代管全国重点文物保护单位的贺兰山自然保护区护林员,对这样一件公然违反文物法规的事件也没有向有关部门报告。记者曾采访护林员常正林,他说:"修水渠是上面的事,与我无关。"当问及贺兰口岩画的数量和分布情况时,他更是一无所知。由此可见岩画管理者的文化素质以及对岩画的文物保护意识还十分淡薄。

(4)对岩画的旅游开发缺少长远规划,使极具重大价值的文化遗产不能得到充分的开发与利用。贺兰山岩画是人类的珍贵文化遗产,世界岩画中的稀世珍宝,作为一种极具特色的文化遗产和人文旅游资源,有着很高的旅游开发价值。随着其知名度的提高,岩画的图形被广泛采用,有的被邮政部门设计成纪念邮票、工艺品,有的被刻在公园,有的装饰在楼堂馆所,供人观赏。岩画艺术的作用正在更大范围得到发挥,为人们认识先民文化,了解宁夏、宣传宁夏起到了巨大的作用,很多人因慕名贺兰山岩画,专程来宁夏观光旅游。但是,目前除了贺兰口岩画以外的其他岩画点的旅游资源还没有进行全面的调查与评价,也没有开展岩画旅游资源的开发研究规划,对其资源功能、等级开发条件等尚不清晰,开发思路不明,这在很大程度上制约了岩画旅游资源的综合开发利用,在岩画分布较为密集的众多地区中,只有贺兰口一处进行了初步开发,但景区内服务设施还不完善。进入文明时代后,历代农民在这里繁衍生息,自然生态环境遭到了很大的破坏。尤其是2002年5月,保护区北边的贺兰口上社农民整体搬迁后,生活垃圾、建筑垃圾成堆,从远古时期遗留下来的羊圈、院墙倒塌,搬迁后的残垣断壁随处可见。其他地区的岩画还处在沉睡的自然状态,不但随时面临被盗撬破坏的危险,而且对岩画这一古老的历史文化遗产的旅游资源造成了巨大的浪费。

四、加强贺兰山岩画保护与旅游开发的基本对策

(一)贺兰山岩画保护与旅游开发的目标与原则

根据旅游资源开发的理论和贺兰山岩画的保护与旅游开发的实践,我认为,贺兰山岩画作为一种旅游资源,要得到充分的合理开发和利用,首先应由政府实施旅游开发为前提条件,才能逐步实现其作为旅游资源的经济价值和社会效益,为经济社会建设发挥应有的作用。

1. 贺兰山岩画保护与旅游开发的总体目标

(1)开发思路。贺兰山岩画保护与旅游开发的总体思路是：以宁夏"两山一河"文化旅游大战略和超前规划为先导，以文化为带动，以贺兰山贺兰口岩画风景名胜区建设为主导，突出重点，分期开发，以提升宁夏小省区大文化的品牌。以提高人民精神文化生活为宗旨，努力建设世界岩画保护研究与旅游开发示范景区，创建文化旅游带动经济发展的新模式，创造世界岩画保护研究与旅游开发的新路径。

(2)总体目标。建设具有世界意义的文化旅游示范工程，建设世界一流的国家岩画公园、岩画博物馆、世界岩画研究中心和资料信息中心，实现历史与现代、经济与社会、岩画保护与生态建设的和谐共融，协调发展，创造规划和建设世界岩画保护与旅游开发的国际典范，利用古老的岩画，促进文化产业、旅游业大发展，带动宁夏地方经济、社会和文化的和谐发展。

2. 贺兰山岩画保护与旅游开发的原则

(1)坚持长远规划与近期工作相结合。对贺兰山岩画的保护与旅游开发要立足当前，着眼长远，不能盲目和急功近利。从一开始就要严格按照世界文化遗产的标准进行统筹规划，把贺兰山岩画的保护与旅游开发同申报世界文化遗产活动结合起来。要积极为申遗创造条件，以确保申遗活动成功。在重点解决当前抢救性保护的同时，超前规划部署引导未来发展的重大项目，为长远发展打好基础。贺兰山岩画遍及宁夏银川、吴忠(青铜峡)、石嘴山和中卫4市的贺兰山、灵武二道沟、中卫北山、大麦地、香山、中宁牛首山等5个岩画区42个岩画点。目前，宁夏还是西部经济欠发达省区，地方经济的发展水平还很落后，同时对上述岩画区进行保护和旅游开发的经济条件尚不具备，因此，要对岩画的保护与旅游开发应根据宁夏经济发展的实际水平和各地的旅游资源开发实际进行统筹规划。在对当地岩画资源价值和旅游资源价值认真分析的基础上，考虑与当地其他旅游资源的分布现状，进行整体布局，循序渐进，分期开发。如：目前已率先开发的贺兰口岩画点，由于其距银川市近，岩画数量多，又独具艺术特色，交通极为便利，故首先被开发，收到了较好的社会效益和经济效益。而中卫、吴忠(青铜峡)、石嘴山市的岩画目前还没有得到很好的保护和旅游开发。随着经济发展水平的不断提高，各地可根据当地的实际情况，依次先易后难，逐步进行保护与旅游开发。防止和克服整体利益与局部利益、近期建设和远期开发的冲突，使岩画的保护与旅游开发工作从整体上有条不紊地向前推进。

(2)坚持多元开发与突出特色相结合。旅游资源不是单一的开发。首先需要有一个有吸引力的旅游环境和接待空间，包括相关旅游配套条件，如景点建设，基础设施的配套及布局，物资供应以及旅游消费品的开发等一系列范围的整体配套旅游开发，呈现出多元化开发的态势,更好实现其旅游功能,满足和保证旅游者的需求和愿望。没有特色的旅游开发就没有生命力。所以在旅游开发的具体实施过程中,一定要强化其独特性,从而形成强大的吸引力和完整、独立的旅游形象。贺兰山岩画的旅游开发首先要突出古岩画的文化特色,充分挖掘古岩画中所蕴含的丰富的历史、艺术、宗教等深层次的文化特色,使其成为宁夏旅游文化中最具爆发力的产品。在突出和揭示这一主体特色的同时,应既要考虑岩画周围的自然生态环境、古聚落、民俗文化以及与西夏文化乃至贺兰山文化和邻近西部影视城的影视文化的开发,还要考虑观赏旅游和服务设施建设,丰富旅游活动行为结构,增加购物设施和娱乐场所,配以一定的为各种专门的旅游服务的设施,提高服务级别。促进交通和住宿餐饮为主的有限旅游消费与以购物和娱乐旅游为主的无限旅游消费比例同步提高。利用古岩画群和古遗址、古村落,在附近建造一些仿古特色建筑,开发与岩画内容相关的骑射、围猎和篝火、舞蹈等项目,开发制作与岩画和贺兰山文化相关的旅游工艺品,以充分满足旅游者的好古猎奇心理,身临其境地领略自然与文化相融合的独特感受,由此不但能够拓宽旅游项目和服务内容,而且还增加了旅游收入。

（3）坚持有效保护与旅游开发相结合。当前,随着文化产业和旅游业的飞速发展,旅游经济效益不断提高,一些外省区不惜劳民伤财"巨资造古董"的现象经常出现。相形之下,祖先为我们留下的贺兰山岩画这一历史文化遗产就是我们得天独厚的最大的文化资源和旅游资源,是我们的宝贵财富。贺兰山岩画是世界岩画中的稀世珍宝,与所有文化遗产一样,具有时代性、非人工再生性和破坏后的不可再生性,一旦遭到破坏,将永远从地球上消失,如北魏郦道元在《水经注》中曾记录到的中原地区的岩画,目前在许多地方已经不复存在了。因此,在贺兰山岩画的保护与旅游开发活动中,我们必须倍加珍惜,认真加以保护。首先要正确处理好保护与旅游开发的关系,以保护为先导,对贺兰山岩画进行合理开发,在保护中开发,在开发中保护,以保护促开发,再用开发的经济效益反哺于岩画的保护,使保护与旅游开发活动相辅相成,相得益彰,从而实现保护与旅游开发双赢,社会效益和经济效益双赢,使贺兰山岩画的历史、文化、科学、艺术等价值在开发中得以永续体现,造福子孙万代。一是要加强保护措施,只有保护好了这些遗产,才能作为历史文化资源更具有开发的价值,如果失去这些岩画何谈开发价值,用什么来吸引游人？因此,在对岩画的旅游开发中,首先要进行全面的岩画保护规划和制定具体的保护措施,对岩画进行严格而科学的保护管理。旅游开发应保护在先,在保护措施保证之后,再适度合理的进行开发。要把旅游开发建立在对岩画的保护基础之上,不能以牺牲自然景观和岩画资源为代价,采取过度的开发,尤其不能进行掠夺性开发。二是对岩画保护的最终目的就是要使这些古老的历史文明再现生机,为现代人类的文明发展服务,使之成为现代人的精神文化大餐。为了实现这一目的,在对岩画保护的前提下,逐步进行开发,严格保证旅游开发的质量,保证开发一处,成功一处,见效一处,让这一闻名世界的文化遗产逐步发展成为宁夏乃至全国的一张文化旅游王牌,为弘扬贺兰山文化和古老的中华文明,带动宁夏文化产业和旅游经济的发展,最大限度地发挥其应有的价值。

(二)实现贺兰山岩画保护与旅游开发并重所要采取的主要措施

对贺兰山岩画的保护与旅游开发问题,在经过多年的认真调查研究和思考的基础上,并根据保护与旅游开发的实际状况,我认为应采取以下几项措施,以促进贺兰山岩画的保护与旅游开发活动又好又快发展。

1. 实施文化大策划和超前规划

西部大开发和党的十七大提出的大力促进社会主义文化大发展大繁荣,提高国家文化软实力的方针政策为契机,依托宁夏悠久的历史和丰富的文化旅游资源优势,针对游客,面向市场,突出特色,准确定位,做好贺兰山岩画旅游开发的大文章。宁夏的旅游资源概括起来分三大块。第一,有"两山一河",著名的贺兰山,因为岳飞的《满江红》而出名;有中国工农红军二万五千里长征翻越的最后一座高山六盘山,因为毛泽东的《清平乐·六盘山》而出名;还有中华民族的母亲河黄河流经宁夏 397 公里,有"天下黄河富宁夏"的美誉。目前,宁夏回族自治区已将其整体规划,使其形成"两山一河"的旅游长廊。第二,有"两沙一陵",一个"沙"是黄河岸边,腾格里沙漠南缘世界著名的世界环境治沙景点 500 家之一的沙坡头,是中国最好玩的十大地方之一。另一个"沙"是全国 35 个王牌景点之一的沙湖。"一陵"就是西夏王陵,掩埋着西夏王朝十代帝王、近 200 年的历史。第三,有"两文一景",因为宁夏有西夏文化,同时有中国伊斯兰教文化;又有引黄灌区"塞上江南"的美丽景观,在全国权威的地理杂志新近评出的全国十大天府中宁夏平原榜上有名。这些丰富的旅游资源,为打造贺兰山岩画大文化奠定了坚实的关联基础,对贺兰山岩画进行文化大策划,将其纳入宁夏文化之中,如实施"2008 贺兰山岩画文化节""贺兰山岩画旅游节""宁夏国际岩画研讨会"等系列活动,借助重大活动和一系列事件效应,进一步提高贺兰山岩画在国际国内的知名度和影响力,使贺兰山岩画成为与万里长城相媲美的世界级文化和旅游品牌,使贺兰山岩画风景名胜区成为享誉世界的国际旅游景区,最终全面提升宁夏的文化价值和旅游价值。

2. 以贺兰山岩画大项目带动开发

贺兰山岩画保护区是贺兰山岩画分布最为集中、最具代表性的岩画景点区,是贺兰山岩画艺术长廊的一个缩影。因此,要加快贺兰口岩画风景名胜区、银川世界岩画馆和世界岩画公园等大型项目的规划和建设速度,逐步建成具有世界影响力的贺兰山岩画公园,并配套建设一批文化、旅游和商贸重大项目,在其他岩画点优选具有代表性,有特色和岩画数量分布较为集中的地方建立岩画公园,开展"走进岩画""岩画艺术作品展""岩画探密""深山问祖"等系列活动,充分发挥岩画博物馆功能,使其成为展示世界岩画、宣传世界岩画研究成果、普及岩画知识的重要场所和窗口。借助这些重大项目的带动作用,辐射带动贺兰山东麓文化旅游产业带。全面提升宁夏首府城市银川市的文化品位,努力将贺兰山岩画景区打造成为以文化旅游为主导,集历史文化展示、国际文化学术交流、科学考察、旅游观光、休闲度假为一体的具有国际标准的文化旅游景区。

3. 采取政府主导与市场机制并举的开发模式构筑融资平台

根据旅游资源开发具有初期投入大、见效快、收益高的特点,加强政府对这一领域的宏观调控职能,充分发挥市场配置资源的基础性作用。第一,由政府进行统一部署,做好文物、规划、建设、土地等部门的协调工作,并出资做好基础设施建设。第二,在严格遵守国家文物保护政策的前提条件下,开展招商引资工作,在充分发挥本地优势的基础上,广泛吸纳社会资本。允许社会团体、个体业主进行投资,吸引本区乃至全国有识之士和旅游企业家到宁夏来,对岩画资源进行规划整合,统一开发。通过机制创新,谁投资谁受益,多元投资、多方受益,实现共建共享的利益分配机制,形成不断发展壮大的"滚雪球"效应。加快贺兰山岩画的保护与旅游开发步伐,先开发几个潜力大、有代表性的岩画区,再逐步带动整个岩画保护与旅游开发工作的整体推进,实现贺兰山岩画的保护与旅游开发双赢的战略目标。

4. 学术研究与旅游开发联盟

贺兰山岩画作为古代人类的经济、生活的反映,有着很高的学术研究价值。要把学术价值的研究和挖掘工作同旅游开发工作紧密结合起来,使贺兰山岩画的学术研究成果服务于旅游开发活动。一方面,要加强岩画研究人才的建设工作,采取多种方法发现和挖掘热爱和愿意致力于岩画研究事业的专门人才,做好老专家与年轻学者的传帮带工作,科学整合与充分发挥现有的岩画研究队伍,有计划、有主题、有方向地开展岩画学术研究活动。另一方面,及时将学术研究成果应用于保护与旅游开发的实际活动中。学术研究的重大发现、重大突破、重大研究成果,不仅在学术界,而且在社会上都会引起广泛的关注、重视和成为旅游资源的吸引物。如宁夏学者高嵩父女新近出版的《岩画中的文字和文字中的历史》一书,"华不注时代华族古帝谱系""不周山即贺兰山"等惊人结论,立即被银川市所采用,计划将在贺兰山建设"共工怒撞不周山"的场景和在贺兰口恢复先民祭坛等旅游开发项目。

5. 经济效益、社会效益与生态效益协调发展

自然景观、人文景观构成了贺兰山岩画的两大旅游资源优势,泉水、森林、山光、岩画

遗址、古村落,是贺兰山岩画作为旅游资源的最大特色。有特色的旅游区才能成为有生命力的旅游区。贺兰山岩画的保护与旅游开发,要坚持可持续发展战略,要着眼长远目标,充分开发和利用这两大旅游资源优势,在旅游开发实施过程中,最大限度地保证古岩画及岩画区周围环境的原真性和完整性。保护自然生态,维持天然形态,要尽量体现古岩画及周围环境的原始风貌,尤其是基础设施建设布局,场馆的建筑风格,生活垃圾、污水处理方式等方面进行科学合理的周密安排。减少景观的人工雕饰和人为设置,恢复产生岩画的自然生态环境和原始祭祀圣地的人文建筑环境。防止在旅游区出现城市化、商业化和现代化,以保证贺兰山岩画自然景观和人文景观的旅游特色,体现原生状态、荒情野趣和自然天籁,使岩画资源的保护开发利用同步推进,使经济效益、社会效益和生态效益协调发展,同步增长。在生态环境、古岩画得到良好保护的前提下,在努力实现"世界文化遗产"申报条件的同时,促进文化旅游业的发展,并以此带动农业、工业和服务业的良性健康发展,从而推动整个宁夏地方经济社会和文化建设的全面协调和可持续发展。

6. 抢抓机遇,实行科学管理

当前贺兰山岩画在全世界已逐渐被广泛宣传和关注,随着其知名度和影响力的日益扩大和提高,贺兰山岩画的保护与旅游开发更加迫切。岩画的保护与旅游开发工作涉及政府的财政、旅游、文化、国土、文物等相关部门,要使这些部门在统一协调下开展对贺兰山岩画的保护与旅游开发工作。现在又适逢进入全面建设小康社会、西部大开发和文化旅游业大发展大繁荣的重要战略机遇,要抢抓机遇,切实加强科学管理。一方面要健全行政执法机构,加强行政执法力度,对岩画进行监管,结合当前的经济条件,根据岩画分布具体地点的实际情况进行易地管理,采取灵活有效的管理措施。比如可聘请有责任心的当地农民担任岩画监管员,随时随地进行监管,做到及时发现问题,及时反映报告,及时进行解决。使岩画保护工作落到实处。另一方面,对现有的宁夏岩画研究中心和银川市岩画管理处以及宁夏大学、北方民族大学岩画课题组、宁夏文物局、博物馆等部门、机构进行管理和学术研究两个方面的资源整合,形成合力,成立"宁夏贺兰山岩画管理委员会"或"宁夏岩画管理局",组建专门的工作班子,实行"一厅式"办公,实现贺兰山岩画保护与旅游开发工作的立项、规划、建设、土地等的全方位立体管理和一条龙服务,全面负责贺兰山岩画保护与旅游开发的规划、设计、建设勘探等工作,创造开放式岩画保护与旅游开发的新模式。

综上所述,贺兰山岩画作为人类共同的历史文化遗产,不仅具有重要的文化资源价值,而且还具有重要的旅游资源价值,随着贺兰山岩画在全世界知名度的不断提高和当今世界旅游业的迅猛发展,贺兰山岩画必将产生巨大的经济效益、社会效益和生态效益,对贺兰山岩画的保护与旅游开发不仅是对历史和后人的负责,而且对促进文化旅游业乃至经济社会的协调发展,提高国家硬实力和软实力,构建社会主义和谐社会都具有十分重大的战略意义。针对当前岩画保护与旅游开发中存在的大量珍贵岩画被严重毁坏,在旅游开发中所面临的如何保护等重大问题,我认为,只有充分认识贺兰山岩画的保护和旅游开发的重大战略意义,加强对贺兰山岩画保护与旅游开发的统筹管理工作,正确处理好保护与旅游开发的关系,以保护为先导,在保护中开发,在开发中保护,以开发促保护,在保护的基础上用对岩画进行旅游开发所创造的经济收益,再反哺于岩画的保护,才能更好地使历史文化资源转化为旅游资源,才能在保护文化遗产的基础上,激发其潜在的旅游经济价值,从而逐步实现保护与旅游开发双赢,使岩画这一沉睡千年的古老文化艺术焕发新的生机,造福于千秋万代。

参考文献

[1] 肖星,严江平主编. 旅游资源与开发. 中国旅游出版社,2002.
[2] 许成,卫忠. 贺兰山岩画拓本萃编. 文物出版社,1993.
[3] 王邦秀主编. 2000宁夏国际岩画研讨会文集. 宁夏人民出版社,2001.
[4] 贺吉德主编. 贺兰山岩画的保护与开发——报刊文摘. 贺兰山岩画管理处,2004.
[5] 乔华主编. 岩画研究. 宁夏岩画研究院、贺兰山岩画管理处,2001~2006.

贺兰山岩画与丝绸之路

银川市贺兰山岩画管理处 张少志

【内容提要】 贺兰山岩画是北方岩画的典型代表,是中国岩画四大体系中的瑰宝,也是中国岩画与世界岩画的重要组成部分,在人类文明发展演进史上具有极其重要的历史地位,它是古丝绸之路的连接点,从北到南的岩画揭示了古代游牧民族的迁徙路线,对研究古丝绸之路具有划时代的意义。

【关键词】 贺兰山 岩画 丝绸之路 关系

贺兰山岩画是中国旧石器、新石器、青铜器、铁器时代及其以后,大西北各个民族游移、驻足于贺兰山留下的历史生活记录,是在中国文字尚未产生之前或诞生之后不断出现的。目前在贺兰山东麓、西麓及其周边地区,已发现上至旧石器时代,下至西夏的数万幅岩画。这些岩画内容丰富、艺术高超,不但是中国岩画四大体系——北方岩画的典型代表,也是中国岩画与世界岩画的重要组成部分,同时,在人类文明发展演进史上具有极其重要的历史地位。

一、贺兰山岩画发现的历程和意义

贺兰山岩画自从6世纪发现,到19世纪60年代再次发现,80年代调查研究公布于世至今,已经历了15个世纪。1984年,《宁夏科学普及报》首次发表了《李祥石在贺兰山东麓发现古代岩画和西夏文字》的重大消息后,贺兰山岩画从此,闪亮登场,引起国内关注。1985年,国家文物局为了弥补中国岩画在世界岩画调查研究的空白,专门下文组织人员对全国岩画进行全面普查,拉开了贺兰山岩画科学调查的序幕。

1986年4月,中央民族大学陈兆复教授,给时任国际岩画委员会主席阿纳蒂写了一封信,信中介绍了中国当时已发现的包括贺兰山岩画在内的100多处岩画遗址。国际岩画委员会即刻兴奋起来,立即派世界顶尖的岩画专家们来到贺兰山岩画考察。当他们看到高达20米的山崖上刻有六十余个密密麻麻的岩画人面像时,感到无比的震撼。从此,一个举世瞩目的世界性的研究使命降临在贺兰山岩画。从1991年开始,在联合国教科文组织所属的国际岩画委员会以及银川市政府的支持下,连续两次在银川召开了"国际岩画委员会年会暨宁夏国际岩画研讨会",从而使贺兰山岩画的科学调查、研究走向了世界。同时,银川市政府对岩画的保护研究十分重视,专门成立了"银川市贺兰山岩画管理处",任命贺吉德同志为第一任管理处主任,使贺兰山岩画的管理、调查、保护、研究、开发逐渐走上科学发展的道路。

此后,随着国际岩画研究的逐步深入,使贺兰山岩画与世界岩画的链接研究有了重大突破。盖山林先生的力作——《丝绸之路岩画研究》,第一次将中国东北地区岩画(黑龙江地区、辽宁地区);内蒙古岩画(东、中、西部);山西、宁夏、甘肃岩画;青海、西藏岩画;新疆岩画(北疆、南疆);云南、贵州、四川岩画,与蒙古岩画;西伯利亚岩画(托木河、贝加尔湖、希什金诺、黑龙江左岸地区、穆古尔·苏古尔、戈尔诺·阿尔泰岩画);中亚岩画(哈萨克斯坦、吉尔吉斯斯坦、塔吉克斯坦、乌兹别克斯坦等岩画)连接起来研究,开创了贺兰山岩画与丝绸之路岩画研究的先河。此后周箐葆1993年出版的《丝绸之路岩画艺术》,对草原丝绸之路、绿洲丝绸之路、西南丝绸之路、海上丝绸之路岩画艺术,进行梳理研究时,把贺兰山岩画艺术的研究排在草原丝绸之路岩画的第二位,提升了贺兰山岩画与丝绸之路岩画关系研究的重要地位。

1987年,还在上海华东师范大学任教的宋耀良先生,离开喧闹的城市,开始长期的岩画研究。1989年7月,当他来贺兰山、阴山考察岩画时,发现了贺兰山岩画、阴山岩画中的人面像岩画具有与全国岩画的相似性。1992年,出版了他历时五年的创新力作——《中国史前神格人面像》。当他的:散布在各分布带上的中国人面岩画是一种同源文化,其背景是史前人类的迁徙的理论公布于世时,引起了国内外学术界的极大关注。由此之缘,1993年夏天,他被特邀为美国哈佛大学燕京学院访问学者。从此,他又开始对环太平洋的北美洲、南美洲岩画进行了全面系统的考察。当他惊奇地发现中国贺兰山、阴山、东北岩画与环太平洋岩画的具有同源的相似性时震惊不已,于2001年及时发表了《环北太平洋史前人面形岩画研究》重要成果。成果所揭示的贺兰山岩画人面像、太阳神像岩画与环太平洋人面像岩画存在必然的"同源"关系,从而把贺兰山岩画研究视野伸延到北美洲与南美洲。

盖山林先生与宋耀良先生西伸东延的岩画研究成果,不但把贺兰山岩画的研究与丝路岩画研究结合起来,同时还与环太平洋的朝鲜、日本、美国、墨西哥、秘鲁、智利岩画结合起来,将贺兰山岩画研究的内涵与外延,扩大到与中国毗邻的东、西各国,开启了贺兰山岩画研究的广阔新领域,引领了贺兰山岩画研究的世界化新方向,这在我国岩画研究发展史上是值得大书特书的。

二、贺兰山岩画与丝绸之路岩画的关系

世界岩画研究结果表明,起源于旧石器时代的岩画文化艺术,是人类文明发展的共同现象,同时又有源与流的不同。她是不同时期的迁徙人群在相同地点或不同地点留存的社会生活片段。因此,研究岩画,除了从岩画的本身的艺术内涵研究外,对创作她的人群研究及其断代尤为重要。同时,更重要的是对各个岩画点、岩画块、岩画线、岩画带及其大区域的内在联系研究。在这方面盖先生与宋先生已做出了杰出贡献,为我们贺兰山岩画研究做出了榜样。

贺兰山岩画是北方草原文化的典型代表,也是北方草原民族东西迁徙、南北移动的集结点,他在历史上的东西传播作用是不可忽视的。根据国内外专家的研究结果表明:从宁夏贺兰山岩画到内蒙古的岩画,以及辽宁的鞍山、海城岩画,黑龙江岩画,再到环太平洋沿岸的岩画;从贺兰山岩画西到内蒙古的曼德拉山岩画;甘肃河西走廊的祁连山、马鬃山和黑山岩画;青海的刚察县哈龙沟岩画,格尔木市郭勒木得乡野牛沟的四道梁岩画,天峻县江河乡江河右岸的卢山东坡岩画等;从新疆的巴里坤岩画,昌吉地区岩画,奇台县北塔山岩画群,木垒县的水磨沟、芦塘沟的岩画、博斯坦牧场岩画山岩画,米泉县白杨河乡独山子村岩画,呼图壁康家石门子岩画,裕民县巴尔达库尔山岩画,托里县玛依勒山喀拉曲克牧场岩画,温泉县苏鲁北津岩画,博尔塔拉地区岩画,伊犁地区岩画,尼勒克县穷科克岩画,阿尔泰山岩画别列泽克河洞窟彩绘岩画,天山以北的岩画。从中亚的吉尔吉斯斯坦、哈萨克斯坦、乌兹别克斯坦、塔吉克斯坦以及西亚波斯、阿拉伯等国的岩画,南亚的巴基斯坦、印度等国,非洲、欧洲的丝绸之路岩画之间,大多都有必然的联系。这个存在着的国际岩画带的事实,对贺兰山岩画的进一步深入、拓宽研究具有极其重要的意义。

三、贺兰山岩画在丝绸之路上的作用

宁夏是丝绸之路北部草原道的重要支点与枢纽,是中国古代北方民族东西迁徙的特殊走廊,又是中国古人类的重要发祥地之一。考古资料证明,距今4万多年的水洞沟人生活的遗址,是目前国内发现的最早的晚期智人活动遗址。此后,从旧石器时代直到新石器时代不断叠加,从而使古代的水洞沟人可能与岩画产生了一定的联系。由此也出现了一个巨大的历史之谜,水洞沟人从哪里来?他们是否在贺兰山开凿岩画?他们又到哪里去了?是向阴山以东迁徙,进入山西、东北,还是向西一带迁入河西走廊、新疆、中亚、西亚一带。从中国有文献记载的历史看,从中国周时的猃狁、秦汉的匈奴、东胡、月氏,魏晋的鲜卑、隋唐的突厥,宋元的西辽、蒙古民族,都相继地从这里走向中亚、西亚、非洲、欧洲。因此,沿途留下很多记录自己社会生活的岩画。

由于"天下黄河富宁夏"的河套一带,曾是北方游牧民族的美丽天堂,秦始皇开辟的

"新秦中",是与关中八百里秦川相对应的,是与古河套的气候适宜、水草丰茂的自然环境分不开的。北朝民歌的"敕勒川,阴山下。天似穹庐,笼盖四野。天苍苍,野茫茫。风吹草低见牛羊"是古代河套富饶、丰美自然环境的真实写照。因此,笔者认为,凿刻贺兰山岩画的古代人群,是随着自然与战争的影响,或顺沿黄河、贺兰山、北向阴山、东向山西东移,或从贺兰山以西向曼德拉山、河西走廊、中亚、西亚、南亚一带迁徙,当然,还有少量的南移与北移。而盖山林、宋耀良以及汤惠生、周箐葆、杜成峰等先生的对大西北岩画调查与关联研究成果,揭示了各岩画区域之间的间接的或直接的自然联系,这种真实的历史存在,对研究贺兰山岩画,研究中国史前文化,都做出了巨大的创新。

四、贺兰山岩画在丝绸之路发展中的现实意义

贺兰山岩画与丝绸之路岩画的全面系统联动研究,是研究岩画世界性的课题。因此,不断深入探索他们之间的历史文化渊源关系,不断发掘她们背后所关联的尚不为人知的历史故事。同时,前瞻性、大视野的不断探索中华岩画文明与世界岩画文明的内涵关系,不但是我们一项义不容辞的历史使命,同时,也对推动促进中国文化与世界文化的多元交流,实现中华民族的文化自信与中国梦,具有十分重要的社会现实意义。

为此,我们曾在 2014 年的贺兰山国际岩画峰会期间,开展了"高峰对话——探寻文化交流的新'丝'路"学术交流,来自各地的岩画专家聚集一堂,共商岩画研究的大计,取得了良好的效果。同时,确立了打造丝路岩画文化品牌的战略思路,与欧、亚、非、南美等国家建立了长期合作机制,并确定银川为"国际岩画峰会永久会址"。今年举办的以"岩画保护—文化传承—艺术创新—产业融合"为主题的"中国贺兰山国际岩画文化艺术节",将再次聚集银川,不忘初心,继续前进。

贺兰山岩画是宁夏重要的历史文化资源,也是极具地方特色的优势品牌资源,是宁夏文化产业开发的重要基础,有着厚重而巨大的发展潜力。因此,我们必须提高思想认识,坚持积极开放,推进继承发展,提高文化自信,把竭力打造丝路岩画文化产业链的国际化发展,作为我们长期的奋斗目标。

关于贺兰山岩画景区发展的思考

银川贺兰山文化旅游投资开发有限公司　杨　倩

随着贺兰山岩画成为国家重点文物保护基地,并成为国家 4A 级景区以来,贺兰山岩画被越来越多的人所熟知,社会声望越来越高,从而也使我们的岩画研究与旅游开发发展迅速,形势喜人。但是如果从高标准、严要求的目标出发,我们的工作尚有一定的差距。因此,为了进一步搞好贺兰山岩画景区工作,我不揣鄙陋,提出一些发展建议,以求与共同者建设发展。

一、加强岩画全方位宣传

随着社会的发展,人们的生活水平在不断提高,很多东西都是人们生活中最常见,也最不可缺少的,可是这些东西也在不断地创新。所以我们要从人的最基本需求发展。首先就是食物:对于各种类型的食品,无论是大人还是小孩,都是喜欢标新立异的。我们由饼干糕点一类为例来讲,可以将贺兰山岩画不同的岩画形状做成各种不同口味、不同颜色、不同形状的饼干、糕点。而且包装是我们独立设计的,还可以附带赠品。这样不止是只有那些对岩画感兴趣的专家学者喜欢岩画,包括三岁小孩到七旬老人,都会人见、人爱、通俗易懂,能够简单明了地了解岩画。这样,他们不但能从大体上了解岩画的含义,而是对每一幅岩画都耳熟能详。同时,如果我们能够关注世界各地的人,不但能做他们喜欢的带有岩画标志的食品,还可以从生活用品、学习用品、礼盒赠品等多方面入手。

在生活中,我们从常用物品做起。比如常用的并且需要用花样来装饰的靠枕、床单、被套等等,还有不同类型、不同季节、不同年龄的衣服,都可以以可爱、风趣、通俗、简单、抽象的岩画图案去表现。可以根据大多数人的喜好将我们的产品做得有个性、特别化。我们要通过各种活动、各种主题,比如限制销量,打折,定期推出新款、专卖等方法。还有一些更小的饰品,比如杯子、手机套、小挂件等都可以印上不同的岩画图案。让更多人心目中认同岩画不仅仅是一种文物、一种文化,要让他们发现岩画也可以如此可爱,如此漂亮。我们可以把各种学习用品上都印上岩画图案。还有幼儿的各种书籍、数字、字母、图案、符号、拼图、跳棋都以不同形式的岩画来表现。让孩子学习知识、文化的同时,让岩画在他们的大脑里有一种特别的认知。

除以上生活用品外,我们要不断地提高、不断地创新、不断地发展。做我们自己的商品、品牌,让世界各地的人提到岩画的品牌就赞不绝口,也会对岩画的意义、价值、质量、品位都有新的认识。例如:我们以"太阳神"为品牌,做出具有不同特点的礼品、礼盒,让世界各地的人为拥有或送给别人"太阳神"而感到自豪、骄傲。

二、景区的内部发展及改善

一是将范家大院做一些特色改动。范家大院在贺兰口流传着很多故事,虽然要保持古朴、自然的原生态,若长此放任也会破损、倒塌。我们的岩画被各类专家研究,也有着不同的作用及其含义、表达。可以以一种主题改动,范家大院作为景区的特色之地。如:可将范家大院作为祭祀区的一部分,将院子及大堂陈设为神殿,设置为史前人类的一些祭祀场景,可在旁边陈设电子投影仪器播放,也可真人表演。(也可表演巫师施行巫术、祭祀等场景)规定时间,且每场节目不同,时间可为一周、一个月表演一次。其他时间有人管理,且允许游客前去参观。在门票中可包含这处参观,让更多的人了解岩画更深的含义。也将表演作为吸引游客的一项节目。

二是可在景区的遗址区中心位置(可靠近太阳神),栽种有灵性的树(被人们熟知,如菩提树一类均可),可称"许愿树",游客可在不易腐朽的布或者纸上写出自己对他人的祝福或者自己的愿望,放在"许愿袋"中,有专人管理,挂在树上可表达心中寄托。

三、对景区员工生活改善

景区离市区有一定距离,周边也没有娱乐设施,景区的工作人员大多都较年轻,下班后大家只能待在宿舍。作为其中一员,也作为岩画馆的导服人员,在直属领导的支持和帮助下,我们想方设法为大家开辟娱乐场地。我们将岩画馆的四楼收拾出一块空地,希望装有落地镜子和一些活动器材,这样可作为党团员的活动室,也可作为大家的娱乐场地。大家业余时间可以组建舞蹈、唱歌等活动小组。在里面学习舞蹈表演节目,做游戏,每当节日期间,大家可以各展所长、自娱自乐地活跃节日气氛。

我们景区,其实也是人才辈出的地方。只是没有时间和空间区施展,我们可以根据投票等一些方式决定活动项目及要求。团委或各科室均可举行。如:做文字游戏、体育活动、书法演讲等等,各项都有比赛或者以游戏形式举行。要有奖励,称号,评奖等以资鼓励。这样就可以让每个人都发现自己的优点去发展、去展示。为我们景区留住各种人才,以便为景区的发展做出更大的贡献和帮助,也让大家在景区的业余生活更丰富。

贺兰山岩画景区发展浅议

银川贺兰山文化旅游投资开发有限公司　薛传举

一、加强文物保护，提高景区品牌

"岩画"是不可再生的文化资源，岩画的形成是一种先古人类给后人留下的宝贵遗产。它是一种文化现象，表现了古人对自然界的崇拜，对美好生产生活的一种向往和追求。千万年来流传至今，是不可多得的宝贵遗产，我们有责任保护好、发展好、传承好。

"岩画"作为我们旅游发展的基础，只有保护好了，才能够有所作为。自2002年岩画管理处成立到现在十多年来在岩画保护工作上做了很多保护性工作，收到了一定的效果，但没从根本上解决现行岩画脱落等问题。那么如何解决这一难题，下面就我个人观点浅谈一些看法。

一是岩画保护需要大量资金，完成抢救性工作，我们要想办法吸引社会各方面关注。作为保护基金在各媒体、广告、网络上进行宣传报道，得到社会各界的大力支持。

二是争取国家性保护基金，进一步加快岩画抢救性保护的落实工作。

三是可限制到遗址区参观的时间，避免人为对岩画的破坏，同时给岩画增添一种神秘感，营造良好的旅游参观环境。

四是选择一处山体，另辟岩画参观点。利用现代高科技手段另选一处与遗址区内岩画相近的岩画参观点，这一参观点的不同是有刻制岩画的人物和场景，能够让游客感悟到古人类是如何刻制岩画的，每幅岩画作品都有不同的内涵和看点。

二、人才培养，怎样才能留住人才

人才是每一个单位发展的基础。单位的发展不靠人才，就如同建一座高楼一样，基础搭不牢，这座楼会是一座危楼，存在着非常大的安全隐患。我们要永远牢记这一真理。

岩画管理处自2002年成立以来，近十多年的时间，通过各种方法进行员工培训，在人力物力上花了很大力气，做了很多工作，但是成效较低，人才流动性很大，这一问题进行过深入的思考，但不一定准确，请大家共同商讨。

一是岩画管理处是市政府自收自支性的正处级事业单位，在管理体制上存在着一些制约发展的政策性东西。同工不同酬问题是多年尚未解决的突出矛盾。

二是受地域工作条件的影响，受限性较大，单位青年人占大多数，工作之余的文化娱乐性东西欠缺，思想生活单调，工作激情不高，建议在此方面建造一个学习、生活、娱乐的宽松环境。再做出一份较好合理，适合整体发展的工资福利方案，缩小各岗位工资差距。

三是非在编人员是单位的主体，青年人占大多数，没有成家的占很大部分，他们现在承受和面临的压力较大。住房问题，结婚后生育问题，生活问题，都是必须考虑的大事。我建议单位领导有限的条件范围内，给非在编人员向市委、市政府提出申请，给予在岩画工作五年以上的同志解决经济适用房或廉租住房，给职工创造一些良好的住房条件，有利于单位的发展。

三、景区发展与文物的保护关系

岩画做好文物景区、文物保护工作要建立在旅游开发之上，所以说文物保护好了，旅游开发才能够更好有序地发展。这几年来，我们单位遵循"保持原始"拒绝现代的总基调。在此方面取得了较好的成绩。以我个人看法，我们还存在这一突出问题，供领导参考。

一是近几年我们依然在大力吸纳人才，但是在文物保护研究方面的人才较为短缺。

二是文物保护资金不到位，可研究的课题、项目不够。在取得国家文物局批复的设备及资金方面落实较慢。

三是景区在整体环境上还需整合。比如：停车场营造适合景区特色的宣传标语、绿化、标示标志、游客休闲所等等，让世界各地的游客到我们景区无论在任何地方都有放松愉悦的心情。

四是前几年开发的几处水系、祭坛、原山上人家地段的利用尚不明确，景区内游客参与互动性项目较少，而且整体效果不够，吃、住、行、游、购、娱等方面都不够全面，很难留住游客。

四、宣传营销，提高岩画知名度

古人曾说"酒香不怕巷子深"，这种说法只是在社会发展到某一阶段的论述，随着社会和高科技手段的不断发展，市场竞争明显增强，人们需购物品随着市场变化而变化。很显然推广营销工作无论在哪个行业都起着极其重要的作用。因此，"好酒也怕巷子深"，不做产品推广营销，闭门造车，人们对产品的认购度达不到，很难占领市场份额。近几年来，管理处大力加强营销工作，并取得了较好的成绩。请进来，走出去，成功举办了六届贺兰山岩画艺术节。岩画的知名度大大提高，促进了景区和谐有序的发展。在取得这些成绩的同时，我们还应在以下方面做些工作。

一是创办《贺兰山岩画》《雄浑贺兰报》，丰富职工生活。

二是创办岩画自己的主题歌曲,有力推动宣传营销工作。

三是开展丰富多彩的地毯式宣传,多增加车站、机场、广场、街道广告投入。

五、景区的制度建设与管理

制度是全体干部职工共同遵守执行的法宝,是约束每位工作人员在本职工作岗位认真完成工作的要求。一个单位要想更好更快地发展,必须要建设建立一些适合本单位的措施,用科学的手段去管理景区的发展,需要完善一些规章制度,为景区创造更加和谐的发展势头。

以上是我对景区发展提出的几点建议,希望对景区的发展与完善有一些帮助。

如何在众多的景区中脱颖而出

银川贺兰山文化旅游投资开发有限公司　王志毅

如何在众多的景区中脱颖而出，吸引游客？在诸多成功因素中，科学的景区营销是关键。

一、树立科学的营销观念

树立"以人为本"的营销观念。景区营销发展到今天，观念、认识、方法都有了很大提升，但是提的最多的"以人为本"的思想仍没有在景区的营销过程中得到贯彻，并且这一口号的无处不在已经冲淡了它的基本含义和有效性。事实上，"以人为本"不仅体现为尊重人（包括员工、游客、销售商），更体现为为游客提供增值的服务。景区的产品可以带给游客超出他（她）期望的体验，他（她）就很满意，然后对他（她）的亲人、朋友或周围的人讲整个游玩的美妙感受，促使他们也来景区消费。这是一种最有效，也最经济的营销方法。景区营销一定要树立这种广义上的"以人为本"认识，以游客为导向设计产品、设计营销策略。

二、做科学的营销规划

"规划就是财富"已成为业界共识，很多景区在开发前都做了总体规划、详细规划（包括修规和控规）。但是，这还远远不够。总体规划可以在景区的总体定位、发展战略及景区发展各要素安排上进行总体的部署和安排，营销规划在总规中虽有专门章节，但是毕竟还是粗线条的勾勒，并且满足不了景区营销的动态性特点及要求；修规或控规对景区景观和各项工程建设提出要求，但多是"硬件"的，对于营销、管理等"软件"方面的内容却没有涉及。因此，景区还应该有营销的专项规划。一个科学的营销规划是保证景区营销工作得以有效开展、达到预定目标的必要内容，而且从长远来看，景区做专门的营销规划是一个趋势。这样可以根据景区实际的建设情况适时地进行营销工作，从而避免盲目的、冲动的、无序的开发市场，科学的营销规划可以事半功倍，目标准确，更有效地使用资金，从而带来丰厚的收益。

三、景区产品科学定位

景区要想在纷争的旅游市场中取得优势，就得在信息传递中把自己的突出特色宣传

给广大消费者,并牢牢抓住消费者,让自己的产品占据一定的市场地位。景区可以采用以下定位的方法:

(一)文化历史定位

贺兰山岩画——远古文化的精华岩画,就是原始人类用石器金属器或矿物质原料在石头上刻绘的图画,它是人类自我表现的一种艺术形式。位于宁夏回族自治区境内的贺兰山,保存了上万年前的人类文化艺术品——贺兰山岩画,这些岩画不仅孕育了宁夏特有的史前文化,而且岩画的内容极为丰富,有狩猎、放牧、游牧、祭祀、战争、舞蹈等场面,动物居多,其次是人物、类人首、车辆、工具、武器、植物、天体、文字及符号等。作为历史文化的载体,岩画自诞生之日起,就同人们的生活息息相关,游猎的先民在游牧、围猎之余,通过岩画的创作,把自己的所见所闻、所思所想、喜怒哀乐凿刻于山石上,以期抒发情感、愉悦身心。岩画开创了人类艺术的先河,是一部古代游牧民族的百科全书,向后人展示着先民对于自然、社会与人类自身的认识,并把他们敬仰的神灵、崇拜的图腾、朦胧的遐想、放牧狩猎的经验以至七情六欲等都如实地记录了下来,也无声地向我们诉说着远去了的生命的喧腾和他们那个时代的种种,珍贵的贺兰山岩画不仅是世界岩画宝库中的"稀世珍宝",更是远古文化的精华。在宣传营销中突出贺兰山岩画的历史性和文化性,先吸引一批有较高素质和较高文化水平的游客前来参观,通过的他们的口口相传,推广岩画。比如:可适当与南方院校联系,组织师生前来。因为第一南方岩画较少,作为景区的开放的就更少,第二贺兰山岩画作为典型的北国风光对南方游客更具吸引力。

(二)心理逆向定位

心理逆向定位是打破消费者一般思维模式,以相反的内容和形式标新立异地塑造市场形象。比如,宁夏的沙坡头、内蒙古的响沙湾本是沙漠,一般游客不会把此作为旅游的目的地,而景区也利用此逆向的定位,把此打造成以沙漠文化为表现形式的旅游胜地。游客也正是逆向思考"沙漠怎么还能旅游",从而产生兴趣前来游玩。

(三)狭缝市场定位

狭缝市场定位是景区不具有明显的特色优势,而利用被其他景区遗忘的旅游市场角落来塑造自己旅游产品的市场形象。比如可与市区影楼合作,在景区内安排婚纱摄影,贺兰山苍茫雄伟,谷内泉水叮咚,两侧万古岩画。群山做伴,岩画作证,此情永恒依旧,亦是不错选择。

(四)变换市场定位

变换市场定位是一种不确定定位方法。它主要针对那些已经变化的旅游市场或者根本就是一个易变的市场而言的。市场发生变化,景区的特色定位就要随之改变。

四、景区产品组合

首先要对自己的旅游产品有所认识,根据景区所提供旅游产品的主要内容和特征,组成完备的营销组合,然后再来考虑其营销策略的制定。

(一)景区要正确认识自己的产品

景区的产品不能仅仅理解为旅游地的风景名胜、人文景观、历史文化等,还应该包括必要的旅游设施、旅游环境、游客观赏和参与的活动项目、景区的管理和各类服务等。景区产品的实质是服务,而不是风景名胜本身。

(二)景区产品营销组合因素

1. 景区吸引物

景区吸引物就是景区内标志性的观赏物。它是景区旅游产品中最突出、最具有特色的景观部分。旅游从某种角度讲也可称作"眼球经济",游客正是观赏景区某一特定物才不远千里、不怕车马劳顿赶来旅游的。这是景区赖以生存的依附对象,是景区经营招徕游客的招牌和幡帘,是景区旅游产品的主要特色显示。没有这个吸引物,游客就不可能来景区旅游消费,尤其在今天旅游市场竞争日益激烈的情况下。吸引物不仅靠自身独有的特质来吸引游客,还要有一个良好的形象塑造和宣传才能起到应有的引力效果。

2. 景区活动项目

景区活动项目是指结合景区特色举办的常规性或应时性供游客或欣赏,或参与的大、中、小型群众性盛事和游乐项目。景区活动的内容是非常丰富的,如文艺、体育表演、比赛、民间习俗再现、各种绝活演艺、游客参与节目、寻宝抽奖等等。这些活动不仅是景区旅游产品的一部分,而且还可作为促销活动的内容。我景区只是单纯的游览参观,在游客参与互动方面急需改进。

3. 景区管理与服务

景区产品表达形式尽管呈多样化,但其核心内容仍是服务。服务的特点就是它的提供与消费常常处于同一时间,每一次服务失误就是一个不可"回炉"修复的遗憾的废品产出。在服务过程中的管理尤显重要。实际上管理就是最核心的服务。景区管理包含两个层面,一是对员工的管理,二是对景区的管理。不管是哪种服务,都要以最大限度满足游客需要为宗旨,为游客服务。

4. 景区可进入性

可进入性指的是景区交通的通达性。由于很多景区处在交通不方便的偏僻地区,使得游客进出景区大受限制,甚至交通成为营销瓶颈。景区的产品销售过程与有形商品销售不同,是景定人动,游客来到景区享受服务,经营要靠大量的客流。景区道路单一——

仅滚苏路一条单车道且路况较差。在游客到达岩画的途中有苏峪口、滚钟口、影视城等景点，游客分流情况严重。争取修建银川至贺兰口岩画直达道路。

五、景区如何选择市场

（一）景区要先以地域为界去选择市场

景区对旅游市场的选择是分层次的。首先要以地域为界去选择市场，然后再考虑其他影响旅游的因素。在以地域为界选择市场时，应该遵循由近到远、逐步扩大的原则展开市场营销。

（二）景区营销要瞄准中心城市

以景区所在地为中心，以距离远近为半径，按地域把旅游市场划分为近、中、远三个梯次，分别对应于景区企业市场发展的近期、中期和长期规划。无论哪个梯次都要以该区域范围内的中心城市为主攻目标市场。因为消费也有梯次传递的规律，一般是从大城市到中等城市，再到小城市，最后到农村。时尚消费更是如此。旅游是一种时尚消费，所以重点要抓中心城市旅游市场。

（三）特殊群体的市场

这类市场大多数以宗教、登山、户外运动为主，多数游客是出于自身的兴趣前来旅游。

六、同区域的联合营销

（一）注重文化的同源性

同一区域内的旅游景区，无论其旅游资源是以自然风光为主，还是以人文景观为特色，都会被打上深刻的区域历史文化的烙印，只是各自景区旅游资源载体所呈现的区域历史文化内涵的侧重方面有所不同。正是这种不同的特色组合在一起，才铸就了一个区域深厚而独到的旅游魅力。旅游者在选择出游目的地时，往往不会只根据对一两个景区的好坏做出自己出游线路的判断，而会筛选几个具有丰富旅游资源的地区作为候选目标，选择其中对自己最有吸引力的一个地区来作为自己的旅游目的地。由于财力、时间、交通和旅行社的线路安排等诸多因素的影响，中长线游客在到一地游览时，也都不止参观当地的一两个景点，而是会尽可能地多游览几个景点，全面了解体验当地的自然风光和民俗风情。因此，各个景区在市场推广活动中，将景区景点的宣传推广与所在地域旅游业发展的大环境割裂开来是极不明智的，进行联合营销十分必要。在旅游产品的广告宣传推广上，既强调区域旅游整体品牌的打造，又突出各自景区独到的旅游资源魅力。参与联合营销的会员景区在涉及旅游地资源开发、产品和线路设计、产品组合包装、定价、客源市场分析、营销战略的制订实施、旅游相关信息资源共享、知名度和整体形象的塑造上,要坚持目标一致性、利益共享性,强调行动协调性、投入多元性,共同出谋划策,发挥各自所拥有的资金、技术、区位、人才、信息、知名度、营销等方面的独特优势,以"合力效应"来达到凭个体力量不能达到的营销效果。

(二)缔造区域旅游统一品牌

在宣传中突出各自特色的同时,力求找到优势景区之间进行联合营销的经济合作点和文化结合点,变互相拆台为共同搭台。优势景区应当结合各自的品牌效应和优势项目,搭建项目更加齐备、价格更加优惠、市场更加规范的区域旅游平台,构建出统一的品牌联合体。实现资源共享、宣传互惠、客源互流,消除纷争和避免资源的浪费,进而推动区域内景区的管理建设,促进交通的改善,降低旅游成本,增加效益。

七、景区的深度开发

景区虽然受地域限制,但发展市场的空间还是无限的。景区可以采取两种发展模式,一种是内涵型发展模式,一种是外延型发展模式。

(一)内涵型发展模式

内涵型发展模式是指景区企业在景区内开展多种经营,全方位满足目标顾客的需要,提升景区服务档次和扩大服务内容。旅游的六大要素,食、住、行、游、购、娱是游客的基本需要,随着旅游消费的档次提高,进而发展到健(健身)、教(教育)、休(休闲)、度(度假)、疗(疗养)等需要。这些都是主流需要,此外还有诸多个性化的需要。按照市场营销理念的认识,需要就是市场,这么多的需要给景区服务提供了无限的空间。

(二)外延型发展模式

外延型发展模式就是指景区企业在景区以外发展经营活动。这种发展模式是根据企业的经营战略来实施的。一般可分为以下几种:

1. 主业延伸发展模式

这种发展模式也叫一体化发展模式,就是将景区业务向有联系的行业发展。面对旅游市场向前延伸到旅行社、旅游交通行业开展业务,向后延伸到饭店业、旅游商品生产行业开展业务,横向则投资开辟新的景区。这种模式不管向哪个方向发展,都离不开景区原有的经营主业,都是以原先的主业为中心向外围逐步拓展的。这种市场发展模式需要景区投入大量资金,是一种投资发展模式,需要慎重对待。

2. 围城打援模式

这是一种多元化发展模式。其意不在于主业的转移,而是要在跨行业的两个行业领域同时经营,利用相互的影响作用取得综合经济效益。

八、营销信息的收集与管理

信息的管理贯穿景区科学营销的全过程。不仅在制订营销规划之前需要收集和分析信息,更要注重在营销实施的过程中收集和分析市场的反馈信息、竞争者的信息,以便及时调整和改善营销计划。

综上所述,景区的营销工作比常规的产品营销要复杂。景区由于产品的特性:不可移动、不可复制、即时产生、产品的生产与销售同时进行,因此营销工作就区别于常规产品的销售。制定体系化的营销策略就是重中之重,有了科学系统的营销策略才是完成整个景区的销售任务的保障。

贺兰山岩画的文化品牌效应

浙江建设学院人文与信息系　崔　星　崔凤祥

【内容提要】 贺兰山岩画是宁夏规模最大的历史文化遗产,是中国北方游牧民族的艺术画廊,属全国重点文物保护单位,已成为宁夏区域文化品牌。其意义超越了岩画本身,它为宁夏的经济、文化、教育、旅游及生态文明等领域的建设带来了一系列品牌效应。

【关键词】 贺兰山　岩画文化　品牌　效应

任何一个民族文化都是在特定的自然环境中形成和发展,不同的自然环境产生不同的地域文化和民族文化。地处我国西北黄河上游河套之首的宁夏,位于亚欧大陆桥的通道上。这里是黄河文化的发祥地之一,历史上曾养育了众多民族,成为一个多民族繁衍的摇篮,直至近现代还保留着许多遗风遗俗[1]。其境内的贺兰山是银川平原的天然屏障,全长220公里,不但以其雄伟的姿态被誉为"骏马",且因在岳飞的《满江红》里,透着征战的硝烟味,"驾长车,踏破贺兰山阙"的千古名句,让贺兰山闻名遐迩,更为重要的是在这里诞生了独具东方民族特色的历史画卷——岩画。它像一块茫无涯际的巨大天然画布,分布在贺兰山东麓28个山口内外,数量上万幅。今天被人们发现的岩画是自西夏时期上溯至史前文明的新石器时代晚期,甚至更早。[2]岩画内容大到天体小到手印,既有人物、动物、植物、器物和天象、建筑、几何图形、符号及西夏文字等,也有采集、游牧、狩猎、械斗、征战、祭祀、巫术、骑马、射箭、奔跑、跳跃、攀登、投掷、摔跤、游戏、娱舞、交媾等生活场景。这些岩画构图简单,敲凿朴实、粗犷,都是记载和描绘关于人类生存的,或者是重要事件、或者是故事、或者是再现了历史上贺兰山地区游牧民族执着悲壮的生命历程。岩画无论从数量、种类、分布、时间跨度、作画民族,还是其文化内涵,在国内外都属罕见。它是研究中国人类文化史、宗教史、原始艺术史的文化宝库。20世纪90年代以来,国际岩画委员会在亚洲召开的两次年会,都选择在贺兰山下的银川市召开。其影响力和价值,使之成为全国重点文物保护单位、国家4A旅游区并被收入非正式世界文化遗产名录,上了国家名片和美国文化遗产最大网站,是"中国最值得外国人去的50个地方"之一等。经过多年的努力,贺兰山岩画已成为宁夏区域文化品牌,一张烫金的名片。让世人看到了一个古朴而又典雅、广袤与深厚的宁夏形象。因此,贺兰山岩画的意义在宁夏超越了岩画本身,它为宁夏的经济、文化、教育、旅游及生态文明等领域的建设带来了明显的品牌效应。

一、贺兰山岩画作为文化品牌的意义,首先在于通过岩画媒介突出了地域文化特色,扩大了宁夏的知名度和美誉度

宁夏地处祖国西北边陲,是全国唯一省级回族自治区。距今3万~1万年,宁夏就已有人类活动,举世闻名的灵武水洞沟旧石器晚期文化遗址,与贺兰山隔河相望。四五千年的新石器时代,人类在贺兰山下的活动更为频繁。这些民族"其见于商周间者曰鬼方昆夷,在宗周之季则曰猃狁。入春秋后则始谓之戎,继号曰狄。战国又称之曰胡,曰匈奴。"(王国维《鬼方昆夷猃狁考》)[3]。尽管自然条件严酷,但他们生活在这方天地里,不仅创造了狩猎文化、游牧文化,而且还创造了惊天动地的岩画文化,表现了他们生活的方方面面,至今有许多地方仍保留着原有的生活方式和建筑风格。宁夏的文化是依据贺兰山、黄河、穆斯林的资源发展起来,具有典型的山河特色和伊斯兰文化,如古城池、宫苑、楼阁、清真寺、佛塔、帝陵、长城等多处古迹和唐徕渠、汉延渠、西干渠、惠农渠等大型古代水利工程,以及现代社会建设的滨河大道、回乡风情园、穆斯林商贸城和伊斯兰文化城等,这些文化产业已经成为宁夏的符号和象征。

自治区首府银川市是全国历史文化名城之一,是新亚欧大陆桥沿线的重要商贸城市,位于"呼—包—银—兰—青经济带"的中心地段,也是宁、内蒙古、陕、甘周边约500公里范围内的区域性中心城市,区位优势明显,但是,对外交通并不发达,信息相对闭塞,长期以来发达地区对宁夏的了解往往还是一个模糊笼统的概念——落后贫穷。然而,岩画的发现却又形象地展现了一个有血有肉的宁夏形象。距离自治区首府银川市区56公里的贺兰山贺兰口岩画风景名胜区,是贺兰山岩画的荟萃之地。这里山势峻峭,风景如画,山泉四季不竭。在山口内外分布着5000多幅岩画,其中人面像岩画就有800多幅,居世界人面像岩画点数量之最。贺兰口岩画以其表现形式丰富、分布区域集中,文化内涵深厚、距离中心城市近而名冠世界岩画之首,吸引了大批中外游客,包括许多国内外地质专家、人类学家和社会、历史、民族、美术、摄影、岩画等专家。他们来到宁夏,驻足银川,走进贺兰山,品味着古老夏州的秀美山川和独特风情,美丽的自然风光、淳朴的风土人情和独特的地域文化总是让来者如痴如醉,流连忘返,人们用手中的画笔、手机和摄影器材挖掘出蕴藏大山里的民族文化宝库和自然风光,用岩画阐释塞北的风土人情、历史遗存和社会习俗等传统文化。宁夏凭借贺兰口岩画风景区这个平台,一方面用岩画发掘出地域文化的优势,记载下蕴藏着宁夏人智慧的地域特色,让岩画成为走出宁夏、走出国门、走向世界的重要文化内容和重头戏之一,另一方面通过贺兰山岩画,宁夏人也找到了信心,使传统的地域文化发挥出现代意义和世界意义的作用。

二、岩画的意义还在于提升国民素质、开拓宁夏文化交流的渠道

由于贺兰山岩画文化的影响,岩画大大开拓了国人的视野,也开拓了岩画文化交流的渠道。20世纪80年代,贺兰山岩画被大量发现,从刚开始举办摄影展和拓片展,到如今的高规格的展览、文化活动和专业人才培养,甚至把贺兰山岩画送到国内外展览。2008年以来,每年举办一届的贺兰山岩画艺术节已形成规模,其形式和主题在不断创新,岩画节期间的活动也越来越丰富多彩,学术交流、岩画旅游商品设计大赛、岩画修学之旅、岩画展、岩画绘画、书法、摄影、征文比赛和岩画走进学校、机关大课堂等各种活动形式,使岩画节成为一项社会综合活动,丰富了宁夏人文化交流的渠道。经过多年的努力,岩画节已经搭建了"一节一展一行一赛一刊一馆"的艺术交流平台,给世人留下深刻的印象。"一节",即贺兰山岩画文化节,"一展",即国际岩画艺术展览,"一行",即"贺兰口岩画风景区千人行","一赛",即岩画知识大赛,"一刊",即《岩画世界》杂志,"一馆",即银川世界岩画馆,它是中国第一家岩画专业博物馆。

凭借岩画平台,贺兰山岩画艺术节渐渐显示其品牌效应。每届岩画艺术节以不同主题,吸引聚集国内外大腕级的知名学者、文化旅游产业相关知名人士为岩画发展建言献策。同时,更多的公众也通过贺兰山岩画艺术节亲近了解岩画。贺兰山岩画的影响力越来越大,岩画队伍不断壮大,岩画骨干不断涌出,新生力量层出不穷、新作迭出,大大激发了研究的活力。目前,公开出版贺兰山岩画专著三十余部、发表学术论文百余篇,研发岩画系列光盘多套,接受媒体采访报道近百次。其中以贺兰山人面像岩画为主题拍摄的《人面岩画之谜》专题片,2011年5月在中央电视台十套《探索发现》栏目中播出,贺兰山岩画再度成为国际岩画研究视野中重点关注的题材。这些成就都奠定了贺兰山岩画在中国岩画界的特殊地位,乃至世界岩画的特殊位置,被国际岩画委员会誉为中国罕见的"贺兰山岩画现象"。不定期的全国和世界顶尖级岩画专家学者受邀来到宁夏举办讲座与论坛,不仅能够让宁夏岩画人在家门口近距离地与大师接触,还为贺兰山岩画走向多元化的发展提供了思想资源和依据。

三、岩画显现的生命力

贺兰山岩画的发现,是贺兰山的骄傲,是宁夏的骄傲,更是宁夏人为之高兴的事情,它说明远古贺兰山一带水草丰满,人丁兴旺,是人们向往生活的地方。由于特殊的地理环境和岩画文化的传播,历史上,贺兰山岩画在推动各民族文化交融过程中,促进多民族的形成和发展、维系各民族人民的团结、维护民族的完整和统一具有重要作用。岩画中的狩猎、游牧、祭祀、争斗等劳动生活场景,以及舞蹈、祈愿、交媾、乘骑、百戏等人类生存娱乐信息也证实了这一点。娱乐远古人有,现代人更强烈。众所周知,娱乐是人类生活的基本需求之一,随着社会生产力的发展和劳动生产率的提高,人们闲暇休息时间越来越多,娱乐的方式也日益趋向多元化,科技的发展也为人们多元化的娱乐方式提供保障。近年来,围绕贺兰山岩画举办的摄影、书画、临摹与拓片、有奖竞答等活动形式多样,其创作群体也发生了很大的变化,既有专家学者,也有普通市民与学生,只要拥有真心、爱心、热心就可以有所创作。宁夏岩画人张学智以贺兰山岩画为素材,创作了以远古岩画为主题的上百幅艺术绘画作品,率先提出了"中国印象岩画"这一绘画创作理念,将原始石刻艺术通过炽热的情感表达转化为现代水墨绘画艺术,在表现形式上有了新的探索与创新[4]。

宁夏凭借岩画这一优势,为大众的参与搭建平台、提供方便,扩大了岩画文化的影响,从而使得它被广大人民群众接受而成为了一项大众化的活动。建立10年的"贺兰山岩画网",浏览人数达到百万人次。在银川,这样一个地级市就拥有贺兰山岩画研究中心4个,岩画行政管理机构1个,学会1个,会员有数百人,岩画从业人员近百人,基层岩画组织十多个,各行各业甚至小学中都能找出一批岩画爱好者。他们把岩画当作文化生活、休闲娱乐、兴趣爱好的主要方式,显示出强大的生命力。

四、岩画促进了生态环境的保护

贺兰山为石质山地,土地瘠薄,山势陡峻,多岩石裸露,植被类型较简单,植被覆盖率低,沟口怪石水系纵横,虽然这里很不适合农作物的生长,却使贺兰山因此躲过了人类过度开发的命运,秀丽的风光被保留下来,岩画被保存下来。

目前,贺兰山已有15.78万 hm^2(贺兰山总面积25万 hm^2)规划入国家级自然保护区和纳入人与生物圈自然保护区网,占全区国土面积的3.1%。在贺兰山建成以贺兰口为中心的国家4A级岩画风景区,以良好的自然生态环境和人面像岩画而闻名遐迩。贺兰山诸多岩画地都被划入国家级自然保护区,这里重峦叠嶂,山势蜿蜒,环蔽宁夏平原,俨若屏障,是我国北方游牧民族心目中的一座圣山,也是宁夏西北部风景优美、胜迹荟萃的一座奇山[5]。其岩石坚硬不易风化,适合刻绘,为岩画创作提供了自然基础,不多的降水量,减少了雨水对岩画的冲刷与侵蚀,使我们今天能清晰地看到许多画面的内容。美丽的长角鹿、巨大的野牛、飞驰扬鬃的骏马、凶残的猛虎、活泼的飞禽以及盛装的舞蹈者、战士的狂舞、妇女的射箭舞、演奏的巫师和惊心动魄的狩猎大观、风和日丽的游牧风情、原始的劳动工具、诡异多端的人面像等等。五彩斑斓的岩画,内容丰富、形态各异、栩栩如生,在蓝天下映衬着那个时代的方方面面。

贺兰山岩画的发现,让宁夏人惊叹和自豪,保护古遗址,保护古岩画,保护古文明生态环境成为当地政府责无旁贷的责任和广大人民群众关心的大事。自治区和银川市人民政府先后出台了《银川市贺兰山岩画保护条例》《贺兰山贺兰口岩画文物保护总体规划》《宁夏回族自治区岩画保护条例》等法律法规,将岩画纳入科学系统保护。为了贯彻落实岩画的保护和研究,1999 年成立了宁夏岩画研究中心,2002 年 6 月成立贺兰山岩画管理处,广大老百姓也都自觉地融入保护生态环境的队伍中,防沙、治沙、守林、护山和保护岩画成为全社会的事情。正是这种保护举措和得天独厚的天蓝水清、云高气爽、秀丽的塞上景色的生态环境,贺兰山口岩画风景区在 2008 年,被联合国国际生态合作组织、国际休闲产业协会、中国国际名牌协会和中国管理学院名牌与市场专家委员会评选为"中国最具国际影响力休闲旅游景区"。同年 11 月,银川市荣获"中国最佳生态旅游城市"美誉,成为大西北的后花园,运动休闲的旅游胜地。贺兰山岩画在建设生态旅游城市的蓝图中必将发挥重要的作用。

五、岩画艺术节推动了旅游业的发展

纵观贺兰山岩画发展的过程,其与旅游形成了一条互利互惠良性发展之路。岩画节期间举行的各种活动不但为岩画圈内人士提供创作、展示、交流的平台,而且也像其他节事一样,提高了举办地的知名度,吸引了游客,从而促进当地旅游业的发展。银川市人民政府将岩画艺术节定位为"促进与国际岩画组织的交流与合作,树立城市形象,推动贺兰山岩画申报世界文化遗产工作的重要措施"。2008 年,宁夏银川国际岩画工作交流暨首届贺兰山岩画艺术节提出的口号是"传承文化,保护岩画,建立联系合作机制,共享人类文明成果"。针对贺兰山岩画文化建设的需要,银川市在贺兰口岩画风景区,建成中国第一个岩画专题博物馆——银川世界岩画馆,填补了国内博物馆种类的一个门类空白。每年一届的贺兰山岩画艺术节,都将文化、旅游、休闲运动、学术研究、教育有机结合,岩画博物馆、岩画景区和旅游相交为公众服务。形成了开(闭)幕式、展示会、文艺表演、各类赛事、学术交流、休学之旅、岩画旅游产品(考察探秘游、文化寻根游、科普游、礼品赠送游、摄影写生游、家庭亲子欢乐游、情侣游)等几大板块的活动内容。

贺兰山岩画艺术节目前已被业界广泛认为是宁夏旅游节事中最有发展潜力的案例之一。节事期间接待游客众多,景区门票收入直线上升。2008 年岩画节以前,贺兰口岩画风景区对于大多数宁夏人来说知之甚少。历届贺兰山岩画艺术节的举办,让沉静在深山里,凿刻在壁立千仞、危石欲坠褐黑色山崖上一幅幅远古时代的生活图景,一首首自然天成的田园牧歌,一幅幅狩猎图,一场场激烈搏杀的战歌,显现在人们面前,它们是写在石壁上的春天,更是中华民族灿烂的历史文化的载体,传递给我们的是远古的生活图景和浓缩了的文化气息。凭借这些岩画图像,很多人知道了宁夏贺兰山有岩画。节事后,贺兰山岩画管理处与旅游部门充分利用"贺兰口岩画"这块牌子,开始做深做透贺兰口岩画风景区文化,重点打造"岩画家的天堂、岩画爱好者的学堂",迎来了一批又一批海内外岩画顶级专家、岩画爱好者、学子与旅游爱好者。中央民族大学率先在贺兰口岩画风景区建立中国岩画中心教学实习基地,宁夏大学在贺兰口岩画风景区设立了"文化旅游教学研究基地"和"文化旅游产业发展研究中心",第六届贺兰山岩画艺术节北方民族大学在贺兰山岩画管理处设立博士、硕士培养点。

宁夏以贺兰山岩画文化为载体,通过岩画艺术节一系列活动,宣传岩画,建设岩画学习教育基地和规划岩画最佳旅游线路,让公众了解岩画、亲近岩画、保护岩画、传承岩画、研究岩画。岩画节已成为艺术家和老百姓共同的文化盛会,岩画摄影大赛吸引了众多的摄影爱好者用镜头表现神奇的古岩画。贺兰山的岩画文化与旅游产业的"碰撞"已激发出了经济效应和品牌效应,贺兰口岩画风景区与旅游热点的自然转换成了宁夏发展道路中的一项双赢之举。

六、岩画优化了当地的教育,提高了岩画教育水平

近年来,为了贯彻素质教育政策,丰富课堂教学内容,教育部门越来越重视地方文化资源的挖掘和使用,教育呈现出地域教学特色。在宁夏,由于岩画文化建设的影响,越来越多的教育行政部门、家长、师生开始关注岩画和岩画的教育,认识到岩画在教育中的作用和功能。有些学校为了营造良好的岩画活动氛围,把岩画与校园文化建设紧密相结合,将岩画作为校园文化的载体和主要手段。银川市兴庆区的一些中小学校,成立了红领巾岩画艺术社团、小嘴岩画社、光圈岩画摄影团等团体。借助这些社团,各部门不定期地举行各种岩画活动。宁夏大部分学校把贺兰山岩画作为历史课必备的讲授内容,一些中小学校还把岩画作为地方活动课程来拓展,学生根据兴趣爱好自主报名参加岩画学习和创作活动。这无疑大大丰富了学生的知识,充实了生活与精神世界。另外,相关教育行政部门还多次组织了针对青少年的岩画书画、摄影、演讲、征文比赛,引起了广大学生极大的关注和对岩画的兴趣。这不仅丰富了学生的业余文化生活,对优化课程结构,丰富教学内容,探索教学新模式,为学生的全面发展起到了重要的作用。同样,这种具有地方特色的课程的设置,无疑对本土文化的传承与挖掘也起到积极的作用,为岩画文化的可持续性发展做好基础工作。

伴随地区经济发展,以区域文化为主题的节事旅游在未来有着良好的发展前景。贺兰山岩画作为一个品牌正在成长壮大,它必将成为宁夏文化大发展、大繁荣的重要载体,推动着宁夏从文化资源大区向文化产业强区迈进。

参考文献

[1] 崔凤祥. 原始体育文化植根地域性因素考释. 山东体育学院学报. 2008(24):57~60.
[2] 李祥石,朱存世. 贺兰山与北山岩画. 银川:宁夏人民出版社,1993:1~15.
[3] 束锡红,李祥石. 岩画与游牧文化. 上海:上海古籍出版社,2007:158.
[4] 哈森. 原始岩画在水彩画创作中的体现. 呼和浩特:内蒙古师范大学,2011:2.
[5] 贺吉德. 贺兰山岩画研究. 银川:宁夏人民出版社,2012:3~24.
[6] 朱靖远. 岩画申遗引发的节事旅游开发研究——以银川贺兰山岩画艺术节为例. 丝绸之路. 2012(12):47~49.

The cultural brand of Helan mountain rock

Cui Xing Cui FengXiang

(Zhejiang construction lnst ,Hangzhou)

Abstract: Rock paintings in Helan Ningxia is the largest of the historical and cultural heritage, nomadic China art gallery, is a national key cultural relics protection units, has become the regional culture of Ningxia brand. Its significance beyond the rock itself, it brings a series of brand effect for the construction of Ningxia′s economy, culture, education, tourism and ecological civilization etc.

Keywords: Helan mountain rock paintings culture brand effect

浅谈贺兰山岩画景区的营销方式及发展规划

刘瑞君

旅游是社会生产力发展到一定阶段的产物,是人们在满足了生活需求基础之上所形成的更高层次的消费需求。伴随着我国经济水平的不断提高,人们外出旅游的意识与能力不断增强。改革开放以来,旅游景区作为旅游业的基本元素和重要业态,得到了前所未有的发展,已成为我国旅游业重要的生产力要素和旅游创汇创收的基础。近年来,我国景区类型日益丰富,旅游景区管理水平日益提高,景区在增加就业、刺激消费、提高人民生活质量,加强社会主义精神文明建设、弘扬民族文化、传播现代文明以及改善投资环境等方面也发挥了重要而积极的作用。

同时,我国旅游景区开发建设、管理和保护得到了各级政府和相关部门的重视,一大批高质量、高品位、高水平的旅游景区享誉海内外,成为中国旅游业发展的生力军和国家旅游形象的重要组成部分。

十几年前,说起旅游景区,人们想到的还是名山大川、名胜古迹。的确,在过去的几十年间,大量自然山水被开发成旅游景区,成为人们亲近自然、领略祖国大好河山的最佳去处,众多的历史遗迹得到修复并与游客见面,成为人们了解历史文化的最佳途径。

而我们的贺兰山岩画景区作为国家4A级旅游景区,1996年被国务院列为第四批全国重点文物,1997年被联合国教科文组织所属的岩画委员会列为非正式文化遗产名录,2006年1月被国家建设部列为首批国家自然与文化双遗产预备名录,同年4月,由国内外三十多家媒体联合评选为"中国最值得外国人去的50个地方之一",并且获得金奖。这已经是国内外给予的非常高的荣誉。所以我们更应该把贺兰山岩画景区做得更有品质、更有内涵,让游客感受一种"风景这边独好"的别样式特色体验。

虽然贺兰山岩画景区已经具有一定规模,同时被部分人所认知,但是景区还存在一定的问题有待完善。我仅从以下两个方面提出一些意见和建议,希望能够对景区发展有所帮助。

一、营销方式

近年来,旅游行业已经不断发展壮大,各地区的旅游景点也是层出不穷,而作为贺兰山岩画景区,想要走出去,吸引更多游客,就要在营销手段上下功夫,要在景区的营销方式上做到独特、新颖、有感染力,无疑是一个非常艰难的任务。随着人们生活水平的不断提高,在享受物质生活的同时,也希望能得到精神上的提高,而旅游恰恰能够满足人们的需求。这也是旅游行业迅速发展壮大的原因之一。

贺兰山岩画景区不仅是自然风景区,同时也具有深刻的文化内涵,这是岩画景区自身所特有的优势,所以在营销方式上,要注重岩画的历史文化价值及深厚的文化底蕴。

(一)历史文化价值

历史文化遗存是人类生产和生活的各个历史阶段政治、经济、文化、科技、艺术、民俗风情等方面的浓缩与积淀,是历史文化物质性的载体。世界历史文化遗存在几个文明古国(中国、印度、希腊、埃及)中保存最丰富。我国文物古迹数量、空间分布和久远程度可与埃及相媲美,而保存之完整及整体价值则堪称世界第一。

民族是人们在历史上形成的一个有共同语言、共同地域、共同经济生活,以及表现出共同文化特点和共同心理素质的稳定性共同体。在几千年的岁月里,我国各民族之间相互融合、互相渗透,发展成现在的56个民族,在空间分布上形成大杂居、小聚居的特点。各民族都有自己的文化艺术、风俗习惯和民风民情,塑造了绚丽多姿的不同民族画卷。民族雕塑绘画、工艺、宗教、神话传说、民居建筑、服饰、礼仪等,从不同侧面和层次吸引和感召中外旅游者。

贺兰山岩画分布在宁夏贺兰山东麓三市九县(区),共27个地点。贺兰山岩画属重点文物保护单位,是中国游牧民族的艺术画廊。在贺兰山东麓发现了数以万计的古代岩画,它记录了远古人类在3000年前至10000年前放牧、狩猎、祭祀、争战、娱舞、交媾等生活场景,以及羊、牛、马、驼、虎、豹等多种动物图案和抽象符号,揭示了原始氏族部落自然崇拜、生殖崇拜、图腾崇拜、祖先崇拜的文化内涵,是研究中国人类文化史、宗教史、原始艺术史的文化宝库。

所以,我们应该从贺兰山岩画当中的文化意义和历史内涵激发人们想要了解人类进化史、文化史等方面刺激游客前来参观游赏,让更多的人因为贺兰山岩画的历史文化价值前来参观,同时使人们认识到史前先民的生活状况及文化历史,并且了解在文字产生之前,古代先民无穷的智慧、坚韧的意志力及高层次的精神追求。

(二)加大宣传力度

针对贺兰山岩画景区目前的市场状况,应采取区域广告宣传,无论是从历史文化价值还是自然景区风光,选择区域广告性的媒体,集中优势、重点突破,形成强劲的优势。

(三)网络宣传

1. 利用网络高速、及时、全球性的特点,进行覆盖面较广的宣传

建立贺兰山岩画专属网络平台,全面介绍景区旅游信息,注重与游客的及时有效沟通,加大在google、百度、新浪、搜狐等知名网站的滚动频率,并且及时更新景区的主题活动及优惠活动,使网友通过网站随时能够浏览贺兰山岩画景区。

2. 利用公众微信平台,提升宣传力度

公众微信平台是微信用户知晓信息的有效平台,是旅游度假信息供应商进行微信营销的有效渠道,我们可以通过这个有效的现代化方式宣传贺兰山岩画景区。同时,可以让景区工作人员一起加入这个微信平台,把景区各种活动通过微信的形式发送,共同对岩画景区进行宣传。

(四)新闻媒体

首先,通过一些主流报纸(《新消息报》《银川晚报》《宁夏日报》等)、杂志等宣传岩画景区。可以请记者写一些有关贺兰山岩画景区的文章,故事连载或者动漫连载,加强在各大报纸、杂志的稿件刊登数,扩大影响。其次,可以通过一些电台、广播等,全面介绍景区整体概况,以扩大宣传力度。再次,通过拍一些景区的旅游专题片、旅游专题节目、旅游电视杂志、风光纪实片等,在本省市及周边市区的电视频道进行宣传播放。在景区工作的这段时间,我发现大部分是外地游客,而我们本地的游客却是非常少的,这也跟宣传不到位有很大关系,不少本地人对贺兰山岩画可以说不了解,甚至不知道有岩画的存在,所以在对外宣传的基础上,也应该加大对本地的旅游宣传力度。

(五)宣传告示牌

在主交通道路上制作大型宣传牌,在高速公路入口处及服务区张贴海报或标语,制作公交车体广告、公交站牌广告,在酒店大厅摆放宣传彩页和宣传册,在其卫生间增加墙体广告等,内容为景区相关介绍,使路人知道并了解贺兰山岩画景区,以达到吸引本地游客的目的。

(六)旅行社宣传

利用中介机构旅行社进行深度宣传。旅行社是景区和游客之间的联系纽带,作为景区来讲,旅行社是主要客户来源,因此,景区在市场开拓上应把重点放在与旅行社合作渠道的建设上。如果能与旅行社建立良好的合作关系,其市场份额也得到了保证。

(七)旅游广告宣传品

旅游广告宣传品一般是作为礼物赠送给游客的,多为日用品,如钥匙扣、日历、购物

袋等,可以将岩画景区的特色及概况印制在这些礼物之上,以达到宣传的目的。

(八)设计宣传口号

口号是旅游景区资源和产品内涵的具体反映,也是游客了解景区形象的最有效方式之一。旅游形象常常通过一句朗朗上口并能反映景区特有优势的宣传口号反映出来,一句优秀的口号往往能产生神奇的广告效果,成为游客认识和了解旅游景区的初始平台。口号的作用不可低估,好的口号可以非常有效地传播形象和品牌。

(九)设置特色优惠活动

1. 可以在当地各大高校组织"岩画一日游活动"

大学生族群是一个个性鲜明、特征突出的细分市场,他们年轻、活力充沛、好冒险、敢于接受挑战,并且空余时间相对丰富,是户外运动理想的消费市场。同时,岩画的深厚内涵和文化底蕴可以使大学生们认识到史前人类的生活及发展状况,有利于大学生的历史文化水平和意志力的提高。

2. 针对一些已经工作的年轻人

这部分人群同样年轻有活力,并且有一定的经济基础,但是业余时间有限,可以作为次要的目标对象,但是也不能忽视这部分人群,这类人群可以起到连锁反应,带动身边的同事朋友一起前来参观。

3. 亲子优惠活动

增设一些家庭、亲子优惠活动,方便人们在有限的假日期间携带父母、子女增进感情、休闲放松、充实生活,或为一次家庭小聚会,同时,也是人们了解岩画、感受自然风情、丰富历史文化的一种方式。

4. 团购

这是一个很有效的营销方式之一,越来越多的人开始关注并购买拉手网、QQ团购等一些团购网,价格优惠、方便快捷是其主要优势。在这些团购网上出台一些价格合理的优惠政策,也可以增加岩画景区的客流量。

(十)开设主题活动

1. "十一黄金周"及各节假日促销活动

十一黄金周是每个商家必争的一个销售高峰时期,各种促销手段、打折方式层出不穷,消费者在这个时期面临着多种多样的选择,所以,这个时期的策划活动必须是新颖的、独创性的,才能够吸引消费者的目光。同时,各节假日时期,也可以推出相应的优惠政策,来吸引游客的眼球。

2. 举办特色主题活动

举办文化风情旅游节、艺术节,邀请名人及各大知名媒体记者前来观摩宣传。通过极具特色的岩画文化吸引各地游客,展示岩画的历史文化底蕴,出售特色纪念品。

3. 开展岩画专题讲座

在各大院校开展有关岩画的大型专题讲座,普及岩画知识,向在校大学生传播岩画的内涵与宗旨,让更多的年轻人了解史前人类发展史的过程、方式及概况,从而能够更深刻地认识到人类艰辛的历史和现在来之不易的生活。

(十一)提升服务质量

在日益激烈的旅游市场上,作为岩画景区,一方面要加强景区环境建设的硬件设施,另一方面也要提升服务质量的软件设施。服务质量在很大程度上决定着景区的市场份额,因此,岩画景区的快速发展与景区形象的提升,必须加大力度,提升服务质量,倡导一切以顾客为中心、人性化服务,才能使景区更快、更好、更优质的发展。

二、发展规划

旅游景区即旅游的目的地,是构成旅游活动的基本要素之一,更是旅游业发展的基础。旅游景区开发的成败将影响到区域旅游业发展的好坏,尤其在区域旅游客源市场的拓展过程中,依托旅游景区不断推出新的旅游产品,往往会成为提高旅游产品竞争力和吸引力的关键因素。

随着我国旅游产业规模的不断扩大,旅游景区的进一步开发将成为我国旅游产业发展的又一助推器,因此我们要在合理保护的前提下,以实现旅游景区开发效益的最大化、持续化并使之成为旅游景区发展的一个重要任务。促进旅游景区效益最大化、持续化的措施很多,诸如整合观念、整合资源、整合产品、整合战略、整合先进项目、整合管理体制等。一个旅游景区经营效益好坏,关键在于能否创意新品牌、深挖文化和形成特色。在开发理念上,应强化旅游景区的亮化、美化、洁化工程,使旅游景区开发有亮点、重点,并坚持自然和人文产品相融合,找准市场卖点、切入点。所以景区的发展规划也成了重中之重。

(一)科学编制和严格实施各项旅游规划

贺兰山岩画景区的开发建设,必须坚持"先规划,后发展"的原则。坚持高标准建设、高水平管理和可,防止和杜绝"粗制滥造"。坚决维护规划的权威性和强制性。这样,才能使景区平稳、健康、持续地发展下去。

(二)坚持可持续发展道路

旅游业比任何部门都更依赖自然、人文环境的质量。精心保护好生态环境是发展旅游业的生命线。各部门在开发建设与管理中积极合作,以实现经济效益、社会效益和环境效益的统一为目标,进行制度创新和管理创新,大力发展绿色经营,使岩画景区能够长久、持续地发展下去。

(三)改善基础设施建设

加强通往贺兰山岩画景区的公路、游步道、公厕、消防、通信、标志牌、停车场等设施建设,进一步改善景区的基础条件。开通旅游公交线路,并在十一及夏季时期增加发车量,给游客提供更方便、快捷的交通工具。改善游客接待条件,加快景区游客服务中心的建设进度,并尽快投入使用。

(四)提升景区等级

完善岩画景区旅游配套,规范行业管理,提升景区各方面综合能力,抓好景区基础设施建设,积极申报国家 5A 级旅游景区、国家著名旅游度假区。

(五)保护生态环境

认真贯彻"科学规划,统一管理,严格保护,永续利用"的风景名胜区基本建设方针,加强岩画景区生态环境的保护和改善。切实保护好景区树木,加大景区植树造林的力度,改善景区生态条件。对各景观石、危岩体进行加固和处理,保证景区的完整和游客的安全。

(六)开发旅游商品

开发具有本地特色及岩画风格的旅游小商品、纪念品等,使其成为游客方便携带的地方特色旅游商品,如岩画项链、钥匙扣、岩画杯子、岩画饰品等。

(七)加强安全管理

建立健全和全面落实安全生产和管理制度,制定完善安全防范、紧急救援各项预案,健全处置突发事故的应急机制。危险地段和项目必须设置足够醒目的危险警示标志。有关责任部门要切实履行职责,经常督促检查,及时发现和消除各类问题和隐患。

(八)强化队伍建设

广泛吸引社会各界专业人员对现有的讲解员进行深度培训,加强景区人员,尤其是管理人员、讲解员的思想素质和专业技能,实现岩画景区旅游服务向专业化、规范化、艺术化和人性化方向发展。提高景区的对外开放水平、生态环境意识、旅游服务意识及生产与技能。

旅游景区的发展是多种多样的,不论是在人才建设、管理模式、创新机制、服务水平等,都可以进行系统、完整地阐述。而不管从哪一方面讲,其宗旨都是景区的发展规划。在旅游业迅速发展的时机,我们贺兰山岩画景区也要积极探索、勇于创新,使岩画景区能够得到更快、更好的发展。

浅析贺兰山岩画景区关于旅游纪念品的开发与应用

银川贺兰山文化旅游投资开发有限公司　方　舟

【内容提要】 随着生活水平的日益提高,旅游已成为人们生活中不可或缺的一部分,由此推动了旅游经济的发展,其中除餐饮、住宿和交通外,旅游纪念品的消费在旅游经济中占有重要的地位。

【关键词】 贺兰山岩画旅游风景区　旅游纪念品开发与应用

一、贺兰山岩画景区简介

史前人类的艺术长廊——贺兰山岩画位于银川市境内贺兰山东麓,分布着极为丰富的岩画遗存。自20世纪80年代贺兰山岩画被大量发现并公布于世后,在国内外引起强烈反响。它是中国游牧民族的艺术画廊在贺兰山东麓发现了数以万计的古代岩画。

贺兰山岩画记录了远古人类在3000年前至10000年前放牧、狩猎、祭祀、争战、娱舞、交媾等生活场景,以及羊、牛、马、驼、虎、豹等多种动物图案和抽象符号,揭示了原始氏族部落自然崇拜、生殖崇拜、图腾崇拜、祖先崇拜的文化内涵,是研究中国人类文化史、宗教史、原始艺术史的文化宝库。

1991年和2000年,联合国教科文组织所属的国际岩画委员会在亚洲召开的两次年会,都选择在银川举行。1996年贺兰山岩画被国务院公布为全国重点文物保护单位,1997年国际岩画委员会将贺兰山岩画列入非正式世界遗产名录,2006年1月贺兰山岩画被国家建设部公布为首批自然与文化双遗产预备名录,2006年4月由国内外三十多家媒体联合评选为"中国最值得外国人去的50个地方之一"并荣获金奖。

贺兰山岩画风景区是一个正在发展中的景区,它位于银川市60公里外的贺兰山东麓,2002年成立贺兰山岩画管理处,现归于银川市人民政府主管的银川市人民政府下属的正处级事业单位,2002年至今已走过11年的春秋。

这11年来在贺兰山岩画管理处领导的带领下与职工们的努力下,贺兰山岩画景区不断创新不断发展,现在已成为宁夏旅游的一张亮丽的名片。

这些年在旅游营销方面做得非常成功,每年贺兰山岩画管理处旅游营销科积极参加国家和自治区及银川市旅游局组织的国内外旅游交易博览会及推荐会,开通了贺兰山岩画官方微信平台,并且成功地将贺兰山岩画风景区推向国内外,使国内外游客享誉盛名,纷纷来到景区参观,每年寒暑假管理处营销科组织银川市各小学举办修学游和小嘴话岩画夏令营和冬令营,使小学生认识岩画、了解岩画、讲解岩画、保护岩画。同时每年举办贺兰山岩画艺术节使国内外岩画专家共同研讨保护岩画。

二、旅游纪念品的概念

近年来,旅游经济快速发展,旅游休闲的生活方式被越来越多的人所接受,人们外出旅游免不了带回一些纪念品送给亲朋好友,但是从消费现状来看,目前旅游景区的纪念品消费在旅游经济中所占比例很重。因此一个景区应该有该景区的特色纪念品供广大旅游者们消费。

旅游纪念品,顾名思义即是游客在旅游过程中购买的精巧便携、富有地域特色和民族特色的纪念品,并让人铭记于心的。下面就以景区旅游纪念品为中心谈谈本人的看法。

旅游纪念品是一种特殊的旅游商品。所谓旅游商品是旅游者在旅行途中购买的有形物品,旅游纪念品作为一种与旅游消费有关的特色工艺品,既有一般纪念品的共性,也有自己独特的个性,具有文化性和一定的实用性。

三、旅游纪念品的功能

说到旅游纪念品的功能,不能不谈它的宣传功能,旅游纪念品是地域文化的载体,是地域旅游形象的典型代表,所以它的旅游形象功能,旅游宣传功能是其他任何形式也无法取代的。旅游纪念品还具有其日常生活中的实用功能,这里的使用功能是指在日常生活中用得着的,这种功能的发挥根据个人的需求不同可以设计相应的款式供旅游者们选购。

旅游纪念品所具有的特性,使其能够体现多重价值,具备以下几个方面的功能:

一是旅游纪念品具有扩大旅游收入、带动旅游地经济发展的功能。

二是旅游纪念品具有扩大宣传,滚动广告的功能。

三是旅游纪念品具有纪念收藏价值。

四、旅游纪念品的特点

文化性　文化渊源是旅游纪念品的生命力之所在,现代旅游的性质是一项以不同地域间人员流动为特征,涉及经济和政治等许多方面的社会文化活动。文化特征越鲜明,文化品格越高的纪念品其价值越高。

纪念性　对旅游者而言,旅游是一段短暂的经历,是一种心理体验和精神享受。旅游纪念品是旅游者旅游经历的物化,是其日后重温美好旅游经历的象征和载体,因此,纪念性是旅游商品的显著特征。

独特性 旅游纪念品多是以旅游地的特色文化制作成的商品。

轻便性 旅游者流动性强,携带物品有一定限额和重量限制,因此,十分重视旅游纪念品的轻便性,为便于其携带,旅游纪念品一般具有小巧、精致的特点。

时尚性 旅游纪念品不仅具有该景区的特色文化,也能体现当代人的现代文化需求。

实用性 一些旅游纪念品具有一定的实用价值,它对旅游者的旅游活动具有某种实际意义。

旅游纪念品雷同现象普遍,对于游客来说,总是希望购买到最富当地特色的旅游纪念品,然而目前很多旅游纪念品千篇一律,品种少,没有特色,缺少地方性,对游客没有吸引力,甚至让游客感到乏味,旅游纪念品缺乏深层次的内涵式文化。

五、旅游纪念品的设计原则

旅游纪念品的设计要体现地域特点、反映民族风貌、工艺完美、作工精良、纪念时尚。

旅游纪念品是旅游产业的一项,从国内旅游景区来看,各个景区旅游纪念品富有该景区的特色,以四川成都各景区来讲,旅游景区的纪念品样式繁多,比如熊猫玩偶、熊猫书签、熊猫文化衫、熊猫手机挂件、熊猫手链、熊猫胸针、熊猫钥匙扣、熊猫图案的名片夹等,这让旅游者的购物欲望大大增加,产生购物的想法。

六、旅游纪念品的开发

以贺兰山岩画景区旅游纪念品来说,出了贺兰石、明信片、岩画宝宝、岩画扑克、岩画徽章、岩画书籍、岩画拓片,其中以贺兰石为主,再没有其他样式的设计。样式比较少,这让旅游者的选择性不高,所以大大降低了旅游者的购物欲望,甚至产生不购物的想法,同时也大大降低旅游收入。

对于贺兰山岩画景区的旅游纪念品的开发现将我个人意见提出与大家共同分享。

我认为贺兰山岩画景区旅游纪念品现有的明信片、岩画宝宝、岩画扑克、岩画徽章、岩画书籍,需保留在此基础,建议仍需再开发些具有贺兰山岩画景区独有的特色纪念品。

从旅游纪念品的特点来看,贺兰山岩画景区应该设计一些自己独有的文化旅游纪念品如:岩画图案的书签、岩画图案的胸针(镂空)、岩画图案的手链,岩画图案的杯子、岩画图案的钥匙链、岩画图案的手机挂链、岩画图案的女性丝巾、岩画图案的男女式围巾、岩画图案的名片夹、岩画图案的文化衫(长、短款)、岩画图案的车挂和墙挂、岩画图案的情侣衫、岩画图案的塑料景区导览路线卡等。

主要目的是让来贺兰山岩画景区参观的旅游者们在选择购物旅游纪念品时有较多的选择空间,问题是这些关于贺兰山岩画旅游纪念品只有贺兰山岩画景区才有,在银川市各个景点及市区各大商场都没有售卖的,这样旅游者们想购买一些该景区独有的特色纪念品,只能选择在该景区购物而不会产生在这买不到,其他岩画地方也能买到的想法,从而降低他们的购物欲望。

从旅游纪念品的文化性来讲,我们可以考虑到做一些关于贺兰山岩画景区独有的文化纪念品,如:岩画书籍,岩画图册,这里指岩画图册不是指岩画拓片等让旅游者们有更多的选择空间去选择购物。

从旅游纪念品的纪念性来讲,我们可以考虑到做一些关于贺兰山岩画具有该景区独有的纪念性纪念品如:岩画图案的胸针、岩画图案的书签、岩画图案的手机挂链、岩画图案的钥匙链、岩画图案的手链、岩画图案的指甲刀、岩画图案的餐具、岩画图案塑料景区导览路线卡(材质和讲解卡相同)等,款式越多,旅游者们有更多的选择空间去选择购物。

从旅游纪念品的实用性来讲,我们可以考虑到做一些关于贺兰山岩画景区独有的实用性纪念品如:岩画图案的女士丝巾、岩画图案的男女式围巾、岩画图案的名片夹、岩画图案的文化衫(长、短款)、岩画图案的情侣衫、岩画图案的车挂和墙挂等款式越多这让旅游者们有更多的选择空间去选择购物。

七、旅游纪念品的应用

在旅游纪念品的应用上来看,由于贺兰山岩画景区是银川市人民政府直属的正处级事业单位,所需基建款项都是向银川市财政局申请拨款,考虑到贺兰山岩画旅游纪念品开发所需金额不是一笔小数目,因此可以寻找一些中小企业做长期的合作,来联合做贺兰山岩画景区旅游纪念品的开发,用投资款项进行旅游纪念品的开发。

如果大批量去投资设计开发贺兰山旅游纪念品,那样可能会适得其反,收不到好的效果,因此本人个人认为可以考虑按照季度和不同人群去推广贺兰山岩画旅游纪念品,建议如下:

一是每年的1~3月份为第一季度,这个季度属于慢热季度,慢热季也就说从这季度开始,北方旅游从淡季慢慢走到旺季的时间,在这个季度出来旅游的旅游者们多数以中青年人群为主,在这个季度我们可以考虑以中青年人群来设计开发一些贺兰山岩画独有的旅游纪念品如:贺兰石、明信片、岩画书籍、岩画图册、岩画拓片、岩画图案塑料景区导览路线卡(材质和讲解卡相同)等款式,这让旅游者们有更多的选择空间去选择购物。

二是每年的4~6月份为第二季度,这个季度属于旺季的时间,旺季也就是说从这个季度开始,北方旅游从淡季走到了旺季,在这个季度出来旅游的旅游者们多数以青少年、中年人群为主,在这个季度我们可以考虑以这些人群来设计开发一些贺兰山岩画独有的旅游纪念品如:岩画图案的胸针、岩画图案的女士丝巾、岩画图案的方巾、岩画图案的名片夹等款式这让旅游者们有更多的选择空间去选择购物。

三是每年的7~9月份为第三季度,这个季度如同第二季度都属于北方旅游的旺季,在这个季度出来旅游的旅游者们多数以学生人群为主,因为这个季度正好是放暑假的时间段,在这个季度我们可以考虑以这些人群来设计开发一些贺兰山岩画独有的旅游纪念品如:岩画图案的胸针、岩画图案的冰箱贴、岩画图案的书签、岩画图案的手机挂链、岩画图案的钥匙链、岩画图案的手链、岩画图案的指甲刀、岩画图案的餐具、岩画图案的女士丝巾、岩画图案的文化衫(短款)、岩画图案的情侣衫、岩画图案的车挂等款式,这让旅游者们有更多的选择空间去选择购物。

四是每年的10~12月份为第四季度,这个季度属于退热期,退热期也就说从这季度开始,北方旅游从旺季慢慢走到淡季的时间段,在这个季度出来旅游的旅游者们多数以学生、中青年人群为主,在这个季度我们可以考虑以这些人群来设计开发一些贺兰山岩画独有的旅游纪念品如:岩画图案的文化衫(长款)、岩画图案的墙挂、岩画图案的男女式围巾、岩画图案塑料景区导览路线卡(材质和讲解卡相同)等,款式越多,旅游者们有更多的选择空间去选择购物。

八、结论与展望

贺兰山岩画景区,若开发出具有该景区凸显文化内涵的旅游纪念品,通过贺兰山岩画旅游纪念品的开发与创新,使来过贺兰山岩画景区参观游览的旅游者们都能从购买的旅游纪念品上感受到贺兰山岩画独有的文化特色,让旅游者们更深入地了解贺兰山岩画,爱上贺兰山岩画。

岩画旅游周边产品浅析

贺兰山韩美林艺术馆 徐小龙

【内容提要】 旅游服务产品属于知识型产品,旅游者购买旅游产品的目的在于从旅游中得到最大的精神满足,这种满足是通过旅游者在旅游的过程中体验出来的,能够最大限度地满足游客的旅游体验。旅游的需求不断升温,旅游消费者日益成熟。许多传统的旅游产品已显得不相适应而受到越来越大的挑战。现代旅游呼唤着现代旅游产品,现代旅游产品需要注入现代元素,旅游产品需要具备的所谓现代特征的元素。

【关键词】 旅游产品 产品设计创新 旅游产品需加入新元素

一、旅游产品概念

旅游产品是一个宽泛的概念,从不同的角度有不同的含义。

从旅游需求方面看,旅游产品是旅游消费者通过花费一定的货币、时间和精力所获得的一次旅游经历。旅游经历是指旅游消费者自离家出发之时起到旅游结束返回家中这段时间内所从事的一切活动。由此可知,旅游消费者在这段时间内所经历和接触的一切就是构成旅游产品的直接和间接因素。

从旅游经营者方面看,生产和经营的产品则是为旅游消费者提供的满足其在旅游过程中综合需求的所有服务,通过旅游产品的生产与销售,旅游经营者达到赢利的目的。因此,就旅游供给方面而言,旅游产品是指旅游经营者为了满足旅游者在旅游活动中的各种需要,凭借着各种旅游设备设施和环境条件,向旅游市场提供的全部服务要素的总和。

从旅游产品在销售时的组合结构看,有两种概念,一种是整体旅游产品,例如一条包括旅游吸引物、交通、住宿、餐饮、娱乐等各种设施和服务的旅游线路就是一个单位的旅游产品,因而也有学者把旅游产品界定在各类旅行社提供的所有与旅游有关的服务等产品范围内;另一种是由各旅游行业或企业分别提供的项目服务,称之为单项旅游产品,比如景点提供观赏、娱乐产品;饭店业提供客房、餐饮产品;交通运输业提供位移产品;旅行社提供组织导游服务以及其他行业提供的购物服务,甚至包括专门的医疗服务、翻译服务等等。即便是在旅游整体产品结构中,各行业和企业的经营活动是各自独立的。

服务产品属于知识型产品,旅游者购买旅游产品的目的在于从旅游中得到最大的精神满足,这种满足是通过旅游者在旅游的过程中体验出来的,能够最大限度地满足游客的旅游体验,也就是说,旅游者对旅游产品的内涵中所提供的有关旅游服务的满意程度,才是衡量旅游产品质量的唯一标准。

旅游产品一经出现,就会形成市场,有的旅游产品会给游客留下深刻印象,形成旅游界所说的老产品或成熟产品。这些老产品是旅游业和旅行社发展的基础,不可忽视,它们甚至是城市旅游业和旅行社业务的主要来源。但只有比较稳定的老产品显然不够,旅游业必须在产品上进行创新,只有这样才能适应游客变化发展了的需求,才能与时俱进地把旅游业推向前进。因此,旅游业要不断推出新的产品,要以老产品为基础推出新产品,要创建游客喜欢的旅游新产品,要有一批人、一些机构专门研究新产品,每年推出新的旅游产品。西方发达国家的大旅行社均专门设有新产品研究开发部门,拥有一大批研发新产品的专业人员,这些公司每年都会推出一厚本新的旅游产品,年年岁岁都如此。由此可知,旅游产品应是多变的和及时更新的。我国的旅游产品老的太多而新的太少,体现了我国旅游业和旅行社业的落后和僵化,需要改变和突破。

二、岩画景区旅游周边产品的现状

首先,从旅游产品的强项看,文化吸引、社会吸引及自然吸引都十分丰富。岩画悠久的历史,丰富的文化内涵给我们留下了许多遗迹。随着经济的发展,旅游设施包括交通、住宿、餐饮、景点、娱乐、购物等都有了快速的发展,使游客的食、住、行、购、娱都越来越方便。其次,从旅游市场的优势来看,贺兰山岩画的游客接待量也有了明显的变化。不光是只有我国各地的游人前来参观,还有国外客源。同时一些特殊兴趣旅游、商务旅游、散客旅游都在迅速增长。尽管岩画旅游产品有一定的知名度和优势,同时也存在一些弱项和不足。

旅游周边产品结构内容过于单一。我国吸引国内外游客的拳头产品是传统的文化观光型产品,专项参与式旅游产品和度假型旅游产品很少,大大影响了旅游产品在国内外市场上的竞争力。

旅游产品的组织销售形式陈旧。面对目前国际上流行的以游客自由度高、选择性大为主要特点的散客、小包价、自选式和组合式旅游尚不适应,在一定程度上影响了旅游产品的销售。

旅游产品销售价格偏高。海外旅游客商对中国旅行总价偏高时有抱怨,旅游产品过去一直以包价为主,造成直观价格较高,加上国内费用名目繁多,使本来就已很高的产品价格更高,海外旅游客商难以接受。

产品质量总体水平达不到国际水准。如以国际水准衡量我景区旅游产品,无论是"硬件"还是"软件"都急需改进,提高质量。

旅游产品信息传递,速度慢、量不大、面不宽。中国旅游产品信息透明度差,主要是产品信息不灵,旅游产品的对外促销分量轻,力度不够,影响了海外客源的入境量,使国外旅游客商,时有不适之感,这也影响了我旅游产品的推销。

贺兰山岩画景区内部的一些工艺品,多数都是贺兰石贺兰砚之类,虽然知名度不弱,但感觉总体的样式及其他周边产品较为单一、枯燥,并没有将岩画的内容及内涵体现出来,使其更好地被人们认识接受。对比之下在台湾台南市安平的剑狮,倒是更加生活化、大众化。在清代,水师为了在战场上威吓敌人,会将威猛的狮子刻在盾牌上,每当士兵操练结束返家,便将盾牌与剑摆放在家门口,远远看去就像叼着一把剑的狮子,俗称为剑狮。现在安平剑狮不单单是在居民家门口以木雕、石刻制成的雕像,而成为了地方的特色图案,同时在许多工匠和设计人员的努力下,剑狮还有了更现代的装扮。被制成了一个个小型玩偶公仔,并且被设计了近百种不同的卡通风格款式,销量火爆。不但延续了古老的文化,又使现代的年轻人可以更好地了解并将之传承下去。同时剑狮还申请为台湾的吉祥物,成为了台湾观光的特色产物。而在贺兰山中,有成千上万的丰富的岩画形象,也完全可以制作更多更精彩的旅游周边工艺品。

三、旅游产品设计需要创新

(一)旅游产品设计要有特色

旅游产品无论在资源整合、项目开发、设施建设,还是服务提供上,都需要具有鲜明的特色,旅游产品的特色往往也是跟地域、资源、文化紧紧相连。鲜明的特色往往能使游客产生很深的印象,带来感官上的冲击,因而有更强的吸引力。独特的旅游产品是旅游企业在市场竞争中获胜的法宝。

(二)适应市场需求

旅游产品的价值体现于吸引旅游者前来旅游,满足旅游者的需求,带给旅游者不同寻常的体验感受。旅游产品是否能够完成上述功能,实现自身价值,最终取决于市场的需求。只有拥有广阔旅游市场、满足旅游者愿望、符合市场需求变化的旅游产品才能具有强大的生命力和较好的经济效益。

(三)内容多样、结构合理

由于旅游者的层次不同,需求也就多种多样,这就要求旅游产品提供的服务内容多种多样,以满足旅游者多方位、多层次的需求。如带有岩画图案的T恤、帽子、水杯、书签、钥匙扣、文具、运动装备、手边摆件以及小数码产品等。同时,旅游项目之间也应考虑相互间的比例关系,基于合理、协调的角度,既能达到项目之间相互补充,又不至于因游客驻留时间不一而造成资源的浪费。这就需要规划者充分考虑市场,通过分析旅游者偏好和兴趣来设计内容和结构,达到旅游资源和产品的充分有效利用。

(四)注重参与性和娱乐性

参与性的旅游产品给予旅游者的是多感官的刺激,因而能获得较深的印象和生动的体验。旅游产品的参与性越强,带来的体验就越生动。同时,越来越多的旅游者希望从旅游中获得轻松愉快的消遣,以便恢复精力和体力。因而,在旅游产品的开发中,应注重参与性和娱乐性项目的设计。

旅游是一项求知、求乐、求异、求新的活动,若规划大同小异,开发的旅游产品也千篇一律,就满足不了千差万别的需求。因此,"创新"对旅游规划来说十分重要。

四、旅游产品设计需注入现代元素

旅游的需求不断升温,旅游消费者日益成熟。许多传统的旅游产品已显得不相适应而受到越来越大的挑战。现代旅游呼唤着现代旅游产品,现代旅游产品需要注入现代元素,旅游产品需要具备的所谓现代特征的元素。

体验性 在产品的设计上应该以资源为舞台,以环境为背景,以文化为内涵,以设施为载体,以服务为支撑。为旅游消费者制造独特的体验和经历。旅游产品的价值在于能为顾客提供何种经历和体验的程度。通过调动人们的视觉、味觉、嗅觉、听觉、触觉,而获得身心愉悦的感觉和感受。缺少体验设计的产品将是不合时宜的、落伍的产品。

休闲化 对于现代旅游,无论是观光还是度假,人们都希望赋予更多的休闲内涵。人们已不满足于走马观花到此一游式的旅游。旅游的目的是换个环境放松身心。传统的旅游产品标准化、格式化、流水作业式的旅游产品已令人乏味。新的旅游产品应更休闲化,注重休闲设施、休闲活动、休闲空间的布局配置。

生活化 旅游逐渐成为了人们生活的重要组成部分。现代旅游者,尤其是年轻人更青睐于融入生活元素、生活气息、生活情趣的旅游产品。浓郁的生活元素已成为现代旅游产品不可缺少的一部分。

真实性 过多的人造景观仿古建筑,捕风捉影、无中生有的故事传说已经让人厌倦。人们更喜欢具有生活气息和文脉根基的真实性旅游产品。现代的游人更倾心于真山真水,真实的生活,真实的经历。

地域化 一方水土养一方人,越是乡土化、地域化的越有个性,越是本土的越有特色。

娱乐性 旅游是一种娱乐方式。旅游产品的功能也应该就具有放松身心,享受生活,愉悦自我的作用。旅游不只是让人们在信息大爆炸的时代来缓解工作生活的压力,也是为人们提供了一种轻松的娱乐方式。但旅游产品制作的方面却不能忽略细节,避免粗制滥造。

思想观念的更新,消费模式的升级,都推动着旅游周边产品的更新换代。新的旅游产品需要注入新的时代元素,不放弃不否定传统的旅游产品,同时也要通过注入创新元素来提升、延长旅游产品的生命周期。这样才能达到古岩画与新时尚的完美结合,使人们更加了解岩画。也成为值得我们所期待的新的旅游产品。

浅谈景区的宣传营销

银川贺兰山文化旅游投资开发有限公司　马立娟

旅游景区不同于一般的旅游产品，具有不可移动、产品质量不可预知、产品易受大环境影响等特点。宣传营销是提高景区知名度、激发人们出游愿望的一种行之有效的手段。景区应大力开发"注意力经济"，创立品牌营销理念，创新营销机制，实施"整合营销"，注重景区宣传营销的针对性和独特性，在一个景区来说，宣传营销工作是至关重要的。那么，什么才是营销呢？营销是一种理念，它是指企业以顾客需求为中心，以市场为导向所进行的市场活动的全流程，其中包括市场调查、营销策划（产品、渠道、定价、促销）、品牌管理、销售管理等一系列经营活动。景区营销与促销是两种概念，现行全国乃至全世界旅游业的发展形势来看，加大景区的营销工作势在必行。面对竞争激烈的旅游市场，一个景区想要在整个旅游业的这块大蛋糕获得一席之地，发展壮大，就必须想方设法地树立景区的知名度、美誉度和品牌形象，从而赢得游客的青睐与忠诚，在众多景区中脱颖而出而成为游客的首选之地，景区的营销策划是关键的一个环节。

今年对于整个旅游产业来说是重要的一年，也是整个旅游产业整改的一年，我觉得这是旅游产业发展的一个必然趋势，宁夏旅游在整个中国旅游市场来说，可以算是起步比较晚的了，在今年新旅游法颁布以来，对整个旅游业来说，有不小的重创，我认为这对我们来说其实是一件好事，这只是旅游市场日趋规范化的一个过渡阶段，那么在这样的一个重要阶段，我们景区怎么样来把握住这样的一个机会呢？我认为我们首先可以从宣传营销的角度来下手，努力抓住这样的一个契机，以便在以后的旅游市场中赢得一席之地。怎么样做才能让我们景区立于不败之地，有更好的发展前景呢？作为一名普通的岩画员工，现如下谈谈自己对景区营销发展的认识。

一、以一流的服务创建良好的口碑

整个景区人员全力配合，树立全员营销的意识。贺兰山岩画是一个刚刚发展起来的景区，基础设施建设、人力各方面来说都是不足的。那么在这样的情况下，我觉得首先我们全体员工就要把集体当作一个大家庭，全体员工都参与进来。树立全员营销的意识。很多人一提营销,就会觉得这是企业中营销科室应该去做的。但我恰恰认为,营销科只是整个营销过程中的一个重要环节,那么整个景区想要营销成功还要全体员工的配合才能完成的。培养景区员工的团结意识是至关重要的。

  首先,山下办公室人员与山上人员要紧密配合。在咱们景区来说,山上的工作人员可以说是直接接触游客的,是前线人员,那么办公室的全体员工要配合好上山的工作人员做好接待工作。我觉得每个科室都是密不可分的,紧密配合才是重要的。

  在营销科室的工作人员做好营销工作之后,接下来要做的就是上山员工的接待任务了。山上的接待工作,其实每一科室都是非常重要的,有人觉得接待嘛,那讲解员把讲解讲好了就行了啊,其实不然。从游客进入到我们景区开始,首先到达的就是售票处,售票处的工作人员对游客一定要有耐心,每天面对同样的问题,有些时候我们会没有那么多的耐心给每位游客解释,导致工作人员与游客之间有着这样或那样的一些摩擦。同时售票与检票之间的配合是非常密切的,有些时候我们会发现经常会有游客与检票人员在吵架,比如有带小孩的游客,在售票处买票的时候,不够一米二的小孩子就可以免票,所以一般我们在售票处这样的孩子不买票,但是到了检票处检票人员会测量孩子的高度,经常会发现其实孩子的身高其实已经达到了,所以工作人员如果要求家长去买票,就会引发争吵,家长的理由很充分,说我们买票的时候都没有说我们超高,怎么到了你们这里就不行了那。就会觉得是我们工作人员故意刁难。还有现在我们景区在司机方面做了一些优惠政策,有些时候有的司机人员就会钻空子,不是他带的人员,但是他却在停车场随便拉一些人就说是他领来的人,这样一些问题的出现,我觉得关键在于售检票之间没有良好的沟通好,所以才导致这样的一些问题的出现。所以我建议以后售检票之间对待所有的问题都要一致。建议在售票处也摆放一个测量儿童身高的测量器。每次售儿童票的时候都要进行测量。以保证检票工作的顺利进行。

  对于讲解员来说可以说是直接接触游客的,而且是接触游客最多的。我觉得对于我们景区来说,虽然是人文景点,但是真正奔着岩画来的游客不是很多,所以我觉得讲解员的要求不是很高。做好服务就很好了。在讲解过程中最重要的是要明白游客喜欢的是什么,投其所好。讲解过程中我认为最重要的就是做好微笑服务。微笑是人与人之间的一剂润滑剂,微笑是人与人之间沟通的最好的一个方式。所以对于每个讲解员来说,岩画知识固然重要,在这个基础上更为重要的是懂得怎样与游客进行良好的沟通是更重要的。在讲解员队伍当中我们明年招聘的目标,我以为我们在招聘一些有专业技能的人才,比如现在我们景区讲解中比较稀缺的日语讲解,阿语讲解,成立一个外语学习小组,通过有趣的学习方式,让员工在快乐的工作过程中学到了很多东西。以提高整个讲解队伍的素质,打造宁夏金牌讲解员团队。创造品牌效应。

电瓶车队也是与游客接触的一个重要环节,尤其是一些散客来说,经常会有一些游客询问电瓶车司机怎么参观啊,这一类的问题是非常多的。电瓶车司机工作人员就要做到热情周到的服务。耐心地为游客讲解沟口遗址区的参观线路以及注意事项。对于电瓶车司机来说最头疼的莫过于游客在旺季的时候经常抢车座位的问题,其根本原因还是我们景区一是车队人员太少,二是车辆也少。每年去大的景区参观我们都会发现景区的硬件设施方面做得都是非常好的,所以我觉得我们景区内的基础设施方面要加强改进,以便我们更好地为游客服。

总之,服务意识是员工参与景区游客服务管理活动,为游客提供优质服务的指导思想。景区从上到下,尤其是直接与游客打交道的基层员工,都应该树立全心全意为游客服务的意识,唯有如此,员工才能在经营活动中,自觉地参与景区的服务过程,为游客提供优质的服务,才能不断提高游客的满意度,促进景区的经营与发展。

二、岩画知识宣传与现代网络的相结合

今年对于中国整个旅游市场来说可谓是重要的一年。《中华人民共和国旅游法》自今年10月实施以来,已经12个月了。《中华人民共和国旅游法》在规范旅游市场的同时,也对旅游市场和消费者习惯造成了很大的影响。《中华人民共和国旅游法》实施之后,跟团产品价格大幅上升,两种产品价格差距拉大,消费者选择自由行产品的几率就会增大。在这样的情况下,要求我们景区就要更进一步加大景区宣传力度,不单单利用以前的这种宣传模式,还要与时俱进利用新的现代传媒技术,加大宣传范围,扩大岩画在中国,乃至世界的影响力。

为了适应新的旅游形式,岩画景区也做了重要的调整,进一步扩大宣传力度,在今年我们创建了新的微信平台,每一位来景区的游客都可以通过扫描二维码加入"宁夏贺兰山岩画"的微信群,这样新的营销方式,大大加强了岩画的影响力,很多游客看到后都非常感兴趣。积极参与加入我们的微信群,以了解更多的岩画知识,关注最新的岩画动态。可以让更多的喜欢岩画的人与我们有了更好的交通、沟通平台,能够不断地去交流,探索岩画的未知领域。

在"宁夏贺兰山岩画"的官方网站中,我们就每天都在不断更新,不但更新岩画新的动态,而且我们在网站中发表了许多岩画工作者的文章,从这些文章中我们可以看到各处岩画工作者对岩画的热爱,很多也是对新的岩画的解读,这是一笔非常宝贵的财富,岩画还是因为有了这样一批热爱工作、热爱生活的工作者,才能够使岩画事业不断蒸蒸日上。我们用这样的热情不断地感染每一位游客、每一位读者,从而更有利地扩大岩画在世界范围内的影响力。

在"58同城网中"中,也有我们贺兰山岩画的平台。游客们可以通过在网上预购门票,而且有一定的优惠政策,这样既方便又快捷,而且在旅游旺季能够对景区的售票工作有一定的减负作用。在今年,中央电视台、宁夏电视台等国内外很多知名媒体都来到岩画拍摄一些纪录片,很多游客都是通过电视、报纸等这样一些方式慕名而来,并且在景区流连忘返。

在今年我们宣传营销科也是四处奔波,到香港、台湾、韩国宣传,使更多的人知道、了解岩画,在学生暑假期间,我们组织了学生的"修学游"活动,"小小讲解员"等活动,而且每年都举行"贺兰山岩画"艺术节,已经成功举行了五届,第六届也已举办成功,而且成立了"贺兰山岩画专家委员会",从各方面使贺兰山岩画更具影响力。

通过这样的一些方式,使贺兰山岩画在国内,乃至国际上都非常具有影响力,但是仅仅这些我们做得还不够,需要我们每一个做出更多的努力,不但要把影响力扩大到学术界,而且要把岩画的影响力扩大到各行各业。现如今影视业已经发展日趋成熟,我们岩画也可以根据岩画内容题材,改编一些电影,也可以写一些歌,让人们通过这样的方式来记住岩画。这样的方式可能会让人更记忆深刻。总之,岩画的明天需要我们不断与时俱进,开拓进取,利用新的现代传媒技巧,走在时代的前沿,让更多的人知道,了解并与我们一起保护这不可再生的人类文化遗产。

营销是发展旅游的重要手段,在这样一个竞争激烈的旅游市场下,好的营销是我们赢取胜利的一个重要砝码。现在整个岩画界来说,贺兰山岩画可以说各方面做得都是非常好的,继续保持并且不断创新,才能让我们在岩画界立于不败之地。利用新的科技方式来做好岩画的工作,使岩画事业继续朝着更好的方向发展,是我们所有岩画工作者共同所期待的!

总之通过不断的努力让全世界更多的人来到贺兰山岩画景区参观,同时了解这古老而神秘的史前岩画,以此来更好地提升贺兰山岩画景区的知名度。

贺兰山岩画景区岗位服务标准

银川贺兰山文化旅游投资开发有限公司　马小莎

前　言

贺兰山岩画景区自2002年成立以来,短短的十年发生了翻天覆地的变化。规模从一个只有800米的环形遗址区扩展到拥有世界最大、中国唯一的银川世界岩画馆;员工从十多个人发展到近一百人;收入从几万元增长到过千万。现在,贺兰山岩画景区以是国家4A级旅游景区,并且是宁夏文化旅游的一张亮丽名片。所以我认为贺兰山岩画景区要想在今后发展中更加辉煌,不仅在规模上不断地扩大,项目有所创新,同时,在服务上也要有很大的提高改善,真正做到"游客至上,服务一流"。让每一位游客来到宁夏必须要到贺兰山岩画看看,看看千古岩画,体验一下优质服务。让宁夏不仅成为回族之乡,同样也是岩画之城。

一、旅游景区服务

（一）服务

服务是一种非常复杂的社会现象,它所涉及的范围极为广泛,不仅包括传统意义上的服务业为满足顾客需要而提供的服务,也包括制造业向其顾客提供的各种支持和隐性服务。从20世纪60年提出代开始,学者们提出了许多不同的有关服务的定义,综合比较各种有代表性的相关定义。服务可以概括出以下几个特点:非实物性;无形性;是一系列过程或活动;不涉及所有权的转让;存在互动现。

（二）旅游服务

旅游产品是旅游目的地或旅游企业为满足旅游者的需要而的向旅游者提供的各种接待条件和相关服务的总结。可见,旅游产品属于服务产品,旅游服务构成了旅游产品最为重要的组成交通运输设施与服务、住宿、餐饮、娱乐、零售等设施与服务以及当地旅游组织提供的相关咨询服务都属于旅游服务的范畴。旅游服务就是向旅游者提供的满足他们在整个旅游过程中多种需要的一系列活动。这些活动是在旅游者与服务人员、有形资源的互动关系中进行的,旅游者最终获得了旅游经历和感受。

旅游产品的综合性特征决定了旅游服务的内涵也十分丰富。旅游服务的提供者既可以是营利性企业,也可以是非营利性组织或政府机构,既可以是旅游企业,也可以是非旅游企业。旅游服务中的互动关系既包含旅游者与服务人员、旅游者与服务设施、旅游者与旅游者的相互作用,也包含旅游者与目的地居民、旅游者与目的地社会文化的相互作用。旅游服务的内容既包括在旅游者旅游过程中向其提供的,也包括在其旅游准备阶段和旅游过程结束后向其提供的相关服务,既包括满足旅游者食、住、行、游、购,也包括旅游信息咨询、旅游保险、游客投诉处理等方面的服务。通过消费旅游服务,旅游者可以完成一次旅游活动,得到心理和精神上的满足。

(三)景区服务

景区服务是旅游服务的一种。我们可以把景区向旅游者提供的与游览或娱乐相关的服务综合起来,称之为景区服务。实际上,景区服务是景区内一系列服务的统称。一个旅游者前往一个景区游览或娱乐,其接受的服务一般包括接待、游览、解说等多个方面。

游览服务环节,其他环节服务是整个景区服务的中心,其他环节都是为中心环节服务而产生的次要环节。对于不同的景区而言,次要服务环节的数量是有很大的差别的。如博物馆就一般不存在餐饮服务、住宿服务,有些小型景区没有交通服务。对于不同的旅游者,其接受服务的顺序也是不同的,有些旅游者一到景区就开始购物,有些旅游者离开景区时才开始购物。

从结构上看,景区服务包括的内容如下所示:

一般来说,一个景区提供的核心服务是游览,但也有些主题公园的景区提供的核心服务是娱乐。这是景区的根本目的所在,是旅游者前往景区的直接原因,也是旅游活动开展的原动力。

景区在实现核心服务的同时,必须辅之以其他相关服务。这些服务对于景区来说,不是必需的,而是景区活动开展的前提条件和物质保障。这些辅助服务对于景区来说,存在很大的差异,不同景区提供的辅助服务是不同的。如有些景区提供购物服务,有些景区不提供购物服务。

云谷索道　赶超航空服务　打造行业品牌

云谷索道从云谷景区直达黄山主景区,是黄山风景区最繁忙的一条索道。2005年上半年,公司以"赶超航空服务　打造行业品牌"为目标,改善环境和提升服务品质等众多方面取得了喜人的,尤其是在提高服务水平上成绩显著。

云谷索道作为黄山风景区最重要的接待服务窗口之一,紧紧围绕游客购票—候车—乘车—离站这条主线"以人为本　以客为尊"从细微处着手,优化程序,规范流程,确定标准,强化意识,提高技能,做到"着装规范 语言规范 行为规范"倡导亲情化、个性化和特色化服务。在云谷索道,每一位需要帮助的游客都能得到应有的关爱。对老、幼、病、残、孕等游客,公司专门为他们开通了绿色通道。公司还成立了由部门经理、主管、领班组成的"服务小分队"随时为游客解难答疑,提供"五免"服务 设置开水供应点,免费供应开水,设置便民箱,免费游客提供晕车药等常用急需药品,设置多媒体查询系统和义务咨询台,免费为游客提供相关的旅游资讯,同时,云谷索道团支部充分发挥团员青年的先锋作用,联合云谷山庄,云谷票房和狮林大酒店团支部分别在云谷寺和白鹅岭设立青年志愿者服务点,免费发放宣传资料,热情为广大来山游客提供义务咨询等服务,深受游客好评,展现了黄山团员青年的风采,设置报刊点,免费为游客提供报纸杂志,充实游客候车时间,为老、幼、病、残者开通绿色通道,免费为其提供特殊的候车服务。

资料来源:黄山风景区管理委员会 http://www.chianahuangshan.gov.cn

上述案例告诉我们景区接待服务工作是一项实务性、思想性和艺术性很强的工作,主要包括景区门前的接待服务,游客进入景区后的接待服务,游客投诉服务等方面的内容。景区入门接待服务包括门前的车辆停放、售票服务、导入服务、咨询服务等。景区内的接待服务包括游览的接待、导游讲解、餐饮接待、商业接待、娱乐接待等方面的服务。

二、旅游景区接待服务概述

服务是旅游发展过程中的一个永恒的主题,服务理念伴随着旅游活动的发展而不断地提升。从最初的经验型向理论型转变,从标准化向个性化转变,从模式化向多样化转变,从理性化向人性化转变,服务的内涵也在这种转变中日益完善和深化。

(一)景区服务概念的分解

旅游景区的服务是由有形的游乐设施和无形的人员服务结合而形成的。其中,无形人员服务是旅游景区产品的核心内容,有形的娱乐设施只是服务的前提和基础。没有高质量的服务水平,再新奇、再刺激的游乐设施也不能有效地发挥娱乐游客的作用。

旅游景区服务质量和水平的高低取决于员工的服务技能和素质修养。根据服务的英文单词"service"我们可以得出景区对员工服务的七个基本要求(s—微笑服务、e—优质服务、r—快捷服务、v—游客至上、r—热情款待、c—创新能力、e—热情目光)。

(二)景区接待服务的特点

景区接待服务有以下特点:接待服务范围的广泛性;接待服务过程的关联性;接待

服务方式的多样性；接待服务过程的复杂性（游客层次、意外情况）。

景区接待服务的原则为：以游客满意为中心；大力推动全员参与；促进服务的持续改进。

(三)景区优质服务的标准

人们投入资金和时间到景区来旅游，为的就是通过体验这里的珍奇景色、优美的环境以及温馨、舒适的服务，得到净化心灵、消除疲惫、陶冶情操、激发激情等精神的产出，以便更好地投入新的生活。因而，景区接待人员以自己规范的劳动提供优质服务，亦是满足游客需求的一种方式。优质服务的表现是多方面的，但在接待过程中比较重要的就是服务态度、服务语言、服务的礼节礼貌和精神状态等。

1. 服务态度

优质的服务态度，可以概括为"主动、热情、耐心、周到"八个字。

主动服务　主动服务是游客来了，要积极主动地提供服务，遇事不分内外，均认真对待，发现问题及时解决不拖拉。

热情服务　热情服务则表现在对游客要热情友好，宾客至上，面带微笑，自然适度，微笑服务。既要文明礼貌，敬语称呼，亲切和蔼，又要稳重端庄，落落大方，不卑不亢，把游客放在首位，一切为游客着想，努力满足游客合理和正当的要求，避免冷淡、粗暴、懒散以及傲慢自大、盲目崇拜、厚此薄彼、低三下四等不良行为。

耐心服务　耐心服务是指在繁忙的接待中，始终不急不躁，对事情不推诿，不怕麻烦，在发生矛盾时善于克制，对游客在游览中遇到的问题给予认真答复和解决。

周到服务　周到服务体现在关心病残、一视同仁、妥帖细致等诸多方面。对各种游客，不论其国籍、肤色、职业、年龄、性别等，都礼貌友好、谦虚尊重、热情服务，无论大事小事，都尽职尽责，给予关心和帮助。

2. 服务语言

服务语言包括书面语言、口头语言和形体语言三个方面。在接待游客的过程中，更多的是应用口头语言和形体语言两种。因此，景区对员工的口头语言和形体语言应严格要求。

口头语言　首先，应用口头语言，在语气语调上要做到亲切温和热情而不浮躁，语速要不急不缓，音量要适中，要以交谈对象可清晰听见为准。其次，用语要规范，要适时使用礼貌语言，使用敬语，切忌粗俗口头语，不要谈论他人隐私，不要随便评论他人。最后，语言要准确、恰当，讲话要讲究语言艺术，说话力求语言完整，语句连贯流畅，讲话要注意场合，语言得体。服务人员与游客对话时，应礼貌文雅，当游客在思考问题或与别人讲话时，要在游客允许的情况下，才能与之讲话，不要粗鲁打断别人的讲话。讲话吐字要清楚，声音悦耳,给人以亲切感。与游客讲话时,语言、表情和动作要协调一致,要注意面向游客,笑容可掬,要正视谈话对象,目光不可游移不定,左顾右盼,心不在焉。讲话时两手自然下垂,距客人一米左右为宜。讲话时不要倚靠他物,举止要文雅,态度和蔼,能用语言表达清楚的,尽量少用手势。要注意进退有序,事毕时先要后退一步,然后再转身离去,以示对客人的尊重。另外,要尽量掌握一门外语,以便更好地为境外游客服务。

3. 形体语言

形体语言,即形体的动作。形体动作直接影响服务质量。形体语言主要表现在站立、就坐、行走、手势、服务操作等方面。对于形体语言,要求做到站立时身体挺直,双脚稍微分开,双手自然下垂,不可倚靠他物,应保持随时向客人提供服务的状态坐时要端正,不可斜躺、倚靠背、跷二郎腿等。行走时脚步要轻稳,面带微笑,不应三五成群,勾肩搭背,不得跑步,超过行人时要转身向被超越者致意道歉,在为游客指引方向时,手臂要基本伸直,指向目标,上身稍微向前倾,以示尊重,谈话时手势不宜过多,幅度不宜过大,在进行服务操作时,形体动作要伸展大方,符合规范。另外,在与游客接触时,禁止在游客面前打喷嚏、修指甲等。

礼貌礼节 礼貌礼节是优质服务的重要体现,景区服务人员要有较高的礼貌修养。礼貌建立在互相尊重的基础上,礼貌不是虚伪的客套,而是发自内心的表里如一的。因此,景区服务人员要热爱本职,热心助人、方便游客,要精神饱满,乐观,具有全心全意为游客服务的思想境界,以便更好地礼貌服务。

精神状态 对每一位景区服务人员来说,为游客服务是职责所在,必须全身心投入到对游客的服务中去。但是为游客服务需要"感情劳动"。它会像体力劳动那样消耗你的精力,也会让你觉得疲惫、无精打采,甚至会变得没有耐心。因此,要提供优质服务必须克服这种情况,要在服务中显得精神饱满,并想方设法使自己精力充沛。

三、旅游景区入门接待服务

旅游景区入门接待服务包括门前的车辆停放、售票服务、入口接待服务、咨询服务等。

(一)景区售票服务

售票工作是景区实现收入的直接环节,虽然工作相对比较单调,但职责重大,一旦发生差错,对景区,对员工都不利。因此,售票人员必须有很强的工作责任心和良好的职业道德,并具有一定的会计、出纳知识和相应的服务技巧。

1. 售票前准备的内容

准时上下班,按规定要求签到签退,做工装,戴工牌,仪容整齐,化妆得体,遵守景区的劳动纪律。查看票房的门窗、保险柜、验钞机、话筒等设备是否正常。搞好票房内及售票窗外的清洁工作。

2. 售票服务工作流程

游客走进窗口,售票员向游客礼貌问候"欢迎光临",并向游客询问需要购买的票数。售票结束时,售票员要向游客说"谢谢"等用语。向下班前一小时内购票的游客提醒景区的下班时间。

游购错票或多购票,在售票处办理退票手续,售票员根据实际情况办理,并填写退票通知单,以便清点时核对。根据游客需要,实事求是地为游客开具售票发票。热情待客,耐心回答游客的提问,游客冲动或失礼时,应保持克制态度不能恶语相向。耐心听取游客的批评,注意收集游客的建议,及时向上级领导汇报。

发现有炒卖门票的现象要及时制止,并报告保安。

(二)入口接待服务

1. 验票服务

验票服务关系着景区经济利益能否真正实现,同时,它也负担着维持景区良好秩序的重要职责。随着现代科技的发展,越来越多的景区使用电子检票系统,但仍需要工作人员提供服务。

2. 检票服务中的检票员服务标准

检票岗位工作人员,应保持良好的工作态度,精神饱满,面带微笑。检票员能熟练使用普通话,同时掌握票价、景区名称、礼貌用语等简单的英语对话。如:"您好,欢迎光临,请拿好票,往这边走,祝您玩得愉快。"对漏票、持无效证件的游客,要礼貌地耐心解释,说明无效的原因,说服游客重新购票。快捷、热情地为持有效票的游客检票、撕票,赠送导游图。如遇闹事滋事者,应及时礼貌制止,如无法制止,立即报告有关部门。切忌在众多游客面前争执,破坏景区秩序。

四、旅游解说服务

旅游解说服务是指为方便旅游者在景区的游览,加深旅游者对景区资源价值的理解,提高旅游者的鉴赏能力以及资源保护意识,使其获得满意的旅游经历,旅游管理者通过各种媒介而进行的信息传播行为。

旅游解说服务是一个动态的互动过程,旅游资源的属性及价值通过旅游解说服务使旅游者理解,并实现其价值。在这一过程中,旅游解说服务也通过旅游者需求的变化不断地完善,旅游资源的内涵也得以不断地丰富,这一过程是一个相互作用的有机整体。

旅游解说按解说的方式分为导游解说服务和自助式解说服务两种类型。

导游解说服务是景区解说服务的重要组成部分,参与景区导游解说的主要有景区员工,社会志愿者以及景区相关部门的管理者。在选择不同类型导游解说服务时,我们需要考虑我们所处的解说背景、解说项目目标、资源特点以及导游解说服务的优点和缺点。

导游解说服务的个性化,主要体现在,游客可以现场提问,实现双向的交流,传达信息弹性比较大,可根据有游客特点进行信息的筛选。更富有意义,导游解说服务可以为游客创造很多难忘的旅游经历。在满足旅游需求的同时,还可以通过多种体验方式使游客体会到景区环境保护的重要性。这可以给游客更多的参与机会。这也会导致经费开支增大。

参与景区导游解说的项目,游客在景区内的游览往往受到一定的限制,所以导游人员在做讲解服务时,应为游客留出充裕的时间。

导游解说的特点独立性性强、脑体高度结合、复杂性、跨文化性。

景区导游解说服务的内容包括迎接及问候,在游客进入景区之前,导游人员应做简单的介绍,内容包括导游人员自我介绍、景区背景性的知识等等,为游客在景区的游览以及导游与游客之间的交流奠定基础。

景区景点讲解,在进行景区景点讲解时,应注意讲解内容的科学性,在这一过程中应注意将景区保护的理念融入其中。

咨询沟通服务,在游客的游览过程中,导游人员可利用一定的时间与游客交谈,以了解他们对景区的希望以及对讲解服务的接受程度,以便提高景区的管理水平及自身的讲解水平。

导游解说服务不仅仅包括景区景点的导游讲解,游客的安全问题也是解说服务的重要组成部分。

五、旅游景区交通服务

景区交通服务是指景区向游客提供的各种交通服务,以便游客在各景点之间,景点与设施之间进行不可缺少的物质基础,是旅游景区发展的先决条件。

电瓶车,具有无污染、无噪音等优点。目前,大多数地形比较平坦的大型旅游景区均采用这种交通方式。

旅游景区交通服务的重要性 旅游景区交通服务是景区向游客提供的一项重要的服务,直接影响游客游览和体验的质量。同时,对于景区的正常运营也起着非常重要的作用,旅游景区交通服务的重要性具体体现在。旅游活动中的重要组成部分,旅游者的整个旅游活动包括吃、住、行、游、购、娱六个方面。这儿的行就是指旅游交通,景区所提供的交通服务的质量直接影响到旅游者是否进得去、散得开、出得来。此外,景区交通对于景点布局的设计也具有重要作用。因此,旅游景区交通服务是旅游者整个旅游活动中的重要组成部分。

　　增强游客的旅游体验,现代旅游者的发展已经是旅游景区交通成为旅游活动的重要内容,游客乘坐不同的交通工具,接受不同的交通服务,可以领略到不同的风光,获得不同的感受。

　　景区重要的收入来源　　景区经营成功的重要原因,良好的旅游景区交通服务使得旅游者游览起来畅通无阻,既能使游客充分体验景区的美景异俗,又能节省游览的时间,这无疑提升了旅游者的游览质量。